20世纪中国科学口述史

# 朱康福自述（上）

THE AUTOBIOGRAPHY OF ZHU KANGFU

朱康福◎著 朱小鸽◎整理

湖南教育出版社

国家出版基金项目
NATIONAL PUBLICATION FOUNDATION

朱康福（摄于2005年）

# 席泽宗序

正当21世纪开头的时候，湖南教育出版社策划编辑出版一套《20世纪中国科学口述史》丛书，有计划地访问一些当事人，希望他们能将亲历、亲见、亲闻的史实回忆口述，让采访者整理成文字和音像资料，为后人留下一些宝贵的文化财富。这是一件很有意义的事，应该得到各方面的支持。

口述历史很重要。《论语》就不是孔子（前551—前479）的著作，而是口述。这情形与希腊的苏格拉底（约前470—前399）及其以前的哲学家们相似。那个时代学者们还没有自己著书立说的习惯，思想学说都是靠自己口述而由门人弟子记录下来的。正如《汉书·艺文志》所说："《论语》者，孔子应答弟子、时人，及弟子相与言而接闻于夫子之语也。当时弟子各有所记，夫子既卒，门人相与辑而论纂，故谓之《论语》。"《论语》被奉为儒家经典，流传两千多年，一字值千金。我们当代人的所见、所闻、所历，不能与之相比，但"集腋成裘，聚沙成塔"，贡献出来，流传下去，对社会还是有益的。

司马迁著《史记》，上古部分文献太少，主要根据"传说"

---

席泽宗（1927—2008），天文史学家，中国科学院院士（1991）。

（一代一代“传”下来的“说”，即口述、口述、再口述），准确的年代只能从西周共和元年（前841年）算起，这不仅给年代学留下了一个空当，因而有今日的“夏商周断代工程”，还给后人提供了怀疑的口实。辛亥革命前后，国内外出现了疑古思潮，提出“东周以前无史”论，企图把中国文明史砍去一半。幸而这时在河南安阳殷墟发现了甲骨文，王国维于1917年写了《殷卜辞中所见先公先王考》及《续考》，指出甲骨文中发现的殷商王室的世系，与《史记·殷本纪》中所载相吻合，《殷本纪》中的口述记载只有个别错误。这就把中国有文字可考的历史，由东周上推了近千年。由此，王国维提出“二重证据法”：“古书之未得证明者，不能加以否定，而其已得证明者，不能不加以肯定。”他又于1926年在上海《科学》杂志第11卷第6期上发表《最近二三十年中国新发现之学问》一文，指出中国历代出现的新学问大都是由于新的发现。他举了很多例子，最重要的是汉代曲阜孔壁中古文和西晋汲冢竹书的发现，说明新材料对于学术的推动作用。与此同时，胡适于1928年在《新月》第1卷第9期上写了一篇《治学的方法与材料》，进一步指出，我们不仅是要找埋在地下的古书，更重要的是要面向自然界找实物材料。他说：“材料可以帮助方法；材料的不够，可以限制做学问的方法；而且材料的不同，又可以使做学问的结果与成绩不同。”他用1600年到1645年间的一段历史，进行中西对比，指出所用材料不同，成绩便有绝大的不同。这一段时间，中国正是顾炎武（1613—1682）、阎若璩（1636—1704）这些大师们活动的时代，他们做学问也走上了新的道路，站在证据上求证明。顾炎武为了证明衣服的“服”字古音读做“逼”，竟然找出了162个例证，真可谓小心求证。但是，他们所用的材料是从书本到书本。和他们同时代的西方学者则大不相同，像开普勒、伽利略、牛顿、列文虎克、哈维、波义耳，他们研究学问所用的材料就不仅仅是书本，更重要的是自然界的东西。哈维在他的《血液循环论·自序》中说："我学解剖学和教授解剖学，都不是从书本上来的，是从实际解剖来的；不是从哲学家的学说上来的，是从自然界的条理上来的。"结果是，他们奠定了近代科学的基础，开辟了一个新的科学世界。而我们呢，只有两部《皇清经解》做我们 300 年来的学术成绩。

1915 年《科学》的创刊和中国科学社的成立，标志着近代科学开始在中国落地、扎根，但成长、壮大、开花和结果，还有待于努力。中央研究院（1928 年）、北平研究院（1929 年）、中央工业试验所（1929 年）、中央农业试验所（1931 年）等国家科研机构的相继建立，《大学组织法》（1929 年）、《大学规程》（1929 年）和《学位授予法》（1934 年）等的颁布，都为科学的进一步发展提供了必要条件。至 1949 年，全国已有 700 多位科学家在 200 余所高等院校、60 多个科研机构、40 多个学术团体中工作。用卢嘉锡半开玩笑的话来说，"这是一支物美价廉、经久耐用的队伍"。李约瑟把他记述抗战时期中国科学家工作的一本书，取名《科学前哨》（*Science Outpost*）。他在序中说："书名似乎应当稍加解释。并不是我们中英科学合作馆的英籍同事远在中国而以科学前哨自居。我所指的是我们全体，不论英国人或中国人，构成中国西部的前哨。""这本书如有任何永久性的价值，一定是因为它提供了一类记录（虽然不甚充分）……看到中国这一代科学家们所具有的创造力、牺牲精神、坚韧、忠诚和希望，我们以和他们在一起为荣，今天的前哨就将成为明天的中心和司令部。"

李约瑟的预言即将实现。1949 年中华人民共和国的成立，为科学的发展提供了前所未有的有利条件。1956 年制定的《1956—1967 年科学技术发展远景规划纲要》，通过十几个重大项目、几十个重点研究任务、几百个中心课题，把第二次世界大战以来的新科学和尖端技术都涵盖于其中，下决心，攀高峰。据杨振宁搜集起来的 10 项产品的年代比照，我们的赶超速度是很快的。从原子弹到氢弹，我们所花费的时间最少：法国 8 年，美国 7 年，英国 5 年，苏联 4 年，中国 3 年，爆炸在法国之前。还要注意一点，别的国家的科学家，是全力以赴搞科学，中国科学家要政治学习、劳动锻炼、下乡“四清”，至于“文化大革命”那样的干扰，更是史无前例，就连“中国核弹之父”钱三强也不能幸免。1978 年以后，抛弃以“阶级斗争为纲”，才把书桌子放稳，安下心来搞科研，然而在市场经济大潮的冲击下，也有新的问题。科学是没有阶级性的，但是科学家是在社会中生活的，科学事业是社会建构的一部分，都有时代的烙印。与过去 300 年相比，科学在 20 世纪的中国，特别是后 50 年，取得了举世瞩目的成就。总结这段历史经验，对于 21 世纪科学的发展无疑是有借鉴意义的。这项工作国内有许多人在做。

湖南教育出版社邀请有经验的专家组成编委会，派人准备从人物（包括科研组织管理工作者）、学科、事件等方面进行访谈和旧籍整理，这无疑是一种新的形式。口述历史虽然是历史学的最初形态，但那时没有录音、摄像等设备，也没有现在的严密组织准备，效果是不一样的。因此，我相信，这套书一定能成功，故为之序。

席泽宗

2007 年 10 月于北京

# 韩启德序

20 世纪是中国社会巨变的一个世纪，也是中国科学大发展的一个世纪。

中国的现代科学是在西方科学传入之后发展起来的。远在明末清初，西方科学就传到了中国。但从明末到清末，300 年的“西学东渐”，其主要成果不过是翻译介绍了一些西方科学著作，传播了一些科学知识。到了 20 世纪，中国才出现了现代意义的科学事业和科学家。

20 世纪之初，在以“新政”为标榜的政治和社会改革风潮中，延续千年的科举制度被废除，近代新学制开始在全国范围内实施，现代科学被纳入我国教育体制，从此科学知识成为中国读书人的必修课程，科学观念逐步深入人心。“赛先生”与“德先生”成为五四新文化运动的两面旗帜。

20 世纪二三十年代，特别是国民政府成立之后，国立和私立大学的科学教育和科研水平稳步提高，以中央研究院为代表的专门科研机构逐步建立，一系列专业学会成立起来并开展各种学术活动，奠定了我国现代科学各主要学科的基础。然而，

---

韩启德（1945— ），病理生理学家，中国科学院院士（1997）。现任全国人大常委会副委员长，九三学社中央主席，中国科学技术协会主席。

日本侵华战争使我国刚刚起步的现代科学事业遭到严重摧残。抗战胜利后，内战又使科学事业在短期内无法恢复元气。

中华人民共和国成立之后，在中国共产党的领导下，科学事业受到前所未有的重视。建国后不久，国家就陆续成立了从中央到地方的各级综合性和专业性科研机构，调整和新建了一大批高等院校，组织实施了一系列重大科研计划。在20世纪的50年代末到60年代，以“两弹”（原子弹和导弹）研制、大庆油田的开发和人工合成结晶牛胰岛素等重大成就为标志，我国科学事业实现了跨越式的发展。不幸的是，不断升级的政治运动严重干扰和破坏了科学事业。“文化大革命”十年动乱，使我国科学不进反退，拉大了我们与世界先进水平的差距。

改革开放迎来了中国科学的春天，知识分子终于彻底摘掉了“臭老九”的帽子，我国科技工作者焕发出前所未有的活力。经过科技体制改革的探索，在20世纪末，我国确立了“科教兴国”战略。近年来，国家对科技的投入大幅增长，科研水平稳步提高，我国科学技术全面发展的时代正在到来。

一个世纪之前，中国的现代科学事业几乎还是一张白纸。今天的中国科学已经以崭新的面貌自立于世界。“两弹一星”、杂交水稻、载人航天等一系列成就，标志着我国科学技术事业的空前发展，同时也极大地提升了我国的国际地位。但我们也应清醒地认识到，我们与国际科学技术的先进水平还存在相当差距，我们仍然在探索适合中国国情的科技发展道路，建立完善的现代科研体制的任务还没有完成。

中国现代科学技术的发展既有顺利的坦途，也历经坎坷和曲折。艰苦的物质条件和严酷的政治运动没有动摇中国科技工作者的爱国报国之心和求索创新之志。为中国科学技术事业建立功勋的既有像“两弹元勋”一样的科学英雄，更有许多默默无闻、甘于奉献的科技工作者。他们的名字，他们的事迹，是中国现代历史中的重要篇章。比较令人遗憾的是，我们很少见到中国科学家的自述、自传一类的作品。因此，许多科学家的事迹，他们的奋斗与探索，还不大为社会所了解；许多珍贵的历史资料，随着一些重要当事人的老去而永远消失，铸成无法挽回的损失。

湖南教育出版社出版的这套《20世纪中国科学口述史》丛书，在一定程度上弥补了这个缺憾。口述历史的特点是真实生动、细节丰满、可读性强。这套丛书中，无论是口述自传、个人或专题访谈录，还是科学家自述，都出自科学家、科技管理者、科学普及工作者或科技战线的其他工作者的亲口或亲笔叙述，是中国现代科学事业的参与者回忆亲历、亲见、亲闻的史实，提供了许多鲜为人知、鲜活逼真的历史篇章，可以补充文献记载的缺失，是我们研究中国现代科学发展史的珍贵资料。同时，书中也展现了我国科技工作者爱国敬业、艰苦探索、勇于创新、无怨无悔的精神境界，必将激励后来者为发展我国的科学技术而努力奋斗。

近年来，访谈类节目在电视、电台热播，大受欢迎。我相信，《20世纪中国科学口述史》丛书也一定能赢得读者的喜爱，在我国科学文化建设中发挥应有的作用。故乐为之序。

2007年10月于北京

# 主编的话

## 以挖掘和抢救史料为急务

自文艺复兴以来，西方经过宗教改革、世界地理大发现、科学革命和产业革命，建立了资本主义主导的全球市场和近代文明。在此过程中，科学技术为社会发展提供了最强大的动力，其影响至20世纪最为显著。

在从传统社会向近代社会的转型中，国人知识结构的质变，第一代科学家群体的登台，与世界接轨的科学体制的建立，现代科学技术学科体系的形成与发展，乃至以“两弹一星”为标志的一系列重大科技成就的取得，都发生在20世纪。自1895年严复喊出“西学格致救亡”，至1995年中共中央、国务院确定“科教兴国”的国策，百年中国，这“科学”是与“国运”紧密关联着的。百年中国的科学，也就有太多太多的行进轨迹需要梳理，有太多太多的经验教训需要总结。

关于20世纪中国历史的研究，可能是格于专业背景方面的条件，治通史的学者较少关注科学事业的发展，专习20世纪科学史者起步较晚，尚未形成气候。无论精治通史的大家学者，或是研习专史的散兵游勇，都共同面临着一个难题——史料的缺乏。

史料，是治史的基础。根据20世纪中国科学史研究的特点，搜求新史料的工作主要涉及文字记载、亲历记忆、图像资料和实物遗存这四个方面。

20世纪对于我们，望其首已遥不可及，抚其尾则相去未远。亲身经历过这个世纪科学事业发展且做出过重要贡献的科学家和领导干部，大都已是高龄。以80岁左右的老人为例，他们在少年时代亲历抗日战争，大学毕业于共和国诞生之初，而国家科学事业发展的黄金十年时期（1956—1966）则正是他们施展才华、奉献青春、燃烧激情的岁月。这些留存在记忆中的历史，对报刊、档案等文字记载类史料而言，不仅可以大大填补其缺失，增加其佐证，纠正其讹误，而且还可以展示为当年文字所不能记述或难以记述的时代忌讳、人际关系和个人的心路历程。科学研究过程中的失败挫折和灵感顿悟，学术交流中的辩争和启迪，社会环境中非科学因素的激励和干扰等，许多为论文报告所难以言道者，当事人的记忆却有助于我们还原历史的全景。

湖南教育出版社欲以承担挖掘和抢救亲历记忆类史料为己任，于2006年启动了《20世纪中国科学口述史》丛书的工作计划，在学界前辈和同道的支持下，成立了丛书编委会，于科学史界和科学记者群中招兵买马，认真探索采访整理工作规范和成书体例。通过多方精诚合作，在近两年中已出版图书20种，得到了学术界和读者的认可。

近年兴起的口述史（Oral History）热潮，强调采访者的责任，强调采访者与受访者之间的互动，强调留下“有声音的历史”。不过，口述史内容的“核心”是“被提取和保存的记忆”（唐纳德·里奇《大家来做口述历史》）。把记忆于头脑中的信息提取出来，方法上有口述与笔述之差别，但就获取的内容而言，并无实质性的差别。因此，本丛书当前在积极组织从事口述史采访队伍的同时，也积极动员资深科学家撰写回忆文本，作为“笔述系列”纳入本丛书中来。

科学，作为一种社会事业，除科学研究之外，还包括科学教育、科学组织、科学管理、科学出版、科学普及等各个领域，与此相关的人物和专题皆可列入选题。

本丛书根据迄今践行的实际情况，在大致统一编辑规范的基础上，将书稿划分为5种体例：

1. 口述自传——以第一人称主述，由访问者协助整理。

2. 人物访谈录——以问答对话方式成文。

3. 自述——由亲历者笔述成文。

4. 专题访谈录——以重大事件、成果、学科、机构等为主题，做群体访谈。

5. 旧籍整理——选择符合本丛书宗旨的国内外已有文本重新编译出版。

形式服务于内容，还可视实际需要而增加其他体例。

受访者与访问整理者，同为口述史成品的作者。忆述内容应以亲历者的科学生涯和有关活动为主线展开，强调以人带史，以事系史，忆述那些自己亲历亲闻的重要人物、机构和事件，努力挖掘科学事业发展历程中的鲜活细节。

书中开辟“背景资料”栏，列入相关文献，尤其注重未经披露的史料，同时还要求受访者提供有历史价值的图片。这些既是为了有助于读者更好地理解忆述正文的内容，也是为了使全书尽可能地发挥“富集”史料的作用。

有必要指出，每个人都会受到学识、修养、经验、环境的局限，尤其是人生老来在记忆力方面的变化，这些会影响到对史实忆述的客观性，但不能因此而否定口述史的重要价值。书籍、报刊、档案、日记、信函、照片，任何一类史料都有它们各自的局限性。参与口述史工作的受访者和访问者，即便是能百分之百做到“实事求是”，也不能保证因此而成就一部完整的信史。按名家唐德刚先生在《文学与口述历史》一文中的说法，口述史“并不是一个人讲一个人记的历史，而是口述史料”。史学研究自有其学术规范，不仅要用各种史料相互参证，而且面对每种史料都要经历一个“去粗取精，去伪存真”的过程。本丛书捧给大家看的，都是可供研究20世纪中国科学史的史料，囿限于斯，珍贵亦于斯。

受访者口述中出现的历史争议，如果不能在访谈过程中得以澄清或解决，可由访问者视需要而酌情加以必要的注释和说明。若对某些重要史实有不同的说法，则尽可能存异，不强求统一，并可酌情做必要的说明或考证。因此，读者不必视为定论，可以质疑、辨伪和提出新的史料证据。

本丛书将认真遵循求真原则和史学规范，以挖掘和抢救史料为急务，搜求各种亲历回忆类史料，推动20世纪中国科学史的研究！

欢迎各界朋友供稿或提供组稿线索，诚望识者的批评指教。谨以此序告白于20世纪中国科学史的研究者和爱好者。

樊洪业

2008年10月于中关村

2011年元月修改于中关村

朱康福自述

The Autobiography of Zhu Kangfu

# 总目录

CONTENTS

朱康福自述

The Autobiography of Zhu Kangfu

CONTENTS 上册目录

# 朱康福自述

The Autobiography of Zhu Kangfu

## 引　言

按丛书编委会的要求，我应该在本书的开头简要介绍一下这篇回忆录的作者。但作者是我的父亲，我作为女儿深恐不能客观地评价父亲，因此就从父亲朋友的纪念文章中抄录两段①：

朱康福1921年6月9日出生于江苏无锡市。其父子女多，无力供养他们上中学，唯康福自幼聪慧，每年学业成绩名列第一，得免费读完高中毕业。时值抗战开始，朱康福逃难至昆明，1938年以入学考试第一名考入西南联大化工系。1942年7月毕业后进昆明炼糖厂工作。抗战胜利后赴美留学，1949年12月于美国路易斯安那州立大学硕士研究生毕业，1950年2月至9月在威斯康星大学进行博士生课程学习。1950年9月回国。10月中旬参加原燃料工业部石油管理总局技术处工作。1951年11月至1969年12月在石油工业部北京设计院工作，1964年1月任副总工程师，同年提升为国家三级工程师。1964年11月至1969年12月任院长、总工程师等职；1969年12月至1973年4月下放在石油部湖北潜江五七干校；1974年1月至1978年10月分别在燃化部北京炼油设计院、石油化工部北

① 摘自：何宇、温可门："沉痛悼念朱康福校友"，原载《庆祝西南联大成立70周年纪念特刊——西南联大北京校友会第42期简讯》，2007年10月。P179~180。

京炼油设计院工作；1978年10月至1983年7月在石油工业部规划设计总院任总工程师；1983年7月至1998年7月在中国石化总公司石油化工规划院（中国石化咨询公司）任总工程师、顾问；1998年7月至2000年1月在中国石化集团公司规划院（中国石化咨询公司）任顾问；2000年1月在中国石化集团公司经济技术研究院任顾问，2004年4月退休。期间在1998年获教授级高级工程师专业技术职务任职资格，1990年起任顾问，同年经国务院批准为享受政府特殊津贴专家。朱康福同志是第三届全国人大代表。

朱康福同志是中国炼油和石化工业资深技术专家，是新中国炼油设计行业迅速发展的主要奠基人和开拓者之一，他工作业绩显著，在炼油及石化行业享有很高的声誉。20世纪50年代，任工厂设计师，负责石油二厂扩建项目，为独立自主进行大型炼油厂的设计奠定了基础。在外国专家指导下全面负责从制订计划任务书直至配合施工、建成投入生产，使全国石油产品产量得到大幅度提高。60年代为我国独立自主、自力更生地设计建设大庆炼油厂作出了重大贡献。大庆炼油厂的全面建成投产，为我国石油产品的自给起到了重要作用。与此同时，协助部领导组织炼油新技术（号称“五朵金花”）的设计、建设，使我国炼油技术接近当时世界先进水平。作为院长、总工程师，还负责制定并审查胜利炼油厂、东方红炼油厂的选址工作、全面设计及第一期工程建设。在胜利炼油厂建成国内第一套大型“联合装置”，迄今仍是国内“能耗”较低、投资较少的装置之一。70年代曾借调北京石化总厂“基建指挥部”，参加引进30万吨乙烯装置等的建设工作，确保了工程建设按期完成、试车投产的成功。80年代主持参与多项重大基建和技改项目的可行性研究的评估工作，指导各种专题研究工作，并在培养青年技术人员方面，做了大量工作。参与历次“五年规划”的炼油及石油化工规划草案的编制。担任中国科协研究会理事长职务，对我国能源及石油石化领域中的发展战略和有关政策进行研究，为领导和有关部门决策、项目建设及老企业的技术改造等做了大量有成效的工作。90年代后，朱康福同志耄耋之年，仍兢兢业业地工作，曾担任中国国际工程咨询公司专业委员会委员，中国能源研究会理事、常务理事和副理事长等职。他不仅在技术业务上精益求精，而且在思想和道德风范方面都为年轻技术人员树立了榜样。

下面主要向读者交代本书的成书过程。

记得母亲已经病情严重时，父亲开始给她写回忆录。由母亲口述，父亲记录，先写了个草稿，让母亲看了，指出错误之处，父亲再修改。那时母亲住院，父亲去医院看她，给她看修改的稿子，母亲不满意，再拿回来修改。三稿过后，事实已经基本没有出入，但父亲笔下的母亲，难免有溢美之词。母亲是个老实人，一辈子实事求是，不喜欢父亲的“拔高”，一再表示不满。父亲每次都顺从地修改，不厌其烦，直到第五稿。那一天我与父亲一起去医院，见母亲还不满意，父亲仍然唯命是从，我却不耐烦了，忍不住对母亲说：“你行了吧，爸爸已经改了五遍了！”听我这么一说，母亲微微一笑，算是不再计较，认可了。

这份改了五遍的稿子就是《往事》。母亲去世后，我们自己印了百来本发给亲朋故友，没想到反映很好。有好几个看过这本小册子的人对我说：你母亲的事很感人，你父亲的文笔很好。

1995年8月母亲去世之后，父亲开始写他自己的回忆。那时他还没有退休，但只上半天班。每天早上去单位，中午饭后就回家。他常常在午睡后就坐在桌前，写一个下午。那时他的身体还好，字迹工整清晰，页面整洁，改动不多。他信笔写来，主要靠记忆，很少查资料，这一写就写到 1999 年底，写了 11 本笔记本，基本完成。其间，他在 1997 年和 2000 年两次去国外探望我的弟弟妹妹。2001 年初探亲回国后，他陆续对那 11 本自述做些补充，家人看过后也写了一点补充说明。我还对父亲说：你写得太啰唆，不如《往事》写得好。他没脾气地笑笑说：啰唆吗？

这些回忆，父亲写得随心所欲，详尽描述了故乡无锡的风土人情，幼年的往事细细诉说，在昆明与美国度过的青年时代娓娓道来。回国前的经历就占了 5 本。其后的 6 本中，家庭生活、“文革”经历以及他多次出国的“域外观感”占了不少篇幅。

2001 年 11 月 1 日，父亲开始着手写“石油石化生涯 50 年”，主要写 1950 年回国后，从燃料工业部石油管理总局至石油工业部到中国石油化工总公司（集团公司），50 多年的工作经历。同时对我国石油工业以及石油石化事业的发展历程有简单的阐述，并提出了一些自己的看法。这份材料写了两个硬皮笔记本，直到 2006 年。父亲那时已年过 80，从 2005 年开始身体明显变差，常常住院。这两本东西写的改动较多，最后十几页字迹有明显变化，看得出握笔的艰难，但仍清楚可辨。这两个笔记本大约有 16.6 万字。在此期间，他还陆续写了“历史回顾”（几十页纸），和一本不连续的回忆。这两份东西是父亲去世后我才看到的，但从字迹可看出是 2001 年以后甚至更晚几年写的，内容都是回国后的工作经历，共计 4.7 万字。

2007 年，父亲的“雄心”是想写成母亲与他的合传，“反映回国后在石油石化方面的工作情况等，留给后代人或者有兴趣者翻阅”。但是没有完成，只写了大半个硬皮本，约 2.4 万字。父亲于 2007 年 5 月 12 日去世。

父亲去世后，我将他自母亲逝世后陆续写下的 11 本回忆录编成电子版，暂名“朱康福回忆录”，53.4 万余字。又将他 2001 年 11 月至 2007 年所写的合成一本“石油石化生涯五十年”，约为 17.6 万余字。

因有机会出版，2009 年又将以上两部分合编。作为科学史丛书，大大压缩了回国前的青少年部分，去掉了“域外观感”部分、重复部分及一些家庭生活的叙述。由于《往事》是母亲（吴崇筠）的口述回忆，母亲 1945 年毕业于中央大学地质系，在美国获得硕士学位，1950 年与父亲一起回国进入石油管理总局，为中国的石油工业奉献了一生，她的经历与回忆，也符合《20 世纪中国科学口述史》丛书的出版宗旨，因此将其作为附录列入本书中。

2001 年中国申办 2008 年奥运会成功后，父亲很高兴，对我说要“活到看奥运会在北京召开”，我说“当然”。当时只以为他爱看体育节目，希望在家门口看奥运。后来整理他写的文稿，才知道，其实他是希望亲眼看到：“我国能够度过这五年十分困难的过渡期。不仅是加入 WTO 的过渡期，还是实现‘社会主义市场经济’体制的过渡期。2008 年奥运会能在北京顺利召开，将成为一个非常突出的表征。那时真正面貌一新的新中国将跻身于真正的世界大国，是世界和平与繁荣的骨干力量。”

父亲没能实现他的愿望，我将他十几年时间里写下的这些材料面世，以资纪念。

父亲当初写这些东西，只供自己及亲人阅读，没想出版，因此写得相当坦率，直抒己见，无所顾忌，记忆难免有错误之处，对某些领导难免有不敬之词。但他的经历，见证了建国后中国石油工业与石油化工事业的发展与曲折，反映了他们那一代知识分子的爱国之心，也是那个时代大多数知识分子的普遍遭遇。

2009年1月22日晚，在北京21世纪剧院举办的中国石油直属机关春节文艺晚会上，当女声独唱“满怀深情望北京”时，舞台背景大幕布上放映了大庆石油会战的场景，竟出现了母亲头戴三角巾，正在挥锹铲油砂的大镜头。母亲当时41岁。

今年是中华人民共和国建国60周年，发现大庆油田50周年。我的父母都参加了当年的大庆会战。今年也是我父母回国59年，59年前他们响应新中国的召唤，毅然决然中断在美国的博士学位学习，回到祖国。我整理这些文稿，纪念他们参加过的这一场石油大会战，也表达我对于父辈们的艰苦创业精神与爱国赤子之心的真诚敬意。

从1950年回国至2005年病重无法再工作，父亲为中国的石油石化工业工作55年，母亲1995年去世，为石油工业工作近45年。

朱小鸽

2009年8月 于北京

从小被认为是文静的，完全不同"野孩子"一起玩闹，没有大人或哥、姐等带着，足迹大概不离家门一里路。

日本侵略者对我们家，是国恨家仇，双重的敌人。

# 第1章 家世与家人

## 生日与“妨其尊亲”

1921年6月9日，我出生于江苏无锡南门外大运河边，地名叫南上塘。这里，“南”指南门外，起始于浙江杭州的大运河从南边来，到临近旧县城处，向东绕过县城，再向北去，到镇江附近，与长江交叉。当地人把这一段大运河称为“塘河”。而中国人对方位一向有上、下之分，无论是地名、席位等都如此。具体到地名，则面向南的右方称为“上”，所以南上塘的意思就是南门外大运河的西岸。

这一段大运河如今被保留整理成为旅游风景点。离我出生地以北约百米的河上，有一座石砌拱桥，叫“清名桥”。桥下有一条较小的河流从东面汇入运河，那小河上有一座石拱桥，叫“伯渎桥”，小河两岸地名叫“伯渎港”，游人往往在此摄影留念，代表江南水乡的旧风貌。康定（弟弟）①

---

① 朱康定（1923—）：现名邹仆，朱康福的弟弟，抗战胜利后由西南联大返回北京清华大学后投身革命，建国后任天津日报社副总编辑。——朱小鸽注

无锡南门外运河与清明桥
上图:运河与清明桥,摄于1993年。背面有朱康福手迹:
“清明古桥浑未变,临水人家运河边,故居仍萦儿时梦,天涯闯荡七十年(天涯不觉古稀年)。
1993年底康定回无锡摄清明桥寄赠有感”
下图:清明桥下,游船前方为“伯渎港”,摄于2009年4月26日。这一段运河及两岸已开发成旅游景点。

1993 年独自回无锡，也在此留影。清名桥的命名，原是用以颂扬某人的“清名”，可惜已说不清这个故事。现在，知道这故事的人恐怕很少，而桥的名字往往被写作“清明”了。

我出生时，中国老百姓还都使用旧历。那一天是旧历的五月初四，即端阳节的前一天。端阳也叫端午，按古老传统，这一天是毒蛇、蜈蚣、蝎子等毒虫活跃的日子，因而又被称为“毒日”。孩子在这一天出生，被认为不祥，据说要“妨其父母尊长”。这里的“妨”是妨害的意思，或者叫“克”。

有可能我出生时已经是五月初五，父母亲为了避开“毒日”而把时间提前几小时，说是五月初四。不管怎样，父母亲去世都很早，母亲在抗日战争开始前三天的 1937 年 7 月 4 日逝世，父亲逝于 1940 年，祖父则在我出生后仅约一个月突然病故。祖母已更早去世。

总而言之，到我 20 岁那年，父系母系的尊亲都已陆续去世，由于伯父逝世时尚未结婚，所以说我家从父亲以上是三代单传。

这从一个侧面反映出中国从清朝晚期至抗日战争之前，社会动荡、战乱灾害频仍，人民的寿命周期短而人口总量的增长是不大的。

## 逃难与疾病

1921 年的中国处于军阀混战阶段，江、浙两省分属吴佩孚与孙传芳两大军阀。两省的头头，江苏齐燮元与浙江卢永祥打仗。浙江军队一度打进江苏，迫近无锡。于是我家跟许多人家一样，“逃难”了。母亲带着几个较小的孩子和大姐逃到太湖边的农村。我当时还不满一周岁。

农村“天花”流行，二姐先染上，而后我也染上了。

尽管当时卫生、医疗条件极差，但中医治疗天花却有传统有效的办法。除服用汤药外，强调不能吃一般饭食（实际就是限服流质食物），要让天花“发”出来，全身“开花”后就会慢慢好起来。这时候结痂痒痒，不能去搔，要等痂瘢自己脱落，否则就留下疤痕而成“麻子”。我在襁褓之中，把两只小手捆扎住了，再全身用包袱那么一包，结果居然一点疤都未留下。

幼年时几乎每年都要病一场，而记忆颇深的是“红眼病”（也许就是结膜炎吧）。我家河对岸有一排老式砖窑，烧砖瓦时，窑顶黑烟滚滚，污染十分严重，家里又不讲究卫生，孩子没有什么玩具，就会玩土、玩泥。烟灰眯了眼就用手乱揉，眼病就常发生。家里一个人有了又传给其他人，甚至反复感染，记得厉害时，我两只眼在早上根本张不开，又肿又有“眼屎”，且十分怕光，只能闭着眼躲在屋里坐着或躺着，实在可怜。据说，我在这种情况下不哭不闹，是“乖孩子”，得到妈妈以及大姐的宠爱。

能留下印象的逃难，算起来应该是国民革命军北伐，蒋介石的部队进向南京、上海。老百姓虽也希望革命成功，但又害怕任何战争。打仗要分胜败，胜利一方进占地方，无非供应钱、粮；而败方在溃退时，军纪就谈不上。老百姓最怕败兵、伤兵及一切散兵游勇的骚扰。一般稍有财力的家庭，不管什么战争迫近，就要逃难。家庭主妇带着孩子，特别是女孩子，以及若干自认为值钱的东西，逃往附近乡间，反正是交通不便的地方。

这一次逃难我大约 5 岁，很懂点事了，有三件事记忆颇深，第一是促成了大哥（朱康圻）的婚姻，第二是遇到一位会舞刀弄枪又会讲故事的

“老”先生，第三是第一次见到活的“大蛇”。

大哥不过长我五岁，当时其实还小，却被一位老人看中。我们借住的屋子是父亲店铺中账房先生吴云祺的族人家。看中大哥的是云祺的一位同族叔父。经云祺介绍，妈妈也见过那家的女孩，也表示喜欢，几年以后，这位名叫吴如玉的姑娘真的成为我大嫂。

我记得的那位讲故事的“老”先生，按当地习惯，我称他为“老伯伯”，因为他留着比较长的胡子。天气好时，他在打谷场上练武功，用石锁、石碌碡练臂力，舞刀弄枪，有几个年轻人跟他练。围着看的半大孩子有一把木头刀或者一根棒棍之类，拿着比比划划，对我产生极大诱惑力。从那以后，我也会找一根棒棒之类，舞弄舞弄，奔跑一阵而颇以为乐。

南方蛇较多，最常见的一种“小青蛇”往往长不到 1 公尺，细细的，无毒，一般也不会咬人，从小就见过。因为家中阴暗之处，有时就能出现，外面草地里更常见。这次见到的，虽则不很长，肯定不到 2 公尺，却相当粗。它从我们借住的老屋大厅的大梁上掉了下来，显然是在追逐一只老鼠时，滑落下来了。大厅颇高，一下子把它摔得晕了，未能很快跑掉，却在地上蜿蜒盘旋了一会儿，让房东和我家好几个人都看到了。它背上的颜色是很暗的深青，据说表示年龄很大了。

当地旧俗，把这种“家蛇”看作护家的，发现了也决不伤害，但又认为它大白天出现是一种不祥的预兆。小孩子惊奇地喊“一条大蛇”，马上遭大人的呵责，不许直呼“蛇”。老年妇女在家中见到蛇，还要立即打开发辫，说蛇游动极快是表示“脚”很多，但人们头发的根数比蛇的脚更多。披散头发就胜过了它，如有不祥也降临不到自己头上了。我外祖母在我们自己家中见到一条小蛇时，就曾经那样办。

## 差点淹死

事情发生在我大概4岁的夏天，那时我家租住的房子，前面临街是父亲开的“酱园糟坊”店铺，紧靠店铺的后面是一间颇大的厨房兼堆放杂物的场所，然后有个天井，我当时看来算很大的。那里放有两排大酱缸。大缸之外还有两排坛子，里面是白酒、黄酒、腐乳等。紧贴北墙根下，妈妈留下一些空地，种了普通的“夜饭花”（有人叫“夜来香”）、鸡冠花之类。我经常拿一把小水壶，去前面运河里打水浇花，认为这是一件有趣、好玩的事。

那天傍晚，我又去打水浇花。河面上总有些飘浮的杂物、脏东西，打水前总要用水壶晃动几下驱赶它们，我正蹲在石级上晃动水壶，而石级露出水面不久，上面长有青苔，我那么一动，脚下一滑，一头栽到河里去了。我唯一的感觉就是“掉在河里了”。

码头外面，刚好停有一条船，满载一包包的大米。有好几个“脚行”（专门替人搬运货物的人）等着扛大米上岸，他们看着我掉下河而没有“冒上来”，其中有个小头目，他一下扎进河里，从船底下把我抱了出来。因为我向前一栽下河，很自然地往上冒了一下，却撞上船底，又沉下去，据说，按时间而论，大概我已经冒上、沉下两三次了。

这些“脚行”是专门在南上塘干活的，认得我是谁家的孩子，送我回家。我其实并未呛水，只是吓呆了，自己照样能走路，却两眼发直，说不出话。妈妈见我浑身水淋淋的，连叫我两声，我也不会答应。妈妈二话不说，一把抓我过去，她自己往凳子上一坐；把我按在她膝上连打三下重重的屁股。这一打我就哭了，一哭就什么事也没有了。

长大以后，总佩服妈妈处理突然事件时的沉着、果断。妈妈一般不打孩子们，只有这三下屁股记了一辈子。事后一再申诫不准下河，我自己也留下怕水的心理障碍，一辈子没学会游泳。

## 家世与家庭成员

老家在无锡北乡的前洲镇。我家是镇上老住户之一，在当地小有名声。1947 年春节之前，出于好奇，我曾随一位族嫂专门去过镇上，在我家老屋里住过一晚，进过朱氏宗祠，翻过家谱。似乎我家远祖是宋代有名的理学家朱熹。我不喜欢这位“配享孔庙”的朱夫子。儒家学说在他一代开始，我认为是变味了的。五四运动“打倒孔家店”，实质上主要矛头可能是针对这位朱夫子为代表的学派，而不完全是孔家老字号。建国以前遍布全国的无数“贞节牌坊”，都是宋代以后的产物。

按无锡前洲镇朱氏宗祠及所藏家谱，我先祖定居前洲的时间不太长，不到 200 年，从我祖父以上记有不足十代祖先，并无什么显赫的官儿。科举时代考上过秀才、举人，进士却没有一个，不过也算书香人家了。

老家那座老宅，却很有点气派，很大，前后共有五进，前临街，后靠河，每进有六开间。由于我父亲以上三代单传，所以这所大宅的一半属于我家。另外一半，族人人丁兴旺，三代人几次分家，据说已有近 20 家了。

老宅在建国以后由镇政府收归国有，分给众多住户。20 世纪 80 年代后期落实政策，给原来房主以“补偿”。大哥一面将我们兄弟全列为户主，说明都在京、津、沪任职，表示“不是能随便欺侮、打发的”；另一面则请客、送礼“打通关节”。结果扣除各种花费后的实际所得约达 1 万元。大哥给我五间屋子的份额，折人民币 2300 余元。我对此不问不闻，给我的也收下，却又颇多感慨，感到风气败坏得厉害，而更主要的是，祖父、父亲、我们兄弟姐妹以至于所知的族人，谁也没有能力与可能建造那样的大房子。

## 父 亲

我对祖父并无直接印象，后来听说，他名字中有“泰”字，被称为“朱泰官”或“泰先生”。以读书人自命，参与科举考试而从未“进学”(连秀才也不是)。

父亲名玉衡，字麓轩，号时敏。生于丑年，生肖属牛，照我推算，应是 1889 年。

父亲幼年随祖母住在姨祖母家时，与表叔陶复侯一起念过私塾。回到祖父身边后也还念过些古书，到 13 岁左右，祖父就送他到城里一家钱庄去当学徒。后来大哥 12 岁时，父亲也就让他到自己的店中学习管账，而且几次对孩子们讲过：他自己 13 岁就当学徒了，学徒 3 年满师，又当了一阵伙计（即店员）。父亲学得一些过硬的本领，其中有两件得到赞誉，一是算盘打得又快又准，二是识别假银元十拿九稳。

父亲年近 20，面临婚姻问题了，尤其这时候大姑妈已出嫁，伯父又病故。三代单传，祖父好不容易有了两个后代，大儿子却未婚而夭，祖父急于为父亲找媳妇了。父母结婚在 1909 年或更早，这是我推算的，因为大姐生于 1914 年，而在大姐之前有过三个孩子没长大。

父亲不甘于当别人的伙计而要自己当老板，经过祖父同意，终于变卖老家一部分田地作为资本，与另外两人合股开了一家铺子，地点在南门外，父母也移住到南门外。而父亲当上老板后却经营不善，特别是将店铺的大权落到合伙人手里，自己喜欢吃吃喝喝，甚至还“吃船菜”。“吃船菜”是那时江浙一带被认为高消费的。大概从杭州、南京，直到苏北扬州等地，都颇为盛行。经营船菜的一般是父母二人带一两个女儿，有一条稍加装饰的船，船舱大小，可以安排一桌以至两三桌筵席，菜肴以活鱼、活虾见长，船主必是烹调能手，而女孩子则都会吹弹一两种乐器，会唱戏曲以至小调。吃船菜的人都要事前预订时间、菜单等，往往一订就是半天以至一天。无锡经营船菜的，都在西门外，有美景、佳肴，有醇酒、妇人；还有一位“发财致富”的陶朱公（范蠡扶助越王勾践灭吴之后，携带西施这个著名美人，泛舟而去。以后做买卖发了大财，被称“陶朱公”，是历史上有名的大财主，被历代商人奉为祖先，无锡蠡湖就以他命名）在做“榜样”。对于父亲这样的年轻店老板，诱惑必然是很大的吧！一来二去，这店铺就亏损以至不得不关张，与合伙人不欢而散了。一段时间内，父亲颇不得意，家庭经济也有困难，妈妈与外祖母不得不搞一些缝纫之类劳动，补贴家用。

图中右侧写有“棉胎加工”处为朱家在南上塘的店铺旧址，现为南长街548号。朱小鸽摄于2009年4月。

后来父亲独资在南上塘开办名叫“朱福记”的店，名为“酱园糟坊”，酱、醋、盐、油、糖等日用品，还有面皮、麦灰、豆饼、麻饼、棉饼等，全都是批发进来，零售出去，赚一个转手的利润。

这时已是第一次世界大战以后的年代，中国东南沿海地区的民族工业有所发展，无锡号称“小上海”，轻工业有一定发展。无锡的农村经济，由于好几年没打仗，颇有恢复。父亲的店铺因此得以发展、繁荣，规模有所扩大。到我懂事以至上学时，在南上塘已被视为老店，夏季最旺的季节，每天的营业额可达 100 元以上。

到 20 世纪 30 年代初，父亲又试办麻丝作坊，收购生麻，雇工人用手工方法制作成麻丝（供修理木船之用），配合销售桐油。那时我们家一年的生活开支，大概是 1800 元。因为父亲时而就会讲这句话：“一年开销 1800 块啦!”

以收入而言，店铺的盈利虽是主要的，却还靠前洲老家土地收租作补充。以所收租米而论，就够我家吃半年。而全家吃饭的人，包括店中全部人员，有 18 人以上。家里的土地，若按所收租米数量估计，总是几十亩而不到 100 亩的。

父亲的事业与人生，这时候就到了顶点，没多久，妈妈去世，日寇侵入。在耳听大炮轰隆声中，我们全家逃离无锡，辗转，直到昆明，正是 1938 年元旦。

父亲在昆明没有停留很久，打听到可以坐火车通过安南（现越南）到海防乘海轮绕回上海，又得知店铺尚在，原来的主要店伙们沿用老招牌继续营业，尚可维持，于是决定回锡，只带姑娘（妾）一人。临行前，他抱着孙女小玉（朱守玉，朱康福大哥的女儿）照了一张相，又对二哥（朱康侯①）和我说：你们两个进了大学，将来就算我坟前一对红蜡烛吧。

父亲回到无锡，发现原来的店铺虽还在，却也面目全非，原来的存货及账目已无法清理、清查，又没有新的资金可以投入，只能勉强维持。而

① 朱康侯（1917—2004. 10. 7），朱康福的二哥，1943 年毕业于西南联大机械系，1948—1950 年赴美留学，获硕士学位。1950 年归国，上海纺织学院教授，湖北沙市棉纺厂总工程师。——朱小鸽注

1938年父亲（朱玉衡）离开昆明前与当时唯一的孙女朱守玉拍照留念

且沦陷区的安全问题也无保证，只好将就过日子。一天，父亲从南上塘回城中大姐家，当时已喝过酒，坐了一辆黄包车到南城门口，站岗的日本鬼子喝令下车。父亲动作稍慢，就被拉下车，挨了一记耳光又罚站。等回到大姐家，又气又怕，上楼梯时一步没走稳，跌了下来，引发中风。经送医院救治，有所恢复，但行动受限制，语言也不大清楚。后来再次发作，终于不治，时在 1940 年，享年仅 51 岁。

所以，日本侵略者对我们家，是国恨家仇，双重的敌人。

抗日战争胜利后，大哥在惠山脚下的无锡公墓找了块场地，安葬了父母。到“文化大革命”中，无锡公墓被整体平整，父母的墓也在其中，不复可寻！

## 母 亲

母亲家姓邹。妈妈的名字叫邹若贞，属虎，即寅年所生，推算是 1890 年，即清代光绪十六年。

邹氏老家在茅竹桥，这“茅竹”二字该如何写，到底在无锡什么地方，我都不知道，但读音是不会错。外祖父当过清朝的“捕厅”，在当时隶属安徽而现在江西省境内的婺源县。外祖父一任期满，按规定回到省城安庆听候调派，染病不起。外祖父去世后，舅父与全家回到老家无锡。

按我所知的情况推算，妈妈降生时外祖父还在当捕厅的任上。外祖父老来得个小女儿，虽然不是儿子，也还喜欢的吧。尽管外祖母不是正夫人，妈妈却仍然是小姐。自幼念了些书，而且学得一手好针线，刺绣、缝纫都是好样的。

妈妈小时候是缠脚的，却能较早地解放，尽管畸形无法恢复，却也远不是“三寸金莲”。除干家务与缝纫之外，也有机会自己看些能找到的书。所以我们幼时，妈妈能讲不少故事。

夏天傍晚乘凉与冬天临睡前有一阵围着妈妈坐着，就缠着讲故事。妈妈能讲不少故事，大体分类有几种：一是涉及神话，如“八仙过海”、“吕洞宾渡人”（渡的意思是引入仙界）、“王母娘娘蟠桃会”、“牛郎织女鹊桥会”、“嫦娥奔月”等。第二类涉及当时认为对孩子们有教育意义的故事，如“二十四孝”中的故事，“孟母断机”、“孔融让梨”之类。第三类来源于当时颇为流行的评弹小说中讲“女才子”的书，像著名的《再生缘》（女主角叫孟丽君，其故事迄今在沪剧、越剧等地方剧及姑苏评弹中还流行），妈妈自己爱读这种书，自然也能讲个头头是道。而且，她显然很注意对孩子们的影响，总是只讲“女扮男装中状元”而从来不讲什么“私订终身后花园”。

幼年不会自己看书，听妈妈讲故事应该说是一极大的享受，入神与入迷。颇能说明的，就是小便急了还不走，实在迫不得已，一定央求妈妈“等我回来再讲下去”。

这一类的事，一则使我稍稍长大就喜欢看书，二则使我对妈妈极为依恋。常常围着妈妈转，在妈妈身边主动做些力所能及的小事，而且一般“不声不响”，也不提什么要求。譬如说，家里孩子多，穿衣服，尤其鞋、袜破得快，所以缝缝补补是妈妈的经常工作之一。我往往搬个小板凳随坐一边，偶尔帮妈妈拿把剪刀、递块布片之类。妈妈一面缝补，一面随便说几句话，讲点什么小故事，我就可以跟着坐一两个钟头。还记得，夏天大清早，妈妈总是悄悄起床，到天井中去梳头，我有时会悄悄地跟到天井中去，搬个铜盆，递块毛巾，再傻傻地看妈妈梳长长的头发。那时妈妈仅是三十多岁，一头黑发，梳理起来很好看。我如实地说“妈妈的头发真长”，“比梳个髻好看”。妈妈则微笑着说：“你这小东西懂什么。”

妈妈并不喜欢我老是围着她转，有时就说，“不要总跟着我，出去玩去”，还听她说过“这孩子有点女孩子气”。至于二姐（朱云秀）和康定，更会讽刺一下，叫我“跟屁虫”。对此我很生气，却只是撅起嘴，不知道还嘴。妈妈看我可怜相，叫他们“不许那样说”。于是我又高兴起来，跑出大门，找一根棍棍，舞弄一阵。

妈妈结婚后连生三个孩子都没养大。那时祖父还在，盼孙子是必然之事，因此父亲家族中恐怕就有些闲言碎语，妈妈至少在心理上受到刺激。加上父亲第一次开店失败，经济情况不好，让祖父再次变卖地产，又引起非议。妈妈的日子想必不好过。后来妈妈讲起那一段日子或与父亲吵架时，常说：“到你家来，是刀枪头上舔血吃。”虽是愤激的话，也说明其艰难。

第一个养大的孩子是大姐（朱云秋），继而大哥（朱康圻），这才算满足了一些人的企盼。在我出生前，又有二哥（朱康侯）、二姐（朱云秀），我之后是康定。康定之后妈妈前后又怀孕三次，两次有孩子出世，都存活很短。妈妈下决心“再也不能有孩子了”，而且肯定服用了什么民间草药，结果病了一场。

怀孕多而密，子女早夭以及过度操劳家务，使母亲的身体受损。那时不仅是我，就是哥哥姐姐们以至父亲都不清楚妈妈的实际身体状况，妈妈自己却一定有所感觉，甚至她认真地考虑后事。最明显的是让大姐开始绣大红绸裙作寿衣，另外，亲自过问准备寿材，即棺材。大姐绣那裙子花时一年以上，而那寿材经过选材、制作、上漆，妈妈都亲自去看过。

孩子们都不懂，而妈妈的解释则说这种事完全正常，而且要当作“喜事”看待的，表示有能力为自己安排后事，亲眼看到完成。所以绣的裙子向亲戚显示，人家也都称赞。那寿材漆了好几遍，光亮平滑，妈妈自己去看去摸，也总是高高兴兴的。

不过妈妈有时就会独自叹气，又经常躺在床上看书，一度抽鸦片烟，也找中医看过，到冬天，与爸爸都服用“膏子药”。就是由大夫开处方，许多味中药，各用若干两，加起来有三四斤，请中药店用大铜锅熬成膏状，放在较大的罐子里，每天取一匙，用开水冲服。

不料妈妈突然发病，很快不治。

推算起来，事情发生在1937年6月下旬。晚间，妈妈还躺着看了一会儿书，只是早早把书放下睡了。第二天起来，妈妈说牙痛，只喝了点稀饭，我又去了学校，别人也仍未理会。这一天妈妈始终没有好好吃东西，却仍挺着。又过一天，才请一位“剃头师傅”。他会一些针灸、推拿、按摩之类。他说牙痛是“火气发了”，扎了针就好，结果妈妈三天没好好吃东西，躺倒了。

这才找来一位南上塘小有名声的中医外科大夫，挂牌称为“祖传伤科”。这位大夫看到妈妈脸都肿了，看牙龈有溃烂处，就用一把小小尖刀划破牙龈，出了点血，用吹管把粉状的中药吹在牙龈上，并交代说，如果第三天还不好，就再去找他。为此，实际上就耽误了大约一星期，妈妈病情就沉重了。妈妈在1937年7月4日病逝，去世时仅享年47岁。

妈妈突然逝世，家里一时乱了套。我更是变傻了似的、愣愣呆呆，我并没有号啕大哭，却有一肚子的恼怒，总好像有什么人应当对此事负责。妈妈的丧事，是按那时的常规办的：入殓、成服、报丧、上祭以至择日出殡。孩子们按规矩披麻戴孝、守灵、谢客等等，我总是与哥哥弟弟一起按别人指点而行动，脑子里往往是一片空白，或者一肚皮的憋气。似乎大姐曾对我说："要哭你就哭吧。"而我对大姐则粗暴地甩袖而躲向一角，独自去发呆。

由于妈妈的逝世，"七七事变"时竟一无所知，直到"八一三"淞沪抗战，我才从懵懂中苏醒过来，在此期间，我干的唯一事情是用朱笔恭书金刚经一卷，献给妈妈之灵。

## 大 姐

大姐（朱云秋）长我7岁，在我心目中，大姐聪慧又能干，似乎有妈妈故事中女才子的影子。对于爸爸妈妈不让她继续念书而留在家里做家务，有不平之意。那时我刚开始上学，兴致很高，而且已经懂许多事，包括朦朦胧胧的男女情爱之事，对大姐的感情也不像幼年对妈妈的依恋那样简单。除掉仍有依恋之外，好像还有某些同情甚至怜惜的成分。

大姐手工灵巧，刺绣受人赞扬，她绣的第一件大件是为妈妈绣的大红绸裙，作为寿衣用的。记得图案是花卉蝴蝶，我总喜欢看她在"绷子"上一手在上、一手在下一针一针绣得很快。因用的彩色丝线很细，老半天才完成半片叶子或半个花瓣。妈妈也确实穿了这个红绸裙入殓。

后来，大姐就开始绣她自己的嫁妆。一想到大姐要出嫁，我总舍不得，却又明知不可避免，因而心中不乐。在大姐结婚大喜的日子里，我总一个人躲在人们不注意的地方，偷偷觉得伤心。按规矩，婚后第二天要举

1930年大姐朱云秋结婚照

行会亲大宴，就是新娘全家亲戚去新郎家会面欢宴。尽管妈妈给我专门做了新的长袍，我却就是不肯去。妈妈大概了解我的心理，就没勉强。而那天，康定居然让人灌酒喝醉了。回家来，我对康定大有意见，恨不得动手打他。

大姐第一次归宁（回娘家）不过夜就回去了。第二次归宁，本说要住一两天。妈妈专门准备好，换了大姐原来床上的被褥，可是傍晚姐夫来家把大姐接走。妈妈不高兴，我更生气。临走时，我不肯送他们，而且公然说“秉璠（邓秉璠，姐夫）不讲道理”。妈妈听了，叹口气说“你这小东西懂什么，她是人家的人了”。

那时我已进初中，似懂非懂也懂了点什么。姐夫家人多，关系似乎也较复杂。人家说“新媳妇难做”，我总担心大姐受委屈、受气。不久后大姐又回家，住了两三天，看到大姐气色很好，别人还说她胖了一点，而且大姐明显是高高兴兴的，才放下心。

妈妈与大姐在我心中留下的印象，一直伴随了一辈子，而且到后来，大姐甚至超越了妈妈占有第一位，直到我结婚以后，才有所变化。但环境改变与岁月流逝，毕竟要起作用，到如今也逐渐趋于模糊了。

无锡这一带确是人文荟萃，有众多人才，像我自己这样没有什么作为的，不值得一提。倒希望后辈人如或看到这些，能够长点志气，努力继承所谓乡先贤的优秀传统。

父亲临行前，对二哥和我说：你们两个进了大学，将来就算我坟前一对红蜡烛吧。

# 第2章 求学与流亡

## 小学生时期

我上学时大概是 6 岁，即 1927 年。那时大姐、大哥都已辍学在家，大哥到父亲店铺中“帮忙”。二哥、二姐小学尚未毕业。开始很新鲜，抱个小书包（即用一块布，把书本等那么一包），乐颠颠地跟二姐去上学，又跟着回家。那小学本是只收女生的，名字似乎叫“志成女小”。二姐同班的女孩子，二姐都让我叫姐姐，我认为按规矩也是应该的，照叫不误，慢慢地就不耐烦了，尤其是还有一些班次高的大女孩，不但要我叫姐姐，有的还要充大人摸摸我的脑袋，甚至摸摸脸。我心中很厌烦，但从小家里教训都是要讲规矩，也不懂任何反抗的表示。那些大女孩，一面自然夸我“乖”、说是“好孩子”，另一面这些姐姐就越来越多了，让我不胜其烦。想不出别的办法，有一天就向妈妈说不想去上学了。妈妈问为什么，我又说不出所以然。妈妈问二姐是否有大孩子欺负我，二姐说“没有呀，人家对他都很好”。她不知道我不愿意的正是那一份“很好”。

后来，我去了“镇塘庵小学”。报名时说已念过一年级，插入二年级。一个学期后又升入三年级，因为上学以前我已认得不少字，也会写；至于算术，我早就会背九九表，还会打算盘，所以上学后一直轻松愉快，功课不在话下。四年级就转到明德小学去。这个学校是教会学校，原来叫东吴大学（在苏州）第八附属小学。

小时候的事，有些至今记得相当清楚。例如明德小学的校歌，头几句是“望湖门外二里远，南北交通当冲要，监理公会设立明德小学校，莘莘学子正青年，一心向学精神好”。学校临街的大门是两扇铁门，经过一小段甬道是教堂。星期天要做礼拜，原则上学生都参加，还欢迎学生家长参加。

按东吴附小的传统，四年级就开始学英语，而且由美国传教士来教。该校的传教士是单身女士而非修女，以“为主献身”精神，由教会选派。所学英语当然从字母开始，也很简单。回想起来，教学方法却还比较高明，尽管有课本，实际却是口语式的教法。也讲文法，讲“八大词类”，却特别注意口头的念与背诵，不追求什么进度，却要求全班绝大多数学生对教过的内容能“背出来”，学生们总跟着她像唱歌那样一句一句、或拼单字时一个字母一个字母地连念带背，背熟为止，例如讲“介词”（那时叫做“前置词”），就让大家按课本中列举的例子背熟。我至今能背如下：

“at, about, after, down, for, from, in, into, of, off up, with”

学校这位传教士还有选择地进行家访，主要希望家长支持学生参加做礼拜，邀请家长们也去参加。我参加过做礼拜，但不每周都去，每逢圣诞节，教堂除隆重祝贺外，总要找几个学生扮演耶稣降生于马槽内的故事。

有一次曾要我参加，总之从小就接触了教会。

从家里来说，从我正式上小学以后，二哥的影响就日益增大，康定和我都服二哥，听他的话。父亲店中也订报，一向是《申报》与《锡报》两种，当时人们分别称之为“老申报”与“老锡报”，而《申报》尤其有代表性，人们把不管什么报纸概称为“申报纸”。例如讲“拿张申报纸包一下”或“借张申报纸看看”。二哥有时带其他报纸回家。我开始知道有期刊，例如《新青年》，有文学期刊等，五四运动以来的一些气息，开始吹入我家，是从二哥开始的。

就是穿衣服，也由二哥开始引起变化。那时无锡人还以长袍马褂为正式服装，学生上学也都穿长衫。穿中式短衫、裤子的，称为“短打”，不是读书人该穿的。二哥因为学校规定要穿“制服”（中山装形式的学生服），头一个开始穿“短装”。我和康定才照章行事，都穿起短装来。

我家大人小孩穿的鞋，都是自制布鞋，下雨天不能穿，就穿一种“钉鞋”，那也是自制布鞋，不过鞋底有几排特制的小圆钉（圆头在外，钉入鞋底），而且做好后放在桐油中泡相当时间，布吸足了桐油再取出来晒，晒干了再泡一次桐油，再晒干，这鞋就不透水，而鞋底圆钉有一定防滑作用。钉鞋的鞋帮较高，浸透了油，加上钉子，比一般布鞋重得多，而且总有一股桐油味，我们都不爱穿。那时开始有橡胶雨鞋上市，一般做成大号的，准备让人套在布鞋外面穿，故称套鞋。我们兄弟穿套鞋，也从二哥开始。

二哥从小就比较性急，我则总是慢吞吞的。一般的事，二哥“打头阵”，我坐享其成。妈妈其实非常了解这一点，好几次说过：“急吼吼，两石九；泰悠悠，三石缺一斗。”恐怕也正由于此，养成我后来办事拖拉、疏懒的习性。

明德小学有个规矩，班上考第一名而成绩又在平均80分以上的学生，第二学期可免缴学费，记得从五年级下学期开始，我连续三学期都有此资格，能免缴学费上学，父亲很高兴，所以升学也无异议。

我在1932年夏天经过入学考试后进了当时的私立无锡中学，那年我11岁。

## 中学生涯

大运河从杭州开始向北而来，到无锡旧城墙南门处，拐个直角弯向东，绕过无锡城后再直角拐弯向北而去，在这两个直角弯之间，地名叫羊腰湾，我读书的私立无锡中学，就在羊腰湾的大运河南岸。离我家约一公里，该校现在是无锡第三中学。

这个学校在当时当地相当有名，学校的背景和历史也值得一记。

学校（图书馆旁墙内）有一块碑，记录创办情况。辛亥革命以后不久，高阳（字践四）先生捐出地产，钱家出主要的现金，修建校舍，成立此校。第一任校长是太仓唐蔚芝（唐文治）先生，这里提到的高家、钱家和唐老先生，那时在当地都赫赫有名。

高践四先生据说是明朝末年高攀龙的后人，当年江南一带的知识分子，以无锡东林书院为基地，批评朝政，指斥魏忠贤，被称为“东林党”，而文化人自称为东林学派。高攀龙是东林书院的领导人之一，钱家与高家是世交。我在私立无锡中学时，高家子弟中有教师高昌运，而高昌瑞、高昌路是高年级学生，最小的高昌夏则与我同班。钱家在私锡中高班学生中有钱钟毅。著名学者、《围城》一书的作者钱钟书先生，也是这一家的。

至于太仓唐蔚芝老先生，那是继承桐城学派的经学大师。老先生原任上海交通大学校长，又在无锡创建“国学专修馆”，亲自授经。二哥进私锡中时，还曾赶上双目已失明的唐老先生由人搀扶着上讲台讲《礼记·大同篇》：“大道之行也，天下为公……”

私锡中当时的教师中，很多是上海交大的毕业生。历届毕业生考上名牌大学的比比皆是。唯其如此，该校学生的淘汰率特别高。初一新生有三个班，初二仅两班而初三只剩一班；高一两大班，高二又是一班，高三只剩一小班（不足40人）。

初进此校，让我眼界一开的，一是图书馆藏书多，二是操场大，而对于宝塔形的淘汰率，不少同学闻而生畏，我却不在话下。

图书馆的书，其实是经过严格筛选的，我喜欢的是一套专为中学生出版的《万有文库》精简本，专门陈列在一个书柜中，当时觉得它天文、地理、历史、自然科学等简直无所不包。我自以为功课难不倒，又天天回家不用上晚自习受约束，所以进学校不太久，就不断去借书阅读。《三国演义》、《水浒传》以至《东周列国志》、《封神榜》等都看过。有一阵又对“趣味数学”大感兴趣，其中有些难题的解法，是教科书中没有的。又有一阵对中国历史着迷，那时候有关“断代史”与“通史”的讨论，还有古代史分期的争论，我尽管一知半解，许多内容还看不懂，却仍爱看。

有一年春节，要吃年夜饭了，却找不到我，大家都到处找，最后大姐从阁楼上把我拽了下来。我一个人在上面看书，大姐说：我们在下面喊了半天，你就是听不见。

我看书很杂，不求甚解，谈不上有多少收获与长进。而这种习惯，却从那时起就形成了，使我一辈子缺乏一种深入钻研一门学问的精神，对什么都局限甚至满足于肤浅的一知半解。

高践四先生纪念碑。摄于2002年：私立无锡中学现在是无锡市第三中学

上图：校园内高践四先生纪念碑前朱康福与外甥女邓小鹤(朱康福大姐的小女儿，无锡市第三中学党委书记)

下图：建校纪念松、纪念碑

对一切体育运动，我始终只是热情的旁观者。后来念高中，班上人少，我也长高了，所以篮球、排球都摸过几下，其水平则是本班代表队中一名难得登场的候补队员。

这时候国民党蒋介石政权牢牢掌握了江、浙一带，希望学生们都“两耳不闻窗外事，一心只读圣贤书”。“圣贤书”的内容也变了，例如教科书都经教育部重新审定、修改。我在小学时，教科书上称颂太平天国，斥曾国藩为汉奸，而此时已改去“汉奸”字样。再过一两年，蒋介石亲自提倡读《曾文正公家书》，各校图书馆都置备几套，教师也指定学生去借阅，我大体上都看过的。不用说，那书中就有“洪逆”、“发匪”等。蒋介石的“攘外必先安内”，也常见于报纸，教科书中也写上“曾文正公”了。

初中时期，我尽管无忧无虑，却也没有特别值得回忆的欢乐，平平淡淡，被人认为是“好学生、好孩子”，我也就以此而满足。在班上始终不是第一名，也必是第二名。到初中毕业时，除学年大考之外，还要举行一次全县统一命题的毕业考试。这次统考成绩不够理想，以至从本来全班第一名屈降为第二，就算是一次挫折。此外，因为年年成绩优良，整个初中除第一学期刚入学时之外，都享受免缴学费的待遇，对这一点，父亲是满意的，妈妈是高兴的。

1933年的朱康福(右)与弟弟朱康定(左)

每逢寒、暑假，父亲总要我到店里去帮忙。因为此时大哥已经熟悉店中一切事务，常常进城去办理进货、缴款等事，父亲就

要我学习坐账台、写当天的流水账一类的事。这种事一点也不难，我可以轻松应付。有时就会有人对父亲说，大哥与我都可以继承父亲的事业。父亲倒表示，有大哥就行了，可以让我找一个更适当的工作。父亲心目中的适当工作，是所谓铁路、邮局、海关等这种铁饭碗。

初中毕业了，刚好邮局招考“邮务佐实习生”（可以升任邮政系统中最初级技术人员的练习生），报名可以用邮寄方式办理，考试则在南京进行。父亲要我报考，而我的年龄却够不上报名要求的最低限。于是在报名时就谎报出生年月。而报名要缴相片，父亲特意让大哥带我上照相馆，吩咐说让照相馆照得“老气”一点。大哥如实向照相馆交涉，那位照相师大约看我一团孩子气，就讽刺地说：“那除非给他画上两笔胡子。”尽管拍出来的是一脸稚气，还是准予报名，收到了准考证。这张照片可惜早就找不到了。

虽然第一次坐火车，毕竟已多次见到，并无新奇之感。唯一让我留下记忆的是第一次在火车上通过一小段隧道。那时必须紧闭车窗而仍有呛鼻的煤烟气味，刺激两眼，颇不舒服。

私立无锡中学时代的朱康福

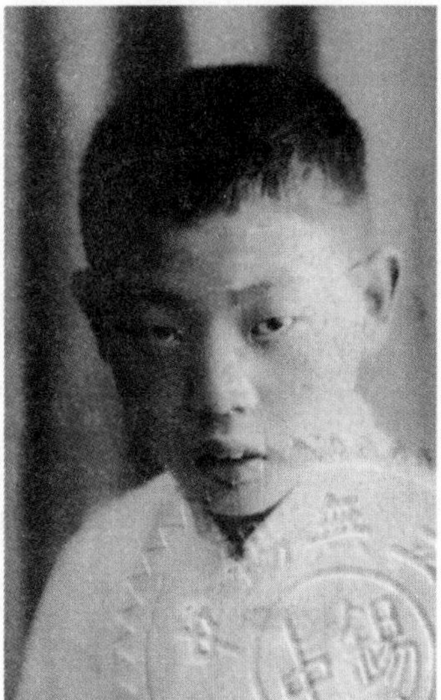

到南京参加考试时，不适的眼睛肿得厉害，勉强睁开，就流泪不止。我对考试也已毫无信心，不过应付一下，自知必然考不上了。

回到家，妈妈看见我眼睛红肿的样子，就立刻叫煮绿豆汤喝，另外在药店买了一种中成药，治疗两三天才逐渐消肿。爸爸知道了，也没多说什么，倒问我想干什么，我说要上高中，我可以免试升高中的。我是兄弟姐妹中头一个进高中的，全家人并无任何其他想法，倒是邻居中有了特别反映。

一天，父亲回家来忽然气愤地叫我，对我说："别人说我'轧乡绅'，就算'轧乡绅'好了，你好好念书。""轧乡绅"意指交结缙绅，就是意图"挤"到绅士群中去。原来当时南上塘一带店铺中，送儿女念高中就算一件新鲜事，就是一种"轧乡绅"行为。

国民党争夺与控制青年学生，尤其江、浙一带的学生，自有他的一套。国民政府发表命令，江、浙两省，南京、上海两市的高中及大学（包括专科）一年级学生，在暑期举行集中军训。成立上述四个总队，江苏总队的集训地点在镇江，时间3个月，在1936年夏举行，其他省市也有相同的事，但上述四省市是其重点。

江苏省学生集训总队的营地在镇江的"三十六标"（地名）。总队下设大队、中队。各校学生分散编入各中队，但高中生与大学生则分属不同的大队，记得我在第二大队的第六中队。

开学典礼在南京中山陵举行，蒋介石检阅。毕业典礼在南京中央军校大礼堂举行，蒋介石又来发毕业证书。

我个儿明显长高了。刚进三十六标，按身高排队我在最后第4名；临毕业时，我升至排头第4名（注：记得一个班13人）。其实，我从孩子长成少年，就是这个时期。

集训临毕业前，要举行考试，包括操作、课堂以及考察。对考察我茫然不知怎么回事，直到班长提醒，说要进行个别谈话，悄悄告诉我"准备准备"，但到底如何准备，他又不讲。我只是发现晚自习时，有人陆续被叫出去，轮到叫我去中队部时，似乎绝大多数人已经去过了。

生平第一次被叫去与"当官的"个别谈话，心里颇有点紧张，幸好那位与我谈话的区队长还较和气。问了一通年龄以至家里有什么人、干什么的之类，问我最敬仰、崇拜的是什么人，我讲些古人，他指明现代人物是谁，我说孙中山先生，如此应付了一阵。他忽然问会不会打算盘，我说会，他就把我带到他们（三个区队长）的卧室，原来要我把全区队学生的考试分数相加并平均，列出名次。这极其简单，我也乐于从命。一会儿算完我们（第二）区队，又算了另一个区队，吹熄灯号了，才回去睡觉。第二天班长悄悄问我昨晚为什么谈得那么晚。我告诉他谈的时间很短，让我算分数的时间才较长。这件事我当时根本没放在心上，许多年后，才知道其中厉害。

私锡中同学许善昌初中毕业后离校在上海工作几年，高中课程对他有一定困难，常要求我帮助。为此，他对我总表示友好。

1936 年底，发生了震惊全国以至世界的“西安事变”。记得蒋介石回南京的当晚，无锡城中到处放鞭炮，许善昌等专门买了鞭炮放。第二天还招呼一些同学上街游行庆祝，我也跟了去的。

按我所知，在无锡一带普通市民中，西安事变后，蒋介石的声望似乎反而上升了。广大群众并不了解事实真相，认为不打内战了，非常好。蒋介石也要抗日了，更好；张学良、杨虎城两将军都承认蒋介石是抗日领袖，蒋介石自然地位上升，声望上升。记不清是这一年还是前一年，国民党发起所谓“献机祝寿”，即大家捐钱买飞机，作为给蒋介石祝寿，我也跟学校其他同学一起上街募捐过。每个同学也都捐些钱，我所捐甚少，却也是努力节省下来的些许零用钱。

过年以后，我向妈妈提出要住到许善昌他们那里去，理由是在家实在太不方便，而房租分担极少。一提出来，爸爸倒非常干脆地同意了。我在私锡中连年免学费，如今付少量房租、伙食（在学校吃饭），也就说得过去。

这是 1937 年上半年，我印象中是颇为欢乐的几个月，平常从早到晚，上课做作业之外，都在学校里，或进图书馆看书，或在操场上玩球。吃过晚饭回住处，还可以与同住的同学——许善昌、卢志明、惠观洋夫妇聊天、下棋。星期六下午尤其热闹，学校规定放假，住校同学饭后就能回家，路过我们住的地方，常常有人进来玩一阵，吵吵闹闹一通再各自回家。

与许善昌等同住几个月，除掉他们言谈中明显亲国民党、蒋介石之外，并未发现有什么特别举动。许善昌还多次表示抗日爱国愿意参军上前线之类，给我的印象也是为人诚朴、热情的。他还曾倡议为邻近工厂中工人义务上课（语文、数学两门），得到校方同意，每星期有两三个晚上可利用两间教室上课，我也曾登台当过小先生（与我后来当中学教员颇有些关系）。直到建国后我回国，审干、肃反运动中，才知道许善昌在镇江集训时，参加了特务组织“蓝衣社”。他回校后，继续有活动并在同班中发展社员。因此涉及我，一度成为一项历史政治问题。这以后再讲。

学期临结束时，局势有重大发展，华北风云日紧，日寇侵略步步进逼，同学中议论也增多了。许善昌的态度是希望能念完高中，毕业后考空军或军校，一定要从军跟日本鬼子拼一下。同学童有储已经表示要教育救国。我倾向于科学救国，要向“赛先生”找出路。所谓“赛先生”，指五四运动中提出的“民主与科学”（democracy and science），按英文译音，称民主为“德先生”、科学为“赛先生”。总的说来，我们班在全校而论是比较活跃的，与私锡中一贯埋头啃书本的气氛有些不同，当时的老师们也表示过这种认识。

不料，就在大考完毕我回家时，妈妈竟然一病不起。等我从妈妈逝世的噩梦般懵懂日子里醒过来，已是“八一三”淞沪抗战紧张展开之时，学校还照样开学，只是绝大多数同学都不像过去那样一心念书。由于日寇轰炸，各地都紧张进行防空演习。高中学生，每次演习都要参加，在晚间，负责一些地段检查住户的灯光等。同学们也因为日本鬼子打到上海来了，我国军队顽强抵抗，报上几次宣布我们获得胜利，群情激奋，都愿意参加各种宣传，慰问伤病员等活动，我在有些活动中还担任小组长，有同班及较低班同学参加。

无锡第一次遭到轰炸是火车站附近。空袭后我们这个班的同学就被派去维持秩序，实际在被炸现场以外远远地拦阻普通人拥进去看热闹。第二次被炸的地区较大，无锡人开始人心惶惶，有炸弹落在离学校不太远处的铁路边，学校也就不安稳起来，有同学开始离校，住校同学还有被家里来人专门接回家的，学校不久宣布短期停课后到太湖边雪浪山下继续开学，学生是否参加可以自愿。妈妈不在了，没人特别管我，我就带上铺盖去了雪浪山。

到雪浪山上课的同学少了许多。我们班是毕业班，绝大多数同学都去了，但气氛已有变化。有些同学担心好不容易念到高三，眼看快毕业了，不知还能否拿到毕业文凭。老师们心里也不踏实，所以一贯严格执行的月考制度、留的作业等等，也松得多。

其实那里环境很好，靠太湖一串小山包，都很平缓，山下是田，教室在山脚，我们住在山腰一座两层木结构屋子里，几十个人一屋，一律打地铺。城里断断续续还有空袭，当地报纸也要第二或第三天才能看到，似乎又离战争远了一些。当地农民很少提及抗战之事，我对此相当不满意。

日本鬼子从金山卫登陆，战争局面大为不利。学校宣布立即解散，一时同学纷纷大乱。我们那一班，由班长许善昌召集还开了个小会，讲了坚持抗战，打游击或者到大后方去。他说要想办法到长沙去，听说南开大学已决定搬到长沙去，在那里成立临时大学，各位同学如能到长沙，打听到临时大学，就可找到他。当时表示也要去长沙的有几个人，我当时没有表态，因为家里已说过，二哥已与庆丰纱厂联系过，可以乘坐他们厂拆迁机器的船到苏北去，父亲的意思也是到苏北农村去躲一阵。

临分手时，许善昌还对我讲争取以后在大后方见面。后来果然我全家也到了长沙，并与他们会了面。

## 逃亡昆明

我们全家逃到昆明，完全出于始料之外，是一步步形势所趋迫而成。

从雪浪山回家，全城已是一片慌张逃难的景象。家里母亲新丧，无人拿什么主张。这时候，二哥充分显示了能力与主张。

二哥在庆丰纱厂，此时已从实习生晋升为工务员，大体相当于后来所称的技术员，搞全厂机械设备的维护、修理工作。淞沪抗战后，老板决定将一部分纺纱机器拆运苏北，在苏北重新建厂，苏北如不行，就去武汉。庆丰纱厂在武汉已设有办事处，在镇江也有联络点。

老板宣布，参加拆运机器的人，一旦战事吃紧，可以带家属一起乘坐运输船只离开无锡。二哥当时与几个同事参与负责此事，因此，有权乘机器船带全家逃难。二哥与大姐商量，大姐也很赞成，并决定届时带她女儿明敏跟我家一起走。姐夫邓秉璠在邮局工作，据说按当时国际条约（称为“万国邮务保证条约”之类），交战国家也要保持邮政持续工作，不得伤害，所以邮局人员都不走，只打算把老弱妇女临时躲避一下。一讲，父亲也同意了，但是父亲心目中只是去苏北某地。

日寇已向南京挺进，苏北眼看不会安全，庆丰纱厂已考虑将机器直运武汉。事到临头，更无他法。二哥操办安排，坚持“上船再说”。这在我回到家里时就已经决定了的，家里也正在设法通知我回家。

据康定回忆，全家逃离无锡的那一天是 1937 年 11 月 16 日。全家乘船经镇江到汉口，又乘火车到长沙。

有一天就忽然碰到了私锡中同学，不禁彼此一阵惊喜，知道已有几个同学先后到了长沙，在湘江对岸岳麓山下租农民房子住着。他们暂时以临时大学学生为对象，天天熬糖粥出售，可以赚出几个人的饭食来。他还邀我一定去看看他们。我过湘江去看他们时，得知一个消息，临时大学已决定迁往昆明，一部分从北方运到的图书、仪器，没有开箱就开始发运去昆明了；还说临时大学一部分学生可能徒步走到昆明，如果那样决定，他们将随这个团体，也走到昆明去。

回家一讲这事，引起注意。外面的消息，从昆明可以取道“安南”（指现越南），走海上回到上海，父亲对此很有兴趣。于是父亲、大哥以及二哥有意识地探听去昆明的路线。

我们在汉口停留仅约一周，在长沙约两个月，就又出发前往昆明。看看地图就知道，这一次要走的旅程，比已经走的总和还长，中间不再停顿。这次坐硬板凳、摇摇晃晃的汽车，至少要 10 天，想想也觉得会是很艰难的。我那时毕竟年轻得很，不知深浅，所以也毫不在乎，上了车，每人还保证有个座位，走那么大约两小时，总会停一次，让乘客上厕所，买点吃食之类，所以颇不寂寞。

除二哥去了湘潭外，全家在 1938 年元旦到达昆明。

## 昆明初探

二哥是1938年初，旧历除夕前到达昆明的。他在湘潭找工作未得结果，而我们家长途逃亡，至此总算一家平安、团圆地过了年。

初到昆明时没有任何依托，只能住在旅店中。旅店规模相当大，而且颇有特色。一住下来，第一个印象是天气好，第二个则是物价便宜。云南虽是西南边境的内陆省份，却靠通过越南而有出海口，所以比贵州就强多了。

昆明海拔高，而纬度低，结合而来就是四季如春，天天阳光明朗、浮云片片，让人心旷神怡。至于物价之低，简直让我们不敢相信。头两三天，我们带一元钞票上街买东西，多次因"没得找"而办不成。可惜这种低廉物价并未维持太久，昆明人口激增，物价随之上升，以后更是飞涨。

旧历年过后不久，国民政府对跑到大后方的战区学生制订了一些措施：如可以随地借读或转学，发放贷金（名义上毕业工作后要归还的生活补助金）等。二哥和我都决定到昆明的中学去再念点书，而大哥在当地开个小店的决心也定下了。父亲在春节后不久，抱着侄女小玉（大哥的女儿）在照相馆拍了张相片，那时小玉是他唯一的孙女。

故乡之外，昆明的8年多就算最长（久居北京是后来的事）。过去，思想上有时把昆明视作第二故乡。

## 大家庭的解体

父亲终于得到确切讯息，店铺还在，而且由几个老伙计在维持着；秉璠也有信来，平安无事，仍在邮局工作，他家老宅无恙。关于由安南海防坐船去上海，已有人走过来回，海船也不可怕，等等。于是父亲、大姐安排一切，准备动身。大姐首先决心仅由奶妈陪同，带女儿明敏一起回无锡。大姐就这样动身了，是1938年春节后不久。

大哥在昆明武成路上租下一楼一底的房子，楼下铺面开店，楼上住人。

我先进了昆华高中，插班高三下学期，称为“借读”。二哥进云大附中读高一。此时长沙临时大学已取消，而“西南联合大学”正在积极筹备开学。我总记得父亲讲过：二哥与我念上大学，将来大学毕业，也算是他坟前一对红蜡烛。也因此，长期在我记忆中，父亲他们离开昆明时已是秋天，而二哥与我都已录取西南联大以后，那时大姐已到无锡并且来了信，父亲才下定决心动身。

送父亲上火车先去安南。那时并未想到抗战要经历8年，更没有想到一别之后再也见不到父亲了。不久，二姐进入裕滇纱厂工作，康定在大哥的店铺中，在一定程度上成为学徒的身份。我们原来的家，有父母和兄弟姐妹在一起的那个家，解体了，不再存在了。

云南省那时对教育还算比较重视，在昆明既建立颇有一点规模的云南大学，又建立一系列普通中学和职业学校，普遍以“昆华”为名，如昆华中学（高中、初中两部)、昆华女中、昆华师范等。我念书的昆华中学一部分利用了过去的祠堂、仓库等。昆华高中的大门在西仓坡，校舍由两处旧建筑组成，一部分是一处会馆，另一处是清代任总督之职的岑毓英的祠堂。大殿上“南天一柱”的匾仍然高悬。大殿与戏台之间两廊是低矮的二层木结构屋子，分隔而成学生宿舍，我们四人一间屋，另外三人是本来在上海等地读书、刚刚跑回昆明的插班生。

那木板床一个寒假没人睡，我毫无戒备地躺下，居然也睡熟了，半夜醒来，浑身奇痒，发觉臭虫极多。而同寝室的同学一到，才发现秘密。他们把所有的床板、架子都抬到天井里，烧了几壶开水，又生一小堆火，撬开床板、架子，原来一切缝缝里都挤满了臭虫。用火一燎，成团地掉入火中，噼啪乱响，臭味很大。再用滚烫的开水，彻底淋浇。一次歼灭战，消灭臭虫好几千。

我入校头一两天或是后来某个周末的晚上，我独自住在那间寝室中，独灯照影，孑然一身，忽然有了强烈的孤独感。那种感觉简直叫人害怕。自从妈妈去世，情况虽已大有不同，却总还有个家。如今大哥家在武成路，我没有家了。我潸然泪下不止，而且暗自思量，兄弟姐妹还应当是一家人那样的才好。也就是那一晚，我明白自己不得不与少年稚气告别，步入人生另一阶段。也就特别爱好独自哼唱“逃亡三部曲”（“我的家，在东北松花江上……”）这一类歌曲。

## 进大学的垫脚石：昆华高中

昆华高中是云南省有名的第一位的高级中学。校长徐继祖，留学法国回来。学校的教师都是大学学历。其实，连个稍稍像样的图书馆都没有，更不用说理化实验室之类。教育水平，比江浙以及京津差得远。在一定程度上，高三仅相当于私锡中的高一，对我来说，上课连复习都谈不上。同班同学，年龄普遍较大，不少已经结婚，来自云南各县的占相当大的比例，包括少数是贵州省内的，还有颇为偏僻的县份。

这些学生都是各县富有人家子弟，但生活都很俭朴，举止文质彬彬。又因为年龄大，都颇成熟，对我这样来自江南的又年轻一截的新同学，处处照顾。甚至饭桌上吃饭时，会有人挑选最好的肉块，专门让给我吃的。其中有一位姓杨的，年龄30左右，儿子都已10岁以上，身高体壮，平常比较沉默，不苟言笑，但什么时候他一讲话，其他同学似乎就都“服”他。开学不久，他就郑重其事地在班上说：人家不远万里，不当亡国之人（他不说亡国奴），来到云南，就是贵客。我觉得同学们诚朴可亲，也愿意接近他们。倒是那几位云南籍外出归来的同学，有时就流露一些看不起本地人的味道，衣着举止也不同，几个人又自成一个“小团体”，在班上明显不受欢迎。

此时在外地的云南人纷纷归来，学校乘机新聘几位老师，都是名牌大学毕业的。一位教高等代数与几何的王老师恐怕大学刚毕业，或是四年级尚未毕业，没有教育经验，讲得也不太高明。开学不久，就谈上恋爱准备结婚，他发现有我这么个学生，就指定我代他改作业，晚自习时解答，帮助同学们。所以不久我就成了班上的数学“小先生”，而且颇受同学欢迎。

此时，杨振宁也在昆华高中借读，高二班，跟我都是头发剪成小平头，娃娃气十足，根本不念书，爱玩玩小孩子的玩意儿，甚至想趴在地上“打弹子”（小玻璃球），但考试又不在话下，所以颇受教师的赏识。教物理的老师曾分别对我们两人讲过，毕业后去念联大物理系。不知杨振宁是否是受此影响而进了物理系的，杨振宁父亲是联大数学系教授。

我因为当小先生而颇受欢迎，竟有同学约我暑期中帮他补习以便考大学，这位同学姓许，家住西门城楼附近。我曾每天去帮他补习过，他母亲亲自出面招待，送我“红包”（真正用红纸包得好好的），记不得是几元钱了，但却是我再三推辞不成、第一次受人钱财。

上学十分轻松，所以一到周末就可以去玩大观楼等，总有同学愿意作向导。极少花钱，来回走路之外，乘马车（一架马车上坐七八个、十来个不等，面对面光板两块，坐在上面颠得很），坐小船，都是几分钱、一毛钱的事。吃一碗米线或饵饼，5 分钱；吃一个麦粑粑，有糖馅的 3 分，没馅的 2 分；如果在西门口牛肉店吃牛肉就算开荤。这样昆明城内外的名胜古迹都玩过了，眼界大开，觉得这个世界真奇妙，文化古迹灿烂辉煌，中国几千年历史，值得骄傲。

开学后不太久，班上又来过两位战区学生：姚圻和王季康，跟我都较为接近。姚圻是北平师大附中的，后来知道他不仅是民主解放先锋队的干部，还是地下党员，是 20 世纪 80 年代曾任国务院副总理的姚依林一家的人。他进联大后，出面与三青团的人竞选学生会主席，记得最后他与三青团的朱声度两人都任副主席。那时我们都是三年级，我见他时开玩笑称他为“摇旗呐喊副主席”，因为朦胧中已觉得他出面竞选，有在后面支持他的人物。后来一度在学校中都见不到他。20 世纪 50 年代回国后在北京见过几次，通过一些信，知道他在昆明为避开国民党的追捕而去外县。他因联系的党员失去联络，被定为脱党，党籍长期未得恢复，后来在北京市财经学院任教。

二哥刚复学，有时在功课上费力一些，周末还常在做作业，我有时也多少帮点忙。

就这样，一度出现的孤独感很快过去了，我学会了自己独自生活。转眼学期结束，云南省教育厅决定对高中毕业班举行会考，是该省第一次，而且规定：会考不及格不能毕业，而考试前若干名可根据本人志愿免考保送西南联大或云南大学。这一下在校内引起震动，有些同学很紧张，千方百计开夜车。

会考在孔庙大成殿上举行，把原来的长窗格扇全部取下，殿内彻底搬空，排上坐椅。为防止作弊，学生的座位按梅花形把各校学生分隔开，任何一个学生的前后左右四个座位，都是别校学生。我的左右两边都是女学生。考数学我答题很顺利，第一张答卷完成后放在桌上，正答第二张时，旁边那位女生一伸手就把那第一张答案抢去，抄将起来。我干急而毫无办法，第二张答卷做完了，她还不还第一张，并且示意让我把第二张答卷放到桌边去，她才还我第一张，我不给。她却在送回第一张试卷时，乘我接下时抢走了第二张，我又气又恼又急，却仍只能干等她送回。

1938年朱康福高中毕业

后面几次考试，我小心翼翼，始终护着考卷，没有被抢去。事后打听，据说那位女生姓童，是昆明市一首饰店老板的女儿。到20世纪70年代，石油化工研究院一位女同志叫童永锐，听我说起此事，认为可能是她一位姑姑（她有好几位姑姑，但1938年高中毕业的就是一位）云云。

发榜相当隆重，大红纸写了一长溜，贴在文庙大门旁，据说还放过鞭炮。许多学生、家长和闲人围观。我对考试结果心中有底，同学有人看过回来告诉“你考了第一”，才去看榜。路过武成路，还先在大哥、大嫂处停留了一阵，也没说此事。榜上写的是“一等若干名”及第一名、第二名等都是谁，看后也是高兴的。

此事起的作用有二：首先免试升入大学；第二，后来物价飞涨，要找家庭教师的工作来维持生活，我与二哥都处于完全优势。暑期中我就完全有充分时间与二哥一起复习。二哥以“同等学力”的资格报考西南联大，一举成功。

会考发榜时，私锡中同学许善昌、卢志明、童有储已开了一家糖果、点心铺。在那时的昆明，这家铺子算比较高级的。因为铺子离文庙很近，居然听说我考了第一名的事。我路过时，专门招呼我进店，送我一包糖果，包括那时被认为名贵的巧克力糖，我生平第一次品尝了巧克力。

应该老实说明，我在昆中那些纯朴的同学以至有几个老师看来，因为逃到了昆明，就算爱国青年，考试成绩好又年幼，好像还是江南才子。而实际上是完全谈不上这些的。稚气未退、童心依旧，日子得过且过，没有什么长远打算，更没有豪情壮志。昆明环境很好，逃离了抗战烽火，联大在昆明建立，上学可以得贷金。我思想上比较明确的一点只是争取进联大念书。念了书干什么，有一点科技兴国的念头，而更多的是找一份比较合适的工作。日寇占领南京以后，显然有一段时间曾经向蒋介石政府诱降，报纸上隐隐约约也有点泄露，例如德国大使来来往往之类。蒋政权迫于全国人民，不敢投降，迁都重庆、保卫武汉、台儿庄大捷等，都是这一时期的大事。尽管在昆中看报不太方便，我还是每天要看的。我关心国事，大概也就止于此矣。

## 西南联大四年（1938—1942）

二哥选择机械系，与他在庆丰纱厂的工作经验有关，顺理成章。我选化工系，完全出于好找工作，必要时自己不妨煮煮肥皂、做做雪花膏过日子。

西南联大由三校校长组成校务委员会常委，其实北大校长蒋梦麟已经被政府网罗去当政客，南开校长张伯苓先生似乎关心重庆的南开中学多于西南联大，实际主持工作的，主要是梅贻琦先生，工学院院长是施嘉炀，机械系主任刘仙洲，化工系主任张克忠，这几位都是颇有声望的著名教授。

云南省主席龙云对联大是支持的。昆明还未遭受过轰炸，只发过警报，省政府就决定让几所中学疏散到附近县份中去，将校舍让给联大使用，又划定城外西北角、沿环城公路一块地皮，供联大建校舍。这新校舍南边紧靠环城公路，越过环城公路，仅不足100米就是城墙。联大在公路与城墙之间一块狭长地带也盖了两排简易平房，作为物理、化学实验室。在城墙上开了个口子，形成一条土路，就与文林街连接。昆华中学的初中部被称为“昆中北院”，高中部为“昆中南院”，全给联大使用，大体上也就紧密相连了。许多教授都在文林街附近的巷子里租民房居住，少数单身的以及多数单身助教分住在昆中北院等处。新校舍的房屋一律是最简单的平房，土坯墙，铁皮房顶。每幢学生宿舍中，上下双层床两排，一间住40人左右。若干间教室也是同样结构。突出的是图书馆，跨度、长度都颇大。铁皮屋顶土坯墙，长条桌子长条凳，电灯昏暗时还点汽灯，同学们晚间争占座位，相当热闹。除新校舍少数教室外，昆华师范一幢教室楼是主要的教室所在。这一片包括了理、文、法、商及师范学院。工学院则在拓东路，使用的宿舍是过去的盐行仓库，一直被叫作“盐行宿舍”。教室、实验工场等则是面积较大的迤西会馆及紧邻相连的一些旧房，一说“迤西会馆”就代表工学院。

一年级新生集中在新校舍这边，教室与课程的安排，有时上一节课在新校舍，下一节就可能在昆师，就得跑步猛赶。

当时搬家特别方便，因为那时属于我的东西，仅仅一铺一盖，父亲给我的一件棉袍，在大哥店中购备的一个脸盆、漱口杯之类，连一本书都没有。因为昆华中学所用的教科书我认为不值得买，一贯是借同学的翻翻就敷衍过去了。

联大学生都各有一个学号，凡公布考试成绩之类的事，不列姓名只写学号，三校联合，学号前加一英文字母：北大是 P，南开 N，清华 T。我们是正宗联大，用 A。化工系同班同学安君赞按姓名英文拼音排，是 A1，我是云南省保送，未按拼音排列而被列在后面，是 A731。

开学不久，各系分别集会欢迎新同学。一天课间，一位女生叫我，跟我握手，通知我参加化工系的集会，又说听你口音是南方人，原来她也是无锡人。既是小同乡，又相当热情地讲了些话。我一辈子中还是第一次与年轻女孩握手，莫明其妙地发窘，她告诉我她名叫孙观华。她一年以后就转系去念社会系，后来也无接触。直到 1978 年联大 40 周年校庆，才在清华校园相遇。

大一的功课是繁重的。教授们一般要求较严，也有很随便的。重头课为普通化学，由钱思亮讲授，他是胡适的干女婿，以后在台湾当过台大校长。普通物理是霍秉权讲授，考试很严。大一英语、微积分等也都学得很吃力。我在昆中实际没有念什么书，私锡中的高三也没念几天，所以并不轻松。同寝室有三四个四川同学，功课压得重，也总一面用功、一面叹气。二哥也很不轻松。英语中，大一学生叫 Freshmen，大二叫 Sophomore。有一次英语作文，记得我写过“We are no more fresh”，“We are going to suffer more”。

二哥与我各有每月 7 元的贷金。吃饭之外，买些文具纸张，最必需的日用品也够了。

那时也放映美国好莱坞名片，并不翻译，影院为照顾多数观众，总有一人作些口头讲解，使观众能够跟上情节。联大学生看这种电影，完全听得懂原文的不多，但又程度不等地懂一些。讲解的人，言语有粗鄙之处，譬如怪声怪气地说“他吻她了”之类。因此，大学生们常有反感。

一次，在翠湖南岸的电影院放映莎翁名剧《罗密欧与朱丽叶》，中文译为《铸情》，票价不贵，联大学生在每场都占观众的相当比例。二哥与我也去看，场内就发生矛盾。联大学生对讲解发出“嘘”声，讲解员就尽量少讲。而另一部分观众则大声喊，“讲嘛”，于是又讲。剧中最精彩的一段：朱丽叶在楼上想到罗密欧，罗在楼下花丛中，此时有一段独白与后来的对话。大学生们都想听原文，另一些观众却要听讲解。讲解者的水平不能传达原意之万一，于是双方矛盾尖锐化。这次所幸没有打起来，但一场美妙的电影，被大大扰乱了。

二哥与我的课程不尽相同，但课余时间总在一起。我跟着二哥，凡事不必操心。也因此，我与化工系同学不太接近，甚至一个学期下来，虽已认识却没讲过几句话的大有人在。到第二学期才比较熟悉。除孙观华以外，都是男生，又大体上自然地分成两拨：一拨从北方京津等地来的，另一拨则是江浙一带南方人，另有几位四川同学，开始时他们自成一小拨，稍后与南方学生交往较多。

同班同学们的名字如下：

北方：杨涟、沈崇昭、孙观华、张怀祖等；

南方：安君赞、赵璋、徐威（湖南人）、包承业、戚桂宴（山东人）等；

四川人：陈建侯。还有第二年从重庆转学来的刘安华、任景阳、沈崇育、赵仲兴。

抗日战争进入艰苦时期，武汉失陷，昆明则出现畸形繁荣，物价日益高涨，发国难财的大有人在。联大新校舍内，学生间的分化也明显起来。一部分同学指斥政府的气氛日趋浓厚，极少数同学弃学从商或挂名念书而想法生财。当然，中间派还是占绝大多数。这些同学为求吃饱肚皮谋求兼职。有去中学兼课的，有找一处家教得些微薄补贴的。

1939年暑假，我和二哥都找到家教工作。我第一次教的是一个女孩。那家只她母女二人，听说是滇军军长范石生的遗孀和女儿。这个小姑娘理应初中毕业，实际水平赶不上江浙一带的小学毕业生。

我第一次单独教课，举止相当拘束。她家规矩还挺大。我一到，总是当母亲的亲自招呼，叫一个小女佣送茶送香烟。女学生简直没法教，初中代数的习题，教了一通，她说“会了，会了”，但稍稍改换形式，就不会解。她倒也佩服我。也许因为如此，她母亲更客气了。每天又送上几个桃子之类的，而且一定要我吃。学生也吃，自然就等于休息。有时还有她的同学来旁听，其水平也都是很可怜的。

教了一个月后，人家拿个当时被称为“帖子”的红色封套和卡片，送我7元钞票，这是我第一次获得的工资。

我大一的考试成绩不错。学校通告，有檀香山华侨捐赠的一笔钱，作为奖学金给战区学生，可以申请，条件是成绩好与无经济来源。我申请并得批准，获得大约 100 元。当时物价使每月 7 元的贷金已不够学校的伙食费，有此一项补助，颇起作用。当然二哥与我在经济上是完全统一合并的。同班同学沈崇育①的成绩也不错，他申请获得三青团的奖学金。此时才知道，他是抗日先烈飞行员沈崇诲的弟弟。他家是个很大的“世族”。沈崇育亲兄弟有 8 人，以“训诲教育、刚毅健勇”为名，新中国成立后曾任驻美大使的韩叙，就是崇育的弟弟。

大二时期与二哥分开了，搞家教也分了心，而几位著名教授又颇让我失望：定量分析教授高崇熙，赫赫有名但教课实在无法佩服。据说他爱好打麻将，到昆明后对时局不满，对生活不满，更加沉溺于此。连夜雀战，如果输了，第二天上课就来次测验。随便出个题，也是过去几年中用过的。卷子也不改，或任意给分。头两次测试成绩好的，就基本过关，否则就被认为不行。定量分析不及格，不能继续念化学系或化工系。高先生就单独叫去几个同学告知，如果转系，给 60 分以便有 10 个学分获得承认；不转系，就是 58 分，必须重念，等于留级。

另一个重头课有机化学，由女教授朱汝华讲授。她是曾昭抡先生得意高足，留学归来，还未结婚。她一天到晚总绷着个脸，讲课如背诵与默写，引不起兴趣。

他们与大一时钱思亮讲普通化学、邱宗岳老先生讲定性分析相比，我认为差得很远。其实这也是我对北大、清华的学风不够了解。高先生与朱汝华先生学术上还是很有造诣的。而我因个人兴趣及喜好，就不好好学。尤其是有机化学，时而逃课，反正借同学笔记抄一遍，比上课简单省事得

① 沈崇育（　—2005. 3. 4），1942 年毕业于西南联大化工系，1948 年去美国留学，定居美国。2005 年逝世于美国。——朱小鸽注

多，不料朱汝华先生是点名的。第一学期我的成绩还约有 70 分，第二学期考得不好，又缺课扣分，成绩就不及格。但两学期平均还能超过 60 分，总算过关。只是无端对朱汝华先生大为不满。

这一年，国内政治局面发生极大转变，国民党公开反共，发生“皖南事变”。联大学生左、右阵线分明，我当时不知道谁有什么背景，但从言谈中也能听出区别。我也能看到重庆《新华日报》，却不知哪里来的。在昆师小楼宿舍中，有几位同学似乎有几天没见面了，也没人问。其实，联大同学中一批地下党员和积极分子，一夜之间奉命离开了昆明。

联大新校舍的大图书馆每晚仍然有许多同学抢座位。有些同学发现附近的茶馆汽灯雪亮，泡一杯茶所花极少，既可念书也可聊天，是极好去处。不久茶馆就生意兴隆，座无虚席，又新开了两家。老店也尽量多腾出

1941年在昆明游大观楼。左起：二哥朱康侯、朱康福、二姐朱芸秀、侄女小玉。

地方来设座。坐茶馆成了一时风行之事。其实进茶馆，主要是聊天，念书只是个幌子。我也曾一度老去茶馆看书，结果什么也没看成。由于白天有时逃课，晚上又上茶馆，考试成绩明显下降，就不敢总上茶馆了。而家教工作仍未放弃，以保证生活。

大二念完，暑期中，物价飞涨，贷金完全不能维持伙食，二哥就想工作一段时间，积一点钱，以保证我兄弟二人能念到毕业。因此他毅然作出牺牲，休学一年工作，而让我安心念书。

大三的功课仍然很重，本来，化学工程曾被认为是“化学加机械”。化工系前两年忙于“化学”，到大三时还剩下一门理论化学或称物理化学，是邱宗岳先生所授（化学系学生，此课由黄子卿先生讲授，黄先生声名大而我以为讲得不如邱先生）。其余主要是机械系的几门重头主课，如刘仙洲先生所授机械原理，孟广喆先生授材料力学等。还有系主任苏国桢先生授化工原理，谢明山先生授化工机械。可以说压得同学们透不过气来，课余时间变得很少了。

国立西南联合大学工学院（20世纪40年代初）后排左二：朱康福

联大由三校合并组成，三校的传统各有显示。工学院主要是

清华的传统，只有化工系本是南开一校所设，开始南迁时，该系单独去重庆附设于重庆大学内，不曾到长沙临时大学，所以有点与众不同；其余各系都是清华的班底。清华号称工程师的摇篮，同学们既以此自傲，也受此束缚，气氛上不像新校舍那样自由自在。例如，新校舍那边的同学，显著的传统来自北大。同寝室相邻两张床，可以用块白布一拦，彼此互不相识，不交一语。而政治思想方面，明显比工学院这边活跃得多，墙报众多，各自成一套风格，且左、右壁垒分明。学生自治会竞选，搞得很热闹，真有点竞选的气派。就是目前全国范围内，恐怕也见不到那种阵势。联大历次学生运动，无不从新校舍那边发动，工学院同学往往仅有较少同学参加。但这并不说明工学院学生思想保守右倾。国民党、三青团在工学院完全吃不开，这些学生在沉重的课程负担下，大都从二年级起就被淘汰、转系，剩下极少数，在政治思想与活动方面也成不了气候。当然，在工学院，中间派同学仍居绝大多数。

物价进一步飞涨，汪精卫投敌，孔家小姐飞机载狗，“前方吃紧，后方紧吃”。我记忆中联大学生第一次上街游行，就是以此为由，要求政府增加贷金和反对贪污腐化。游行队伍从新校舍出发，预定也就到近日楼为终点。我与工学院多数同学从拓东路出发，似乎从东门进城，汇入大队后不久就到了近日楼。兴犹未尽，又从近日楼、金碧路一路游行而归。

昆明也遭受空袭，其中一架民航飞机刚刚起飞，竟被日机击落。机上人员除一个小婴儿奇迹地生存之外，全部遇难。其中有一位是化工系刚毕业的原南开学生。民航机有显著的标志，日寇居然明目张胆地予以击落，是灭绝人性的兽行。

日寇袭击平民的罪行就我亲眼所见而特别残忍的至少有两次。一次我在紧急警报响过而且听到有飞机声音时，才带上小书包（内装计算尺和一副绘图仪，是工学院学生必需之物）走出宿舍后门，跑了几步，飞机眼看到了头顶，马上藏入小路边的豆地里伏下。炸弹呼啸而下，呈直线连续下来好几个，最近的离我100余米。眼见它落地爆炸，幸亏都是小型炸弹，仅仅尘土泥块落我一身。而早就跑出去的同学中，就有人受了轻伤。有一位助教几乎被埋在弹坑边的土里，当时晕了过去。附近老百姓也有被炸伤炸死的。另一次就更惨。警报没有及时发出，人们听到警报跑出城时，飞机已到头上。东门外一条大路上，日寇用机枪扫射、炸弹乱炸。老百姓死伤累累。

让我更加从心底痛恨日本鬼子的是知道父亲在家乡去世。消息传来，虽然没有详细说，但还是讲到父亲回大姐家时，在南城门遇到日本宪兵的阻挠，又害怕又气愤以至上楼时跌倒。听到消息后当天吃饭如同嚼蜡，晚间也睡不好。第二或第三天下午，独自回宿舍蒙头而卧，大哭一场。以为我们的家这下子彻底瓦解了，再没有我们那个家了，孤独感特别强烈。

此时，康定开始恢复入学，先进入私立天南中学被收为插班生。第二年（1941年）暑假后，康定考取云南大学附中的高中。

大三结束，二哥回校。

学生们一到四年级就自然要考虑毕业后的工作，除自有门路者外，就靠系主任与教授的推荐与介绍。南大化工系原主任张克忠先生已离校，由苏国桢接任。苏国桢清华毕业，公费（庚子赔款）留美，获麻省理工学院（MIT）博士学位，福建人。夫人姓乔，山西人，据说广有家财，姐妹二人又长得好，在清华时号称“二乔”。而苏先生家境一般，长得也不帅，还有点口吃。苏先生讲课，可谓一塌糊涂，但对一本化工原理，似乎烂熟于胸，连第多少页上有什么习题都背得出来的。他介绍毕业生找工作，靠的是清华同学。比我们高一班的，多数去资源委员会，其中有几位去了玉门，如江齐恩、韩业镕等。

教授中谢明山留学英国。潘尚贞浙大毕业，美国威斯康星（Wisconsin）大学博士。后来又来一位张明哲，攻燃料与燃烧。一位陈国符，留德博士，专攻造纸。此外，张大煜先生也兼过一两门课程。

联大教授们收入不丰，生活清苦，各自也搞点副业。苏国桢在这方面就显示了他的才干。不知如何就与当地财主们挂上了钩，由云南矿业银行及一位财主出资，搞了个极小的酒精厂。收购市上白酒，蒸馏取得 95.5% 的酒精，供汽车使用，颇为赚钱。化工系三位助教赵镛声、钟秉智、颜保民先后参与此事。但我在大四上学期（1941 年下半年）还不知此事。为求毕业后有工作，苏国桢已原则同意留我为助教。

谢明山那时配制蓝墨水，牌子叫“西曼墨水”，在昆明还是大有销路的。谢明山负责指导我的毕业实验，指定的题目，却是墨水对笔尖的腐蚀。他取来一批墨水瓶，买一批钢笔尖，指导我配置若干种有机酸，在一定的 pH 之下，浸泡笔尖，隔一定时间称重，并观察溶液中是否产生“沉淀”。

还有毕业实习，我选了“酿造”这门选修课，于是顺理成章，与好几个同学分批去大板桥酒精厂实习。在一定程度上，几位教授似乎都在打我的主意。

大四第一学期结束，即 1942 年 1 月，联大的“铁马体育会”组织去路南县的石林旅游，这是穷大学生们的旅游，所花不多，二哥与我参加。石林当然早已存在，《徐霞客游记》曾经提及，只因交通不便，使这一世界级的奇观长期默默无闻。1939 年云大附中迁至路南，校长杨春洲及楚图南等教师曾去游赏，大称道之，并对一些景点命名，例如后来极其有名的“阿细望月”之类。时间是农历正月十五前，当地苗族同胞按例举行跳月盛会，男女定情，这也是吸引人的一点。

靠二哥休学一年的收入，也没有再担任家教，而且凡有好电影，也总会去看。好莱坞电影一上映，美军与联大学生争票之事也发生过。联大同学中，大多数对美军的骄横都有反感，又能听得懂那些家伙口发狂言或辱骂的话，已有过几次打架斗殴。他们往往是把单独的美军引开，诱至偏僻街道上，数人围攻，揍那家伙一顿。听到这些事，总觉得痛快，也想什么时间碰上，打几下子冷拳。

另一家电影院是联大土木系著名教授吴柳生先生负责设计的，大概承包工程的单位与吴先生也有关系。电影院建筑的跨度大，当时是个新型设计，曾在报纸上宣传过。不料营业仅约一年，竟在放映电影的时候屋顶整个塌落，当场死伤众多（据说有200多人），一时成为昆明市一大惨案，并引起公愤。在那时社会环境下，此事大事化小而了结。吴柳生先生有一段时间躲了起来。

1942年云南大叠水下
背面写着：黄乾九，吴孝达，沈立铭，陈星烘，孙天风，朱康福（后排右二），朱康侯（前排右一，坐着）都是些拿锤子的Engineers。

毕业前夕，苏国桢说按清华传统，约毕业班同学分批到他家中吃顿饭。是否全班都去过，我不能肯定，但我是去过的，同时还有三个同班同学，已记不清是谁了。苏夫人亲自接待，有一个当地女孩子帮忙。

他家吃饭可是很受拘束。每人用两双筷子，一双夹菜到盘子中，再用另一双入口。汤匙倒只一个，但另有一个大匙从汤碗中取汤进自己的小碗。饭前、饭后专门洗手，擦手的毛巾是专门给我们用的。饭菜也比较简单，仅表示了一种意思。就在这次吃饭时，苏国桢正式宣布要成立恒通酒精厂并发展为恒通化学工业公司，打算让我们参加，所以这顿饭吃得知其意而不知其味。

对于系里助教，苏国桢说将留安君赞，而且已与他和工学院谈过。换句话说，是已成事实。为抚慰我，他说到恒通工作后一样可以争取出国，他自己也有重返美国的考虑，将来一定帮我想办法出国。其实，我那时思想中并没有明确的想出国的念头，一般同学心目中，留校当助教是最合理的出国途径——潜心读书，做各种习题，考上公费留学，以后回来当教授。清华、南开以及其他大学的许多教授们，就是这样走过来的，代代相

1983年9月29日在美国与西南联大老同学沈崇育(右,定居美国)见面

传。在这一点上，以后苏国桢在其力所能及、不花本钱的情况下，倒是实现了的。

就这样，我一毕业就进了恒通化学工业公司，同去的有杨涟、赵璋、刘安华、任景阳。除安君赞留校外，同班的沈崇昭、沈崇育、赵仲兴、徐威去重庆的动力油料厂，陈建侯去重庆中央工业试验所，包承业要回老家，结果半途病亡。

我们班上念书成绩较好的，有4个：沈崇昭、沈崇育、安君赞和我。其中沈崇昭与安君赞最用功，以考试分数而论，他两个又往往比沈崇育和我稍逊一筹。同学中有时把沈崇育与我并论，根据教科书中往往在一定地方加注一个星号（*），以提示注意，被称为“Ear Mark”，于是给我们两个取了外号，我耳朵大，又姓朱，得了“猪耳”之名。后来念理论化学，邱宗岳先生讲“Joule-Thomson Effect”。我特别感兴趣，邱先生也每每提到我（那门课我的成绩有80多分，邱先生很满意）。猪耳就转为朱耳（Joule的音译）；而沈崇育一个耳廓生来发育不全，因而名曰单耳。在我们班以及上、下级同学中，通常从不叫我们名字，就叫朱耳与单耳。

联大四年，身边只多了几本笔记。父亲给的棉袍，长仅及膝，还珍重留着过冬，可父亲却已不在了，我总算学完了“国难大学”，其中二哥休学一年，挣钱维持，功不可没[①]。

按：据1998—1999年联大北京同学会印发的“通讯”记载：联大各年度毕业生有优秀毕业生的名单，1942年的名单中列有我的名字，在此之前，我自己一直不知道此事。——2000年追记

---

① 大学时，还有两件事：1. 二哥与你搞一个暑期补习学校，校长是曾昭抡，在武成路儿童书店报名，后来没办成。2. 在西坝租一房子造肥皂，我看房子，搞过两三次试验，后也未成。——康定注

美国的工业发达、科技先进、市场繁荣与生活水平高，都是不可否认的。像田纳西河上的大坝（TVA 工程）、金门湾的大桥、全国公路交通网等。当年的中国与其差距太大，我们对这些事实有一种憧憬与盼望，中国什么时候也能有一些这一类的建设。历经侵略欺负与内部的战乱，好不容易盼来一个公开声明要着重搞建设的、统一的新中国，我们自然急于回去参加，贡献一份微薄的力量。

# 第3章 出国与归国

## 在恒通公司酒精厂（1942 年 8 月—1943 年初）

恒通公司主要是云南省矿业银行投资建成的。矿业银行那时的经理赵贯一，觉得光搞当地传统运输、贩卖等不够了，矿业主要指个旧锡矿，也没有更大发展。而搞运输靠汽车，没有汽油也得用酒精，办个稍有规模的酒精厂符合其集团的利益，所以一举投入较大资金。至于苏国桢，看来是耐不住当教授系主任的清苦生活，所以下决心搞上一笔钱再去美国。我们几个同学认为努力多生产点酒精，替代汽油，对抗战也总有点贡献——那时的口号说“一滴汽油一滴血”。因为苏国桢是联大化工系系主任，酒精厂在当时昆明是最大的，搞得也比较正规。我们这班人一到，首先是做设计，计算蒸馏塔的大小、塔极数等。

首先制造完成并随即安装的是精馏塔，收购市上的白酒（昆明当地叫“升酒”，用土法蒸馏）作原料，精馏而得 95. 5%的酒精。毕竟我们几个大学毕业生轮流值班操作，产品质量有保证，一开始生产就销路奇好，简直供不应求。于是全厂皆大欢喜，各自主动加班，很快把发酵大木桶以及曲种等都准备就绪。收购的糖蜜、制造的铜质初馏塔一一到齐，开始用糖蜜发酵制酒，说来也可算一次成功。特别是发酵的效果很好，甚至比资源委员会大板桥酒精厂的收率还高一些。

在此期间，有件事值得一提，涉及一个小姑娘的生命。

事情发生在1942年下半年大约10月份。酒精厂只有精馏塔投产时，厂里只有一台很小的老式锅炉。要维持糖蜜发酵及初馏塔及相关的泵——都是老式蒸汽往复泵，即Washington Pump，就必须有一台较大的锅炉。

这也算增加固定资产的一笔投资，要经过矿业银行经理点头。该银行说开远有这样的锅炉，该城一些财主原来打算搞个发电厂，但因很小的蒸汽透平机运转一直不正常，电厂关门，锅炉作价卖掉，价格很便宜，只是要恒通公司派人去拆运。苏国桢派赵璋与我带上陆毛根师傅和他几个助手，去了开远，介绍信上讲明由我负责此事。

坐窄轨铁路的车到了开远，有人陪着带到原来电厂，陆师傅等把锅炉拆离基础。那是一台大约2吨/时火管式链条炉排锅炉，照外表及炉膛情况看，使用时间不多，保管得也不错。陆师傅他们主要的工作，是制作一个木制底座，准备搬运。到那天傍晚，准备工作就大体就绪了。第二天又搞了大半天，锅炉就已经上了底座，可以运走了。

锅炉开始运往车站，赵璋办完正式手续，与车站具体有关人员交涉第二天装上火车的办法与地点。而车站没有平板车皮，要第二天一早由蒙自拉过来。而且是挂在旅客列车上，必须尽量缩短停车时间，抢着装上车。我们也可以随车一起回昆明，于是车站人员与陆师傅一起去踏勘场地。

由于场地情况以及车站有关规定，这件事难以圆满决定，锅炉已经到达，暂时停放车站外。最后，由于当地人士的努力，车站表示同意陆师傅建议的停放与装车地点，随即把锅炉运到那处停放。

我自然也看过那地点，内心并不满意。场地太狭窄，紧靠铁轨，而路基高于地面，又已在铁路弯道范围内。但又确实别无更好地点，所以也明确表示同意。

锅炉到该处停放后，又与陆毛根仔细观察了一阵。由于放在路基上，离铁轨很近，用钢尺量了一阵，车站的人认为间距足够。而枕木制作的底座有一边已伸出路基外一点儿（悬空了）。虽然稳定性还不成问题，却不敢再向外移动，也就只好如此。

别人已离开现场，车站人员说马上有一次列车进站，我与陆毛根就留下看看列车经过的情况。列车从弯道上过来进站，速度已经很慢。列车停稳时，尾车还在弯道上，挡住我们视线看不见锅炉。但站上人员在铁路另一侧当然能看见，专门对我们说："没事。"列车又开走，我们也亲眼看到锅炉稳稳地在原处未动，回去睡觉，就等明天一早装车后回昆明了。

岂知第二天一觉醒来，来了警察，因为出了人身伤害事故！我们都惊呆了。只知道清早一列车刚出站，通过锅炉时，有一小女孩被锅炉撞断了腿，"跌下列车，伤势严重，有生命危险"，"目前在铁路医院抢救，已截了下肢"。

我们去车站进一步了解情况。据说，那趟列车人很挤，一个小姑娘进不了车厢，就坐在车门外上车的台阶上。通过锅炉时，她的两个膝盖已在车厢范围之外，撞在锅炉最宽的大法兰上，跌下来。还有人说，小女孩不懂事，当时还曾伸一腿去踢锅炉。小姑娘在医院挣扎到傍晚，不幸去世。

经过警方与车站协议（自然免不了当地人士背后的作用），在事故后的第三天，进行一场实地试验。由一辆机车拖带两三节空车，来回通过停放锅炉的地点。我们都在场观看。警方、车站及自称有权代表小姑娘家属的人则在最近的地点察看结果。这一列空车及机车往返通过两次（共四次）后，一致认为列车各个部位与锅炉并未碰撞，换句话，即借以证明出事原因，小姑娘本人总有责任。

案情就此了结。期间曾几次发电报请示苏国桢，答复是一切依靠当地人士解决，争取尽快把锅炉运回。过不太久，我被调往糖厂，竟不知该锅炉最后如何处理的。只是我有此教训，以后负责工程项目等，比较重视安全，因为稍不小心，活生生的人可以顷刻之间出大事的。

## 在恒通公司云南制糖厂

恒通酒精厂的成功，促使矿业银行的头头们将“云南制糖厂”并入恒通公司，便于使制糖与发酵制酒精联合起来以获得较大利润。这种决策的原则，今天也是有效的。

云南制糖厂在昆明有个小厂，已算比较现代化，主要从事粗糖精制成白糖，有“双效连续蒸发器”（当时先进的是至少“三效”，较好用“四效”）与高速离心机（实际转速也较低），还有一小台烘制方糖的电炉。此外在盘溪有规模较大的粗糖熬煮车间。厂里主要业务其实是收购甘蔗及民间土糖。并入恒通公司后，苏国桢任命王德明为云南制糖厂厂长，名义上统一兼管两个厂，派杨涟为盘溪糖厂副厂长，我为昆明厂副厂长。还明确交代，王德明仍为公司的总工程师，要兼管全公司机械工程事宜，两个糖厂的日常工作，由杨涟与我具体负责。

按照那时比较正规的办法，工学院毕业生要先经过实习，职称是“见习工务员”，实习期满升为“工务员”（相当于后来的技术员），经过一段时间可升为“助理工程师”，再进而副工程师、工程师，逐级晋升。恒通是私营企业，我们进厂不久，就都被任命为工务员，一到 1943 年，又一起升为助理工程师。杨涟与我任副厂长以后，不过三四个月，即正式发聘书任命为副工程师。到我不久后离开糖厂时，头衔已为副工程师、副厂长。

我搬到糖厂去住，发现整个炼糖车间是一片脏乱，满地都有糖蜜，苍蝇奇多。

我略一了解情况，可以说是倒抽一口冷气。这糖厂尽管也有蒸发器、过滤机与离心机，属于进口设备，却是间断生产而以手工作坊的模式管理的。我觉得是倒退了一步，暗自认为，此地绝非久留之地。

我考虑了一阵，在一定程度上说，还是这一辈子中第一次独自思谋如何应付局面。心里有了想法，先去找二哥商量。二哥因休学一年，此时是大四第二学期，即将毕业，正在思考毕业后工作问题。我提出是否也进入恒通公司工作一段时间再说，二哥认为不妨试试。

1943年，朱康福（左）与二哥朱康侯（右）

苏国桢明确说欢迎二哥进糖厂工作。在记忆中，二哥正式毕业前，就算进了恒通公司，每天来厂，但等毕业考试完毕后，才搬到糖厂来与我住在一起。

另一方面，我对糖厂的工作也进一步了解并作了些处理。

我建议全厂停工三天，彻底清扫并核对仓库账目。三天下来，我自己并不满意，技师和工人们倒认为很好。特别是所有工人都自觉地把身上衣服洗了一次，烘制与包装方糖的女工，白大褂还真白了。

至于烘制方糖，我与技师一起试做两次，弄清情况。琢磨之后，我要求女工们装填白糖时一定要牢牢压实、两面压光。拆开后的钢条要彻底用干净较软的白布擦拭。剔除了一些陈旧不太平直的钢条，略略调低电炉温度，烘烤出来的方糖果然比过去更整齐、光洁些。

包装用的纸盒，印制颇多，存放及使用中又不太注意，有缺陷的盒子也照样使用。我要求一定要使用完好的盒子，包装时如因操作不小心而有缺陷的，一定要重新用好盒子包装。

云南制糖厂的方糖，是当地唯一的产品。虽然实际销售量很少，却基本上独占市场，有相当收益。过一定时间后，苏国桢通知要赶制一批方糖，说是有人专门订购的，质量与包装都要保证，每一盒都要经过检查。事后知道，是宋美龄到昆明慰问驻昆明的美国空军用的。经过此事，无形中等于做了一次极好的宣传。到年底时，销售量比过去增加很多。

恒通公司一直很赚钱，酒精一直供不应求。兼并糖厂后，总体利润上升。1942 年酒精厂开工不久，在春节那一个月发双薪，给我们几个人另发一笔加班费，此外也发了红利。这些钱加起来，对刚毕业的学生而言，就算一笔大收入。而同班同学心目中希望的是这一年（1943 年）年底，应该能有一笔较大的红利，可作为抗战胜利后各自回老家去的路费，都没有在恒通长期干下去的意思。

我个人生活中，前半年可以说致力于糖厂的事，后半年就轻松了不少，我确实也专门买了《化工原理》，晚间有时翻翻，甚至做几道习题。化工系毕业生考出国，那是一本必须充分掌握的书。

## 出国之梦

我离开恒通公司及云南制糖厂是在1944年夏。从1944年参加自费留学考试至1947年7月出国的三年多时间内，出国问题是我生活中的主要线索，而且过程颇有点曲折。

这一时期，出国人数激增，主要是去美国。国民政府除派遣公费留学及实习人员去美外，一些达官贵人与有权势者送子弟出国留学之风也很盛。规定就是自费出国留学获得美国正式大学（研究生院）入学证件者，可以购买一笔官价外汇，即“法币”20元可兑换1美元。而黑市汇率，大概10倍于此。有些钱的人，筹措例如4万元法币，已不算大事，即可兑得约2000美元，够一趟旅费及第一学期费用。

考试院院长于右任提出：第一，出国留学应经过考试院统一考试合格，以免鱼龙混杂；第二，考试要公开，要使天下英才有平等机会。

报纸上正式公布消息，规定日期在重庆举行考试，指定几个地点可以就地报名，其中包括昆明。苏国桢表态，恒通公司内符合条件的都可以自由报名，参加考试期间照发工资。我与二哥商量，兄弟俩一起报名。同班同学中似乎仅几位四川籍的如刘安华报名。而在重庆工作的，如沈崇昭、沈崇育、陈建侯等都参加了。

考试是在1943年底举行，但发榜已是1944年。二哥未能通过，我与沈崇昭被录取，其他同班也未通过。

尽管自费留学可以购买官价外汇，可是4万元法币对我与二哥来说仍是不可设想的巨款。我报名应考，本来有见见场面、积累经验的意图，目的还在有一天考公费。那时候一毕业第一次考公费留学就通过的人是极少数的，总要考两三次或更多，才得以达到目的，所以即使考及格可以办自费，也并不真想自费出去。

记不清是怎么引起来的，只是有一个什么讯息，昆明与柳州（或金城江）之间跑单帮一趟可能获利100%左右，就是说：带钱到柳州买上一些东西，带回昆明出售，扣除费用之外，还可能赚与原本相等的利润。那么，哪怕开头只有少数本钱，似乎也能较快地变成4万这个目标。二哥与我在1943年底都得到一点年终红利，以及双薪。手头多少有点现钱，于是我请假去了一趟柳州。而其结果却是糟糕得不能更糟的了，白赔旅费还赔了老本，是一大失败。

这件事使二哥颇不愉快，不过却从来没有责怪我，只说我没有经验。我自己心怀愧惶，又认定自己实在不是那样的材料，太不会干事。不久收到通知，录取自费留学的学生一律限期到重庆中央训练团报到受训，否则取消资格。

我原不想自费出国，所以不想去受训。二哥倒劝我去，说我的问题总可另想办法，考公费决不容易，不如把握住这个资格。我就满脑袋矛盾地去了重庆。

4个星期的训练，中训团团长蒋介石光临至少5次，即每星期一的纪念周会及毕业。每次都讲几句，主要内容无非是抗日必须统一，所谓统一就是反共，意思主要指责中共“破坏统一”。要求留学生到国外去以后，也要宣传这种说法。

我们是第31期的留学生训练班。给留学生班讲课的都是国民党首脑，似乎宋子文、孔祥熙、陈立夫兄弟之一以及何应钦都来过，还有外交部、教育部、交通部等的部长，不能都记得了。此外还有几位教授专家。而受训人之间，也有几位教授，如华罗庚先生也在其中。

这种讲课与训练，效果是极差的。人们只是无可奈何地坐着，各带一本专门发给的笔记本，仅仅维持不至于瞌睡打呼噜而已。班上的人彼此极少说话。对我而言，常常心不在焉，心存戒备，谨言慎行，希望敷衍过这4星期。

受训的第三星期，已经讲明“希望大家自觉自愿地参加国民党”。我一个大脚趾的指甲因修剪不慎，尖角嵌入肉中，脚趾红肿流脓，到内部医院住院手术。我很乐意住院，希望能躲过入党。

然而我并没躲过参加国民党的事。表格有人代填，宣誓我不在场，但全班除掉已经是国民党党员者外，一个不漏地编入了。介绍人是中训团的两个头头，他们都是国民党的中央委员。而国民党党章规定，由两个中央委员介绍入党的人，无候补期而直接成为特别党员。为此以后在审干等运动中，费了一番劲才交代清楚，“文化大革命”中又被批斗。

回到昆明后，二哥还想自己搞点小型作坊式小厂，奋斗一番。二哥有个云大附中同学，他出些钱，加上我兄弟俩剩余的少数钱，试图搞点肥皂、牙膏之类的小生产。结果不成功，只好收场了事，倒又损失了些钱。

后来想想，我自己当时的思想很矛盾，如果想自费留学找一笔钱，最简单可行的办法是先借一笔钱，倒一下外汇，什么就都能解决，偏偏自己傲气，不肯这样办。如果想自己挣钱，也可考虑找许善昌、卢志明等人入股。他们那时跑仰光等地，似乎获利较多，有汽车跑，往返也快。偏偏自己去跑一趟柳州，受罪亏本。如果下决心搞点小型工业生产，就必须付出全部心力，在艰苦条件下奋斗创业，碰上点困难就退缩，三心二意，自然什么也干不成。不仅如此，二哥辛苦一阵，倒把来之不易的那一点钱几乎全赔光了，总觉得内心愧疚。兄弟两人之间的隔阂，一时也增大了。

那时候苏国桢已离开恒通，与夫人经印度去了美国。我兄弟俩在恒通也待不下去。我在这种情况下又采取了躲开矛盾的办法，借口好好念点书考公费，决心到中学去教书，二哥也同时离开恒通。

1944 年下半年到中山中学去教书，实际上并未静心念书，倒是有一阵学会打麻将，一度上了点瘾，连夜雀战也干过，只因毕竟那点教师工资仅够吃饭，而且牌友都是老老实实的熟人，才未迷恋下去。倒是结识了薛宗梅。听说可能有公费实习的考试，及时收心，又啃了一点书本。

所谓“公费实习”，是美国对同盟国给予援助中的一个小部分，美国国会通过一项“战时租借法案”的法律，除武器等租借之外，包括一项培养战后建设人才的内容。中国每年可得一定份额的钱，选送人员去美实习，以考试院名义公开报名与考试。有几个考场，昆明也是一个。

这次考试的录取名额颇多，按行业体系分，如纺织与印染就列为两个

1944年在昆明中山中学教书前排：朱康福(左)，薛宗梅(右)

行业，化工系毕业的还可申报诸如造纸、染料等。报名资格限于大学毕业实际工作两年以上。按照1944年夏离开恒通计算，我刚刚够格，报名时就有人审查资格，我并未遇到困难，考试也顺利通过，发榜记得已是1945年初，我被录取，并接到分批出发的通知。

1945年上半年我改在昆明市内私立黔灵中学教书，一心等待好消息，殊不知没有多久，就来了不好的消息。国民政府某个部门发通知说：抗战期间，需要工程技术人员坚守岗位，为抗战服务，不能大批出国实习，要求有关人员继续在各自岗位努力工作，等待下一步通知云云。我不过是个私立中学的教员，却被列为需要，而不能离开，岂不可笑。

在此情况下，应童有储之约，回无锡去母校私立无锡中学任教，1946年暑假将尽时才回到无锡。童有储延聘了三位联大师范学院的同学加上薛宗梅与我，他自己任教务主任。校长是高昌运先生，但还在四川未能返锡。实际上就是童有储负责。

据说1944年底考取这项公费实习的有2000多人，到1946年下半年还未出国的仅剩100余人，其中有若干人在南京工作，彼此联系。这些人一经组织起来，也显示出能量。扬言要找美国驻华大使司徒雷登。他曾担任北京燕京大学校长，考上公费实习的人们中，不难找到关系与他联系。

司徒雷登曾否出面不得而知，反正在1946年底或1947年初，国民政府表示：凡上述录取而尚未出国的人，一律可以自己联系实习工厂或念书学校，取得接受实习或录取入学的通知，即可批准发给护照及一次性资助2000美元，自行出国。我也收到这样一份通知。

我即与在美国的苏国桢先生联系。苏国桢从1944年去美后，我一直与他保持联系。他那时在肯塔基州（Kentucky）路易斯维尔市（Louisville）的一家制造威士忌的工厂Seagram & Sons. Inc.。该厂设置国际实习生计划

1947年出国前的朱康福

（International Trainee Program），招收盟国及不发达国家的工程技术人员去研究实习。我曾随苏国桢搞酒精厂，说起来与该项计划正对口。苏国桢复信说：如我有意，估计不成问题。该厂每周发给52美元，足以维持生活，并可省下些钱，以备后来念书。实习期为一年，该厂已有几个中国实习生，等等。

我自然乐于前去，很快就获得该厂正式通知接受我。此时是1947年春节后3、4月间。

从1943年初由昆明去重庆参加第一次自费留学考试起，先后参加公费留学、公费实习等4次考试，经历了中央训练团受训、跑单帮、搞小生产等曲折，前后历时近4年。

临出国前，对故乡也有一点留恋与惜别之情，却并不浓烈，“反正我不久就会回来的”。曾特意下到学校前面运河河滩上，站着看那微波起伏的河水。当年初进私锡中时，放学回家前，往往也下河滩边看河水，想象着自己乘着什么大船乘风破浪前进，自以为一乐。如今真要坐船远渡大洋了。

二哥特意送我一套三件套的夹西服，深棕色双排扣。那件马甲穿了50年，崇筠[①]身体不太好时，还喜欢穿在贴身，说保暖很好。已经破了，崇

① 吴崇筠：朱康福夫人，（1921—1995. 8. 7）四川江津人，1945年毕业于中央大学地质系，1947—1950. 9留学美国获硕士学位，1949年在美国与朱康福结婚。1950年9月与朱康福一起回国，进燃料工业部石油管理总局工作。1954年调北京石油学院任教，“文革”后调中国石油勘探开发科学研究院。详细信息请看本书附录，“往事”。——朱小鸽注

筠还用布补上；太小了，又从两侧拆开，她加缝上两条布，一直穿到她病重时。二哥的情意，崇筠的俭朴，在这里都充分表露，所以特别记上这一笔。

1947 年 7 月初，乘火车去上海，从上海乘总统轮船公司的麦琪将军号去美国，终于圆了出国梦。在我人生历程中，也算得上一件起转折性作用的大事。

## 美国的第一年：在路易斯维尔市酒精厂（Louisville，Seagram）

登上麦琪将军号，三等舱中安排下床位。整个航程有十三四天，在 1947 年 7 月底 8 月初，抵达旧金山。

我要去的地方是肯塔基州路易斯维尔市。从旧金山乘火车，中间仅须转一次车。第二天，顺利找到要去的酒精厂，办了有关手续，当天就算开始实习。因为按周发实习津贴，这一天也就有收入了。经该厂实习的中国人的帮助，又很快找到住所，地点在路易斯维尔市立大学（Univ. of Louisville）附近。房东是一对从德国逃到美国的犹太老夫妻，英语讲得颇差，为人却和蔼可亲，并不吝啬。老夫妻住楼下，楼上两间寝室出租。我住一间，对面一间是路易斯维尔市立大学的一个学生，两人合用一个卫生间，厨房是没有的。房东只说必要时可以用一下楼下他们的厨房（我从未用过）。老夫妇俩很清静，也喜欢房客清静，他们认为我很合适。

这家酒厂名叫 Joseph E. Seagram & Sons，主要产品是威士忌，牌号七皇冠（Seven Crown）。该厂所收国际实习生维持在25人左右，厂里专门有一位Tresidder博士（Dr. Tresidder）负责这件事，另有一位技术指导Kolochov博士，是个白俄罗斯人。苏国桢先生是最早参加的一位，我到时苏先生已离开，但介绍我去的手续是他帮助办理的。实习期一年，每周发生活津贴52美元（要扣少量的税）。实际上，一个单身的生活费，省一点的话每周不到20美元（我的房租每周5美元，每天伙食1.5~2.0美元，别的花钱都少）。不久，我在住处附近的路易斯维尔市立大学（Univ. of Louisville）注册选修两门化工系研究生课程，每学期也仅约100美元，所以一年下来剩下1000多美元，连同带去的2000美元，算小小有钱了。

酒厂以玉米为原料，发酵、蒸馏，得到很纯的酒精（95.5%）。20世

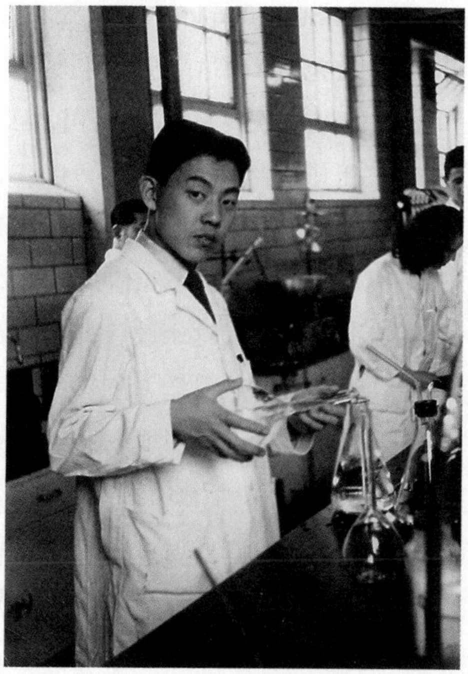

1948年4月19日在路易斯维尔市酒精厂，
左一为朱康福
照片背后注：April 19th 1948.
Taken by T. T. Ruiz. The Phillipino
Mr. Kang Fu Chu (China)
Mr. W. N. Cheng (China)
Miss Mary E. Delahorhty (American Supervisor)
Mr. Victor Torrica (S. Rhodisa S. Africa)
[译：1948年4月19
Ruiz 拍摄，菲律宾人
朱康福先生（中国）（左一）
程先生（中国）（在朱康福背后）
玛丽小姐（美国人，监督员）
维克托先生（南非，南罗德西亚 S. Rhodesia）]

纪 70 年代，苏联的赫鲁晓夫访美，曾到过这个酒精厂，而且签订合同购买一批酒精，专门供苏联调配成伏特加。当时我曾说：恐怕苏联的农业真是有大问题了，居然要向美国买酒喝。此外，也说明一切烈性酒其实都可由酒精勾兑。而 Seagram 酒精厂，也确算世界有名的了。

实习期中，半年在生产过程的各车间跟班实习（不能实际操作），半年在实验室做分析、测试等。每人的实习计划都从一开始就由 Tresidder 及其秘书安排好，尽量避免同国籍的人同时在一个地方。

公司每周一般安排一次接触美国或认识美国的活动。这对外国实习生了解美国确有好处，同时也是 Seagram 公司的活广告，因为当地日报往往有消息报道。活动包括参观工厂，农、牧场；与教会团体联欢；与路易斯维尔市立大学的大学生联欢、座谈；参观与慰问伤残军人——当地有一家“紫心（Purple Heart）疗养院”，收治海外战争伤残军人；与基督教青年会包括 YMCA（男青年会）及 YWCA（女青年会）一起组织舞会等。甚至有一次我上了当地的电视广播台。这些活动对我的口语训练大有好处。上广播台那一次已是 1948 年，我与另一位中国实习生就“代表中国”了。有人问到国内解放战争的情况，有个印度实习生骂共产党，我大不以为然，说：我并不相信共产主义，但中国现政府腐败贪污，普通老百姓生活困苦，不满这个政权，许多农民投向共产党一方。中国现在是“内战”，而不是“内乱”（许多美国人只讲“内乱”以贬低中共）。此语大概有点惊人，第二天当地一家日报报道，小标题就是“中国实习生讲是内战而不是内乱”。后来有人给我讲，这一说法大有讲究，按照国际法，一国出现叛乱，合法政府可以邀请友邦出兵帮助平乱，但一国出现了内战，外国是不能干涉的。我说中国是内战，就等于指责美国干涉中国内政。这一点我根本不知道。

1948 年初，我就积极找学校念书，主要是想申请获得奖学金。那时苏国桢先生已到罗切斯特大学（Univ. of Rochester）当教授，去信联系，答复是第一年或至少第一学期不大可能有奖学金，接受入学则应无问题。有人提到威斯康星大学（Univ. of Wisconsin）。我自己也考虑过包括麻省理工学院在内的著名大学，发过信。但关键都在于不能一开始就获得奖学金。Kolochov 建议去南方的 LSU——路易斯安那州立大学（Louisiana State Univ.），说全美国专门搞制糖与发酵的化工系，就是这个学校。Tresidder 听说后也认为这校比较好。他们两人各自写了推荐信，不免夸奖几句。果然该校复信同意我去担任 1/4 时间的助教兼读硕士学位，每月工资 90 美元，免缴学费。90 美元完全够我生活，因为该校还提供费用极低的宿舍（好像一学期仅几十美元）。所以实习期满，就独自去了极南部（Deep South）的巴吞鲁日（Baton Rouge），即路易斯安那州的首府。

## 攻读硕士学位（1948 年 8 月—1949 年 12 月）

以念书、研究而论，去 LSU——路易斯安那州立大学是个失策。该校化工系水平一般，没有著名的教授，在全美各大学中几乎是排不上队的。因为地处极南部，拉丁美洲及加勒比各国的留学生颇多。这些学生大多是有钱人子弟，与勤奋读书的中国学生搞不到一起。化工系的特点确实就是制糖，但发酵则又是生物系的事。

该校比较好的系是地质地理系。崇筠就是这个系的，另外还有汪稼耕、孙明普等人。因为路易斯安那州及邻近的得克萨斯州（Texas）等盛产石油，该系对密西西比河三角洲的沉积等有系列研究。中国学生有近 20

人，学校有专门管理外国学生的机构，中国学生也有个小小同学会，我到时，由汪稼耕负责。开学后，举行一次集会，号称“迎新”，我与陈铭谟等是新到的。集会很一般，不过彼此自我介绍认识一下，然后就在汪稼耕家中吃一顿中国饭。

我的工作是辅导大一学生普通化学的实验，包括批阅实验报告。

导师的意见很具体。他说我念书成绩不差，可以争取去名牌大学念博士（Ph. D.），在LSU则多念几门课，知识面宽些，对攻读博士学位以及届时进行研究工作有好处。一则是系主任和导师都有这种意见，二则我逐渐认识崇筠，开始恋爱了，也不想在试验室里搞研究而花费太多时间，就决定不搞研究、不写论文了。第二学期开始，选课分量加重，那毕竟容易对付。我在路易斯维尔市立大学念的几门课，有成绩单，系里也承认计算学分。这样，得个硕士学位就很容易。其实该校化工系可供研究生选修的课程并不多，看来教授们的水平一般，就选了几门化学系的课，包括相定律（Phase Law）、量子论（Quantum Theory）、耦合理论（Bond Theory）等，慢慢地对有机合成发生了兴趣。

到1949年暑期就基本念完足够的学分，与崇筠同时获得硕士学位。这里有个小小插曲：LSU每年出一本“Gambo Book”，其中刊载应届毕业生及研究生院毕业生的相片，人人都穿上学士服，戴方帽子去照毕业相片。方帽子从顶上垂下一束流苏，本科毕业生垂于一侧而硕士应垂于另一侧。事先我根本不懂这规矩，照相师也许看我年轻不像一个硕士，相片照出来后我自己也没管，直到Gambo Book发行才发现硕士生行列相片中，我的帽子是唯一弄错了的。

在LSU一年半，恋爱与婚姻是第一大事，念书仅属次要，可记之事不多。稍举几件如下：

LSU 中国同学会本来的负责人是汪稼耕，已连任几届，我到校后第一学期之末，中国同学循例在 1948 年春节聚会时，汪就一再推荐由我接任，我抱无所谓的态度，没有坚决拒绝，正职仍是汪，我是副的。正式向学校的外国学生管理处备案，1948 年学年结束后，把我选成负责人了。

当上学生会负责人后，中国领事馆从未过问任何事情，从无任何联系。倒是 1949 年 LSU 的校庆，有一场橄榄球比赛。赛前，各国留学生打着各自的国旗与各种乐队，包括推着 LSU 校队的吉祥物（一只小老虎，校队就以 Tiger 为名，称为 LSU Tigers）绕场一周。我是中国学生会负责人，就打着国旗与少数中国男生参加了，对此崇筠还表示不喜欢，认为我想出风头。

这时国内解放战争及人民群众反内战反饥饿斗争日盛，一些知识分子往美国跑已成风气。出国学生多，限制也越来越少。自费留学无需经过考试，只要能获得国外学校的入学证明，就可以申请一定的官价外汇出国。LSU 的中国留学生已超过 30 人，我既被选为学生会负责人，也多少关心同学的困难之事。

1949 年，美国的政策中有“救济留美中国学生”条款，凡中国留学生因经济来源断绝的，可以申请救济，LSU 同学中有人申请，凡申请者，中国学生会都要签注证明性意见，我一一帮助办理。后来才知道，中共在留学生中也早就有地下组织，一方面组织了“留美科协”，另一方面，进步学生控制了“留美基督教学生联谊会”，美国北部一些留学生较多的学校，都已成立分支组织。此外，那时《华侨日报》这份中文报纸主编是唐明照（后来曾任联合国副秘书长，“文化大革命”中闻名一时的唐闻生，就是他的女儿），也在中共的控制之下。LSU 僻处极南方，除有《华侨日报》外，其他信息极少，上述两个组织都未建立。这与我作为学生会负责人而心不在焉有点关系。尽管绝大多数同学都想回国，但到我们 1949 年底离开时为止，回国还没有成为普遍的话题。

## 红丝远系——恋爱与婚姻

1946—1947 年间沈崇育与夫人去杭州月下老人祠，曾替我求得一签，抄录给我，有“红丝远系”一语，后来还曾以此开玩笑，说“反正系不到外国妞儿身上”之语。

初到 LSU，中国留学生的迎新会上，知道那时同学中有四位小姐，方氏姐妹、林小姐与吴崇筠。这里把崇筠列在最后是有意的，因为她表现沉静，最不引人注目。而据崇筠后来讲，她对我的最初印象不太好，说是“有点运动员的气派”。运动员气派又有什么不好，崇筠也说不清。反正，我们两个并没有一见钟情。

我和一些男生住的是二战期间为训练部队而搞的临时建筑，即木板房。只每幢有一间公共淋浴、厕所等。女生宿舍则在校园一角，绿树掩映下，自成一个院落，正面一幢四五层大楼叫 Evangeline Hall，住本科生，旁边一座三层楼，住研究生。LSU 的校规、校风比较严肃，女生宿舍有主管“House Mother”，衣冠不整不让进，外人进去要向 House Mother 报告登记，男性不让上楼、在会客室坐等。

我与崇筠的接触以至接近，必须感谢洪用林老兄。老洪是中央大学农学院毕业，一腿因骨结核造成不能弯曲，走路自然大受影响。他的女友即后来的夫人叫张发慧，四川人，与崇筠是同学。老洪年长我们好几岁，已经谢顶，用一个老式的烟斗，性格热情、诙谐，常说些笑话。LSU 在校园僻处有一小小实习农场，盖一小屋放置农具杂物，其中隔出一间小屋，老洪独居于中，管理有关事务有一定收入。中国同学不时光顾他这小屋，可以痛快聊天，甚至带上些香肠、火腿之类，小酌一番。崇筠不爱与其他男生多往来，对这位老大哥却不避讳。

据我记忆，最初在老洪处见面时，崇筠还不愿与我直接对话，但又并非那种拒人千里的冷峻，只是似乎不好意思与不熟悉的男青年谈话，给我印象是纯朴得近于天真，因此，可以说不无好感。

这以后与崇筠见面的机会就多起来，仍然总是在老洪小屋相会，老洪显然有意问崇筠家庭及幼年情况，意在让我进一步了解她。崇筠显得毫无心眼儿，很高兴地絮絮讲述幼年欢乐，生大病差点送命，以后父母相继突然去世，她哥嫂支持家庭，对她很好等等。我的印象是她热爱家庭、手足情深，是个内心感情丰富而热烈的姑娘。我喜欢这样的女孩。崇筠对我也熟了，关于她坚持要念书、要念地质系，考南开中学很艰辛而考大学“报一个录取一个”，也说给我听了。

美国城市周边总有广阔的绿地或颇大的公园，崇筠自称“乡下孩子”，会脱下鞋在草地上乱走乱跑，往草地上一躺，或脱掉袜子在水池里洗脚。重要的是我也喜欢如此。我一辈子似乎都不大喜欢去上大街、逛商店，我更喜欢崇筠了。

崇筠在地质系当助教，职务是管理标本室。标本室共两间大屋子，摆满了柜子、架子。崇筠那时攻读一门微古生物学，专门鉴别微小水生动植物的化石。我把这种工作称为“捉虫子”，崇筠几乎每天下午都在那标本室里“捉虫子”。

绝大部分时间就是她一个人。只是崇筠一贯比较严肃，持重，总让我在另一长条桌边坐着干我的事，她在另一桌上“捉虫子”。还要声明，

“不叫你不准过来”。又说“只要知道你坐在那边就好”。

我提出给大姐写信讲明这事，她没反对。我就给大姐和二哥都写了信。我们选定8月10日结婚。

有时我们俩也一起出去吃一顿。那时，美国自动换片的第一代音响设备刚流行，中、小饭店中花0.25美元以至一毛钱（0.10美元）的硬币，就可以点上一曲。有一个流行的歌，我们颇爱好，有几句至今不忘，还会咏唱：

Crossing down the river. 沿河顺流驶下
On a Sunday afternoon. 在周末的午后
Just you and I together. 只有你和我在一起
We planning our Honeymoon. 我们策划我们的蜜月

婚礼在教堂郑重举行。教堂（Baptist Church 浸礼会）为一对中国青年举行婚礼还是第一次，教友们以及主持婚礼的牧师都较重视，连当地日

1949年6月朱康福与吴崇筠在密西西比河边

CHINESE WEDDING—Two Chinese students at LSU, who were teacher and student in the same school in China but had to come all the way to Louisiana to meet, were married last night at the First Baptist church here. The wedding party is shown above, left to right, James Wilkinson Dawes, best man; Kang-Fu, the groom; the bride, the former Chung-Yu Wu; and the maid of honor, Emma Lou McLin. In the front are the flower girl, Joneale Wang, and the ring bearer, Walter Wang.

1949年8月11日报纸上的结婚照片

译文：中国婚礼——两个LSU的中国学生，他们在中国时曾是同一学校的老师与学生，但是却不得不穿越千山万水，来到路易斯安那才相遇，并于昨晚在当地的第一浸礼会教堂结婚。婚礼如上，从左至右：伴郎詹姆斯，新郎康福，新娘吴崇筠，伴娘恩玛。前边为捧花少女琼斯·汪和捧戒指的华尔特·汪。

1949年8月11日，婚后第二天与同学们

学校图书馆前，二哥（康侯）所摄。右二：朱康福，右三：吴崇筠，左二：陈铭谟，左四：洪用林

报还派来一个记者。他给我们照了一些相片，除在报上刊登外，还收了我们一笔不太少的钱。

教堂的婚礼端庄、和谐，喜气洋洋而一点没有浅薄的哄闹，我倒应该说很喜欢。崇筠那天显得特别肃穆、稳重，总是低垂双眼，只在回答牧师说“愿意”及交换戒指时，微微抬头，若有若无地对我微笑了一下。傧相是一对拉美青年，牵纱与捧戒指的是汪稼耕夫妇的儿子、女儿。教堂里有大约70%满座，比平常做礼拜可能还多些。准备一个大蛋糕，崇筠与我向来宾分送蛋糕，许多老太太们排着队一一接受一块蛋糕，向我们祝贺，有几位还给崇筠絮语数言。教堂大门、内门全部敞开，时间持续较长。

巴吞鲁日市的地方日报第二天社会新闻的头版头条，就是我们婚礼的消息，配有大小相片。我们身穿婚纱礼服的相片，占了1/6版面，记者配上一段洋洋洒洒的长文。为邮寄方便，我们剪了几份报纸上的相片寄给二哥及国内亲属。

婚后崇筠与我商定离开LSU，并获得威斯康星大学的批准去攻读博士，我仍获得助教待遇，崇筠可以申请对中国学生的救济金，每人仍可每月各得80至90美元。

1950年初到了威斯康星大学，很快就卷入响应归国号召。

## 威斯康星大学

威斯康星大学是美国著名大学，在威斯康星州（Wisconsin）的麦迪逊市（Madison）。我们在1月初到达时，遍地是雪，学校尚未开学。

1950年初,朱康福吴崇筠夫妇
在威斯康星,地上尚可见残雪。

崇筠念地质系，主攻的似乎是“光性矿物”，使用一种当时最先进的仪器。我自己转入化学系，导师威廉斯（Williams）博士得到制药公司的赞助，事前已决定了我的研究课题，合成一种新的酮，目标是改进止痛药。另外选读一两门课程。

威斯康星大学的中国留学生极多，与我们 1949 年前读书的 LSU 颇有不同。后来知道，中共在留学生中很久以来就有组织，并且比较活跃。建国以后，中共党员自然积极动员留学生回国参加建设。与我们主动热情招呼的是唐孝宣，他是太仓唐文治老先生的孙子。

唐孝宣当时即使还不是中共党员，至少也是外围组织的成员，前文提及的“留美科协”及“中国基督教学生联谊会”，他都是积极分子，甚至是威斯康星大学以至于美国中西部的负责人之一。他当时的主要工作或任务就是动员留学生回国参加建设。我们入校不久，唐孝宣就给我们看政务院总理周恩来签名的号召书，并且说起学校中许多同学已经准备回国。

周恩来的大名，我早已听说，却还未见其人。崇筠不然，她在南开中学时直接听到过周恩来在国共合作抗战时期在南开以校友身份所作时事报告，张伯苓老校长专门主持、介绍，还当场宣布撤销“早年学生运动时对周恩来同学的错误处分”，崇筠已经是景仰至极的，所以我们也开始有了及早回国的念头。回国是一贯的考虑，那时只考虑念完博士与否。对此，一时还下不了决心，毕竟出国一趟也不容易，而且只要多留两三年甚至更短些，我们俩的博士学位肯定可以到手。

我们那时的想法，许多留学生都有，还都在迟疑未决。看来学生组织中一些负责人也很清楚，所以积极进行工作，并不过多直接劝任何人表态。工作中有两件事显然很有成效：第一，动员参加留美科协和基督教学生联谊会，崇筠和我都乐意参加，可以多知道些国内情况，更可以了解其他人的看法、想法。第二，订了香港一些比较客观、公正的报纸，同时摘录介绍家书。上述两个组织活动内容之一是油印小报，不断登载国内来信。那时普通的通讯受封锁，国内寄出的信件只有通过香港或其他地区转寄。这些来信摘录中绝大多数讲到“解放军秋毫无犯”、“社会秩序安定”与“家庭平安”等。

给我们印象特别深刻的有两件事：一是上海解放，解放军露宿街头，绝大部分留学生都觉得几十年来没有见过或听说过这样纪律优良的军队；二是一条英国内河船紫石晶号炮舰在长江中驶向上海，不听岸上解放军指挥，引起冲突，向岸上炮击，遭到解放军还击，被击伤后不得不老实听从指挥。崇筠和许多同学一样，十分激动，认为中国真正站起来了，再不受帝国主义的欺侮了，从而也促使我们决定尽早回国。相熟的人遇到，大多也讨论这问题。

这时要回国困难还很大，美国政府不承认新中国，公开阻挠留学生回国。另一方面又发救济金，授意各学校、公司等接收中国留学生工作。那时乘飞机回国是不可想象的，坐船，则美国船只一律不准停靠中国口岸。非美国的货轮仍有少数停泊天津之类，这些货轮上还有少数舱位载人。当然，这种船速度慢，沿途停泊港口多，航行时间长，总之颇为艰辛。不过对回国心切的人而言，这些其实又都不在话下，陆陆续续就有人走这条路回国了。

最后让我们采取行动的原因可以说是美国政府的举措。在一些美国人眼里，你不在美国好好待着，偏要回共产党中国去，那你很可能就是共产党分子，就是坏蛋。所以美国特务机构以及移民局官员都盯上留学生中的积极分子。移民局检查居留签证是否到期，问打算如何？想回国的直接出言恫吓。国民党政府的使领馆也发通知，让护照到期的学生赶快去补办手续。现在看来，在留学生中确有些变化，有一些人对回国之事进一步采取观望姿态。一部分人在过三四年后念完博士、工作后仍然回国，如闵恩泽等，另一些人就久留不归了。而有些本来还在观望的，却下定尽早归国的决心，担心迟则生变，弄不好回不去了。崇筠与我正是在这种顾虑下，决心放弃博士学位，争取尽早回国的。

留学生采取的斗争策略是“以其人之道，还治其人之身”。募集了一点钱，在美国一两家著名的报纸上登大幅广告，声称美国政府阻挠中国留学生与家庭团聚，违反人道原则。崇筠与我都曾在学校内传播的广告底稿上签名，等于宣布我们一定要回国。主意已定，我们也就采取行动，拒绝到国民党使领馆去延长护照，更不向美国移民局申请签证延期。同时两人商议，博士反正不想要了，找机会出去玩一玩。例如纽约、华盛顿市都还没去过呢。

学期终了前，我们都向各自的导师表明态度。导师都挽留一番，我们态度坚决，也就算了。中国留学生组织又组织了一次夏令会，请当时《华侨日报》总编唐明照去做报告，介绍国内形势。我们两人参加。这个夏令会，跳秧歌舞，唱“解放区的天是明朗的天”这一类歌曲，情绪很热烈。

夏令会以后，已是 1950 年 7 月。当时的事态也很微妙，中国学生、教授等所持护照，自然都是国民政府时代所发，有人护照到期，有人身份改变（如由学生变成参加工作），却有许多人不去国民党使领馆办手续。此外，更多人的签证到期，也不去美国移民局办延长手续，实际上就是自动造成“非法居留”。另一方面，从美国回大陆，客观上只有通过香港这一条航线，香港还是英国殖民地，而英国政府那时已承认新中国。回到新中国的人，按法律应持有新中国的护照，港英当局才能给予签证。英美当局唱双簧，造成一种环境，使中国留美人员回新中国无法得到任何合法的途径。

美国当局把要求归国的学生、教授等人都作为无国籍难民，遣送出境。我们收到移民局的上述正式通知，限定离境日期及口岸（旧金山），还附有给铁路车站以及旧金山总统轮船公司的通知，我们可以持上述通知换成“最直接距离”的火车票及四等舱的船票，不用花钱。一贯不敢动用的归国旅费，就省下了。

在限定时间前回到麦迪逊市，换好车票，交运行李，我们在房东的阁楼里住了很短几天。我们俩挤在一张不大的床上，商量说如今回国了，不妨怀个娃娃吧，我们俩都很喜欢孩子的，鸽子其实是此时怀上的，还在美国境内。

## 朝鲜战争中的归途

1950年9月初到旧金山等船。上了威尔逊总统号，发现有100多位中国学生与教授等。尽管挤在四等舱内有许多限制，但到处是旧友相会的高兴劲。我碰到何宇（联大化工系1945年毕业）等，崇筠遇到池际尚等。

船先驶向洛杉矶，然后又停泊檀香山（Honolulu），美国航空母舰大黄蜂号那时也停泊檀香山，我们的船离岸行驶时，该舰还未离港。

离开檀香山就横渡太平洋了。船上中国学生已经组织起来。唐孝宣是实际负责人之一。

唐孝宣专门找我，说同学中带有一些资料的缩微胶卷，担心美国人找麻烦，打算分散携带，不要暴露，问我愿否带一些。我其实也不知轻重，反正带回国去总也有用，所以一口答应。胶卷不多，放在崇筠一个唇膏管子内刚好。说好根据情况，或交还唐孝宣，或直接带到北京交给丁儆。这件事是在旧金山到船上后才办的，那时也没当一回事。

此时，崇筠有呕吐，开始我只认为是晕船之故，一两天后，崇筠对我说，可能是怀孕的反应。那时倒正是一则以喜、一则以忧。有孩子、要当父母了，自然高兴；但又怕妊娠反应加上晕船，厉害起来又怎么办。

预定下一个停泊港是日本。而离日本还有一天多航程的那天早晨，船上新闻广播就宣传美军在仁川登陆成功。我们俩当时并未听到广播，但顷刻之间，消息已在同学中普遍传播，人人都感到一定的紧张，有不少同学更大骂“美国佬”。(God damn Yankees!)

船到日本，还未靠岸，形势突然紧张起来。美军宪兵乘小艇上船，四等舱出口被封锁，船上广播，不让四等舱乘客登岸。船上广播点名“请赵忠尧等四位去船长室”。四位一去上层甲板再不见回来，有同学发现他们被美军宪兵押送上小艇，上了岸。接着船上打开底舱，吊车吊出许多行李（后来知道是上述四位的行李）。最后船继续开航，却把我们这批中国学生严密地封闭在下层甲板与四等舱范围内。

我们只能在最底层甲板上眼睁睁看着小汽艇押解赵忠尧教授等而去。平心而论，美国人担心核武器的秘密泄露扩散，不无理由，然而我相信，那时全体留学生根本不会想到中国自己制造核武器，哪怕赵教授和后来的两弹元勋之一邓稼先（他也在船上）都不会想到这一点，总觉得那件事离我们还遥远。凭这一点，中国完全出于自卫目的而研制成两

1950年9月回国的留学生，在威尔逊总统号轮船上
第二排右二：朱康福，第三排右二：吴崇筠，后排左七：何宇，后排右二：邓稼先

弹，使我们不受核威胁，就是共产党领导下的一件功德！关于“帮助改变了中国人自己觉得不如人的心理作用”，邓稼先的贡献未必在杨振宁之下。

船驶离日本后绕途到马尼拉，对中国学生仍禁止上岸，限于下层甲板，然后就驶向香港。有些同学有亲友在港，甚至有人原打算就在香港上岸的，不少人认为美军在日本、菲律宾横行霸道，总不能在香港也那样办，总之，很多人希望到香港可以上岸，哪怕透口气。岂知港英政府与美国佬完全是一鼻孔出气的，我们仍被禁闭在船上。香港殖民地政府对中国留学生的面貌很卑劣。尽管那时英国政府已正式承认中华人民共和国，但我们这批人的身份还被看作无国籍难民，同样禁止登陆。许多同学有亲友在码头等待接人，只能遥相挥手，尽量大声讲几句话。

第二天上午，港英当局派了小艇，艇首有一挺机关枪，艇上有武装警察，把我们分批送到九龙一个码头。等全体到齐后，徒步走向深圳罗湖桥头。桥上中央有个铁门，就是边境线。港英当局沿通道布置了武装警察，分站两旁，直到桥头。桥的那一边，则早已是红旗招展锣鼓喧天。一到我们列队上桥，欢迎的人群一拥上桥，我们一过那铁门，手里拿的小件行李之类马上被人抢去拿着，握手、叫嚷、拍肩膀，什么都有，记得崇筠和我那时都是热泪滴滴，不能自已。“我们回来了！我们回来了！我们回来了呀！”

这是1950年9月中旬，具体是哪一天，我一直没记住①。

---

① 据《建国初期留学生归国纪事》，中国文史出版社，1999年：473页，附录五：威尔逊总统号轮船第17次航程回国同学名录。这一天是1950年9月20日，人数为128人。

## 到北京：新中国的首都

在国境线上所受隆重欢迎，似乎出乎每个人的意料。我们一共100多人（确切数字我不记得，既有记载也有人在回忆文章中提过），欢迎的人群，至少有600人，因为每个人周围都有两个人以上亲切招呼着，外加锣鼓、旗帜与显然是领导人、组织者等，围观人群还不在内。如今我根本说不清怎么就到了珠江边的爱群饭店，爱群饭店是那时最高级的高层建筑大旅馆，每个人的房间都事前安排好，显然我们的名单早已传到国内有关部门。

那时，高等教育部与教育部同时存在，而各个“大区”是一级政府。所以在广州由中南高教部负责接待我们。游子归来，居然被奉为贵宾，人人兴奋不已。而组织工作的良好有序，也让人惊叹。

当晚宴请，主持人特别讲到，在广州期间，一切都是免费招待（好像还发了一点零用钱，因为谁也没有人民币）。讲话主题自然是热烈欢迎回国参加建设，愿意在华南地区工作的更加欢迎，将有专人来洽谈，另外就安排观光。

广州中山大学既有化工系，又有地质系，看中我们俩，曾有人来找，表示欢迎留下。我们想赶紧到上海、无锡与家人会面，没有同意。

我们这批人留在广州的不多，包括从广州转往广西、湖南等地的。绝大多数根据自己意愿分为两大组，一组去北京，一组去上海。各组还选出几个临时负责人，我是去上海组的联系人之一。

到上海就由华东高教部负责接待，住白渡桥北苏州河边的百老汇大饭店。

此时发给大家填的调查表，已是很详细的履历表，包括“家庭出身”、“个人成分”、“曾否参加反动组织、会道门”等，甚至还有“有无亲属遭到镇压”（记得在上海填的表，这一项不是这样的标题，意思却差不多）。又说明一切按各人自愿填写，暂时不清楚（譬如家庭出身等项）的不填也不要紧。

此项表格一发，反应不小，因为阶级斗争、革命与反革命气息很浓。首先，许多人表示填写后直接送交接待的负责人而不愿通过任何中间人，此议马上得到同意。所以是否大家都填写上交，我就不知道了。

崇筠的历史，简单清白，无非家庭出身是地主。我则不然，高中就有集中军训，蒋介石检阅，以后进过中央训练团，集体参加国民党，而且还是特别党员。这些历史问题，我自己当时有点不知利害，再则认为念书出国，总之也是希望有一天干点事，实实在在多多少少有助于国家建设，国民党腐败无能，根本不可能给我这种人一点机会，如今共产党执政，马上提出建设新中国的目标，号召留学生回国。我已经回来了，就只有一心一意跟着共产党走。胡适之当年说“当了过河卒子，只有拼命向前”，我如今回国，也就是过河卒子了，丑媳妇总要见公婆，犯不上躲闪、遮盖。所以与崇筠商量，准备如实详细填写，崇筠缺乏社会经验，更不知利害，完全赞成。于是就这样办了。

此时已是9月底，华东高教部留全体到沪同学在上海参加建国后第一个国庆节，崇筠和我都很兴奋与激动。

我们先回无锡一趟。10月中旬到北京，接待的是政务院高教部，住在西单附近一条胡同里的高教部招待所。

关于联系工作，都是各部门、院校根据名单有目标地派人来联系，当然还有老同学居中介绍等情况。我们到京的当天，就有联大化工系毕业的温可门来找。小温是 1945 年毕业的，在校时其实没见过面。他比我们这批人早回国约一个多月，到北京后，就参加了燃料工业部下属的石油管理总局工作。他奉副局长（代理局长）徐今强[①]之命网罗人才。小温选定的目标中就有何宇和我们夫妇。小温一家多数人在香港及国外加拿大、英国等地，抗日战争中他本着爱国热诚，回国念书。毕业后，内战爆发，他去了国外，如今新中国成立，又早早回国参加建设。小温为人热情奔放，讲起话来，眉飞色舞，滔滔不绝。

崇篙和我都想干点实在的事，而且崇篙在 LSU 所学与石油地质本有关系，在小温鼓动之下，我们表示可以考虑。不料过了一天，徐今强同志亲自来招待所，他那时也只是乘有轨电车到招待所，言谈恳切，态度热诚，给我们的印象很好，但我们当天还没作决定。接下来小温又来过几次，并说何宇已表示同意去石油总局，何宇也来劝说。没有几天，我们就决定而且搬到秦老胡同 13 号石油管理总局去，从此开始了崇篙和我的石油生涯。

① 徐今强：石油管理总局代局长，历任石油工业部副部长，化学工业部代部长，燃料化学工业部副部长，煤炭工业部部长。

对党没什么意见，还不如让我多干点活。

当年赫鲁晓夫讽刺我们在后花园小茶壶里炼油。更可恼一些台湾小青年也跟着乱嚷嚷，把成堆干馏与小型乙烯裂解混同叫“Baby Cracker”，他们不知道祖国发展石油工业的艰辛。

# 第4章

# 峥嵘岁月——石油工业艰难起步

2001年11月1日，开始着手写这部分，取随笔方式，按我的经历为主，记事详略不一，重点写下自己的一些感受，叙及崇筠与子女们。

1950年10月进中央人民政府燃料工业部石油管理总局，崇筠与我正是“三十而立”，从此开始大半辈子的石油生涯。这一点，我们回顾起来，一贯地无怨无悔，能够多多少少做了些有益之事，自以为不虚此生，无愧于心。

这50年中，纯粹浪费掉的时间与精力占很大的比例，而踏实去做的工作中又有不少错误，甚至迄今还起负面作用。这一类的问题，对自己作一交代颇有必要，其中涉及上级的决策失误，也无妨作些议论，完全无意追究任何人的责任，只是录此存照，说明我国石油、石化事业中走过的曲折道路。

建国以后，政治社会的大局并非一帆风顺，运动连绵，老百姓既曾历经苦难，对知识分子而论，更迭兴大狱。崇筠与我在1966年以前，侥幸并无大事，总算能干些实事。十年动乱则在劫难逃，一家星散，浪费人生中最可宝贵的大段时间，终于平安熬了过来。经历开放、改革、致力建设的良好环境，子女也都自立，与许多家庭对比，我们是十分幸运的。

从建国到“文化大革命”开始，中国石油工业经历大体两个阶段，先是极其艰难的起步，而从发现大庆油田开始则经历了一段辉煌。

## 锦西拆运炼油设备

1950 年 10 月进入燃料工业部石油管理总局，要先安家，就在北京秦老胡同 13 号院内。

这个院子是典型的北京上层人物住宅，三进四合院，据说曾是慈禧宠宦李莲英所有。也还有别的说法，未加追究。石油总局的办公室及部分单身宿舍，都在院内，代局长徐今强的家眷尚未到京，也住在院内。

在第二进小天井的西侧，一个小门隔出一个极小的“别院”。进那小门，三步路刚好踏入一间独立小屋，面积不足 5 平方米，就是我们所住。小屋里铺一张木板双人床，临窗放一张两屉桌，床与桌之间放个花盘炉，烧煤球以供取暖。此外还有一点空地，放了我们几个箱子。其余装书籍及一时不用衣物的箱子，只能另外放在总局一间小仓库里。屋子里勉强还能放两个板凳，就彻底满了。真正是进院子走三步进房门，入房两步就上床，但是，并不妨碍有人光顾，实际上往往一来两三个，床上一排坐得挤，也许有人就干脆脱了鞋坐到床中间去，因为那时我们这一批留美学生回国，报纸上有宣传。后来知道，那时党组织其实进行了工作，鼓励同志们多接触我们，也等于对我们做些思想工作。

那时，已得到吴崇忠（吴崇筠哥哥）的确切消息，崇筠老家退租退息，要一笔钱，我们按数用带回的美元汇去后，还剩下将近 2000 美元。

全国正为抗美援朝捐献，记得温可门先捐献了一些美元。我与崇筠商量，这些美元其实本来是国家公款，不如趁此捐献，也等于奉还国家。崇筠完全赞成，我们就捐献了。徐今强知道后，专门找我们谈话，说表示捐献就很好，不必一点不留，“你们马上会有孩子的”。那时崇筠比我还坚决，一定不肯留一点。事实上，已经认捐而又留一点也不成话嘛！为此，人事处连庆溥处长、计划处杨达处长、人事处魏之楷科长都专门找我们谈过话。这三位都是老干部，尽管那时党组织还不公开，却是人人都知道的老党员，解放区过来的。

徐今强也会踱进小院，一坐好一会儿，问长问短，表示关心。有一次从聊家常讲到辽宁锦西有日本人遗留的炼油设备，准备组织人员去拆运到安全地带，问我是否愿意参加。他知道崇筠怀孕，意思是我参加与否可以自愿决定，而何宇、温可门两人还都是单身，已经决定去了。我那时年轻好胜，而且总说回国为了参加建设，做点实事，如今刚刚有实事可干，怎么说不去。因此，还没跟崇筠商量，就说可以去，一定去。崇筠当时也不好说别的。事后商量，崇筠也毫不迟疑地赞成我参加。

当时全国年产石油（包括人造油）仅约 14 万吨，主要在玉门、陕北延长与四川各有一点零星的产量，都在当地简单生产些汽、煤、柴油外当一般燃料烧掉。玉门炼厂除蒸馏外，有一套美国进口的 Dubb’s 热裂化与生产柴油的冷榨脱蜡。上海有接收的敌产美孚、德士古的小油库，以及中国石油公司①自建的几个油罐。日本在东北留下一座加工天然油的大连炼厂，搞页岩油的抚顺炼厂（包括一、二、三、四厂），搞煤炼油的锦州费—雪合成油厂，锦西煤干馏厂以及吉林、桦甸等处未建成的炼油设备。其中锦

① 中国石油公司：1946 年 6 月资源委员会中国石油有限公司在上海成立。公司机关以甘肃油矿局机关为基础。董事长翁文灏兼总经理，直属机关有甘青分公司，台湾、四川两个油矿勘探处，高雄炼油厂，嘉义溶剂厂和新竹研究所。

西除煤干馏炉外，有一套蒸馏及一套 Dubb's 热裂化（当时并未弄清是日本人仿制的还是美国进口的）。

大连炼厂比较完整，除蒸馏—热裂化—釜式焦化外，有三套从美国进口的润滑油生产设备（溶剂脱蜡，溶剂精制，白土处理）。苏联红军从旅顺、大连撤退较晚，撤退时又议定该炼厂由中苏合营（炼制苏产库页岛原油），中国人进入该厂还须经专门批准。

1950 年底，朝鲜战场局势紧张，政府决定疏散物资，把一时未用而有相当价值的设备器材从辽东一带拆迁至安全地区。石油总局奉命尽快把上述锦西的蒸馏—热裂化全套设备及有关图纸资料拆下装箱待运。徐今强代局长安排原任中国石油公司工程组长的梁翕章工程师负责带一批技术人员及少数技工办理，几个留学生包括我在内都参加。那时社会上有流言讲美军要轰炸辽东地区（以后知道麦克阿瑟确有此议），所以徐今强宣布主动报名参加，决不勉强。我们那批年轻小伙子都踊跃报名，1951 年初临出发前，徐局长还设宴壮行。虽是食堂大师傅搞些一般菜肴，却有酒，相当热闹的。

徐今强在他的会客室设宴为去锦西的几个人饯行。有带队去锦西的梁翕章，外加何宇、温可门和崇筠及我（崇筠虽不去锦西，却也特别请来作陪）。去锦西的还有原中国石油公司的张惟贤、唐学勤、高玉宝等人，却未参加。那时麦克阿瑟扬言要越过鸭绿江攻入中国，局势紧张，徐今强特别指出，我们不怕美帝威胁进入东北，充分显示爱国热忱，一定要在限定时间内，将设备全部拆下装箱待运，必须准备好有关设计、安装图纸，每一零部件都要编号、入账，有装箱单，保证运到指定地点后可以马上安装起来发挥作用。他给我们一个个敬酒，祝我们胜利完成任务。

要说喝酒，我那时能喝一点，只是这种局长设宴的应酬，还是第一次，不会应付。坐下以后，既然有菜有酒，我就吃，就喝，喝的又是烈性酒，自己觉得差不多了，到徐今强敬酒时，就说“喝不下了”。他说，你捐献 2000 美元有勇气，喝这点酒也不应皱眉头。何宇等人又起哄，那一小杯酒，我一饮而尽。而这一杯下肚，等于过了某一限度，反而很想再喝。崇筠就示意，不能再喝了。所以未出洋相，不过饭后，在小屋里迷迷糊糊睡了一会儿，并落得崇筠批评埋怨，似乎还是第一次，所以留下印象。

出关去东北，还颇费周折。那时的东北在全国范围内很有点特殊。由于解放最早，行政上已建立完整的一套，到抗美援朝，那种特殊地位就沿袭下来。我们出关要由公安部颁发护照。在东北使用的货币也不一样。火车到山海关站，一停几个钟头，办理手续，有武装军警上车一个个严格检验护照。我们虽属中央政府派遣，也并不例外。我们几个留学生，对此颇不习惯，自然谁也没讲什么。东北首先解放，由高岗主管，有点独立王国的劲头（这是高饶反党集团形成的根本原因）。

日本留下的炼油设备仅是一套小型的蒸馏及热裂化（规模大约是 20 万吨/年），所谓的 Dubb’s 热裂化，是 20 世纪 30 年代后期催化裂化技术尚未发展时通用的。玉门在抗日战争时期从美国购买的与此相同。那时我国正规的炼油厂还只有玉门一处，锦西这一套就是第二套，因此燃料工业部相当重视。梁翕章与原中国石油公司的一些同志都知道 Dubb’s 热裂化，而我们几个留学生谁也没有这方面的知识，从上海搬来一部分图书资料中，有 Nelson 所著的《炼油工程》一书，系统介绍炼油技术。我们临时抱佛脚，从中学到一点基本知识，至于工程实践，我在昆明设计建设酒精厂还算有过接触，何宇、温可门比我还差。所幸梁翕章本来管过在上海建设油罐以及验收进口物资，有一些经验，而且他工作踏实、认真、有条有理，所以整个工作进行得很顺利。

拆卸工作由上海技工及临时集中的抚顺、锦西两地工人操作。我们这批人的任务是组织装箱，编制清单、装箱单等。只有梁工程师与张惟贤、高玉宝知道装箱单如何编制、箱内放置这类事，其余留学生们都是第一次干，虽说一学就会，毕竟最辛苦的是老梁。他办事认真细致，一切进行得井井有条，进度也比预期的快。我们几个人既整理有关英文图纸资料，又直接参加劳动，本来全新的棉衣、棉裤，到工作完毕，也就上上下下油渍斑斑，算是“有了油味”。据温可门回忆，在此过程中，曾有美国飞机在上空盘旋侦查，我们都没有理睬。

设备器材全部装箱完毕，该发运什么地方却得不到指示，好像是梁翕章赶回北京请示，石油总局让我们全部人马返京。据事后听说，东北局方面的意见是运往北满，即哈尔滨一带；而燃料工业部的意见是运往玉门。两种想法不能统一，只好原地存放。这实际说明解放初期，东北在高岗领导下，独立性很强，我们却全然不知。结果总局通知全部物资交锦西厂负责保管，我们全体撤回。

这些设备都小，到底有多大能力已记不清，概念中蒸馏是 15 万吨/年而热裂化仅 5 万吨/年。当时对这些小设备十分重视，可从一个侧面说明中国石油工业面临的艰难。以后在大庆油田开发之初，在葡萄花这个地方临时建立一套带蒸馏的小型热裂化装置，供应油田本身急需的部分汽、柴油，投产开工时我还曾奉命去工作，据说就利用了上述设备。

回北京就离春节不远了。我们回国后第一个春节就在那间小屋里过的。石油总局已另有了单身和职工宿舍，不少人搬出去。我们的小屋不如原来热闹，崇筠身重已很明显，不大愿意多出门，而陈铭谟回国后在机械工业部工作（不久就分配到西安的专业学院去了），单身一人，我们就请他来家，一起过年。在煤球炉上做熟一样吃一样（不吃就凉了）。从陈铭谟到家里开始，就这样一面做一面吃，根本无所谓午餐、晚餐，一直搞到晚间小陈辞去，好歹也吃饱了。

1951初，由东北调唐克①、蓝田方②到石油总局，建成一个人造油小组。刚回国的武宝琛、江士昂以及党员工程师林风参加。不久后，这个小组与技术处合并，田方即任副处长。

新中国建立初期，呈现一段蓬勃发展、前所未有的新气象，有一股向上、向前的趋势。不久，政治运动、个人崇拜、封建残余等，导致社会、经济波折起伏，伤害了许多人，特别是知识分子。中国今天面临许多深层次的严重问题，其实在这段时间内就种下了祸根。如不能听取正确的建议而蛮横地批判马寅初先生的意见，使今天人口达到难以承受的13亿之众，就是一例。

新中国建立后，中国共产党与毛泽东本人，总的指导思想不妨归纳为改造旧中国，建设新中国。这一点无可否认。出现的问题在于如何改造与如何建设，以我陋见，毛泽东的基本思维或者说哲学思想，简单说就是"（阶级）斗争"，要"破字当头，立在其中"，讲"不破不立"，所以"改造"重于"建设"。

一般来说，改造依靠一批政工干部就行，而建设无论如何需要一大批各种专业人员，即知识分子，毛泽东从思想上一贯认为知识分子是靠不住的，但仍要利用，在利用的过程中加以改造。如果改造不够，不彻底，就宁可不用，至少是限制使用。

---

① 唐克：石油管理总局副局长，历任石油工业部副部长，冶金部部长。

② 蓝田方（1923.4—1987.9.18）：早年参加革命，曾任石油管理总局石油设计局代局长，石油工业部北京设计院第一任院长，"反右"中受批判；中国能源研究会副理事长。

我加入石油总局以后，很多时间花在政治学习与运动方面，然后一段时间被限制使用（没有任何人这样讲，但实际如此），干一批打杂的事，名义上照样是室主任；又被派专搞页岩油生产及加工以至于所谓“小土群”的荒唐事。至于领导人心目中，怎样对我有了些不同的认识，无法确定，而我自己长期浑浑噩噩，自我感觉还挺好（说不定正是这种状态，促使某一位或某几位领导部分地改变了对我的看法）。

## “向党交心”与全国第一届石油展览会

我认为，既然“事无不可对人言”，而且响应号召回国参加建设，对共产主义与共产党应该努力增加了解与认识，所以，历次运动都积极参加，对政治学习，更真心诚意地有些主动性。我在广州就写下比较详细的履历表，那时总局具体领导学习与运动的是计划处的杨达处长，人事处处长是连庆溥同志。这两位年龄不大的“老干部”都是有一定学历的女同志，对我们几个留学归来的学生态度颇好，掌握政策时一直比较合理，没有极左那一套。

我们这一批人，有武宝琛、江士昂、何宇、温可门、崇筠与我，以后又增加了曾东立、宴振东，都编在总局的技术处。技术处人最多，政治学习一般分两个小组，一个基本上是建国前中国石油公司的老人（有个名称叫“留用人员”），另一组主要就是我们这一批，还有几个刚参加工作的年轻人（在办公室的外屋），这个组的小组长就是我。

我对政治一无所知，在美国三年也没懂什么是资本主义，其他留美学生基本也一样。学习《联共（布）党史》、艾思奇的启蒙读物以及毛泽东的若干著作《新民主主义论》及《别了，司徒雷登》等。我们那批年轻人讨论起来很热烈，而且几乎全体都觉得很有收获，就是以后被错划右派以至回到美国的武宝琛也一样。我们觉得了解了劳动创造价值与资本家剥削剩余劳动的规律、资本主义发展成为帝国主义、侵略与剥削殖民地人民，又因为瓜分殖民地的竞争而引发战争以至两次世界大战。这一系列的论点，尤其是新中国刚一建立美帝就公然打到我国大门口，照麦克阿瑟的叫嚣还很可能打进东北。当时全社会的学习讨论曾一度集中于反对亲美、崇美、恐美。也许出乎一些人的意料，我们这些留学归来的学生，异口同声认为美国老百姓是友好的，而其政府是可恶的，是服务于资本家的帝国主义者。至少我并不觉得任何人心口不一，讲的都是真心话。

领导运动的是党支部，不过开始时党尚未公开，我们只知道徐今强局长在领导，而具体负责日常工作的是计划处的杨达，那时刚开始还是副处长。处长似乎是副局长严爽兼任，另外翁文灏的大儿子翁心源也是副处长。

在传达文件或有重大问题出现时，两组合并开会。运动刚一开始，杨达同志曾经讲过，要我在小组中带头，即头一个讲述过去的历史情况。我曾经估想，可能是在上海华东高教部接待时填写的表格已经转送到石油总局，即所谓进入档案。我自以为问心无愧，“未做亏心事，不怕鬼叫门”；我也懂得历史上一贯有“疑人不用，用人不疑”的原则，回国又想干点实事，理应毫无保留地讲清楚过去一切。

学习与运动的第一件事叫做向党交心，每个人详细交代过去的历史与经历，关键在于“与反动派的关系”。办法是先学习文件，然后各人写一份详尽的自传，在小组会上宣读，其他人可以提出问题要求“讲清楚”，直到没有人再提新问题为止。这个人再根据所提问题与意见补充修改自传。事前讲明白，自传要存入个人档案。而共产党讲究阶级分析，所以家庭出身即要从祖父开始写起。这就是所说的“查三代”，或者叫“查阶级根源”。不仅个人写，组织上还要对重点人物的重要事项进行调查核实，作出组织结论。以后的事实证明，这种结论是影响今后命运的。

我既是小组长，而且有所谓历史问题，而且被称为国民党的“特别党员”（根据国民党党章，由其中央委员两人介绍者，可直接吸收而无须考核或经预备期），党证编号为“特字××号”等。所以总局学（习）委（员）会指定我们小组中由我抓紧准备出草稿，头一个在小组中宣读。我至少花了一星期时间，写成厚厚一摞子材料。崇筠当然也要写，分量不及我的1/5，因为她除掉地主家庭外，实在别无可写。她曾说我写得啰唆，我坚持事无不可对人言的原则，写得细。

宣读时，局的学委会派人来听并作记录。留学生们了解新中国成立前一般情况的，比较容易理解，都知道当时客观情况，并不重视。几位新参加工作的年轻人（有些没进过大学）就感到问题很多；因此，小组中提出的问题真不少，又花去一星期以上的时间逐一回答。局学委会仔细追踪全过程后，决定让我在全局学习会上发言，即再讲一遍，全局同志都可以提出问题。据现在回忆，“他为什么回国”曾被多次提出，我只能回答：“再没有什么可补充的了！”

当时，石油总局学委会把我作为坦白交代的典型看待，口头上给予表扬鼓励，以发动其他人解除顾虑。给我下的结论则是“有一般政治历史问题，交代清楚（未必是原文，内容肯定如此）”。这里的“一般”系对比重大、严重而言；“政治”自然涉及党派，不涉及党派的用“社会”这个词；“历史”并不是一般人理解的“建国三年以前”，而是以1946年画线。1946年以前，至少名义上还是国共第三次合作时期。至于交代清楚，以后我才理解，这实际还留下一个尾巴，即尚待调查落实，只是本人主动讲清楚了！

“向党交心”的延伸，就与全国的镇反（镇压反革命）与肃反（肃清反革命）运动结合起来了。背景是抗美援朝紧张进行中，台湾的蒋政权叫嚣反攻大陆，破获了好几起派遣特务与潜伏特务。而西北、西南山区及境外缅甸确还有相当数量的国民党残余武装或土匪，构成一定威胁。全国各地都有计划组织突击逮捕与发动全社会检举揭发与坦白自首，除现行反革命外，追究国民政府党、政、军、宪（兵）、特（务）各系列担任一定职务者，都划为反革命分子。例如我清楚记得国民党现役军队中担任少校及以上职务者全部在内［以后所谓“地（地主）、富（农）、反、坏、右”的“反”即指此］。

全国开展肃反、镇反运动，在石油总局运动可算是和风细雨，而且并未大张旗鼓地使用上述名词，只用“向党交心”、“忠诚老实”这一类语言。那时归国留学生除何宇、温可门、崇筠和我之外，已增加了武宝琛、江士昂、曾东立等。大家没有什么具体业务工作，每天一上班就学习，学社会发展史一类的小册子，学习《新民主主义论》及《论无产阶级专政》这几篇“毛著”。“里屋”那个小组，经常颇为沉闷，我们“外屋”一帮人，都是毫无社会经验，更不大清楚利害所在，倒常是很活跃的，有时书呆子气十足地抠字眼，武宝琛与何宇经常为一字一句抬杠，引得大家混战一场，热热闹闹甚至嘻嘻哈哈。

1951 年“向党交心”临近结束时，徐今强代局长叫我去，让我负责筹备石油展览会，国庆节后展出，地点在劳动人民文化宫即清朝祭祀其祖先的太庙，展场就是太庙的大殿。由商业部石油公司与燃料部石油总局共同承担。商业部指定的负责人是方才政，是西南联大高我一级而同年毕业的。石油总局由我负责。崇筠产后休息56天，上班后也参加展览会的筹办，另外还有一位叫江辅济的同志。我们三个脱产专搞这件事。方才政因为没有专门的助手，经常与我们一起碰头，一些具体事就让我们办。

这个展览即“全国第一届石油展览会”，劳动人民文化宫的大殿在我们去看时，早已空空如也，白天也显得很幽暗，所以首先必须大大加强电路，供展览照明之用。地质成因及石油储藏是崇筠主要负责设计的，石油加工及产品是我搞的，实物是石油公司方才政提供一部分。我国很早发现石油的历史等好像是江辅济负责的。设计图样先经总局审查，又与石油公司会审。正式展出是1951年国庆节后。

展览其实很简陋，无非几个“沙盘”、一些图表，搜罗些实物，包括产品与钻杆、钻头、“圣诞树”（即采油树）等，意思说明石油的重要性，勘探的艰苦性与中国有油的前景很大，包括页岩油与煤炼油。当时已知中国煤矿丰富，把煤矿包括在石油资源之内，一幅大的中国地图上就可以星星点点放上一批小灯泡闪亮以示前景很大。做了一棵“产品树”，说明通过深度加工，不仅国防必需，还可以解决衣、食、住、行的需要，等等。太庙大殿高大、阴森，虽经批准用作展场，但供电负荷有限制，照明不足，而在当时已算是大型展览会，居然意想不到地受重视，徐今强代局长事前交代，届时将由朱德总司令亲临剪彩，还会有中央领导来参观。展品不够精彩，就得靠很好的讲解说明作补充。油部分江辅济与技术室另外几位老同志负责，勘探开发部分崇筠负责，加工、产品等由我负责。讲解词全文写出，经审查修改通过后，精选一批新招收的中学毕业生担任讲解员，把讲解词背得滚瓜烂熟；另外准备好回答可能提出的问题。老实说，这些年轻人固然对石油不甚了解，就是崇筠、我与老江等人的知识也极其可怜，只能应付一般群众而已。

开展前的下午，有中南海来人作全面安全检查。一位干部带二三十位很仔细全面地观看灯光开关等的演练。那时干部们在服装等方面与一般工作人员毫无区别，以后才知道这是中央保卫局的人。

那天开展，早早就有预先组织好的各部门的工作人员与一批学生排列在天安门广场，整整齐齐地进入大殿前的广场。徐今强局长也很早来到，然后就是中央保卫局的同志们从另一个门进入。徐今强局长把一把崭新的剪彩用大剪刀，当着保卫局同志的面交给我，让我到时跟在徐局长后面，把它交给徐局长再转交朱总司令使用。他那么郑重其事，搞得我颇有点紧张。当时，我还是觉得很受信任，口袋里的剪刀一直用手在外面按着，穿一套里外三新的蓝布棉服，不仅暖和，脑门上都冒了汗。

朱总司令一看就认识，一批跟随的人们中，我认识燃料部老部长陈郁和几位曾见到的副部长。陈郁部长极简单说了几句广东腔（很难懂）的话，请总司令剪彩，有军乐队奏乐。我就把那把热乎乎的大剪刀交给徐局长，徐客气地交给陈部长，陈部长示意他直接交给总司令。结彩用的不是绸子而是红布，那剪刀虽新大概没开刃，总司令剪得相当费劲，才剪断那条红布。排列的观众一齐热烈鼓掌，广场上则放了鞭炮，仪式简单却颇热闹。

总司令他们参观时，是由我们几个负责人讲解的。总司令和随行人员还看得比较仔细，对“石油树”（表示可从石油生产许多产品，包括化纤、橡胶、塑料等）还问了若干问题。

总司令一行人离开后，广场等待着的群众才列队进来参观，人数并不多，所以当天下午就圆满完成开幕首展仪式。我是一头的汗一直没干，崇筠也说“热得冒汗”，她要喂孩子吃奶，先回了家。

周恩来总理留给我们的印象特别深。是闭馆以后，只有少数几个人跟着来的，总理却看得仔细，留神听讲解，还提出些问题，与讲解的人一一握手，有一个陪同人员对我悄悄说，“慢慢讲，让他多看一会儿”，“他太忙，让他多看一会儿，是要让他出来散散心。”总理的忙，以后听得越来越多，这不过仅仅是第一次。崇筠在南开中学时见过周总理，印象好。这次为总理讲解，与总理握手，特别高兴，我也很高兴。

这个简单的展览会，却颇得重视，当时的中央领导人，恐怕全都来看过，几位老帅和上将（那时还没有军衔）分了两三批，都是很随便地与一般参观人员一起，不过保卫部门仍有一些人先到，跟我们打招呼。

有一次来了好几位，也是不等清场完毕就进来了，而且似乎是一路说说笑笑的。一看就认得有陈毅、刘伯承和叶剑英，聂荣臻是与崇筠说同乡才认出来的。还有一个被称为“王胡子”（我当时不认识，问过保卫人员，才知道是王震）。看到陕北延长油矿，又有人取笑王震“你那时做的蜡烛就是不行”。

毛泽东也去过，崇筠和我却都未遇上。那是个星期六下午（星期天闭馆），我在感冒发烧，眼看参观的人已很少，别人一劝，我们就一起走了。据说走后不久，保卫局就去人清场。过一阵毛泽东就来了。徐今强代局长刚回到宿舍，接到燃料部的通知，搭上总局那时唯一的一辆小车，带上同院住的蓝田方与武宝琛赶到，燃料部又赶去一些人，陪同参观解说。炼油有关的部分就由武宝琛讲解，其余一些部分是徐今强自己讲解的，据说还看了较长时间，也随便问过一些问题。事后，崇筠和我还都很觉遗憾，接待了许多中央领导人，偏偏毛泽东来时，我们稍稍早一点离开了。

事隔好久，我们才领会到这个简单的展览会的举办以及引起那么多中央领导人的注意的根本原因是 1951 年下半年，抗美援朝还在艰苦进行中，国家领导人已经注意到石油的重要性，对国家缺少石油感到不安。展览会中简单展示过煤炼油与油母页岩炼油，统称之为“人造石油”，也引起领导人的注意，在大庆油田发现与开发前，得到十分重视。朱总司令参观视察过抚顺、锦西、锦州等日本人留下的人造油设备，亲笔题字“发展人造石油、加强国防建设”，也反映了这一点。不久，崇筠几次去西北找油，而我就主要去东北搞人造石油了。

这一年中我们生活中另一件大事，是鸽子降生。

崇筠父母早丧，北京并无亲戚，第一次怀娃娃，高兴之外，不无担心害怕，我在这一点上毫无办法，而且也有点担心，只是不能向崇筠表示出来。1951 年鸽子降生前，刚巧石油总局在小经厂胡同内有了一个四合院，我们搬去，住在西厢房中的两间。住北屋正房三间的是刚从东北调来的副局长唐克。唐克夫人姓曹，是北京第六医院——鼓楼医院的副院长，带两个小孩子。她对崇筠很关心，也很热情，嘱咐了一些有关注意事项。

崇筠准备了各种小衣服、小被子以及许多尿布，我们那时没有什么旧的被单之类，有些尿布其实还是新的。曹院长和对门东厢房朱家鹿的母亲和夫人强调说：新生娃娃皮肤极嫩，用旧布才柔软，还送了一些旧布。此外，我们到石油总局后就联系到协和医院做产前检查，认为一切正常，到临产前用人力车送到协和，好像当天就进了产房，顺利分娩。我在产房外面等待时，不免心中忐忑不安，所谓“七上八下”，踱来踱去。好在时间不长，护士就出来报告。先有个女儿，崇筠和我都很满意，那时的政策是鼓励生育，甚至学苏联的榜样，孩子生得多的可以被命名为母亲英雄。我那时是技术处（崇筠和我都在这个处）的工会小组长。而工会按照规定，职工生孩子给予补助，发给五万元（相当于后来的五元），红布五尺，红

1951年的全家照：吴崇筠、朱康福、朱小鸽

糖及鸡蛋各一斤。在石油总局领到这种补助的，崇筠是第一个。

在孩子出生前，崇筠就想好了这个名字，那时我国宣扬和平，毕加索所绘的和平鸽到处可见，又有一张招贴画，一男一女两个孩子（在天安门作背景的广场上）怀抱鸽子，天上飞着鸽子，标题是“我们热爱和平”。崇筠喜欢这幅画上那一双孩子，讲过我们将来也要有这样两个娃娃。临产前那个五一节前夕，单位还发动大家装饰一下办公室，创造出喜庆气氛，崇筠就剪过大大小小好几个鸽子张贴，孩子因此命名为小鸽(朱小鸽)，别无其他小名。

1951 年 5 月 5 日清晨 1 点 38 分，鸽子在协和医院降生。（1996 年还从协和医院查到档案，正式补印出生证。）我们请了一位刘太太住在外屋照顾。这一年夏、秋时间，我们常用小车带上鸽子去北海公园散步、消暑。乘坐的是叮当作响的有轨电车。小经厂胡同口就是车站。经过宝钞胡同、鼓楼、地安门就到北海后门。

总的说 1951 年是愉快、欢乐而生活很平静的一年。

## 政治学习：“三大运动”、“三反”、“五反”及肃反

建国之初，主要的政治运动：抗美援朝、土地改革与镇压反革命，被

统称为“三大运动”。到1951年底，发现干部中有贪污、腐化，而奸商用伪劣药品及医疗用品坑害前线伤病员，引发一场轰轰烈烈的“三反”及“五反”运动，即在党政机关工作人员中开展的“反贪污、反浪费、反官僚主义”和在私营工商业者中展开的“反行贿、反偷税漏税、反盗骗国家财产、反偷工减料、反盗窃国家经济情报”等，加上肃反运动。这些运动一直持续到1953年。

我在这段时间内，较长期地担任单位中的学习委员与本处（室）的学习小组长，了解的事较多，而运动也或多或少地涉及崇筠和我自己。

抗美援朝，除动员全国人力、物力支持前线，争取胜利外，主要在群众中消除恐美崇美心理，而且宣传与苏联结盟，一边倒，还要力求消除东北人民对苏联人“老毛子”、“大鼻子”的不满心理。事后我们逐渐知道，苏联红军进入东北后，一些行动并不令人满意。这个运动在石油总局只是一般学习、讨论，没有什么波动、曲折。

土改即土地改革。崇筠和我的家庭出身，当时都填写为地主，个人成分则是学生。无非只是家庭出身不好，还不产生重大后果。崇筠老家先实行退租退息，在我们回国前后已经处理完毕，地主成分则划定在崇筠嫂嫂身上，戴上了地主帽子。因为她哥哥崇忠在解放以前就离开了故乡。建国后进一步展开土改运动，地主分子就要被监督劳动，受到批斗。嫂嫂日子当然不好过，不久后，她投入家门前的笋溪河自杀身亡。此事对崇筠当然产生政治上的“污点”。其实，据20世纪90年代后崇筠回乡以及我们俩一起回江津所了解：崇筠父母兄嫂一贯对佃户并不苛刻，土改中对嫂嫂也并无过多的批斗，只是崇忠兄在上海另外与施智华结婚，生下两个女儿，既不回江津，又无力、也不敢接济家中困难。嫂嫂带着五个幼小的孩子，在困难中产生绝望，多次与崇忠联系。崇忠兄只把最大的盛滨让带去武汉，这才促使嫂嫂走了绝路。

不过崇筠的二伯父和一个堂兄，则被镇压处决①。这件事对崇筠更产生极不利的影响。

江浙皖一带的土改，除少数民族地区外，是全国开展最晚的，规定的政策也较缓和，恐怕与稳定江南经济情况有关，尤其这一带民情风气都比较活络，大哥在无锡搞了个“假分家”，把田产以至房屋假分为我们兄弟四人所有。这一分，每人名下的田产都少，就不够地主而被法定称为“小土地出租者”，大哥兼称“小商人”。我的家庭出身，还是人事处让改为小土地出租者，本人成分自然仍是学生。

一向听说，历次运动中往往有指标。1951 年底开始的“三反”运动，在社会上以至单位中，一般称之为“打老虎”，一个单位有几只“老虎”，常常是上级规定的。最近（1997 年 4 月）特向康定询问，当时康定在天津日报社，属天津市委宣传部，而且多次担任运动中的办公室负责人之一。康定说：事情确实有的，如“三反”中，天津市委宣传部分析报社情况，认为有五个涉及经济往来的部门可能有问题，认为“有五只老虎”，不过，既无文件也无决议，是内部掌握的一种尺度。事后，天津日报社连一只“老虎”也未发现，虽然一段时间搞得十分紧张，以后也慢慢缓和下来。结论性的看法是基层单位如何掌握是很大关键。迫死人的事，冤案等等，大多因此而来。

与“三反”同时开展的“五反”运动，则是针对“资本主义工商业”，即私营行业的，内容是反对行贿、偷税漏税、偷工减料、盗骗国家

① 1991 年秋，我曾回四川老家，听说母亲那位被处决的堂兄当时已参加工作。家乡土改时其妻害怕，将其叫回家。他认为自己已经是人民政府的人了，为其父问题与农协会争辩，结果随其父一起被处决。据我舅舅家大表哥说，当年一个村的贫协主任就有权决定枪毙人。——朱小鸽注

财产及盗窃国家经济情报。运动在全国范围内声势浩大，各机关、学校等都抽出人员，参加社会上的“打虎队”，斗争气氛极浓，各地都有抓人上街、戴高帽子游行，以及各种批斗会。这一运动基本上不涉及机关，当然有些机关干部特别是留用人员中，会有家庭成员牵涉到运动。大哥那时还是小店主，事后得知被评为“基本守法户”（根据查出来的问题性质及大小，一般分为：严重违法，违法，基本守法、守法四类）。

“三反”“五反”运动中，石油总局主要查贪污。

我是学习小组长，对“打老虎”很积极。一到运动，就总要向小组传达上级指示，并带头发言。我发言中讲到40年代在昆明建酒精厂时，买石棉绳也接受过商店的回扣，可买几张电影票与同伴们吃几碗米线、饵饮。不料讲者无心，听者有意。过了三天，一位从原中国石油公司来的工程师，吞吞吐吐说他在新中国成立前为中油公司经手买电气材料时也收过回扣。而中油公司的“老人”认为新中国成立前他不可能经办那一类事，如果有，应是建国后的事。事情的性质就有了极大的不同。小组会上几个人一讲情况，他就承认在新中国成立后恢复上海炼油厂建设过程中接受过回扣，又未能一次明白交代（开始出于面子，以后则很害怕不知将受什么处分）。他的夫人惶恐之下，找当时作家协会副主席茅盾（即沈雁冰）出面说情，遭彻底拒绝，越发激起一心保护国家资产的“打虎英雄”们的愤慨，出现了围斗的情况（让他站立在中间，一圈人轮流拍桌子、打板凳、喊口号）。把这位中年工程师斗得面如土色，全身发抖，更加交代不清，过不了关。我是小组长，该掌握会场的，不能辞其咎。有人建议把他“扣在单位”（理由是避免他与夫人串供）。我不敢作主，只能请示蓝田方以及杨达，杨达当场明确不同意。

那时，石油总局人数颇有增加，准备把一部分技术人员从技术处分出来成立设计处，新从东北调来一位年轻的处长蓝田方。他比我还年轻，原是上海的大学生，聪明绝顶，能言善辩。他在上述事后不久，召集我们小组的积极分子开小会，主要说：工程技术人员是国家建设中需要的，对犯错误的人也要挽救、改造、为我所用。讲到“你们以后还要与他共事”。又说，应当明确指明出路，政策攻心，不能一意硬攻，那样形成逼供是不行的，于是气氛大为缓和。其实，这位工程师经手的电气设备、器材总金额有限，所收回扣不可能太大，而且所购物资在使用中并未出现毛病。在我与另一小组长、然后蓝田方分别与这位工程师个别谈话，等于向他交了底后，他夫人过一天送到单位一两黄金（那时被称为“一条小黄鱼”，即是铸成一个小小的金条）、三四个金戒指和一本银行存折。杨达亲自接见，收下黄金及戒指而退还存折。这位工程师当初收的回扣可能还少于那些金子的价格，受了降职使用的处分，70年代才恢复原职，直到退休。

回忆起来，我当时认为那位工程师实际经办的事范围有限，未必会有更大的机会贪污更大量的钱财，却又不愿意或者说不敢明确表示这种态度。每天向机关学委会汇报情况时，只讲当天的进展情况，不讲自己任何看法，直到有一天，负责学委会工作的杨达单独问我时，我含含糊糊地讲，可能似乎差不多了。杨达听后，笑了，我倒颇有点窘。

另一件当时被认为大案的，涉及锦西化工厂的负责人，一位老工程师。东北临解放前，国民党将锦州、锦西的物资抢运到上海，大体有明细账目，而发运时的清单到了上海，至少是不完整的。有少数几个日本技术人员还留在东北，照他们讲，日寇撤退时还有压缩机等大型设备留下，所提及的某些东西，锦州、锦西以及上海都没有。换句话说，有些值钱的东西下落不明，是否出现化公为私的问题，需要查明，就查到那位老工程师头上。问题之复杂，还涉及苏联红军确也拆运一批物资去苏联，有政治上的忌讳，不好“摆开来讲的”。而这位老工程师与前述工程师大不相同，他资历高，当过领导人，老练沉着，而且一直也未查出什么问题。他镇静自若，承认当时情况乱糟糟，他不可能具体知道中间是否出现走漏，而他自己是完全清白的。

这件事肯定不限于石油总局及燃料部，估计是上级希望查出什么重大线索，总局学委会指示要“慢慢细火”，迂回曲折地多提问题，以冀找出破绽。我们那个小组断断续续至少花了一个月以上的时间，却毫无实质性收获。此事一则无凭无据，二则有上述政策交代，三则整个运动渐趋缓和，最后只能不了了之。这位老工程师也并未受任何处分，只是把他调出北京设计院，先到新成立的广州石油设计院（主要打算负责茂名页岩油厂的工程建设设计）。该院在大庆油田发现后解散，他留在广东省一个设计院工作。他早年留学欧洲，有一位会弹钢琴的比利时夫人，建国后，夫人回欧洲去了，似乎一直独身（至少很久如此）。

再一件事，涉及当时一位副局长，与我们同院居住的，在东北工作时，因长女重病，为挽救女儿，送到哈尔滨的某大医院治疗，要自己付钱，他动用了公款（几两黄金）。此事是总局党组织直接处理，只是以后公布情况，说是自动交代，从宽处理，被留党察看（两年后恢复），降职留用，以后还当副部长、部长，迄今健在①。

关于农村土改，机关只是学习文件，提高觉悟，此外，曾号召职工报名参加土改工作队，我和许多同志一样都曾表态要报名。当时有种号召语

① 我曾听父母谈起此事。妈妈说完全可以谅解，他是为了救女儿的命当时无别的办法，况且只是挪用，以后用工资补上了，并未给公家造成损失。——朱小鸽注

言，叫“状元三年一考，土改千载难逢”，意思说对我们这些知识分子的改造是最好的机会。那时候，报名时得到原则同意被认为光荣或至少政治上被接受，因为有些人按规定不能报名或者报名也不接受的，我思想上既难免有“赶热闹”的成分，也有想去农村了解情况的成分。按记忆，似乎石油总局没有任何人被选去的。对此，蓝田方辩才无碍，对我们这些人鼓励有加，实质上只是一句话：“你，算了吧！”

学习期间，要求各人如实讲清，并发一份表格填写，家庭中有无亲属受到镇压或自杀，崇筠有一位伯父、一位堂兄被镇压，嫂嫂戴上地主帽子后投河自尽，自然如实报告、填表。尽管崇筠与二伯父一家没有任何牵连，但有了这一条，就会被认为对新中国共产党“可能有仇恨”，就可能限制使用，换言之就不会被真正信任。崇筠在1952—1953年连续出差，参加地质勘探，骑骆驼，住帐篷，又在玉门、成都及西安创建三所石油地质实验室，对勘探极有帮助，已小有声名。总局徐今强局长口头表扬过不止一次，却在1954年被调往新建的北京石油学院任教，被调出石油总局这种政府机关，可能与此有关——没有任何人讲这种话，我认为实际上是有关系的。

至于肃反运动，事前就宣布了反革命的界线，例如特务组织成员、反动会道门头子、国民党军队少校以上、宪兵部队尉官以上等，另外当然有坦白从宽、抗拒从严的原则。处理办法，有判刑、劳动改造、开除公职（戴反革命帽子）、留用察看、限制使用（不戴“帽”，后被称为“按人民内部矛盾处理”）等等。对机关中每一个人都要作出结论，存入档案。而这种结论，却又是组织掌握，本人并不知道。这一点以后引起无数问题及冤、假、错案。到“文化大革命”中清理阶级队伍时集中大爆发，使许多人不明不白地受害以至死去。

这一运动涉及我自己，并在若干年中莫名其妙地被认为有“特务嫌疑”。但我根本不知道。我回国以后对自己的经历交代得十分详尽，没有干过的事，当然不可能讲的，岂知问题就出在这里。

事情从童有储、许善昌两人引起的，他们都是我读高中时的同班同学，无锡沦陷后都曾到长沙见过面。童有储入联大又是同学，许善昌经商，也不时见过面。1946—1947 学年中，又都在刚复校的母校私立无锡中学任教。建国后，童有储在 1951 年即被捕劳改，我知道他在联大参加三青团，被捕原因不详，只知道他与联大师院教育系主任陈雪屏关系较密，而陈雪屏是云南省三青团头目之一，逃到台湾后曾任“教育部”副部长。到 20 世纪 80 年代末，原私立无锡中学学生朱蕴清见到我，才知实际情况：建国后童有储参加学习班后被分配工作，在梅园附近一所中学任教，过了两三个月，公开被捕，说是参加了什么“第三党”，最后弄清所谓“第三党”根本没有，却牵连被劳改，病死狱中。后来监狱曾有人到无锡，说明是冤假错案，而童有储的亲属兄弟姐妹，无人去办相应的平反手续。许善昌则坦白承认在高一集中军训时参加过国民党特务组织复兴社的前身蓝衣社。我毫无所知。如前所述，集中军训毕业前一周，全体学生被逐个叫去个别谈话，我被叫去的时间特别长，到吹熄灯号才回宿舍，而且第二天又被叫去一次。在别人看来，去那么长时间，必有隐情，说不定就是参加什么组织了。其实，我却是代那三个区队长计算考试的分数、平均数，打了两晚上的算盘！这些，我都在交心时详细交代过的。许善昌建国后调到杭州一所中学任教，约在 1951 年我与许善昌彼此得到信息，通过信。许善昌在信中讲到他参加了蓝衣社，因为主动交代清楚，仍在教书。我得到那封信后，吃了一惊，毫不迟疑地将信上交学委会的杨达手中，并说明我事前毫无所知。杨达把信留下，说我做得对，对党忠诚老实，很好，并嘱咐我写一份材料，说明过去确不知情，我自然照办。那份材料，其实连同信件进了档案。

许善昌因家庭经济困难曾求助于我，我寄过些钱，并未向组织汇报。许善昌在这次运动中自杀身亡，其遗孀即来信盼我资助，心情迫切而文化水平低，写上“只有你可以救救我们”之类的内容。那时，凡运动中自杀者一律被认为自绝于党，自绝于人民，其他人必须划清界线。我向杨达报告并送上原信。杨达对我的态度一贯可说很好。她说，实在需要寄一点钱也不妨，但必须划清界线，不能老是牵扯。我到底寄了些钱没有，如今记忆不清，估计是寄了很少钱的，同时写了画清界线的复信。我估计，因此涉及我是否也参加蓝衣社而进行了调查。

石油总局已展开肃反运动，我仍是学习小组长，又把上述事情原原本本在小组会上“交代”一通。同志们照例追问一通，比较好的是因为组内年龄相近，参加过学生集中军训的人较多，情况一讲他们就清楚。蓝田方亲临小组会，又提出若干问题，再也没啥好提了，就算“通过”。我自己以为事情也就了结，没有放在心上。殊不知党组织很重视这个政治历史问题，曾派专人到无锡调查。据说，调查的人既不能证明我参加过，也不能证实我没有参加。蓝田方主持对我所作的结论，大意居然把这种既不肯定也不否定的说法写入结论。后面还加了一句，大意是“本人当时年幼，即令参加了，也没有发现做过坏事”。这也许是他的好意，实际上却给我留了“一条尾巴”。换句话说，没有作出政治历史清楚这个肯定性结论。肃反运动中，最好的结论是“政治历史清白”，表示完全没有问题，其次就是“清楚”，表示有点问题，但已完全弄清楚了。

“文革”后期，我才知道档案中的调查结论。据目睹这个材料的人说，字迹是蓝田方的。实际后果就是对我的限制性使用，但这一点没人讲过，档案中据说也并无这种写法，我自己当时更一无所知。

新中国成立后的运动一个接一个。与我们单位和个人关系不大的，就限于传达文件，一般性学习讨论。政治学习曾占上班时间一半（每个下午），以后就减少1/4，以至每周一个下午。但一到运动紧张，可以全部停止工作。总的说来，政治学习与运动占用的时间一直占很大比例，这还因为我们属于工业部门，对某些运动涉及较少，例如，高饶反党集团、胡风反革命分子，批俞平伯、胡适，批《武训传》等，单位里很有些人根本不知道胡风、俞平伯及武训是何许人也。所以这些运动无非走走过场。石油系统内，对知识分子特别是所谓高级知识分子的政策，仍贯彻改造、利用的原则。改造还比较注意方式方法，讲“和风细雨”；利用则包括限制利用在内。

## 第一个五年计划的编制与苏联的援助

1950年到北京后，我们就已知道三年恢复以后按苏联办法进行第一个“五年计划”，实行“一边倒”，以苏联为师。大概在1952年初，苏联派出一批专家来华帮助建设，中央各部都有一个专家组，燃料部也不例外。燃料部专家组中有一两个石油勘探方面的。这些专家的任务，似乎是深入了解情况与提出发展战略。

我们这些留美学生，本来对石油工业缺乏认识，当时流行的一本英语炼油工程是Nelson所著，原中国石油公司的老工程师像何俊英等人都读过此书。石油总局图书馆从上海搬来的书就包括这一本。记得最初是温可门倡议，我们都赞成，分头将此书译成中文，尚未译完，苏联类似的书已到。Nelson 的书我们还是全译完却未出版，石油学院左鹿笙的译本曾出版。

关于编制第一个五年计划，工作本身并不太复杂，但意义不小，它体现出国家在三年恢复之后，开始认真地建设，因之鼓舞人心，我也深感这一点。

五年计划从形式到内容显然是学习苏联的。那时有个宣传语，“苏联的今天就是我们的明天”，而苏联，据说是劳动人民的天堂。不管如何，战胜希特勒，牺牲千万英雄人民，那时苏联在全世界确实威望甚高，斯大林也还在鼎盛的巅峰。

我国第一个五年计划的制订，由周恩来总理负责领导编制①。第一个五年计划中，石油生产目标很小，记忆中似乎是 100 万吨（150 万或 250 万?）的产量（1953—1957 年，而 1957 年要达到 100 万吨），其中人造油 51 万吨，天然油 49 万吨，具体数字与比例可能不确切，而主要靠发展人造油是肯定的。勘探方针定为自西而东，炼油方面是援建兰州大炼厂。

上述指标的提出与确定，是燃料部及更高一级有关领导的事。石油总局内恐怕只有徐今强和极少几位领导人参与过。第一次在石油总局传达这个指标时，反应简直是轰动性的，因为当时实际年产量还只有十几万吨。

一五计划内容详尽，包括一系列具体指标，例如人才培养就提到需要各种专业的高级专门人员，应有多少，每年需要培养多少名大学毕业生等等，从而落实为兴建高等专业学院以及研究院、设计院、勘探队、测量队……需要总投资若干，也是上级研究分配下来的。我们参加的工作，就

① 《周恩来书信选集》：1952 年 7 月 10 日致“毛、刘、朱、陈”并告彭（德怀）、董（必武）、彭真等人的一封信。

限于把规定的投资额落实分配到各项要办的事上面，以及列举要办的具体子项，例如运原油共需汽车、槽车多少辆。要算“细账”。

当时第一头痛的问题是要办的事太多，而规定的投资额总好像不够。

第二，上级要求落实的项目，没有充分的基础资料，许多内容，只能假定。例如51万吨人造油，主要从油页岩取得，进而设定抚顺若干万吨，桦甸若干万吨（这两处日本人留下一些生产设备，真正开始生产的只有抚顺“西制油”，即石油一厂），又设定茂名若干万吨，而实际上只知道茂名有油页岩矿，有可能露天开采。中山大学陈国达教授（中国地质学家）多少作过些调查，估计油母页岩藏量有数亿吨。天然油也类似，玉门若干，延长若干，玉门附近有初步调查的如青草湾若干，青海省内若干，新疆若干。

吴崇筠在西北勘探找油（1952—1953年间）

更有趣的，100万吨油中，人造油自然就地加工，49万吨天然油到哪里加工，也并无明确目标。一种说法要部分运到上海（玉门炼厂适当扩建是明确的），因为原来中国石油公司曾有打算在上海建厂，而且建国后接收了一批英美石油公司的油罐等设施，已经定下项目，称为“原油东运”计划。那时铁路最西只到宝鸡，却已在咸阳建立一个“原油东运”的指挥部之类，还买了几辆苏联槽车。稍一算账，汽车运原油耗用的汽油柴油就用掉很大部分了，事实上不可行；又何况一部分原油还远在新疆，所以决定要在新疆建炼厂，即克拉玛依炼厂。但燃料部的主张，不能把炼厂布置在最西边，一定要考虑中原腹地。于是没有什么根据就假设在兰州建厂，理由仅仅因为兰州是全国地理中心。这个极为原始的假设，却在以后经过苏联专家选厂组论证，政务院计划委员会主任李富春带领一个专列的各部门领导与专家亲到现场踏勘调查后确定，即苏联援建的兰州大炼厂，规模为100万吨/年。

据我理解，苏联人那时编制五年计划已有整套完整的经验，而且在计划经济的框架内很讲究科学性，有充实的基础资料，而新中国不可能提供。譬如说中国政府坚持建个年产100万吨的大炼厂，却无法肯定原油从哪里来。只能估计西部勘探有相当成果，炼厂建成，大体也就能供应一定数量的原油。因此，厂址的大方向就定在偏西的兰州。这种具体情况，我们设计处的人们并不清楚，都是燃料部这一级机构作决定，总局领导人参加燃料部的讨论。

石油工业发展“一五”计划草案由燃料部下达主要指标，而由石油总局完成初稿。各种项目大体决定后就分配资金。事前已有所估算，主要是再调整与汇总。

我参加并负责“汇总平衡表”。这张总表的项目、细目等内容都分别由其他同志提出，我的任务只是汇总并保证不出现矛盾（例如投资数目的总计，小计、细目彼此无矛盾）。那时人民币尚未改革，每1万元等于后来的1元。石油工业的总投资记不得是几千亿元即后来的几千万元，每一个数字都是十位数。尽管总盘子并不大，数字上却都近于天文数字，而工具主要是算盘。有几台手摇的计算器，速度还不如我打算盘快。分散编出的草稿出现许多矛盾。记得我有两天两夜基本上没合眼，最终自己复核一遍横加竖加，确已完全吻合。第三天上午搞完，把总表交给领导人后上床，满脑袋一串串数字，无论如何睡不着，起来把肚子喂得饱饱的，才沉沉睡去。

“一五”计划从1952年着手编制，1953年就开始“执行”，但仍称计划初（草）案。后来很久才知道，定案时已是1954年，已执行两年了。尽管基础数据一直不充分，基本精神还是相当可靠的，那时就明确讲计划要留有余地。

由于抗美援朝战争，中央领导人已深感石油的重要性。据后来知道的情况，毛泽东等人曾特别邀请李四光等专家学者探讨过石油资源问题。苏联专家来华后提出的勘探方针叫做“自西而东”。这一提法，在石油总局内至少向一部分人传达过，我也知道的，具体一些，就是在玉门邻近地区以及新疆一些地方（主要是后来的克拉玛依地区）开展普查与勘探。

勘探找油是第一大事，崇筠去燃料部听苏联专家讲“由西而东”的方针与具体部署，回来很振奋。石油总局在1951年就着手招收一批程度不一的中学生办专业训练；在锦州建立一所石油学校着眼于炼油；在南京委托中央大学（现南京大学）等部门办地质勘探专科学校；在北京也招了一部分学生学地质勘探。崇筠去讲课，后来大部分学生都成为工作中的骨干。而1952年急需用人的情况下，学地质的那些20岁左右的年轻人也就派上了用场。1952年春节后不久，石油总局组织勘探队，崇筠提前给小鸽子断了奶，把她送到一个全托的托儿所，与余伯良（中央大学高班同学，留美归来的）及另外几位老师带一批年轻人西出玉门关，骑骆驼、入沙漠、睡帐篷、啃干粮、以全队唯一女性又是小队长身份，深入现场。崇筠印象中还有“金张掖、银武威”之说，其实张掖、武威等地都很残破，10多岁的女孩没有裤子穿，让人震撼。她一心想早日找到石油，改善人民生活。

崇筠近年底才回家，全托的小鸽子都不认妈妈了，未免让她伤感，哄了很久，孩子才慢慢亲近她。但1953年春末，崇筠再次出差去四川及西安，一年半之间，在玉门、成都、西安三处分别筹建第一批比较现代化的石油勘探实验室。她当年所带学生，不少是专才并有总工程师一级的。孩子又生疏了，鸽子与妈妈始终不太亲近，由此种下根由。

石油总局搬入琉璃门新址，在养蜂夹道附近。因崇筠出差，孩子尚幼小，我这一年基本没离京。原以为兰州大炼厂的工作必将参加，不料没我的份。而西部（甘肃、青海两省与新疆）勘探也无重大突破，石油工业起步艰难，我只有干点后勤与打杂的工作。

## 后勤与打杂

石油管理总局成立设计处以后，第一项任务是建设上海炼油厂。其实质是把原中国石油公司留在上海的一些设备，包括新中国成立前从东北运去的以及新中国成立后接收外国石油公司的若干油罐、油泵、管线等拼凑成一个最简单的蒸馏厂。任命了何宇担任设计负责人，实际上，很多工作是由原中国石油公司的几位工程师，如梁翕章、周庚谟，尤其是何俊英做的。蓝田方带领上述人等到上海一趟，连绘图带比划就基本完成了。回到北京，补了一些图纸。我只是参加极少一点管线图的绘制。

石油工业当时缺乏资源，但人们的期望很高，勘探一时无突破，而建设大炼厂已列入苏联援建项目（当时共156项）。设计处最突出的任务就是筹建兰州大炼厂。为此，组织全体工程技术人员突击学俄语。1951年夏季以后，每年都有大学毕业生分配来工作，其中在校俄语学得较好者颇有人在，李树钧是佼佼者，他就是大家的老师。大家学习热情很高，按当时专门发展出来的一种突击速成法，学习4星期，我在其中成绩属于较差的，除自己努力不够外，还因处长蓝田方为集中精力学俄语，把一部分处里日常的杂事，包括公文处理交给我办，譬如石油总局每星期至少一次局务会议，各处处长都应参加，而蓝田方往往让我代替，一次半天，还有些事处理，闹不好等于缺一天的课。

1953年4月，石油总局设计处扩建为设计局，蓝田方是第一副局长代局长，副局长是从玉门调来的熊尚元①。人员增加很快，据《北京设计院院志》记录，一年内增至623人。承担的最大、最重要项目就是配合苏联专家搞兰州大炼厂。

我实际被排除在这个项目之外，当时没提任何理由，说法上倒是组织的照顾与后勤工作需要。所说照顾，因为崇筠总是出差，鸽子虽是全托，周末总要接回家；而大批人员投入炼厂选址等工作，后勤据说“你最合适”。所以当时我是愉快地接受安排的，卖力地干好工作。在设计处时代，蓝田方每逢出差，总局关于各处、室都须参加的会议都由我去参加，已被人谑称为“代处长”。直到“文革”后期，参加我的专案组的一名人事处干部才告诉我，其实当时是政治审查没通过，而原因就是前述肃反运动的结论中留下了小尾巴。

顺便说一下，兰州炼厂的中方设计负责人是何宇，西南联大45级化工系毕业，低我三班，毕业后的经历也无可称述，所以被选中，应是政治因素。他的哥哥姐姐都是共产党员，这一点当时设计处的归国人员和大学毕业生等无人可及。这种政治优势使何宇处于优先使用的位置。直到反

① 熊尚元：（191？—2007），清华大学毕业后进入原国民政府中央地质调查所工作，建国后历任石油管理总局石油设计局副局长，石油工业部北京设计院院长，大连石油七厂厂长、总工程师。

右，他一家三个右派，本人言论有同情右派分子之处，因而受到影响。什么事都决定于政治条件，于此可见一斑。

我还曾两次去东北调查炼油设备情况。1953 年初，石油总局搬到琉璃门，又在沈阳成立东北石油管理局（从原来东北化工局分出来的），张定一[①]担任局长，组织人力调查东北境内日本人留下的石油厂。总局派出一批技术人员，分三个小组，我是小组长之一，其余有武宝琛、江士昂等。到沈阳向东北石油局报到并请示工作时，适逢斯大林逝世，当时接待我们的是东北局设计处处长杨洁，她表示十分沉痛，并说：碰上这样的大事，别的工作都说不上，你们且先住下等一等。另一次应是 1954 年 4 月，因为朱平降生时我正在东北。

我负责的一组去吉林、四平，附带抚顺的石油四厂。当年日本人似乎想搞煤加氢实验。这两地受战争破坏严重，苏联红军有可能又拆走一些东西，因而残留的东西实在不多，技术资料可谓荡然无存，所以收获极小。场地上荒草齐胸，而高压设备及管线用的螺栓、螺母，已破坏的大小法兰等却颇不少。估计原来还有些设备的，不过从这些东西的尺寸来推断，设备规模应都是很小的。

东北石油管理局从东北化工局分出独立之后，曾依次命名抚顺一、二、三、四厂，锦州五厂，锦西六厂，大连七厂，四平八厂，桦甸九厂（油页岩厂），吉林十厂（八厂与十厂可能互调）。后来四、八、十厂先取消，随后九厂也不存在了。换句话说，我负责调查的那几个厂都是日本人已动工而未建成的，只剩下零星设备、个别厂房，但开辟的场地都被利用，最主要的是目前的吉林化工厂。其余七个，虽历有重大变化，却都

① 张定一（1910—1987）：1933 年毕业于太原工业专科学校应用化学专业，1941 年加入中国共产党，建国后历任东北化工局副局长，北京石油学院副院长，青海石油管理局局长，石油工业部北京设计院院长兼党委书记，石油工业部副部长。中国石油化工总公司顾问。

一直存在至今，不过名称大都已改变，仅抚顺一、二、三厂至今还用旧名。

大连七厂有日本人遗留的三套润滑油制造装置：溶剂脱蜡、溶剂精制、白土处理，从美国进口，技术比较先进，设备大体完整，设计图纸及说明也基本齐全，被称为“高（级）润（滑油）厂”。全面调查与资料翻译由高士同志总负责。我参加过翻译，也去过大连。那时苏军尚未完全撤走。

长子小平（朱小平，后改名朱平）出生有一小故事。小平出生时，我正在东北出差，崇筠独自去医院，家中仍是刘太太照顾，曹院长也有所帮助。我得知崇筠平安生产并已回家后，发了一份电报给崇筠。电报送至小经厂宿舍时，已是晚间人们入睡以后。送电报的人大声敲大门，并高声叫喊说“送电报”。那时小经厂宿舍前院几间南房住一家姓侯，侯太太是位家庭妇女，还有点心脏病。那时她老家有亲人生病，听说送电报吓了一跳。守大门的一位老同志开门取得电报，侯夫人也出来了，而且吓得浑身发抖。等送电

20世纪50年代初的朱康福吴崇筠夫妇
1954年初朱小平出生前，于北京。右起：朱康福，吴崇筠，郭明灵(吴崇筠妹夫)

报的要崇筠盖章，才闹清楚不是她家的电报。这件事，成为小经厂住户中的一件笑柄，我回家后，崇筠还埋怨我。而别人认为我重男轻女，因为生了儿子才郑重其事发什么电报，其实我只是因为崇筠分娩而我不在家，心中歉然，故而以电报慰问。

## 总图室与土建室主任

后勤之外，还有好几项实际工作，包括担任总图室主任，一度又兼任土建室主任。兼任土建室主任则因为建设北京石油学院与设计局大楼，这两个项目的负责人都是我，土建室一时又缺个主任，就由我兼任。设计局大楼在石油部大楼的对面，地名六铺炕，那时是一片菜园地，先建两幢三层小楼，然后又建四幢大楼，东边两幢是石油系统两个设计院——北京设计院与北京勘察设计院；西边是电力部门的水电设计院。六铺炕这个小区的开发，我们是第一家。菜地下面，其实是乱葬坟坑。建设过程中挖出无数白骨，大都无棺木，草席一卷就埋者极多。解放前贫苦老百姓生活悲惨，于此可知。当然找个金戒指的也不少。当年工人们都很诚实，一一上交。

设计局（以后统一写作北京院，不管正式名称的改变）分设各处，任命我为土建室主任。既是土建室主任了，高教部决定筹建八大学院，包括北京石油学院，我又被指定为石油学院建设工程的设计负责人，当时学习苏联，称为工厂设计师。

北京石油学院与矿业、钢铁、地质、航空、医学院、农学院、林学院人称八大学院，同时开辟一个小商业区，称为“八大学院门市部”，简称

“八门”。这名称一直沿用下来。我家孩子们都知道八门，只怕不知其来历。这里是大片庄稼地，是北京当年城市规划选定的文教区。

那时北京市正处于第一个建筑热潮。北京旧城圈以外到处都在建设，而各项工程进展都很快，都能保证按计划进展，一般质量也不错，施工队伍都比较负责。各设计部门互相支持，找一套比较近似、适用的图纸，修修改改就可以很快出图、施工。我毕竟不懂土建，因设计大楼一下子盖四幢（电力与石油各两幢），不得不随时向人家请教、学习，倒也增长不少知识。电力总局派一位结构工程师徐彰参加，建筑设计则是聘请的清华建筑系刚由美归国的专家辜传海。北京石油学院筹备处的副主任贾翱负责与我们联系配合。那时候规定较大工程项目都按三段设计进行，即初步设计、技术设计与施工图。设计动手前还必须编制项目建议书，每个阶段都须经过审查、批准。这套苏联人严格规定的程序在上述两个项目中都被大大简化。我向总局与设计局领导人专门汇报，认为要赶进度必须这样办。两个项目都是第二年要使用的，北京石油学院 1954 年暑期后就要开学。各位领导都同意了。

对工程质量不敢丝毫马虎，一则是百年大计、质量第一，更重要的是出了问题要严肃追究的，设计出了差错造成事故，设计负责人首先就会受到严厉的批评、教育，影响以后的任用；进而行政处分，严重事故则可能受刑事处分，坐牢甚至死刑那些年都有过。上述两项目迄今已历近半世纪的考验，并无问题。

1954 年春天，上述土建工程如期完成。设计院在大楼内正式办公，而崇筠被正式调往刚成立的北京石油学院任教，小平降生后不久，我家就搬到石油学院教职工宿舍一号楼，我家在这石油大院内一直居住至今。

设计院迁入大楼，气象一新，气派也大了。蓝田方有一大功，坚决主张兰炼设计工作由苏方负责初步设计，然后由中方负责施工图，苏方派专家组来华指导帮助。此议得到徐今强大力支持，最后燃料部也同意，国务院批准。因此设计院大力充实，除连续几年分配大学毕业生来院，将锦州石油学校毕业生大部招来之外，从东北、西北石油系统中抽调工程技术人员，包括原在玉门的熊尚元、高士、冷远图、许景衡等都陆续来到，并大多投入兰炼有关的工作，而我仍不在其列，不过我也不闲。

设计局的组织机构几乎照抄苏联国家炼厂设计院，要成立总图室。总图室负责编制项目的总平面图及运输系统设计，职责很重。一般在厂址选择中要起重要作用。所谓总图专业，对中国人是新鲜事，国家计委专门聘苏联专家在哈尔滨开办第一届总图专业学习班。各设计院也都成立总图室，不知是我多嘴还是组织上从档案中查出，我在联大化工系念书时学过“化工厂布局”这么一门课（是从英国回来的谢明山先生开的选修课）；又据苏联专家介绍，搞总图的人一般出身建筑专业或工艺、运输专业，我虽不学建筑，却担任过土建室主任。于是按蓝田方所说，我搞总图专业，简直是“天生地设”，没有“更合适的人了”。又是经过组织考虑，苏联专家同意的。须知那时苏联专家的意见是至高无上的，违反了，就会成为政治问题。所以我也无话可说，上任了。兰炼选厂而我不参加，当时我也并未在意，忙于组建该室，送人到哈尔滨参加苏联专家开办的总图设计学习班。石油系统负责总图设计的事，我倒是第一个。

其实，从干杂事中，我学到学校书上没有的工程上的问题。例如基础工程的重要性，水文地质必须明确了解，以及整个工程的布局、工厂内的布置、交通运输的重要性等等。如石油学院原址及六铺炕四个设计院的大楼都从菜地建起，而石油学院从城市规划以至各校建筑分线，都对今后大有用处。

## 负责页岩油二厂

另一直接关系石油工业发展的项目，是抚顺石油二厂（页岩油厂）的恢复工程。“一五”期间，天然油勘探进展不大，无奈只能大搞人造油。我回京后，听说发展人造石油已成当务之急，并已决定恢复石油二厂的生产，由于大部分人力都已投入兰炼设计，派我到东北石油局去联系讨论此项工作。

抚顺页岩油厂及锦州的“费—雪法”煤气合成厂首先恢复，郭雨东有功劳。锦西的煤干馏厂也已列入恢复计划。而抚顺第二个页岩油厂的恢复工程涉及面大，情况较复杂，燃料部一时未下决心。

抚顺石油二厂是日本人继石油一厂后建的页岩油厂。日寇占领期间，抚顺煤矿是一个经营重点，所产煤由铁路运至大连入海运往日本，是重要能源供应点。建国后，抚顺被誉为“煤都”。除深井开挖外，在抚顺西郊建成“西露天”，利用煤层上覆的油页岩，建成“西制油”，即石油一厂；又配合建成页岩重油加氢厂，即石油三厂。经勘探证实东部有可以露天开采的矿藏更大，即开始建设“东露天”与相应的“东制油”，即石油二厂。抚顺页岩的含油量不高，日本当时水平，需32吨页岩入炉才得1吨油。如果小块页岩因堵塞不能入炉，露天矿要生产大约35吨页岩才能得1吨页岩油，日本意图获得20万吨/年页岩油，就须生产700万吨/年的页岩，干馏后的废页岩又得全部运去舍弃场，加上上述剥离的表土，这个系统的运输量每年在1400万吨以上，仅此一点也颇能说明这项工程的规模确实不小。据说日本技术人员撤离二厂时，藐视中国人，认为中国人无法恢复生产的了。技术人员珍惜自己的工作成果，据说参加建设二厂的日本技术人员临走泪洒干馏炉旁。也不知石油总局领导人中是谁决定，指定我作为恢复石油二厂的工厂设计师，开始时还兼总图室主任。

东露天矿的范围比西露天矿大，二厂拟建规模也大于一厂，大量的开挖与运输系统，投资巨大。日本人投降时，刚建成一条电气化铁路运输线，可通至二厂及舍弃场。“东露天”虽然已基本建成且开挖，尚未完全形成生产能力。二厂在建设中，刚大体完成页岩破碎部分及第一期干馏炉框架与几座干馏炉；第二批已有基础及混凝土框架的一部分，页岩油加工部分，如蒸馏、热裂化、釜式焦化及脱蜡、制蜡等已全面动工，蒸馏塔已吊装好，有关脱蜡的压装、发汗、成型工艺已有厂房及部分设备，但尚不齐全，土建尚未全面完工。有关设计、施工资料，残留甚少。

而我这石油二厂恢复、扩建的工厂设计师当得很“惨”，原因是项目太大了！恢复二厂从根本上说就必须恢复建设东露天矿，所需的大型采掘机、装载机以及每年1000多万吨的运输设备都必须而且只能从苏联进口。中苏协议中苏方援建的156个项目中，根本未提东露天矿；追加这样的大项目，只有国务院作出决定后再向苏方提出协商。据传说，那时朱德总司令从国防需要出发，力主把石油二厂项目搞上去，燃料工业部因此同意由石油总局编报项目建议书（那时称为设计任务书），我的具体任务是草拟任务书初稿。这份稿子，从拟稿、讨论、修改，在设计院内通过，就不知经历了多少稿，才报到石油总局（不久就成立石油工业部），又讨论、修改，终于同意报到燃料部，而一到燃料部就搁浅了。人们，特别搞石油的人，对燃料部的评语是“重煤轻电不管油”，当时争论其实集中于煤与电何者优先，结果煤占先，搞电的人就说“重煤轻电”；搞油的听到了，在后面加了三个字，很能反映当时的实际。

按分工，煤矿归煤炭总局，他们集中精力恢复煤的生产，且产量足以供给需要，没有扩大产量的要求，对恢复东露天矿持消极姿态，主张从西露天矿运一部分页岩供石油二厂，部分恢复生产。至于西露天矿供石油一厂后能有多少富余页岩，也应视煤炭产量计划而定。而石油二厂的书记、厂长、总工程师、几十位工作人员与少数工人，则迫切希望尽快恢复建设与生产，却又限于计划中预定的投资少，难以展开。我接受任务后，多次到现场搜集资料了解情况。厂领导已安排总工程师毕振德为首的有关同志草拟一份设计任务书草稿，力主全面恢复。回京向蓝田方、杨达汇报，田方干脆说“不行，通不过的”，杨达稍有缓和，主张好好压缩，修改一下，请总局考虑。我修改的主要观点大致要求“一五”期间增拨若干维护费，准予立项，进行初步设计，恢复原定炼油能力，分期建设页岩干馏部分。这份初稿在石油总局审议时即被否定，主要因为炼油部分确实不能分步建设，而光这一笔投资就无法安排。总局后来报告燃料部，增拨若干“维护费”以免设备等损坏，当时的艰难环境，又一次表现出来。

任务书在燃料部搁浅却又不是否决。总局以至燃料部有关领导都不愿停止编制“项建书”的工作。估计中央最高领导层中确有主张搞的，燃料部就不会也不能否决。石油总局与设计院的计划中，这个项目仍然处于任务书阶段。我这工厂设计师以及少数几个人就又处于待命状态，没事可干，却又不能正经去干别的事。国内油料供应全靠苏联支援，不仅靠大批苹果之类出口去换，而且实在紧张，故令我进一步想办法修改。当然所谓外部条件即与煤炭部门的商洽，都是总局与燃料部负责人在进行。就这样，这份“项建书”从 1953 年一直搞到 1955 年，早已记不清改了多少遍。只记得我曾浩叹“当了三年的工厂设计师连任务书都通不过，我真叫死不瞑目”。

石油二厂项目搁浅一年多，终于出现转机，关键其实还得力于“重煤”方针。西露天矿页岩下面是良好的煤，要增产煤就不得不大量开挖页岩。石油一厂那时的生产能力即将吃不完，而一、二厂之间的电气化铁路除承担正常的市内交通外，稍加改造，就可以运一部分页岩到二厂，供二厂开始恢复生产。据此，我又草拟了新的一版“建议书”。这一版任务书终于稍作修改后通过，然后就安排开始初步设计。

1955 年 4 月 16 日，石油总局下达石油二厂建设的设计任务。所需页岩先由西露天供应。东露天的开发需另立项目，由煤炭局负责。从大背景说，全国政治经济形势大有好转。“一五”计划头两年都超额完成，1953 年又解决了高饶反党集团的问题（同年 2 月，高岗自杀），抗美援朝基本胜利，私营工商业改造又获成功等。对我个人而言，是工作与生活中一个转折点，排除在兰炼设计及其他保密项目之外假若是个逆转（向下），这次就是正转（向上），结束了后勤、打杂状态。

1955 年 7 月，燃料工业部分为煤炭、电力、石油三个工业部。在燃料部时代，石油系统的人讲它是“重煤轻电不管油”。石油部的建立，侧面反映了国家最高领导急于解决石油问题。决定从解放军调得力干部任部长，来的是李聚奎（中将）部长及周文龙副部长。部建立不久，周文龙即与徐今强（部长助理）等三人去东德、捷克斯洛伐克考察人造油，结论实际是人造油不经济，但缺乏原油也只能搞人造油（据周文龙回忆录）。

那些年，大项目的决策都须由国务院定案。时间总不会短。石油二厂项建书搞了三年也不是特例，而一旦决策、定案，就急如星火。兰炼的初步设计由苏方负责，人家按规程进行三段设计，中方急也无用。蓝田方向徐今强建议釜底抽薪，接下来由中方自己搞，全部设计在中国进行，请苏方派专家指导，有关必需的设备由苏方供应（实际等于易货贸易）。此事经燃料部同意后，国务院也向苏方提出，得苏方同意，即派专家组到设计局工作，其中包括一位专搞页岩油的，即来自列宁格勒设计院的达尼连柯老专家。

达尼连柯子女等亲属都在列宁格勒保卫战中牺牲（以后陆续来到的专家几乎每人都有亲戚好友牺牲），老夫人又不愿来华。老专家真是一心一意致力于帮助中国同志，不止一次对我讲：在苏联，搞设计工作几十年的人，未必一定能有机会担任工厂设计师，而我那么年轻就负责这样大项目的工厂设计，是很特殊的幸福，是“毛泽东时代的幸运儿”，他一定全力帮助、指导，做好工作。此话给我印象极深。事实上，稍稍重要的事项都必须经苏联专家同意，达尼连柯老先生抓得很细，从头教我如何当一个工厂设计师，例如先分析项目，列出项目中各个分项、子项，编成一张“单元表”，每项子项编一个“单元号”，由院内审查通过，并一一安排好分项负责人，再进一步编制计划进度表，如此等等。我确实学到很多东西，可以说学会了大项目工程设计的基本内容。

这位老专家生活很简朴，唯一喜爱的是钓鱼。那时北京郊区一些河流有鱼可钓，专门有他的一位翻译陪他，我也曾陪过一两次，带一个煤油炉子、一个小锅子，钓到一些不大的鱼，直接丢进煮沸的开水中，加一把葱、姜，倒一点白酒，熬成鱼汤，加点盐就喝，鱼本身倒是不吃的，面包抹黄油加鱼汤，就是一顿饭。他自己很欣赏，我们也只能陪着喝，其实味道并不好。

回忆起来，担任石油二厂恢复项目的工作，确也曾下工夫学习、钻研。1951 年第一次到抚顺参观石油一厂及西露天矿时，对页岩与页岩油完全不懂。露天矿同志介绍，讲“剥离”，即挖去覆盖于油页岩以上的表土，我就莫明其妙，不知他说的什么，记笔记时，临时写上“玻璃”二字。明明知道不对，暂时记下。另一方面，兰州大炼厂的工作始终不让我介入，慢慢地也悟出一点味道，与同期回国的几位同志对比，思想上不免有点不服气，似乎受了点冷落。石油二厂项目几次摇摇晃晃定不下来，我说过“连任务书也批不下来，死不瞑目”，就包含这层意思，如今好不容易批准定局，就一定要把工作搞好，特别因为日本人投降撤退时，在抚顺的日本技术人员曾经声称“中国人什么时候才能把石油二厂恢复起来?”确实，日本投降已近10年，咱们中国人才着手恢复这个工厂，如果再不成功，岂非更让日本人所轻视?!

所以这段时间内，是一心扑在工作上。因为二厂不断催促，的确够忙乎的。不过加班时间还不太多。崇筠已调石油学院，家也搬去，鸽子仍全

1956年的全家照。前排:朱小鸽、朱小平。后排:吴崇筠、朱康福

托，周末我接她回家，往往要坐人力车，平常则骑自行车上下班。石油部与设计局都已迁入六铺炕新楼。我正年轻力壮，骑车向来快，单程不到30分钟准到。星期天也有时干几个小时。崇筠创建学校实验室，备课，编写教材，还带小平，虽有个保姆帮助，也忙得不亦乐乎，不过总在京不出差，还较安定。崇筠在钻研学问与对待工作方面，比我更为专注坚毅，从来不会叫苦叫累，但对我未能主动关心与多所协助，也难免多少有点失望。我当时并未理解及此，回想起来不免内疚于心。

从1955年开始，工程设计任务项目增多，人力紧张。兰炼施工图，包括“西固总甲方”即西固区的总体规划及外部工程如铁路、公路、供水等仍占首要地位。六厂合成甲苯用于制造TNT，属国防保密工程，自属必保。其余还有五厂煤低温干馏及配套的蒸馏、沥青，原油东运，包括援越的几个油库等，可以说全设计局都忙了起来。

石油二厂恢复工程的初步设计搞了一年多，按那时学习苏联的一套工作方法，主要的文字说明与设计图纸，我作为工厂设计师都要负责审查、签字。编制的文字说明又自有一套规定，比较繁复，我自己更要编写总说明、工艺总说明等，很忙了一阵，抽香烟越来越多，就是这一段时间形成的。

初步设计审查时，准备了一批“大字报”作汇报材料，还在院里演习一番，一张张大字报逐页讲过去，同志们戏称之为“拉洋片”。那时已建立石油工业部，部里审查后表示满意。有人说我的汇报扼要而清楚，让听的人容易理解，也提不出更多问题，总之是一次通过，并未要求什么修改、补充，接下去就可以搞技术设计（按：苏联的设计规程，这种大项目必须是“三段设计”，即初步设计、技术设计与施工图）。另外有种意见则是跳过技术设计直接进行施工图设计，以便早日动工建设。更有意见要大搞人造石油，重点就是大搞页岩油，具体打算建设两个年产页岩油各 100 万吨的工厂，一在抚顺，一在茂名。

二厂项目涉及页岩破碎、页岩干馏及一套加工装置。虽从抚顺二、三厂等调来几位工程师，仍很紧张。1956 年 7 月 1 日，设计局改称“北京设计院”。同年 10 月，成立抚顺和广州两个设计院，目的就想大搞页岩油，建立抚顺与茂名两个页岩油生产及加工厂。当时可说是全世界没有的。苏联在爱沙尼亚的页岩厂似乎主要是生产燃料气的。又成立北京勘察设计院，负责测量、地质勘探及油库工程。

我国油母页岩的含油量不高，干馏的工业收率也较低，技术上主要还沿用日本人的一套，只是稍作改进，一般要 30 多吨页岩才取得 1 吨油。因此上述各厂每年将需运入 3000 多万吨原料页岩，并再运出基本上相同数量的废页岩。别的不说，只加上开矿与运输，这规模就很不小了，实际上，已是国际上最大的页岩油厂。

此时中共中央提出建设社会主义的总路线，全国一片热气腾腾（其实是盲动冒进）。因此石油部决定要增聘一批苏联页岩油方面的专家，积极筹建茂名厂与扩建石油二厂，同时加快石油二厂的恢复工作，赶做一部分施工图，其内容要与下一步的扩建相衔接，这对石油二厂的设计工作而言，等于跳一大步，又跨一大步，复杂性大为增加。

我本人当时的感想与认识却单纯地感到万分鼓舞，责任重大而又信心十足；一面积极安排有关的施工图设计，交付施工部门动手建设，另一面再次编写石油二厂扩建工程的计划任务书。

石油二厂全面扩建为 100 万吨/年规模的设计任务书于 1956 年年底完成。1957 年初下达设计任务（据《中国石化北京设计院志 1953—1992》在 1957 年 2 月 7 日）。1957 年全年及 1958 年上半年，我往返于北京、抚顺两地。因页岩干馏部分设计任务由抚顺承担，抚院设副工厂设计师一人，由汪景砺担任，直接有关的专家也住在抚顺；页岩油加工部分由北京院负责，专家组长等数人住北京。我认为，当时石油设计系统有个很好的传统，设计人员一贯深入工地随时解决施工中的问题，而且很注意工程质量。以后发展成一句口号“设计负责到底”，意即不仅到投产成功，还应负责改进，即技术改造。石油二厂的恢复生产、一期扩建以至二期扩建，实际是一以贯之，工作一直衔接紧密，并无间歇。化工部决定在二厂附近建设硫酸厂，有关公用工程方面的配合，也一贯尽量支持，因化工部方面受投资限制比石油系统更严重。

## 茂名厂选址与“反右倾”“拔白旗”

### 茂名厂选址

茂名项目的工厂设计师是郭雨东。不过北京设计院，也包括石油部基建司的这个提名，在石油部正式批准前有过一小段时间，工作上实际由我兼顾。

茂名油页岩矿层下并无煤炭，建设页岩油厂必须先建露天矿及全部运输系统，而且当地一片荒地，没有任何工业设施。一切水、电供应等都要从头建设，投资巨大可以想见。所以设计任务（其实还限于提出“项建书”）下达虽早（据北京院院志在 1954 年 11 月），工作却限于准备阶段。由我兼管，加配一位助手李学澄。第一次去茂名，由广州乘长途汽车，用驳船过三次江。到县城后，没有任何交通工具可到现场，唯一办法是当地有专门带人的自行车。要去矿区，走乡间小道，带人较困难。但既无他法，又总比走路快，因此讲好必须找骑车熟练的、年轻力壮的小伙子；而且说明在困难路段，大家必须下车步行。就这样七八辆自行车一大早出发，很晚回招待所。我们一行就这样去看了油页岩露头，几公里长的一带，有当地人随意挖取油页岩大块作了一般燃料。当时，中山大学的陈国达教授做过含油量测定，含油量还略低于抚顺页岩，但初步的地质勘探证明储量很大，但地层的倾角也较大，露天开采的经济可采量受限制。简单讲，经济性差。当时国家经济实力小，下决心开发，又一次证明缺油的严重性与发展石油工业的艰巨性。

这个厂址可选的范围不大，主要必须缩短页岩的运输距离与废页岩及剥离土的舍弃场安排。当地不可能供电、供水，只能自建热电站，要考虑运煤，国家铁路距离远，一时也接不上，重点问题是水源及排水，而供水排水的管线之类，总比页岩及废页岩的运输简单，投资少。因此，无论如何，炼油厂总要紧靠矿区，不过也要考虑以后铁路连接及石油产品的出厂运输问题，总之，不多几天，选厂小组意见一致初选了一处，当地有关部门也完全同意。

回京汇报，石油部主要是李人俊①、孙敬文②两位副部长听取，并无不同意见。国家决心既下，技术上还是依靠苏联，北京设计院来了 10 多位专家，组长由页岩油方面的勃拉什尼柯夫担任。专家组到齐已近年底，1957 年春节前，李人俊副部长带队陪同专家组去茂名勘查，我领 20 多位同志随往。大队人马先到广州，李部长与省政府有所接洽，省政府也派人参加。页岩油厂的厂址取决于露天矿及表土与废页岩的舍弃场，当地一片

---

① 李人俊：（1910—1999），历任燃料工业部副部长，石油工业部副部长，国家计委副主任、顾问；中国石油化工总公司董事长、经济技术委员会主任。

② 孙敬文：石油工业部副部长，后任化学工业部部长、党组书记。

略有丘陵的平地，既无任何依托，村户人家也很少。厂址基本上当时就决定了。正式开展设计工作时，院里决定由郭雨东任工厂设计师。现在整个茂名市就是从那时开始出现的。

有两件小事可附带一记：大多数来自列宁格勒与莫斯科的苏联专家从未遇到一月份那么阳光充足、温暖如初夏的环境，而且当时几条江的水质还很好，绿水缓流，微波荡漾，于是一定要下水游泳。至于北京院的人，当时北京院急速壮大发展，年年都有一批毕业生分配来院，其中不乏过去从未出过远门的小伙子、小姑娘，到过广东的更少，因而新奇感颇大。记得一个叫袁哈婷的姑娘，在车上几乎不停嘴地在说她认为新奇、有趣的事。她在给排水室，专业领导人是武桓，就几次说她，如今武桓已逝世好几年，袁哈婷也有了外孙！

另外，见到了据说国内唯一的两棵缅茄树（这缅茄树来自缅甸）。树上生长大型豆荚，荚中成熟的缅茄豆一般比大的蚕豆还要大两三倍，紫黑光泽。其豆冠却纯白、坚硬，极厚，可达 10 毫米以上。当地取来在豆冠上雕刻各种图案，最多的是龙凤形，并刻成印章。我也专门买了两枚，与崇筠各刻一个名章。应该至今犹存，却一时又总找不到。

总体说来，忙而有序，工作进展颇顺利。然而全国政治经济状况大有改变，1957 年“反右”既伤害了大批知识分子，“大跃进”造成的恶果造成三年困难，中苏交恶更导致专家撤退，二厂与茂名两地的工程建设都拖延下来，其中石油二厂的干馏扩建实际上停顿，仅恢复完善已建部分，页岩油加工部分则继续施工，例如常减压蒸馏就是按 100 万吨/年能力设计与建设的，以后很方便地成为加工大庆油 250 万吨/年。北京院组织机构调整，石油二厂工厂设计师职务交给我原来的助手黄宇梁，我改任中小型厂设计室主任。

这一段时间内曾去苏联两次，此事在下文另行记叙。

## “反右倾”与“拔白旗”

1959年7月召开的庐山会议，本来意图有纠正前一时期错误的内容，简言之，要反“左”，结果却因彭德怀给毛泽东的一封信，触逆龙鳞，一句话的批示，立即变为“反右倾”。

彭德怀的信，既不全文发表，却又断章取义摘录个别句子，大张挞伐(这是毛泽东时代一些官员的一贯恶劣作风)，并波及全国。老百姓已经过“锻炼”，对庐山会议只有学习、领会，而且本来也弄不清怎么一回事。除一般随声附和的门面话说几句之外，别无其他，不过反右倾要联系实际，就不可避免地要找几个事例，有什么人要遭殃。石油部有一件较大的事，是石油二厂建设（恢复工程）中的质量问题。我当时已不再是该工程的工厂设计师，但施工所根据的图纸，是我任该职务时所完成，主要图纸都经我签字，当然要负责，因此也有牵涉。

据我所知，事情本来是干馏炉的混凝土框架施工质量很差，柱子垂直度不合格，所谓“蜂窝”、麻面以至狗洞不少。二厂厂长向石油部反映要求负责施工的部属工程公司返工。部里派基建司刘副司长去检查。他刚由其他单位调入，去现场观察后十分不满，发现干馏炉框架的质量问题确实严重，当场就决定有些必须返工，有些也必须补强。对工程公司负责人有严厉批评，因为他认为石油部对质量问题是严格而严肃的。不料负责施工的工程局的陈局长对明显的问题虽无可否认，却反过来指责说“挫伤工人群众积极性”（因为施工工人确曾昼夜加班拼命干)，又指责“设计保守”，说是钢筋使用太多，使施工极端困难，“无法振捣密实”是根本原因，而且浪费钢材，从而扣上少、慢、差、费的帽子。那就是反对总路线的大罪名了。当时设计院院长是老工程师熊尚元先生，刚当选为第二届全国人大代表，又是非党专家，受保护的对象，处理此事就由副院长杨洁出面。我是设计负责人，当然也必须为自己辩护。我在打杂工作中当过土建室主任，也管过施工，懂得一些结构计算，翻开图纸，钢筋配置完全符合当时使用的苏联规范，那是无人敢否定的。不过事实上保守与钢筋过密确实存在，查出的毛病在于“工地代用”。那时钢材紧缺，尤其难以按设计配齐符合规格的用材数量，工地经常要因材代用，代用的办法却是以大代小。少数“以小代大”是必须经现场设计代表核算同意，而以大代小则往往由施工技术人员决定（事后或者也通知设计代表，目的在于核销，不通知的也很多）。

设计本身没有问题，我自然理直气壮。杨洁有了底，讲话更不让人，而运动的主题却是反对保守与反对打击群众积极性，完全是“左”的指导思想，所以到石油部领导手上，倒霉的仍是那位副司长与杨洁。前者被调出石油部，而杨洁仅限于口头批评。很久后才知道，杨洁的前夫是与彭真同级的地下党干部，潜入敌占的北平工作，被叛徒告发，牺牲。杨洁被叶剑英收为义女，来头大，余秋里也不敢奈何她的。不过从那以后，她始终在石油部抬不起头。至于我自己，有执行苏联规范的护身符，而且本不是这次运动矛头所向，因此无事。

当时，总路线是“鼓足干劲、力争上游、多快好省地建设社会主义”。具体执行中，至少在工业部门，“多快”与“好省”成为对立面。毛泽东讲了一通数量与质量的辩证关系，按我理解，其实偏向于“没有数量就没有质量”。我在学习时发言，还说过“眼前还应解决有、无的问题”，以大搞页岩油为例，30 多吨页岩才得 1 吨油，花费（那时不讲成本）大，产品质量不好，但是找不到天然原油，还不得不搞。这本是我作为工程技术人员出自内心的真诚认识（后来关于石油化工产品又讲过类似的话），根本无意迎合任何人，但据某人事干部在“文革”后告诉我，此话也曾被人汇报给领导人，得到肯定，与后来某种程度上重用我，可能有关系云云。

政治运动还有很多。总的一句话，新中国成立以来直到“文化大革命”集大成，运动基本上一直在进行，是这段时间内中国的一大特色，而且搞得元气大伤。在一定程度上，容不得不同意见，哪怕意见正确，也可以加上给群众泼冷水而冠以“白旗”之罪。陈贲地质师的事就是一例。

石油系统“拔白旗”运动中受伤害最深的可能是陈贲总地质师。陈贲属老一辈地质家中年轻的。他对苏联专家的看法不尽同意，对西北与川中勘探工作提过不同意见，即在运动中受到批判。他不肯认“错”。据说部领导人讲他如认错，就可不处理并仍使用。他明确讲，自己讲明观点，不是错误，终于被调至青海，且“不许重用”。青海局领导人颇想保护他，劝他认错了事，陈贲不干，在极艰苦的条件下拼命工作，终于郁疾以终。

据北京设计院院志，全院有 19 人“被错误地划为右派分子”；而“拔白旗”则错误批判了一批同志，因为当时也没有明确谁算“白旗”，谁又不算，总之都是知识分子。

## 石油工业的一次“鹞子风”

这些年中，西部勘探有些成果。新疆克拉玛依、独山子都有所发现，玉门矿增产，但数量仍有限。例如克拉玛依拟建炼厂，规模仅 10 万吨/

年，柴达木也拟建一类似厂子。而所谓“鹞子风”却从四川刮起来的。

四川的天然气是中国引以为傲的一件事，很可能是世界上最早利用的（当地用于生产食盐的煮盐井）。新中国成立前负责四川勘探的一位老工程师王儆始终认为四川大有油气前途，以极有限的资金与装备坚持勘探。这几年在几个地点得到油气显示，甚至有一口井喷油。石油部决定组织川中会战，在南充附近如龙女寺、圣灯山（可见晚间有某种光亮，要不是磷火，就是油气的燃烧）有新进展，特别是又有自喷井出现，大喜过望。加上几位地质学家把构造推论一番，认为有望出现年产几百万吨的前景，估计油田有几千万吨储量，主张“川油出川直达上海”，康世恩肯定也“昏了头”（他自己的话），把直达上海作为目标。消息报到国务院，石油部更是一片欢腾，立即下令设计院考虑沿江布点，选择炼厂厂址，勘察设计院开始研究管线过江问题。北京院紧急组织力量，兵分几路在南充、重庆、湖北、江西、安徽与江苏都初选出一批厂址，其中南充定为10万~15万吨/年的小厂，其余各100万吨/年。重庆与江苏南京抢得快，自己分头进行初步设计。其中南京抢得最快，山头已矗起油罐。

但后续的勘探完全令人失望。油井喷了几天停喷了，地下的构造也没了下文（其实有天然气，那时只找油不找气）。穿江管线还做过试验，除南京山头孤零零两个油罐外，其他厂址都没了下文，“原油顺江而下直达上海”的期望彻底成为泡影，一时飞扬的鹞子落地。

主持川中会战的康世恩同志听说向国务院作过检讨，也在石油俱乐部召开大会向全体同志作说明，重点在“一口井出油不能证明一个油田”。这句话对以后的工作有一定的积极作用。而从大环境来看，反映当时急需石油资源的迫切心情；另一方面，有可能中央领导人对苏联人自西而东的勘探方针产生怀疑与失望。地质部在东北松辽平原上布置了地质勘探井，引致以后大庆油田的发现。

其实“鹞子风”也有其积极作用，一是为川东天然气田打了个根基，二是对大庆油田的开发起了参考作用。

这次沿江选厂址的工作我没有参加，继续忙于石油二厂的任务，长期任务不饱满的总图室这次倒是充分得到实践锻炼，其中如陆文亭，以后就发展为工厂设计师，其他同志工作水平也有所提高，成为工厂设计师的助手。

## 两次去苏联与“反右”

前文提到过，我因政审未通过而不能参加兰炼设计工作，自然更不能出国去苏联了。从担任石油二厂恢复及改扩建工程的设计负责人以后，工作上与苏联专家的接触自然很多，第一次去苏联就与此项工作有关，时间在1956或1957年“反右”之前。我所任石油二厂工厂设计师交给黄宇梁代理，我则兴高采烈地去了苏联（1950年归国后第一次出国），办护照等等也都经过政审，认为历史上的问题都已清楚了！

这方面，北京院院志有误。我第一次去在“反右”前，由蓝田方率领，但院志未载入，第二次在1960年4月，我与孙光克率领的何宇等人并不是一个组。

### 第一次去苏联

第一次主要任务既涉及二厂及后来的茂名页岩油厂的设备订购，也涉及兰炼扩建，附带参加每年一度向苏方订购设备器材的有关事项，我们坐火车经过西伯利亚，走了三天。

其中有两件事值得一记。

第一件，蓝田方与莫斯科国家石油设计院院长会谈，除翻译外，仅我参加。两人对比苏、中双方的工资与物价，结论很有意义。苏联工业产品相对价低，而中国农副产品便宜得多。两位院长的名义工资相差很大，似乎苏联人收入很高，因此，有可能购买"莫斯科人"小汽车，蓝田方当然望尘莫及；但若全部工资买衬衫，两人所得相差不大；若比较买多少大米、蔬菜，苏联人就只有惊叹的份！中国人太幸福了。再扣除住房房租，苏联院长自以为生活水平其实相差不远。苏方占优势的限于高消费，即家用电器与自备汽车两方面，而苏方人员习惯隔一段时间全家（或夫妇俩）上一次有名的餐馆享受一顿，每年总会去大剧院欣赏一次芭蕾舞、交响曲演奏、歌剧、大马戏团等，即水平颇高的文娱活动。说明俄罗斯知识分子传统上有较高文化素质，比多数中国人高明一点。但蓝田方在这方面并不逊色，他与苏方院长很可以讲一些柴可夫斯基等，比我强多了，而且当场使翻译十分困难，出了一身汗。蓝田方引出一个结论"苏联的今天就是我们的明天"，这种讲法不够确切。第二个重要结论是苏方的工业品便宜而中方的农产品便宜，这实际上说明苏方的工、农业差价小而中方差价大，换言之苏联的"剪刀差"小，显示了整体的社会发展高于中国。中国发展刚刚开始，这一点也并不有失颜面。此外，蓝田方学到不少苏联人的幽默、讽刺——苏联的鳄鱼杂志一向出名。例如说一个乐团，团员人人都有专长，唯一人什么也不会，此人就担任团长。蓝田方回国后传讲这种讽刺与上述看法，是被划为"右派"的一大理由。这一场谈话我始终在场，连我也替蓝田方不服，但是并没有勇气替他辩护。其实，后来有些经济学家提倡用购买力（PPP）对比人民生活与货币价值而不用官方汇率，就是此意。

第二件，原全苏炼油设计院的兰炼工厂设计师并苏方专家组组长康脱尔推荐一项新技术：接触焦化的工艺。产品石油焦呈颇为规整的圆球状，硬度也大，没有粉焦，连续排出产品焦，完全不产生含焦污水，已进行工业生产试验，能连续运行并生产出球状颗粒硬焦。技术是格鲁吉亚炼油研究院与该地设计院发展出来的，还属于对外保密阶段。我国那时还只有釜式焦化，从所得技术指标看，接触焦化的优点十分明显、突出。为此，蓝田方与我及翻译专门到格鲁吉亚参观，苏方还临时启动工业实验装置，当然还给一些产品样本，很慷慨地说，苏联境内正拟建第一套正式的生产装置，如中国同志需要，通过政府谈判一定可以援助。大家都认为很不错，实际上，我作为主要的工程技术人员表示很欣赏，也起了一定作用。

20世纪50年代后期朱康福在苏联

蓝田方向中国驻苏使馆汇报，认为只要石油部正式申请，成功支持的希望很大。回国后向石油部汇报推荐，徐今强那时似乎已由兰炼回京任副部长，他也很同意。结果订购全套设备并运到兰州建设起来。建成后却没法正常运转。几次失败后追踪到苏方，原来苏方已经发现问题并力图解决却未能成功，拟建第一套工业装置并未实现，而实验装置上发生的若干问题迄今也未全面解决。那时中苏关系已恶化，也谈不上追究这件事。国内对此事倒也未深究，但我自己教训深刻。第一次涉及国外全套引进竟然花钱买下一大堆没用的废物（20世纪70年代后，洛阳设计院利用其金属框架与一些有机泵等，改建成一套同轴式流化催化裂化成功）。我始终相信当时苏联人无意欺骗我们，倒是真心想向我们提供先进技术的。无私援助的苏联老大哥还可能使我们上当，对其他外国人更不敢随便相信，尤其是日本人。这是我以后工作中十分重视的一点。此后，在对外谈判中一直比较小心，力求不再上当，至少在主观上确实做到了这一点。

我第一次到莫斯科时，斯大林遗体还与列宁并卧在列宁墓内，曾列队进去瞻仰。历史人物应对照历史来看，他们都不失为伟大的人。以后到伦敦，也曾与陈俊武专门起个大早去拜谒马克思墓。

## “反右”

大体上，“反右”全面包括党员和群众，“反右倾”主要针对干部，而“拔白旗”完全针对知识分子、工程技术人员。三项运动与我都有牵连，却又都轻松过关，其中包括后来认为有歪打正着的意外原因。

1955年，当时的北京大学校长马寅初先生发表提出《新人口论》，主要观点不过是防止人口过多增长以及提高人民素质，应当说完全正确并切实适应新中国当时情况，不料受到错误而且不应有的批判。现在回想起来，真如人们所说，“错批一个人，害了全中国”。批判资产阶级学术思想的“风”确是由此而起。对于像马老先生这样反对蒋介石独裁的民主人士与学术上有造就的前辈，我颇为崇敬，所以单位组织学习讨论时，虽也随声附和，至少不愿积极，重要的是那时完全没有理解这种批判的错误性质及其无穷贻害。

“反右”开始是发动群众“对党提意见”，以后明确说是“引蛇出洞”的“阳谋”。运动显然是党中央高层领导策划，因为大批党员干部，特别是知识分子出身的，同样遭到打击。像北京设计院的党委书记这样的干部，在开始时恐怕未必知道运动的真实意图与策略，所以动员大家提意见时，现在回忆仍然觉得他们是真诚的。在一定时间深知党中央意图的，大约只有石油部党组少数人。北京设计院内比较积极提意见的人不多，很重要的原因是工作任务压得很重，学习讨论中，有些人的一部分心思还在想自己的设计工作，我是其中比较突出的一个。我那时已被任命为石油二厂页岩油工程的负责人。按苏联办法，称为“工厂设计师”，职责高于各设计室主任。国家已深感缺油的严重性，高层领导反复权衡后决定下大力气搞人造油。石油部、设计院各级领导督促很紧，我天天昼夜加班。学习小组长早已不当，小组开会学习、讨论，我常常请假，有时还抬出苏联专家的牌子（苏联专家约谈可以请假，这是有明确规定的极特殊的理由）。这使小组长很为难，很不满意。有一次他亲自专门来“请”，偏偏我手头也正压着一批文件、图纸要我审核、签字；按当时院内定的规程，未经我签字，就不能进行下一步工作。他催得急，坚持要我“参加向党提意见”，我烦躁起来，很不平静地说“我对党完全没有意见，就让我干点具体活吧”。这在当时是触犯了政治第一的原则，他愤然而去汇报，那时院党总支书记孙光克上任不久。

据事后很久才知道，这事竟然一直汇报到石油部党委主管运动的人那里，其用意无非是说我不积极参加运动。正好，那时运动即将转入“全面反击右派分子的猖狂进攻”。据说石油部领导（余秋里或是康世恩）听到此事不仅没有抓住典型进行批判，反而作了肯定的表态，竟说“这样的工程师才是好同志，一心为党的事业加班加点，没有意见”（大意）。孙光克恐怕大出意外。

为此，我在“反右”中没有受到冲击，反而在石油部领导人心目中得到一个肯定性的印象，而我自己毫无所知。这也可算歪打正着的一件奇遇了。

“反右”从1957年起到1958年才结束，其中被划右派的包括蓝田方与武宝琛（蓝被调往新疆独山子炼厂，武调去石油研究院），还有童祖谟（仍留院），也有很多年轻的同志。“摘帽”时，蓝、武与童倒是最早的，年轻人反而更晚些，但“摘帽”不代表平反，当时的说法叫“帽子（取下来）放在（组织）手中”，随时可以再扣上的。至于“拔白旗”，某些程度上是“乱枪齐发”，缺乏明确的目标，连刚毕业分配来的学生，也可以因什么小事或出言不慎而被批，自然也批过我，却并未形成气候。

“反右”受到伤害的，实际远远不止被错划的人及其家属，重要的在于党的做法，明明发动大家提意见，不提是不响应号召，提了却成为右派。许多人完全出于爱护党，却被说成“敌我矛盾”，甚至夸张为“与党有刻骨仇恨”。可以说党的威信受了很大打击，“拉大了党与群众的距离”！

武宝琛与何宇都是与我先后参加工作的留美学生。何宇（联大化工系比我低两班）一贯学习积极，发言踊跃，本来似乎是最受信任的留学生，任兰州炼厂中方工厂设计师，已几次去苏联。有人说，他哥哥、姐姐、姐夫都是中共党员，也是受信任理由之一。而“反右”中，那三位亲戚都被错划，在院党总支心目中，他的地位似乎一下子下降了。

武宝琛是美国麻省理工学院化工系的博士，书念得好，聪明能干，办事极有秩序，效率颇高。他一家与徐今强、蓝田方同住一个四合院，两人对他印象都好，蓝田方尤其赏识。他之所以确有不满，是由于他夫妇心爱的孩子突然因病夭逝，至于这次运动中他到底有什么所谓的反党言论，我根本说不清。唯一比较明显的仅是对于“什么都得听苏联专家的”表示“不应该”，讲过“苏联的炼油技术并不先进”之类的话。尽管他的右派帽子较早摘掉，但到“文革”中又被批判，他的孩子也对他造反，终于伤透了心，于是设法通过他念书时的导师再去美国，以后全家赴美。他因美国公司的派遣之类回国好几次，尽管他最后供职的石化科研院院长专为他保留住房，多次欢迎他全家归国，迄今也常在国内住，却未归国。

蓝田方至少在石油部门是个知名人物，年轻（比我还小一两岁）、聪明、能干，颇有作为。他父亲是前清进士，家学渊源深厚。长兄早年参加革命，在上海搞地下工作，并在其父投靠汪精卫伪政权后，公开脱离关系。蓝田方受长兄影响，中学时代就在上海秘密入党，后入新四军去东北，奉派搞过火柴厂、碱厂等，翻翻书本就大胆搞成多效蒸发这种先进技术（在当时东北条件下可算先进）。与唐克一起调京入石油总局，石油系统设计工作进展较大，蓝田方颇有贡献。他才气横溢，语言犀利，文字上也颇来得，以我之见，难免有点恃才傲物。随速成班学了点俄文，不久就能与苏联专家对话，苏联人也佩服他。“反右”前他已两次去苏联。俄罗斯人一向欣赏幽默与讽刺，他见闻之下，学了一些内容，他受批判的有几句名言，如“与老干部谈技术，与工程师谈马列”，“一个乐团，人人各有专长，唯独一人什么也不会，此人就是领导”，等等，其实就都源于苏联。徐今强同志领导石油总局时，对田方比较优容，而此时石油部的领导人则对他早有不满之意。“反右”运动中，说不定事先已被列入对象。而他刚从苏联回来不久，仍然有点口没遮拦，终被明确列为对象（最后处理，叫作“帽子拿在手上”，即暂不正式宣布为右派，档案里却已写上一笔）。他自然心中不服气。几经周折后，在“文革”中算总账，长期在干校劳动直至1974年自动返京（上访）。据知是经胡耀邦才平反，仍几乎无法在石油系统工作，早早离职，参加能源研究会等，负责过一些专题研究，颇有见地。他经过自己努力，以民间学术（能源）交流名义去英国，不幸在伦敦突然发病去世。断送人才，此亦一例。

另一位被划为右派的是童祖谟。他父亲是专门研究柳宗元古文的专家，他叔父是著名的动物学家、中科院院士童第周。童祖谟有着深厚的家学渊源，被划为右派，虽然较早“摘帽”，还曾担任南京炼油厂工厂设计师等职务，在“文革”中又大受批判，一直未能调回北京设计院。他有糖尿病而又绝不肯节制饮食，一向由他夫人天天烹调美味（请我去吃过几次），在20世纪70年代末过早逝世。

在北京设计院，总算还没有出现命案，没有死一个人。

关于各单位下达右派分子比例的说法，从我接触到的事实，未必完全如此。每有重大运动，各单位的党组织都要有个估计。“极少数就是百分之一、二、三”的话听说过（学委会传达给小组长），未必正式下过指标。各单位还能有所掌握的。例如，当时设计局总人数已超过1000，错划的人约2%，石油部大体也如此。倒是崇筠在石油学院，错划的比例大些，尤其她的教研室内，四个年轻助教打成右派，一人被列为“极右”，下放监督劳动，这四人在念书时都是品学兼优，有的是团干部、发展入党对象、三好学生，也都是崇筠悉心栽培，刚刚可以独立分担若干教育科研任务的。这一下让她在工作上措手不及，她也对处理方式不满意，对这些年轻人有所同情与实际上（包括经济上）的帮助，因此她被指责为“同情右派分子”。这使崇筠思想上有了警惕，“文革”中就能够比较超然，但又因此坚决不当领导，客观上影响了她事业上的发展。至于那四位终于被平反之后，各自还都有不同成就，不过损失的时间有的长达 20 多年。

## 第二次去苏联

第二次出国与订货有关，时间是中、苏关系开始严重分歧的布加勒斯特会议前后。在 1960 年 4 月左右开始，历时 3 个多月，其中被使馆商务参赞处留下帮忙 3 个月。

任务仍是年度订货。其实供应与否及供应时间等基本上是苏方讲了算数。少数项目，苏方认为可以考虑，才须双方商谈，大多数则按要求供应。我以为反映苏方的计划确实极严格，号称“计划就是法律”，超出他们的计划就没有商量余地。苏方办事效率不高，几乎是见面一次就等一星期后再碰头，而且多数时间苏方人员态度也较冷淡，甚至傲慢，说不能供应或延期交货以后，很少考虑我方建设的需要；或者商谈变成聋子的会话，他们坐在那里听，而结果似乎听而不闻，没有什么具体反应，这样时间就拖长了。

那时石油部派驻苏使馆的任向文司长担任商务参赞之一，要求我事毕后留下一段时间帮助工作三个月。彭真参加布加勒斯特会议后回国，在使馆停留并作报告。任向文经使馆负责人同意，让我们列席旁听。这才知道苏共在会上正面批评中共，发动围攻，只有阿尔巴尼亚反驳苏共。记得彭真讲话中斥责“老子党”、“蛮横无理”以及中国共产党决不同意，也不可能屈服，还提到过去我们就“顶过斯大林”，更“不在乎赫鲁晓夫”这一类话。使馆领导随后告诫全体人员严格保密以及一切行动听指挥与“外出格外小心”等。任向文又特别嘱咐不要跟任何人谈论这些事。他自己却对我说了许多次，骂苏方背信弃义。中苏关系其实已紧张一段时间，我并不知道，听后大感惊异。这对我而言，真觉风云突变，还担心苏联援建那一批项目今后有无变化。会议严格保密，只听不记，不准议论，更不准泄露。事后发现，彭真对使馆传达的仅是部分内容。

倒是任向文大概由于使馆内下班后很无聊，经常找我聊天。我们在使馆内后花园一面散步一面聊，别人听不见。他主动问起过苏联的炼油技术水平与美国相比如何，并要求如实讲。我曾参观苏联有名的新古比雪夫炼厂，规模1000万吨/年。到现场一看，一排11套100万吨/年的常减压蒸馏，且无流体催化裂化（FCC）及催化重整等现代装置。我在美国从未接

1960年6月驻苏使馆后园中五个石油工作者
右一：戴人利，右二：朱康福，中间：任向文，左一：任其昭

触任何炼油厂，但书本与期刊中一些内容略有所知，苏联比美国的炼油技术落后了20多年。因此我说“与美国水平不能相比”。任向文由此追问，我也尽所知讲了一通诸如流体催化裂化、催化重整等以及单套设备的规模之类。任向文自称土八路，比较粗放，却还能听得进，说，看来搞炼油还得用你们这些洋博士。以后他长期谑称我洋博士，对炼油技术革新还出过力。

苏方一定也有什么传达，去过中国的专家一向对北京院到莫斯科的人总要邀请到家里去吃饭的，此时似乎忙不迭地赶紧邀请。苏联专家们态度全有明显变化而且分歧甚大。本来，我们凡到苏联，必备小礼物一一登门探望，他们也必一一盛宴在家欢迎（事前都经石油部及使馆同意），这次照办。头一个就去潘诺夫家，潘即第一任到院的组长，他态度最冷淡并直接批评中共，“把田方这样的好同志作为什么右派是完全错误的”。当时我们出乎意料，而且有外事纪律约束，不知如何应对。他曾第二次邀请，我们就不去了。而兰炼设计负责人康托尔一定要请，此人据闻有犹太人血统，对今后不能与中国同志接触而极为遗憾。他把子、女儿家人召集到他家，置办特别丰盛的晚宴招待我们，讲到与中国同志愉快相处的日子，竟然流下眼泪。但他也暗示，这次与大家见面欢聚可能是最后一次了。还有一位仪表自动化专家，也集合子女，夫人穿上中国旗袍，特别接待。这位专家明确地说以后没法再招待中国同志了，在中国的一段时间则会永远留在他全家的记忆中。可见，一般苏联人，特别曾与中国人有接触、有所了解的，对中苏分裂是难以理解与接受的。

到列宁格勒拜访达尼连柯老专家的时间是6月22日左右，正值当地白夜。达尼连柯等于我搞工厂设计的启蒙导师，他与老夫人相依为命，子女都在保卫列宁格勒之战中牺牲了，记得我们是三个人，其中一人是翻译戴人利。老夫人亲自下厨，只做一样菜，中国香葱拌的油煎土豆泥，其余如鱼籽等都是采购的。老夫人对中国香葱特别欣赏，据说经常从特定店子中采购。老夫妇情意恳切，却明白说“不谈政治”，只是说在中国工作很愉快、中国人很好客这些话。据此，可见苏方内部对中苏关系问题必已有布置。吃完至少也就接近午夜，他们请我们自己上街走走，欣赏一下白夜情景。

满街是人，特别是年轻人，载歌载舞。尤其是那批中学毕业生，绝大多数穿着校服，一帮一帮，少则六七个，多则十几个，据我们所见，又都是男女分开的。一路走、一路唱，跳跳蹦蹦青春热情奔放无余。姑娘们几乎不停地笑，笑得十分欢乐舒畅，青春气息洋洋溢溢、蓬蓬勃勃。两拨人对面相遇还有意各不相让，各自手挽手向前，对峙一阵，才在哈哈大笑声中相互在人缝中挤过去继续前进。年长的人们则一律为他们让路，还有的鼓掌、吹口哨，有的跟他们唱上几句，祝贺这些年轻人告别他们生活中的一个阶段。据说这些年轻人这一夜绝不睡觉，都在大街上走一个通宵，直到市内公共交通车上街才是结束的讯号。俄罗斯的少女们都相当健美，似乎都不涂脂抹粉，更不奇装异服，总之给我留下了极好的、有美感的记忆。

出国途中目睹了一次叛逃被扣的事。同机出国有另一工业部的代表组，其中有一位翻译。飞机在伊尔库茨克停留转机，还在机场招待所住过一夜。第二天吃早餐时与那位译员相遇，他俄语流利，我们几个进餐厅时就坐在他旁桌，彼此点头打招呼。重新起飞后就有人向我们打招呼，让大家注意此人的行动，显然他的什么行动已引起该代表组的注意。到莫斯科机场降落后，所有中国乘客都被引入一间屋子办理手续，驻苏使馆按例派专人及车辆接应。据说那人借口有苏联的亲戚在机场外要见他，独自先办完手续走出那间屋子时，门外却有使馆人员等着他。他企图越过使馆人员向外跑的时候，被抓住而且扭打起来。眼看他的领带被人家一把抓住，然后被两个年轻力壮的中国人左右夹持，一路推推搡搡出了机场并推进一辆小汽车开走了。我们大批人员乘使馆的大客车到使馆招待所时，听说他关在同一层楼上一间屋子里。后来又碰巧见到他被人押着出去，有点鼻青脸肿的狼狈，我们小组还专门听了传达，明确讲此人图谋叛逃，已被押送回国。

## “小土群”与三面红旗

### 大搞“小土群”

赫鲁晓夫上台，中苏不睦以至分裂。“技术依靠苏联”不行了，剩下只有群众干劲。这种干劲缺乏科学指导，就走了歪路，如“大跃进”、“超英赶美”、“一马当先，万马奔腾”。这当先的一“马”是什么？毛泽东选定钢铁。国家计委所考虑的钢产量一加再加，以至翻几番计。已有的钢厂既绝无产那么多钢铁的可能，建设新钢厂又不可能一蹴而成。毛泽东的法宝却是“大搞群众运动”，于是出现了全国范围的“大炼钢铁”，结果成为祸国殃民的一场大悲剧。从亩产万斤，以至小高炉、小土焦引出一个更为普遍的口号，则是各项工业都要搞“小土群”。我直接卷入小土群之事，并因此到过鲁南沂蒙山区，实际所见，确信农村饿死人已是事实，至于全国到底有多少人饿死，无从得知。

“大炼钢铁”在全国涌现大批小炼钢、小土焦，统计出来产量惊人，似乎一下子可以实现“超英赶美”。钢铁如此，其他工业为何不可，于是大搞“小土群”，要从“群”产生“量”。石油部一贯紧跟中央出了名，下令设计院想办法。当时设计院党总支书记是孙光克，1958年调整组织机构，变专业室为综合室，天然油炼厂与人造油厂设计完全分开。天然油炼厂设计工作我完全不过问。

这时，我自己的毛病冒了头。当时北京院院长是熊尚元先生。他是清华大学化工系1933年毕业，可算是全国第一批从事炼油工业的老一辈专家。他在这个问题上一筹莫展，只好让大家都来想办法。我曾说，当年在昆明，收集马口铁的煤油桶，以至罐头、香烟筒（听装香烟的“听”，是英文“tin”的译音），焊一下就成个小塔蒸馏酒精，要是有原油，设计个小型炼厂也不是不可以。有人就说我讲的是废话，明明没有原油嘛！因此，出路也很明显，要搞还只有搞人造油。我那时负责的正是页岩油厂，小型天然油厂没有原油没法搞，“小土群”只有人造油，自然找我想办法。

我记得达尼连柯老专家讲过希特勒德国缺油时搞过简单小型煤干馏并有个专利，翻笔记果然有此一说（那时苏联专家谈话规定要仔细记录），由此产生所谓成堆干馏。达尼连柯曾提到我国的干馏炉仅能利用一定块径的油页岩，有大量小块页岩被舍弃，浪费很大，不妨试试这种成堆干馏。抚顺的石油一、二厂当时连块页岩还吃不完，也没兴趣去搞。又听说桦甸页岩油厂在别无办法时也搞过类似的事，但并未认真大干，我就提了出来。

在束手无策中有此一议，居然颇受注意，认为不妨试试，而查找资料时居然查到确有此一说，于是命我与一些同志专门设计图纸。基本概念我称之为“抽烟斗”。由抚顺专门运来一批破碎完毕的块页岩搞试验堆。原设计平地上挖一长方形的坑，深约 1.5 米，长 4.5 米，宽约 4.0 米。整平后铺上选定的卵石四至五层，作为过滤层，中间垒 4 条或 6 条长约 4 米的涂釉缸瓦管（内外涂釉），专门钻了小孔作为收集管，管子头上用普通丫形接头连接并接上抽气机。考虑农村没有动力，抽气机用的是库存很久不用、当时还较普遍存在的锅驼机，即一种可移动的小锅炉，能用木柴为燃料，上面驮一个蒸汽机（直接接通收集管）。试抽一下也还顺利，于是正式开工。抚顺运来的页岩块一层层往上铺，留出自然角防止滑动，最外层涂一层湿泥，成一金字塔形的小堆高出地面约两米多，堆顶放些易燃零碎引火点燃，抽风机帮助逐渐向下层燃烧与干馏，水（汽）油、气均经抽风机抽入缸瓦管组成的冷却系统。确也收取一些油、气。经分析，除去少量轻组分（可混入汽油），其下层的可供一般农用柴油机使用。据说还开过柴油机，我未亲自见过。

连石油也可以用“小土群”办法解决，似乎引起一些兴趣。石油部在马路西侧突击完成一个示范堆，居然有记者采访、照相。于是抓紧做出一套从 300 吨/年（约 1 吨/日）至 5000 吨/年的系列图纸，由新华社发行，准备全国推广，我这笨事就闹大了。院里成立中、小型厂设计室，我任主任。

据说当时有一份资料，说中国不值得工业生产的草碳及油页岩零碎几乎到处都有，平原地区老百姓挖作燃料，已不再存在；而交通不便的山区多种可燃物也多，故留下很多，可用于成堆干馏者很不少。这份资料我根本没见过，不过讲的人是确实的，所以也信。

石油部指令一位领导人（记得是部长助理刘放同志）专门负责，又令北京院派专人分组向各省推广试行。记忆中分三个小组，沿不同路线向产煤及油页岩的省选点进行示范推广。一段短暂时间内，我还相当兴奋，认真忙了一阵，并直接参加上述推广小组之一，由北京、河北、山东、江苏、浙江一路向南，沿途的见闻，得到了另一方面的启发。

我领一组，负责河北、山东、江苏这一路。从北京到济南，都在铁路沿线，两旁小高炉、小土焦确确实实成了群。白天烟尘滚滚，夜晚一片暗红而间有火光熊熊，而田间却很少有人耕作。这种景象使我第一次产生怀疑，这样的“小土群”能解决什么问题？对成堆干馏，我自己心中毕竟一直有个大问号，就算获得 300 万吨干馏的油，到底能有多少可用来开汽车？“小土群”的炼油厂到底怎样搞法？

山东省南部山区是贫困的老解放区，多处有小煤窑。到济南，山东省还乘机召开全省成堆干馏会议，我作了介绍，省里也派人参加小组，实际选定几个点示范，因此我到了沂蒙山区一个公社又下至一个大队。第一天接待，由于是“中央”和省里派来的，郑重招待，吃的是地瓜干，颇有霉味，和名为粥的小米稀汤；然后是地瓜干加豆饼，且其霉味越来越大，想必是搜罗仓底而来；最后一两天只有豆饼。至于建堆，山上确有草煤及页岩，但未经分析，看来页岩的含油率不低，但仅见那么一窝，不知究竟有多大，多少；与大队商量，拟先搞页岩。堆建起来，也点点火，多多少少也见了些油，就算完成任务，还按要求留下一位同志（记得是吴保健）继续帮助，我和另外二人去徐州。他在此完成任务后即回北京，据说体重掉了好多斤。

在沂蒙山区那几天，一天下午我走到村子里，目睹墙根下一些老年人席地坐着晒太阳，个个瘦得不像样；还看见一个妇女，年纪并不很大，走路摇摇晃晃，扶墙摸壁，走不多几步就停一下喘口气，不问可知是饿的。过去打算问问情况，语言竟不好懂，见一位老太太勉强挣扎起来，走上几步，就一头跌倒，自己再也起不来了。别人扶了一阵，才又勉强站起来。

此时我听懂了一句话："过不了今晚的。"陪同的干部悄悄说"每天都有"。队长们完全心不在堆，省里要求的任务，应在那里建堆、投产，而当地的劳动力显得很差，干不了多少活，而且出言僵硬，好像有股怨气。据一个人讲，每人每天弄得几两豆饼就是好事。从此我深信农村饿死人是事实。"农村饿死人"在当时是一大忌讳，人们不敢明言。看了当地情况，我就信为事实了，心里大不是滋味。农民没有饭吃，却偏偏让他们搞什么成堆干馏，我扮演的又是什么角色！

出了沂蒙山区情况略好，到江苏徐州就能吃饱，用全国粮票还能在小街上买面条吃，到淮阴有一顿米饭，有鱼，到南京就吃白米饭了。记得那时侄女小玲在南京进修，还与她去玄武湖吃饭，特地要了鲥鱼。

回到北京，大气氛已略有松动。大概上级领导也发现成堆干馏搞不下去，不过"小土群"还不能反对，于是有"小洋群"之说，意思是允许用点钢材，应用常规技术。我们搞的典型代表是甘肃窖街 1 万吨/年页岩油厂，使用钢筋混凝土干馏炉，配上一套炼油设备，项目还正经通过设计任务书与初步设计阶段，正式选定厂址，并即将开始进入施工图阶段，甘肃省才决定中止。中小型厂设计室无事可做，北京院机构调整为综合室。我调任第四室主任，其实全院都没有什么大的任务，多数人闲着。

【按："小洋群"倒出现一个相当成功的实例，就是以煤为原料的小化肥厂。化工部第一设计院陈冠荣院长经过探索，后来定型为 5 万吨/年小化肥厂的设计，在全国陆续建成一批投产，进而有 10 万吨/年、15 万吨/年的设计，在一段时间内起了积极的、有利于地方农业的作用。

北京院也有个实际建设的例子，是 5 万吨/年蒸馏—热裂化联合装置，可算是国际上 30 年代 Dubbs 技术的改进。大庆油田刚开发时，建在葡萄花。这不是中小型厂设计室完成的，而是何宇的杰作，也是以后地方上、油田上小炼厂的先驱者。

中小型室完成过一套可移动蒸馏—热裂化装置，全部设备安装在三个有汽车轮子的底板上，还确实建了“大半套”（两个底板，没有热裂化部分)。以后在江汉油田会战中还使用了一段时间，即简单地将原油蒸出汽油、柴油组分（剩下的作燃料油)，在油田内部使用。】

当年我曾很纳闷：小事一桩，何必大吹大擂广为宣传，其中玄妙，无人了解。到21世纪，忽然得了正面答复且肯定可靠，原来当年曾有人随刘放向邓小平汇报工作，顺便提及成堆干馏。领导人听后，表示赞成，说过石油工业也能搞“小土群”是件好事（大意如此)。一些记者先生听领导人夸奖了就大肆宣扬，根本与农村实际情况大相违背。说实话，“小土群”不符合科学，干馏是较难掌握的工艺，光靠一台抽风机无论如何不具备控制堆层中各层的温度。科学的事不能随意，不符合科学的事用不了多久就会烟消云散，成堆干馏就是如此下场，还遭人讥讽。

念了些年的书却干出这种违反科学的蠢事，说来让人无地自容，尤其辱于在外国人面前谈及。赫鲁晓夫讽刺我们在后花园小茶壶里炼油，也没法辩解。更可恼一些台湾小青年，不知道祖国发展石油工业的艰辛，也跟着乱嚷嚷；福建省曾有意与台商合作搞乙烯裂解，来的小青年中就把成堆干馏与小型乙烯裂解混同叫“Baby Cracker”，引得福建省建委代表拍桌子申诉，合作自然也就吹了！

迄至1959年，人造油总产量达97.1万吨，全国原油总产量为373.4万吨。其中：“小土群”的成堆干馏，全国共计搞过约600个堆，只生产了不足1万吨的油。

北京院在1960年机构又调整，勘察院并入并恢复专业室，却保留了中小型厂室。石油二厂的工程还在继续，由黄宇梁接任工厂设计师。到成堆干馏搞不下去后，我等于又一次赋闲，其间还曾设计过甘肃窑街与河北丰宁两个1万吨/年页岩油厂，并曾被称为“小洋群”，都没建设。所谓“小洋群”名词虽不普遍使用，其实是以后小化肥、小水泥等的开端。

## 三面红旗

对于“鼓足干劲，力争上游”没有任何争议，而“多快好省”如何同时实现，那时确有不同看法。党的宣传工具把“少慢差费”提出来作为对比，其实是用以压制，因为至少那时候人们并不想少慢差费。争议在于“多快”与“好省”之间存在矛盾时如何处理，换句话说，是质量与数量何者为先。毛泽东那时的名言说“没有数量就没有质量”，这当然是唯物论的哲学概念。东西根本没有，哪里谈得上好、坏。由于我自己的浅薄与对毛泽东的崇拜，对那句话完全接受，在学习讨论中讲过中国的情况对许多东西来说是“有、无问题”，而且帝国主义的封锁与过去基础的薄弱，我们只能依靠自己力所能及来首先解决“有、无问题”。这种想法与说法，北京院（石油工业部北京设计院的简称）中也不可能有人反对或异议。当时发言都有人记录，层层汇报。我尽管无取悦领导之心，事实上迎合了领导的心意。成堆干馏又是我提出来的，中小型厂设计室自然派我当室主任。错误与造成的浪费、祸害，我自有重大责任，不能都推给领导。

北京院在“反右”以后，绝大多数同志谨言慎行，都知道有人会打小报告。对“总路线”总的说来也没啥意见；关于人民公社，可能由于家在农村和知道农村实际情况的人太少，看看报纸，一派龙腾虎跃，吃饭不要钱，简直要提前进入共产主义的气势，又有谁会说什么不同意见；唯独对大炼钢铁与“小土群”，思想上有保留的人肯定不在少数，却又不想说什么，因为谁说了谁倒霉。事隔多年之后，熟人之间才透露的，唯其如此，全院没有大的风波，其中影影绰绰，似乎副院长邢活舒有点抬不起头，到“文革”后证实，他知道一些农村情况，讲过些什么，受到党总支的批评与“劝告”。至于蓝田方，在背后对“亩产万斤”、“人可以躺在庄稼上”明确表示过怀疑（有这种怀疑的人多了，包括我自己）。蓝田方在“反右”后的处分是调出石油部，到新疆独山子某厂担任副厂长。

我自己推广成堆干馏，离开北京走了一趟回来，思想上受到事实的教育，又憋不住，多少有些发泄，主要意思是“根本没有用的东西，就不能列入‘数量’之内”，还引证马克思的话：没有使用价值的东西不能算作商品。估计，这种流露也曾被汇报到党总支负责人那里，不过石油部与北京院还没有掀起运动，也就没有发作而已。

## “设计革命化”与我的半赋闲

1959年9月地质部在松辽盆地上的勘探取得重大突破，26日松基三井喷油，崇筠在8月19日生下第三个孩子小和（朱小和），12月就将孩子断了奶，第一次去大庆。那时中苏关系全面恶化，苏方撤出专家，崇筠是陪同最后一批地质专家中的萨尔基相去的。我方对苏联专家已心存芥蒂，主要在外围介绍情况，只到了葡萄花，而没去重点勘探的萨尔图。崇筠与萨尔基相看法相同，认为应向萨尔图方向转移重点。1960年3月，她与石油学院一批师生直接参加大庆会战。

然而，在北京院对此大事的反应近于冷漠。院长熊尚元（与勘察院合并后继续任院长兼总工程师）是炼油老专家，但院内掌握大事的是书记孙光克。1960年初，北京院除按石油部指令，抽调30多人去大庆外，院里却热衷于“设计革命化”，最初还讨论“三段设计改两段”这一类有意义的问题。不久领导就大不满意，批评为“小脚女人”，于是演变为“加快设计速度”，搞生产运动会，打擂评比，向抚顺院“挑战”、“巡回表演赛”之类，表面上轰轰烈烈，内容可说毫无意义。那时从设计标准化、定型化、活版化、玻璃活版化（其实把兰炼的蒸馏—热裂化一套定型了），到几秒钟“完成”一个设计项目——假定事前已做好一系列的标准设计，逐一编上档案号。在打擂比武时，主持人提出多大规模一个炼厂，参赛者挑出一个相应的档案号，不到十秒钟就算完成，这种速度自然无人可及。在哄堂大笑之余，院党委书记还给予表扬，气可鼓而不可泄，不能打击积极分子嘛！（此时我不在院内）

20世纪60年代初困难时期，朱康福在家属楼后的空地上开荒种地

当时给每家在楼后的空地上划分了一小块地，鼓励大家自己动手种菜种庄稼，我家地里的作物总是长得不怎么样。

1961年初，又发起“十好”竞赛，包括政治挂帅思想好、大鼓干劲工作好、敢想敢干改革好等。对这一套做法，我实在颇不满意。中小型厂室不能不参加，我就让童以豪专门管这些事，自己等于半赋闲。孙光克对我自然不满意，全院设计任务少，主要还在搞兰炼的扩建。孙光克曾带何宇等人去苏考察三个半月（即我留在驻苏使馆帮助工作之时），并未取得成果。这

与中苏关系恶化肯定有关系，但他们在苏联期间还不知道这个大背景。

时值三年困难时期，人人酌减粮食定量，副食供应包括糖、油以至香烟、肥皂等无不定量供应。对高级知识分子，国务院规定有优待，除常规定量之外，可增加，例如糖半斤、油 4 两之类，抽香烟可买甲级品如牡丹或凤凰牌。后来又特别发给一种“餐券”，凭券可上高级饭店吃一顿，还可带孩子。我们有一阵根本没去享受。孙光克有一天忽然问我去饭店吃了几次，然后大不满意地说，优待你们，你们就该去，要不然闹了病（指浮肿），又说照顾不周。因此我们带上孩子上紫竹院活鱼饭店大吃过活鱼，也就是两三次吧。

大庆油田虽已见端倪，而成堆干馏与四川“鹞子风”烟消云散，我个人也再次半失业。从石油二厂工作停止起，约有三年时间，纯属浪费以至胡闹中虚度。我之所以又半赋闲了一段时间，从大局而论仍反映了中国石油工业起步艰难的一个小侧面，不过，希望已经出现，一段辉煌事迹，已在眼前！

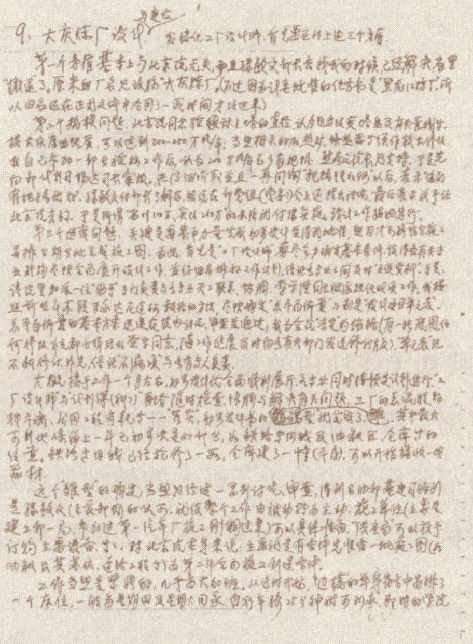

大庆的发现与开发，（我）其实是与大庆同命运的！

大庆的冬天，晚间睡觉要带上狗皮帽子，被子上一层霜或雪。

孙敬文副部长又专门听一次汇报，会后对我讲：放手大胆去干，万一出什么问题，部里负责，“你要蹲笆篱子（监狱），我给你送饭”！

# 第 5 章 大庆会战的难忘岁月

20 世纪 60 年代初大庆油田的发现与开发，在全中国都是件大事，崇筠与我有幸参与其盛，真是难得的机遇。那几年是我一生中最为振奋、舒畅的岁月。领导者与党组织也给予了极大的鼓励与肯定。许多年后，包括最近，一些当年老伙伴聊天，还会很有兴趣地回忆那时的动人景象与激奋的心情。

朱康福手稿：与大庆同命运

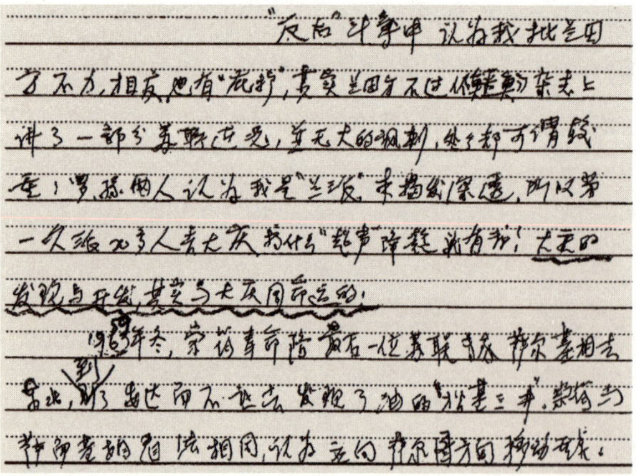
"反右"斗争中 认为我批兰田方不力，相反也有"[illegible]"，[illegible]上讲了一部分苏联[illegible]，并无大的[illegible]，[illegible]所以第一次派20多人去大庆[illegible]就有我；大庆的发现与开发，其实与大庆同命运的。

[illegible]年冬，[illegible]一位苏联专家[illegible]发现了油的[illegible]

## 参加大庆会战初期：超声波降凝

1959年9月26日松辽盆地上松基三井喷油，随即揭开大庆会战的序幕。

1960年春，会战正式开始，崇筠是3月份走的，我去得较晚。我参加会战是从1960年下半年开始。北京院派出一个小组参加原油降凝试验。这个组由副院长邢活舒领导，天然油加工室（以后的工艺室）派童祖谟，我也参加。此外就都是年轻人，包括好几位不是学炼油工艺的。邢活舒入党较早，资格较老，后来知道因婚姻问题受过批评以致处分。在北京院党内一直不被重视。童祖谟在“反右”中划为“右派”，刚“摘帽”。我在

吴崇筠出发参加大庆会战(石油系统科研单位技术人员出发参加大庆会战的场景,图前正面戴头巾者为吴崇筠)
张尔平2009年9月摄于大庆油田历史陈列馆

此前一直不过问天然油炼厂的事，而组成人员中包括描图室的描图员等一般工作人员。在某种意义上，这支队伍有点像劳动教育对象。小组没带任何仪器、设备与资料，一声令下，卷起铺盖就上油田。

到大庆后，我和崇筠的工作性质、所起作用及所受待遇，颇不相同。崇筠是石油学院教授，一到就被安排在实验室，七月份调去前线指挥部下属对比大队，专搞钻井岩芯，是当时取全取准数据的重要一环。尽管很艰苦，跋涉草原，自造干打垒，但伙食上有照顾，先吃中灶，后经会战指挥部领导指名，加入小灶，就是领导层的食堂。因为指挥部领导人包括余秋里曾要她讲解地质常识。我则无此殊荣。

那时风行超声波，什么科技问题好像都是一超就灵。而所谓超声波，却又只是弄个什么样簧片，能够振动，发声或不发声也不大注意。我们小组到现场后也参加这种试验。已经有好几支队伍在搞，在平地上用砖块、石块之类支起几根长短、大小不同的钢管——当时大庆现场的确乱，没有什么收发制度，哪里有钢管，去4个人就抬回来一根，也无人问，问起来反正是做试验用的——也不知找什么人打制各色各样的簧片夹入管子入口。大庆原油不加热根本流不动，不得不用另外几个管子制成各色各样的土加热炉，只要试验用的管线适当保温，原油一加热，可流动通过管子及簧片，出口处冷下来，居然凝点也些微下降（原油加热有一定裂化），不也多多少少降凝了么，就是成绩！简单说，纯粹是一场儿戏！童祖谟与我偷偷向邢活舒汇报，不可能获得任何结果，他也一筹莫展，只说还得先对付着。那年庆祝七一时，居然飞了极少的雪。我们到工地时地上还有很少极薄的一层。南方人大以为奇，当地人认为“还有更晚（7、8月份）飞雪的呢?!”

我参加所谓超声波降凝不长时间后，会战指挥部下设了基建指挥。那

1960年4月19日大庆会战时的和平鸽——寄给妈妈的照片（左起：小平，6岁；小和，8个月；小鸽，9岁）

当时家里只有三个孩子，由保姆带着去照相，然后朱小鸽寄给在大庆的母亲，照片背后写着：

送给妈妈，祝您日子过的快乐。1960年4月25日　朱小鸽。1960年4月19日照。

朱康福写：鸽子寄给妈妈，妈妈寄给爸爸，爸爸带它回家，如今再寄给妈妈！爸爸曾在莫斯科凝神细看，看见妈妈宛如就在孩子后面；如今希望妈妈也仔细看看，看照片上会不会出现爸爸在孩子们旁边！12/Ⅷ－60（1960.8.12）

时会战指挥部分管这一摊子的，就是石油二厂施工质量事故中“反右倾”的干将陈局长。没几天后居然亲临试验现场，发现我们这支队伍就说，你们不搞试验了，有些设计任务给你们干。原来油田开始局部试生产，需要一些站、场及输送管线等，需要有人设计，作出图纸。于是，拨给我们这支队伍两幢活动板房，一幢住人，一幢办公。常常是头一天下达任务，隔几天以至一两天就要图纸，这对我们也没啥困难，无非是连夜赶一赶。这种设计图纸大约真用上的不过一半左右，因为领导人想法一变或具体情况有变化，就用不上了。搞站、场等设计比炼油生产装置简单得多，经我们设计、出图，施工人员颇满意，提供他们正式的材料、设备清单。陈局长也很满意。

至于降凝试验，事实上搞不下去，天一凉，夜晚气温虽还在10℃左右，原油早已流不动了。炉子不能停，烧掉的原油与冲天的黑烟实在得不到什么降凝效果，只得收场，浪费了几吨钢管及若干原油等。这事从一个侧面反映会战初期确实存在乱以及乱的程度。

崇筠与我都参加了会战，家里以9岁的鸽子为首的三个孩子，除有一位保姆照料外，主要拜托邻居，特别是北京石油学院图书馆馆长王裴庆的夫人——王妈妈（本名：沈素云）关心照顾。

## 葡萄花小炼厂

油田钻井、发电用柴油机，那时全国油料紧缺，尽管国家优先保证油田需要，仍感十分紧张。油田指挥部决定突击建一小炼厂，包括热裂化与蒸馏，大概就以1951年从锦西拆下来那套装置为基本，有一些机泵已不能用，配上从各炼厂调来的连新带旧的，较多的管线阀门等是新配的。由何宇设计重建。有一天，部勘探司司长唐克专门来找我，准备叫我去那个厂子帮助开工生产，我心中颇有点打鼓，因为设计图纸和一些操作参数（温度、压力等）虽然熟悉，具体操作却并无体会，更说不上经验。童祖谟在七厂工作过，有些经验，私下里向他请教了一些问题。大约在1960年10月末，炼厂在葡萄花油区建成，调兰炼施工及生产人员到厂，很快投产，却多次出现事故，包括不大不小的起火事件。唐克管这件事，知道我在油田，一张小纸条上写几个字，调我去协助。

一辆已载满货物的卡车开来，驾驶室已坐满人，我披上油田供外出同志用的羊皮大衣，爬上车顶坐在煤块上。松辽平原上天气已很冷，白昼比北京短，初冬时节不到下午五点就黑了，到炼厂天已黑透，倒是一片电灯(柴油发电机发的)。我却两腿冻麻下不得车，连滚带爬下了车，又走不了路，稍过一会儿才可以了。有两位兰炼的工程师、技术员接待，吃饭时每人有一杯白酒。兰州同志们冻得受不了，尤其夜班人员，只好向附近老乡买点白酒暖身，却又不敢张扬，说起来我是指挥部派去的嘛!

那时裂化厂已投产，出了些汽油、柴油，勉强可用，尤其柴油还受井队欢迎（井队动力及发电都用柴油机)，有供不应求之势，偏偏生产不正常，零星事故较多，所以把我叫去。我根本没有炼厂生产实践，实际问题仍是那两位兰炼技术人员解决，我向他们学习、请教。人家倒很理解，我不过跟他们做点记录，按他们的主见写出操作规程，岗位责任制。炼油厂内按操作岗位各自负责，是苏联规范、规程内都有的。他们两位来自兰炼，我对兰炼设计的内容也较熟悉，这一套办法与内容不过是一些常规的东西。而对习惯于野外作业的勘探、钻井队伍，却一贯不够注意。裂化厂有了一套规程、办法，兰炼工人也在行。初开工出现问题基本原因有两条：一是施工太急，留下些跑、冒、滴、漏问题，加上对“明火”管得不严，引起着火；二是保温工程有“欠账”，必须保温的地方有遗漏或不足，稍一不慎就冻管（油在管道中凝固)，只有用低压蒸汽在管外吹，吹不开就用明火烤。此外，设计上也有问题，小小装置还考虑双炉裂化与单炉裂化都可运转，自然就多了一些阀门，以用于变更流程。我唯一的贡献就是“只开一种流程”，把某些阀严严关死，不管产生一小段“死油”（到过冬后检修时再打开）。而我到的时候，最初那几天的手忙脚乱已近尾声，不用几天操作就比较正常。我们三个人可以晚间休息一阵，出去随便找点什么可吃的，还偷偷喝上点白酒；有一间砖砌的小屋，可以暖暖和和地睡觉。我与两位兰炼同志在两张床上轮流睡觉，身上的棉衣棉被也满是油污了。

小厂基本正常运行，天天有产品出厂，据说还很解决问题。每天出几十吨油，当时认为不少了。至于产品质量根本不管它，能用就行。不到半月，就被认为完成任务奉令回指挥部。［按：《中国石化北京设计院志1953—1992》载同年11月萨尔图建成3万吨/年小炼厂，与事实不合。］

回设计组后，崇筠竟然住进了房子。我们参加会战都自带行李，但不能适应大庆地区毫无取暖设备的情况，干打垒也来不及盖，住的是活动房屋。记得离开设计院队伍时，两间临时板房正在“穿棉袄”，即打土坯把板房四周围起来。每间屋中挖一小坑烧原油，用一根钢管把黑烟引出去，否则冷得实在伸不出手，也没法工作。指挥部眼见严冬将临，决定疏散一些人员，首先让有孩子的妈妈各回原单位。崇筠按此可以回京，她认为工作正吃紧不愿离开。指挥部特别照顾分配给她房子。这房子据说本是个牛棚，四面围上土坯，安装了必要的门窗，窗上糊纸，稍加修葺，成为前线指挥部的办公点之一。中间间隔成一大间办公室，隔出小小三间卧室，范元绶、闵豫总地质师夫妇与我们俩各得其一。我是托崇筠之福才能得此优待。那小卧室无法取暖，放不下任何炉子之类，只有中间那大办公室有一个煤炉，闹不好夜间就熄火。房子整体上通风良好，外面下雪屋里也一片白。我们一般晚11点左右才能回房间，每天崇筠总留一暖瓶热水，两人可以洗洗脚和脸。我那身遍体油污的棉衣不能不脱，在那张狭小的木板床上，穿着全部内衣与厚袜子钻入被窝，头上罩着狗皮大帽护住脑袋与双耳，照样呼呼一觉。到 11 月，气温白天也在零下，晚间是零下 10℃左右，地上积雪，寒风凛冽。我们两个戴上棉帽子才睡得着，被子上一层霜或雪。

大庆会战第一年确是最艰苦的，后来听说，以余秋里、康世恩为代表的会战指挥部领导人也考虑过最不利的形势，必要时准备牺牲一批战斗员。中国缺油的严峻局面，于此可见一斑。指挥部决心不动摇，坚决拿下大油田，无论如何是可感可佩的。

艰苦中最重要的一点是大家吃不饱，连钻井队工人的粮食定量都保不住。有名的铁人王进喜，作为钻井队长不得不掏腰包，千方百计从附近农民家高价搜购食物，补充全队。崇筠蒙照顾吃中灶、小灶，基本上白天能吃饱，“开夜车”到深夜就也得挨饿。参加会战的各单位，有的从本单位挤点东西出来支援会战的同志，但做得不够巧妙的会受批评。北京院同志则各自依靠其他同志的来来去去，从家里挤一点粮票买些食物带来补充。我家只有孩子在家，粮票也不富余，基本上没东西带来。记得嘴馋得厉害，当地人用水加点糖精，装在旧瓶中，卖几毛钱一瓶，我就买来喝过好几次。寒冷也是一大问题，这又与居住问题相关，没有较正规的房子与一定的取暖设施，实在难以抵御严寒。因此，到 11 月下半月，大部分人员不得不撤出，各路参加会战的队伍陆续撤回原单位。记得崇筠与我是一起回家的。

1960年大庆会战时的朱康福

回到北京，有年终总结、评功摆好等事。北京院

小组在大庆没有出任何问题，更没人私自离开，总体上还可以，没有受批评就列入一般表扬。带队的邢活舒副院长感到很满意。

## 开发大庆与余（秋里）、康（世恩）

发现并开发大庆及东部各湖盆沉积油田，地质部的工作功不可没。至于后续勘探找到并证实是个大油田，并且以极快的速度开发生产，当然是石油部的功劳为主。经过中央批准而组织大庆会战的主要领导人余、康确实作出丰功伟业。

油田取名大庆，意指 1959 年松基三井喷油正值建国十周年国庆前夕，有双重含义。东部湖相沉积生油、储油由此证实。大庆油田从葡萄花地区重点转移到萨尔图地区；油田由石油部全面接管，并请示中央批准后命名为大庆油田指挥部。原油产量第一年就超过 1000 万吨，中国不仅在数量上自给自足，而且产品质量上也能基本满足。1965 年冬，全国人大第三届会议上周恩来总理说：中国人使用洋油的时代一去不复返了，传统上进口原油及产品的国家转为亚洲最大的出口国。石油部成为各工业部学习的榜样，所谓“工业学大庆，农业学大寨”!

余秋里是解放军出名的勇猛善战的独臂将军，他和康世恩的事迹，有传记与回忆录，不用我赘言，我只是从切身体会稍作叙述，表示一点我个人的敬意。他们都不免有些缺点，我并不讳言。而他们第一件大功，就是在极端困难（钻井工人肚子都吃不饱）的条件下，以坚定的信心、决心，“拼命拿下大油田”（王铁人，即著名劳动模范钻井工人王进喜的话，也反映了余、康等领导人的思想）；而且至少会战初期，尊重知识，讲求科学办事，也较突出。

后来曾从会战指挥部领导层听到，在最困难的开始阶段，余、康表示，哪怕减员五千人也不能退却。1960年初冬我在大庆时，几乎天天有火警，一天几次也有，大火灾也发生过，主要因为严寒，人们没别的办法，就烧原油明火取暖。大庆原油凝固点高，一旦落地，就呈块状。听说还有野外作业工人在操作时饿晕倒；不少野外作业人员只好住“地窝子”（就地挖约1米深的坑，顶上支些篷布之类）。余秋里把开发大油田作为一场关键性大战役看待，为了胜利准备作出牺牲，并不为过。康世恩吸取川中会战失败的教训，强调资料、数据的全面性，准确性，更是合理的（以后宣传取全、取准上百项资料、几百条数据等，自然带有政工人员的宣传色彩）。石油学院参加会战的教师包括崇筠受到优待，吃中灶以至小灶等。余秋里称崇筠为吴教授，要她讲课，自己还参加过，并明确提出“要听听不同意见”。当时谁都希望早日拿下大油田，不同意见实际仅限于一些具体措施与做法。铁人王进喜讲的是“有条件要上，没有条件也要上”，精神自然可佩，却显然不是科学的讲法；经过指挥部政工人员（主要可能是吴星峰）的加工，成为“创造条件也要上”，自然合理得多。当时所能创造的条件，物质上很有限，靠的还是一股干劲与拼劲。会战中的确产生了许多可歌可泣的感人事迹，充分显示了中国人民艰苦奋斗、勇于牺牲的奉献精神。

大庆会战初期是很特殊的超常规办法，连当时建委主任薄一波视察后也讲过：乱糟糟的，不像工业建设的模样（大意）。却就是这种超常规，才保证了在广袤的草原上迅速拿下了大油田。会战主要指挥者余秋里、康世恩等，从总体上说贡献极大。至于“文革”时期，动不动就给人扣“反余、康就是反大庆，就是反党、反毛主席”，为害极大。我认为余秋里后来多少也有这种思想倾向，恐怕是修养的问题，也是很多名人常见的！

## 大庆炼厂的设计与建设

### 第一座国内自行设计施工的大炼厂——大庆炼厂

大庆油田来势凶猛，必须赶紧建炼油厂，第一个当然就建在大庆，1960 年已产部分原油用火车运往大连加工。任命夏汝钧为工厂设计师，陆文亭为助手。1961 年初，石油部正式下达设计任务，规模为 100 万吨/年，由兰炼的规模照抄而来。厂址很好选，大草原一片，有的是地方，炼厂只要离开已知的勘探构造而又最近的地方挑一块就是。选定的地点在龙凤屯附近，一时把炼厂称为龙凤炼厂，并开始初步设计。

那时全国处于“三年困难”期间，北京人也普遍营养不足。全国范围由于营养不足流行一种浮肿病，从下肢开始浮肿的现象相当普遍，北京院先后闹此病的据院志记载有 120 余人。石油部在此事的处理上颇好，把钻井等野外作业队伍全部携家带口搬到油田，组织起来开荒种地。沉睡几千年的草原，土地十分肥沃，只要有点水，撒下种子，除除草，就保证丰收，与西北地区不可同日而语。工人安心，家属也高兴，大大支持了会战，还支持了部机关与兄弟单位。各单位相继学习推广，北京院在东郊也有一片农场。人们在严格的定量之外有了些粮、豆补充，浮肿病也好得较快。我开始闹浮肿时，院里浮肿的高峰已过，很多人都在陆续恢复中，我却在 1961 年春节后肿了起来，经医务所大夫查出属于比较严重的。那时我每天骑自行车往返于石油学院及六铺炕办公室，自觉骑车较费力，其他也没啥感觉。又过几天，似乎又重一些。院里医务室登记上以后，不时大夫要检查。于是送往小汤山石油部休养所休息，规定保证睡足十小时，学一种站式气功，并在伙食中额外增加黄豆及其制品。住了一星期左右，情况就颇有改善。

我去小汤山已是春暖花开的季节，记得附近的花开得很好。不久桃花也开了，倒是悠闲休养的好环境。半个月左右，有一天孙敬文副部长来慰问休养员，最后单独找我，让大夫当他面检查；用手指重按，看压出来的坑多深，能否很快恢复。然后问我想不想回去工作，我那时年轻气盛，表示完全可以，听从组织安排，并问哪天可以回院。他说："今天就跟我走!"汽车进市区已是下班时间，把我带到石油学院门口让我回家。崇筠意外见我回来，极感惊喜，她正准备出发去大庆呢!

第二天到院里上班，先去见熊院长，他并不知道我回院的事，但稍过一会儿就告诉我，让我担任黑龙江炼厂的设计师，接替夏汝钧。这回轮到我自己大感意外。过去几年，工作上一直对天然油加工不曾介入，如今如何担任此项任务？我迄今不知道其中内情。唯一迹象是不久后，计划司杨达司长交代的一句话，要切实抓紧设计进度，赶上需要。前几年我担任石油二厂设计任务时，部里对设计进度的要求基本上可说一贯满意的。

了解之下，其中自有曲折，主要有三点矛盾。第一，对炼厂今后的管辖，省里与石油部意见不一致。省委明确表示炼厂要归省里管，名称为黑龙江炼厂，省委派人领导，并已任命了书记、厂长等人，石油部配备技术人员就行。石油部原则上接受了，省里派出一位书记，要组织筹备处，分歧可能从此开始。这位书记要盖一些房子，招一批人马，而石油会战指挥部是坚持先生产后生活的，除指挥部盖了个砖砌平房四合院外，满油田基本上还都是干打垒与活动房。石油部对派去的人不大满意，认为他们跟不上会战形势。据说，哈尔滨是东北重工业城市，第一批苏援项目有不少选定哈尔滨并多数已建成投产。一些有资历的工程技术人员已定居、有房，不愿到不发达的大庆（安达市），对先生产、后生活的提法也有不同意见。第二，工厂规模问题。已上报并批准的规模是 100 万吨/年，搬兰炼的一套，流程等可以“抄”“搬”设计及设备，但会战领导已看清油田的来头很大，认为规模不适应，但如重新上报项目等，又将耽误时间。第三，很关键的一点是设计进度。初步设计不完成就无法做设备订购等，北京院曾表示总的设计（完成施工图）要三年时间，这已经比苏联人搞兰炼设计缩短了一年多时间，但石油部领导不满意。当时的院长熊尚元很为难。上面压，下面顶，他在中间受罪。

原工厂设计师夏汝钧是西南联大化学系与我同年毕业的，建国前已在中国石油公司工作，又在大连七厂工作过，按工作经历比我更合适，如今中途换人，他明显不痛快，但是石油部的决定谁也没法讲什么。其实全厂初步设计不仅基本完成，而且出了小部分施工图，现场已建两幢仓库，引入一条铁路支线，开挖了四个油罐基础坑，因冬季无法正常施工而停顿。当时已调任筹建处副主任的黄伟形容是“一线两幢四个坑”。比较重要的进展是省委撤回原任的书记，另派邢子陶担任。省与部之间的矛盾大体已解决，炼厂将由石油部主要负责。施工力量也已明确安排。土建方面由建工部六局（后改名一局）负责，是刚完成长春汽车厂建设的一支强大队伍，技术骨干还是建国前上海市工部局所属人员；安装工程由兰炼施工队主要负责，这支队伍是玉门矿务局的老班底，经过兰炼施工的锻炼已很有经验，是部基建司总工程师敖明模的老队伍。1961 年夏天，两家领导部门都已进驻现场，工人陆续进达，就等着图纸动工，确实大、小形势都逼人。

北京设计院很为难。苏联专家撤走了，独力设计大炼厂是第一回，一切规章制度包括设计程序又都是仿照苏联制定的，据此安排工作，当年（1961年）完成初步设计极困难，计划处同志说“不可能”，施工图自然谈不上。但建工部队伍参加炼厂建设也是头一回，他们也受苏联有关施工方面规程等的约束，没有设计文件，就连到底是什么样的工程都不知道，对工程量无法估计，也就没法知道需要什么力量、多少人力。据说建工部领导向石油部提出明确要求。而省里本不痛快，如今更对进度表示关注与不满。

## 大庆炼厂（黑龙江炼厂）工厂设计师

我接任工厂设计师，首先要应付上述三个矛盾。

第一个矛盾已基本解决，孙敬文部长去找我的时候，省里已经撤退了。原来的厂名改称“大庆炼厂”（由于计委批准的任务书是“黑龙江炼厂”，所以旧名在正式文件中沿用了一段时间才改过来）。

第二个是规模问题，北京院内对原有尚未完成的初步设计看法分歧：一种认为水平太低，部里已定派去的副厂长黄伟即持此见；第二种认为我们独立搞一个大厂还是头一次，无经验，宜改作三段设计，即加一段技术设计，对主体设备仔细核算就订货；第三种是多数设计人员的想法，认为辛苦半年余即将完成，不如照样做完、上报，请上级批定。我请教许多同志，认为时间很关键，不应在程序上浪费时间，原则性修改已批准的设计任务书，按当时规定要另作报告及审批，少则三个月就浪费了，不如照原样一气呵成，同时提出报告，二期扩建立即进行。北京院同志验算了塔的直径，认为适当改变塔盘及有关管线等，按大庆原油性质，可以达到200万~250万吨/年；当然相关的加热炉、换热器等须作较大修改。我亲自参加一部分验算工作后，认为200万吨/年至少有把握，熊尚元院长也支持。于是先向部计划司杨达司长汇报，在仔细听取并且一再问询把握性如何以后，她表示“你们有把握就好”。孙敬文副部长了解后，据说在部党组会上提出讨论，最后表示放手让北京院去搞。于是所谓“名叫100万、实际250万”的办法就付诸实施。设计工作按此进行。

第三个是进度问题，关键是要集中力量完成初步设计并得到批准，然后才可能结合施工安排分期分批完成施工图。为此，首先是工厂设计师要尽全力确定基本条件，使各有关专业能够尽快全面展开设计工作，并仔细安排好工作计划，保证各专业之间及时互供资料。于是，请院里加派一位助手专门负责与各专业天天联系、协调。李学澄被派担任此项工作。我按照苏联专家达尼连柯教的方法，尽快确定总平面布置与制定“设计项目单元表”。总平面布置的基本方案迅速在院内讨论、审查并通过，成为全院法定的依据。有一张底图，任何修改、补充都必须经我签字同意，随工作进展及时向各有关部门发送修订版。单元表也不断修订、补充，保证不漏项和各有专人负责。

我接手工作后第一件事是了解情况。短期去大庆现场一趟，越了解情况压力越大。院党委书记孙光克提出的口号叫“青出于蓝而胜于蓝”，意思实质上还要按苏联兰炼设计那一套搞。我思忖再三向熊尚元院长建议突破苏联框框，此话当时已相当盛行，并非我的创见。具体做法上，一要充分利用现有的成果，大格局如总平面布置等不能动（那时院内有人主张把油罐区与生产区对调）；二要全面展开齐头并进（齐头是不可能的，后改说交叉并进）。年底前不仅必须完成初步设计并通过审查，还必须满足施工及供应部门一些基本要求，如估算的工程量与某些必用的钢筋规格等，并提交一部分可能完成的施工图，保证第二年4月1日鸣炮开工，这是石油部及施工部门等的共同要求。熊院长一贯温文尔雅的读书人风度，十分

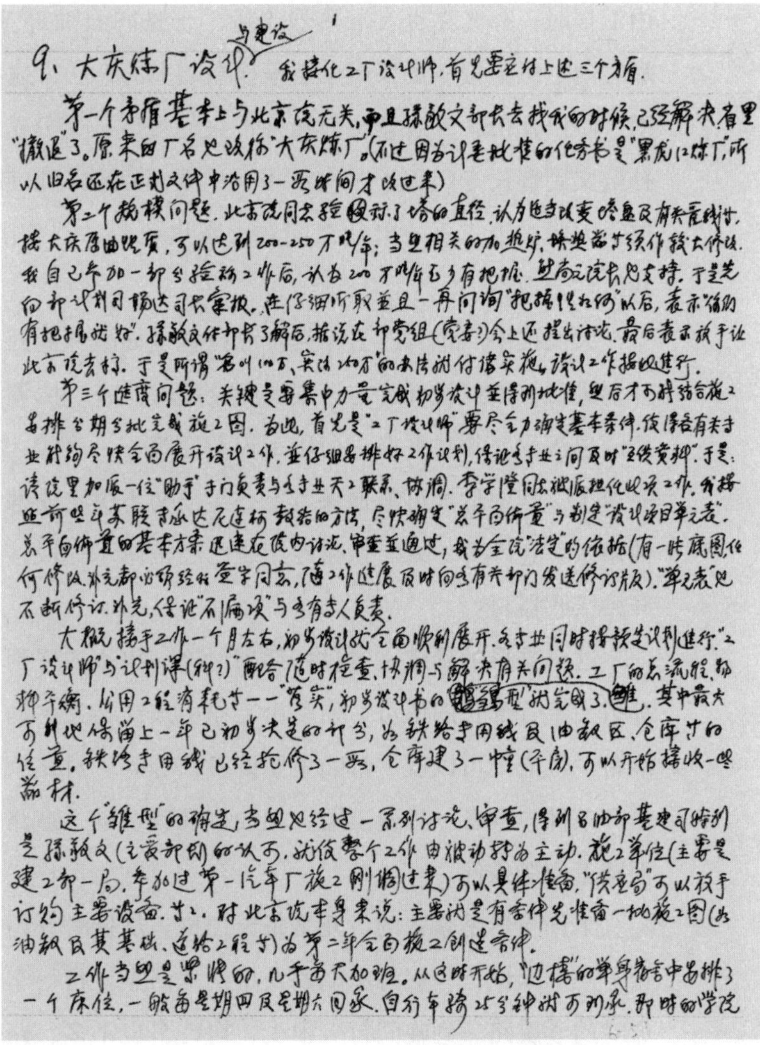

朱康福手稿:大庆炼厂设计与建设

平易近人，善于听取意见，他表示完全支持。我与院计划处各有关室主任及各设计项目主要负责人紧张工作了几天，编出一份新的设计进度表，院内汇报时，孙光克也表示热烈支持。于是向石油部基建、计划两司汇报。那时向上级汇报一贯采用大字报挂在墙上的办法，这次却请描图组做成底图，晒出几份，分送几位部长（汇报通过后，又分送施工及供应部门等）。孙敬文副部长专门听了一次汇报，主要是两位司长带头。会后他对我讲：放手大胆去干，万一出什么问题，部里负责，“你要蹲笆篱子（监狱），我给你送饭!”

大概接手一个月左右，初步设计就全面顺利展开。各专业同时按预定计划进行，工厂设计师与计划课配合随时检查、协调与解决有关问题。工厂的总流程、物料平衡、公用工程消耗等一一落实，初步设计书的雏形就完成了，其中最大可能地保留上一年已初步决定的部分，如铁路专用线及油罐区、仓库等位置。铁路专用线已经抢修了一段，仓库建了一幢，可以开始接收器材。

这个雏形的确定也经过一系列讨论、审查，得到石油部基建司特别是孙敬文主管部长的认可，使整个工作由被动转为主动。施工单位可以具体准备。供应局可以放手订购主要设备，等等。对北京院本身来说，主要就是有条件先准备一批施工图，如油罐及其基础、道路工程等，为第二年全面施工创造条件。

工作当然是紧张的，几乎每天加班。从这时开始，我在单身宿舍中安排了一个床位，一般每星期四及星期六回家，自行车骑 25 分钟就可到家。那时的学院路一到晚间行人很少，自行车也不多，路灯残缺昏暗，路面也不平，风向却有规律。天气好，来回都顺风；天气不好，则来回顶风。因为北京的风总是昼夜转向一次，白天北转南，傍晚南转北，或者倒过来。

设计进度安排下去，很快我体会到建设进度将取决于器材、设备的供应，具体任务虽属部供应局，但他们的依据全在设计部门提供的清单；其次，设计按规定要提供“施工组织”一篇，以明确工程项目中各部分施工的前、后及衔接等，尤其建工部一局不熟悉炼油厂，但这方面的资料本来应在初步设计各个部门完成后才能汇总提出。而计划经济时代，各工业部照例在年初召开的订货年会上提出要求，国家计委主持分配；下半年一般在8月份以后有一次补充订货及预分配，即第二年优先分配的会议。补充订货能在本年度供应多少，取决于有关生产部门能否超额完成多少任务。有些设备是关键性的，国内还不能制造，需向苏联订购。中苏关系好的时候也只是每年一次，那时关系已恶化，更难保证，必须尽早提出去争取。在那个时代叫作“错过这个村，没有这个店”，可以使进度一拖就是一年！请设计人员提前开出一部分材料、设备清单，我估计还有可能，但大庆会战的口号是取齐取准数据、资料；提前提供部分资料，必然犯下不齐不准的毛病。我如没有什么“尚方宝剑”或旨令在手，就不可能让大家一起来犯错误。正在迟疑不决，忽然通知我立刻去见孙部长。

“老孙部长”（以区别于后任副部长的孙晓风），我认为是久经考验的老干部。当年在重庆组织一批报童深入各地叫卖《解放日报》有他一份劳绩。他坐镇北京，等于是整个石油战线的后勤总司令，处事果断，却从来不急不发火。我去见他，只有杨达司长在座。他先听我简单扼要地汇报，然后问我，现在关键问题在哪里。我心一振，就说是器材供应，设计要想办法及早提供一些资料。当时不敢讲清单，只说“一些资料”。显然他和杨达司长早已在考虑这个问题，所以让我“说说你的想法”。我说一般材料如钢板、钢筋、钢管都可能提出一部分，型钢只有等框架结构设计完成后才能提；有些热油泵要向苏方提出的，只能凑合苏联规格，宁大不小。孙部长似乎很满意，杨司长也同意。最后孙部长明确交代，大庆油田“来势凶猛”，不是一个大庆炼厂能解决的，钢材不会积压，型钢最困难，所以也必须捉摸着提出一批；又明确讲这事由我负责，叫我放手大胆去办。据此，当年补充订货会之前就提供了一批单子。按当时国家规定，初步设计尚未批准是不准订货的。但大庆炼厂需要就一路绿灯，订上了一批器材。

大局既定，主要就抓进度，天天与各室、各项目有关人员开会解决具体问题，初步设计终于提前完成，上下皆大欢喜。年底前审批“黑龙江炼厂初步设计”，内容其实很一般，技术水平很低，无非常减压、热裂化与釜式半连续焦化，就是焦化反应在几个卧式釜内间断进行，油气分馏用一个统一的分馏塔。冷榨脱蜡还被列入二期工程，产品质量低，汽油是54号（辛烷值），柴油是0℃（凝固点）。参加审查的黄伟厂长说是“瓜菜代”工程。因为主要流程只是蒸馏热裂化加上连续釜式焦化，产品质量低，轻油收率也低。那些年粮食不足，党中央号召人民多吃些瓜菜替代，大家都跟着讲“瓜菜代”这句话。当时拿不出好东西，也只能“瓜菜代”了。于是顺利通过。而大庆油田已确定是个大型油田，原油产量呈直线上升趋势。炼油工业的技术革新迫在眉睫。石油部在香山召开会议，讨论这个大问题，这是后来“五朵金花”的酝酿阶段。我并未参加那个重要会议，只是一头钻在施工图设计之中，保证第二年（1962年）正式开始施工。

其间，我犯了个大错误，对大庆很深的冻土重视不足。我接手时，厂址十字形的主干道已经成形而未进行路面铺设。曾向建工部一局总工程师俞佾文请教长春汽车厂苏方的道路设计情况，知道必须有路基基础。但具体设计还是重视不足。为使一局工人有工程可干，提前出了施工图并进行施工。到第二年春天化冻，已修的道路全面翻浆，不得不整个返工再修，加深路基基础。受此教训，重新审查全厂建筑、构造物的基础设计，一般都加深了，一部分已发图纸如油罐基础图是在现场专门修改的。后来全厂建、构筑物从未再出问题。

这一年基本上没去大庆，崇筠则春天去了，直到初冬才回来。鸽子早已到石油附小念书，小平上了石油学院的托儿所，小和似乎还在家里。家中依靠一位老保姆。

## 大庆炼厂二期及扩建工程

这是两个工程项目，二期指脱蜡、制蜡，规模仍是100万吨/年。扩建则另按项建书达到200万吨/年，实际上两项工程完全合并办事，规模达到250万吨/年。这种偷梁换柱的做法实是计划经济体制下，颇具讽刺性的事，严格说都违反国家当时的规章制度，却很符合实际要求，也从另一侧面证明大庆油田“来势凶猛”。

这种做法，我这工厂设计师自然起了作用，一部分还是我的建议，自然得到石油部领导的同意，尤其是新调到院的书记——后又兼院长的张定一同志与杨达同志的支持。并无书面批准文件，只有口头承诺，还是那句话，“放手去干，出了问题我们负责!”

事实很简单，大庆炼厂初步设计完成时，石油部已决定紧接着就扩建，所以后来正式定名为“一期工程”。这一期工程的技术水平其实很差，不过是蒸馏—热裂化的工艺，也就是国际上30年代的水平，落后了30多年。当时中苏关系已经破裂，苏联撤走全部专家，虽然在许多地方沿袭了苏联模式，但在工艺计算中突破了苏联规范，参考了一些30年代的美国资料。初步设计审查时，大庆炼厂厂长黄伟的评语是“低水平、瓜菜代”，一个60年代初期新建的炼厂，没有任何使用催化剂的加工工艺，称之为“瓜菜代”倒是形象而恰当的。我也无能为力。

苏联设计的蒸馏装置，塔内用老式的“泡帽塔盘”，效率低；设计规程规定的塔内油、气降升的线速度又低；按美国教科书与期刊公开的数据，提高线速，采用新型塔盘，加上大庆原油较重，馏出油的比例小，蒸不出去的残油多，这样，同样的塔，处理能力可以成倍增加，实际核算结果（工艺室同志计算，杨端容审核，我也验算过）可达250万吨/年的规模。这些都向熊尚元院长汇报过，熊院长比较持重，意思是肯定可以扩大，却“不必明讲是250”。1961年初，石油部在北京香山召开炼油技术革新座谈会，结论意见是要全面超越苏联技术，接近世界水平。所以设计院内绝大多数技术人员都跃跃欲试。很多人对大庆一期那种“瓜菜代”的水平不满足。在这个背景下，有一次，计划司杨达司长找我汇报情况，我比较详细地说了这个意见。那时计划司也正在研究大庆扩建的问题，杨达有点兴奋，要我详细提出前后衔接、妥善安排的具体办法。那时初步设计尚未完成，我的建议是：第一，原定项目的名义等等一切不动，内部按250万吨/年规模安排；第二，马上拟订扩建的项建书上报。杨司长向孙部长汇报后通知说，扩建任务书按200万吨/年上报，基本上采纳熊院长的意见，至于具体内容，说多留点余地反正不怕。

我向有关同志明确讲我们的设计“明的200万，暗的250万”，大多数人表示欣然同意，对原设计做了最后的紧急修改，主要移动几个可能影响扩建的辅助建筑物位置，并加大了公用工程——水、电、汽等的干管、干线。北京院院志载“1962年6月9日，石油部下达黑龙江炼油厂初步设计任务，总规模为200万吨/年，第一期为100万吨/年”。此必有书面依据，实际则是马后炮。针对上级文件的初步设计书确实做了，也批准了，不过是明的200万，暗的250万罢了。

二期工程的设计任务书写得很有趣。真正明确的只是规模扩大为250万吨/年，那是已经达到了的，其余内容只是提高产品的收率，应用最新技术。对新技术的内容，笼统提到催化裂化、焦化之类，并未明确什么样的技术，也就是说留下了回旋余地。当时从国务院领导开始都急于扩大炼制能力，适应大庆油田开发发展，也注意提高水平，不过对具体技术未予追问，总之很快通过。对设计人员来说也是自己给自己增加压力，促使新技术加速发展的一种动力。

春节前后对我的任务就已明确：一方面抓紧安排施工图纸并准备到现场去配合施工；一方面抓紧编制“二期工程设计任务书”上报，使二期工程尽快上马。关于施工图交付进度，部基建司专门召开会议做了进一步安排，并与建工一局①负责人一起开会，听取意见与要求，决定1962年4月1日放炮开工。北京院现场工作组由我带头提前到达现场，并提前准备好一批首先开工的施工图。这批施工图大部分在春节前已完成，节后即晒图发放。

建工一局是很正规的大型施工单位，有整套现场管理组织及相应的制度、规程等，例如他们有自己的计划处、技术处、质量处以及内部分工的4个施工处，所以需要的图纸份数很多。而北京院原有的两台晒图机陈旧、落后，不足应付。院里一面添置晒图机，一面动员有关同志加班加点。晒出来的图一份份由手工折叠入封袋也是一件“重点工作”，常常要动员专业设计室同志届时加班帮助。为防止最后装袋发送出差错，强永娴专责清点、检查。她建立一套登记、交付的办法，凡本工号（院内对每一

① 前文写明：“建工部六局（后改名一局）”，但原文中有些混乱，后文统称一局。

项目都编上一个工号）的一切图纸、文件的发送，都必须由她检查、登记；每次数以千计的图纸、资料（包括以后的“设计变更通知单”）发送，井井有条，一直没出毛病，她大有功劳。我在这段时间也经常去出版室帮忙当下手，因而与那里的小伙子、大姑娘都较熟悉。

1962年4月1日，大庆炼厂工地鸣炮开工时，我不在现场。那时有两位十分得力的助手（院内明明白白如此叫法），黄宇梁与李学澄，记得是李学澄先到。他们两位以后轮番一在现场，一在院内。

大庆炼厂成立建厂指挥部与工程办公室，建厂指挥部直属油田会战指挥部，正、副指挥都是“官”，包括炼厂书记邢子陶，副厂长黄伟，建工部一局的局长，设计院的张定一院长等。工程办公室负责实际工作而属于建厂指挥部，主任是基建司总工程师敖明模，副主任有供应局总工程师邹明、一局副局长王子祈及总工程师俞佾文和我。全部施工计划，如月计划、周进度等都由办公室决定实施。北京院派出强大的现场工作组，经常10多人，多时达30余人，以全面负责、负责到底的精神，号召大家身兼“八大员”，即除设计员之外，还应是质量员、安全员、计划员、宣传员、联络协调员等。我在4月上旬到现场，冬初回京（中间也曾回院过），半年多时间都在现场。崇筠也大半年在大庆。

邹明总工程师是原中国石油公司协理兼甘青分公司经理，那时敖总还只是玉门炼厂一位工程师。此时他要协助敖总工作，却毫不计较什么，全力主管器材和设备的订购、催交、催运等一系列工作，每天晚上在房间里不断地用长途电话联系掌握情况，发布指示，几乎天天搞到午夜之后。

按当时水平，施工力量已很强，建工部一局负责全部土建与少量安装任务，安装主要由兰州炼厂施工中成长起来的原玉门矿务局施工队伍承担，加上一部分抚顺的队伍，都算是有经验的。所以真正吃紧的是设计图纸与设备耗材的供应，具体负责人就是邹明总工程师和我。

北京院那时候任务很重。石油部似乎把北京院升级成司、局级单位，调张定一到院，建立院党委，张定一为书记，院长是熊尚元。张定一原任东北石油局局长，调北京石油学院为副院长，调青海局局长，又调京。我从20世纪50年代初去东北就认识他，在筹建北京石油学院时也打过交道，对他印象一贯较好。我在京时的工作仍是完成大庆扩建的初步设计及一期工程施工图。当时院内设计任务很紧，大庆油田1962年产量已超过1万吨/日，已安排新建南京炼油厂，将抚顺、茂名都改炼天然油，扩建上海炼厂及五厂、七厂等项目；还有配合国防需要的特种润滑油厂（北京、四川各一）以及支援越南的油库工程。全院一片欢腾，夜晚经常有人加班，而张定一是带头加班的。各工号争夺人力，单靠计划处无法解决，全由张书记协调。大庆预定1963年投产，稍占优先。我的两位助手资格老，工作熟练细致，大占便宜。

大庆油田迅速增产，炼厂扩建、改建与新建好几个项目都要展开，各工号争夺人力。尽管大庆工号已明确是首要必须保证的，我还总嫌力量不够，进度赶不上现场要求，而且年轻气盛，干了几次出格的事。

头一次是1962年在院里，熊尚元院长主持工作时，我与一位装置设计负责人在一个并不重要的技术问题上意见不同，闹到熊院长面前。开了个小会，原则上决定尽量照我的意见办，那位同志就要修改一些图纸，当时会额外加班。改了以后，底图要我签名才能描图、晒图，然后发送。我那时对每张要签名的图纸都认真仔细审查过，发现了问题，要求再改一下，两人再次争执，他就又去找熊院长。熊院长认为“不改也可以”，我却坚持不签字。不仅使那位同志很不高兴，更使熊院长颇觉为难。熊院长亲自来跟我商量，我还是坚持不改就不签字。最后还是改动了，让人家又额外加班，更让熊院长觉得难堪。到后来熊院长调离北京院去大连，我隐隐觉得会不会与此事有关，才觉得自己处理问题做过了头，有愧于心。

第二次就是我已在工地，为一批施工图的发送日期，先与院计划处的同志在电话中争执，接着张定一院长亲自在电话中给我解释，说明情况。我因为现场天天催促，压力很大，仍坚持要求提前一些，甚至在电话中与张定一再三争论。张院长始终耐心而且宽容地叫我不要着急，最后才说，再提前不可能了，事情由他负责。

事后，定一同志给老敖专门打了电话，不久还亲自到现场，与指挥部及施工各单位领导讨论，保证不误施工，使我得以减轻压力。现场有关各部门、各单位都确信北京院尽了最大努力。以后，指挥部工程公司的例会逐渐转为实际上由我主持，老敖坐镇，所以大庆炼厂设计工作中，起决定性作用的是定一同志，这位有“老黄牛”之称的老部长。

对这些情况，黑龙江省委派来的书记邢子陶以及建工一局的局长、副局长和几位总工程师等，很有感受。他们认为“石油部就是不一般”，不派任何司、局长之类的官，却派了三个总工程师，个个有职有权，说话算数，工作抓得紧，抓得狠，从不扯皮、推诿。他们从头到尾认为与我们合作很好，还建立了友谊。“文革”以前一直彼此联系，“文革”后，在北京的王子祺、张耀忠还有往来。

## 建厂趣事：大庆精神的例证

大庆精神讲究“三老四严”，艰苦创业，对工程质量确实颇为重视，不行就要推倒重来。记忆中印象颇深的几件事，可作例证：

1963 年 4 月去现场，此时油田抓质量是重点之一。质量不合格，一定要推倒重来，不准简单修修补补。靠现场设计人员的努力，炼厂工程一贯被认为很好，却也出过两件推倒之事。

一次推倒重来是一个泵的基础。当时基础的“地脚螺栓”大都还是按尺寸预埋的，当然必须与设备底座的螺栓孔完全匹配，往往将设备开箱测定后才浇灌混凝土基础。同样的泵，不但查照样本目录，还开箱实测了一两台，才专门发图注明底脚螺栓的位置尺寸。到吊装就位时，有一台泵，同一型号的已经安装好，第二台就没有开箱检查，偏偏出了问题。原因是当时全国生产相同泵的厂家不止一家，不同厂的泵底座就有所不同。我们事先不知这种情况，到时就无法安装。我和敖明模及一局现场负责人都了解情况，除口头批评设计人员工作不细外，都认为砸掉四个预埋螺栓的两个，重新埋置浇灌，就可保证无事。不料会战指挥调度室的巡回检查员得知此事，向总调度郑浩报告，总调度立即来电话，必须推倒重来，而且凿掉原基础上的全部混凝土的事，责令由北京院现场工作组实施。于是我与在现场的全体同志都去凿！到晚上也只凿去一小半，好几个人手上都已有小伤口，我也同样。一局工人看不过去，偷偷帮忙，教大家如何省力、有效。那天黑夜，据说一局负责人安排工人纵横凿开几条缝，剩下的事就好办得多了。第二天清理好现场，重新浇灌，不到两小时泵“就位”了，又把基础修饰到漂亮。

第二件事：那时条件所限，会战指挥部讲“先生产、后生活”（以后成为一笔不小的欠账），提倡“干打垒”精神。当地居民对干打垒的土墙相当讲究：土要和得很好，夯筑用劲大，一夯下去浅浅一个圆坑，土墙又厚，保暖极好，可以达到冬暖夏凉的效果。油田几万人一下拥至，临时建的干打垒，按当地标准都是不合格的。第一年在油田过冬的部分勘探队伍，连这种不合格的干打垒都住不上，只是就地挖个坑，筑成半地下的地窝子，艰苦程度可想而知。到炼厂施工时条件已有改善，油田的工人村已是标准的干打垒，还用一层渣油作防水层，而炼厂属于工业厂房，都用砖砌。为了保持“干打垒”精神，油田指挥部规定全油田生活设施不准盖楼房。只有炼厂指挥部所在地，原来省里派来的一位厂长“不管他”，建了一幢两层楼。油田指挥部大不满意，明确讲过下不为例。因而也未再建楼。对此，一局有关同志一致表示难以理解。

炼厂有个职工食堂，原设计也是一层砖房。炼厂十分希望有个开大会的会场。一局同志说，房屋基础深（都必须达冻层以下），完全可以承载两层楼；砖砌平房的墙都较厚，一砖半的 37 墙即厚 37 厘米，以利保温，上面加一层是最省钱、省时间的。敖明模非常支持，说是节约资金的好事。我完全同意，却不敢松口。记不清怎样具体处理，反正在我默认的情况下盖成了两层楼。大家都很高兴。不料徐今强来厂视察，看到那层楼就专门看了一下，说“倒像个熊猫牌（收音机）”，又说“拆掉”。拆楼房可不是设计人员能直接执行的，厂方舍不得，一局从工人到领导全部反对，徐今强任兰炼厂长时很器重敖明模，于是一面拖延，却不敢使用二楼，一面推敖明模等去求情，结果却下了个通报批评，并责令工程办公室检讨。“熊猫牌”只剩下半截，外形很难看。过了几年，改成三层楼了。

也有得意的时候：第一次整体吊装蒸馏塔，康世恩前来现场视察，负责吊装的老班长来自玉门，康世恩曾是进驻玉门的军代表，见过这位老工人，跟他握手，问：“有没有把握?”老班长也很风趣，说保证吊好，有什么犒赏。康世恩马上答应：“请你们喝酒。”这些来自西北的工人馋酒已久，康世恩也清楚，所以特意如此说，最后讲定：不磕不碰一次就位，有酒有肉；磕磕碰碰勉强就位，有酒无肉（或有肉无酒）；一次不成功什么也没有，“还要罚你们”。施吊那天，康世恩如约而来，眼看一切顺利、一次成功，就在当晚让大家去萨尔图油田指挥部大吃大喝一次。酒是“萨尔图茅台”，是指挥部自己安排酿制的，肉是串烤羊肉，是康世恩本人和西北工人最欣赏的。在那个还很困难的日子，这一顿比什么山珍海味、中外国宴都强千倍。我和吊装班的工人坐在一桌，让他们灌了不少酒，至于羊肉，更是一辈子吃得最多的一次，康世恩也来劝酒。1995 年，康世恩逝世后，石化总公司组织大家写怀念康世恩的文章，石化规划院竟无一人愿写，我就写了一篇，包括这次有酒有肉的事，除收入该书外，中国石化报曾选载，还得了一点稿费。

说起喝酒，还有两件事顺便一记。老敖是很爱喝酒的。我们在现场的第二年，条件好多了，吃饭在小灶。大师傅姓赵，很会做菜。老赵师傅也是有点传奇色彩的人物，在他心目中，为邹总、敖总和这几个“出过国的总工程师”服务，似乎遇到了“识货的人”，总会变着花样给我们搞些可口的饭菜。敖总、邹总、黄伟厂长和我还时不时自己出钱加点菜，喝点酒，经常在半夜 11 点多，我们也常请他一起喝一盅，跟头一年是大不相同的了。有一次部里让我们回京一个人汇报情况，老敖已经回京过，就让我走一趟，条件是带两瓶好酒回“龙凤”（炼厂所在地）。我自然照办，买了两瓶茅台，装在一个小皮箱里，用我一件棉衣、一件毛衣裹着，随身带的是图纸，把小皮箱和别人托带的一个大包托运。那时龙凤车站除一幢临时房作站房外，站台上有几个帐篷，其中一个就是行李间，帐篷门帘还颇严密。我掀开帘子一进去，马上闻到一股极强、极美好的酒香，我辛辛苦苦、精心包裹的茅台，全让棉袄、毛衣“喝”掉了！我住的一间小屋子，总有那么一星期都是茅台酒香的。

我在大庆炼厂现场那两年，崇筠也到大庆工作。她那时住在油田指挥部萨尔图二号院，条件比较好，不过各自都忙，根本无所谓星期天，连见面也很少。老敖总还照顾我，过段时间就找理由派我去一趟油田指挥部，但去了也不一定碰得上崇筠，如果碰上，也在萨尔图住上一夜，洗个澡。因为直到我将离开现场时，炼厂才有比较正规的、供指挥部人员洗澡的设备。第二年的夏天，崇筠在泰康参加会议，据说是焦力人副部长的主意，派辆吉普车把我接去休息一星期，北京院党委副书记杨华甫即康世恩夫人，也在泰康，似乎也有一份功劳。崇筠曾说过，再养个女儿纪念松辽会战，后来果然生了小松（朱小松）。

我们都在大庆，家里三个孩子，小鸽子这个小学生当上了临时户主。

1963年大庆会战后期的全家照：孩子：朱小和（中）、平（左）、鸽（右）

有一位保姆照顾生活，侄女小玫（朱守玫，大哥女儿）在北医上学，周末常来。鸽子带着两个弟弟，经常受到邻居王裴庆夫人帮助照应，孩子们一贯称他们为王伯伯、王妈妈至今。两个大孩子跟王家兄弟姐妹经常在一起，大有好处，从来没有学上任何不良习惯；这家邻居在一定程度上等于是他们的第二个家庭。而王妈妈总说："也算间接支援了大庆吧。"崇筠和我也一直记得这一家人的帮助。而之所以能这样，也有赖于崇筠平素的为人做事、待人接物。在我们家里，崇筠是最大的贡献者，我仅仅安享其成而已。王裴庆同志已去世，王妈妈健在，逢年过节，鸽子都去看望。

在大庆自然还有若干特殊情景，如"七一"晚会下雨，骤冷，临时披上棉衣坚持到底。国庆晚会忽然下雪，虽说不大，也顿时大地一片雪白。一口井发生井喷、大火，井架钻机全毁，大批推土机集中推土围堵，上万人用各种工具辅助运土，康世恩在最危险的第一线迫近指挥等，不一一记载了。

1963年天刚转冷，工地上热火朝天做竣工前的冲刺。9月下旬，石油部在抚顺召开基建工作会议，孙敬文部长主持，院内通知指令我到会上汇报。记得我在会议开幕那天下午赶到，穿着油泥斑斑污垢颇多的棉衣棉裤，一双满是泥土的大头鞋直接去了会场。基建司老张司长见面就说，真正成了个乡下工程师了！因为与参加会议的其他同志一比，的确颇显突出。这在当时就得到很好的赞扬。而我的汇报事前经建厂指挥部讨论通过，主要只一句话：有把握如期竣工投产。他又头一个表示赞扬。

1965年9月29日朱康福在大庆双革座谈会上发言："炼厂设计是怎样革命的?"

老孙部长也说了类似“你也辛苦了”的话。会议结束后，孙部长和张定一院长命我直接回北京。工地上由黄宇梁、李学澄两同志轮流。1963 年 10 月底大庆炼厂一期工程竣工投产，一次成功，现场隆重开会庆祝，我已不在现场①。

① 1960 年 12 月北京设计院开始设计大庆炼油厂，它是新中国第一座完全依靠自己的力量建设的大型现代化炼油厂。各装置先后于 1963 年至 1966 年建成并一次投产成功，揭开了我国独立自主建设大型炼油厂的序幕。60 年代参加具有历史意义的大庆会战，建成新中国第一座完全依靠自己的力量进行设计、制造、安装和试运、投产的大庆炼油厂。——摘自《辉煌历程 1953 — 2003》中国石化工程建设公司：75 页

上世纪50年代末至60年代初，中国进行过一次炼油技术革命，抛开苏联格局，向国际水平大大接近一步，是值得纪念的一件大事。

最后我曾临时插上几句话，稿子上没有的，意思是说能够做点实际有益的工作，是“毛泽东时代工程技术人员的幸福”。这完全是我那时由衷的感受，也是我当年回国的愿望。

一起检验的结果，自制滑阀质量比买来的还好，完全符合Exxon规定的要求，并在第一套FCC装置上使用。

# 第 6 章 炼油技术革新年代

## 炼油技术革新

从大庆油田出油开始，石油部领导及主要技术领导人就立即研究摆脱苏联，自己发展炼油技术。大庆油田开发和迅速增产，炼油工业骤然压力巨大，不仅总的能力要跟上，尤其是技术水平必须大大提高，改变大庆炼厂一期工程低水平“瓜菜代”的局面。1962 年 1 月，石油部在北京香山召开炼油技术革新座谈会，部有关司、局，几位副部长，石油研究院、北京设计院、抚顺设计院、抚顺研究所等领导参加，北京院据后来听说，大概是熊院长与高士副总工程师。石油研究院除侯祥麟外，可能有好几位总工程师如闵恩泽、林正仙等参加。闵恩泽夫妇、林正仙及程之光四人是 1955 年美国回来的博士。前面提及的任向文司长也很活跃，如前所述，他已清楚苏联炼油技术远不如美国。这次会议我并未参加，但迫切希望改变“瓜菜代”的心情，不比别的同志差，特别想搞流体化催化裂化和延迟焦化。

当时背景情况如下：

1）规模：建设中最大为100万吨/年（苏援项目）

2）蒸馏：兰炼最大常压塔Φ3800mm、减压塔Φ6400mm（Φ：直径）

3）催化裂化：兰炼建设中的微球催化剂移动床

4）热裂化：Dubb's型，最大已到50万吨/年

5）脱蜡、制蜡："温榨、中榨、冷榨"，"发汗、精制、脱色"

6）焦化：单独釜、连续釜——钢丝绳出焦

会议一致认为，我国必须发展：

1）扩大规模（新型蒸馏）

2）代替热裂化的"流（体）化催化裂化"——FCC

3）代替"釜式焦化"的延迟焦化（Delay Coking）

4）催化重整（Plat forming）

5）深度脱蜡——尿素脱蜡

6）相应的催化剂、添加剂

7）润滑油生产

为提高汽油质量，也提出了"铂重整"等技术，具体承担任务的是石油研究院与北京、抚顺两设计院。总的意图是将实验室研究与工程设计紧密配合，尽早实现工业生产。大体有分工，北京研究院与抚顺研究所分别担任实验室工作，而北京、抚顺两设计院负责工程开发。因为从苏联成套购入接触焦化不成功，能否及如何改进也曾讨论。至于国防等专用的润滑油、剂，则按国防科工委下达的任务布置。

石油部从1962年1月以后就成立炼油新技术开发领导小组，由孙敬文部长领导（?），侯祥麟、抚顺的顾敬心院长都是领导成员。北京院人力

安排上，何宇、武宝琛、李树钧都投入催化裂化，高士、许景衡攻铂重整，我与李辰搞焦化，曾在抚顺、上海利用研究院初步数据进行“连续釜式焦化”实验及“延迟焦化”的构想设计——实际就是从《油气杂志》等可获得的资料上先进行某种假想设计。尿素脱蜡是林正仙的研究课题。林与我同年毕业，在重庆动力油料厂工作时，我去找同班同学时已认识他。相应的催化剂由闵恩泽负责。

不到两年时间，几个项目都已大有进展。同时北京院任务极重，几个扩建、新建项目都待开展，把我叫回院里，有帮助张定一同志搞这方面工作的意思。此时石油部党组提出了“三年过关、五年立足于国内”的目标。中、苏关系恶化，苏联既撤回专家，实际上还大幅度减少原油及产品的供应，天安门前汽车背“包包”，确实事关国家安危。在这个节骨眼上开发油田，提高炼油能力与技术，使油料供应立足于国内是只许成功、不许失败的大课题。中央决策选李聚奎、余秋里这两位原任军委总后勤部的将军来先后担任石油部部长，基本出发点就在于此。从1951年第一届“全国石油展览会”朱德总司令亲临剪彩，许多领导人包括毛泽东都来参观，是很清楚地一脉相承下来的。

炼油新技术的开发，即“五朵金花”的时间顺序：

1961年8月，在大连召开全国炼油会议，集中讨论大庆油加工。

1962年1月，北京香山会议，重点讨论发展新技术，提到FCC、重整、焦化、脱蜡，“两剂”科研“攻关”开始。

1962年9月，何宇、李树钧、戴家齐三人去古巴带回Ⅳ型催化裂化设计资料及“ESSO”标准等，随即组织人员翻译。

1963—1964两年，高士、邵祖光、陈知三次去欧洲（英国、瑞士、荷兰、比利时）寻求有关FCC的大型设备、催化剂及滑阀的供应。

至 1965 年 5 月，第一套 60 万吨/年Ⅳ型 FCC 在石油二厂投产。

1964 年 7 月，硅铝小球催化剂在兰州生产。

1965 年 12 月，微球硅铝催化剂在兰州生产。

1963 年 4 月，2 万吨/年重整、抽提在石油三厂建成投运。

1963 年 9 月，30 万吨/年延迟焦化在石油二厂投产。

1964 年 12 月，60 万吨/年延迟焦化在大庆投产。

1965 年 7 月，单铂催化剂研制完成，在三厂投产。

1964 年，开始谈判引进意大利重整抽提。

1966 年 5 月，自行设计 15 万吨/年，重整抽提在大庆投产；稍迟，意大利引进装置在石油二厂投产。

1965 年 4 月，由北京院与抚顺院合作设计 3 万吨/年尿素脱蜡（络合法）在五厂建成投产。

【以工业生产装置投产先后排列，延迟焦化第一，FCC 第二，重整抽提第三。至于提升管 FCC，1974 年 8 月，第一套在玉门改建完成投产，属于“六五”攻关项目。】

1965 年，10 万吨/年催化重整在大庆建成投产；而从意大利埃尼集团成套引进的 15 万吨/年催化重整稍后投产，是有意如此安排，使国内设计项目投产在前。

总之，1961 年开始试验研究及尝试工程设计以来，不足 4 年的时间里，FCC、催化重整、延迟焦化、尿素脱蜡以及相应的催化剂制造都已建成投产。炼油技术前进了一大步，基本炼油工艺技术接近当时国际一般水平，可称是一大飞跃！这就是后来被称为“五朵金花”的新技术。

我奉命回京后，1963 年 10 月大庆一期工程投产，石油部党组曾向周恩来总理汇报过一次，中心内容大体就是三年过关的目标有可能提前完成。于是，这一年12月，全国人大第二届第四次会议上，周总理报告中专门讲到“我国需要的石油，现在已经可以基本自给了，中国人民使用‘洋油’的时代，即将一去不复返了”（摘自《当代中国的石油化学工业》一书中的“大事年表”）。当时我也被选派去人民大会堂旁听，全场十分激动，掌声长久不断。崇筠也一起到席旁听，不过坐的位置有些距离，两人回得家来，都还激动不已。

张定一与孙光克大不相同，孙光克总提些口号如“青出于蓝而胜于蓝”，定一同志不提任何口号，却带头踏实大干，抓工作细致、深入，还往往提出设计人员没想到的问题。我感觉全院风气大变。当时任务很多，人力非常紧张。各工号负责人催促，工地电报、电话，计划处的同志穷于应付。而且各工号负责人都是老资格工程师，计划处同志“惹不起”。我在大庆工地不仅一样，而是有过之，连熊院长和定一同志都曾顶撞过，如今回想，实在幼稚。院里让我帮助协调，毕竟这些老工程师跟我都是老伙伴、老朋友，比较容易讲话、沟通。各工号任务之外也就是帮助处理上述炼油技术革新中的具体事项。保密工程如特种润滑油、脂，援越项目等，仍都由定一同志直接处理。不管如何，实际我是在协助张院长处理一些事（有一小段时间我还兼大庆、二厂两个工号，不久大庆任务又由夏汝钧负责，二厂

1964年大庆会战后的全家照
左起，前排：朱小和，吴崇筠，朱小松，朱小平。后排：朱康福、朱小鸽、朱康定（邹仆，朱康福弟弟）

由黄宇梁负责)。那时好几项工程齐头开展，北京院通常连夜工作，晚间全院灯火通明；到午夜11点半，食堂免费供应每人一碗热汤面或稀饭馒头小菜，吃完回家；还仍有少数人继续加班。张定一早把铺盖卷搬来，在边楼单人宿舍三楼正中一间屋子里占一铺位。同屋四人，还有我、程光注和杨俊河，定一同志一般星期四回一次家，我星期三晚回一次家。

抚顺石油二厂全面改建为原油加工，南京炼厂全部新建，工厂设计师是童祖谟；锦西石油五厂也全面改建加工大庆原油，由沙展世同志负责；土留炼厂也正式扩建，何宇负责；再加上上述新技术开发工作（除许景衡、李树钧、李辰等外，杨端容负责新型塔盘的工业试验，去新疆独山子炼厂），确实是人人担负重任，个个超负荷干活，而建设工地除一般图纸外，最关心的有两方面，第一是设备器材的订货清单与设备制造图，第二是施工第一环节的土建基础施工图。取或送这些资料、图纸的人，常常口袋里装着买好的火车票直接到出版室晒图机旁，一面动手帮忙折叠清点，一面看表，也常有汽车等在大门口。在这种紧张局面下，北京院发送的文件、图纸、资料还井然有序，没有出现大的差错，也算一件成绩，张定一有时戴着老花镜亲自清点校对，我自然也常干这种事。

20世纪60年代朱康福(右二)与同志们昼夜工作

屋顶上拉着电线，吊着没有灯罩的大电灯泡，由于寒冷，在屋里都须穿着棉袄，甚至带着帽子。朱康福与同志们昼夜工作，仔细审阅图纸

为了及时掌握现场情况，日常电话不断之外，大约每两星期就到电话大楼，以后直接在石油部大楼开一次

电话会议。各工地一一汇报，提出问题与要求，当场决定办法，处理问题。电话会通常要开到晚上11点，有时甚至会开到午夜12点。

定一同志的严、细作风并不在口头上多讲，而是具体表现在实际工作与处理问题上，他关心同志也总是关心到点子上。院里夫妻双方或一方在工地上，或两人分在两个工地上，定一同志往往事先关照，让他们在电话会议上谈谈。当然不会有人真正讲什么家常事，不过定一同志会问×××在吗？那位同志答应一声，家人至少能听到这一声应答，说上一句“很好，没事”之类。有孩子在家的，定一同志安排政治部有关同志定期家访了解情况，他自己有时还会在电话中说上一两句，“你的孩子挺好”，让出差在外的人感到亲切，我在旁实在学到了不少。

## “五朵金花”——五项技术革新

技术革新很快取得成功。首先是石油部主要领导人放手发动技术人员的积极性并给予极大的支持。我直接听到余秋里部长讲，有八九成把握你们就大胆干，（由于缺乏经验）出点问题部里负责。对具体工作的要求却很严格，如果考虑不周或不够仔细出了问题是要挨批评的。孙敬文部长讲万一出了问题“蹲笆篱子”他给送饭，可见笆篱子还得由我去“蹲”的。

据我回忆，第一个重大成果是新型常减压。

### 新型常减压

新型常减压是不动蒸馏塔外形而更改其内件；杨端容根据文献资料与一般测算，带一个助手去新疆，在工业生产的小规模装置上直接试用新的

“舌形塔盘”。通过核算获得明确数据，加工能力提高一倍以上，苏联人100万吨/年规模的蒸馏塔一下成为250万吨/年，增加150%，一时引起“塔内件”革命。凡有炼厂的都改塔盘，各大学研究部门也无一家不搞塔内件革命，影响之大远不限于常减压装置。各地新建或改建的炼厂从此长期定型为250万吨/年，直到上世纪70年代末。那时还没有炼油设备研究单位，没有什么冷模、热模实验，是由设计单位直接承办的。

### 催化重整（铂重整）

催化重整所需的铂催化剂，按公开资料由北京研究院研制成功，抚顺所也按另一配方取得成果。催化重整属于再生式与半再生式流程；过程比较复杂，需三个反应器，每换一个反应器都须加热升温；催化剂又必须经常再生。总之，工程设计上的问题比较复杂，不是科研部门当时的设备所能解决。北京设计院以许景衡为首参加工作并设计2万吨/年的工业试验装置，于1963年12月连同小型催化剂生产（6万吨/年）试验装置一起建成投产运转，并探索出一系列生产、工程设计所必需的数据与条件，是科研和设计紧密结合、共同努力的成果。在50年代合成甲苯项目中，曾派郭雨东长期去大连中国科学院化学物理所一起工作，获得良好成果与经验，这次再度体现。

抚顺研究院从石油三厂开始就进行这方面的工作，用过非铂金属，未能突破。

直链烷的环化及环烷脱氢早有研究，也不难在实验室中做出结果，20世纪50年代初，中国为制造炸药用烯烃合成甲苯成功，1954年即完成初步设计，以后施工生产，解决了一时急需。

正因为芳香烃是炸药原料，各国对重整装置及甲苯分离往往严守秘密，美国对华禁运，其中芳香烃分离尤其注意保密。意大利埃尼（ENI）集团部分修改美国专利，表示愿意出售。

催化重整从意大利埃尼集团成套引进一套连同芳香烃抽提在内的15万吨/年工业装置。这件事具有打破西方技术封锁的作用。那时埃尼集团的马太尼（总裁?）访问中国，表示友好并愿意成套供应。他表示赞赏中国人决心打破美国的控制与封锁的决心与精神，在向国外订购少量必要的器材、设备及仪表方面给予了一定的帮助。石油部组成一个采购组出国，高士、邵祖光参加，好像是任向文带队。此外，ENI公司也推荐卖给我国一套催化重整的成套设备并包括有关催化剂。虽然那时国内全部自己搞起来的2（？3）万吨/年工业试验装置（催化重整）已经能够正常运行，但为突破封锁回报ENI，政府决定购买，即含有这种因素。

那时候引进工作归外贸部的中国技术进出口公司（简称中技公司）统一承办。经国家批准的项目由该公司签订相关合同，并进行相应的商务谈判，建设部门如石油部承担技术谈判。在国内的技术谈判中，石油部由任向文司长负责，指定我当翻译。那时，与资本主义国家谈判是很严肃、认真的，“外事无小事”是一种纪律。记得谈判过程中，对方顺便讲过一句成语式的笑话，懂英话的人都能理解，与所谈问题并无直接关系。我就只译了有关技术内容。任司长正色对我说：“你没完全翻译出来！”事后又对我批评兼交代：对外谈判中对方一言一笑，言语轻重等必须完整如实译出来，“我好掌握对方的心理与态度”。

中国对重整本身早有研究。留学生中萧光炎（借用）在美国也是研究重整的，回国带回不少公开及半公开资料。在此基础上，先在石油三厂搞一个3万吨/年（进料）的试验，许景衡始终参加。大家一齐用力，也就突破了！

最初的工业生产规模仅 15 万吨/年（进料），因为大庆原油中“芳潜”颇低，可能产生芳香烃的原料少。工业试验装置的重要成果之一是发现大庆原油的重整进料油中含微量砷，进料还必须先脱砷，可用废催化剂及其他易于与砷反应的预脱砷催化剂，用预加氢的办法去除。

再往后，催化剂的配方在北京、抚顺两科研单位都有进展，使操作条件与产品收率等有改善。根据工业试验的结果，又设计建设了 10 万吨/年的工业装置建在大庆，而从意大利引进的那一套建在抚顺的石油二厂。有意地使大庆那一套抢先若干天投产成功，以显示独立自主、自力更生的成功。

### 尿素脱蜡

尿素脱蜡是北京研究院的成果，工程设计由设计院进行。当时目的之一是制取航空煤油以及低凝点柴油，3 万吨/年的规模其实属于工业试验性质。

我国当年一贯追随苏联吃了些亏。苏联在上世纪 50 年代仍认为航空煤油（航煤）冰点不能超过零下 52℃，千方百计进行深度脱蜡。我国航空煤油因过度脱硫而发动机受烧蚀，加极少 $CS_2$ 而解决，侯祥麟得名，林风也大有贡献。于此，充分利用林正仙同志在美时一贯研究螯合反应而用螯合方法使少量的烷烃（蜡）与尿素螯合反应成“球”，可以过滤除去而航煤达标！在锦西建实验厂试生产，航煤确可合格，但收率低，能耗大，很不利于生产。开工不久，苏联自己的航煤冰点提高至零下 42℃，螯合反应装置停工。不久，从国际学来的尿素脱蜡完全取代螯合反应。

以后，整个工艺有重大改变，主要采用分子筛脱蜡以生产长链烷烃供烷基磺酸盐（洗涤剂）之用，工艺技术一度还出口罗马尼亚。但水蒸气汽提（脱除尿素）的能耗太大，以后吸收国外经验又有改进，则是后话了。

## 延迟焦化

延迟焦化主要是工程设计问题。研究院小型实验取得操作条件与产品分布数据是比较简单的常规工作。我曾与李辰一起搞了些工作，以后不再参与。

延迟焦化也先在石油二厂建一小型工业试验装置。北京研究院从实验室焦化釜运转中取得操作条件与产品分布、产品性质的数据。工业装置上关键的课题是出焦措施与焦碳塔（至少两个）轮换操作中的切换措施，以保证整个装置平稳连续生产。北京、抚顺两设计院既有分工又通力合作无间。"钢丝绳出焦"是日本人在抚顺一厂单独（焦化）釜上就使用的老技术，需由操作工在空釜温度颇高的情况下入内盘置钢丝绳，操作条件恶劣，是很落后的办法。国外在延迟焦化中已经废弃不用，采用高压水力出焦。抚顺院机械室的佟吾卫等同志借鉴石油勘探打井的方式，在各个焦碳塔顶矗立一个井架而完成水力除焦设计，1964 年底投产完全成功。不久，又革除井架，使用高压水软管。稍后建设就成为典型，这一工艺的成功，应该说主要是工程设计上的贡献。

1964 年 30 万吨/年钢丝绳出焦及 60 万吨/年水力除焦装置先后在大庆及二厂建成投产。

## FCC 的故事

流化催化裂化，即 FCC 是那时最接近国际先进水平而且在大庆原油加工中突出重要的一项工艺技术。当时，几乎是美国专利独霸的。最早此项专利技术之进入中国，源自古巴革命的成功。

1962年9月，古巴革命成功后，哈瓦那附近有两座英、美留下的炼油厂，有套Ⅳ型FCC建成不久。美国人撤走时留下颇为完整的资料。古巴同志对我国非常友好，不仅请我方前去详尽考察，还同意无偿复制（拍照）有关施工图（略有残缺）；对其余有关的设计和施工及生产运行的规章、条例、手册等都允许我方人员照相带回。第一次去的敖明模带何振鹏及一机部一人，带回若干图纸资料，部领导认为大有用处，又派第二个以设计人员为主的小组前往，有何宇、李树钧、戴家齐、杜克勤与抚顺院陈俊武五人，不仅仔细考察，并且对大批图纸、资料一一拍录带回。这是当时美孚公司发展FCC的最新型号，称为Ⅳ型，是国际上开始广泛利用的最新技术，即两器并列用流动管（U形）相连，用滑阀控制的一种。Ⅳ型FCC是EXXO公司（现EXXON）的专利，国际上受英、美控制。我国决定按此仿制，积极研究开发有关的催化剂，称为“微球状”以利流体化。据何宇与陈俊武的回忆，共拍摄胶卷400多卷，大体相当于4000页资料。这些被简称为“埃索（EXXON）资料”，以后花了近两年的时间全部译成中文，内部出版，对全国炼油设计工作长期起过作用。

有了整套施工图并不能建成装置运行，从催化剂到关键的专用设备、器材，还有许多问题需要解决。古巴同志曾表示“希望中国早日建成FCC”，既是良好的祝愿，也隐含着没有把握。但石油部领导下决心在最短时间内办成此事。那时张定一到北京院任党委书记不久，部里孙敬文、孙晓风、任向文等都直接过问。研制必需的微球催化剂是北京研究院的任务，闵恩泽直接负责，而工程设计由北京、抚顺两院抽调人员组成专门小组，由抚顺院院长顾敬心为组长。经过一番议论，认为要吃透FCC还须经过较长时间，当前的办法是“照猫画猫”（而不是照猫画虎，如果想画虎，可能反而成犬），即完全照搬照抄。反正那时中美互不承认，谈不上什么专利与知识产权。由张定一、任向文具体领导，集中一批人在抚顺专攻Ⅳ型催化。

最关键的工艺设备与仪表中，凡通用的机泵而国内尚不能生产的可以申请向外国订购，买回样机后再由国内仿制。FCC中有两个控制流体状催化剂循环使用的滑阀，一面尽一切努力自己试制，一面也试图向欧洲国家采购，称之为双管齐下双保险。形势十分清楚，FCC决不会只搞一套，一旦成功就必然是好几套紧跟着建设，必需的“旋风分离器”（去除生成油气中夹带的催化剂摩擦及再生中生成的粉尘）是新设备，反应器须经受硬度颇大的催化剂的摩擦，EXXO的办法是钢壳内加一层耐热耐磨衬里，用硅酸盐类无机物组成，在施工现场用类似水泥涂层的办法临时加水调和后涂在两器内层。说起来好像简单，其实学问很多，要保证耐热耐磨之外，更必须具有严格规定的热膨胀系数，运行中不开裂更不能脱落，至少要耐一个周期运转的考验（按国内FCC能连续运行一年以上，国外可运行达三年）。此事只得请建材部的研究院负责，并指定一人沟通联系并直接参加使用试验，这位同志是一位爱国华侨青年，回国读书毕业后来院工作的，名叫古海宏，可谓任劳任怨、吃苦肯干、认真负责的人才，以后一直搞内衬里的工作，包括加氢裂化反应塔等。不幸在“文革”中不知何故，在院内跳楼自杀身死。如今记得他的人也不多了。

新配置的所谓新鲜催化剂活性很高。新建装置开工时需使用旧装置中已运行一段时间、活性已有降低的所谓“平衡催化剂”，先建立流化循环（不加油）系统，加入一定量的新鲜催化剂适当提高流化床层中催化剂活性，再喷入油料。这平衡催化剂从何而来？

再有个不大而颇繁琐的问题。美国设计图纸度量衡单位自然用英制，我国用公制，少数购入的外国机泵进、出口与管线连接也有此问题，要用特制的法兰连接。全装置一切连接件必有相应的密封件，严格防止任何可能的泄漏，必须仔细从事。到接近施工末尾时检查发现有些毛病，专门组织一个小组，由火其耕同志带一批人负责逐一检验。

国内制造的一切工艺设备等，都有专人与制造厂专责联系、检查，验收、催交催运。突出的实例如两个滑阀。袁宗虞与北京、抚顺两院的其他同志长期驻在兰州石油机械厂，春节假期都未回家。1962 年 9 月至 1964 年 8 月的两年时间内，北京院副总工程师高士与邵祖光、陈知曾先后 4 次去欧洲几个国家考察并订购设备，外商一听就知道中国人要搞 FCC，而且认为非买他们的东西不可，高价勒索。石油部领导担心自制滑阀一旦不灵，全盘受制，因此咬牙在英、法两国的制造厂高价订购了一套单、双滑阀。交货到京时，我们自制的一对阀也已送到北京，一起检验的结果，自制滑阀质量比买来的还好，完全符合 EXXON 规定的要求，并在第一套 FCC 装置上使用。负责此项任务的袁宗虞因此成名，大受赞扬。必需的催化剂，研究院的工作有很大进展，但毕竟时间上没有赶上，还是想尽办法从外国买了一批，从古巴取得少量样品。

1964 年末，第一套Ⅳ型 FCC 在石油二厂施工接近完成。石油部组织强大的现场工作组，基建司敖明模总工程师为首，各科研、设计单位以及高等院校都派精兵强将参加，成了一场小型会战，工作组分三个层次，第一线是二厂人员为主的开工准备组；第二线是各单位人员组成的咨询服务组，直接帮助一线工作；第三线是核心技术骨干组成的参谋组，对一应检查、试运及投产的安排作最后的审定与对问题的解决作出决策。孙敬文部长视察，申明投产成功请大家吃饺子。此时三年困难时期虽已基本过去，能放开肚子吃一顿饺子还是值得一提的事。由于严密的组织与认真仔细的准备，一切按预定的程序逐步进行，在 1965 年春节前成功，提出“四个一次成功”的说法，大体指工程检验、试运、投料运行及产品合格达到设计目标。以后大型生产装置建成投产都沿用这种说法，至于北京院院志记录该装置投产在1965年5月，恐怕是正式验收完成的时间。

至此，中国炼油工业以新型常减压（250万吨/年）—流化催化裂化FCC（60万吨/年）—水力除焦延迟焦化（60万吨/年）为基本加工流程的技术全面完成，适当配备相应的催化重整与尿素脱蜡，加上必要的润滑油生产，对当时全国油料需求已能满足。回顾1963年底，周恩来总理在二届人大四次会议上宣布中国人民使用“洋油”的时代即将一去不复返了。石油部相应提出“三年过关、五年立足于国内”的目标，可以说提前完成了。

## 体育场万人大会

1964年下半年，北京设计院张定一亲自领导组织有关同志多次讨论、修改后写了一份《关于设计革命的报告》，李富春副总理阅后批示“从中国实际出发，从群众创造出发，打破框框，决不是修修补补的改良办法可以做到的，必须敢想敢干，破除迷信，使我们的思想和工作革命化，石油部北京设计院已走前一步，望各部、各地所属设计院都要认真总结，改革设计工作”。

据张定一讲，人大会议上，余秋里专门汇报大庆会战的情况，代表们反应很强烈，彭真就向余秋里讲要好好组织宣传，还特别讲到：要让工程技术人员讲切身体会。换句话说，据我所知“让工程技术人员自己讲讲体会与作用”的意见，还是彭真提出来的。

石油部在北京市委积极支持下组织了两次大型群众性报告会。先由闵豫同志在人民大会堂作关于大庆会战的报告，又命我在东郊体育场万人大会上讲炼油技术革新的事。我的发言完全按张定一同志主持完成的报告而改用我个人体会的语气，当然经逐级领导审阅批准。中心意思是突破帝国主义、修正主义的封锁，自力更生贯彻总路线以及知识分子在党的领导下改变世界观为人民服务。总而言之，从实际工程技术的事例提高到上纲上线的程度。

会场面积之大出乎我的意料。我从来没有去那里观看任何比赛，没有进去过，但是反而毫无怯场之感。因为体育场的听众与发言人距离其实很远，似乎根本看不到听众，只见黑压压、一层层模糊的人脸、人脑袋。我对发言稿自然基本上背熟了，而且讲的都是自己不久前亲身经历的事，所以基本上不看发言稿，心里很有把握，我也并不紧张，倒是颇有点激动。最后我曾临时插上几句稿子上没有的话，意思是说能够做点实际有益的工作，是“毛泽东时代工程技术人员的幸福”。这完全是我那时由衷的感受，也是我当年回国的愿望。

事后知道，我的发言持续将近三小时，而原定整个大会时间只是两个半小时。似乎主持人表示“让他讲，让他讲透”。当时有人拍照，报纸上也发表过消息，只是那时根本没想到保留点什么作为纪念，只是自己脑袋里有此记忆了。

这里，应当回过头来记录一下石油部当时主要领导人余秋里、康世恩的功绩。余秋里是长征将士中有名的勇将，因伤截去一臂。他的领导作风其实继承了红军传统，对部下要求严格，该爱护的时候也还关心爱护，提拔任用也不拘一格。到该做必要牺牲时，是完全不怕牺牲的。在大庆油田初期开发十分困难时，他决心毫不动摇，思想准备是“哪怕牺牲几千人马”。他对石油的重要性主要从国防上体会。他认为石油藏在几百公尺上千公尺（那时一般还不提几千公尺）的地下，怎样找到它是最重要的课题，一旦找到苗头，就抓住不放，搞清楚油田有多大。他也专心致志去学一点科学，其重点在于能让自己了解基本情况，所以，崇筠在大庆为他讲岩心分析、地层对比，很对他的口味。他一直对“吴教授”有很好印象。对于炼油，第一点他认为油已到手，在我们的掌握之中，看得见摸得着，似乎就好办些。他参观、视察兰州炼油厂，承认是高度集中的现代化工业，又是易燃易爆有危险性的工业。此外，他对复杂的技术问题并无兴趣，他得出一个结论：“炼油的事，说复杂也复杂，说简单也简单，就是热了又冷，冷了又热。”为了“三年过关，五年立足于国内”的目标，他对发展炼油新技术是真诚、积极支持的，他只问两方面的问题：一是能起什么作用，二是有多大困难，有多少把握。还明确讲，谁也不是生来就会干这干那，都是学来的；外国人能干的事，我们目前还不会，就该学，学会自己干，花点学费也应该。关于有多少把握，他要先问具体干工作的工程技术人员。余秋里骂人、训人是大大有名的，实在也整过不少知识分子，例如“拔白旗”运动。我一般不大在乎他那种凶劲，而且也有点年轻气盛，有点舍得出的劲头，所以有一两次我曾放第一炮，开口就说“有90%的把握”这一类话，至于张定一同志和司局长们，大都认为有七八成的把握。最后余秋里就讲：事情逼到头上了，有七八成把握就可以干，应该干；又恶狠狠地指着我们这些人讲，你们可得仔细了，要在技术上负责，该干好的事干坏了，谁的毛病追究谁的责任。不过，他到底还补充说“总的我负责，你们只管放手去干，一定要干好”。其他副部长们，像孙敬文、李人俊会强调说：大原则部党组负责，你们只管认真去办，有问题找我们帮着解决。

康世恩比较集中于搞油田，对炼油的具体事情过问不多，他多次强调“要比苏修搞的更先进”，“要超过兰炼”。

实际上具体掌握情况，组织安排研究技术性问题并拍板决策的主要还是张定一，而有关派人出国、申请外汇，以至国外器材设备订货等花钱的事是孙敬文同志管的。老孙部长（因孙晓风也是副部长了）有时回家之前，看到北京院一派灯火辉煌，还会进来前楼、后楼转一圈，慰问一番。

至于“五朵金花”这个来自中国第一批彩色电影的名称，我第一次听到是在石油部礼堂一个会议上，部政治部主任吴星峰讲的。似乎不过随口而出，同时他还引用另一部名叫“李双双”的电影把我叫成“朱康康”；说炼油新技术有如“五朵金花”的盛开，至于是哪五项新技术（其实也不限于五项）并未明确。北京设计院上述的报告中提出的是“新型常减压、流化催化裂化、催化重整、延迟焦化与尿素脱蜡”，而北京研究院则不提新型常减压而另加“催化剂”。当时也未曾争论，也没人确定究竟是哪“五朵”。不过到后来却引发过一些不同看法。到 80 年代杨端容逝世，石油规划设计总院写她的生平时，开始没提她负责的常减压改革。她丈夫朱兆明为此专门找我落实。我自然据实相告，朱兆明因此要求在她的事迹中补入，并撰写大幅挽联，包括“五朵金花”之事，在告别会礼堂外悬挂。某些同志还不以为然。我自己一贯认为常减压的改革作用不小，万一那些年到处建设 100 万吨/年的炼厂，将是什么局面？而催化剂与添加剂虽极其重要，却总和相应的工艺配合，把含义广泛的名称与各项工艺并提并不合适。

“五朵金花”的建设投产，按顺序说明如下：

（1）新型常减压：犹记康世恩讲“油田来势凶且狠”，扩大蒸馏装置规模是第一位的，从而增加 FCC 重整，尤其是焦化原料，达到 250 万吨/年的平衡。

大庆厂第一期工程 1963 年 10 月投产，主要是蒸馏、热裂化及连续釜焦化（焦化釜仍是独立的）及酸碱洗涤（脱蜡部分还未建即改变设计扩大规模）。改用新型常减压在 1962 年以后，我已离厂。

（2）流化催化裂化（FCC）：第一套在石油二厂建成，时间在 1965 年 5 月，是“照猫画猫”的第一套。大庆属第二套。故事如上述。

（3）延迟焦化：30 万吨/年，于 1964 年 12 月建成，而水力除焦的第二套（60 万吨/年）同年 10 月已完成设计，故 1965 年即扩大为 60 万吨/年。

（4）催化重整：除自己设计并在大庆建成的时间仅稍早几天，由意大利埃尼集团引进的那一套也投产了。我们自己设计的在芳香烃分离（尤其分为分离二甲苯的部分），其实埃尼也为避开美国专利而作了些修改。1965 年年底建成。石油二厂一套 1966 年 1 月投产。

（5）尿素脱蜡：3 万吨/年工业实验装置 1965 年 4 月建成，效果不错，能成球，过滤达到脱蜡深度，相应航空煤油可达冰点零下 60℃。因空军修过规格，提高冰点至零下 50℃，而装置能耗太大，不能与外国工艺竞争，该方法难说成功。工业实验装置最后拆除，改用引进的工艺。

“五朵金花”中无一朵没有外国的技术部分，自力更生并未完全排除吸引国内外一切先进有用的内容。洋为我所用，并在此基础上有自主创新的能力与成果。可以说，除成球法尿素脱蜡被淘汰外，其余的成果都很大，特别典型的是 FCC。

我在"五朵金花"中并无直接贡献。万人大会的报告也不是我个人创作，主要是奉命宣读的任务。整个这段时间当然也很忙，常加班，但充其量还只是协助张定一做后勤服务与若干协调配合的事。50 年代兰州大炼厂设计建设中，我因政治审查没有通过，一直留在后方做后勤工作，却得了个代理设计处处长的非正式名义（同志们的戏称）。60 年代这一场轰轰烈烈的炼油技术大发展中，是孙敬文、张定一等领导有意培养，又把我放在组织与后勤服务的岗位上。担任工厂设计师职务，其实也有类似性质。所以，在专业技术上，我显然不如其他同志对某一项工艺的熟练与精通，不过知识面相对比较宽，也多少锻炼了一些组织领导能力。

## 北京院的辉煌时期

1956 年 7 月 1 日成立石油工业部北京设计院，简称"北京院"①。

上世纪 80 年代作为福建省代表到香港，当时曾在北京院工作过的人超过 20 人，专门聚会欢迎我，讲起北京院当年盛况都很感慨，有几人说"一辈子忘不了"，或类似的话；有人说我可以去香港办一个"小北京院"，名声还挺响的！全体都怀念张定一老院长，说跟他干工作痛快，"他不走我也不会走！"

当年北京院全员接近 2500 人，减去各类行政、杂务等还剩约 2000

① 1956 年 7 月 1 日，在燃料工业部石油管理总局石油设计局的基础上，成立石油工业部北京设计院，院长熊尚元。1962 年 8 月，张定一调北京院担任党委书记，1964 年 7 月，张定一兼任院长，熊尚元改任副院长。1965 年 7 月，朱康福被任命为北京设计院院长。1969 年 11 月，北京设计院迁出北京。——《中国石化北京设计院志 1953—1992》，第九章 北京院大事记，第 300 页。《辉煌历程 1953 — 2003》，中国石化工程建设公司。——朱小鸽注

人。当时承担的任务，是正常饱满任务的三倍还多，谁也没本领说“全凭自己干出来的”，要说主要挑大梁的还只能是张定一，他既是院长、党委书记，又是部新技术组副组长，是余秋里表扬的、也是批评的“老黄牛”！

不过，大庆炼厂加上东部各油田的陆续开发，这整个任务实在太大，既不是任何个人，也不是任何单位所能完成。回顾当年，起了最主要的作用应有三条：首先应是社会主义大协作的成果；二是艰苦奋斗、克服一切困难的精神；三是科学办事的结果。

### 社会主义大协作

石油直接与国家安全相关，建国十年，勘探上未见突破，全国上下都望眼欲穿，发现并开发大庆，人人都自愿尽一份心力。单是由我签发的协议书之类就有几百项，一则我是大庆炼厂设计总负责人，二则 1964 年后我奉命协助张定一院长处理这些事。有人统计，光是涉及 FCC 的就有 300 多项。当时只讲独立自主、吸收消化，而不谈任何单位（更不讲个人）的权益，大如单动及双动滑阀、耐热耐磨衬里、小型仪表，以至各类紧固件、催化剂专用的水玻璃等，都完全按照要求研制完成，不仅质量可靠（如国内自制的滑阀灵敏度高于外国高价承造的），而且如期供应。黑龙江省以主人自居，各色供应，都以大庆油田列为第一。

### 艰苦奋斗，克服困难

当年还在全国困难时期，城市人口都削减了粮食定额，工地上一些西北、东北的汉子们，都不得不千方百计想办法填饱肚子。设计院的人们也一样。六铺炕本是北京城外一个乱葬场，每天下班后一片漆黑。但整个北京设计院与石油部一些窗口，却灯火通明，每晚 11 点半，院里为大家免费供应一碗热汤面，让大家吃饱后暖呼呼地回家睡觉。

当时北京院的设计任务，三倍于正常饱满工作量，有所谓“三老三新三小”炼油厂。晒图机不够用，专门新购，昼夜不停地使用。不少同志浮肿病并未痊愈，带病工作。夫妇二人出差两个现场，只留老年人在家带孩子或委托邻居协助的不是个别情况，小学、托儿所为此都额外加班。典型的如，1964 年春节，全院召开电话会，向各地出差同志拜年，那时袁宗虞副总工程师为滑阀制造在兰州，袁夫人在南京，家里只袁老太太带孙儿孙女。张院长专门请袁老太太及孩子们到电话会上，三地三代人彼此通话，连孩子们都很感动，真诚地要爸爸妈妈放心，“为会战立功”。

这类实例还有很多，绝大多数人的思想都是有困难自己克服而不误工作，不误工程。

## 办事科学化，从而更能“同舟共济”

油田会战之初，人马来自四面八方，事情繁杂，缺乏条理。石油部所属队伍之外，还有不少其他单位，从表面上看，乱可以说不可避免，而治乱之本，在于办事科学化：违反科学，只能愈来愈乱！

油田从一开始，提出“取全取准数据”。有了数据就会知道乱从何起，错在哪里。以后讲求质量，又加一句叫“推倒重来”，也不是不分青红皂白，出现问题就一律推倒重来，只是找出错误，把错处推倒更正了，就一样是好的。我们碰上的两件事，就能说明问题。

一件事是上文所述水泵基础事件。

再一件是道路翻浆。全厂十字形大路，开工已是 5 月中旬，我们缺乏严寒地区修路的经验，事先请教刚从长春第一汽车厂工地下来的一局有关人员，认为应该无事了。结果挖深 4 公尺多遇到冻土，仍未特别注意，稍加挖掘就打了基底。第二年，这些地方翻浆严重，道路难以使用，整个返工再修。但因油田上修过的大小道路翻浆更严重，不好专门批评我们，只一般性批评几句而已。

科学办事，以后推广到施工计划与施工组织安排。当时华罗庚先生刚刚提出工程中的运筹学，部基建司蓝田方同志就加以应用，提出“关键线路图”：一切工程都有几个关键项目影响全部工程进度，必须抓紧处理，才能保证全工程的进度。初用于大庆炼厂的铂重整项目，结果使开工投产比同时施工的石油二厂引进同类装置开工更早。以后多次运用，到燕山石化厂施工时，唐敏同志引用同一方法使合同签订晚了一整年的聚丙烯工程项目赶上总进度。

石油工业部北京设计院（20世纪60年代）前排右四：朱康福

现在，中国石化工业正在进一步发展，炼油—石化一体化而炼油规模在1000万吨/年以上，已是一般情况，250万吨/年的炼油厂，已经该被淘汰，但一些基本原则还是大有利用价值。

北京设计院当年的任务，除抚顺院分担部分及依靠社会协作外，院内分工也特别明确。北京院有一种不成文的传统，也是张定一同志开始的，几位副院长或总工程师各自独当一面负责一项重大项目，而集大成总负责是定一同志本人。我自然“萧规曹随”跟着办。譬如大庆除工厂设计师外，加氢裂化是邵祖光分工负责的，有关具体工作就不归工厂设计师，授越油库是陈自光负责，润滑油脂是李昌毂负责等，我虽说“总其成”，其实很少直接过问。有问题一起商量，全院人员统一调配而互相支持，在我的记忆中是十分和谐、愉快的，近半个世纪后，人们回顾都还留下良好的回忆。

## 人大代表与就任北京院院长

1964年年底我被选为黑龙江省人大代表，崇筠被选为北京市第四届全国政协委员，双列名于《中国名人大词典》当代人物卷，对后辈人影响较大。

我被选为第三届人大代表，是由黑龙江省“选”出的，事实上都是组织上安排的。在熟人中我不止一次老实讲过：“我根本不知道怎么黑龙江省会选我作人大代表”。而这句话到“文革”时期，却成为批判我的过硬材料，而提出的人还正是老同学、老朋友何宇。我充分相信何宇绝无不良用意。他那个绝顶聪明的脑袋瓜子一转，就找出了毛病，不是当了人大代表反而转过来攻击人民代表大会这个政治体制吗！这么一上纲不就离反革命不远了吗？幸亏我这几句话都是公开讲、多次讲的，不少同志听到过，所以批了一阵也就一风吹，没有真正当回事。再后来何宇跟我把此事当成笑话，彼此哈哈大笑。

第三届全国人大在 1965 年 1 月举行，这是一届表面平静而又孕育着大动乱的会议。记得是周总理作政府工作报告而邓小平作修正党章报告，选举刘少奇为国家主席，周恩来为政府总理，我都投下了神圣的一票。崇筠是第四届政协委员，报告都一起听了。小组讨论，我与黑龙江省其他代表都不认识，也没有住在代表团住的地方，基本上没有发言，还不如崇筠在政协小组中有张英、梁翕章等熟人，她还认识了班禅额尔德尼以至溥仪等人士。

倒是看了几场演出，特别是大型歌舞剧《东方红》，可以说周恩来总理是实质上的总导演。合唱团有上千人，其中包括首都各大专院校及中小学生，长征组歌也是首次正式出演，崇筠和我都很喜欢，还有《芦荡火种》，就是后来改编为《沙家浜》的现代京剧。会后还经常送票来观看各地进京演出的节目，其中有一次是锡剧《双推磨》。锡剧在老家被称为“无锡摊黄”。摊黄而用无锡土话演出，本来是不登大雅之堂的，老的传统剧目大概从昆曲中演变过来，在我幼时已颇为堕落，经常搞些色情内容的东西。那时中央文化部门提倡戏剧改革，昆曲（南昆）《十三贯》改编演出成功，崇筠和我也都看了。加上山东吕剧，东北二人转，京剧更有好几个改编

1965年10月1日国庆，朱康福（人大代表）在观礼台上

剧目与新编“现代京剧”作为榜样，改编的《双推磨》还是可以一看，却谈不上精彩。

那时我再也想不到一年多后，新编历史剧《海瑞罢官》成为“文化大革命”的一个触发点，一场旷世未有的大动乱竟然可以从这一角度发动起来，而且还因此以“文化”为名。

关于被任命为设计院院长，虽说也出于意外，倒还有点线索可寻，首先是给我晋升一级。

据《院志》，1964 年初我被提升为院副总工程师，自己并无印象，但曾被提升一级，却印象深刻。当年升级是普遍的，但增加工资总额有限，各级晋升人数似乎也有限，我升一级，总数所占比例较大，影响描图员 4 个人升级。因此曾向张定一反映，最好让描图员及技术员升级，定一同志讲，“胡说，谁该升党委有数并很好研究过的。”

我回国后的工资，先按小米若干斤，又按技术人员定级，我被定为四级，比别人如崇筠高一级。她是五级教授。我加一级是毕业稍早及一般资历稍高之故，而这次升级却颇出意外。

我们 1950 年回国时，从解放区来的同志还都是供给制。供给制分几个大的等级如县团级以下，县团级，师、司局级，军级等，供给不同的生活用品和一定的、少量的生活费现金。我们这些新参加工作的，发给工资的标准是小米每月若干斤，按现价折发现金。崇筠与我第一次领工资就是如此计算的。至于每月多少斤，早就记不得了。1951 年，工资改以分值计算，每一分包括粮食 1 斤、白布 1 尺、食油 1 两、肉 1 斤、煤 1 斤的综合市价，政府每月公布工分值应是现钞多少，乘以各人的工资分领到现金。工分值以“元”为单位，而那时人民币 1 万元才折合币制改革后的 1

元钱，所以每月领到工资，实际上总有不少“零票”。工分值组成中根本不包括住房，因为住房一律由公家提供宿舍，自己有住房的，后来又规定发一定的房贴。

1953年（或1954年）币制改革后，供给制取消，规定了工资等级。文职人员从中央主席一直到最低一级职员，共分25级。工人从最低的一级（学徒工不列入）到九级。军队从战士到元帅也授了军衔。工程技术人员则划分为工程师9个级别，一级最高，与工人级别刚好相反。技术员分为6级，下面还有实习员。各人如何定级，全由人事及组织部门根据学历、经历及现任工作情况决定，没有什么评级之说，但单位中一般先预评一次，宣布以后，允许各部门开会讨论一次，如果部门主管人员提出不同意见（包括个人自己表态在内），可作个别调整。

在那时石油总局的归国留学生都定为工程师，也照顾了博士、硕士学位与毕业年头。崇筠未调入石油学院时，定为五级工程师，在石油学院确定为副教授，我则是四级，与武宝琛博士相同，何宇、江士昂等都是五级。在工程师九个级别中，虽不成文却又实际上分成三段，每段各三级。整个石油系统中，一至三级的工程师很少。一级好像只有一个，即原石油总局副局长严爽，他是原中国石油公司副经理。在北京院，熊尚元院长是二级，梁翕章、高士、周庆汉几人和林风是三级。从定级以来的10年，经历过两次晋级加工资的调整，还从未有人晋入前三级的。

每次调整工资，各单位晋级人员的比例、工资总额增长幅度等上级都有规定的指标，越是高的级别，工资级差额越大。让我晋升一级，当时就要挤掉技术员或描图员等四人的晋级机会。那时我已部分地参与院领导在这方面的具体工作，很清楚这一情况，因而思想上很不安，曾分别向张定一同志和党委书记政治部主任杨华甫诚恳表示不必那样办。他们都说是组织上以及部里研究决定的，不要推辞，推辞反而不好。我也就不讲什么了。

1965年7月19日国务院157次会议通过，任命我为北京设计院院长。我获此殊荣，心中颇不安。事先已宣布了不少任命书，有陈自光、邵祖光及其他副院长；沙展世、郭雨东及火其耕、何宇等副总工程师。

大约是1965年7月末，张定一同志把我找到他的院长办公室，明确说已经国务院批准，我要"接他的班"担任北京院院长。这实在大大出乎我的意料，而且张定一同志很简单跟我讲过后，马上召开院党委会宣布这一决定，同时宣布刘东明任党委书记，杨华甫任副书记、政治部主任，除已任命的邵祖光、陈自光两位副院长之外，原副院长邢活舒、陈福生仍继续任原职。照我的观察，我的任命对邢、陈两位老副院长也都是意外的。定一同志那时曾讲到部党组是贯彻中央干部年轻化、专业化的精神而决定的。两位老的副院长比我年长，至于刘东明，我后来才知道与他同岁。

布告中贴出周恩来签名的委任书，我颇吃一惊。

这一任命在全院多少有点轰动。大概大家都没想到，而且宣布的方式也特别。院里一向有个布告栏，这次贴了一张国务院的文件，任命我为北京院院长，贴出来的时候我还在定一同志办公室参加党委会，一出来，就有老伙伴们来跟我握手表示祝贺，说看到布告了。我当时对于"国务院任命的"都不敢相信，过去几位院长的任命也没见过这种文件。当时倒不好意思自己去看，记不清是当天吃晚饭还是第二天吃中饭，大家都不再注意时，我才偷偷地自己去落实了一下，果然上面写着："经国务院第157次全体会议通过，任命朱康福同志为石油工业部北京设计院院长。1965年7月19日。"下面还有国务院总理周恩来的签名章。当时的感觉确是认为组织领导的培养与信任，一定不能辜负，但又感到沉重。我怎么能接得下定一同志的班呢?

张定一同志并没有什么特别的嘱咐，杨华甫则再次找我长谈了一阵，一则鼓励，二则谈入党问题，她表示要做介绍人。她又特别询问崇筠及孩子们，她认为崇筠和我都早该入党了。此外还讲到今后上下班可以坐院内小车，院里在安排分配给我新的宿舍，可以搬到六铺炕来住。

我坚决拒绝派车接送，张定一同志还经常骑一辆很旧的自行车，我年纪轻轻坐什么小汽车！杨华甫则认为骑自行车路远、不够安全（主要指晚间骑车回家），指示小车队一定要接送，先后两次车子在路上与我相遇，空车跟着我的自行车。终于说服了杨华甫让我继续骑车上下班。

关于我工作安排的事，前一阵随便与崇筠说到过有可能另有安排，崇筠对此不感兴趣。她一贯不想当什么官，“反右”以后尤其如此，而且她对入党也不很积极，石油学院党组织确也安排过，可是她对系总支书记（原是她的助教）一直有看法，认为他是几位助教中业务上最差的，只是空头政治家，跟他谈不到一起去。我被任命为院长的事在周末回家时告诉她，她几乎毫无反应，到晚上又说了一次，她只说既然如此，就好好干吧。我们俩还一致同意不要告诉孩子们。直到“文革”第二年，造反派的“保余、康”一派去抄我家时，孩子们才知道原来我是“当权派”。

分配给我一套四居室的房子，根本没去看过。崇筠上班，孩子上学都在石油学院内，搬去六铺炕太不方便。崇筠开玩笑说，“你们院就算可以派车送我上班，我也不坐，更何况还有孩子”。当时有一种说法，夫妇双方不在一个单位工作，对比之下总有一方在宿舍安排时占有优先考虑的情况，称之为“一头沉”，我就说我家“那一头太沉了”，所以只好“当家属”。崇筠也说：“那你就好好当家属吧。”记得崇筠当了政协委员后有一次什么活动，政协发给崇筠的请帖上写："邀请吴崇筠教授及夫人参加。"所以我就说，"夫人都当过了，还怕当家属吗?"结果我就一直当家属至今。如今我仍去大院内医务室打点滴之类，就是以朱小鸽的家属名义找大夫。大院内不少人都知道朱小鸽的父亲这个老头子。

那时的小鸽子刚考进北京一零一中学。该校校址在圆明园遗址旁，是老解放区的子弟学校搬北京而建立的。学生大多数是干部子女（高干子女不少)。在60年代早期，一般人心目中，这所学校就有点特殊。当时党内注意避免干部特殊化，规定一零一中学也须接收附近的孩子。但那时农村孩子考上该校的不多，大多数学生还是干部子弟，也有像我们家以及一些知识分子的孩子。学校绝大多数学生住校，鸽子从小在全托幼儿园长大，住校倒也欣然而去，我骑自行车驮着铺盖卷就送去了。那个时候，也已经有家长用小汽车送孩子入学，不过还很少。

小平进了石油附小，小和刚从幼儿园升入小学，小松大概就是那时候进的幼儿园。相对而言，崇筠比前几年出差少些，家里生活比较安定。原来的保姆年纪大了不愿再干，连续更换的几个保姆都不太适宜，崇筠为此颇伤脑筋。

北京院历来每年总要召开几次全院大会，年中小结、年终总结之外，还有传达重要文件、布置政治学习等，这种会议我本来最多上台作某个项目的汇报。如今成了院长，却每次都要讲话。我不大喜欢讲些套话，而且一般不准备什么发言稿。定一同志也向来不用任何发言稿。有一次大概是年中总结，我发言中讲到自己觉得不够胜任，比老院长差得太多，生怕成为北京院的"败家子"，坏了张定一同志创下的美名。我这是出自内心的话，可是会后据说反映不好。刘东明是书记，专门找我谈话，带有批评的口气，但到底错在什么地方又说不清，只讲“不能那么讲的”。说实话，从此对刘东明有些看法，跟这位书记始终未能十分融洽。如今回想起来，我思想上恐怕认为他比张定一同志差得很多。“我的确赶不上老院长，而且老实讲出来，你大约比老书记差得更多，还不肯承认。”此外，杨华甫的态度和讲话我比较能接受，也是一个原因。她批评我讲得不对。选定院长不仅经部领导通过，还郑重其事经国务院全体会议通过。任务只能干好，希望你干好，接好班，决不能讲泄气话。从此，我处处以定一同志为榜样，“萧规曹随”，不住分给我的四间房，不坐小车仍骑自行车，住单人宿舍等。这件事，到后来“文革”中有些影响。

我接手后首要任务就是“五朵金花”的建设投产。

第一个大任务是胜利炼厂。康世恩亲手抓，自然以大庆为榜样，还要有所创新。我提出全厂一套大联合装置。长期评比中节能往往是第一！全厂性管线包括工艺、热力等大搞“预装配”，一次起吊成功。1966 年进场，1967 年 4 月 FCC 完工。

关于入党问题，在杨华甫积极安排下，支部和院党委先后按规定进行，经过个别谈话，征求意见，支部讨论通过，党委讨论通过，报到石油部党委去了。报上去以后，长期没有批复，这样也引起一些始料未及的情况。事实上，我已经列席院党委一部分会议，却又尚未具备党员的资格。而事情到我从干校出来在北京借调到燕山乙烯工程建设指挥部工作时，碰巧才得知真相。有一位原在中央组织部工作的同志刚好也在燕山工作，他正是中组部审查我入党申请的负责办理者。因为石油部党委通过我的入党申请时已经安排我北京院院长的职务，报到国务院去待批，相应我入党问题也就报到中组部去批。承办人员发现我历史上曾是国民党特字号党员，提出疑问并向负责此事的处长请示，处长就是我在燕山碰到的人。他专门全面审阅了我的档案材料，对我的名字记得很清楚。他在燕山发现我的名字后，有意到乙烯指挥部了解是否就是他当年审查入党的人。据他说，中组部对类似的事例一贯是宁缺毋滥不想批准，但与石油部党委联系时，石油部方面倒是坚持推荐、希望批准的；而且强调此人已经国务院批准任命为院长，这位老兄觉得不大好办，就压着、拖着。“文化大革命”闹起来，中组部是砸烂对象，据说许多档案材料因此流失，我那点小事更无人过问。结论也就是我未被批准入党，“文革”后期对我的处理，据说也按这个原则办理的。

## “五朵金花”之外与“神仙会”

与“五朵金花”同时开展的炼油技术革新，首先应该提到润滑油、脂的研制与生产。这方面以石油部北京研究院为主，北京设计院配合进行工程设计。第一个项目是621厂，即如今的长城润滑油厂，号称生产高级润滑油，在1963年投产；其次我国那时一个特大项目其实就是“两弹上天”，分到石油部的任务是研制配套需要的特种油脂（硅油、氟油、酯类合成油、脂），即以后的一批化工厂，在1965年12月投产。1966年，根据三线建设的原则，在四川建成一坪化工厂。这个项目定为绝密，原来一直由定一同志直接掌握，主要负责人是段孝林。迁建一坪化工厂时，王玉翠开始接手。我任院长后，在总平面布置等主要图纸签名，也具体决定除工艺技术外的问题。此外，大连石油七厂原有日本人遗留全套从美国引进的溶剂脱蜡、溶剂精制、白土处理的润滑油生产设备及部分图纸、资料。

于是北京研究院进行了酮苯脱蜡的研究，北京设计院在1965年7月进行玉门炼厂酮苯脱蜡装置的设计，但当时大型真空过滤机等设备制造还有困难，因此到1966年向罗马尼亚成套引进，其中主要大型设备一部分由东德转口，仪表由日本转口，才开创润滑油大批量生产的条件。

第二个大课题是航空煤油的生产。苏联援建兰州炼厂时，按我方要求，能生产航空汽油，并没有生产航空煤油即喷气燃料的办法。此时我国已经开始引入喷气式战斗机，急需相应的燃料。它的基本生产方法很简单，只需从常压蒸馏中“切出”一定的馏分，但有冰点、烟点、发热量、比重等一系列严格要求。部队必须实际试飞使用，确保安全可靠。石研院组织专门小组定点进行试生产及配合试飞等一系列工作。北京院由新型材料组与上述硅油业务等负责配备，李昌毂、段孝林等参与其事。从1963年底开始，经过一年多的努力圆满完成任务，部队向生产厂派驻专门人员，监管生产、储存及交运的全过程。

第三件看来不大、实际影响不小的问题是一切机泵、管线等接口处泄漏问题。张定一很注重此事，在院内组成一个小组，由火其耕负责，专门解决密封件以防止泄漏。据调查，1963年，炼厂接口有泄漏竟占总数的5%，不仅浪费且造成火灾隐患。这个小组参考ESSO标准，向有关生产厂提出要求并一起商量试制试用。在石油二厂FCC投产中显出成效，于是继续改进、推广，遍及各厂，至1965年底，据调查，泄漏降为0.7%。虽不是极好的结果，却确实大大提高了一步。

更大的工艺技术，主要可提出三项：一、加氢裂化；二、联合装置；三、向石油化工发展的“三大合成”，即合成氨，合成橡胶，合成塑料。

当年定一同志在北京院时，每逢春节，全院必有一次大会餐。食堂准备大鱼大肉并备酒，人多，食堂要分两批就餐。另外，假期中，为总工程师、室主任一级人员另备一次午餐会，称之为“神仙会”，这不是光吃的事，而是让大家无拘无束地“吹”一通下一步如何干，畅谈进一步革新发展。定一同志离院前那个春节，又召开过“神仙会”，上述这三点就是神仙会上吹出来的。这些意见中也包括我的一些想法，其中第二点是我积极“鼓吹”的，因为继“五朵金花”之后，我个人脑袋里记着这三个方面。附带一个课题称为“电化学精制”，目的是减少二次产品精制（脱硫为主，即裂化汽柴油尤其是焦化油柴油用酸碱“洗涤”）中产生的酸渣、碱渣。据回忆，这个题目由生产厂提出，石油部组织，我院参加，参加后即成为主要成员，负责工程设计并按一贯做法参与建设及投产。但这项技术并不先进，以后逐步被其他方法，主要发展加氢精制所替代。

## 加氢裂化

加氢裂化是世界公认生产优质中间燃料（煤油、航空煤油、柴油）的良好工艺。我国对加氢裂化也有一些经验可供参考，抚顺石油三厂所谓的高压加氢的设备等接近加氢裂化。抚顺研究所开展有关的催化剂的研究工作，尤其是钼系复合金属型，因为我国缺少镍矿而钼矿颇多，锦西附近的杨家仗子就有个不小的钼矿。经过一番议论，被选为继续革新的第一目标。在报请石油部同意后，1965 年 3 月，即指定邵祖光负责（主要关键设备是高压反应器、加热炉等，是邵祖光的专长），组织北京、抚顺两院进行开发与设计，还有一套配套的制氢装置。北京院与抚顺院联合完成工业装置的设计，是一套制氢与加氢裂化（200 压力）联合装置。工程设计中高压设备是关键，邵祖光、齐树柏是主要负责人，曾长期在抚顺工作，定一院长在院时就已基本完成有关设计，建在大庆炼厂，邵祖光（已任副院长）又长驻工地直至建成投产。到1966年底，40万吨/年减压馏分油加氢裂化装置建成投产，其中压缩机、反应器（冷壁，即有内衬里者）、换热器、分离器（高压）以及加热炉等全部是国内制造的，同时调查利用了东北地区若干旧设备。因为进料较轻，大庆油易裂化，运转正常。从现在角度看，技术水平不高，能耗一定颇高（当时还不考虑也未计算），其实却是一个重要突破。不幸到第二年即1967年上半年约4月，一次检修后重新开工不久，因为氢油混合气体泄露发生严重爆炸，有人伤亡。时值"文革"期间，立即被怀疑为阶级斗争，引发一场规模不小的审查。修复后，主要改为加氢精制使用。应该说，这一尝试有很好意义，为后来引进谈判等建立了基础。

由于大庆炼厂当时有对立的两派群众组织，一有这样的大事故发生，马上互相指责火上加油，引起黑龙江省及中央都注意追究，据说是第二天苏联的广播就讲了这起事故。中苏关系那时一直紧张，事情又发生在全国闻名的大庆，所以"苏修特务破坏"在大庆马上就传开了。北京院大部分人员已撤回院内，记得现场一个小组由李学澄负责，人员已都是年轻人，都以造反派自命。我在院内再三通知大家不要卷入厂内两派纠纷，一则年轻同志不大理会这一套，"革命人人有份嘛"；二则厂内两派各自希望争取设计院的支持。而两派矛盾已发展到动手，不是大规模武斗，不过一般打架，并开始利用现场到处都有的钢筋之类。于是北京院的王崇谦被人用钢丝绳打伤背部，后来成为北京院一派头头的张琳那时在现场，乘机提出回院闹革命，但并未马上自动回来，而是打电话回院提出要求。我那时虽然有大字报不断被批判，却实际上仍主持工作，决定同意他们全部撤回。以后我与张琳他们这一派一直接近，此是后话了。

院里那时候两派还没有彻底分裂与对立，还在发展形成之中，在加氢爆炸问题上也有了分歧。由于我一得到现场爆炸的电话后，立即召开会议讨论寻找设计上有无明显失误，对主要的可能泄漏点逐一检查图纸，因不泄露不易产生厂房内而不是设备内部的爆炸，总之是查找可能的技术性问题。由于院内少数派（以政治部及政工人员为主，加上一部分工人如食堂大师傅、司机等，但全体出版室工人、描图员则都是多数派的）对我有看法，当即兴师问罪，罪名是“妄图以技术事故定性”来掩盖反革命破坏。他们责问我“为什么只考虑技术原因”，我说我只管设计工作自然只考虑技术上的问题，发掘反革命分子不是我的工作范围。于是马上被扣上“阶级熄灭论”的帽子，大字报上把我的名字打上了红叉叉。

这件加氢爆炸案并没有进一步扩大，持续时间也不算长。据说是周恩来总理亲自过问的结果，据说总理立即派了专业检查人员到现场，结果排除了炸弹引爆的可能性，还要求石油部安定人心，稳定生产，积极善后。那时我虽已被揪出来送入牛棚不得回家，还是有人设法告诉我这些情况，而且北京院、抚顺院还组织力量进行恢复生产的工作。那套装置还确曾恢复生产了许久。

## 联合装置——胜利炼厂

大型联合装置建于胜利炼厂（现齐鲁公司）是配合胜利油田的。沙展世是工厂设计师兼建设指挥部总工程师。原北京院副总工程师高士时已调任抚顺工程公司的总工程师，负责施工事项。在厂址选择一直到建成投产我都全面参加负责。那时已经大讲“备战备荒为人民”，炼厂厂址要“靠山、分散、隐蔽”，但又必须靠近油田，于是找到辛店所属的小山沟里，紧靠小山的坡地。康世恩在胜利油田听取我和其他有关同志汇报后说：班子已经搭起来了，大庆是敖明模与朱康福，胜利就是高士与沙展世。你们有条件比大庆干得更好，因为有点经验了，总要不断前进嘛。所选厂址，也是他肯定的，认为符合“靠山、分散、隐蔽”的原则，至于搞联合装置的问题没有具体表态，只是笼统讲要有一定把握，就该勇于创新。他又讲了一通大庆精神，还强调工农结合，指的是油田大搞农业生产，从而安排勘探工人家属。当地有石头而缺土，就大搞“石打垒”，从宿舍到办公室，都是石块砌筑的（以后大批拆除）。

康世恩对联合装置的肯定，与当时已是副部长的定一有关。而康世恩既然拍板定案了（其实那时的联合装置还只是我们“脑袋里的”东西），我胆气更壮。回到院里，我捉摸一阵，提出“一个炼厂一套联合生产装置，投资一个亿，正式施工一年建成，全厂人员一千人”，即“四个一的炼厂”，并确实为此下了工夫。在某种程度上，主要技术问题是按我的意见处理的。向党委扩大会议汇报。老沙一向温文谦逊，并无异议；刘东明、杨华甫等听说康世恩已经表态，更只有赞成的，自然就顺利通过。

胜利炼厂工厂设计师沙老总一贯平易近人，从不疾言厉色，并不固执己见。大庆油田开发后，老沙首先负责石油五厂热裂化等的建设，全面恢复扩建该厂，偏偏热裂化投产出了点毛病，设计有缺点，加热炉热负荷太小，但主要理由还是操作工人不习惯于大庆原油。余秋里得知，发了火，让“北京院赔料子”，意思是北京院这个裁缝缝坏了衣服，糟蹋了料子。老沙一度有点灰溜溜。担任胜利任务，他分外仔细，处处审查复核，严格把关。这段时间北京院上下可谓意气风发，大胆创新。院党委从张定一院长调部任副部长时，特别交代要大胆提拔使用年轻人。联合装置的设计师是北京院郭志雄、抚顺院焦联升。当时都算是新秀。我对年轻人一下子就挑重担不太放心，提出“新同志挑担，老同志负责”。我自己也觉得在院长位子上第一个重大项目，主要设想是我提出的，只能成功，不许失败。初步设计阶段，的确下了工夫。那时初步设计书中既有概算，还有施工组织，这两个方面更加注意；据回忆，冯刚明出了力。务求达到“一亿元以内”与“一年建成”的目标。实际上，1967 年 4 月工程竣工，总投资 9800 余万元（有一些厂外工程不计在内），但在生活设置如宿舍等也确实欠了账。全厂人员不到 1000 人，维修人员很少，投产时由施工单位负责组成“保镖队”随时整修。5 月装置即开始试运转，时间就是一年。

对这个项目，我可以说抓得很紧，几乎每个月都到现场一次。设计院直接控制投资，恐怕只有这个项目较为突出。我一直安排预算室的同志自始至终监控。

胜利炼厂施工特别困难、复杂，因“文化大革命”已大火燃起。例如高士被打成特务；设计院民兵排长、积极分子在废报纸上用大毛笔写“大蛇”，透过背面正是毛泽东相片，被一女同志发现，认为是现行反革命，把人痛打一顿后押去劳动。这位是华侨，建国后回国读书、分配工作，一贯积极，至此不悔；但“文革”及“干校”最终令人齿冷，遂去香港。那位揭发这件错案的女同志，事后极不受欢迎，无人敢与她合伙工作。林彪死后，她自己称病退休了。这足见北京院公道自在人心。我至今被北京院多数同志关怀，大致理由也因受定一同志遗风之惠。

联合装置确实省投资，省地盘，省操作人员，尤其热能利用较好，各装置之间都是热进料。直到上世纪 70 年代炼厂节能评比中，该装置一直在能耗方面领先。联合装置应该说是成功的。炼厂能耗曾长期是全国最低的，不过对生产操作、管理的要求自然较高，更大的缺点是灵活性差，而且不同部分的设计负责人在考虑设计裕量中并不能完全统一，因此在不同条件下会出现不同瓶颈。总的说就是联合的刚性太大，因此就不灵活。

上世纪 70 年代末，炼油生产技术司司长薛秀川领队访问比利时，主要接待的炼厂也主要是一套联合装置，内容比胜利厂的还简单些。据介绍说是 60 年代中 BP（英国石油分公司）的一项设计，该厂照用，与建在英国的两个厂相同，规模近 400 万吨/年。大体说来，该装置接近当时的世界先进水平了。

就是今天回顾，还觉得当时做了应该做的工作①，《当代中国的石油化学工业》一书中附录的“大事记”，把建成投产的日期列为 1967 年 2 月，其实真正投产已是 4 月，1967 年 4 月底胜利炼厂从 FCC 首先开工试运，我在现场和武迟等一起参加劳动，装填催化剂。我赶回北京的理由之一是鸽子的生日，是“五一”节假期中回京的。节后上班没有几天我就被揪出来而开始十年动乱的一关!

## 三大合成

国内在经历三年困难时期后，许多人包括中央领导人都已深感完全依靠农业生产来解决全国人民的吃、穿、用很困难。张定一副部长还在院时就提过这件事（我说是衣、食、住、行的问题），并提出要进一步深度加

① 胜利炼油厂是首次对炼油装置实行密集布置的炼油厂，当时被称为“四一”炼油厂，即一套装置（一套由常减压、催化裂化、焦化、叠合等紧密组合而成的装置），一亿投资，一年时间，一次投产成功，被石油部作为赶超世界炼油水平的项目。全厂从布置、工艺流程、物料、热量上全面实现了联合，节约了能源，减少了用地和投资，工厂能耗指标当时在国内最低。目前的加工能力已达 800 万吨 / 年。——《辉煌历程 1953 — 2003》中国石化工程建设公司：76 页

工，即利用炼厂气、油田气来搞“三大合成”，指氨、塑料、橡胶。开始时没提纤维，以后把合成氨去掉而加上纤维，其实就是开始发展石油化工。

## 合成橡胶

张定一同志与化工部副部长张珍是延安时代的老战友，他们议论并决定由化工部一院与北京院合作，而且从国防方面着眼，选定从化工研究院等国内科研部门已有一定成果的合成橡胶着手。其中又选定两个品种，分工是化工部一院主攻异戊胶，北京院主攻顺丁胶，因为顺丁胶的科研基础看来较好，让给本来搞炼油的北京院。化工部一院指派负责领导的是副院长马洪，北京院是副院长邢活舒，设计技术负责人（项目负责人）是郭雨东。按分工，顺丁胶选在石油六厂建设工业性试验装置，由北京院总负责。顺丁胶项目的开展比较顺利，试验室工作取得一定成果后，就着手搞工业试验。应该肯定，石油部领导如余秋里、康世恩、老孙部长等对发展新技术是积极支持而且舍得花钱的，同时又要求务必取得成果。邢活舒主管顺丁橡胶的开发工业试验，他虽然没有直接负责过大的工程项目，却有郭雨东副总工程师在，我就完全放心放手。所以具体业务上并未多过问，只管保证必要人员安排，使老郭有较得力的助手李学澄等。

马洪是有名人物。“提起此马来头大”，被认为是50年代东北王高岗手下“四大金刚”之一。据说党史记载高饶反党集团时，还明确记上马洪及对他的处分。那时他被降了好几级，贬为化工一院管后勤事务的副院长，却与党内有些上层人物还有往来。他曾来北京院与我晤面，一接触就可感到此人颇有才干与见解，谈吐不凡，脑袋瓜子很灵。也是他首先提到“可上九天揽月，可下五洋捉鳖”的词句，那时尚未发表，他却暗示这就是“最高指示”！此人实际上是个人才，到赵紫阳当政时，他出任国务院“技术经济研究中心”总干事。

尽管由于“文革”大大影响工作，却仍在1966年国庆节时生产出合格的原胶，当时其实没有国家标准，企业自己说合格就是合格的，向石油部报捷与献礼。接下来，中科院下属研究单位及化工一院现场的同志就自动“回院闹革命”了。邢活舒在现场无法控制，我们电话中商议决定，尽力使北京院留下骨干人员，将整个试验装置交给石油六厂。石油部那时也没什么高招，默认了。

顺丁胶通过这段时间的工作打下基础，工艺上尤其是所用有关催化剂都有改进，随即在70年代初康世恩提倡“三次加工”，即炼厂气的加工时，在燕山建设顺丁胶正式的工业装置，直到如今成为国内合成橡胶的一个主要品种。

化工部一院负责的异戊橡胶，科研工作似乎一直没过关，迄今尚属国内空白。

### 丙烯腈

另一个合成项目选的是丙烯腈，主要目标是解决衣或穿的问题，也就是所谓的人造羊毛。这里涉及一系列必需的催化剂，主要由化工研究院研究开发。化工研究院（党委副书记是定一同志夫人张韵生）在小规模实验室中曾获得合成物，却一时无法扩大试验，定一同志取得石油部有关领导同意后组织力量并与上海化工研究所（负责人之一是张式工程师）合作在该所扩大试验，指派程光洤负责。上海所实验室也取得合格成品但未能做纺丝实验（成品太少）。于是进行半工业性试验，在上海所制成中型（其实是 pilot plant）反应器等。“文革”开始时尚在继续。不幸有一次运转中发生反应釜爆炸，“头盖”炸飞，螺杆打伤了人，程光泠也受轻伤，时已在 1967 年初，于是中止工作。

合成氨

至于合成氨，当年化工部在“小洋群”工作中成功示范，全国已有一定程度的推广。北京院则利用其成果，以油田气（干气）为原料，适当修改后第一套 5 万吨/年装置建成于胜利厂之侧。1967 年投产成功后曾运营至 80 年代。大庆也搞了一套，运营至 30 万吨/年装置引进建成后还操作了一段时间。

在担任北京院院长的短短时间内，还有几个重要项目，只是自己直接过问的程度不同，只能附记一笔。

援越工程：抗美援越是此时的重大国际义务。我国应要求派出专家组去帮助建设战备油库，先后有三个小组，分别由彭澄、李庆瑞与陈自光副院长带队。工作都在现场进行，院内仅负责后勤工作，这是我自己掌握的。小组出发都送至北京火车站，三个小组都很好完成任务，得到越南政府的表扬、嘉奖、授予勋章等。

对外谈判：经党委明确，这方面的工作我负责并直接领导谈判工作。那时候中日民间贸易已相当活跃，廖承志与高碕达之助互在对方设办事处，日本几个搞石油（炼油及石化）的商社都来京探索机会，我以“中技公司专家”身份与他们几次洽谈都没有任何成果。日本人的情报工作曾使我提高警惕与深有厌恶之感。我明明专门印有中技公司的名片，而日本人请客，请帖直接送到北京院，赫然写上：朱康福院长。

有成果的谈判是与罗马尼亚人谈的，那时中罗关系好，齐奥塞斯库钦佩毛泽东。石油部刘放担任驻罗使馆商务参赞，不久升为大使。他认为在炼油方面可以跟罗方做点生意，因为我方出超很大，罗方缺乏合理的输出。

## 从罗马尼亚引进润滑油生产装置

中苏两党关系破裂并展开论战，中国发表“九评”（致苏共中央的公开信），东欧除被认为“欧洲的一盏社会主义明灯”的阿尔巴尼亚外，只有罗马尼亚的齐奥塞斯库与中国保持相对友好的关系。罗马尼亚是石油生产国，但产量不大，而当时中国原油产量大于国内需要，有颇大出口，一度成为亚洲最大原油出口国。罗马尼亚购买不少中国出口货，支付上不能平衡。那时苏联集团的贸易很少有硬通货结算而大部分是易货贸易。石油部原部长助理刘放转入外交部后在驻罗使馆任商务参赞。那时国内延迟焦化还用钢丝绳拉焦的落后方法。他见到罗方的水力出焦大感兴趣，专门建议石油部引进。经过一番接触，接受罗方建议。罗方在炼油工业方面向中国出口货物。因为罗方那时局部向西方开放，与西欧、美国、日本有较多贸易，有可能转口西方的设备及技术。罗方要求以成套设备出口中国的名义承担总承包。这种方式，高层领导显然因政治原因而答应，剩下的只是具体的技术谈判和与价格相关的商务谈判。

于是罗方兴冲冲派出代表组来华。石油部由张定一副部长、任向文司长出面，具体技术谈判由我负责。罗方驻华商参处有人已参观过“东方红”，即燕山炼油厂（以下简称“东炼”），知道国内尚无大型现代化润滑油生产装置，心目中有点自认为的优势，口口声声友好而具体问题上摆架子。我自己心中有底，技术上他们并无明显优势，只是大型设备及自控仪表方面国内还落后。我又从中技公司了解到，罗方引进意大利汽车制造厂生产的卡车一部分出口我方，质量上往往有毛病，因此对罗方的设备制造技术与质量有不放心之处。实际谈判中，我先请他们详细介绍，他们足足用三个半天吹嘘了一通。我连提问都很少，让他们讲，实际也就摸清了对方的底。第二个星期，记得我从延迟焦化谈起，首先讲大庆原油比较重，蒸馏的残渣油比例高、量大，延迟焦化是发展重点，对方自然大感兴趣，然后问罗方炼厂中延迟焦化的发展过程，并明确问他们高压水泵、高压管线及钻头等具体性能及制造厂商，又问操作周期、炉管结焦如何处理等具体生产情况。罗方负责装置的人恐怕准备不足，回答问题就不能令人满意了；谈润滑油装置时罗方就比较老实。中途，代表组组长就明确表示一些大型设备、机械，罗方还缺乏经验，办法有二：一是罗方出面引进后仿制，中方可派相应技术人员全过程参加并监督制造；二是进口后直接转口给中国，罗方就要向出口国支付硬通货，整个价格就必然上升。

我认为罗方的延迟焦化并无明显优势，水平并不比国内高，可以不引进。关于润滑油一共三套生产装置，问题也不在工艺技术，我们需要的是大型先进专用设备，如大型制冷设备、专用过滤机、蒸发器等，当时我们从样本中选择的是西德生产的。因此，我提出如果罗方可以转口西德设备，日本控制仪表等就可以讨论由罗方总承包。罗方既承认缺乏经验，不如直接转口为好。向定一同志汇报后，他基本同意，但取消焦化项目，可能高层领导未必同意。他向部党组汇报，不久就来电话说不要取消焦化，选购少量有关设备、机泵、仪表就是。

第三个星期是我主动出击的时间。首先谈自控仪表，罗方表示可考虑美国的 Honeywell 与日本横河两公司的产品。当时国内已陆续购进一些横河仪表，因此决定采用横河产品，具体内容待罗方按流程提出清单后作“分交谈判”时落实，凡国内能自制，实即仿制横河产品的，由中方自购。只不到半小时就谈定了，气氛也很不错。至于大型机泵、设备，北京院当时已收集到相当数量外国厂商的产品目录，中技公司又提供了一些，因此我们提出主要是西德、英国的著名厂商及牌号，罗方一听就明白我们要的是国际比较先进的水平，而他们从转口中可获得利润，也就乐于承担。当时曾有个别设备他们表示暂不能肯定，一定努力争取，事后都是照我方要求办的。

我有意将延迟焦化的问题拖到最后，希望罗方在润滑油装置上获得期望的效益后，在这个问题上做出让步。因此就直接表示罗方在焦化装置缺乏先进的优势，我方工业生产装置已能达到至少同样的水平，不打算再从罗方引进。罗方对此已有预感但未料及完全取消的意见，一时似乎难以接受。我不让步，并建议请他们去抚顺、大庆等地参观。罗方希望虽不作成套供应，也想卖些关键设备。我列举不必购买诸如高压水泵等，甚至说如果罗方需要，我方可保证供应优质产品而远比从西方进口便宜。最后表示，为双方的友好协作，打算购买两个除焦的钻头，使焦化项目仍出现于双方协议书上。这一段商谈完全是罗方组长与我两人对话，罗方其他人员都一言不发。罗方组长无可奈何地说，再考虑一下吧。在最后告别宴请时，这位组长向定一部长说：“一晚没睡好，你们这位同志（与罗方互称同志而不称先生）把一套焦化装置谈成了两个钻头。”定一同志早已知道（每次谈判后都必须立即简要汇报概况），一笑置之。

上述谈判在1965年下半年。1966年4月，我率一个小组到布加勒斯特，在罗方完成基本设计后去罗审查设计与落实分交事宜。

行前有两件事。

第一，我大姐逝世。大姐得了脑瘤，曾去上海手术治疗，但姐夫秉璠是从不写信的，大姐自己不写，只是大哥偶尔来信提到一笔。我并不了解病情其实已很严重，临出国前不久，有信讲情况严重，我已无法赶回无锡。现在回想，实在要走一趟也不是不可能，还是因为自己未下决心，总想出国回来后再回无锡一趟，殊不知我尚未离京，大姐却已不治。

大姐从50年代开始担任街道工作，以后担任居民委员会主任，工作积极，果断能干，又一切按上级指示办事，诸如动员子女下乡等，都能完成任务，结果却得罪了不少人，包括大嫂在内，也影响到大哥。因为大嫂的第一个女儿也下乡了，大嫂埋怨大姐。假如大姐活到"文革"之后，一定逃不了被揪斗，甚至遭殴打、禁闭等。事后大家都认为大姐逃脱这一场凌辱，也是不幸中的大幸，正和妈妈在抗日战争爆发前的1937年7月4日去世，没有碰上后来逃难远行之苦相类。但是我自从1950年回国时到无锡见过大姐外，十多年未曾再见，竟从此再无相见之日，确实难免伤心。

行前两三天，邢台大地震。当时我在办公楼内，感到强烈的震动，窗户摇响，墙上挂的地图也来回摆动，不知道震中在哪里。第二天才知道灾情严重，周恩来总理在余震不断的情况下亲自去现场，直接指挥抢救等。回家与崇筠讲这件事，崇筠倒表现很镇定，叫我不必挂念家中，万一有事，她自然依靠组织与邻居安排好一切，然后我也就动身了。

罗方接待较隆重，以部长齐奥塞斯库夫人的名义宴请，她本人未出席，派一官员代表，并邀全组人员在观礼台上观看"五一"大游行。而给我颇深印象的却是几位年长的东正教大主教，都是长须飘动，峨冠博带，全身法服，手持代表其地位的杖或十字架，在大太阳下端然危坐。有人向他们特别行礼，他们只伸出手中的杖或十字架让人吻一下以示祝福。

与罗方设计院的谈判是典型的讨价还价。我们主要要求他们对转口的西德、日本货全面负责，包括供应必要的备品备件与相关的技术文件。就是说我方只与罗方发生关系，罗方必须对供应的一切质量、规格等负责。一开始罗方表示确有困难，不久后，据他们说是部长作出决定与指示，全盘接受中方要求，这一来进展就很顺利，所说的部长就是齐奥塞斯库夫人。

罗工业水平其实还较差。炼油厂从西方买进催化重整装置后，他们自己不能制造催化剂、溶剂等，仍依靠进口，而且据我看到的生产记录，似乎运转情况也不大好。参观过几个炼油厂、机械制造厂，炼厂水平与国内大体接近，未显示什么特点。参观他们引以为荣的Skoda卡车装配厂，遇到一组国内派来的汽车工业技术人员。原来罗汽车工厂也是以进口设备为主，卖一批汽车给中国。罗方向我国出口的卡车质量上出现若干问题，有一段时间罗方似乎无法解决，最后干脆邀请一批中国专家驻在该厂，在生产过程中随着检验。小组组长说，实际上是请我方人员帮助他们提高质量，帮助解决问题。这些中国同志一致认为罗方制造业水平一般，购买他们的东西必须“敲死”质量检查问题。这一点提醒十分重要，我们也始终坚持，而罗方也同意配合。

回想起来，这件事在政治友好的前提下还确实对双方有利。罗方得利又得名，我方一则获得比较有益的贸易平衡（罗方实在没有太多东西可出口，而逆差太多就妨碍我国的出口），更重要的是打破西方的封锁而获得适用、先进的样机。因为坚持从西德和日本转口关键设备、机器自动控制仪表，都获得很好的结果。我方实际上在安装之前把这些设备、机器全部拆开，一一测绘成制造图。对关键性机泵、设备，石油部与一机部通力合作，一到国内都先解体、测绘，然后仿制，反正那时西方的专利我们根本不承认，从而建立了大、中型润滑油生产装置全部在国内制造的基础。这三套润滑油装置在“东炼”建设时，大型润滑油生产装置的设计就已完成。大庆、锦西、广州、荆门等厂一系列装置相继建成而使国内这方面的产能与水平明显提高。

## 访问阿尔巴尼亚与援外炼厂，附“十来个大庆”的由来之一

1966年6月初，使馆通知我参加唐克副部长率领的访阿政府代表团。当时与罗方的谈判已基本完成，将剩下的工作交给副组长卢鹏飞。驻罗使馆专人送我上飞机去匈牙利的布达佩斯。驻匈使馆接我去指定的旅馆与唐克等会合，他们方才进入旅馆并已安排好我的房间。这在1966年的时候也是一种破例，打破了严格的国外人员至少两人同行的规定。应该感谢组织对我的信任吧。

访问阿尔巴尼亚的是正式政府代表团，代表团的政治因素重于其他。成员有著名铁人王进喜，大庆家属代表，一位政治指导员等，炼油方面就我一个。老铁人与我都是全国人大代表，用红皮护照（有外交豁免权，即不受一般海关检查），加上团长唐克，就有三本红皮护照，这规格就显得很高。

在布达佩斯停留一天参观市容，即飞往地拉那，受到夹道欢呼的隆重欢迎。阿方有一位部长来接，我大使也到机场。有少先队员献花，另有着民族盛装的姑娘用传统礼节奉献面包、盐和泉水；其实是用最平常的物品来表示最高礼节，欢迎客人同家里人一样分享。唐克发表书面讲话，然后

到国宾馆。那也只是西方中等水平的一家旅馆，并不很大。前面是地拉那唯一的一条大街，总长度仅600~700米，一头是国立大学，另一头是民族英雄斯堪德培的铜像。从大学那一端起，集中了党政领导机构以及音乐大厅、大百货店之类以及一个相当大的公园，可谓精华所在。紧靠国立大学那一端，隔街相对就是劳动党中央与部长会议大楼。

代表团规格比较高，受到霍查主席与部长会议主席谢胡的亲自接见。按他们的传统，跟我们一个个拥抱、贴脸，自然照相并将有关相片登在日报的头版头条。代表团在阿期间，一切行动几乎天天见报。霍查还送每人一张他的彩色相片，又在游击队宫以国宴招待，其他高级官员如国防部长都参加，也有相片，我那一份“文革”后只留存极少几张。

负责接待代表团的主要是部长会议副主席、计委主任查尔查尼。会谈内容首先是石油，但又不限于此。阿方指望在工矿、冶金、机械制造等多方面得到中国的支持与帮助，所以安排参观了许多地方的工矿企业和农业合作社，主要包括中部港口都拉斯，南部港口发努拉，北部靠近南斯拉夫的斯库台，邻近油田的费里以及其他记不得名字的地方。

1966年6月中国政府代表团访问阿尔巴尼亚
前排：左二：唐克，左三：恩维尔·霍查，左四：王进喜；
后排：左二：刘文章，左四：朱康福，左七：翟光明

阿尔巴尼亚国土面积尽管小，但除亚得里亚海岸边一窄长地区外都是山地，矿产资源较丰富，粮食生产较差。赫鲁晓夫去访问时要阿发挥独特优势，农业上不必种粮而发展油橄榄、西红柿等供苏联，表示“你们这点人口，苏联人一人省一口也养活了，你们就多种油橄榄、葡萄、西红柿好了”。上述三种植物都是阿的名产，有相当数量的出口，当时阿方也乐于照办。布加勒斯特会议上，阿党代表支持中国共产党的观点，与赫鲁晓夫闹翻了脸。苏联封锁了阿尔巴尼亚，首先就卡住粮食供应。据说苏联的运粮船已到达阿方的都拉斯港口附近奉命返回，都拉斯只剩下居民一天的口粮，首都地拉那也只有不到一周的存粮。当时中国运粮船已在途中，情况紧急，中国船奉命急速前进，并奉命在船上昼夜不停地烘烤面包，一到都拉斯港就直接送面包上市应急。那时中阿关系极好。

阿国铬矿储量在欧洲居领先地位，也有铁、铜、煤与石油等。其原油是一种相当特殊的沥青质重质原油，比重大，炼油过程中获得汽、煤、柴油等轻质产品少，而沥青却是极好的优质品。阿还有优质的天然沥青（由于原油暴露，轻质组分损失掉以后剩下的）矿，不仅东欧各国、连西欧各国修筑高级公路等也需要，因此成为重要的出口产品。不过生产方式很落后，原来还用木桶盛装，后用铁皮桶灌装，一套比较现代化的灌桶设备是中国援建的，即装入 53 加仑（或称 200 公升）钢桶出售。桶子先由中国供应，然后又搞了个制桶厂，所用薄钢板我国那时还不能生产，用硬通货购入后供阿方。

由这次访问，阿方提出建设炼油厂一事，唐克仅表示可以进一步商谈，后来就落实成为中国援阿项目。北京院负责设计，全部设备器材、施工、人员培训以至开工投产，中方全部承担。具体工作我已不能参加。邵祖光负责此项工程并任驻阿专家组副组长。组长是叶忠贵，原一厂副厂长后任基建司副司长。到炼厂投产时，中阿关系又闹僵了。此事也引发援朝炼厂，我同样未能参加。援越炼厂的事据闻也有议论而未成事实，原因是与阿、越两国的关系都破裂了。邵祖光“文革”初期在援阿炼厂工地，建成而未投产即回国，已是极不痛快的局面。

还有两件事：

一是发动“文化大革命”的“5·16 通知”，文件是我在公文包中带到地拉那的。我们是政府代表团，出入境手续都有使馆同志照应办理，很简单。在匈牙利临走前，唐克交给我一个大封套，只说是极重要的文件要交给驻阿大使的，我必须妥善随身带入不能离身，不能让阿方知道。我那时持有红色护照按例是免检的。因此随时都放在我公文包中。后来知道，封装的就是“5·16 通知”，发动“文革”的中央文件。

再一件，我认为此行与以后康世恩提“十来个大庆”有诱发性作用。阿方那时产原油近 100 万吨/年，人口一般称 200 万（有几十万人在意大利、南斯拉夫及其他欧洲国家，这些侨民每年寄回国内的钱，在阿方外汇收入中占一定比重），铁人王进喜一算，刚好每人平均半吨。他就说小小阿尔巴尼亚每人半吨油，咱们中国也应达到这个水平。我与他争辩，认为中国人口太多，连半个半吨的水平也难以达到。铁人那时正在鼎盛时代，豪情万丈，指斥我悲观主义，我也反过来讲他盲目乐观，他大不满意，讲了一套“有要上，没有也要上”，并说回国就向康部长、余部长汇报他的看法。铁人讲话那时可是有分量的，他回国后向康世恩讲了这一点，当时康如何表态则不知道。据我了解，这与后来余秋里，特别是康世恩讲“十来个大庆”颇有关系。那时大庆的产量尚未达到每年 800 万吨的规模。等到大庆年产量可达 5000 万吨，加上一些地质学家们的估测与康世恩自己的乐观思想，就产生“十来个大庆”的概念，每人平均大体达到半吨了。这个思路其实是有害的，我自己对石油工业发展的思路，看法始终不那么乐观，在“文革”后有所显示。

那时笼统讲中国10亿人口，每人每年半吨油就是5亿吨。大庆油田年产达到5000万吨，十个大庆的意思就是5亿吨/年的原油产量。以康世恩为代表的石油工业领导人，梦寐以求的目标就是年产5亿吨原油，使中国使用洋油的时代真正“一去不复返”，这种谋国之心与壮志宏图应该理解以至肯定，可惜科学依据不足，不能遂其所愿。直到1997年底，石油天然气总公司领导人还讲“六个大庆”。这六个大庆的内容，包括天然气产量折合一个大庆，国外一个大庆，即在外国投资勘探分享产品达5000万吨/年，其余四个大庆即二亿吨包括海上与陆上的新疆等油田在内，是目前经多次评估研究后认为我国可能达到的最高产量，出现时间可能在2010年。我衷心希望这个修改过的目标能够实现，虽然与客观还有距离，至少依靠进口原油的程度有所降低，我哪怕看不到也是欣慰于心的。

那时，中阿两党、两国关系很好，我们的短暂停留到处受到贵宾式接待。我不了解他们的历史，自然不可能对这个国家与民族有真正的理解，不过留下的印象很不错。人民是朴实的，在巴尔干半岛上这个人数不多的民族、面积不大的国家，在外国统治下400多年而坚强不屈，保持了自己的特色，是很可贵的。但是在现代的、全球化的浪潮下，技术经济的确落后的这一方乐土，前途又将如何，可就真不知道了。优胜劣败、你死我活的竞争，到底引向什么样的终极目标呢，这样的大课题绝非我所能探索的。

7月初，离开这个小小的山鹰之国飞回北京，航线仍是经中东、巴基斯坦到北京。

## 保卫首都的炼油厂——东方红炼厂

### 炼油厂的定址

再一个重要工程当然是东方红炼油厂，即现在的燕山炼油厂。

据我所知，在北京建炼油厂是石油部在 1964 年首先提出。北京院已选择通县境内黄村附近，一片泛着白花花碱土的永定河旧河滩上的场地，已经进行过测量和初步钻控，需要打桩。各专业那时都有一股创新改革的锐气，土建室有两项较大课题，一是轻型屋顶的折板，二是基础设施的“爆扩桩”。办法就是钻孔浇灌混凝土时，在选定的受力层坑底预放一个经计算确定数量的炸药包，引爆炸药，迫使周围土壤受力而变形，扩大坑底体积，混凝土受震而密实。全套技术不是北京院的发明，有详细的文献介绍，陈世华等引入应用。在通县选定的厂址上进行实验，在浅坑中实施，然后把整个桩挖出来，证明桩底是大蒜头状，大大扩大了受力面积，应是很成功的。挖出的大蒜头我曾实际检查过，混凝土密厚而表面光洁，也已经计算出能形成多大的大蒜头，增加多少承载力，但是石油部迟迟不下决心。这是 1966 年初我尚未去罗马尼亚之时。

待从阿尔巴尼亚回国，知道北京炼厂的建设目的有重大改变，即应承担“保卫首都”的任务，原选厂址完全暴露，必须更改，按“靠山、分散、隐蔽”的原则另选。北京院已专门成立选厂工作组，开始在密云、房山等郊区县进行工作，部里正式传达的要求很明确，要找一个可靠的山体建设一座炸不烂的山洞油库，并配合该库建炼厂。为找炸不烂的山体，自然以花岗岩最为理想。

我找龚慰鹤（这位俄语水平高，办事细微踏实，我很赞赏的同志不幸过早病逝了），让他弄清北京周围最近什么地方可能有花岗岩山体。从地质部门收集到的资料，燕山山脉有发育完整的花岗岩山体，较近而且完好的在房山县境内拒马河边上。记得派出两个小组作为先头观察队，并回家向崇筠请教，落实燕山余脉有花岗岩山体，于是讨论决定以房山为重点踏勘，初步找出栗园村附近的一座山。我与选厂组两次去房山。头一次主要了解周围地区建厂条件，第二次由栗园村出发，沿拒马河一路走到六渡以远，靠近十渡的地方。那一天走路不少，回栗园上车前，已步履艰难。同行一位年轻同志姓马，说笑话叫“小马让我骑吧”，一路哄笑，否则就走不动了。

踏勘回来，我自己颇矛盾。按上级意图，为保卫首都，这个厂址相当理想，山体完整不用说，而且山脚下有相对平坦且地势较低的一片场地，不大，但可以布置下 250 万吨/年的炼厂，油罐区可以较分散地布置在相邻的山沟中及小丘上，总之很符合“靠山、分散、隐蔽”的要求。交通自然不方便，供水、供电等投资都大，不过被认为是必须付出的代价。至于不利于扩建更不成问题，部领导强调明确这个厂不会也不能扩建，否则就不符合原则了。我思想上还有个顾虑，建厂必将毁掉大片栗子树，显然严重影响当地村子的收入（其余几乎没有耕地）。向领导汇报时讲出来，马上有人打断说“要保卫首都还在乎几棵栗子树吗?”向定一部长汇报，他也不可能拍板，经部里联系，让我去向总参谋部汇报，说：“不要多问，自有人听取。”石油部派一人陪同我和院里另一同志，按规定时间到了总参，有人接待，却是冷冰冰的，有人听汇报，问过几个问题，不置可否就算完了，只说等研究后再通知。

过了不久，石油部通知再去汇报，要求带上总平面布置图。这次汇报时参加的军人多了几个，有一个明显的是职位最高的，但那时军队的服装不显示官阶，也不知是多大的官。问题较多，主要都是烟囱多高、塔多高以及炼厂消防设施等。最后表示“可以”，要求留下一张总平面图，说要向首长汇报。据后来传出来的说法，他们根据总平面图布置了周边山头上的防空炮火，以及测定了敌机从山头后面飞过来投弹时弹着点的可能位置，提出油罐区大体布置的位置，并决定同意这个厂址。同意先建厂，接下来再开挖山洞建油库。

清楚地记得石油部有文件批准厂址，规模 250 万吨/年，不考虑扩建。定一同志口头上明确，该厂任务第一条是战时保卫首都，所以安全、隐蔽是第一位的，不能扩大目标；另外，要求组织力量尽快上马，尽快建成。为争取时间，北京院要暂时代行筹建处的任务，尽快调兰州炼厂的人员来京参加，以后再考虑正式的筹建班子。此时已是 1967 年初，“文化大革命”已经逐渐进入高潮。

栗园村原属良乡县，著名的良乡板栗产于此。有棵被称为栗子王的古树，据称树龄远过百年，至今枝叶繁茂，覆盖整整一亩地，年年结果累累。在设计总平面布置时，还专门保留。初步设计我还管事，明确圈了个圈保护起来。待具体施工时，也不知道谁决定把它锯掉了。有人讲，树即令保留，在炼厂空气条件下结果也不会多，栗子的质量更不能保证，也许也有道理。

按北京院一贯办法，东方红炼厂工厂设计师的人选是关键问题，记得一度是何宇，并派贺永馨为助手，何宇总嫌贺永馨“太笨”，一度贺永馨哭哭啼啼说干不下去，这才让唐敏担任助手。何宇为什么又不担任该职务，我已经记不清，反正是换了郭雨东与唐敏两人。不过定一同志曾嘱咐要我自己好好抓。我理会其中有两层含义，一则项目重要，是保卫首都的嘛，不管谁当工厂设计师，我总是首先要承担一切责任的。二则，郭雨东、何宇的业务能力、工作才干全院公认，只是运动一来，又总是批斗对象。那时候石油部及北京院两派斗争渐渐明显，以政工人员为主的那一派随时可能攻击老郭、何宇从而影响工作，所以我必须直接过问一切。

筹建处开头也没"牌子"，兰炼调来葛立兴，石油部两派群众组织各有一人，加基建司一人参加，包括后来担任石化总公司副总经理的吴协刚。我指派唐敏常驻工地。他们以后显露才华、各有发展。

设计工作仍是昼夜加班。不少单位已经停止工作闹革命了，北京院还坚持赶任务，因为有"保卫首都的任务"这个大招牌，我还勉强压得住阵脚，没有大乱。实际上，1967 年内就已经开始动工，总平面布置及适度联合的原则（还是联合装置，但可分为几片），可以说是老郭和我两个人决定的。

1967［？1968］年 5 月我被揪入"牛棚"，没几天老郭也进来了，邵祖光接着负责。其中唐敏确乎起了不小作用，至于设计原则与基本内容，都是按老郭与我决定的框架进行的。按记载，东炼于 1968 年 8 月全面动工，1969 年 9 月，一期工程三套装置（除润滑油工程外已是完整的）投产，那时老郭与我、何宇等都在"牛棚"中经常挨批斗。

## 扩建为燕山公司——国内最大的石油化工基地

至于这个不考虑甚至不允许扩建的"保卫首都战备炼油厂"为何扩建成为至今的燕山公司，如今按有记载的文字材料，从 1969 年一期工程投产后就开始了。当时的石油部、化工部和北京市联合报告得到批准，筹建利用炼厂气为石化工业生产的“胜利”、“向阳”、“东风”“曙光”四厂，我分析，其中有几个因素应该起了作用。

首先，康世恩当时已经恢复掌权，他提倡这方面的发展，并称之为“炼油厂的三次加工”。我对这个名词极不赞成，背地里曾讽刺地说：“什么三次加工，还八次加工呢?”意思是石油化工就是石油化工，不能叫什么三次加工，更不能单靠利用炼厂气。

第二，徐今强当时调任化工部部长，他对发展石油化工的认识与决心恐怕更高于康世恩，只是当时大环境不允许有巨额资金（以后成批购买外国大型化肥与石化成套设备，徐今强同志是出了大力气的），就迁就于炼厂气利用的小打小闹。在一定程度上也是石油部花钱搞工业试验装置以求自力更生发展技术的一种继续。

第三，北京市委、市政府掌握在“四人帮”手下人物手中，这些人力求在北京市搞出点名堂来，北京市稍晚些时候还想承担 30 万吨/年合成氨厂的全套设备、仪表制造任务。

从四个厂的命名可以明显看出它们是“文革”时代的产物。这个特殊项目经国务院批准，曾作为特别的“重点中的重点”，投入大量资金。从北京市东北部密云水库引水，输水工程斜穿北京市北郊，绕当地山坡各种管线、电线等形成大观。不过投产以后，效果并不理想。到 70 年代初，继引进 13 套大化肥装置之后又成套购买 30 万吨/年乙烯装置，徐今强同志就决定一套建在燕山。

至于以后花岗岩山体内的山洞油库始终未建，而炼厂发展为燕山石化这一大摊子，远出我所始料。这一带放炮开山的轰鸣不断响起。从栗园村那个山旮旯里一直延伸到平原地带以及修筑准高速公路直达天安门，迄今仍是国内最大的石油化工基地就崛起于此。当时反复强调的“不能也不准扩建”，却也查不出任何文字依据。

1985年6月，康世恩以国务委员身份率团访问日本，我也是随员之一。在日本碰到一个能讲流利汉语的日本人，此人单名为“顺”，因出生在东北抚顺。他单独跟我谈过些话，其中提到：中国人把那么一个大石化基地建在山沟沟里，他和其他日本人都无法理解。我说那时候讲备战、讲隐蔽嘛。他说：像你这样从美国回去的工程师们怎么不提意见，不反对呢？我心想这家伙可是找对人了，专门来对着和尚骂贼秃，那厂址不正好是我选的吗？

燕山公司总的生产全部寄托在利用大庆原油，至少是低硫石蜡基原油，一旦大庆原油不能充分供应，燕山就将面临困境。我曾两次向燕山公司工作人员讲过，燕山的出路应是从栗园搬出来，另建一个可加工进口原油的炼厂。我感到自己把炼厂选在栗园也有一份责任，等于欠了燕山公司一份债。这种意见是不会有人听的，我只能说说而已。

1998年3月底，国务院机构大改革，石油工业将建立上、下游一体化而以南北划分的两个大公司，还在争夺燕山这块“肥肉”。结果由李人俊出面协调，燕山、天津都归石化总公司。

十年动乱在劫难逃，一家星散，浪费人生中最可宝贵的一大段时间，终于也平安熬了过来，即使在被挂起来的几年中仍然干了一些有意义的工作。我们还能做些工作，经历开放、改革、致力建设的良好环境，子女也都自立，与许多家庭对比，我们是十分幸运的。

没有石油工业的迅速发展与支撑，十年动乱的经济状况难以设想。诱发更大的动乱也不是不可能的。

# 第 7 章

# 十年动乱

十年动乱是一般性的说法，对我自己，这里将记录 1966—1979 年 13 年的事。

对我来说，史无前例的“文化大革命”，即大动乱，直到 1979 年 10 月正式调入原石油部规划设计总院为止，其间又形成几个段落。大体上第一年苦撑局面（1967 年 5 月为止），“牛棚”生活两年半（到 1969 年 9 月），干校四年（到 1973 年初），“高高挂起”长达五年半，一起加上共计 13 年，也就是从我 45 岁开始直到 58 岁多，正是比较成熟可以干点工作的年龄。侥幸的是除在“牛棚”什么也干不了之外，就是干校养猪也自觉有所收获。“挂起”之时，实际也干了些正经事情，参加燕山乙烯工程的建设等，更应该庆贺的是我没有 60 岁退休，80 年代以来还干了点事以至如今。

# “文革”初期

## “文革”前夕

三届人大以后，刘少奇已明确为接班人。毛泽东在接见外宾时都已讲过，刘少奇的地位上升，有一大批支持者。虽然“文化大革命”中提出打倒“刘邓路线”，按我目前认识，其实不妨名之为“刘周路线”，毛泽东用刘邓为名，自有极高明的策略，不是我所能多说的。

我以为，石油部在“文革”前，实际是不折不扣忠实执行“刘邓路线”的，正面和反面的影响与作用，同样反映这条路线。

余秋里来自部队，贺龙元帅老部下，长征勇将，忠于党，忠于毛泽东，绝对可靠；转业到石油部就“发扬人民解放军的优良传统”，要求“学习解放军”，这也是毛泽东提倡的。在大庆会战中，真正贯彻了“下定决心、不怕牺牲、排除万难、去争取胜利”的作风。功勋俱在，是实心实意搞建设，争取“使用洋油的时代一去不复返”的英雄人物。

搞建设必须尊重科学，他也懂，也执行，余秋里常爱讲“马列主义是科学的共产主义”，信仰阶级与阶级斗争的科学，从而决定了他对知识分子的基本态度。他需要服从领导、为我所用的工程技术人员，就是听话而有用的人，对于没有用的人，可以“弃之如敝屣”。对有用而听话的，倒也可以破格放手使用与提拔；有用而不大听话的则“训”与“批”。“训”就是骂人，可以骂得狗血喷头，尖酸刻薄。这种事例不胜枚举。“批”得更要上纲上线，首先必是资产阶级个人主义。训、批之后听话了，照样用，不过记下一笔账，随时可以重新提出老账新账一起算，那就离踢出去不远了。至于不服训与批的，迟早踢出去算数，蓝田方就是一例，其余还有的是。

我之所以蒙他挑中，一则是有人推荐，如孙敬文部长、张定一部长、杨达司长等，二则他从听汇报中认为我是听话的，其中包括我在“反右”早期引蛇出洞时，因一门心意忙于工作不参加学习时讲的牢骚话被人汇报上去，却反而中了他的意。曾被一直提到石油部总地质师以至副部长的闵豫也是如此，最终却不免还是被踢出去了。提我当院长另一个冠冕堂皇的理由是党中央明确指示要提拔年轻有为的专业人员。

我担任院长后，北京院业务工作之外有两个重点，一是参加“四清”，第二是选拔年轻人。

北京院本身不是“四清”的重点。一般的讨论学习之外，就是挑选一些人参加“四清”工作组。书记刘东明就率队去锦西五厂搞“四清”，说得刻薄一点，培养出来一些“整人”的干将。这些同志阶级觉悟都有所提高，能够紧跟党委、书记，认为这就是紧跟了党。毛泽东“炮打司令部”的大字报一出来，马上紧跟而打倒刘、邓，打倒资产阶级走资派，更是后来“保余”骨干。

院内选拔年轻人，第一个条件要根正苗红，第二是“我们自己培养的”，因此重点就是60年代刚进院的大学生。他们在全国解放时还在念小学，是第一代的红领巾。培养的方法也明确，要直接压担子，从实践中学。整个事情经过我列席的院党委开会作出决定，实际执行的主要责任在我。培养的对象由政治部人事处根据档案提出初步意见，其实并无变动，因为确实都符合条件，而且学习成绩也都很不错，有几个是学校里的团干部，本来已列为发展入党对象。

我认为所选的苗子都好，但直接在业务上挑担子则不放心，就出了个点子，指定老同志负责指导，而且具体提出一个说法，叫“年轻人挑重担，老同志负责”，业务上出什么差错，责任在老同志。那时院里继续承担不少工程项目的设计，照例在各工地派出现场设计组，而且为加强思想政治工作，组内都指派政治思想负责人，可以直接向他所在的支部汇报情况，同时协助工作组组长处理业务问题，等于组长的第一助手。选出的苗子或在院内直接担任装置（或系统）设计师，或去工地担任助手。一到“文革”开始，这种办法的矛盾就暴露以至激化，矛头就向我来了。

### “文革”初起

“文革”冠以“文化”之名，一开始从文化有关的事开刀，进而批“资产阶级反动学术权威”。在北京院，我是院长，兼总工程师与否一直搞不清楚；留美的、历史上有“国民党员”等问题，这顶帽子逃不掉。1966年7月，我从阿尔巴尼亚回来，一进办公楼，铺天盖地的大字报正等着呢！

当时的院党委书记刘东明及另外一人到机场迎接。他建议我先回家休息，我则仍按自己的惯例，既然没到下班时间，就先到单位。路上，刘东明说院里开展“文化大革命”运动轰轰烈烈，大字报非常多，告诫“要有心理准备”。我一身西服进得院大门，与所遇者打招呼，有人仍上来握手问好，也有人点点头就走开。到后楼上二楼，果见大字报密密层层，琳琅满目。我的办公室还锁着，但门外已被大字报彻底遮盖，要进办公室只能像掀帘子那样小心掀起才能进去，我知道对大字报绝不能有丝毫破坏。刘东明显然担心我一下子会受不了，再次劝我回家。我倒也不大在乎，开门进入，放下手头东西，室内却显然打扫得很干净，院政治部主任杨华甫让人通知立即去见她。

杨华甫是康世恩夫人，是我的入党介绍人之一。那时我入党问题已通过小组、院党委的讨论、批准，报到部党委去了。稍过几天又知道部党委也已讨论通过，按当时规定，我的职务已属司、局级，报请中央组织部审批去了。记下这点，因为整个“文革”期间，我是否算中共党员一直有争议。最后定论“不算”，入党须从头再办。

杨华甫讲话比刘东明水平较高，先慰问一番，才说运动中首先要尊重群众，说大字报必须好好看看，自己好好检查，不在于这一时半刻，眼前还是先送我回家，好好休息。记得那天是小车送回家而不骑车。

第二天去上班花一整天时间专看大字报以表示接受批评，还拿个小本作些记录，开始两个小时是真正注意看，还摘要记下的，其实看过两三张就基本了解批判“资产阶级反动学术权威”的含义；以后完全不妨一目十行那样扫一遍就是，因为内容难免千篇一律。大字报确实多，听政治部同志讲，天天有统计上报石油部，反正数以万计，平均每人若干张。前、后楼各四层及食堂都挂满了。绝大多数字迹整齐，肯定是写草稿后缮写而成，主要对象是我，也及于几位总工程师，大体以郭雨东、何宇两人较多。再注意一下，讲的集中于“资产阶级”，其次是“权威”，提到“反动”一词的好像极少，还没有打上叉叉的。可见还是和风细雨、与人为善、治病救人为目的。因此，我倒也没有大的思想负担。

稍后，刘东明、杨华甫又一起找我谈过，内容除正确对待群众、接受批判、虚心检查之外，提到要“用党员标准要求自己”，还必须认真抓好业务工作。应该说，那时候石油部和北京院两级党组织都是保我的，而且有明朗的讲法，就是界定为人民内部矛盾。

向党委表态，一定虚心接受，而且明确表示要继续抓好工作，保证完成仍然繁重而且紧迫的各项任务。实际上，白天看了大字报，心中也有底，晚饭后就在办公室处理工作。不久后《人民日报》有一篇报道，说东北某单位一位领导，白天被群众揪去批斗，戴高帽子；批完回来，把高帽子“供”在办公桌上，照样办理一切公务。周恩来总理知道此事，专门给予肯定，报纸也就跟着宣传，我就说要学习这个榜样。我是那么讲的，也是那么干的，直到1967年5月上旬被揪进“牛棚”为止。干的具体工作，为东炼选厂、胜利炼厂开工等。

我一回院，确实就有许多业务上的事要办，几位工厂设计师与室主任都找上门来，提出需要解决或确定的问题。那时我用一个大办公室，一张大办公桌之外，就一个椭圆形会议桌，经常会有几个人一起讨论、研究。不记得什么时候按什么人的指示，把办公室门前的大字报移动开，进出无须掀帘子了。以后至少开过两三次全院性的批判大会，在食堂里把吃饭桌子移动一下，大家各自带坐椅。放两张普通桌子披块白布就是主席台，院领导各有坐椅分坐主席台两侧。由刘东明主持，各室代表轮流发言批判。总的气氛是批，而不是斗。让我发言也只是表个态，对其他总工程师也一样。

中央文件“5·16通知”传达以后，所有单位都建立“文化大革命”领导小组。北京院领导小组记得是三个人，组长叫高德民，是党委选定的培养对象，另外两人也都是党团员，都没有行政或党内职务，以表示领导小组是由群众产生的，是群众起来闹革命。实质上各单位各领导小组都完全在原有党组织的控制、掌握之下，与“5·16通知”的精神其实不符。在有些单位特别是首都几所大学中，这些领导小组被指斥为官办的，得不到拥护，而成了造反的对象。石油部那时同样向基层，包括石油学院派了工作组。对北京院则派了贾金会、单永馥与江士昂进院；贾任副院长、江任总工程师，“文革”领导小组改由贾金会领导，是更彻底的官办，而且发表将杨华甫调任大庆设计院党委书记的公文。从此，康世恩的儿子康卫平就显露头角（杨华甫不是他亲生母亲，却不免影响他的出头露面）。凡参加这种工作组的人受到造反派的冲击，思想上不服，大多数人参加了以后保余康的一派，与多数群众对立起来。在北京院人数远远占少数的一派，其实就是贾、单等人进院后与康卫平等政治部人员搞起来的。

批“资产阶级反动学术权威”的浪潮主要集中于我，对各位副总工程师以及各室室主任只稍稍带到，而且如上所述，当时党委仍起决定作用且有意保我，自然不可能持久。我刚回院时已是高峰期，此后大字报一天天锐减。只是开过一两次群众大会，组织一些人揭发批判点了我的名字，却还是客客气气的。大体内容涉及一些具体工作问题，还没上纲上线，总之堪称温和，我也发言表态：虚心接受意见，认真改进工作，深刻检查世界观、人生观。按当时套话，就是并未真正触及灵魂，这第一阵浪潮就此暂时过去，我主要精力仍能集中于工作。

大局仍无剧变，接下来有一阵破“四旧”。全国范围内名胜古迹都遭到毁灭性的破坏。造反派的疯狂劲头开始显示而又得到来自党中央的鼓励。抄家开始出现，在北京院内，破“四旧”并不引起两派矛盾，是统一的。多个战斗队还竞相显示革命的彻底性。我处于行政领导之位，特别小心，怕在这方面引起任何麻烦，回家就主动清理，其实却也没什么必须销毁的玩意儿，甚至脸盆上的黛玉葬花图案也给刮坏了。崇筠对此颇不以为然，我只说小心为上，事实证明还是崇筠对了。要找毛病，也不在这种地方。

破“四旧”主要对象之一是张之洞的孙子，把他家几大箱陈年老古董搬来示众。还有一位女同志，说她鞋子就有20双，到干校后居然还陈列过，有极少数高跟鞋，把长筒、短筒雨鞋也列入。实际上，这时的人事科就已开始泄露个人档案，引发以后所谓“抛档案”，在全国范围危害极大。

每人的人事档案本来列为秘密，不能公布，政治部人事处自然都知道每个人的身世与历史，泄露出来肯定也是这些人干的。抛档案就是在批判某人时把他的身世公开出来，既有明抛（在大字报及批判发言中直接宣布），也有暗抛（将这种材料告诉某些人，供给“火药”），因此就讲北京院“藏龙卧虎”或“资产阶级孝子贤孙成堆”。很有些名人子孙，例如李鸿章的侄孙，张之洞的孙子，徐世昌的什么亲戚（也是早知道的，此人曾口称“徐大总统世昌”），袁世凯的孙女，曾国藩的曾孙女等。这种做法，使大批同志感到威胁，出身不好和历史上有问题的人都不敢乱说乱动了。另一些年轻同志身上虽没有包袱，却也担心不知道自己档案中有什么不利的材料，因为各支部还保留着过去学习、运动中的发言材料，而且打小报告的人明显存在。派往各工地负责政治思想工作的人，明明定期往各支部报告工地人员的思想动态的嘛！这样就伏下后来砸、抢所谓“小档案”的根子，整个气氛逐渐紧张起来。

运动急剧升级的起点当然是毛泽东的“炮打司令部”大字报。党内有两个司令部，赫鲁晓夫就睡在我们身旁，那还了得！十年动乱的真正开始，其实在此。又因为直接攻击派工作组是镇压革命群众，是资产阶级反动路线，虽未点名，却明确指向刘少奇。首都大专院校学生带头驱逐工作组并发起向校党委主要负责人的革命行动，学生停课闹革命。许多工作组狼狈撤出。但石油系统的表现却颇有不同，派出的工作组虽也奉命撤回，却能控制形势。北京院的工作组悄然回部，我却眼见石油学院内有大字报为工作组叫好。而石油附中还敲锣打鼓，红旗招展地欢送工作组，以显示派去和撤回工作组都是正确的、受欢迎的。总之，石油部党组织是一贯正确的。这种做法当然引起大多数群众不满，两大派由此形成。

在北京院，派来的小组直截了当地委派为行政岗位负责人，如贾金会等仍留院，但不再那么公开活动，很可能进行了一定秘密串联，我是不知道的，实际上则出现了一些新的战斗队，支持院党委、部领导。据后来揭发出来，全院各支部书记、副书记都分别受到个别打招呼，无非要求站稳立场，支持部院党委。对我本人而言，刘东明、贾金会等人完全与我脱离接触，他们搞革命，我只管生产。全院搞具体业务的同志仍能继续工作，接受并完成任务，只有一点不同，绝不加班。还有些例外，那就必须我去求着，陪着。不陪着，一会儿就有人来把搞工作的人叫走了。

院内如此，驻在各工地的人员也都勉强维持着，各工地负责人知道院内情况已不同过去，为能及时交出图纸，欢迎工作人员到现场去。大多数同志也都愿意去，并不热衷于闹革命。我与各工作组也保持很好的联系，并一致同意决不介入驻地的革命。因为不同派别已到处出现，搞到里头必无好事。要避开这一点也不容易，还得也搞一个什么战斗队，写写大字报，因为“不革命就是反革命”。最重要的工地是山东胜利炼厂，沙展世一直坐镇，我几乎每个月都去一次；大庆工地本来由邵祖光主持，后来是李学澄；锦州顺丁橡胶攻关会战是邢活舒，我几乎没有去过。如此维持到 1966 年底。

接下来就是“一月风暴”与夺权斗争。推倒阎王殿、砸烂公检法等，哪一项都是改组后的中央“文革”小组支持并鼓吹的。各地部门首脑单位纷纷受冲击，领导人被揪斗以至伤残。1967 年，运动大大升温，到处批斗、揪地富反坏右等之外，知识分子被列为“臭老九”。

石油部明令不许工作人员到各大学去看大字报，北京院同样传达执行。但中央"文革"小组明确表态支持，这些学校连续揪斗部长一级领导人，各种小报满天飞的情况下，这种禁令根本不起作用。

其间石油部余秋里、康世恩主要领导人也是揪斗对象，1967年春节，就有围攻与保卫部大楼的事，其实是保卫余、康。那时中央"文革"小组册封的四大学生领袖，即谭厚兰、蒯大富、韩爱晶与王大宾风光一时，北京石油学院的造反派也是旗下一支力量。传闻将到石油部大楼前造反，揪斗工作组组长、政治部副主任张兆美等人。石油部固然造反派有相当势力，对此事却至少不积极。而部里有人安排了保卫工作，而且颇为周密。以"过一个革命的春节"为名，不放假，号召全体人员上班，实际是保卫部大楼，即保卫领导人。北京设计院就在部大楼对门，自不例外。这个通知正式传达给我，要我负责执行。北京院同志是服从惯了的，不用我费什么力，正式通知全院就全部到齐。对于保卫工作的具体安排，我一无所知，事到临头才显示出来有明确布置。设计院作为总后备队，学生群众一到，部大楼已有几道"防线"布置好。设计院的大门也安排人员坚守。这些具体布置不用我操心，却也有人把大体情况告诉我，奉什么人之命就不得而知。

其实那天石油学院来的学生不算多，秩序也较好，整个行动还颇文雅，在大门口就被挡住，只是在部大楼门前喊口号，要求派人出来接见。学生人数按我从设计院楼上所见，估计不足一千人。石油部先后派办公厅、"文革"领导小组的人员，最后一位副部长出来，在台阶上与学生代表谈了一会儿。双方对峙了三四个小时，学生们也就打道回校了，这算是我间接有点接触的第一个群众场面。

北京院内战斗队纷纷成立，工地上首先锦州顺丁橡胶项目的人要回院闹革命。这个项目与化工部第一设计院合作，一院一部分人首先自动回京，接下来还有其他单位人员撤退，局面维持不下去，北京院的队伍坚持留下少数人照顾直到项目建成。这种情况已完全决定于驻在现场有关同志的自觉与责任心、事业心，我自己其实无能为力，不过总跟他们保持联系，尽可能解决一些他们业务上、事务上的需求。

北京院各工地代表组撤回院来，马上认为“北京院死气沉沉”，新一轮的战斗组、战斗队纷纷出现。被院党委选定为培养对象的年轻人被指斥为修正主义苗子，而这些苗子因为自身根正苗红，不怕追查出身与历史，就起来反戈一击，多数成为新的战斗组的头头或中坚。这些同志都有一定才干与活动能力，很快变成北京院闹革命的主力。上海市工人造反总司令部、北京学生组织等又借全国大串联的机会，到处煽风点火，石油部也挡不住。石油部党组采取的措施是组成一、二线两套班子，指定几位副部长在一线，出头应付革命群众，二线是核心指挥部尽可能退隐在后。其实除一、二线外，真正的核心就是余秋里为主，康世恩为副的两位了。

徐龙星是前述培养苗子之一，我让他当过装置设计师，本来也算比较接近。通过他，有几个年轻人就不时会来找我通点消息。全国到处夺权，把原来的领导班子一起推翻，革命组织出来掌全部权力，而且定名为革命委员会，这个名称也获得肯定。石油部的夺权曾被贬斥为“假夺权、真保皇”（保余、康），北京院的夺权，恐怕也只能称“半真半假”。

我既是院长，却又尚未入党。当时夺权的象征之一就是夺取代表一个机构的那一枚大印，据说北京设计院的大印还是国务院颁发的，确实由我保管，其实不在我抽屉里，是文书部门一位同志专管，但使用时必须经我认可签字。为了夺权，院内各革命组织开了联席会议并决定大联合，成立联合委员会，选出负责人，主要有张琳、徐龙星等人，这几个同志与我关系可以说都不错，正式采取“夺权”行动之前就来通知我，叫我不要阻挠、抗拒；还明确表示业务方面还由我执行，意思是他们掌权，由我执行。

事后知道，这些年轻人过于简单，北京院的大权一直在院党委，那时的院党委是名亡实存。说名亡，因为已经被迫宣布不执行党委会任务，这在当时各部门都已如此，包括石油部党组在内。讲实存，则党委委员中虽有几位也表态造反，甚至正式参加群众组织，而以刘东明为核心，原政治部一些同志为外围，直接听命于石油部并未解散的党组即余秋里、康世恩等几位领导人，其间的联络、传达如何进行，我一直不知道。北京院的夺权，石油部的夺权，都根本没有真正触及这实际的大权，可以说，整个“文革”期间，石油部大权一直在余秋里为首的一批人手里。

北京院的联合委员会据说一致同意联委掌全院“党政财文”大权（这是当时流行套语）。下边各处室分别由各自的革命组织掌握。各业务处、室主任以及支部正、副书记大概已全部参加了战斗队，顺理成章地摇身一变就参加了新的领导班子。政治部一些骨干，在夺权前已组成他们的造反组织，被称为保皇派组织，也参加了大联合，名正言顺地夺了原政治部的权，实际上则是排斥掉几个被认为不可靠的人，更加纯粹而精干的“上保余、康，下保刘（东明）、杨（华甫）”的骨干力量。这些人马上严密封存了党委及政治部的全部档案。从事实看，其实不是封存，而是掌握，因为以后他们随时仍能抛出某人的历史档案内容，作为最有力的武器对付另一派。例如忽然出一张大字报，点名某一战斗队中某人的家庭出身及历史上如何如何，是黑五类（地富反坏右）分子或其孝子贤孙，决不允许混入革命队伍云云。在那时这就叫重磅炮弹，完全可以打倒被点名的人以至有关的战斗队。两派对立的局面，从而升级。

在此之前，已经出现所谓“小档案”事件。院里除政治部人事处掌握全院人事及党委的档案外，各支部还各自保存有关学习、讨论以及工地代表组发回的有关汇报等材料，涉及有关同志。现场同志撤回院里后，有人揭发这些小档案并指斥为非法的，要求销毁，却并未见诸行动。在上述抛档案情况发生后，不知道哪个支部有人首先行动，强迫支部书记交出文件柜钥匙，把小档案真正封存起来。因为大家都不清楚里面有什么涉及自己的内容，谁也不愿意让少数人掌握这些材料，也只有先封起来之一法。接下来，各支部都按此办理。只有三室支部书记杨一凡拒绝，发生过争执，几乎打起架来，因为也有人支持，不让动、不交钥匙。政治部某些人介入这件事，使两派对立进一步发展。

北京院两派也已形成，最明显的分界线是保余、康与否。造反派与社会上四大学生领袖等有相当联系，而揪斗对象却限于张定一与刘东明（杨华甫病了，先曾以为她称病逃避批斗，后来确知真病，还较重），口号是“打倒余、康王朝，砸烂刘杨大院”。我已不是重点对象，只有时被称为“走资派的黑苗子”在大字报上提到而已。有一次斗张定一大会，扭张部长胳臂强按脑袋，令他坐“喷气式”，使他大声呼叫。我曾出面制止。因为造反派的几个头头，如张琳、徐龙星、赵传海等人，对我还都很好。事后找徐龙星背着人劝说，我的意思是张定一实在是好人，就算执行反动路线，他也只是奉命而行。徐龙星倒也同意，讲过“斗争矛头就应对准余、康”这一类话，后来又有其他战斗队揪斗张定一，场面就比较缓和。徐龙星还自夸他做了工作的。

康世恩有一次被斗比较狼狈，全过程我不清楚，不知如何部内批他时有外人介入，据说有些是油田、炼厂的人，也有些是学生。在无防备的情况下，康世恩落入这些人之手，将被带走，在部大楼前被部里的人拦阻，又有北京院一些人协助把康世恩夺回，先送进北京院。此时我才知道，一心倒想解围放出康世恩，到我找到几个造反派中有一定影响的小头头，挤入包围圈赶到他身边，外来的人已被挤出去了。北京院不少人围看却不理也不斗。他已十分疲惫，席地坐在食堂边，微闭双目，眼镜不知哪里去了。我扶他起来，他首先要烟卷，抽了几口烟，精神也好些，有部里的人过来讲"可以出去了"。记得是童以豪与我两个扶掖着，前面有若干部里的人开道，一直扶出院大门，进对面的小门，不上楼而到小车库平常司机休息的屋子。我这才发现，那屋子已收拾过，似乎准备部领导人避开可能来揪的造反派，且随时可以上小车出走的地方。

此时报刊出现"反击资产阶级新反扑"这一提法的重要文章，所指其实就是对名为"二月逆流"，即几位老帅"大闹怀仁堂"的事而发。石油部大楼内出现一张署名为"反反扑战斗队"的大字报，内容直指石油部领导人镇压群众采取了新的反扑行动，呼吁革命群众起来反对反扑。一时引起轰动，不仅石油部、北京院，连石油学院以至其他大专院校各专业部等都有人来看并抄录。大字报是晚间贴出，过一两天又在晚间被撕掉或覆盖掉。有些传言说是"大有背景"、"大有来头"的，而政治部一派的大字报则大肆上纲批判为反革命小丑跳梁。

围绕"反反扑"大字报，两派斗争更进一步，写大字报的其实是四个人。我是很晚才知道的，大概石油部保余、康一派很早就发现或估计了。一位副司长范文兴，另三人即蓝田方、邢活舒与杨洁，先后都是北京设计院的院长、副院长，夜里去部大楼贴这张大字报的也是北京院的人齐树柏。余秋里、康世恩等人对北京院的整体看法就不言而喻了。

有一次，与外国人见面，坐孙晓风副部长的车。据说部里小车司机都属于保皇派，孙部长在车上并无顾虑，说到“苦了一线班子”，又讲唐克滑头，张定一最老实，也就吃苦最多。孙部长感叹地讲：一线这几位被折腾得够呛，我才知道这件事。孙晓风的口气，明显是同情那几位处在一线的领导人。我事前也风闻石油部领导班子有分工，至此获得部分证实。大体上唐克为首，张定一与政治部一位副主任等专门对付上门的造反派。后来又有一次单独与孙晓风在一起，他还曾说过，唐克很滑头，总能躲过，张定一老实，被人家推推搡搡，甚至挨几个冷拳都是有的。张定一先后被揪到北京院、石油学院，甚至长岭炼厂工地，平常在部大楼门口被斗的次数也多。从感情出发，我对余秋里因而大为不满。

北京院此时已经发展到经过大联合、夺权并自己成立革命委员会。正式并被石油部革委会认可的革委会是军管后重新组成并以军管会组长任领导的。夺权在当时的概念叫“党政财文大权一齐夺”，而北京院这次夺权并不具备这种条件，只是把院公章掌握起来，行政上实际仍让我当权，而我在这个所谓的革委会中毫无名义。财权至少一大半也仍由我掌握，因为凡开支票及有关报销，财务科仍必须由我签名或盖上我的私章，否则银行不认账。因此，我基本上仍能掌握情况，直到被揪入牛棚。

有几件事值得一记：

第一件是大庆加氢裂化爆炸。当天上午我从电话得悉，立刻召开会议，研究设计上是否存在什么问题。在院的几位副总工程师与室主任都参加，开了半天会，找不出什么问题。现场几次来电话，讲气氛十分紧张，我让他们镇静并确知我院无人受伤。这件事一时闹得极大，据说爆炸当天“苏联电台就有广播”，因此怀疑有敌人破坏，有炸弹。不知如何，大庆炼厂小厨房（小灶）的赵师傅被认为嫌疑最大，被揪斗打得死去活来，耳朵被终身打聋。严刑逼供之下，他承认有炸弹放入。那炸弹的大小，一会说由卡车运入，一会说是放在口袋里带进去的。谁带进去的？赵师傅倒没咬任何人，说是自己，但人人都知道他从来不去那个地方的。幸亏事情的确很大，国务院与黑龙江省保卫部门迅速进驻，先把他隔离起来。最初是因为不能让他死掉，以后很快就认为他不可能作案，他才保住性命。后来，他调回天津，还来北京看望敖明模、邹明与我。我到天津时，还专门被请去他家吃一顿他亲手做的饭，那当然已在80年代。事故原因也基本查明，关键是操作不当，而当事的操作工当场身死，也无法完全查清经过了。至于我被揪入“牛棚”后，还曾向我追查责任，说法比较勉强：你既不知道具体情况，为何专门开会研究设计情况，明明故意排斥阶级敌人破坏的可能，是何用意？

大庆工地整个运动中相对还较稳定，一般的揪斗、打人都有，涉及北京院工作组的有王崇谦被人用钢丝绳做的鞭子抽打背部负伤，不得不撤回院内。另外，留下的同志仍以李学澄为首坚持。撤回院内有张琳等人。

第二件，1967年上半年，北京设计院在运动中死了两个同志，一个在院内跳楼身亡，另一个在出差期间在外地遇两派武斗身中流弹而死。

跳楼的古海宏到底为什么走此绝路，一直没有确切说法，他在“五朵金花”技术发展中，为催化裂化反应内部衬里（耐热耐磨的非金属材料）长期出差，做多种试验，有显著贡献，得到张定一院长几次表扬。他是归国华侨子弟，也许他一腔报效祖国的热血，受刺激太大，十分灰心而走此一途。在当时被认为是抗拒革命、是自绝于人民的反革命分子，死有余辜。有一些大字报就是如此提法，并无其他反应。

关于武斗，北京院内两派从未闹全武行，双方吵吵嚷嚷，拍桌子打板凳、推推搡搡就算高峰。院里一位女同志因公出差江西，上街碰上当地两派武斗，被流弹击中身死，无人料理。查出身上证件后公安部门通知派人去料理，此事还是由我主办的。

成都两派真刀真枪，一攻一守，北京院仪表专业的俞美英那时已调四川院，把老母亲接去照看孩子，宿舍处于火线下，把老太太几乎吓死，连夜乘战斗间隙中三代人只带随身衣物逃来北京。她是50年代初进设计局后送去大学培养的，与蓝田方和我们都极熟，号称“小皮球”。她描述当时“枪声像炒豆子”，还有小炮云云，她见到被打伤的人，没见过死人。

第三件：石油学院这时期的运动与家人的遭遇。

运动初起批“三家村”，崇筠茫然不知所云。她没时间看这些文章，但也因此被挨些批评，只好赶紧找到几篇看了，仍不理解，可以说一开始她思想上就不通。我这段时间基本上天天回家，晚间无法工作，也没有必须干的工作。石油大院内的气氛比设计院热烈得多，不仅大字报用专门的席篷张贴，大喇叭还不断吼叫，指名道姓批判什么人，尤其各系各教研室各自揪斗反动（资产阶级）学术权威，她自属对象。学生们勒令教授们列队应试，名曰“考教授”。教授们排列站在“台上”，学生随意出题。一定要问得回答不出来再冠以“草包教授”予以痛斥。轮到崇筠，问了些问题，她应对无误，旁立者示意她尽快答不上，她偏偏实事求是照答无误，最后学生中有人取来标本考她。这个学生估计是低年级的，不知道所有标本基本上都是崇筠搜罗而来，怎能考住她？连试几块仍然一一对答，急得旁立者再三示意，崇筠却仍不理，学生怒上心来，不管答得如何，竟然挥掌打在崇筠脸上，大呼“草包、草包”，还勒令她打扫卫生，包括厕所，这是第一波。

不过崇筠除掉出身地主家庭外，唯一罪状是留学美国，可以冠以洋奴，而系里、教研室的助教与多数学生对崇筠还较尊重，更无冤仇，因此责令打扫卫生就算了。不久，红卫兵大串联，首都各大专院校都有供食宿的接待任务，食堂每天连续不断地蒸馒头，崇筠被调到食堂帮厨做馒头。我认为这已是优待。试想反革命分子进了厨房下点什么毒还了得？针对她的大字报也有，尚未上升为反革命之类。小平那时还在小学，停学后照顾弟弟妹妹，又找时间偷偷去看大字报。妈妈的名字没打上“红叉叉”就还好，他还未沦为狗崽子。鸽子本在101中学，停学回家，不知怎样就跟学院造反派“北京公社”的人混到一起去了，天天闹革命难得回家，却也不像某些孩子向家长开火。两个小的还不太懂事。只是保姆已被赶回乡，崇筠整天劳累以至连续腰酸背疼，双手红肿，这是第二波，尚未到达顶点。

第四件：胜利炼厂工地北京院的事，举两例反映一定的侧面。沙展世一贯谦逊、随和，居然始终超脱无事，高士原是副总工程师，此时任建厂指挥部总工程师，不知何处空穴来风说他是特务，尤其离奇的，说他受夫人沈佩和（已故）领导，而他夫人又受他家多年老保姆的领导。他主要领导施工队伍，工人们下手猛，他被打掉牙，打聋耳朵。另一种酷刑是用强烈灯光长期照射，不准睡眠。事后他说那时候真是求死不得。工地军管后，他被长期隔离审查，却也因此得全性命。

直到1997年末，一位原私立无锡中学的学生见到我，说我同班同学童有储建国后被捕以至死于狱中，被捕时说有个什么“第三党”是李宗仁领导的，童有储参加了（李宗仁先生那时还在国外），还牵连到童有储在联大附中、附小教书时的学生段承佑（季远）。段在云南解放前就参加革命参加党，在滇西南参加游击斗争并配合解放。建国后担任地委下一级的领导工作，因与童有储的关系以致开除党籍、下放劳动，直至“文革”后才平反。提及此事说明运动中什么都可能发生，连影子也没有的罪状不知什么时候就会飞到头上来，随便几个人就可以用革命群众的名义乱抓人、乱审讯、乱用刑，无法无天到了平常人无法想象的地步。

高士同志免于一死，似乎是大联合与军管之后这种非人的逼供有所收敛。

胜利工地上设计组内部发生了另一件也属胡闹的事。马庆发是华侨子弟，建国前后大批爱国华侨把子女送回国内，或年轻人自己坚决要回国的不少，在国内大学毕业参加工作的，北京院就有近20人，绝大多数都很积极努力，而且靠拢组织，不过由于海外关系受到不同程度的影响，不少人只爱埋头工作。马庆发则不同，建国后与大批爱国华侨青年一起回国，大学毕业后分配北京院，一贯工作、学习都很积极，当时担任北京院工地小组的学习组长，也是院民兵排长。某天工地小组学习时，他踊跃发言后信笔用墨水练习写大字，在旧报纸上写了“中国大龙”四字（有一说，他写的是“大蛇”，马本人曾辩解说那就是龙，家庭中从小对龙有敬畏，不敢直呼直书的），偏偏那报纸的反面有毛泽东相片，当场被电工室一位女同志发现，大叫“现行反革命”。纷争之间，室外有工人群众路过，听说有现行反革命，立即闯入，不问三七二十一，拳打脚踢把马庆发押走了。我在院内得悉，请工地无论如何把马要回来，“由我院革命群众处置”。现场一部分群众开会批斗后押送回院。马庆发也属“造反派”，一进院就由对立一派组织一场批斗，“喷气式”搞得他哇哇大叫，却总算没拳打脚踢，即被隔离关押。

第五件：红小兵上街入户破“四旧”。在血统甚嚣而“联动”横行时，一些自命红五类的小学娃娃组成红小兵，据说其破坏性不亚于大人。至于上街剪辫子、剃阴阳头则目睹过，还自己遇到检查。一天早上骑车上班路过和平里丁字路口，碰上一队手带剪刀的红小兵，主要是女孩子，喝令停车。一个女孩令我低头，我反应较快，知道她们要检查我的头发。我头发颇软，理发吹干后会长时间保持某些波状，所以就说“我这是天生如此，从来不烫的”。那时有一句赌咒式的语言“向毛主席保证”。她就要我向毛主席保证，我自然照说不误。她招呼另一个年龄稍大的女孩过来。两人一起拨弄一下我的头发，认为可以。于是就不那么凶了，比较平和地说“去吧”。

## “牛棚”生涯

### 惹祸的一张大字报

北京院既分两派，两派都曾给我做工作。他们的分界线集中在对石油部领导，尤其余、康两位的态度。保余一派认为我是他们一手提拔重用的（余秋里确曾在公开场所表示应当把我吸收入党等），应该保余；反余派认为我平常还比较接近群众，应站在群众一边。我至少在感情上确实同意多数群众。他们迫我表态时，我口头上已几次讲过“跟大家一起”，而保余派谈过一两次无效就不再理我。我还自以为对余、康应该客观对待，决不能抹杀他们为石油工业作出的极大贡献，我对他们，尤其对余秋里的意见主要在于他内心从来不尊重知识分子，仅限于利用他们。至于他的严酷也令我不满。严肃、严密、“三老四严”都符合科学态度，而严酷则不然。余秋里有一次在大会上一连贯讲了十三个“严”字。实际上达到或接近于“酷”的含义（政治部主任吴星峰修改整理他的发言，有意识地把“酷”的内容削弱甚至略去）。这就是他从“残酷的你死我活的阶级斗争”中得出的结论，也使他从来不曾真正信任任何知识分子。他对知识分子的原则，恐怕还是顺我者昌，逆我者亡。

康世恩有所不同，他进过清华大学地质系，对科学知识还有尊重之意，尤其第一次川中会战刮一阵“鹞子风”，而纸鹞落地之后，他还是接受教训的。大庆会战初期，余秋里也讲要听听反面意见，传闻本是康世恩提出的。

余秋里脑袋里实际上没有民主的概念，只有“人民民主专政”。康世恩多少还有点民主概念，却也不太多。从余入主石油部以后，余、康配合而形成一言堂作风，众所周知。

群众并没有强迫我表态，对我表示理解，这是迄至 1967 年 4 月我还能掌握局面、维持工作的根本原因，一旦我表示反对余、康，保余派就不能容允，一下子揪出来关入“牛棚”。那是我一张简单大字报引发的。

当时有个颇为可笑的区分方式。群众对领导提意见、写大字报，是响应毛泽东的号召闹革命，两派都要表示革命，对石油部领导也都贴出“有分量”的大字报，揭发批判。凡是名为批、实为保的用“火烧、炮轰”；而另一种则是简单的打倒——“打倒余、康王朝，推翻刘杨大院”。明明要保，言辞与文字上可以激烈过人，如万炮齐轰、大火猛烧之类。我看过某些大字报后，曾经讥评说：打倒不过是一种口号，大火、猛轰之下，还留下什么呢？岂不是要人身消除了吗？我这种私下窃语，据说曾为保余派知道，并从此痛恨于我。

院内两派经常迫我写大字报表态，但一直是缓和的，为什么有一天我终于写了一张，如今竟然想不清楚有什么事情激起我冲动，但根源总在于余、康对张定一的态度。我的大字报很简单，一张纸，反对一言堂。不过末尾的标语中，除照例的毛主席万岁等外，有“打倒余、康王朝，砸烂刘、杨大院”，这是明显的表了态，与院内绝大多数同志站在一起。这被解释为公开反余、康，反刘东明、杨华甫，亦即可推论为反两级党委，反毛主席。这张小小的大字报，其深远影响可谓出我意料。

在著名的“大闹怀仁堂”之后，江青一伙大讲什么“二月兵变”，一举打倒许多开国元勋。中央“文革”小组抛出贺龙元帅的问题，贺龙被斥为土匪，进而开万人大会批判，江青在大会上直接点名“余秋里是贺龙的黑干将”。反对余、康的一派气势大盛。余秋里让北师大学生拦截押到北师大，批斗会有近万人参加，北京院也有相当人数到场。“喷气式”、挂牌子都有，却不曾挨打，批斗后还不放，最后是周总理派专人去救出来的。从那以后，一般人就见不到余秋里了，保护起来了。

在此之后，本来保余而受诸多折磨的张定一，在部大楼门口曾喊过“打倒余秋里”，这具体情况我没有亲自经历，但众多同志都曾如此讲，应非虚语。我当面听到的一句话，只是“余秋里这只老狐狸”。

不久以后，风势又转，余秋里上了天安门。那时经常借什么名义如五一、国庆、接见红卫兵等，毛泽东登上天安门，什么人也上了天安门，就是“毛主席司令部的人”。对余秋里的处理却有点特别，报纸上在列举出席主要人员后，最后写上“还有余秋里”。群众非常敏感，似乎余秋里的身份还未得明确。这种情况在开什么大会也一样处理，次数多了，至少在北京院群众中，“还有余秋里”成为一句口头禅，意思是不明朗。

大概就在第一次出现“还有余秋里”之后，保余一派自然再度抬头而气盛。几天之后，我从胜利现场回院后就被揪入“牛棚”了。

1967 年 4 月中旬贴出这张大字报，当时并无反应，我照样按计划过几天去胜利炼厂现场参加试运转。在工地过了五一节，心里想着鸽子生日赶回家。上班不久一天中午①，照常例躺在办公室会议桌上午睡片刻，有人进来都未发觉。这一天未到上班就有人推门进来，有人说：嘿！他倒还真能睡。我睁眼一看，有那么七八个人，当然都认得。为首的两三个是食堂大师傅，挺着个大肚子及一位司机，就来揪我。说“走，上你家里去看看”。办公楼外有车等着，上卡车到家抄家，然后押入“牛棚”。

## 抄家与“牛棚”生涯之初

抄家很仔细周密，四五个人动手历时约两个小时，行动还颇文明，很认真地说过，现款和贵重物品“你们自己先拿出来收好”。现金及银行存款只记下账号、金额而不曾取走。相册却全部取去（不久后即交回一部分家庭及孩子们的相片），仔细查找往来文件，打开箱柜翻找东西，却并未乱丢乱放，有特殊意义的不妨列出几件。第一，他们恐怕想找国民党党证及蒋介石相片之类，却一无所得；建国后参加领导人接见的相片因有刘少奇在内而悉数被收去（绝大部分未还我，包括当年的结婚相片，可能因在教堂中举行而被认为是“四旧”）。第二，有日常家用一笔现钱，崇筠放在一双大头棉靴内置于房门顶上一个小壁柜中。她原意是自己取用极方便而小偷之类不大可能想到。钱并未取去，却在以后批判大字报中说我“钱多得放在大头靴中，确是资产阶级地主老财的手法”云云。第三，鸽子幼年玩具的一小部分，留在一个极普通的小木匣内，居然被一一检查并找出一个老式收音机用的电子管，上面满是英文字，有 U. S. Navy（美军海军）字样，被特别收走并引起一段时间追查。

他们抄走的东西既无清单更无收据。这种现象到处都如此。以后北京院说是归还各人，却难以说明是否全部归还。我家并无值线东西，实际损

① 我的日记中这天是 1968 年 5 月 7 日。——朱小鸽注

失的主要是相片，我们结婚相片全部丢失，最为可惜。

我久已在“边楼”单身宿舍经常住宿，个人日常用品都有，只取几件换洗内衣就原车押回单位，直送批斗会，再关牛棚，一去就是两年左右。在这批人来抄家时，院内已贴出巨幅标语“打倒‘特’字号国民党员朱康福”，名字倒写，打上红××并组织一批人马准备批斗，但因要吃晚饭了，批斗会并未多花时间。而我上述的历史问题，早在一入国门第一次登记简历就写上，多次政治运动更反复交代、审查过。明明早就查明白，此时贴出大字报揭发，抛档案，作为揪出来的借口。反言之，如果我表态保余、康，揭发此事应是造反派，此时却是保余一派来揪，显然与我贴那张大字报直接有关。先给我扣一顶历史问题的帽子，另一派就不可能保护我。所以第一次批斗会上，我倒心中有底，并未慌张，如实承认并说明早已交代，恐怕大多数群众也就了然，甚至对揪我那一派有反感，批斗会难以激烈。

铺盖现成，从边楼宿舍搬进办公楼（后楼）前临时平房中最东一间（本来是木工间），其中已有几人。尽管思想上早有某种准备，但真正押入“牛棚”，毕竟很不痛快，只是事已如此，也别无他法。同伴中有人对我悄悄讲既来之，则安之，只好笑笑点头。

不过初入“牛棚”，日子还是不好过的，有一系列纪律，包括：

每早、晚向毛主席请罪：上、下班时与“棚友”排成一列，低头曲背躬腰（或曰“撅着屁股”）在院后门内一专设的毛主席像前站上10~15分钟，示众。

扣发工资，每月只发15元生活费。

伙食规定：只能吃窝窝头、5分钱的丙菜，食堂不准进，不久后改为专门一个窗口。

可以抽烟，由人代买最劣等的烟，并规定数量：三天一包丙级烟。

除《毛选》四卷及《毛主席语录》外，连报纸都不许看（后来可看《人民日报》）。

每天必缴一份检讨请罪书，更不许家人探望；随时有人叫去作检讨；有最脏最累的活，如装卸石灰就押去干，连口罩都不发，后来发口罩一个，工作线手套一副。

这时军管会已入主，没有发生大的人身伤害事件。

另外就是“游楼”与批斗。在这两方面，两派公开闹些矛盾。

游楼有过两次。第一次是让被批斗的人排成一列，在前、后两幢办公楼的走廊中逐层游走，有人喊几句口号。大概气氛不够强，过些天又来一次，为每个被斗的人做一个牌子挂在胸前，牌子似乎在尺寸上分了等级，反正我的牌子是特大号的；又给几个人做一顶尖尖的高帽子。这些都是当时的常规道具。参加游楼的不仅有“牛棚”内的，还有归各处、室管制的，反正有 10 人之上。排队时，把我排在头一个，但马上有人把我拉出来，列在第二，而把杨一凡推到第一。因为准备一个脸盆替代锣让头一个人敲打，杨一凡表示不愿意，另一人又把我拉出来，重新推上第一，于是争执起来。一派的几个说我是院长，理所当然排第一（有意让我难堪）；另一派说我连党员都不是而杨是党委委员，执行资产阶级反动路线的是党委，所以必须由杨一凡领头，这其实是保护我。吵得厉害起来，围观的同志也多起来。我担心万一打起来，倒霉的必然是我们这几个，于是我开口说：“服从革命群众，我愿意在前头。”于是杨一凡也不反对在前头了，总算没冲突。最后到底谁在头一个记不得了，好像也没有敲脸盆。

揭发批斗大会上受批判当然不是好受的事，不过相对而论，我受的罪总算不大，连“喷气式”也不先进，没有显著的“后掠式机翼”等。

出面“揪”我那一派改用小会追查问题的方式，提一系列问题要我交代，或者连问题也不提，只是要我交代问题，此时必念《毛主席语录》，特别是先让我自己朗读若干条语录，典型的如“坦白从宽，抗拒从严，顽固到底，死路一条”等，这种小会可以持续一上午或一下午，然后规定：回去仔细想想，写出检查、交代材料。

开始一两次我既不能适应这种场面，又觉得所提问题往往茫无边际、莫明其妙，也就交代不出任何有意义的内容。他们就说我顽固、抗拒，火气也上来了，而我从他们那些杂乱无章的问题中也摸出了点头绪，他们要追查的是历史问题，重点涉及特务嫌疑，交代材料也就好写，反正“牛棚”中有的是时间，尤其因为实行军管（即派解放军干部进驻各单位，实施军事管制）后，那种早、晚请罪取消了，强制劳动的时间也少些。

这种交代材料似乎对路了，提问的人讲：“没有交代实质性问题。”我完全明白实质性问题指什么，但迫我承认我根本没有干过的事，我当然不干。僵持一段时间，除又增加了劳动的时间外，似乎暂时挂起来了（“挂起来”也是当时常用语，即不积极批斗也不放人，问题先挂着，有不少人一挂数年)。我要求会见家属，不准，只准有具体事项可以写条子交给他们。我要了夏季穿的衣服，送来时附有崇筠写的条子，列明衣、裤、鞋、袜若干而其他不涉一字，也未写名字。

夏季蚊子多，“棚友”们的措施是傍晚不开灯，待蚊子向外亮处飞时在纱窗上一一打死。不多几个窗，一人一个守着，居然相当有效。大部分时间我也照常睡得很好。有时，隔墙电力设计院内会传来叫喊，那边打人相当厉害，叫声凄厉，我们这屋的人大概全醒了，不过都不吭声。这滋味就各人自己品尝了。

上述第一阶段持续约五六个月，严冬季节到后有所变化，不仅批斗大会再未开过，小会也明显不同，叫做找我“谈话”。一般的限制如伙食、抽烟等都放宽，尤其是找我谈话的人固定了，而且不仅有揪我的一派成员，院内多数派也常有一人参加。后来知道，那时正式的讲法是隔离审查，并且针对被审查人成立专案组。在军管会领导下，经过一番争议，明确了专案组由军管会选定而不限某一派。

事过不久，我的问题升级，大字报声称我属于美蒋双重特务。关于蒋帮特务，指我在高中集中军训后有参加复兴社前身蓝衣社之嫌，涉及许善昌与童有储（许早已自杀身亡，童被逮捕判处劳改）。而所谓美帝特务，却是当时据说由公安部立案的全国性大案之一，指1950年9月我们回国一批留学生中有美国特务机构派出的潜伏者，甚至说携有收发报机，该机零部件分拆后装入四件日常品，即电动缝纫机、英文打字机、照相机与收音机之内。

偏偏上述四样我都带入，叫我不再叫作检查而径称提审，俨然罪人，而且显然也是军管会同意的措施，对我已成立专案组。

谈话也有条理得多，首先集中于回国经过，大体上一星期左右一次。有人记录，而每次仍叫我自己写材料。追问的问题，在我看来简直无微不至。例如问带回国来的有什么东西就谈了三四次，每件东西的下落都要讲清楚，然后集中到随身带了些什么比较值钱的东西。使我迷惑不解的是，专案组人员很有兴趣地一再问到缝纫机带没带？这就引入一个“额外”的问题。

那时郭明达不打算马上回国，让我们带一架电动缝纫机给他在四川的夫人刘光辉，供她在家做点缝纫挣点钱。带到上海后，崇忠兄在沪，说可以由他找人带回四川，而实际上崇忠兄一时陷于困难，缝纫机未能带出上海就被没收了或变卖了。“文革”时明达、光辉在北京，崇忠兄在武汉，当时具体情况无法知道，我不愿牵扯他们。这可是瞒不过专案组那些人的，只是招来进一步的追问，抓住不放。

缝纫机下落不明，被追问良久，拍桌子打板凳也实在没办法，天天被斥责企图蒙混过关。后来我承认：过去没有交代带过缝纫机，因为不是自己的东西；带到上海后托四川同乡带去四川，具体下落我无法知道。专案组郑重申明：这件事还不清楚，暂且放一放，再交代其他东西。

我们带了照相机，铁壳、双镜头老式的，适用于野外地质工作，一直放在家里；又带有英文打字机，回国不久捐赠给石油总局，都有具体下落。问题的焦点落在收音机上。这又是一桩故事。

那台老式“五灯”（五个电子管）收音机是崇筠1947年初到美国买的便宜货，本是二次大战中美国专为部队士兵使用的军用物资。停战后这一类物资（种类很多）大批积压，美国国会通过法案廉价出售供民用，称为“剩余物资”。崇筠买的本是美国海军所用，把铁壳改为最普通的塑料壳以减轻重量。带回国后，坏了一个灯管，也无处可配，掷在那里不管了。外甥邓复源（大姐的儿子）毕业（1963年）分配来京在七机部工作，他是专攻无线电的，就拿去自己做了个代替灯管，居然仍能使用。那个坏灯管，鸽子小时看着好玩拣了起来，她稍稍长大不玩了，还收在一个小木匣里与其他小玩具放在一起。造反派来抄家时，竟然把它抄了去。此时居然被专案组认为是严重可疑的物证，因为上面有U. S. Navy（美国海军）及一串数字，那是美国生产与管理一切零配件通用的办法（数字内容分别代表部类以至该件代号）。专案组无人懂得这一套，我虽作说明，他们似懂非懂，更不相信，一定要追问这架收音机的下落。我们已经买了新的国产收音机，那架剩余物资复源拿去后，又带到无锡。后来知道，专案组调查我时派人去过无锡，一直追到堵家弄邓家，问明来龙去脉，看过实物。

对此，我大有反感而又颇感迷惑。回国时美国政府唯恐我们偷了什么资料，一直追到日本扣押了赵忠尧教授等四人，如今怀疑我是美国派遣的特务，岂非笑话，就算怀疑，又为什么反复对几件普通日常用品如此寻根究底，简直是死死抓住呢。这个谜团到1968年对我的审查将近结束时，专案组中多数派的李海琪才向我透露一些消息，到“五七干校”后又讲了更具体的经过。原来与我同船回国的某一位，一定是在被迫供中胡说了一通，即那批归国留学生中有美国派遣的潜伏特务混入，带有秘密发报电台，将其零件拆散装入收音机、照相机、打字机及电动缝纫机四样东西内，可以拼装成电台进行特务活动。据此，公安部门居然作为一宗案件，一时曾在全国范围内追查。我们那一批人的名单早有记录，一个个都逃不掉，无怪那一阵忽然把何宇关到另一地方，他与我们同船，怕我们两个串供。这实在荒唐透顶。我与何宇回国后可谓朝夕相处已十五六年，要有问题早已串得天衣无缝了。后来听说公安部撤案了。

追查回国那一段事历时大约三月余，与之交叉而后又重点追查的，涉及我在中央训练团以及更早在镇江的集中军训。一晃眼就到了冬天，不得不请崇筠送寒衣了。经我提出，居然同意家属可以定期探望。这种时间总是定在星期天。

初进“牛棚”时，不许我们带刮胡子刀和刀片，不用多少天，一个个胡子长长的也不成样子，就允许带上了，大多数人也懒得常剃胡子。那个星期天知道崇筠要来，就刮了胡子，穿得整整齐齐。崇筠带着小松上午就来了，一晃眼一年多没见，刚见到时，感情上很冲动，旁边还有人看守，就站在院子里握着手，一时都说不出话来。小松那时还小，有点怯生生地叫了“爸爸”，我觉得她似乎长高了不少。尽管过去我们分别出差，颇长时间不在一起也有多次，但情况大不相同，所以都不知道怎么讲才好。后来我就说“在这里也好好的，没什么事”，意思想说没有挨打，崇筠自然明白。老站着也不是事，就坐在办公楼台阶上，小松依偎在妈妈身边。崇筠只说她自己“也好好的”，外甥女小燕（邓小燕，大姐的女儿，邓复源妹妹）、复源、侄子朱杭（二哥的儿子）也常来，叫我放心，如此等等。不到半小时，她们就回去了。我只陪送她们到前楼，连送到大门口都不让。她们一走，我不禁泪流满面。那一下午也不知怎么过的，痴迷了似的。棚友也自体谅，没人打扰。

“牛棚”中相对平静一段时间，对我不大理睬（后来知道，那时派人到处去调查、核实问题去了）。允许家属探望，最初还派专人监视，规定时间。崇筠带小松第二次来探望时，看守同志是同情我们的，完全不待在旁边，还讲过“随便多长时间”之类的话。天气好，太阳暖暖的，我们仍坐在台阶上。崇筠仍要在食堂帮厨等劳动，有一次去房山参加东方红炼厂的建设，开山炸石，她被分配推小车运碎石，一车碎石分量不小，又是下坡，有一次掌不稳又拉不住，小车翻，人跌倒，头、脸被碎石割破，还差一点跌下山坡去，头青脸肿了好几天。我问起鸽子，才知道鸽子跟石油学院大学生一起闹革命，经常整天难得回家。在那个时期，年轻人起来造反，直接针对父母也有的是，要划清界线的更不计其数，鸽子只过问“大方向”，不过问家里，也还算是好的。当然，另一方面是无论崇筠与我都还并未扣上反革命之类的帽子，还算不上敌我矛盾。不久，崇筠来，讲到鸽子已经“上山下乡”去山西插队，不觉内心隐痛。

有一次，崇筠一人工资维持家用很紧张，派小平来院要取些钱，时间是1969年上半年。适逢星期天，院党委书记刘东明被派在传达室，他居然不准小平进入，小平很气愤跟他吵起来，以为他只是一个传达。他坚持不让进，小平也无奈，只好空手而返。事隔多年，小平还批评说：“他那样的水平也配当什么党委书记。"① 事实上，直到70年代，刘东明始终阻挠我恢复工作，这是后话了。至于我自己，也对他评价不高，只是不予计较而已。崇筠知道小平的脾气，就再也不派他来，只能找时间自己来。这次崇筠待的时间较长，小松也稍活泼些了。

这种状态持续到春节前，据说是军管会决定解散"牛棚"，正式的说法是"隔离审查的人各由原单位管制"，"牛棚"中人有的可以回家。但仍不放我回家，让我搬到边楼我原来的宿舍住，又指定一间朝北的小办公室与郭雨东相对而坐，平常奉令打扫楼道，包括厕所，跟大家一起上下班，去食堂一日三餐，也可以在院子里走来走去，纯粹是浪费时间，虚度年华。崇筠带小松来时，也不再派人看守。

只因稍可走动，"文革"中的大事又总会有大喇叭广播，所以也知道一些"揪斗刘少奇"，北京的"天派、地派"，武汉的"百万雄师"、"王洪文到了中央"，"陈永贵当了副总理"等。此外，也知道东方红炼厂加紧建设，胜利炼厂要填平补齐，援助阿尔巴尼亚建设炼厂的事在进行中等

① 我去北京院并非一般探望，而是为朱小鸽要钱。那年朱小鸽从山西得了肝炎回来。爸爸、妈妈又扣发工资，妈妈大概还剩70元左右一个月，爸爸就只有生活费。朱小鸽需要营养，妈妈就叫我去北京院找爸爸，目的是要回一些扣发的工资。她自己大概不好意思去要。我在北京院传达室被一个穿旧制服的老头拦住，问清是找朱康福就开始刁难。先问我干什么找他，是他什么人，我说了之后就说不行。我争辩说我姐姐得了肝炎，我一定要见我爸爸等。他就反问我"你知道你爸是什么人"之类的。来来往往不少人都看我们，我们一老一少火气也都有点大。我当时看他的水平（和一个15岁的小孩吵架）以为也就是个造反派的老工人。后来有个过路的把我们拦住，问清我为什么在这儿吵架后，比较和气地说了我几句，然后就让我在传达室里等，在等的功夫，我们俩人还在生气。那老头居然问我是哪个学校的，意思是要告我的状。我就大声告诉他了。过了一会，爸爸由一个人陪着出来了。问清情况后当然也说了我几句。我那天虽然见着了爸爸，但是憋了一肚子气回家。那几年憋气的事多了，所以也并没怎么放在心里。几天以后，谌铁荪叔叔捎了一笔钱，还有爸爸一张条子回家。而也就是几天以后，我被93中我们班的班主任老师鲍亚贤莫名其妙地整了一次。她找我的几个好朋友一一谈话，让他们跟我划清界线。原因是我爸爸有问题，而我没跟我爸划清界线。这些同学多数是学院子弟，下来就告诉我了。原来这老头居然真的把我告了！爸爸出来后一次偶然想起这事，一问原来这老头竟是刘东明，堂堂的北京院党委书记。这件事就这么记住了。——朱平注

等这些业务，就总不免喟然长叹！

这已是1968（—1969）年的冬天，在后楼三层西北角那间小办公室里（全楼最冷的一间），有相当时间是郭雨东与我两人对坐，各自将毛选翻开，放些方格纸，钢笔拔去笔帽，严阵以待，然后关上门，茶是早泡好了的，喝上两口，相对一笑，就低声聊天。解放初向党交心写自传时，老郭还在锦州石油六厂，因此彼此的家庭身世并不了解，老郭以为我必然也是知识分子家庭出生，我讲了大概情况后，他似乎颇感意外。他也讲了他的出身，他父亲是历史考古学家，国民党时代在“中央研究院”。说起来，那时北京院的正、副总工程师，还数我出生于非知识分子家庭的。

更多的话题，是老郭多次重复的“用你时披红戴花主席台，批你时半文不值狗屎堆”，并且认为我原来一帆风顺，想不到到头来“还是逃不过这一关”。老郭与我都是坐过主席台又当过“狗屎堆”的人。我更多讲的是好端端一个北京设计院，当年连续昼夜奋战、灯火通明，半夜一餐热汤面的盛况。人人意气昂扬，连家属父老、妇孺子女都知道使用洋油的日子一去不复返所代表的中国人的志气。讲起来，除最早何宇担负兰炼设计任务之外，许多重大项目、复杂问题，多数是老郭和我两个分担。对此我们心照不宣，一点就透，感慨多端。老郭曾说，刘东明守大门必是暂时的，那个职务倒说不定以后是我们的。我们这些能活下去的人相逢，还会如“白发宫女话天宝”，给小孩子们讲讲当年盛况的吧。

老郭常常忘不了“我那几十本笔记”。我们各有几十本笔记本，记录工作中的情况，被抄去彻底搜索有何反动或泄密行动。我说，笔记本即使还我，我也不要了，以后不管活到什么地步，再不那样记笔记了，记也无用，白白让人家去鸡蛋里找骨头。在那些时间里，从一个人笔记本之类东西中断章取义加罪于人者太多了。笔记本之后发还，我一火焚之，从此不再多记笔记。以后我虽然还用笔记本，却随记随丢，从不保存，而且所记必是纯业务的。

## 虽出“牛棚”仍不许回家

运动进入清理阶级队伍阶段，到1969年3月，报纸上除强调清理阶级队伍外，也大讲抓革命、促生产。北京院被隔离审查的陆续有人回家，剩下的除我之外，头一个就是邢活舒（蓝田方关在石油部，杨洁有叶剑英这个大后台，一直并未强制管制），以及不知为何被打成现行反革命的刘楚璠等几人。我也在等着回家，却突然又对我重点审查起来。特别是有一位原政治部小干事叫贾宗仁，他专门管我，三天两头要我交代问题，而且言词十分严厉，经常是“休想蒙混过关”，“继续顽抗，肯定死路一条”之类，但不提任何具体问题。我也有了点经验，反过来要求“你点点嘛”，就是点出个头绪。他则斥责为“你还想摸底”，如此形成僵局。他至少隔一天来一阵拍桌子、瞪眼睛，总是恫吓性地说些狠话后拂袖而去。这样的确使我很不安，不知如何是好，每天还要写交代材料。那实际已完全成了程序，开头必要写一段《语录》，而且十分小心，绝对不能出任何差错。材料开头总是“认罪、服罪”，中间写不出什么具体事，就讲一通阶级烙印、资产阶级世界观之类，最后总是“如有隐瞒，甘当重罪”。明知他一眼瞄过就看也不看了，却又不得不写。

稍稍冷静，想起前一阵外单位派人来调查了解1950年同船回国者情况，络绎不绝，如今根本无人再过问；贾宗仁口风中，似乎隐约暗示蒋帮特务。鉴于许善昌自杀、童有储被捕以及我参加过中训团的历史，万一让人咬上一口，极难洗刷，不觉烦恼之极。

几次下来，贾宗仁来一手厉害的，所谓攻心战术，我自然也懂，却实在搞得难受。他讲，你自己就算顽固到底，也要想想你家里和孩子。我说："当年回国，就决心把身家性命交给祖国、交给党了，现在如何处理我也顾不得了。"贾宗仁尽管大发脾气，斥责"不许你胡说"之类，却也无可奈何。总算他始终没有动手，最多拍桌子拍得手掌通红。

贾宗仁不甘罢休，把崇筠找来，要崇筠劝劝我，"不要执迷不悟"。崇筠来了，自然也非常难过而难办，只能官样文章讲几句"问题一定要彻底交代"之类。崇筠表现坚强，始终很镇定，倒是我止不住掉泪，却又死劲忍着，以免崇筠更加难过。等崇筠走后，大哭一场。第二天，贾宗仁想乘胜追击，好言好语来劝，说只要交代明白、彻底，还会给你出路的。这是那段时间中毛泽东讲过的话，被称为"给出路政策"。我头一晚可能是一夜未睡着，模样相当可怕。他说什么我都只是"嗯，嗯"，其余什么话也不说，也不写材料，于是贾宗仁说我是"耍死狗"，倒有几天不来过问。我心情比较平静后，就打定主意不理他，耍死狗也罢，就要下去再说。有一次食堂里买了一份甲菜又买了一点小菜，四两米饭，自管自吃着。贾宗仁进来，我只管吃我的，故意吃得很香的样子。处于那种环境，似乎只有这种可怜的办法"气气他"，至于他生气没有也管不着了。

说实在的，所谓一死了之或以死抗争的思想，也不是没有出现过。只是贾宗仁的攻心战术反而提醒了我绝对死不得。我一死不要紧，一家子背上反革命家属的帽子可了不得，必须对家里的人负责，也对自己负责。

这是"牛棚"中最难挨的一个多月，我挺过来了。

到3月底的一天，贾宗仁来说：你看连××也交代了，在党的政策威力下，一切顽固分子都是逃不掉的，只能顽而不固，到头来自找苦吃。我低头看见日历，陡然产生一点恶作剧的思想。我说好，我再想一下，明天我交代。那天还有另一人在场，他听我这句话，一脸诧愕。贾宗仁则说，就是嘛，早交代早好！我心里居然暗自笑了。那天是 3 月 31 日。

于是写了一份妙文，说当年在美国 Seagram 公司实习中，管我们实习生的美国人 Tresidder（? Teasdale），以后调去美国务院，派驻锡兰（现斯里兰卡）做文化副参赞，我回国前后还曾与他通过信，早曾交代过。此人可能是美国特务，也可能想拉我做特务，但我并未理会，也并未参加云云。专等 4 月 1 日（愚人节）签名写的日期，交给小贾，并准备他大发脾气，甚至动手打人。

交出去之后，倒又忐忑不安，估计至少挨一顿臭骂，又想挨骂早已经历多次，我多少捉弄他们一下，也值得。而大出意外，殊不知小贾比我想象的聪明，他反而文明起来，并从此不再更多扰我。过了几天，小贾来时也没提那件事，讲些常规言语，其中居然有不放过一个坏人也不冤枉一个好人的含义。当时我只感到多少宽松了一点，根本没注意这几句话。那时候被关已近两年，什么时候回家已极少去想，只顾眼前得宽松时且宽松，且力争吃好睡好就是。五一节前夕我借口天气已热，要换季衣服，希望家属来一下，也得到同意了。

崇筠带小松来时似乎是五一后，这次就到我宿舍，可以好好坐着，喝点茶水，更没人干预。我迫不及待地向崇筠透露好消息，崇筠自然高兴，好像还给小松讲过爸爸过些天能回家了这种话。崇筠说我还不算瘦，其实，倒是她明显瘦了，她的负担比我更大、更重。那时我同一寝室的有程光泠、杨俊河两人，都来见过崇筠，见过面后就让我们好好谈谈，走开了。至于到底谈了些什么，只有涉及侄女小玫婚姻的事、小燕谈恋爱的事还有印象，其他都记不得了。

等着解放回家，却迟迟不见下文。一时并无希望时倒也无可奈何，有了希望又不见落实，就焦躁起来，饮食无味，夜卧不安。别的根本不想，业务工作早已抛之九霄云外，想家却异乎寻常地强烈。办公室后楼二层东边一半是原党委及政治部门的办公室，往往有灯亮着，是专案组的人在加班。平常往往嫌恶甚至憎恨这些整人的人，此时倒也希望有人加点班，早点弄清我的问题，放我出去。

终于有一天，一个军管会的军人与李海琪、小贾一起来找我，正式宣布，“你的问题按目前调查基本还属于人民内部矛盾，现在报请上级核实，一等批下来，就可以回家”。这种说法我偏于失望，军管委正式宣布虽是好事，却还得等上级批下来，还得被关着。唯一变化是不用扫走廊、厕所了，更是无事可干，天天干等着。此事在“七一”之前。

此时，社会上一件大事是家属回乡参加生产与知识青年上山下乡。前者的口号叫“我们也有两只手，不在城里吃闲饭”，后者叫“农村是广阔天地，大有可为”。苗正根红的年轻人则都一股劲想参军。鸽子已去插队落户，小平又将如何呢？我内心特别不平静。给崇筠带去过条子，回音也是片言只语，想必她也不好多写什么，也就难以解除不安。这“牛棚”的尾声一幕不仅冗长，对我还真不好受。

以后在干校时，专案组中原属造反派的李海琪才告诉我当时情况，包括他本人在历次专案组讨论时尽量保护我的事。

按李海琪与赵传海等人的说法，我在“牛棚”多关了将近半年就涉及两派斗争，其中贾宗仁起了相当作用。原来军管会进院后明确关在“牛棚”中的人叫作隔离审查，意思是不要由单纯的两派斗争而相互揪斗。尽管我职属院长，军管会认为连党员都不是，谈不上党内路线斗争，有历史问题就查历史问题。成立专案组，既有政治部人员，也包括李海琪。

那时对每个人的家庭出身、个人成分以及新中国成立前有过什么“问题”都要经过审查而由党组织作出结论，明白无误地记入档案备查。我的家庭出身是小土地出租者兼小商人，个人成分定为学生。而所谓问题，自然包括集中军训、中训团、国民党员等，这些就都属于政治问题。正因为有这种问题，50年代初期不能参加兰炼设计，不能出国去苏联。那不是也早过去了吗？不是被选为人大代表，吸收入党已经基层批准，还提为院长了吗？说法则是刘少奇混入党内几十年还查出来是“叛徒、内奸、工贼”，而且重用我这样的人，不是刚好证明刘少奇推行了资产阶级反动路线吗？

以上就是专案组内部两派意见不统一的地方，据说一派讲我就算是“老虎”也是死老虎（有过结论的），另一派则认为那是“阶级斗争熄灭论”，军管会同意后一种意见，因此展开调查。这一调查，刚好跳出来一个归国留学生中混入特务的所谓“案子”，于是就火爆起来；搞了一阵就撤案了（那是公安部的事），因此搞不下去了。至于中训团的问题，据说连中央组织部等中共领导部门也有明确结论，所以也无可再搞。关于集中军训更是当年遍及大多数省、市的事，没有什么可搞的，去无锡调查的人回来，也并无“新的线索”。所以在1968年底前后，专案组曾汇总讨论过一次，包括李海琪和另一位同志都倾向于告一段落，也就是可以放我回家了。

贾宗仁不同意，他翻出关于“是否参加蓝衣社”那个问题的组织结论。李海琪说结论是蓝田方写的，他的字迹一看就知，是既不肯定也不排除的口吻。而此时再次调查，几乎遍及我当年高中同班30多人，调查人员几乎个个都找到。不过那时节派出的调查人员提问的方式方法带有诱导性，并有一定的威胁性是普遍的。据说绝大多数人证明我与许善昌、童有储关系密切，并有人认为“可能参加特务组织”；如何知道，则是“听说的”。讲不知道的仅属少数，更无人能讲没有参加。据此，专案组中保余一派坚持从严追究。贾宗仁认为挖出了大的漏网特务，自然嚣张一时。持反对意见或不同意见的人也没办法，唯一可说的只是没有明确的证据。小贾决心要“敲开他的口”，侥幸他还讲究政策，没有用刑审手段。当然专案组中包括李海琪在内也有人一直持怀疑态度，认为提不出任何切实的人证、物证。

后来军管会中有人提出可查“敌伪档案”。查不出我的名字。又追查到童有储本人，童有储则证明“没有此事”。军管会某一负责人认为可以结案。我自己认为，归根结底，共产党对我还是实事求是的，那时也不知花了多少差旅费，出动了多少人力，终于弄清事实，才有我的今天。

至于我 4 月 1 日的认罪书，李海琪是南洋华侨子弟，颇知愚人节的故事，小贾虽曾跳起来，却被别人制止，从此也就不再追我。是年 7、8 月，夏季将过，各校暑假中时，军管会一人专门与小贾、李海琪一起来宣布我可以回家。我如皇恩大赦，把蒙尘已久的自行车找出来，车子的位置早就偷偷看好了的，擦干净，打足了气，飞奔回家。崇筠当然一阵惊喜，但知道尚无正式结论，又沉默了，倒是小平很高兴。

## 全家团聚与四散

### 短暂不安的全家团聚

我在“牛棚”，最艰苦的实是崇筠，所幸那时朱杭、小燕在清华，复源在七机部一研究院，还能时时来家，小燕很懂事，多多少少为崇筠分了点忧。

我回得家来，对崇筠和全家总是一种安慰，但大环境不平静，我的所谓问题尚无正式结论，一家人心上的石头并未落地。鸽子已在山西南部绛县插队落户，小平面临的问题更迫切需要解决。至于很快就会降临的大变动，我们还丝毫不知。如果我还关在单位中，崇筠的担子就更艰巨。不管是幸运还是不幸，多种因素的凑合，我家居然还能有一小段短暂而不安的团聚。

1968年底，鸽子去山西绛县插队落户，一心一意在农村大有可为，凡事积极争先，抢挑重担。晋南地区算是山西省比较富裕的地方，绛县又被称为小大寨，是学大寨的先进单位。鸽子她们一批女学生，以铁姑娘为榜样，搬运土石，挑担上山。鸽子那年17岁，正是长身体的时候，营养不好，天天挑担，硬是压得不长个儿，身材始终矮于弟弟妹妹，由此而来。

这还不说，鸽子染上了肝炎，属于急性黄疸性的。大队让她回家医治。那时全国开始流行肝炎，学院医务室设置了隔离病房，鸽子就住在那里①，我回家时她还住着。谁都知道肝炎的治疗要增加营养，补充足够的糖，可那时什么东西都定量供应，鸽子插队后户口迁出，我家户口粮份额中就没有她那一份。崇筠尽可能买些最一般的水果糖之类给她而已，对她身体的康复帮助不大。还幸亏她年轻，总算没有留下重大后遗症。

到国庆前夕，逢20周年大庆，北京市严格清查户口，无在京户口者一律赶出北京市。石油学院的家属委员会也是唯恐不左，几次通知要鸽子

① 刚回到家时为1969年春夏。北医三院不收我住院，是谌铁荪的爱人吴文兰阿姨知道后，对妈妈说不隔离会传染全家。她本人是医务室大夫，那时不招生，石油学院医务室较空，她在院医务室安排了房间让我住下，隔离了。他们一家始终对我们家很好，爸爸不许回家时的许多条子、衣服等，都是通过谌叔叔带去的。——朱小鸽注

离京。一方面我们那时是“臭老九”，被革命对象，二则鸽子个性也决不肯低头，叫走就走，尚未彻底痊愈就返回绛县，硬是在国庆前夕回山西去了。

我们一家六口的团聚竟如此短暂。而且，很快朱平也要去黑龙江了。

小平那年15岁，已算初中毕业，他因为石油附中还没初中班而进了街对面的市93中。初中毕业生不到参军年龄，但有后门者不乏进了部队的，当然不可能有小平的份。孩子们其次的目标是到“军垦”去。军垦是隶属于部队的农场，编制上也按部队形式办理。当时都部署在中苏边境一带，代号称为“农×师”，以下是团、连、排、班。青年人热衷于当解放军，当不成正规军就以参加军垦为荣，而且充满着向往之情。

参加军垦必须通过政治审查。东北军垦兵团来京招人，有专人在小平念书的93中办理报名及政审事宜。93中小平那一班已经有一批被接受，我身在“牛棚”还未“解放”（当时把通过审查不再管制的干部称为“解放”），小平就没有“资格”报名。我回家了，他就去报名，正赶上军垦最后一批选收，小平有点喜出望外。军垦人员说要我单位的军管会出具证明。

到院报告军管会，倒也并无留难。北京院军管会出了证明书，内容我也看过，有“查明属于人民内部矛盾的一般政治历史问题”，但又注明“已报石油部军管会核批”。记得我陪小平去93中当面递交，但过一两天后，小平回来说，不行，军垦的人要石油部军管会的证明。孩子当时沮丧、失望之情，如今犹在脑中，那时连我自己也是心酸不已。不得已，只好去求石油部军管会，又不能直接去，只能写个报告，请军管会转递上去。幸而办事人员仍是北京院的老人，自有同情支持我的，军管会也同意转送上去，具体办事同志还同意去催。人们都理解，事情关系到孩子一辈子的前途。

但等了几天尚未见文件。小平学校军垦招收人员却已下了时限，某一天前必须取得部军管会文件，否则一切作罢。小平那几天十分不安，却从不吭声，可怜小小年纪受此煎熬。总算石油部的证明及时到达，那证明书如何写的我也不知道，反正起了作用。招收人员表示接收，小平十分高兴，眉开眼笑，小伙子跟前几天的模样判若两人。

过些天小平被接受，领回军绿色棉大衣、大头鞋、绿色棉军帽等，穿在身上，悄悄照镜子。国防绿是那时年轻人特别喜爱的，连年轻姑娘们也

2002年2月13日朱康福、朱小鸽与王妈妈一家
右起，前排：王妈妈长女，王妈妈，张女士（北京石油学院时的邻居），朱小鸽，王妈妈家表哥
后排：王妈妈长子王建民，二子王鼎民，朱康福，王妈妈小女王惠民，二女王瑞民，王妈妈家表嫂

无不以一件军大衣披在身上为时髦。小平领了衣服回来试穿，挺神气的。大家也说好，小和、小松颇有羡慕、敬佩之意。家里挺暖和，棉大衣只能试穿一阵，不过小平到朝北那间屋子里关上门自己又穿上，左顾右盼，显然由衷地快活，偏偏我推门进去，小平还有点不好意思，又脱下了。这个很有趣的镜头始终萦绕心头。直到昨天（2002 年 2 月 13 日），鸽子与我应邀与王裴庆夫人一家欢聚吃饭时，王妈妈还说小平在二层楼上房间里，喊王妈妈，请她看穿着军棉大衣的样子（那时不过 9 月末，10 月初吧）。

大家也是高兴的，不过崇筠不免担心。我们都领教过大庆的寒冷，小平要去的地方在中苏边境，更冷，而且地方偏僻，人烟稀少。孩子才 15 岁，还从未离开过家，当妈妈的不放心是必然的，只能为他准备行装。此事还引起点小矛盾，崇筠自然总想安排得周到些，小平则强调“部队规定”，一点多余的东西也不能带。

小平去东北我曾送到车站，一睹那时北京站经常出现的场面。站台上放置了若干红旗。孩子们个个精神抖擞，送行人有两类，即家人与同学、好友。出发的人们虽然不无留恋，全都表现得慷慨、欢愉，送行者中家长有较多禁不住泪眼红红的。在红旗招展中，并无歌声、口号，据说更早时那却是盖过一切的声浪，红旗也多得多。

送走小平回家，晚饭就是崇筠、两个小的和我四人，全家何日再团聚？没法设想又总在心头上，却谁也不讲，更没想到更大的变动已近在眼前。

### “一号命令”与家庭四散

我仍每天准时到院上班而实际无所事事。据说石油部军管会虽然已写过前述的证明，却尚未有正式批件给北京院，对我如何处理，尚不明确。

有一天忽然传达了"一号命令"。正式传达还不让我参加，只是简单听到是紧急战备措施，一切大专院校、科研设计等单位全部撤出北京市。

石油部照样紧跟，而且余、康两位此时对知识分子与大专学生颇有成见。北京石油学院全部急迁山东胜利油田。本来也在仿大庆石油学院前例，筹备搞胜利或山东石油学院。北京设计院随即宣布：全院分三部分外加少数留守人员；除一小部分承担援外工程，包括援阿炼厂、援朝炼厂及援越油库工程的任务者暂留北京外，一部分去湖北省潜江五七干校，另一部分迁去湖北钟祥（不久因建设荆门炼厂而陆续迁到荆门），我奉命去干校。

一回家，崇筠也已知道，而且明确北京石油学院全部搬到山东东营，即胜利油田所在地去。崇筠提到：不知我能否干脆跟随学校去东营或崇筠及孩子随去干校？后者有先例，如苏亿民在学院任教，即带孩子随李辰一起去干校；谌铁荪夫人在学院医务室，也全家随去干校。却都未得批准。

凡去五七干校的正式学员（被称为"五七战士"），如家属要求同去者，可以在家属原单位同意的条件下申请同往。我属于尚未解放，理由是部军管会迄未正式批准我的结论，还不能算作"光荣的五七战士"，去干校也不能申请家属同去，当然更谈不上随石油学院行动。换句话，我们原来一家六口，必须分散四个地方，只有崇筠能带上两个小孩。

事情以战备、命令方式发布，行动要求雷厉风行，定期执行完毕。各单位都是仓促行事，狼狈不堪。至于每个家庭，个个扫地出门。这一点其实也有一定限度的余地，就看主管人的意旨与作风。石油部一向讲求事不过夜，讲求坚决贯彻中央精神，实际成为客观上的重灾户。

石油部原来就主张"教育科研紧密联系实际，为生产服务"并进一步主张这些单位"办到油田上去"。在大庆已经开办了大庆石油学院、研究院和设计院。胜利油田是第二大油田，主事者还一心要它成为“第二个大庆”，所以之前已正式筹备胜利油田的石油学院，圈定一片地，并已开始建造一些房屋。此时一声令下，当即赶筑一批干打垒土屋。因而石油学院动迁的日期确定得早。至于潜江石油部干校，原有规模难以容纳大批新去的人，时间上稍微晚一点，刚好得以送走崇筠和孩子。

石油学院出发日期在先（记得似差三天），我家完全是扫地出门。本来也没有什么值钱玩意儿，相对值钱的只是缝纫机、自行车、手表。然而破家值万贯，特别崇筠一到东营就必须自己开伙吃饭，锅、盆、碗、桶是绝对必需的，全家衣被之类以至桌椅板凳等一切都得捆紧、搬运。崇筠的书籍资料也是奉命要带上的，说是一到东营就要继续开学，似乎已经明确崇筠是地质勘探系第一批解放出来继续任教的。小和、小松还小，帮不上忙，幸亏复源、小燕、朱杭几个在京，闻讯都来，复源帮了大忙，小燕也来协助，总算一件件都交给学院专管运输的地方去了。

东营附近有一条小铁路从胶济线（济南至青岛）上引出，所以石油学院全部公私物资从铁路运走，铁道部奉命专项赶运出京的人与货。事后知道，小火车站离学校地址还有几公里，站台不敷，更谈不上仓库，那几公里的汽车搬运，人力物力更加不足。结果连续好几天沿铁路线公私物资一字长蛇阵摆了几公里，公私物资的损失不计其数，我家也有若干行李包括一个衣柜不知去向，而私人物件损失者概不过问。

一言以蔽之，那是一派狼狈逃亡的景象，情况简直如苏修军队不日即将长驱直入危及首都似的，大家仓皇逃难。而石油部有关领导借此机会把知识分子集中的科研、设计、教育机构驱赶离京，并且事后长期不准回京，这种思想与作风，不管这些人如何热衷于编写自己的光荣“回忆录”，事实总是抹不掉的。

1969年11月离京前朱康福与外甥女邓小燕。经过牛棚生涯，两鬓已经斑白，时年48岁。

临行前那几顿饭，说不清是怎么吃下去的。等送崇筠及两个孩子上得卡车去车站，复源陪我再进空空的屋子，只留下我自己的铺盖与随身衣服的箱子，还有一张旧沙发。复源准备搬去他的宿舍，我不禁满腹凄惶，黯然掉泪。与复源在地铺上过了一夜，复源为了安慰我，故意天南海北以及他们七机部两派斗争等乱扯一通，复源预见他也不可能久留七机部与北京，结果如其所料。

第二天小燕来，拉去照相馆与我合影留念。照片洗出来，第一次发现我嘴角歪斜，右边嘴角下斜，平常并未发现，相片却毫不留情地显示出来。人家说是中风先兆，但也无暇顾及，还庆幸没让崇筠知道。那时心灰意懒，颇感活着也无意义。（如今回想，我在 1995 年发现的腔隙性脑梗塞也许在此时已经有了根子。心情特别恶劣时就发生，而 1995 年是在崇筠去世之后。）

那些天，石油学院人员往来山东、北京不断，得知崇筠等平安到达，在一小间干打垒住下了。已记不得我如何送行李到单位后出发的，思想上只剩下一家四散、不知何时重逢的苦涩。

## 五七干校

### 初期：监督劳动下的八连菜班

我在干校的身份大体有四个阶段，即身份不明、监督劳动、五七战士、无职务工作人员。

据记忆，去干校是 1969 年 11 月下旬，先乘火车到武汉附近一个小站，换乘木船到潜江，最末一段大家步行，而行李由卡车运输，装车、卸车自然得自己动手。

在途中，一定程度上我显得有点特殊。同伴谁也不歧视我，相反大小事项还找我商量，安排杂事。大多数同志以为我既已回家，已得解放，许多人称我院长。带有家属而又不能一起出发者如李辰，还特别托我照顾本在石油学院当讲师的夫人苏亿民及孩子。我不免心中苦笑，自己的孩子全抛给崇筠，我倒在帮助照顾别人。

湖北潜江是古云梦沼泽，建国后则是一庞大劳改农场，划分为四个分场，最多时有过几千劳改犯，据说其中藏龙卧虎，不乏有用人才。在全面规划下，建渠挖沟，平整土地，得良田无数。共有笔直的干渠四条，支渠及水沟毛梁将地块划分为 1000×500 米，种植棉粮，还搞些养牛、饲猪、烟草、酿酒等副业，俨然一大生产基地，又听说历年刑满之人，大都留在农场继续工作。到此时，每个分场还留下一千余人，全部撤出，交给国家而建立中央各部及湖北省各系统的五七干校，另一部分则因发现油藏而划归江汉油田。受三线建设之惠，这一带如潜江、荆门、钟祥等地先后建市，也就是逐渐变农业为主而有一定工业、交通、贸易了。

各干校首先盖房。五七战士可不是劳改犯，至少应有砖瓦平房并安排一部分携带家属或双职工的居室。石油部的干校从 1968 年就已开始建立，校本部是原农场某分场办公处小院，犯人住的简陋房子大都已拆除，在被称为东村的场地，自己烧砖、瓦，自己砌筑盖了一批平房，质量优良；又播下 1969 年的棉粮作物。北京院与部机关大批人员去时，房屋不敷使用，北京院被编为第八连，下分三个排，一部分人只能分开住进原劳改农场的一些零星房舍。我最初被编入三排的菜班，住的是农场养牛的真正牛棚。

到干校不久，虽已分排班，各有其长，我仍有点特殊，班长总找我安排一切。我自己很谨慎，知道解放的文件没有下来，算不得已被解放的。果然稍一安定，连部（连长似乎已是康卫平，康世恩之子）找去，正式通知我，我的身份是监督劳动的管制分子，而不够资格当五七战士。

到干校后第一个不习惯的是天气。古沼泽地的冬天阴冷潮湿，毛毛雨下个不停。从我们下火车后连续几天没个晴天。泥路上一步一滑，既然要劳动，打伞不行，不打伞就全身淋湿。幸亏先期到此的五七战士早有体会，为后来者做好准备。干校小卖部大批厚实的橡胶雨衣，长筒雨靴等一应俱全。还出售蜡烛油灯之类，停电乃经常之事；干校本部已装备柴油发电机，但我们居住的地方无此条件。晚上正常供电的几率大体仅50%。

另一个体会是杜甫诗中"布衾多年冷似铁"乃是极真切的描述。我的被褥是崇筠精心挑选的，本来很暖和、舒适，几天一过，棉被吸足了湿气，确是又硬又冷，非得穿棉毛衫裤，否则简直钻不进去。

头几天地里水太多，进不去，并没有什么正经的劳动，倒是学习的时间多。人们对"文化大革命"显然已热情不高（积极分子当然还有）。对我而言，还不是五七战士，更以坐听为主，在奉命发言后才讲些官式语言凑数。

地里劳动的第一次考验是拔棉秆。摘完棉花的残秆，是绝妙的炊事燃料，当地人说棉秆油性大、火旺，半点不假。第一天去拔，连领导也毫无经验，每人发一双棉手套就下地了。棉田长1000米，每人任务只两行，似乎很轻松，一干起来就吃不消。那棉秆一次根本拔不出来，要弯着腰两三次使劲才拔出一棵。不过拔了几棵，我身上就出了汗，再过一小会，手套也破了，全身汗透气喘吁吁，又不敢过分落后，那两行棉秆就是定额，非完成不可。棉袄脱了，一件厚毛衣泥迹斑斑早顾不得，那棉裤又不能脱，慢慢地就觉得它特别重，前进一步都得花点力气。中间休息时，一屁股坐在地上似乎动弹不得。看看周围，还没有落在最后，而且很多的人也颇狼狈。起来继续干时，慢慢地越来越落后，最后到达地头时，我和几个人已是最后。列队回营觉得步履艰难，浑身酸痛，汗湿的内衣冰凉冰凉的。

这次拔棉秆成为笑柄，因为应该使用一种简单的专用工具，铁制的“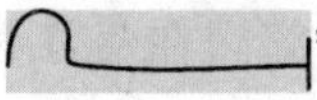”，长短有些不同以适应使用者的身材，一头钩住棉秆近根部，略一扭，就紧扣住粗糙的棉秆，可以先推一下松动土壤，然后猛一拔，应手而起，省力得多。为此，大家还发挥到了“劳动创造世界，创造了人本身”。这恰恰反证了我们确是一群书呆子。

使用工具后虽然省力许多，总还必须用力，仍然汗透全身，人好像到了某种极限，气都透不过来似的，喘息一阵，缓过来再干。最困难的情况是上茅房，蹲下去困难，站起来更困难，腰僵直了，手臂都好像短了一点儿。

棉田不多，拔棉秆只是三四天，总算通过了第一场考验。以后的劳动倒觉得较为容易对付。

人类适应环境以求生存的能力实在很强，我到干校不足一个月，就大体上颇能适应。重体力劳动、天气、个人卫生（谈不上洗澡）等都不在话下，突出的问题变成一点：肚子吃不饱。我颇能吃，除初进“牛棚”受限制外，前一段时间并未亏待自己的肠胃，而干校这时粮食供应有限额，自己生产的极少。湖北倒是生产大米的，粗杂粮很少，不过陈仓老米做出来的饭比“窝窝头”还差太多。冬天没什么菜，油、肉稀缺，一顿饭似乎已经撑饱了，一干劳动两个小时左右就饿了，下一顿吃得更多，却照样一会儿就饿。于是饭量大增，买了两个搪瓷盆当饭碗，午、晚两餐，那一小盆饭总有七、八两吧！菜一般是萝卜、土豆之类，经常供应一些很咸的萝卜疙瘩，倒很下饭。此外，还有被称为“无缝钢管”的已长得很高、很老的空心菜，大部分在嘴里嚼不烂，都吃下去。

至于监督劳动不算五七战士，其实没什么区别，仅仅有些政治活动如某些传达报告之类不让参加。本来还规定外出必须报告请假，不久也等于虚设，没什么地方去，我也毫无单独外出的兴趣与愿望。

这一年的元旦、春节，还曾改善生活。因为中央好几个部门在潜江设干校（因为有很大的劳改农场作基础），听说湖北省专门拨给一些肉、蛋、油等，而石油部在大庆等油田的产品也调给干校一些，特别是东北的大豆。豆腐就是极好的菜。劳改农场本有自备的酿酒厂，好像移交给地方继续生产，所以还有酒可买。我那时一次喝二三两白酒不成什么问题。工资已恢复照发，不时在休息天（开始大约两星期休息一天）从小卖部买些可能有的零食吃。总是买来后当天吃光，从不留过夜，因为老鼠很多、很猖狂，只有某些女同志带有铁盒子的才能保证不叫老鼠吃了去。

在菜班那个牛棚中过了一冬，毕竟南方不太冷，比大庆会战初期住过的牛棚稍好些。八连得到新分配的住房，全班撤回连部，我编入养猪班，从此养猪三年许。

## 养猪杂录

在干校主要就是养猪，经历三年有余，住在猪栏端头一间屋子里，一直与猪为邻直到离开干校。

干校绝大部分房屋是自建的红砖平房，但我从来没有住过。猪栏除一幢新建的之外，另外三幢是劳改农场留下的，茅草覆顶，已较陈旧，分配我与另外两三个人住，包含对监督劳动者的“处理”因素在内。同屋住的程光泾本是院内宿舍同屋，从来没有丝毫歧视，至今仍相互通信。当时自然能自由交谈而不担心小报告之类，也是一幸。

八连养猪班有男女共十多人，班长最初是谁已记不得，到 1972 年末，干校进入结束阶段并入河南泰康，就未明确谁是班长，实际事务由我担负。养猪班的任务是保证整个干校的猪肉。八个连队加上校部，每星期各宰一头肥猪也得 9 头。而一头出栏猪一般 220 斤，出肉率，除去下水、头、蹄等，按 65%计也仅 140 多斤，各个连队人数不相同，却都有一百好几十。何况干校学员带家属的人还不少，老人、孩子据说共有三四百口，大多数吃食堂，肉食远不够。因此干校又另辟一个养猪班，其规模却一直比不上八连这个班。

从劳改农场移交过来的猪栏三座，干校加建一座，外有公猪圈一个，有种猪两头，母猪约 6~7 头，以及架子猪几十头，还有些档案资料，残缺不全地记录种猪的年龄之类。看起来种猪“老约克”（英国 Yorkshire 种）与半数母猪都已衰老，而架子猪中，能吃不长膘的还不少。

头一个提出要找些书本来看看的是张孝威，而且较快地有了一本苏联畜牧兽医专业教科书的中译本，专讲集体农庄中大规模养猪的。养猪班不少人包括我都认真读了，而且马上照书办理。首先就是建立比较详尽的档案。母猪一一编号，陆续淘汰和选拔新一代母猪；公猪增加一头小约克(另一头“长白”是瘦肉型的)，淘汰老约克。配种有仔细的记录，保证一胎多头小猪，又保证一年两胎，为此，小猪要适时断奶。班上分配我第一个任务就是专管母猪。

饲料当然重要，我们的糖化饲料试生产成功，春天以后补充大量青饲料，主要用一种浮长在水面的“水葫芦”。小猪接生使用消毒及预防注射等，效果都很好。母猪一胎有超过 10 头小猪的，平均总有 8 头。几乎没有长不大的小猪。曾经有一头母猪晚间不知如何咬死或压死一头小猪，还把小猪吃了。我因此连续守了两三夜，居然不再发生事故。

猪栏保持得相当清洁，吃奶的小猪长得都胖胖的。小猪往往满地乱跑，彼此追逐嬉闹，干校的小孩子没处玩，有时就来看小猪，像去动物园似的。我亲手接生的小猪那时有记录、统计，总在 500 头以上吧！因为八连养猪班的存栏记录曾超过 1000 头，除种猪外，都是班上养育出来的。

民间养猪习惯大都把集市上买回断奶不久的小猪叫猪苗或猪秧，喂给一定的精饲料让它长大到三四个月，就很少再喂精饲料，让小猪长架子称为架子猪。养架子猪的时间颇长，到 100 斤以上时，再适当另给包括粮食在内的精饲料催肥，不到 200 斤就出栏。按苏联教科书的数据分析，这种方法是不经济的，更不适于较大规模的饲养，尤其架子猪喂养不当就会长成“小老头猪”，再也难以长肥而耗用饲料特别多。因此我们不得不提前宰杀一批遗留下来的“小老头”。

按书本所说，母猪产前、产后要喂好，奶充足，小猪长得快、断奶早可保证母猪一年生两胎。断奶小猪集中精心喂养，始终要长得胖胖的。当时都有指标，每星期增重多少。这些小猪决不是吃了就睡的懒样子，像各种小动物一样活泼可爱，孩子们都喜欢来看，我自己也较满意。我曾兼管种猪。两头公猪不能见面，见面就会打架撕咬。它们吃饱了无所事事，还得一头一头赶出来散步。公猪体大身壮，两个獠牙很厉害，有时会发脾气向人撞过来。所以得手持一根长竿，必要时驱赶，但绝大多数时间，放它出栏时它是高兴的，笨拙地跳跳蹦蹦，摇头摆尾，快步奔走，然后就不快不慢地老实散步了。一走就可以半小时，此时赶的人就逍遥自在得很。因此，我们美其名曰“陪公主散步”！那时，武迟喂羊，袁宗虞喂牛，有人称我们为“三官”（羊倌、牛倌与猪倌），遇上我们会说福气好，三官赐福嘛!

喂猪的重体力劳动在于喂饲料。每天上、下午各一次煮料，一次糖化饲料和一次青饲料是最基本的。一头母猪每天喂的料连水分合计有25公斤，一头公种猪约30公斤，一栏架子猪约100公斤，一栏催肥猪（7~10头）就可能在200公斤以上。这些数字都是回忆估计的。当时用桶、筐逐一挑到猪栏后，一手在猪栏的矮围墙（高约70cm）上一按，全身横越进去，一手提桶或抱筐，一手挥动令猪儿们别挤上来，饲料倒入食槽或抛洒青饲料在干净地面上，然后又横向跃出，再去挑第二担，直至全体喂完。回来一面擦汗、一面检查猪儿们吃的情况，就是冬天，也全身汗透，至于夏天，只穿条大裤衩、一件背心，都是彻底湿透、能往下滴水的。

冬季阴雨连绵，一双长筒雨靴一天下来里面也湿透，甚至可以倒出水来，也弄不清水从何来。我们大多数人都置备两双，交替穿用。换下来的透湿长筒靴唯一办法是放在煮猪饲料的灶旁烘一阵，尽可能减少水分而已。衣服，特别是贴身的，非洗不可，洗后不干，也挂在灶间，但往往湿衣太多，也就难干。于是去求有家眷住家属宿舍的，挂到人家家里去，主要是谌铁荪家。谌铁荪夫人吴文兰本是石油学院医务室的，住石油学院九楼时，我们是邻居。他家有老母谌奶奶，两个女儿谌红、谌霞与小和年龄相近，是小学同学。谌铁荪本人曾在印度尼西亚、马来西亚的建筑公司工作，抗日战争胜利后回国工作。他们一家对崇筠与我都比较尊重，当然也很同情。在干校的后面两年，受他们照顾不少（直到如今也还有联系，谌铁荪后调情报所，在那里退休）。

洗澡怎么办？母猪栏走廊的一端，挂了一个布帘子，从猪栏围墙上堆了些砖，大体挡住朝外的一面，就算个洗澡间了。有人洗澡，那头母猪会走过来斜着脑袋看人。有一次，记不得是谁，脱下来的衣服随手放在围墙上，让那母猪叼进猪栏，撕咬坏了，急得大声叫喊。知道有人洗澡，别人都避开那个栏，喊了一阵才有人听到被“救”出来。

稍晚些，总已是第三年了，找几根钢管打入空地做柱子，用草席拦成约3平方米的洗澡棚，地上铺砖。天气稍暖，就在那里洗。再往后，找了一些1/2英寸小水管，从干校的水塔下边供水管线上直接接到那个洗澡棚，管子放在地面，夏天的太阳一晒，水温非常合适。假如有一个多小时没人洗澡，刚放出来的水就已烫人。养猪班全体不分男女，大夏天每人至少洗三次而且人人都是一条大裤衩、一件背心或汗衫。洗澡也就洗衣服，换上干的，湿衣服随便哪里一挂，不用半小时就干透。所以倒是很“卫生”的。

1972年中，八连养猪班已到鼎盛时期，存栏数大约达到500头左右（不算公猪、母猪）。八连的食堂每星期保证宰两头最大的。到秋天什么时候传闻干校可能结束，事实上陆续已有几批人毕业分配，其中八连的人回北京的占少数，较多的分配去安庆、九江等新建炼厂，也有个别人到荆门参加那时的设计研究大队（即北京院与石油研究院一个连合并而成的单位）。八连连长已由康卫平改为赵瑜，养猪班的班长也毕业了，未再任命，实际就是我张罗着。

到年底，赵瑜告诉我，干校已确定结束，少数人将合并到河南泰康去，其余的都会分配工作。各人到底分配到什么地方，干校校部根据各连的鉴定意见提出建议，最终决定权仍在北京。关于那么多的猪，据说除移交给潜江地方外，可以多供应各连一些。于是各连都向八连要肥猪，八连也一一应承，写个条子就赶走头肥猪。

元旦和春节期间，干校人人吃肉吃得油光满面，一些女同志已经嫌饭菜太油腻了。八连食堂每两天宰一头猪，而人员已剩不足 2/3，每天中午必是一大锅红烧肉，还要分菜的同志推销，即盛了满满一勺之外，还殷勤劝说“再来点”。我自己胃口一直不错，吃饭时两个盆子基本装满，都吃胖了。

这种当天宰杀的鲜肉味道很香，从干校出来后一个短时期内，总觉得外面的肉吃起来不香。

## 干校的几种传染病

潜江地区有几种传染病比较厉害，五七战士及其家属以至短期来访者都曾有染病甚至不治的，我总算未受影响，也未生过大病，这应该说是侥幸，与尽可能保持个人卫生有关。以下记述几件有关的事。

**（一）血吸虫病**

新中国成立前长江中游地带此病流行，为害甚烈。新中国成立后大规模防治，曾取得极大成绩，病害基本不再流行。毛泽东有感而写下《送瘟神》，然而《送瘟神》一经传播，却起了反面作用。地方领导人就有意掩盖真相，再也不讲仍有发生的事，灭螺工作也放松了，于是瘟神逐渐卷土重来。十年动乱期间，更没人管这件事。江西鄱阳湖边等地也是五七干校比较集中的地方，五七战士们不知底细，不加防备而得病者极多。潜江当地政府，尤其劳改农场留下的少数办事人员算是有良心、比较负责任的，向干校负责人打过招呼。干校学员下水田时都穿长筒靴，没有发现感染的人。大概 1970 年夏初，汉江发大水，干校周围成一片泽国。有一天，山洪下泻，眼见那水头一股劲往上涨，干校有一批木料、草席，还有少数粮食马上将被冲走，领导人就顾不得了，让大家去抢救。当时人们对国家财产还是很关心的，于是奋勇去抢搬，我也去了，并没穿长筒靴，大多数人都没顾上穿。

岂知那水涨得很快，虽不是汹涌大浪，却一股劲上升。我们跑到那里，水深及膝，穿长筒靴的也只能脱掉，涉水搬运。好在人多，一人一根木料或一卷草席之类，不用几趟就搬得差不多了。记得我搬最后一捆苇席时，已不能扛在肩上行走，倒是让苇席在水上的浮力帮助我到达高地的。

此事过后一段时间，听说其他连队中有人得了血吸虫病。干校并未普遍检查，而是让一些指定的人去检查，果然就查出了几个。到底有多少人感染上并不知道。直到1973年，绝大多数人已回到北京或其他地方，还曾查出有人得了此病。绝大多数得以治愈。江士昂夫人费道煦就是一个，是用锑剂治愈的。锑本是毒药，治疗时要靠人体自身能力解毒，听说相当痛苦，也有的体内血吸虫被根治杀灭，而肝、肾受损，终身难以完全恢复。

**（二）出血热**

由一种“线鼠”传染。线鼠据说背上有一条明显的黑毛，个儿与普通家鼠差不多，却常年在田野里生活，地里有充足的食物时，并不进入居民住房。这种病发起来很凶险，没有什么特效药，只能适当控制高烧，保护心脏等器官，用一些抗菌素防止并发症。病人能扛过三个星期，就会好转、恢复；扛不过的，或者医生没经验处置不当，死亡率就很高。我听说，石油干校先后有过五六个病例，死亡两人，还有一人的儿子来探亲时染上此病，回到东北某地，发病不治。

八连感染此病的唯一病人是马庆发。

马庆发被打成“现行反革命”管制劳动后，多数同志对他并无恶感，但在那时气氛下，没人敢为他鸣不平，只是当场揭露检举的那位女同志，也得不到同志们的欣赏（后来，恐怕连她丈夫也有看法，她终于提前退休了）。在干校时，马庆发一直在大田劳动而且是棒劳动力。1972 年下半年，他怎么得的病也没法弄清，听说最早只是像感冒，发烧疲乏吃不下饭，很快就发高烧以至昏迷，连里才赶忙找来医生。幸亏当地的医生有点经验，诊断为出血热。那时干校已死过一人，连里以至干校本部都不得不重视、处理。马庆发的夫人叫郭振娘，是华侨富商的女儿，她随北京院在荆门，连里发去电报催她赶快来。

据说郭振娘一看电报，当场几乎就晕倒了，号啕大哭；北京院派了车，一人陪同来到干校。八连是赵瑜接待的。据说郭振娘一路哭到干校已经语不成声，只是向赵瑜要人。

原来，出现了误会。电报上没有标点符号，电文是："马庆发病故请速来"。中文一字多义可以巧妙使用而成佳句佳作，北京院这些大学毕业生中出这样的笑话，本身就极有讽刺性。赵瑜是 50 年代初"苏州高工"（应是中专，但后来根据情况被认为大专）毕业，曾担任张定一老院长的秘书，笔下很不错，此电文决非他所出，但他知道是谁干的。而赵瑜为人诚恳老实，我问他他也不说。

郭振娘知道马庆发活着而仍在严重危险期内，大概讲过"尽一切可能救治，要用什么药国内没有的，都可以马上想法买来"这一类的话，在当时是犯了忌讳的。八连有些女同志背后议论，而认真帮忙劝慰她的反而是少数。所幸马庆发居然挺了过来，很多人认为是奇迹。因为除一般抗菌素之外并无特效药，全靠病人体质强健，未发并发症而逐渐恢复。三星期危险期过去，郭振娘才回荆门。我是马庆发已能走走路时，见过他一面，瘦弱得大非本来面目。这对夫妇以后是最早离开北京院去香港的那批人中的。我于 80 年代在香港与马庆发再见过。

# 干校的运动与我的政治生活

## 干校的政治运动

“五七干校”是“文革”中的发明创造之一，干部参加劳动，接受工人、贫下中农的再教育，改造世界观。目的是改造人，尤其是改造知识分子。在干校，政治是绝对第一位的。在我的印象中，石油部的潜江五七干校大体上可以分为四部分人。第一是经过审查、选拔的各级领导及专案组人员；第二是合格的五七战士；第三是有政治历史问题或其他“坏分子”；第四，重点对象，特别是“文革”以来犯严重错误的。这里画线的标准，是如何对待余秋里、康世恩。冠冕堂皇的理由则是：余康代表了大庆精神，大庆是毛泽东树立的红旗，故而反余康即反大庆，即反毛泽东思想，如果执迷不悟就是反革命。在石油干校第一部分人中，有一些最坚决、最忠诚的骨干分子，在这些人思想中，反革命分子是死有余辜的。在当时那种情况下，只能承认这是很正常、很自然的。其结果则是发生了在石油部机关还没有发生过的事。

## 清理阶级队伍

当时明确提出清理阶级队伍必须与战备命令联系起来，这我后来略有所闻，专案组就有这一类的认识：万一苏修打进来而内部的暗藏敌人起而响应，那还了得，不是就要“千百万人头落地”了吗！所谓的“还乡团”（指过去被打倒的地主率领武装回到乡间残杀分了他土地的农民的这种组织)，那时是经常从一些人嘴中讲的。于是清理阶级队伍成为你死我活的斗争，无数冤魂就成为牺牲品。石油干校也有实例。比较突出的是所谓中国石油公司在临解放前有一个应变委员会，埋伏下一批“专务”。这件事牵涉极广，是全国范围内立案作为重点来追查的。

石油干校脱离了军管会的直接管辖，负责人从上到下是保余派掌大权，被监督劳动者都在各个专案组的控制与调查之下，结果，翁心源与另一个姓朱的自杀身亡，梁翕章先后三次自杀未遂，活到如今。

翁心源的父亲翁文灏先生是国际知名的地质学家，地质调查所所长，对中国工业化和经济建设颇有贡献。翁文灏在1933年任国防设计委员会(后称资源委员会)秘书长、主任委员，并一度担任行政院院长(相当于总理)。蒋介石逃离大陆前夕，资源委员会通知下属机构做应变准备。那时的中国石油公司奉命行事，内容无非是能运去台湾的物资尽量抢运，运不走的“明确”不要破坏，而丝毫没有什么其他。

翁心源那时在上海中国石油公司，是该公司应变委员会主要负责人，主持召开过相应会议，被认为安插布置一批潜伏人员，准备响应蒋帮反攻大陆。那位平时极安静、不言不语、待人和气的朱某，当时是秘书一类职务，做过记录。梁翕章那时的职务是工程处长一类，一部分物资归他管，例如那时曾打算在上海建造中国自己的油库(本来只有美孚、壳牌两家外国公司在上海建成品库)甚至炼厂，有一批物资从东北拆运到上海，另有一些器材购自美国。这些器材大部分完好留下。因此上海刚解放，徐今强任石油公司军代表接管后，到1951年就开始建设最初的上海炼油厂。翁心源等人不仅无过而且有功。50年代初，徐今强任石油管理总局代局长时，翁心源曾任计划处处长。梁翕章很早就任命为总工程师。那位姓朱的一直管理图书、文献。在“文革”前夕调翁心源任资料情报所所长(“情报”指科技信息，那时都用情报之名），为人谦恭有礼，颇具中国文人气质。

中国石油公司中留国内的一批负责人如各地的经理全部列入专案，未去干校的如邹明、张英被捕关入秦城监狱。他们倒并未受刑讯、逼供，以后正式释放，还赔礼道歉，恢复工作。而翁心源等在干校者，却无一未受严酷的逼供。据说，翁心源被关单独禁闭，专案组每夜轮番审讯，用强光照射，而白天又被逼写检讨书，连上厕所都派人紧跟，夜间小屋里大灯泡照着，如此达几个月之久。主要追查如何布置任务、组织关系，完全是查特务组织的那一套，既不是事实，追问的问题也都无法回答。而专案组则认为翁心源态度极不老实。个中详细情况一直秘而不宣，最后以“自绝于人民”的罪名，将遗体草草处理。翁心源为人有温文儒雅风度，始终没有牵扯其他人。朱某在分隔审讯中，也自杀身死。

梁翕章总工程师也是此案重点人物之一，先后三次自杀均未成。有一次被叫出来去大田劳动，看一辆大型拖拉机开过来，就一头冲上去。时间没把握好，他倒在拖拉机前头，拖拉机也急刹车停下了，人们把他从机子前拖出来，仅磕破些皮。又一次从小屋子出来后，他见个水塘，奔过去跳入，水浅又有人在旁，又被拉了上来。好像还有一次他想触电自杀，反正未成。梁总事后不肯深谈当时的情况，只是讲那时“实在活不下去了”。

据我事后听梁翕章总工程师讲，所谓应变委员会是有的，而潜伏特务都是无中生有，冤案屈死，全是专案组及其上面的指使者所为。

关于应变委员会潜伏特务一案，后来正式宣布平反。邹明、张英等人释放，对翁心源等人也作了结论，即宣布不是反革命分子，但迫害致死却一字不提。他的女儿翁维珑，如今是石油规划设计总院的副院长，曾与朱平同事。

李嗣源曾任炼油司副司长，是司局长中明确反余者之一；在部大楼中一则查不出他有什么历史把柄，二则有造反派的某种保护，未受大的折磨。在干校不知为何，他被认为有历史问题并被隔离审查，也查不出任何实据，始终处于监督劳动状态。在干校五七战士也要插队落户接受贫下中农再教育，他的专案组人员去插队，也把他带到农村。忽一日，“发现”他在农村自缢身死，他夫人赶到，却不让她见到遗体，据说李嗣源身上多处有伤。农村有关中队、小队始终否认任何农民介入此事。李夫人曾经到干校交涉，被称为闹事，毫无结果。以后李夫人一直上诉到胡耀邦时代的中央组织部，在中组部干预下恢复名誉。李夫人指名道姓斥责某几个人迫害李嗣源致死，却也并未影响这些人升官、重用。

石油干校特别是某些专案组的行为，于此可见一斑。有一点应加说明，尽管干校死了几个人，都属冤假错案，但这些专案组人员又几乎无一例外地被提拔任用升官晋爵，似乎也可反映部领导的思想意识。

### 抓“5·16分子”

“抓5·16分子”是全国性行动。“文革”之初，战斗队、司令部之类不计其数，发动“文革”的中央通知就称为“5·16通知”；至于如何变成“反周总理、反中央文革”的反革命集团，其分子遍及全国，则从来无人说起，而石油部系统可能是最热闹的，大概比其他部门更广为宣扬，大肆“搜索”。

例如崇筠在山东，因为查不出她任何问题（地主家庭出身除外），学校招收“工农兵学员”，勘探系已选她上讲台，这算一种殊荣，带学员在油田以实例施教。石油系统中所选主要是工人，文化水平则十分参差。学校到山东刚好上油田讲“活课本”。大家都认为吴教授讲得活，听得懂，有用！忽然军宣队有人宣称："5·16"分子不仅学生中有，教授中也有，不仅有男的，也有女的。几个"也有"加在一起，只有崇筠一人合格。崇筠居然沉住气，一声不吭，继续授课。有油田工人入校的老工人老党员学员，背地里找崇筠，请她继续授课，不要理会，如有什么事，他将与一些工人学员出来说话，云云。崇筠表示感谢之外，说："我决不会反周总理。""别人如何讲都没用，我照样上课，不耽误你们。有一天指名道姓说我吴崇筠是'5·16'，我立即停止讲课，谁也无法！"崇筠所教这第一班工农兵大学生有几个曾长期保持联系，很尊重她这位教授。

在干校当然也大张旗鼓、制造声势，尤其恶劣的是一套逻辑此时略加修改，反余、康，即反大庆、反周总理，也即反毛泽东，硬插入反总理的罪名，而真正重点打击的就是所谓"反余、康"了。其中，炼油司一位副司长以及"反反扑"尤其首当其冲。前已讲过，"反反扑"四个人中，杨洁有叶剑英保护，连干校都没去。一个副司长叫范文兴，已长期有病，被认为是死老虎。北京院的邢活舒已一再低头认罪，反复批斗之后也听候处置了。剩下一个蓝田方，被认为是最顽固、又最难斗的。

蓝田方确是突出人才。"反右"时，他被划为"帽子拿在手里的右派"，贬去新疆独山子炼厂任副厂长，工作有成绩，调回部基建司，大庆加氢裂化建设中在现场又有好的表现。"文革"中，是"反反扑"战斗队及其著名大字报的主要作者，部大楼召开许多次批斗会，蓝田方一贯辩才无碍，说理斗争不可能驳倒他，保余派可谓恨之入骨；在干校又受多种形式的逼供，蓝田方善于应付，特别是保护自己不受皮肉之苦，照样能吃能睡，更绝不肯自杀（蓝田方以后多次讲过，若是自己死了，就太便宜那些人了）。蓝田方特别向专案组明确绝不自杀，而且坚持认为"真理与真相总会大白"。总算没有动武，而蓝田方辩才无碍，专案组就是拿他没办法。

直到干校最后解散，把他移交去泰康化工部干校（化工部已并石油部称为燃料化工部，以后煤炭部分出去，成为石油化工部）。再后来他就不经批准自己回到北京向胡耀邦主持的中央组织部上告。他一切行动都引党章、中央正式文件以至宪法为据，自有党内人士协助使其案子到达耀邦同志手中，余秋里纵有势力也无可奈何。终于不得不将他“解放”，恢复名誉，承认党籍，只是踢出石油部，分给石化总公司而已。却也该说明两点，一则石油干校总算没有直接打死人，二则在迫害中真正坚强的人最后还是得到了平反。

## 我的初步“解放”与政治生活

我既从“牛棚”中放出，石油部军管会还出具证明属于一般政治历史问题与人民内部矛盾，使朱平得以去了军垦，按理说，就意味着已经解放；去五七干校时，却仍然以监督劳动的名义，发配养猪班，其中到底有什么问题？我颇有不满，到哪天是个头！班里有几位年龄大的同志劝说，处在屋檐下，还得暂低头。赵瑜那时在连部，与我关系可算一贯较好，我曾前后请教他，他很诚意地劝我安心等待，表示问题不是连部能解决的，这一点我完全理解。

在院里参加我专案组的贾宗仁、李海琪那时也到了干校，一般回避与我见面。贾宗仁很早调回部里工作。据李海琪在事后讲的，我的事，余、康，特别余秋里亲自过问过，连军管会也难以说了就算。根据后来事实的发展，此言大体可信。而在那时候，江汉油田的会战正式开始，指挥部就在潜江，按当时全国军管的情况，指挥是武汉军区一位副司令，康世恩为副指挥，在潜江具体掌握指挥部的工作。石油部原来主管勘探、采油的副部长、司局长也有好几个在潜江。例如唐克，当时就边工作、边参加劳动，干校学员看到唐克在大太阳暴晒下拉板车运材料的模样，在背后议论。

康世恩近在潜江，看起来也不过问干校的任何事情，那么，我的问题仍然取决于北京。除部、院两级军管会外，可能起作用的，上面是余秋里，下面还有个刘东明。刘东明在1969年底与北京院大部分人员一起到湖北钟祥，虽然尚不是党委书记，却身份明确是领导干部，不久就调回北京担任工作，显然与处理北京院善后之事有关。

曾有好心同志讲，解铃还需系铃人，不如写封信给余秋里，向他道歉之类。我不干。我曾说，干工作又不是为余秋里干的。然而在余秋里思想上大概另有看法，过些年后，据比较确切的传来之言，余讲我“忘恩负义”。有此一言，就为我以后的生活划定一个框框了。

就这样，我那监督劳动的帽子，在干校又戴了两年。五七战士到校一年后可以请探亲假，我不能，一般不允许离开干校，所以在干校的头两年，我最远仅到过附近的光华寺。

1970年中某日，军管会派一人到干校，宣布一些人的审查结论，包括我，被叫去连部，将拟好的文件让我仔细看，记得文字稍长，内有“文化大革命中有些错误言行”，“经批判有认识”，最后是“仍属人民内部矛盾”。经过三年多运动，落个内部矛盾我也不能计较其他，签名表示同意。事后知道，张琳、徐龙星等几个造反派头头拒绝签字。军管会来人及康卫平等感到意外，老大不满。刚好不久掀起抓“5·16分子”，又进行一番逼供，对徐龙星拳打脚踢，关禁闭之类，徐不屈服。

北京院虽已分在几处，也大抓了一通，且很快就联系到我头上，追问我何故“批准魏振声去上海，并且掏出自己的工资先行补上”。早在我入牛棚之前，魏振声曾出差上海，据说是要搞一部电影片来北京。我虽然仍是院长，出差人员去财务科借款还要我签字，但派什么人出去我早已无权过问，只是照办手续而已。魏振声走得很急，财务科没有足够的现款。而我尚未回家，整月工资就在办公室抽屉里。这种情况好多人都知道，财务科长顾方连打电话让我先将钱交给魏，第二天补回给我。这类事过去也有过，我自然照办。魏振声是院里多数派中的积极分子，出差自然经过多数派头头如张琳、徐龙星派遣。在干校抓“5·16”时，张、徐、魏等人一个不少地全成了“5·16分子”，专案组又追查上述事件，说电影是污蔑大庆红旗的，专门要我交代。

这事闹了几天（不到两星期），不仅雷声大、雨点小，接着连雷声也没有了。多数人认为属于派性斗争的余波，闹不起来，也就息声灭迹。

1971年9月13日林彪摔死温都尔汗的事，大概在国庆节前后第一次在干校传达，场面极其特殊。各连得到通知要召开重要会议，除党员外组织部分积极分子参加，而被审查的党员完全排除。在指定的地点派专人严密把守，不准闲人接近。会议时间相当长，散会出来据说一个个都脸色凝重，有人形容为哭丧着脸。这些人全都回避，不与未参加会议的人接近，所以很多人莫名其妙，不免背地里议论纷纷。我也不免心里琢磨，不知什么大事发生了，主要考虑的是对自己会不会有什么影响。

到向干校全体人员传达时，就已经开展“批林批孔”。先批陈伯达，批天才论，评法批儒，以至批林批孔。像我这样的人大都漠不关心。

清查“5·16”以后，连部又一次找我，一位北京院军管会的干部带来包括我在内的一些人的审查结论，让我过目后签字。“结论”前面有一段关于“文化大革命中的表现”，则写上“有反对石油部、北京院党委”

的“错误言论”这样的词句，取消了“仍属人民内部矛盾”中的“仍”字。我看后有一阵没开口，思想上当然不服气。那个干部大意说是组织上花了很大气力弄清你的问题，这个结论来之不易，于是拿起笔签上名字。赵瑜在旁，说你现在开始就是正规的五七战士了。我也一笑而走了出来，长长叹了口气！这已是 1971 年末。

从 1968 年 5 月被揪入牛棚，到此时已经三年半了！干校学员已开始分批调回北京或其他地方工作，我还得养猪！直到 1973 年 4 月，被分配去荆门北京设计院而当时称为设计研究大队。

## 离散家庭的生活

一家人分散四处，信件联系之外，设法探亲是唯一途径。崇筠带两个小的，又身负教职、带工农兵学生实习等，极难远行，我在监督劳动，不准探亲。鸽子在晋南条件相对略好，小平在黑龙江边境地区，按部队一套办法短期内根本没有探亲的机会。

鸽子写信不多，情绪上颇稳定。农村对插队落户的知识青年集中安排，形成“知青点”。鸽子与同时插队的北京知青在一起，已经成长为女知青中的小头头，以后还成为大队妇女主任。虽则条件艰苦，她还能适应而且自得其乐，一时让崇筠与我都颇放心！

朱平情况不同，一则他毕竟又小了三岁，二则军垦队伍中来自许多地方的孩子年龄一般比他大，品性、背景差距大，其中不乏抽烟、打牌甚至可以列入小流氓之流者。朱平是 93 中学最后一批招入军垦的，到师部、团部各级一分配，周围相熟的同学也少，于是就较孤单。朱平个性颇强，一向看不惯抽烟、喝酒等行为，不但难以与一些孩子相处，更遭有些孩子的歧视。一开始对军垦存在的幻想很快破灭，孩子的日子就很不好过。信中又怕我们挂念而不肯多说什么，但有一次实在忍不住，大概是受马甸中学几个孩子的围攻与欺凌，信中讲："当时我身边如果有把刀子，就跟他们拼了！"读到这里，我一时心脏收缩，确实理解了中国老话讲"心痛"的感觉。这封信被挑出来保存着，如今大概还在某个铁皮箱中。

心痛孩子，又别无办法。我很理解朱平的倔强性格，真的担心他在忍无可忍之下干出什么"笨事"。于是，我写了一封较长的信去，安慰鼓励之外，强调要挑选可以相处的伙伴，团结起来形成一定的力量，决不要屈服而与一些不良青年同流合污。崇筠十分注意为孩子们选择好伙伴，孩子们经历了十年动乱、插队落户、军垦农场等而没有一个染上不良习惯的，崇筠的贡献极为关键。如今一个个都长大成人，是否完全理解不能肯定。不过，朱平确实是那样处理在军垦时期的环境的。逐渐他与武建初（武迟的儿子）、侯氏兄弟、陈方建等不多几个八大学院的孩子们成为很好的朋友。有了伙伴，也自成一个小团体，足以抵御别人的欺侮。直到1971年底整整两年，朱平一直在军垦队伍中，没有探亲，没有与家人见过面，主要工作是饲养马匹，在远离团部的一个"点上"。

唯一有条件走动探亲的是鸽子，农村总还有冬闲，除掉大搞水利、修大寨田之外，农村是比较自由的。鸽子就既去山东看望妈妈，也来湖北干校来看我。山东家里总有这样、那样需要的东西，鸽子就尽最大可能背回去，例如胸前一个大铁锅，背后一个大洗衣盆，还带上几个电灯泡，洗衣服的搓板等等，实在难为了她。①

---

① 我当时是胸前一个大铁锅，里边带上几个电灯泡；背后一个大洗衣盆加上洗衣服的搓板等；两手再各提一个旅行包。到了东营要转公共汽车，人多我根本上不去。有好心人把我推到车门口，一个军人在我后边挡住拥挤的人群，一个人在车上拉我，才把我拽上车。——朱小鸽注

她到干校，干校所在地没有详细、确切的地址，只知道在湖北潜江。鸽子先去山东，然后到上海乘船到武汉，从武汉搭长途汽车到潜江，已近天黑。汽车站在潜江县城，离五七干校还有二三十公里，当地有各部门的好几个干校，当地人也不太清楚哪一个是石油部干校。她却勇敢地向别人指的方向走，沿一条公路走了好久，天已黑透，还不知干校在哪里，幸亏遇上一个部队的人，是军队系统干校的，劝她到军队干校招待所先住下。鸽子又饥渴又累，就去那招待所联系。她带有农村大队的证明信和我写信的信封。招待所就让她住了一宿。第二天，搭上各干校与潜江县之间的交通车，才顺利到了石油干校。我喜出望外，又不免心痛她，毕竟还只是个大孩子。

鸽子在农村生活已近两年，对干校的环境条件也就不以为怪，我住在猪栏端头她也不在乎。好在干校还有几个与她年龄相近的女孩子，有在养猪班参加劳动的如杨端容的女儿朱璞姐妹等，谌铁荪一家原是邻居，她也熟悉。她的来到使我得以了解崇筠和两个小孩的一些具体生活、工作细节。特别知道小和、小松都还能入学，崇筠又委托王裴庆夫人、马杏垣夫人沈荃等照顾他们。他们三个挤在一间干打垒屋子里，吃睡、工作、学习、与人们往来，都在其中。崇筠精心挑选了两个孩子的伙伴，经常一起玩的孩子都是不错的。使我大为放心，又深感崇筠负担之重。

总而言之，鸽子虽然仅能停留不多几天，对当时还未解放、还顶着监督劳动帽子的我，确是一大安慰。鸽子之外，小燕夫妇也来过。

我曾到武汉，即第一次获准单独离开干校两三天。崇忠一家在武汉，当然晤见。从回国时路过上海见过后，我们还是第一次相会。

而可笑的却是我干了一件出洋相的事。那时干校的伙食水平还很差，又久闻武汉的“干丝”等美味之名，就要一饱口福。我一贯很少下饭馆，饭店的一套“程序”十分生疏，看见一家专卖小笼包子与面条的店，生意很兴隆，就进去了，要一碗面外加四两包子。结果我一个人面对一大碗面与那四两包子不觉傻了眼，哪里一顿吃得下那么多！我放开肚子拼命地吃，还是吃不完，又没办法拿走，那时可没塑料袋。我发现有个人穿一套很旧的制服，举止与讨吃的颇不相同，就请他帮忙。

1971年的春节是独自在干校过的，干校的生活条件已有较大改善，“潜江茅台”可以敞开供应，食堂肉、蛋、鸡都有一些，还有当地专门优待的鱼，此外，由于江汉油田会战，市面兴隆，花生米、松花蛋之类都可随便买到。有家属在干校的，一家家都有年货，又有了花炮，因此整个干校都颇热闹。我除去谌铁荪家吃过饭外，也参加一些临时光棍们组合的酒会。有一天晚饭时，刚好就碰上康卫平也在一起，他就要跟我对着喝，而且不是虚情假意，实实在在地跟我表示“个人之间的友谊”。一个有三色大圆点的玻璃杯，来回传递，一人一口，一会儿就灌下一整杯。又“满上”，但第二杯喝到一半，我就不行了。我回猪栏端头的房间，一脚就踩到门口的水沟里，滚了一身泥！有人搀扶我回房睡下，直到第二天八九点钟才醒，倒也没有头痛之类的事。小康还特意来问，并说他知道我在院里过年时曾经每个桌都去敬酒，完了还能骑车回家，以为我酒量可以，否则不会找我尽兴的。

在干校逢年过节喝酒是常事，三两左右的白酒也不在话下，喝醉仅此一遭，也没有告诉崇筠我喝酒的事。

1972年春节，我有权享受探亲假了，与崇筠约定一起到无锡去。鸽子在农村，冬闲可离队返家，只是小平在军垦未能出来。记得我与赵瑜同行，尽管他为人稳重不肯多说什么，还是讲过一些“文革”以来我未能获知的事，主要使我知道我关键在于得罪了余、康，尤其是余秋里。据说，余秋里讲过，“他只要闷声不吭就好，可是（他）还不如他老婆”，证之以后事实，这句话可信。反正我更加明白我自己的去处等，全由石油部原来的领导人掌握。

过去出差，一般很少带东西回家，这次专门做了些准备，却也不知道买些什么为好，倒是挑了各种花样的花炮，以当时物价而论有些可算是较贵的了。过年给孩子们玩个痛快吧！

火车到无锡是天刚大亮，太阳尚未升起，从车站出来，还是脚踏三轮车，车座是原来的黄包车，街道还是窄窄的。菜市场倒显得繁荣，而且一大清早买菜的人也多。1950年回无锡，大姐还在，一晃20多年重回故乡，大姐不在了，而城市面貌未见大的变化，偏偏又运动一个接一个，心里并不痛快。

1972年春节期间朱康福(右)在无锡老家见到大哥朱康圻(左)

当天崇筠带小松、小和与鸽子也就到了。他们一来，所有不痛快的情绪就都烟消云散。崇筠劳累因而略显清瘦，小和与小松窜高一截是比较明显的。除小平外，我们一家五口在无锡聚齐，又去苏、杭，经上海到青岛探亲访友。

在青岛，鸽子没去东营就直接回山西了，我送崇筠、小和、小松到了东营。教师的住房就是一排排的干打垒土屋，崇筠住端头的一间，屋里面积约有七八平方米，我一来，大小四口简直转不开身子。油田气的供应量有限，家家做饭时，火头仅能勉强维持，要做熟一锅饭大约得花半个小时。崇筠在这种条件下授课、带实习、接待学生、写讲义编教材，更得带两个孩子，实在不容易。另外，她还挂念我和两个大孩子。

1972年春节期间朱康福与家人在杭州
左起，前排：朱康福、吴崇筠；
后排：小松、小和、鸽子

这次探亲假期间，崇筠与我多次议论在农村的鸽子。当时女知青在农村出现许多受欺、受骗、受压迫等，父母在家莫不愁愤而无奈。另一方面，在农村招工、招兵、保送工农兵学生等办法已经陆续实施，而被选中的孩子则又全是有后台、有后门的，“臭老九”的孩子绝无机会与可能。石油学院的家长们个个忧心忡忡而又没办法解决，崇筠自不例外，跟我商量，还不方便在那间小屋子里谈，往往一面散步一面议论。

东营是一片盐碱地，基本上没有树，校舍不远有一个被称为小水库的水塘，旁边长了一些杂树，被叫作小树林。我们就总是沿小水库、小树林边走边谈。崇筠与我谈论孩子之事，有时自寻乐趣，放开嗓门唱些歌曲，反正野外无人，也曾吟唱着当年学会的几首国外民歌，无非 Old Black Joe，Old Kentucky Home 之类。我们不免讲到回国这些年来，两个人一起悠游自在地散步竟如此之少。带着孩子旅游我的故乡苏杭，竟也出自“文化大革命”之际！尽管环境恶劣，我们俩还能得此境界，自以为难得。如今又过了二十余年，那时情况还如在眼前。崇筠、崇筠，其知我心！

我回干校，不过照常养猪，崇筠在东营却不得安生。插队知青出问题的传闻越传越紧张，崇筠难免恐慌，坐卧不安，血压升高大概也是从此开始的。于是她决定在暑期来干校探亲，一个重大课题就是商量怎样把两个大孩子弄出来。崇筠带小松经武汉探望崇忠后到干校，小和则留在东营。

干校有一幢猪栏是自己新盖的，端头一间是养猪班班长住的，他探亲临行时把自己的东西都收拾起来，讲好让崇筠和我去住几天。那间屋子并不比东营那间干打垒差，崇筠也毫未计较就住下了。小松像她同龄孩子一样，对我们养的小猪很有兴趣。看来，中国知识分子确实能够到什么地方都适应，在东营干打垒、在潜江猪栏端头，那么两间小屋里，我们还真正是欢聚、很高兴的。

我们商量的大事是两个大孩子，唯一的办法是崇筠设法到北京石油部找唐克，他已经在部里管些事。实际可行的是得到石油部的招工指标。此外，焦力人副部长与崇筠也较接近，关系还可以说较好。焦力人的夫人有时跟焦部长闹别扭，在大庆时也闹，崇筠能去劝劝焦夫人，息事宁人。崇筠一贯不肯找什么上层关系，只有这两位还愿意去找找，尤其为了孩子，只好硬着头皮去试试。

崇筠携小松在猪圈边上住了约一星期，经武汉会合鸽子上庐山再回东营，有机会去北京参加会议，见到唐克，获得石油部招工指标两个。我于年末先去山西接出鸽子，又去黑龙江军垦接出小平。

朱平被安排在大港油田当工人，我们那时北京没个家，父子俩便直接去了大港。我有熟人在大港油田指挥部，其中包括原北京设计院政治部的一位女同志在人事部门工作，请她安排朱平的工作。当时商定让朱平去“设计所”，所里有原北京院的人，可以让朱平学点技术，将来子承父业。我自然高兴，朱平也满意。

此时传来一个喜讯，崇筠正从北京来大港！这又是喜出望外的事，尤其朱平能够马上见到妈妈，特别高兴。我们专门在公路进入处等候崇筠。过了中午 12 点还不来，正心焦时，说电话来了，车子在中途出事，有人受重伤。我父子两人十分忐忑不安，“热锅上的蚂蚁”似的在那入口处转来转去。终于有辆车进来，一伙人一拥而上，朱平眼尖就看到妈妈了，喊着妈妈，挤到最前面把崇筠接下车。崇筠一见朱平也一把抱住，我倒落在后面了。崇筠事前并不知道我们已到大港。这母子相聚的惊喜场面，印象很深刻，如今还历历在目。

这一次小小的欢聚使我们这个分散的家庭靠近了不少。两个大孩子都成了石油工人，鸽子在河北徐水石油部地球物理勘探局，小平在天津郊外大港油田。崇筠从大港返京回东营，两个小的一直等着妈妈回去过年呢。这是 1972 年底的事。我自然还得回干校，又因二哥当时在沙市，两次骑自行车到沙市探望。我自己静待石油部的处理。

## 插队与干校尾声

### 湖北农村插队

石油干校的“五七战士”要轮流深入农村，插队落户“接受再教育”，也尽可能帮助农民。这是从 1971 年开始的。我去插队落户应是 1971 年底那个冬季，陪同或带领我的是叶余纪。

我们的房东是一对年轻夫妇，有一群女儿，有好几天叶余纪和我都闹不清到底是几个。一个最大的刚上小学，已经会帮着干许多家务；一个最小的还在她妈妈怀中吃奶；中间那几个，看起来都很相像，如同一个可以刚好套进另一个的玩具娃娃。其实呢，大小一共已是五个。

屋子正中有个堂屋，供有祖先与“天地君亲师”，不过已经放在边上角落，正中则让位于毛主席像。除吃奶娃娃外，每人都有一枚毛主席像章。家里“毛主席语录”不止一本，其中一本放在毛主席像前的桌上，保存很好，可见虽然建立伟大领袖的地位做得相当彻底，却并未完全取代家族祖先与天地神灵根深蒂固的传统。至于计划生育，更完全屈从于传宗接代必须有个儿子的观念。

潜江是产棉、粮的地方，农民收入似乎较好，我们在那里时已近年底，几乎家家户户都在缝制新衣新被。饭食却不如衣服，年末农闲，一天吃两顿，本来房东家是一顿干、一顿稀，有我们去插队，自带粮票交给房东，所以就是一顿干粮，另一顿半干半稀。

至于劳动，其实轻松，年底农闲，队里与房东似乎都没什么活计可以给我们安排。拔棉秆拔了几天，分配的工作量比我初到干校时还少，所以不算累，房东还来打招呼，悠着点，有个样子就行。刚好队里年底要搞分配，要写报告，于是小队长就让我去帮忙。农村习惯打算盘，对于用笔算，排成加减乘除的算式，反而不大放心。小队长看见我能打算盘就高兴，结果是不但给这个小队算了一通，还到隔村的一个小队去算了一通，皆大欢喜。

相处比较熟了，房东就讲起当地老百姓对“五七战士”的评价是一串顺口溜，很有趣却记不得了。大意是说：这些人每月拿国家那么多的钱，到这里来种那么一点儿粮；平时穿得破破烂烂，好东西一定都在箱子里藏着；说是接受再教育，谁知他们心里怎么想；说是要扎根农村，谁知什么时候远走高飞再也不想这地方。可见农民的眼睛是雪亮的。

春节前干校收兵回营，队里还组织欢送，每人给一朵大红花。一年后，即1973年的春节，叶余纪与我再访房东家，女房东怀里仍抱一个吃奶娃娃，我一时朦胧，曾以为娃娃吃奶时间长，其实却是个新生儿，而且还是个女娃娃!

## 干校的尾声

石油干校从1971年尾就开始陆续有人调出，1972年则有成批毕业的，北京院，即八连的人，少数回京，其中包括袁宗虞、夏汝钧，较多的调往沿江新建炼厂，如九江、安庆及长岭（现在的巴陵公司）。我与崇筠几次晤面，自然也议论过以后如何。那时我大体上明白，余秋里，甚至包括康世恩是不会要我回部里的。我曾提出过另找地方。不过，一些地方无法安排崇筠的工作。崇筠对地质勘探工作一往情深，不愿更改，而且她对石油部的感情也还是很深的，对余、康的看法跟我也不尽相同。唐克在石油部主管勘探，有些会议仍点名请崇筠参加。崇筠希望慢慢争取回北京。她已经听说将筹建勘探开发研究院的事，认为是最好的选择，因此希望我尽量争取也回北京。

崇筠打算离开石油学院还有个原因，就是不愿意在那里担任行政职务。“反右”时，她的几个助教被错误打成“右派”，与系里、教研组个别党员有关系；这一两个党员事后被学校重用，业务上却很少有进步。“文革”中系里的年轻人形成三个“派”，互不团结，彼此不服气。系主任张更先生是崇筠念大学时的老师，对这些年轻人根本没办法。学校领导动员崇筠出来当系主任。崇筠认为学校已不再是她希望的“学府”，变成斗争与钩心斗角的场所，一旦担任行政职务更不可能安心做点学问，所以坚决拒绝。那时挂名的院长是胜利油田军代表留任的指挥，还坐着大红旗轿车专到崇筠住的干打垒来动员，崇筠有高血压，借此称病。那位老红军到时，崇筠拥被坐在床上，婉言拒绝。但是这样一来，崇筠觉得在石油学院没法好好教书做研究了，不如尽快离开。

在这种条件下，我静待发展，继续养我的猪！1973年4月分配去了荆门，就此结束了干校的生活。

## 在荆门搞“情报工作”

从1973年5月至1978年末五年多的时间，不恢复我的职务，不安排正规工作。北京设计院新领导人明确将我列入另册。其中几次有人建议安排，却都被阻挠；还有传言，应向余秋里去道歉、赔罪，就会得到安排，看来这些传言并非毫无根据，我却不愿干。

赵瑜背后给我讲，去荆门参加炼厂开工组，是唐克副部长的建议。开工组这种办法是石油部常用的。新建厂开工派老厂车间主任以上有经验的人去领导，其中常会留下个别人任新厂领导。荆门开工组由四人组成，原石油二厂总工程师副厂长毕振德任组长，大庆炼厂副厂长总工程师王可居、我及另一人为组员。我一到荆门，发现情况不对，不仅厂中，连设计科研大队也无人出面接待。

我随身一只箱子，一个铺盖卷去了荆门。走的那天是连续两三天阴雨之后，偶尔还飘些雨点，道路十分泥泞。卡车送去，下车后还必须走一段泥路才能到“科研设计大队”的地方。对那箱子、铺盖，一手提一个，一步一滑，“行不得也”，没人帮忙我还真是对付不了。又根本没人来“接”，同行的人大都自顾不暇，不可能帮我。正为难之时，居然来了一位女同志，手执一根扁担，“裤脚管”卷到腿肚子上，穿一双雨靴，在泥泞小路上照样健步而行，还称我为“院长”，看我狼狈，把我的箱子、铺盖挑起来就走，还给我一根棍子拄地。我对她只是“面熟”，却叫不出名字。原来她是朱昌莹同志的夫人。他夫妇俩都是广东人，朱昌莹被人称为“朱仔”，这位夫人说她从小在家就下田干活，挑我那点行李不在话下，挑上肩走起来比我空身（只提着她本来带的一个小包）似乎还稳当。这样，我才跟着她和另外几人到达目的地。我一直感念这位女同志。

江汉油田在当时曾被寄予莫大希望，以为可以成为三线建设中一个石油基地、一个战略性要地。相应建设一座炼厂也就是战略工程，要“靠山、分散、隐蔽”。前些年跟我一起找东炼厂址的一些同志，奉命找山沟选厂址，就找到了个名叫“黑风口”的地方。山沟呈鸡爪形大小五条，当地称这种沟为“陇”，厂子就布置在三条陇中。已经盖了一批三层楼砖房作职工宿舍，全厂建设工程已到收尾、准备投产的阶段。宿舍在陇口外，进厂有两条路，一条比较平缓，并已修成正规道路，另一条距离厂区较近，却必须翻过“黑风口”那个坡，而且尚未修成正规的道路，人们流传着“黑风口、路难行”的顺口溜。

设计科研大队隶属于当时“江汉会战指挥部第八分部”，简称八分部，除北京院大部分人员外，还有研究院的一个连。研究院院长侯祥麟此时也靠边站。迁出北京时，该院党委书记认为研究院设备器材，尤其是人员来之不易，与军代表商量如何妥善行事。军代表也算是极好的，在 1969 年底，只将一个连先行送到钟祥，后转荆门，说法是先头部队安排好必要的房屋等，实际上拖了一段时间。后风声较松，其他人员及几乎全部装备都没有动。研究院是石油系统在京单位中唯一没有大伤元气的，但去湖北的这一个连则是牺牲品，始终未能回北京。

大队的领导人有原北京院的赵志荣、李玉龙。人员中设计部分占 3/4，大体是北京院的主体，派性已不明显。保余派中不少人已被提为负责人，如王庆芝、韩学智、王彦梅夫妇等。造反派小头头中检讨过关后也担负一些职务，如工艺室主任王玉翠。荆门厂主要设计负责人是郭志雄。较老的工程师、室主任都只是一般人员，一律取消了职称。编制是军事的连、排之类，不久改称大、中、小队。

荆门炼厂负责人除军代表外，主要有施宗龄。炼厂筹备投产，唐克提出组织一个投产试运的领导小组，有上述四个人。我在干校时，赵瑜告诉我这件事，我思想上也有准备要很快投入紧张工作。殊不知到了荆门，毫无动静。倒给我安排住入刚建成不久的宿舍楼的一个单间，至于开工组一事，再无人提及。过不久，正式宣布了另一些人为试运领导小组。

我被排斥在开工组之外，而设计大队也跟随这种措施来对待我。果然，李玉龙客客气气地“请”我“帮助、支持一下情报组的工作”，说实话，我并未感到不快，只是觉得余、康（至少余秋里）也太小气了点。而且我还了解到，沙展世虽是当时唯一留在荆门的副总工程师，居然就没人承认，从来没有发挥他的作用，大部分时间也在情报组。

情报组组长大概就是胡德铭，她与全组人员对老沙与我都极友好、尊重。当时的工作只是翻译英文资料，主要是一批专利文件，即60年代美国专利局公开发表的、有关炼油技术的专利书（U. S. Patent）。

这种专利资料确实有技术内容，不过根本目的在于明确与保护专利的范围，整体的文字可称为法律语言，而不是一般的技术语言。每个专利都有很大部分是句子很长，表达严密、严格，一句往往有三五行，翻译成中文确乎比较困难。情报组的几位同志英语水平不高，很有困难，时常求助于老沙，老沙也头痛，他有时还必须仔细校审图纸资料。把我派去，同志们倒很欢迎。

对我来说，过去看过这种资料却也从未全文译出，一开头也难以运用适当的中文去充分正确地表达原意。译完一两份后，自己又修改一遍，才交给组长。胡德铭首先表示得大惊小怪，认为比他们译的强多了，于是，他又把已经译出来的稿子让我修改。而这种修改可比我自己译还麻烦。

我自然要为大家解难释疑，比较好的办法是给大家讲一讲，我虽有此意却不提起。胡德铭与工艺室主任阙道悠商议并得李玉龙同意，搞个学习班讲解翻译技巧。开头只是搞专利翻译的三四个人，逐渐有其他同志来听讲，又有人希望从较基本的语法、译法讲起。在当时大环境中，北京院的老人居然有较多的想学英语。

我等于开了两个班，但从来避开这种说法，只是业务学习。到后来还有两三位同志额外在晚间找我“启蒙”，差不多是从“动词”、“名词”之类开始的。就这样，我也相当忙乎，不觉得光阴虚度了。1973 年半年多的时间就是如此过的。荆门炼厂的现场当然也去看过。唯一曾经明确表态的事，是支持打通黑风口的道路，这是北京院“老人”提过几次而八分部头头们认为一时顾不上的。我认为从消防、救护出发，这条路早修早好。1973 年下半年，不知道什么时候开始，这条路开始施工了。

下面略记几件生活琐事，趣事：

**“杀鸡大队”**

附近农民把“设计大队”叫作“杀鸡大队”，当时猪肉、食油、粮棉布等还全都“定额供应”，都要用“票”（粮票、油票等等），而当地农民在集市上出售活鸡、鸡蛋等就不用什么票。凡是有家的，为改善伙食，尤其给孩子们增加营养，最方便而且价格不算高的办法就是每星期天买一只活鸡宰吃，甚至一买两只三只的也有，成为集市上一大顾客群。农民闹不清什么“设计”、“科研”，方言又有些不同，就把设计大队叫作“杀鸡大队”了。

**“谁挣钱最多”**

全大队我的工资最高，从在北京院担任院长以后一直如此，那时的大队里，老沙第二，其他人都差了一截。这是人人皆知的。偏偏有一天傍晚，有位同志专门到我房间问我“谁挣的钱最多”？原来那些天有个“爆米花”的人，发现“杀鸡大队”不光杀的鸡多，爆米花的更多，包括爆黄豆等在内。他清早就来，顾客还排上了队。爆一斤大米多少钱是“明码实价”。我们那些同志还自动“组织起来”，把要爆的大米或黄豆及应付的钱一起放在个盆或桶内，顺序排好队，人就上班去了，爆好的米花又放回盆、桶之内，排成另一排。顾客什么时候“溜出来”一下或中午下班路过就拿回“产品”。那人一天爆多少斤很有把握，超过了就劝顾客“明天早点来”。连续一个多星期，盛况未减。

每天，他的收入固定而相当可观，有人一算，一个月他能收入800元以上，比我的工资高一大截，所以专门来讲给我听。记忆中，这位同志就是朱守森，90年代北京院的党委书记。他注意到农村这种小手工营生以及喂鸡、捕鱼、种菜等，只要在城市附近，有买主，就大有可为，可以“发点小财”。可以说，当时他其实就注意到了“发展乡镇手工业”与“菜篮子工程”的前景了。

我有另外一点感想：爆米花顾客多说明孩子多！成年人当然也吃，但最主要的食用者毕竟还是孩子。“文革”开始后，就以北京院而论，也出现“添丁增口”的高潮。到1973年，一批四、五、六岁的娃娃正在茁壮成长，消耗爆米花的主力，就是他们。

那个傍晚，那位同志跟我聊了好一阵。从那以后，我特别对人口暴增的问题“忧心不已”。毛泽东曾讲：“八亿人口，不斗行吗?”由此引出“几年再来一次”（类似“文革”的大乱）的警告。他老人家讲“八亿人口”其实就证明他自己脱离了现实，又何止八亿呢！

## 设计大队回北京

### 1974 年的探亲

1974 年春节，我回东营探亲。那时学校传言，余、康特别是康世恩发话：石油学院与设计院再别想回北京。为此我拜访了当时石油学院院长杨光华。他与我们在 Univ. of Wisconsin（威斯康星大学）是同学，落实此语属实，石油学院将更名为“华东石油学院”，石油部决心让它扎根于此，并拨资金建造教学楼、图书馆等。首先建造的学生宿舍已是楼房。山东省很希望学校留在山东，甚至划归省里。他十分明确，石油部既不让学校迁回北京，也不愿放给山东省，前景是扎根在这里了。他认为我与崇筠两地分居总不是办法，问我是否考虑来学校任教，炼制系也缺师资。

但崇筠不赞成，她认为大学孤立油田，信息渠道不畅，与其他著名大学难以交流，这种局面根本不适宜，对孩子们将来也不是好环境。崇筠的想法很有道理，她与石油部主管勘探的唐克、焦力人等副部长及油田人员的联系没断。部勘探司以及焦力人副部长有意以借调方式让崇筠去北京。我离开荆门时，听到一些北京院“陆续搬回去”的风声。因为荆门炼厂、武汉炼厂的设计、建设任务都已完成或即将完成，设计院留在荆门毕竟对开展工作不利。

鸽子的地质队在春节期间有假期，她也回了东营。（记忆中，小平也回家来，我们曾一家团聚过一阵。）在住房前那一小块空地上，我们还玩过羽毛球，无非消遣。

此外，与胜利炼厂联系，曾去参观（可能还带了小和），在招待所住过，主要去看看那一套“联合装置”到底运转得如何。一般反映认为“联合得太紧”，不方便，操作要求高；少数人认为“很好”。看过后心里不太踏实，又有点不甘心，认为“方向没错”，但尚须得到更多人的认可，还需要做些改进而不应“后退”，只是当时也没人商量。厂里主要领导人并不正面出来接待，却又到招待所见见面。他们主要对职工宿舍还是“石打垒”（就地取材用石块砌筑）不满意，认为应该建些两三层楼房。我倒完全同意，不过原来石油部领导人在建设时决不会同意盖楼房的。

山东东营石油学院内干打垒的家，1974年春
上图：家门前的全家合影；
左起：前排：松、康福、崇筠；后排：和、平、鸽。
下图：家门前打羽毛球。

到假期将满时，我忽然发烧，并反复两次，医务室认为应该进医院检查一下。我本意也打算去北京一趟，看看情况与寻求机会，所以我返程先到北京，一则上医院看病（眼疾与前列腺、尿道狭窄），二则探探消息。我找过杨达司长、连庆溥副司长与支明玉（化工部张

副部长夫人，石油部情报所党委书记)。他们三位都劝我“再等等”。杨司长更明确讲不要去情报所，“总还有机会的”。也就在这一次，我知道已经有人提过为我安排工作而再受阻挠及“只要向余秋里赔礼、道歉”就能解决问题的说法。

## 回北京

当我在京准备回荆门时，机会真的光临。徐今强当时已调任化工部部长，主管燕山30万吨/年乙烯引进及建设任务，他很想有北京设计院这样一支队伍。设计科研大队中北京院人员的回京出乎意料地早，其关键在于燕山引进30万吨/年乙烯工程的建设与徐今强部长的努力。

说明一下背景情况。石油化工工业在国际上的迅猛发展不能不引起中国人的注意，早在石油工业部下决心提高炼油工业技术水平、所谓“五朵金花”成功建成投产之后，张定一领导北京设计院研究下一步发展时，一方面在炼油方面注意加氢裂化与联合装置的节能措施，另一方面就是发展“三大合成”，实际就是石油化工。在当时具体条件下，第一步考虑限于炼厂气的利用，康世恩曾称之为“炼油厂的三次加工”。大规模发展石油化工在当时的确缺乏必要的技术与其他条件，从利用炼厂气入手还是风行了一阵。东方红炼厂投产后，北京市与石油部就大张旗鼓地搞了个“×××工程”(以批准项建书日期为代号)，建成了胜利、向阳、东风、前进、曙光等厂，生产顺丁橡胶、合成氨(硝酸)、苯酚-丙酮、聚丙烯等石化产品，技术都是国内自己发展的，水平不算高，生产规模更限于原料而很小。在大环境略有改变时，经过高层商讨，决定全套引进大型现代化装置。其中，首先是购买30万吨/年合成氨(以四川天然气为原料)及相配套的尿素装置。因为这涉及发展农业，所以尽管仍有人反对(江青是代表性的人物），却较早得以成功，而且引进了4套，以后陆续发展成为共达13套。在这个基础上，由于中日民间贸易有很大发展，打开了技术封锁的一个缺口，就决定从日本全套引进30万吨/年乙烯工程。这还得力于大庆原油的特性，它的馏分油比较适宜于作为裂解原料生产乙烯、丙烯等。

这第一套大型石化装置决定建在北京，取代上述一系列小型石化厂，在中国可以说是一个划时代的事件。尽管日本工程公司等承担了主体工程的设计任务，但配套工程还得国内自己来承担。而石油部、化工部的设计院都已被赶出北京，因特殊原因，如承担援助朝鲜、越南等项目的设计任务，留京少数人员与1972年以来陆续调回北京的一些人，主要集中在燕山，组成燕山公司下属的一个设计院，其中以原化工部系统的人占多数。比较而论，缺乏搞全厂性工程设计的经验，总的力量也不足。到1974年初，乙烯工程作为全国重点项目已到预定动工建设的阶段，还有大量设计任务没人承担。负责整个事项的徐今强才下决心让原北京院人员从荆门赶来参加设计。当然有所谓的红头文件，我曾看过，避开其他问题而只提参加设计工作，显然是一种不得已的、为减少阻力而采取的策略。

李玉龙有电话传达给我，让我留京协助人员来京事宜。

当时燕山公司的名称是北京石化总厂，专门组建一个基建指挥部，负责人姬永兴，人称“姬老头”，由大庆调来。原北京院东方红炼厂工厂设计师助手唐敏，还是我建议任助手的。石油部调北京院一些人“支持东炼”，唐敏也在其中，几年下来，唐敏对施工组织及施工队的头头都熟悉，此时实际上他是具体业务负责人。他把我引见给姬永兴，姬老头一口答应拨给为燕山设计院新建大楼的顶部两层供北京院来人暂住。他又落实亟待安排的总图、储运两专业设计任务，与荆门商定第一批来京人员。按这种分批陆续来京的办法，除先拨上述两层楼房，还搞了一批临时性房屋供使用，地点在东风化工厂附近，可由荆门领导人来京确定。

岂知荆门那边忽然起了一场风波！设计科研大队有一个连是研究院的，人员户口已被迁出北京。文件规定是调设计人员，他们就不能回京。其中有夫妇两人，一个设计院，一个研究院的。大队领导简单地决定，要么两地分居，要么一起留在荆门。有人大为不满，写了一份人民来信，检举揭发一批设计人员违反中央命令擅自大批回京。这封信还分寄若干部门，不知如何又引发一种流言，大意讲已经到京的也就罢了，还没有走的就走不成了，甚至还有一个日期，那一天以前走的就走了，过了那一天以后就进不了北京。因此引发尚未离开荆门的北京院同志大为恐慌。连那时尚在荆门的沙展世，甚至李玉龙等领导，都急欲离开，“进京压倒一切”，明确通知在京接待人员要无论如何安排全体人员尽快到京后的安置。

这种紧急接待安置的任务在很大程度上落在我头上。

事后知道，李玉龙等人简直不能掌控局面，人流拼命往北京赶，荆门火车站行李箱、大人孩子以至老年人拥挤、杂乱，火车票也不再是统一购买后按计划分配，而是几位与火车站、八分部运输处等有联系或个人私谊的人分别取得。谁能取得车票谁先走，多余的照顾本处室的人。拖儿带女，不管院内公物而先涌进北京。

每天有一班火车都会有荆门来人，但来几个什么人事前都不知道。我这时就顾不得许多了，我说事到如今要我管大家就得听我的。已到京的所有的人一致要我全面管起来。我把那两层楼划分为三部分。较多房间分配给带小孩的、有老太太的女同志；一部分房间给其他女同志，最后给男同志。留一间屋子办公。所有的人一律睡地铺，各家的家具什物等，除最必须随身使用的，一律请姬老头安排几间板房先存放起来。

每天我到车站接一两次车，开伙毫无可能，联系了附近的食堂，事先买好一批饭票菜票，让大家一到就能吃上饭。

好歹我把全体到京人员都安置下来。北京有家的，我自作主张，一律先回家休息，听候通知再来上班。我自己在走廊一角，用桌子和一块木板做床，到时候和衣睡倒，每天睡几个小时。两层楼中不免有孩子哭，个别女同志还吵架，完全是一派难民营的景象。

与此同时，我还坚决管住必须完成的设计图纸，包括“鉴向布置”（平整场地至设计标高）与原料油罐区施工图，保证如期交图，有些图纸还是我签名作审核人发出的。我说：“只有保证如期出图，才能站住脚跟，其他一切才能逐步解决。”这一点得到大家的支持。

李玉龙等几位是最后一批到京的。他们到后，我就明确一切工作由他们安排，要我干什么我就干什么。

燕山公司的工作人员，对忽然涌来的北京院这帮人全都没有好感，而燕山设计院的同志眼看新建大楼让这帮人占领了，更不痛快。但基建指挥部姬永兴等人倒是十分满意，因为第一批人一到就展开工作，接着就保证完成必要的图纸，使得五一鸣炮开工像模像样地打开了大面积施工的场面。姬永兴大笔一挥，把仓库现存的十几幢临时板房中绝大部分批给了我们，很快搭起了板房。老幼家属分批搬家。尽管从荆门的三层楼房又降级为临时板房，却都欢欢喜喜、高高兴兴地认为回北京了。

我自问竭尽全力在房山安排接待，为北京院的人在燕山站住脚，出了不少力，但未得任何回报。不久，部派邹国顺为书记，刘汉卿为院长，根本不安排我任何工作。唐敏建议，我不如到基建指挥部去帮助工作。我对石油化工并不熟悉，对基本建设尤其是大型工程项目确有兴趣，欣然同意。姬老头表示非常欢迎，他打个电话就把我借到基建指挥部。

# 在基建指挥部的岁月

从1974年大约6月份开始，直到1978年10月正式调入石油规划设计总院，近4年半的时间，我都是北京院（此时是燃化部北京炼油设计院）的编制而借调给北京石化总厂基建指挥部，其间发生过许多大事，光是石油部的名称就改过两次，相应北京院的名字有多次改变，而燕山石油化工总厂也诞生了。

## 燕山建设工程中的工作

我在基建指挥部一待四年，指挥部从姬永兴、施宗龄、北京市的王纯（副市长建委主任），以及芮杏文，后来的葛立兴、李干一等人，都很欣赏唐敏的才干，对我也颇热情。唐敏是指挥部的核心人物，指挥部下面有计划、财务等各处，都听唐敏安排。

我刚到指挥部时，突出的工作是整个工程的全面组织、安排。突出的一点是引进项目的谈判与合同签订的进度不同，其中聚丙烯项目合同签订时间迟了整一年以上（外商提供的设计、关键设备等相应自然都晚）而必须同时“投产”，否则大量丙烯无法储存，只能“放空燃烧”，或者全面推迟投产。唐敏为此花了大量精力。他明确提出几个必须保证的条件，由指挥部集中讨论。我赶上参加这种讨论。这个总体安排经过总厂审议通过，也得到部里与北京市的批准执行。其中，我说不上有任何贡献，仅仅帮助唐敏准备“审报”与回答有些人提出的问题。从技术角度说，实际是北京院在“文革”前就推行、最初由蓝田方在大庆炼厂二期工程中实行的

"关键线路"图解法构成的。

其次，在一定程度上我分管北京院设计的那一部分工程，主要是总图、储运工程。从安排委托设计、联系催图、向施工单位交底以至具体施工进度与施工中出现问题的解决。我对这可算是轻车熟路。开头还每天到工地走走，后来就没必要常去。

许多人对石油化工都十分生疏，指挥部工作人员就常说"闹不清什么乙烯、丙烯的"。大量的英文资料看不懂，包括日本设计公司提供的说明以及美国专利商提供的基础设计资料。图纸上、说明书上许多注解、符号也不明白。总厂本来组织一个翻译组，远远跟不上工地需要。姬永兴等根据唐敏建议（这可是我的主意），把翻译组置之指挥部之下，大大加强人力，指定我负责指导。首先从北京院借调人员。颇有人欣然而来，其中包括在荆门听我讲课的，如从 ABCD 学起的王崇谦，那时也奋勇而来。

管翻译时，专门办成一个班，用"I go to a garden to see three birds"讲主语、谓语及状语等，以免将"张三打李四"译成"李四打张三"，分清主、谓及宾语，也就可以懂得大概意思。翻译组人员总计曾达 30 多人，而且不久就安排到市内原化工部设计院的楼里工作。我专搞翻译时，每周有三天在市内，专门处理翻译工作中出现的问题。工作持续一年半以上，后期我去得很少。

又根据几位指挥的安排，组织业务学习，让大家了解什么是乙烯、丙烯等。我按几套生产装置一一从头讲起。开头隔一天就讲一次，"扫扫盲"，以后一星期讲半天。这件事持续了约三个月，即到第二年春节。这两种工作成为我的主要任务，我因此也学习了一些石油化工的知识。有一段时间，我还给一些中层领导人讲点课。

当年，我们自制的催化剂可使聚丙烯成狭的带而不能抽丝，能做成土工布或编成口袋，居然成为一种出口货，而且是国际上第一出口国。我到指挥部发现，最多不超过四套60万吨/年FCC可顶聚丙烯一套，马奕奇曾帮我算这笔账。但当时却发愁丙烯出路问题，其实中东天然气作裂解原料，正缺丙烯，中国正大可出口，当时却只知道做口袋供走私者使用，中国出口丙烯腈口袋是第一。其实日本承包乙烯大项目，救了两家小厂（乙烷厂，催化剂厂），还以高价出卖产品。

到石油部规划总院后，对30万吨/年乙烯共生的丙烯还曾发愁如何产生价值较高的产品，竟不知中东生产乙烯而缺丙烯！只知道做编织袋！当年有什么石化产品展销，吸引众多观众的竟是彩色石化口袋，连老头老太太也去排长队，等口袋。

乙烯厂其实只能出山，山上实在没地方安排，反正东方红厂不准扩建的事也无人过问了！在30万吨/年大乙烯之前，已搞4个小厂，其中本有聚丙烯（制编织袋的小厂），以此为基础，聚丙烯合同推迟一年之久，唐敏用关键线路方法，争得不少时间，但用高压透平带动压缩机时蒸汽总不合格，总有污物残留叶片上，最终发现来水含砷！砷与叶片产生化学作用生成砷化铁，这倒也不难办，用废脱硫剂事先专门脱砷就行，可水中有微量难于检测的砷，过去也未见过。

乙烯厂的“火炬头”用直升机吊上去，我亲眼所见。后来唐山大地震，我在燕山设计楼上住，看到火炬像大蜡烛那样摇摆，也是一辈子唯一的。后来检修，也用直升机，竟出了事，牺牲了一位优秀的飞行中队长。

当年的法律，也十分离奇，据传说房山县当年对汽车压死一头大牲口、一个人及一条小牲口如毛驴等的赔偿价格都有规定，数值上是“大牲口>人>小牲口”。岂非怪事？但讲者确其实例，无法驳斥他。

我也参与过一项浪费资金、人力、器材而基本上一无结果的工程。北京市利用引进后消化、吸收的名义，准备搞自己生产的全套合成氨与尿素设备制造，用以抵制外国货。这本来应是好事，却因政治干扰而完全变了面貌。

具体做法上首先排斥一些工程技术人员，采取全盘照抄，把所有主要设备、机器全都测绘了，再三强调尺寸绝对准确。测绘成功的图纸，尽管尺寸大小精确，却并不认真注意所使用的材质，因而埋下失败的根子。其次，排斥其他省市，要求全由北京市所属单位承制，为此不惜增添重复的大型机具、设备等。当时的燕山等于要做整体工程的全面协调任务，指派到我头上是压缩机这一项，为此跑了几趟北京重型机器厂（简称“北重”）。北重掌权的只会拆开描图再干一套，别的都不行，因此搞了一年多，只生产出一批废钢铁而一无所成。我对机械制造业所知极少，解决不了问题，又有政治责任的顾虑，也不肯发表什么意见。我跟唐敏讲过，预计是一场失败，但我们都知道，这种话是绝对讲不得的。此事最终结果是一大堆几十吨的毛坯与零部件，全部报废回炉。

最后一项工作是从施工角度提前考虑投产准备。这套大型石化装置中主要的压缩机都由蒸汽透平驱动。这些高速透平对所用的蒸汽有严格要求。要投产，透平必须能开动，蒸汽必须合格，锅炉要早早提前运转，就要有合格的锅炉进水，最后就落实到水处理设施必须首先全面完工、试运，生产出合格的锅炉进水。施工单位每月甚至每旬都追求完成若干工作量，水处理装置并没有价钱高的设备，而必须防酸抗碱，地面铺砌等花工费时的工程，施工单位不愿集中力量去搞。我对唐敏和指挥部负责同志充分说明这种情况，决定“非如此不可”。这也算尽了一点义务。事实证明，尽管施工时反复强调过热蒸汽管道内部必须彻底干净，实际并不理想，多种杂物、污垢都在管线吹扫时出现。为达到透平使用的标准，高压气吹扫连续一个星期以上。出口处产生的声音日日夜夜吵得方圆几公里范围内不得安宁。这种噪音污染是我一辈子也忘不了的教训。

顺便说一下，石油及石化系统在大型基本建设中的经验教训，尤其是教训，经常一犯再犯，缴学费一次又一次。到 90 年代我参加抚顺公司的扭亏规划，才知道抚顺 12 万吨乙烯工程中，水质问题成为一大难题，也是那套装置不能正常开工的重要原因。硅含量一直过高，导致高压蒸汽不合格，透平也几次出问题。这是体制原因，也是主管人员不认真尊重科学的结果。

总而言之，我在基建指挥部谈不上什么贡献，只因自己一贯干什么都比较负责，历任指挥对我都较尊重，相处很不错。到最后朱平、鸽子相继进了大学，唐敏又曾要我帮他子女复习功课，竟然得了善于“讲中学课”的浮名。另一方面我倒学到一些东西，至少对石化工业有了比较多的了解，对我老年时期的工作颇有帮助。

## 石油部、北京院对我的态度与处理

北京石化总厂在 1974 年时，党委书记姓杨，官阶颇高，在康世恩之上，他是北京市派去的，因此有北京市立场，换句话说，不买石油部的账。业务上负责的是杨浚，原是化工部的，他的主要观点是炼油工艺简单，产品质量粗放，而石化生产工艺复杂，要求精细严格。这种观点有一定道理，不过，杨浚因此有轻视石油系统工程技术人员的倾向。到 1975、1976 两年，这两杨先后调离。其意义在于北京石化总厂仍是石油部的一统天下，一切事，石油部说了算。

这一统天下的局面决定了那几年对我的态度与处理。

首先是所谓“掺沙子”。不知党中央哪位人士提出的，对知识分子想要利用，又要防止知识分子成堆，于是掺进“沙子”。沙子自然是工人阶级，即从生产单位中选拔的可靠工人。到北京院的是五六位由兰州炼厂选出的，分别担任书记、副院长、政治部主任、人事处长等要职。这样做只是加强领导。

1974 年下半年的政治风云起伏，传达文件、学习讨论，有一两个同志专门负责这类事。实际干工作的，到场应卯以后，该干什么还干什么。这种情况，似乎北京院对我就不放心，就专门通知，“重要的学习、讨论要回院参加。院里凡开大会，也必须回去参加”。

按照在荆门时的办法，我自然在情报组。过了几天，通知我去参加工厂设计师那个组，才去一两次，又让我回情报组。我心里知道，石油部的头头们还没放过我，有意让我只能在情报组搞搞翻译。

1975 年在上述传闻之后，部里派去邹国顺任书记、刘汉卿任院长。两人到任时，院里召开大会，让我回去参加，我才知道此事。不久，特别通知我回去找邹国顺。部里清理阶级队伍的工作已结束，对我的审查结论又作了修改，要我回去签字。这次写的结论把“有反对石油部、北京院”的“言论错误”全都取消了，只剩下“一般政治历史问题”与“属人民内部矛盾”。我看过后就签了名，然后问过一句话，意思是“就这样了吗?”马上引起邹国顺的不快，板着脸回答：“你还要怎么样?”“又没有给你戴什么帽子。”似乎没给我戴上什么帽子就很宽大了。话没法讲下去，我就走了。

再过些时候，北京院开始重新评定职称并召开大会。会上邹国顺、刘汉卿都有讲话，并宣布一批同志重新被评定为工程师、助理工程师等。我和已在院内的张琳、徐龙星等一大批人都没有得到什么职称。

大概是1976年，石油部正式开过一次平反大会，宣布全国性的所谓原中国石油公司应变委员会一案正式撤销，对有关人员一律平反。邹明、张英、梁翕章等平反、恢复名誉并继续任职。

石油部领导对知识分子的看法，这段时间表现得十分充分，如石油学院与设计院别想回北京之说。原抚顺设计院迁至河南农村，省里都同意他们进洛阳市。石油部派王德英此人找到洛阳市最边远处一个屯作为建院之地。对看不上的同志，在大会上讲解放之初应招聘参加工作的同志为“马路上捡来的”。齐树柏曾替蓝田方等人入部大楼贴大字报，即著名的“反反扑”。康世恩大会上讲“要批他一万年”。敖明模从干校回来，不给他分配工作，听说有同志称他敖总，就大发脾气讲“什么敖总，让他当个技术员去施工公司”。据老敖讲，还真发过调令，写上“调敖明模去你公司任技术员”。这公司的领导人是老敖当年部下，背地里安排得很好，还对老敖讲，你还是我们的敖总。

在此之后，邹国顺在北京院一次会议上公开讲：到现在有些人还躲避我们（指敖明模与刘汉卿），迎面撞上也不理人，倒向有些人点头哈腰，甚至称为院长，他是什么院长！职称重新评定就轮不到他。足见这位书记的水平了。

石油部又决定将留在抚顺的部分设计人员，包括石油二、三厂设计所的人与原北京院人员合并，成立独立的设计院，在石家庄及另一地点选址。这件事一直持续到80年代，有些人的户口，主要是从抚顺来的人，却落在石家庄了。问题长期得不到解决，又引发同志们之间的隔阂以至矛盾，在一定程度上损及北京院的元气，有待于李子凡、徐承恩二任院长的努力才得以恢复。

对我最终的审查结论，内容主要是进一步简化与肯定，完全不提“文革”中有什么错误之类，只讲一般政治历史问题“已经查明”。另外，专门讲过去许多检讨、谢罪及揭发、批判材料，“文革”中一切档案中不实之词，一律销毁，所有被扣的东西，全部发还。事后听说，还是胡耀邦在中央组织部作的决定，要求各单位认真清理档案，要切实明确的结论，而不允许乱七八糟的东西与内容留存在档案中，以杜绝今后可能再翻陈年老账。

## 寻求工作机会：被“挂”的最后两年

石油研究院主体上保存下来（迁至湖北与北京院合并成设计科研大队的一部分人，迁去洛阳边界与抚顺院合并而称为洛阳设计研究院）。石油部在“文革”以前就有一套人马被称为“地质二线”，班子设在石油研究院。照康世恩爱讲的话：这是一套“冷”班子。意思是说在一线工作的人员“脑袋都热”，难以冷静思考与探索，二线班子不直接涉及生产，可以集中精力考虑比较全面与长远的问题。崇筠被借调在石油部，工作就是这一类的。“地质二线”从1977年开始建立石油勘探开发研究院，焦力人领导。该院下设情报处，崇筠借调在该处工作，没有任何职位。崇筠毫不计较，倒认为能够较多阅读、接触这些年来的外国资料，吸收最新发展而颇为满意。她不仅翻译了大量有用的资料，还编写好几篇综述，介绍国外新动向、新方法等。有人讥笑说什么“教授搞翻译”，但她的译文、综述等却受到油田生产第一线人员的欢迎。

石油学院搬到东营后，石油学院原来的建筑物大批闲置；机械实验室被扩大为石油机械厂，占用部分房屋宿舍，但主楼、教学楼及学员宿舍等都还基本空着。于是决定把地质二线全班人马安置到石油学院内。1975年大概夏天什么时候，崇筠分到五九楼内一间学生宿舍，面积在20平方米左右，对门一间由四家人共享作为厨房；水、暖、电都已恢复使用。从六铺炕北京院的小房间搬过去，有明显改善。接小和并搬家是我去办的。石油学院有关人员等都积极帮忙，一辆卡车搬了两个人的家。崇筠、我和两个孩子，总算又凑成比较像样的一家，小和、小松都转入石油附中、附小。

尽管中国的政治风云还在变幻，“四人帮”还在掀风兴浪，毛泽东已经在考虑中美、中日关系等的发展，崇筠与我都仅是借调参加工作，但比前几年，总算透了口气。1976年春节期间，鸽子、小平都能回家，一家人吃上了团圆年夜饭。崇筠在五九楼内还增加了一间宿舍，以住房面积而论，还较宽敞了，孩子们可以有自己的一间屋子。

不过，1976年1月8日，周恩来总理逝世，崇筠、我和全国绝大多数人一样心头都蒙上一层阴云，不知事态将如何发展。

朱康福吴崇筠在家中(20世纪70年代)：一张饭桌，两人同时用

这一年的清明节，终于爆发著名的4·5事件。在此之前的一个星期天，崇筠与我已曾特地带着小松到天安门广场，当时广场上人数还不是太多，只是人民英雄纪念碑前已一层层、一排排密集了不少人，我们没挤进去，悼念总理，声讨“四人帮”的许多诗词也看不清，但几条大型条幅看得清清楚楚。广场周围树

朱康福1976年清明节前在人民英雄纪念碑

上全是小白花。我们三人曾请别人代拍，留下一张相片。

直到 1978 年上半年，石油部才正式将崇筠调入油勘院，改在地质所工作，所里安排在沉积室。又过些时，发表任为院副总地质师，工作始终在沉积室。崇筠始终保持一个学者身份，不求名利地位，尽管以后在一些具体安排如分房子、定职称以至最后推荐院士等，落在人后或者说吃亏，未尝有什么牢骚意见。

北京院终于给沙展世等一些“老人”重新评定职称，老沙还是副总工程师，却根本不提我的事，我也无意去石家庄工作。燕山既无人表示正式要我，我也想回到市里。几经迟疑，最后不得不找找可能还关心我的领导人。有人示意我给余秋里写封信，还答应“转交”。

我无意向余秋里“道歉”，至今我还认为我反对余秋里的一言堂和随便骂人之类，毫无错误。按道理，应该道歉的不是我，而是余秋里。

1978 年石油化工部又分开为石油部、化工部①。石油部决定建成石油规划设计总院，把油田、炼厂的规划与设计都管起来，任命杨达为党委书记。这才经杨书记的积极努力，把我正式调入该院，是在崇筠正式调入油勘院之后。规划设计总院地点就在原来石油学院，以地质楼为办公室，我与崇筠就在一个大院内工作了。从 1967（？1968）年 5 月揪入“牛棚”至此历时计 11 年半。

① 查百度网：1978 年 6 月石油化学工业部分为石油工业部和化学工业部。——朱小鸽注

对我来说，这十年动乱，才算告一段落。我一张很简单的大字报招来的后果，才好歹有个结语。此时，崇筠已被任命为油勘院副总地质师。鸽子、小平、小和已考上大学，小松读中学，我们在石油大院五九楼的家，也有了个家的样子。

1979年10月，经历“文化大革命”后的朱康福吴崇筠夫妇

一直到1996年，我所在的石化规划院人事处处长康惠廷讲其中还有一段故事：

康惠廷那时在杨书记领导下担任人事处副处长。据说，杨达想把我调回石油部或北京院，做了些工作也遇到了阻力。到石化部分家时，部里的人事部初步提出的干部分配名单，把我列为分到化工部去。理由是我借调燕山基建指挥部工作已有几年。这份名单还经过领导研究原则同意了，因此康惠廷也知道了。他连忙找杨达汇报。杨达听后很着急，立即要车子去找老副部长张文彬，讲此人有用，不宜送给化工部。张部长决定事情请杨达安排。有张文彬同意，杨达通知了部人事部，把我名字从那份名单中钩掉。然后杨达才得以把我调入石油部规划设计总院。具体是康惠廷办的，到1979（？1978）年10月才办妥手续，给北京院（北京炼油设计院）发了调令。

## 十年动乱中的石油工业

《当代中国》丛书中《当代中国的石油化学工业》一书中有一章专门

记载1966—1978年间“石油炼制工业排除困难不断前进”，简单说来，这段时间石油工业在数量上有很大发展，但技术水平基本处于停滞状态，有些方面还出现倒退，直接后果是造成严重的资源浪费，并留下迄今存在的炼油工业布局分散与产品质量不高的后果。60年代一度缩小的与国际水平的差距，在这段时间里重新拉大。技术进步方面，最值得注意的当推催化裂化（FCC），包括相应的催化剂，其中提升管反应的方式比较突出，是科研与工程设计良好合作的重要成果，完全参考国外公开的文献资料而自行仿建的第一套提升管催化裂化是1974年在玉门炼厂老式Ⅳ型FCC装置上改建完成的，迅速得到推广，Ⅳ型装置很快逐一改建。与此相应，所需催化剂全由国内自制，产能迅速扩大，并且研制成功分子筛（X型与Y型）催化剂。其中稀土交换型Y-分子筛催化剂的性能，尤较优良，为以后提高炼厂加工深度与重油催化裂化（RFCC）的发展打下基础。

上游方面，迫于全国经济濒临崩溃，大庆在1973年3月，把预定作为后备资源的喇嘛甸油田提前开发，产量骤然上升。1976年底，大庆油田原油产量达到5000万吨，加上胜利等东部各油田的快速开发，1978年全国原油总产量上亿吨，出口超过2500万吨，成为当时亚洲第一大原油出口国。而紧接着就出现连接两三年总产量徘徊不前即无力增产的局面。1980年底，赵紫阳接受康世恩的建议，采用1亿吨原油产量包干，超过部分可以自行出口，其实只是外汇收入可以自用以进口勘探设备、器材。1981年才开始有微弱的上升。从那时开始，东部油田尤其是大庆油田的接替问题就长期困扰我国。提出的“十来个大庆”（意指油、气相加等于或接近年产油当量5亿吨）成为遥不可及的目标。

下游加工方面，当年石油部的一贯思想是炼油总能力跟上原油总产量，产品产量超过国内需求的就出口，因此，1978年全国加工总能力达

9281万吨（同年实际加工7069万吨，开工率仅76.2%），新增加工能力有7868万吨/年，总能力大体是1965年的6.5倍。1978年出口石油产品共241.7万吨。加上原油出口，是一段时间内出口创汇最大的，对全国经济形势的支撑，起了很大的作用。

加工能力的扩大，一部分由老厂扩建，另一部分是新建厂。所谓老厂已包括这一时段初期建成的新厂。例如1967年及1969年先后投产的胜利与东方红炼厂，即现在的齐鲁与燕山，其中燕山总能力达750万吨/年，齐鲁达600万，是最大的。其余各老厂也无一例外地扩大了。至于新建厂，有长岭、荆门、天津、武汉、广州、镇海与乌鲁木齐，基本思想还是一省一个炼厂。而单套装置的工艺与加工能力则一直沿袭250万吨/年蒸馏，60~80万吨/年催化裂化与60万吨/年延迟焦化为骨干；润滑油生产装置则沿袭从罗马尼亚引进而建于燕山的15万吨/年的规模。除此之外，还建起一批小厂，规模往往在100万吨/年或更小，如天津石化、盘锦、前郭、鞍钢、林源、济南、沧州、哈尔滨等八个，至于计划外的各油田小炼厂，数字几乎无法统计，而且越是小厂，越有地方或部门的保护，争夺资源甚至处于优势，较大的厂开工率不高而小厂吃得很饱。这种布局分散、规模偏小而开工率不高的致命问题，至今还在努力解决之中。

我国能源生产与消费结构中，煤炭一直占绝大比重。60年代中，比例高达76%以上。石油产量多了，有人提出改变能源结构的设想，本身无可非议，实际上在动乱中完全失控。烧油成为一些地方维持生产的重要措施。除电站、炼钢厂等使用燃料油以至一些重质原油外，各行各业有个小锅炉的就竞相改烧油。长江沿岸几个炼厂依靠船运原油，经上海入长江时，上海市几次扣下供当地零星小户使用。鞍钢炼厂以及武汉炼厂最初都是建一个简单蒸馏装置，重油全部供钢厂燃烧。据十年动乱后沈阳市所作不完全调查，全市烧油用户远超过一万家，包括许多街道小厂以至公共浴室。

油田伴生气与炼厂气都是宝贵资源，这时期的浪费损失难以估计。以炼油业而论，国产原油是适于并易于裂化的，二次加工工艺中，FCC 的比重很大，长期在国际上仅次于美国而远超过日本。美国的 FCC 后面，那时早先配上烷基化生产高辛烷值汽油，而我国 80 年代才开始从国外引进成套烷基化装置，引进后还长期未发挥应有作用。国产原油较重，石脑油产率低，催化重整缺少原料而难以发展。于是国产汽油长期是低标号的，出口的汽油，国外厂商买去作为调合组分，价格自然也较低。在这一时期油料产品都不进口，国内用户只能有什么用什么，无论从油料消耗及机具损耗方面，都有很大浪费。

石油部在十年动乱中所受冲击，其实比许多工业部都较轻。余秋里在中央“文革”小组、“四人帮”最猖獗的时代，也受到保护，上天安门，升任国家计委主任等职。康世恩曾受隔离审查，但从 1969 年江汉油田会战开始就恢复职务（《康世恩传》，当代中国出版社，1998 年，北京：585 页）。1978 年初，康世恩升任国务院副总理，还兼国家经委主任与国家计委第一副主任，是官阶最高、责任最大的时代。总之，在这一段时间内，康世恩实际负责石油工业已超过余秋里。许多重大决策如提前开发喇嘛甸油田及新建、扩建炼厂、原油及产品出口等，都主要由他决定。没有石油工业的迅速发展与支撑，十年动乱的经济状况难以设想，诱发更大的动乱也不是不可能的。后人总会记得他，甚至感谢他。

至于这一时期中的决策失误，影响及于今天，康世恩也难辞其咎，总还是一种历史的局限性所造成的吧。

国家出版基金项目
NATIONAL PUBLICATION FOUNDATION

20世纪中国科学口述史

# 朱康福自述（下）

THE AUTOBIOGRAPHY OF ZHU KANGFU

朱康福◎著　朱小鸽◎整理

湖南教育出版社

朱康福（摄于2005年）

# 总目录

朱康福自述

The Autobiography of Zhu Kangfu

CONTENTS

朱康福自述

The Autobiography of Zhu Kangfu

CONTENTS 下册目录

按那时国内需求而言，一亿吨原油应该足够，问题是如何充分利用并产生应有的效益。这个问题一时受到广泛重视。实际上是那时中国能源前景大讨论中的一部分。

多次负责与外方（不都是商人）谈判，从来坚持立场，为国家争取最大利益。

# 第8章

# 重新工作 1978—1983

1978 年以后，中国的石油、石化工业，总的是在改革、开放中探索前进的过程，时间至少可延长到 2001 年或中国加入世贸组织 WTO。由于中国石化总公司在 1983 年 7 月正式建立，故将该公司组成前作为一个阶段。这个阶段中有三件大事，第一，原油产量突破 1 亿吨，徘徊而有所上升；第二，下游用好 1 亿吨原油与炼油工业的节能改造，第三，现代石油化工业的建立。

## 处理荆门炼厂 FCC 改建工程中的问题

石化部分为石油部和化工部，石化规划院也分为两家，石油部成立石油部规划设计总院。1978 年调我入院时，杨达主持工作，职责范围很宽，各油田炼厂设计单位都归总院领导，统管了基建前期的一切工作。如需技术引进，则技术专利的选择与技术谈判也是总院的职务。杨达网罗了许多人才，人称“举遗民”。杨达说：“这些遗民再不举就可能去别的部门再也不回来了!”凡那时尚未落实安排的几位总工程师，如张英、梁翕章、敖明模，以及几位当过领导职务的，都被请来了。邵祖光、陈自光以及原大庆总调度郑浩都是副院长，已在石化规划院任副总工程师的夏汝钧、袁宗虞、齐树柏等也继任总院副总工程师，我也是副总工程师之一。还有江士昂、杨端容、何宇、许景衡等人。说来对我是降职使用，但我毫无芥蒂，还能具体干点工作就好。我从崇筠坚辞系主任与教研室主任的行为中学到了点东西，官不好当也不必当，能不当官最好！总院院长是胡象尧，原先也曾在北京院工作过，从此以后，领导我的顶头上司都是我过去的下属，我很能适应。

这一时期，即正式恢复工作到石化总公司成立，我在石油化学工业部及以后的石油部规划设计总院工作近三年，第一项主要干的工作就是挽救北京院修改荆门厂 FCC 及烧煤锅炉。

1980年10月朱康福在日本：背景是有名的活火山——阿苏火山(白雾是火山口喷出来的)

催化裂化是荆门炼厂主要生产装置，北京设计院为荆炼 FCC 改建、扩能为可掺炼渣油或重油的提升管 RFCC——重油催化裂化。这段时期内，洛阳、北京两院在这方面都取得可喜的进展，但两院之间的传统合作关系几乎荡然无存，在烧焦罐如何设置的工程设计方面，明显各搞一套。荆门这套改建工程，北京院指定张蓉生负责，与院内其他搞 FCC 改、扩建的设计负责人关系也不融洽；改建工程结束后三次投运，都出了大大小小的问题。而 FCC 的运转关系全厂的计划完成，包括加工量、产品产量及利税额度，FCC 不能正常运转，“三机”不能响起来，又已接近年底，炼厂领导人十分着急。荆门炼厂此时划归江汉油田领导。江汉油田会战没找到大油田，产量上不去，油田整个经济状况极其紧张，唯一指望的是炼厂赚钱，全管理局就靠炼厂完成指标来过日子，如今炼厂问题大了完不成计划，整个江汉油田的全年计划也必然完不成，因此油田管理局比炼厂更着急，就一直反映到石油部。部里此时主管炼油业务的副部长是孙晓风，油田领导人晋京直接向他汇报（可能告了北京院一状），孙晓风也着急，立即下令总院去解决，明确指示，必须短期完成，否则马上拆除改建部分，限期恢复原状，以保证生产，并要北京院"赔料子"——这是大庆油田开发最初，北京院改扩建锦西五厂一套热裂化装置，改后一时生产不正常，还出了事故（有一次不大的火灾），余秋里知道后大发雷霆，要北京院"赔料子"。（指裁缝没缝好衣服，损坏了衣服料子，就该赔料子。）

捎带着还要同时处理好一封人民来信揭发检举的事：荆门炼厂建了一座自备热电站供电、供气，而距此两三公里处，已建有一座荆门电厂，而且也有可能向炼厂供气，因此从电力部门看，是分散重复建设，而规模都不经济。有人以人民来信方式向中央反映，中央信访办公室批交石油部答复，部里就批给总院研究处理。

杨达派副院长郑浩与我立即去办。郑浩是大庆会战指挥部的总调度，会战过程中可算是威风八面、令行禁止的人物，但与人相处，还是嘻嘻哈哈、不拘形迹的，与我还算较熟。"文革"中不知如何被指为日本特务，曾被挂上"大特务郑浩"的大牌子在油田各处游斗，总之吃了些亏的。那时刚解放不久，就也暂且塞到总院任副院长。决定派我跟他去，他就说："老朱，炼油我可不懂，全靠你，油田上有什么说法，则全由我这'大特务'去对付。"这就是我们两人的分工了。杨达也曾表示：这是我恢复工作第一件部里交办的事，希望我能处理好。

事态紧急，说走就走，在北京院粗略看了一下设计资料、主体工艺流程图，并未发现重大失误。1979 年春节后不久就去了荆门。这次，荆门厂可就当上级那样接待我们了。

一到炼厂，厂领导态度消极，强调孙部长已有指示，不能再拖，一时解决不了还是恢复原状为好！又摆了经济账，如今每天损失几十万元，实在吃不消，希望我们及早作个结论，好开始行动。记得郑浩听后先打一阵哈哈，说是也让我们具体了解一下情况嘛！至于自建热电站，第一是部里批准的，第二主体设备、机炉都已就位，辅助工程基本完毕，停下来是很大浪费。

现场情况，热电站一望可知，厂领导所讲是事实，而且当场可见工程进行得热火朝天，正在抢进度。这是基层单位对付上级部门及人民来信的常规办法，要造成既成事实，使议论中的项目“上去再说”，一般情况下，上级部门也无可奈何，即令严肃处理也不过是认真检讨，加上下不为例。基层人员在这类问题总是以某种方式支持领导，流行的话叫作“检讨一阵子，享用一辈子”。这种现象全国极普遍，并非石油系统专有。

电站问题，不难解决，石油部内部上上下下全都一致，客观上，老百姓也早有绝妙定论，叫“电老虎、油大头”。荆门电厂对输电、输气、用电等各种费用，要价确实太高，存心要狠狠咬一口油大头。油大头根据自身利益，自建热电站确是经济有利，而且厂内热电站的设备订货已到齐，已完成几乎全部土建工程，锅炉已经吊装完毕。如果停建甚至迁入荆门电厂，将造成损失，所以实际是如何写好一篇答辩词来对付人民来信。这由我起草，由炼厂、油田领导讨论修改，带回北京再一次修改发出就完了。

至于催化裂化现场，已经过第三次改进，正在升温循环，预备进油。我们一到，见张蓉生一脸倦容，声音嘶哑，两眼发红，已经连续奋战几个昼夜。他对我说，前些天已知道部里要派人来决定能否继续按改扩建项目进行下去，很担心会推翻重来；昨天才知道来的是我，放心一大半，认为我必然会支持改扩建的。我说要好好了解一下再说。有人问"今晚如何办"，意思是否继续循环下去并进油。当场我明确说："现在还没有作出停止的决定，自然不要停下，但也不要继续升温，维持现状。"我对郑浩说："照那样昼夜拼下去，人头脑发热，没事也会出事，小事会变大事，要冷一下。"郑浩居然完全赞成。

这一晚我仔细翻看了关键性的及大部分重要设计文件、图纸，初步结论是主体部分不存在重大问题，应该是可行的。必须承认，我对 FCC 的具体设计细节的知识比不上北京院搞过装置设计的几位工程师，开工经验也一样。过去我总是在某种领导者的位置上，主要问题则因为一贯参加讨论，有时还由我作出决定，还是熟悉的。我对基本性结论还颇有信心，并对郑浩讲应该没有大问题。

第二天我在车间花一整天了解全过程及详细情况，着重注意两三个关键性问题：第一，施工质量有无保证；第二，催化剂循环系统（未进油时）运转是否正常，关键的仪表及自控运行状态如何；第三，操作人员掌握及应付能力如何。原来最初报竣工、投产包含着献礼成分，实际准备不够充分。第一次试运，投产出了大大小小许多问题，还勉强希望运转一小段时间再停下检修，那样就可以按投产一次成功上报，结果浪费了时间与若干物料仍无法坚持。停下以后，车间负责人坚持彻底清查施工遗留问题，又花时间逐一解决。车间负责人认为基本没问题，施工负责人讲可以保证没问题。至于两器循环系统、催化剂跑损大的问题一直存在，迄未查出根本原因；操作人员都是有一定经验的，对改、扩建部分的设计及措施都很清楚，能掌握。

至于第二、第三试运又出现的问题，其实已不是根本性的，甚至可以继续运行下去，但未能达到设计要求的指标，还出了漏油严重的小事故，措施不合理，又匆忙停下了。现状是对可能跑、冒、滴、漏的地方再次加强措施（主要是更换垫片）。我曾批评张蓉生没有注意当年敖总在二厂第一套 FCC 施工收尾时如何重视这个问题。在场的人都认为除催化剂跑损问题外，别的问题已颇有把握。

看来车间负责人，特别是技术负责人比张蓉生等人更不希望改、扩建项目夭折。他们捉摸我的态度是想维持该工程的，因此态度比前一天友好得多。郑浩说听不懂那些具体问题，先独自上油田管理局了，最后要我作决定。我总的感到修改的思路是对的，肯定能起良好效果，只是细节上考虑不周，经过修改完全可以彻底解决。我建议局部作一点必要改进措施而维持运行，暂时牺牲催化剂跑损，那样算总账是有利的，而且可能补回年初的亏损，等到运行比较稳定，进一步发现可能还存在的毛病，过几个月或半年作一次最终修改，减少催化剂跑损，应能取得比较良好的成绩。我主要说“稳步走最关键，要建立起上上下下的信心”，明天向厂领导汇报作决定。关于“今晚怎么办”，我明确可以稳步逐渐升温，这等于肯定的态度。张蓉生等人完全赞成，主动表示在车间连续值班一段时间，车间技术员和厂里直接负责这个项目的副总工程师也支持。于是我先跟郑浩商量，郑浩还是那句话：“你老朱有把握就这么办，油田上我去讲。”

其实厂领导一直在关注我的一切举措，当晚就到招待所表示慰问与直接听听意见。这时郑浩一直在打边鼓支持我的看法。接下来的一天，我只到车间转了一会儿就回房间，打电话向杨达汇报，说相信北京院在现场的人能够解决问题，但催化剂跑损大的事，这一次难以解决，估计关键部位的安装上不够严密，甚至使用的钢材可能有不合格的地方，要解决就必须“动大手术”，彻底检查这些部位，工期不会短，对全厂完成全年任务有影响，不妨等到明年解决。杨达反复交代，仔细郑重，表示支持，并说尽快向孙晓风汇报，主要问题已经解决。

这时车间已经按商量的措施执行，比较平稳地运转两天，产品（汽油）收率明显提高，进料量也上升，车间上下透了一口气。向厂领导正式汇报时，我算了一笔账，由于改扩建，处理能力确可增大，前几次投运失败的损失可以平衡过来，不会影响全年计划。催化剂跑损大的问题，只能有所改善而难以彻底解决，如果要解决就得花时间，无法补上损失了。建议稳步提高处理能力，妥善精心运转。

厂长、书记把责任推在我头上，说“但愿如此”，并说最终看部里决定。郑浩态度很明朗，我们来的目的就是解决问题，而稳住生产、遗留问题一步步解决是完全正确的，我们自然要负责并向部里汇报的。接下来就由郑浩与我去向油田领导汇报。

厂里要留我们几天进一步看看车间运转情况是否能稳定，坚劝我们休息两天，看看与《三国演义》有关的名胜古迹。郑浩首先欣然同意。我很清楚他们的用意，要看看实际投运的结果，于是分两天看了长坂坡、当阳桥等地以及荆州古城。

张蓉生等人昼夜值班看守，操作工人日益熟悉，车间运行情况一天比一天好些，厂里放心了，确认照此下去年生产计划可以完成。实际上，催化剂跑损量也在逐渐减少，到年底大检修之后，运转更正常，主要生产指标完全达到设计预定值还有所超过。北京院积累了经验，为其他同类装置的改扩建打开了道路，这项改扩建工程的设计还在第二年获得技术进步奖。

必须说明，我从工厂设计师进而担任技术行政职务，对各个装置的生产技术、设计计算、化学工程方面的具体问题等，掌握不深、不透，远不如陈俊武等同志，我只是倾听与分析同志们的意见，从基本概念出发判断与选择自己认为正确的东西；另外就是挑毛病，即寻找可能忽略或未能充分注意的地方，提醒大家给予解决。坚定了车间与设计院同志的信心，还多少抑制了急功好利、报捷、献礼之类的行为。真正解决问题的具体细节措施，完全依靠有关同志办理。在这一项目上，顶着相当大的压力，把几乎要被拆除的技术改造挽救下来，得以在进一步完善的基础上推广并获奖，私下高兴。

回京汇报，孙晓风部长听说问题解决了，不无喜悦，说北京院“以后工作仔细点”。杨达真诚地高兴，郑浩则一直再三声明，“是老朱到车间里摸情况解决的”，说明这位“大特务”的真诚个性。

这项改革并有创新的措施，以后在石家庄新建 RFCC 装置实施并成功，成为北京院专有技术之一。

按：据院志大事记：这一套带外循环管的烧焦器经过两年的平稳操作与不断小修改，1986 年鉴定时，烧焦能力比常规办法高 4~5 倍，总烧焦强度达 250~320 公斤/（时・吨），汽油收率由 40%~43%提高到 51%~54%，催化剂损失降至 0.42 公斤/吨原料。1987 年获总公司科技进步一等奖，1988 年获国家科技进步二等奖，列在院志“技术开发”第二项（《中国石化北京设计院志 1953—1992》，第三章：118 页）。

我始终纳闷一个问题，事情闹到要赔料子之时，北京院书记邹国顺，院长刘汉卿，新成立的技术委员会主任张汝成这几位领导，都能始终稳坐北京，仅派一位在各方面未必优于张蓉生的女同志到现场协助工作。这与当年张定一老院长的工作作风确实相差太大，在某种程度上说，两个设计院对现场服务的精神，从此更加淡化。

之后，规划总院工作性质有变化，不再承担这方面的任务。

## 原油产量徘徊与一亿吨原油包干：上游工业在艰难中前进

1978 年国产原油达到 1 亿吨，其时在石油部内部对发展前景如何出现不同意见。有三种考虑；一是继续保持每年增产 500 万吨左右；二是按可能增产，不宜过高定下指标；三是为长远出发，目前宜削减年产量指标，集中加强勘探。过去连年增产幅度较大，却是吃了老本，石油资源的储采比连年下降。据我所能获知的信息，多数上游科技人员抵制第一种看法，而持第三种观点的人不少，已经影响几位副部长一级的支持。

技术人员中争论激烈的代表性人物是部主管勘探开发的两位总地质师、副部长。一位是闵豫，另一位是阎敦实。闵持后两种观点并明确倾向于第三种，即适当降低原油年产量；阎认为必须持续增产。争论的焦点则在于对原油资源储量的看法。闵豫认为未落实的储量是不可靠的，不能作为计划安排的基础。阎认为资源赋存十分乐观，尤其发现任丘油田“古潜山油藏”后，认为是一大突破，不难很快找到有价值的后备及接替资源。那时日本有人发表文章，认为大庆油田采用前期注水存在缺陷，已出现水淹油层而使所产原油含水量增加太快，危及油田产量与最终采收率。石油部领导人据说谁也不同意这种看法，哪怕说可供参考也会受到批评。

这种情况我当时并不清楚，直到闵豫被解除职务离开石油部时，才感到诧异。因而稍稍了解一些状况，找些已发表的及内部传阅的资料看看，刚好原油年产量突然失去快速增产的势头而停滞、徘徊，就更加注意。有件事使我深思。在海南岛时，实地看到几口废井。有关人员一致说明是“阎部长一手布置的”。由于探井发现油、气显示，且有一口井“喷出工业油流”后，阎敦实一下子调集几个井队，布置了一套井矩约500米的密集梅花形井网，盼望一举拿下一个油田。结果只有少数几口井“喷过一点油”，到我去参观时，那几口井还有抽油机与一个不足30立方米的油柜，专供参观的人到来时，可以抽出少量原油。可见当时急于求成、好大喜功，浪费了有限的勘探资金，而每年的探井总进尺都完成任务并超额，这背弃了当年大庆会战时取齐取准资料以及三老四严的作风。

前述一场争论没有及时取得正确的结论，未能及时扭转存在的一些根本问题，失去了两三年时间，对于过早的使中国成为石油纯进口国，应是原因之一。

1981年康世恩回任石油部部长，实行一亿吨原油包干，主要内容如下：

（1）石油部负责承包年产原油一亿吨，按国家规定价格（以后被称为平价及平价油）供应国内及转交外贸部出口，外贸部出口获得外汇按当时现行规定的分成办法，一部分返回石油部使用。

（2）石油部可努力增产，所增部分可由外贸部代理出口，所得外汇全部返回石油部，作为补充的勘探资金；也可以按国家另行批准的价格供应国内（以后称高价油，较正式的说法叫超产油）。

（3）国内炼厂用超产原油加工所得产品，可以由外贸部代理出口，外汇返回石油部，或按批准的价格（高价）供应国内。

（4）国家计划内安排给石油部的资金，包括勘探资金基建资金等仍按原计划执行。

这项包干措施有相当效果，由此，石油及石油产品在国内出现并执行双轨价格体制。在赵紫阳主政时代，包干与双轨制价格颇为流行，从积极意义上讲，这是一种改革尝试，对铁桶一般的计划体制打开个小小缺口；短期内对刺激经济增长也起过作用，原油产量在徘徊后突破一亿吨而逐渐缓慢上升即是一例。

价格双轨制的弊病自然也逐渐显露，重要一点是为以权谋私、贪污受贿创造了十分方便的门路。权势者获得一纸平价货物的批条，转手按高价出售，几乎不用任何资金而凭空获利千百万以至上亿元。个别人从中攫取暴利，遁走外国，并且毁掉了一批中层、基层干部。石油系统有一实例。

上海炼厂有一位计划部主任，本是一贯奉公守法，勤奋工作，被授权可以批售少量平价产品。这位主任开头也仍洁身自爱。她有个女儿大学毕业一心要出国，总是埋怨母亲“有权不用”，“便宜别人”，不能为女儿筹措一笔出国费用。她挡不住爱女的反复要求，终于有一天秘密收下一笔现金。据说还曾立下决心，筹够一定数额就坚决洗手不干。事实是尚未筹足款项、女儿也尚未出国时，事情暴露。对这些基层干部的处理很重，虽经该厂党委力陈她过去一贯表现极好，是一时失足，也被判长期徒刑。

### 进军海上、西部勘探与天然气

国际上大陆架与海上勘探获得重大成果，国内工作也证实渤海湾周围油气储藏一直延至现代大陆架。本着自力更生精神，决定开始浅海勘探。1982年经国务院批准成立中国海洋石油公司。

西部勘探一直未停，只是当时石油部投入力量不多，而地质部在新疆的勘探，积累了一些资料，认为塔里木盆地应该颇有希望。

四川盆地，在一阵“鹞子风”之后，许多地质勘探人员，包括康世恩本人，可说很不甘心。尤其在川东地区发现了值得工业开采的天然气，一部分勘探力量始终在四川工作。领导人原来“重油轻气”的观念已大有改变。

在这段时间内尽管西部与天然气的注意还没有上升到足够地位，却已为以后的发展创下一定的基础。这一点倒是应该提出并予记录的。

## 合理利用一亿吨原油与十大攻关组

1978年以后炼油工业的技术发展，在一定程度上可以用“用好一亿吨原油，与石油产品三年立足于国内，五年基本过关”这个大课题概括。石油工业部则致力于新一轮的炼油技术发展，建立了10个专题攻关组，国务院领导一级也提出综合利用的号召。康世恩回任石油部长后，兼任综合利用小组组长，实际上从此展开了现代石油化工业的建立与发展。

1976年大庆油田产量突破5000万吨，1978年全国原油产量上亿吨，进入80年代时，对国产原油的发展动向开始有不同看法。乐观的人们认为资源前景很好，有待进一步勘探开发，原油产量可以而且应当保持较大的增长率，具体提出每年增长500万吨（1990年时达1.5亿吨）。但另一些人认为储采比应保持较高（12∶1以上），眼前尚无把握找到接替大庆的后备资源，勘探投入的资金有限而风险高，不宜追求产量增长。

当时石油部部长是宋振明，余秋里、康世恩升任国家计委正副主任及国务委员，仍直接领导石油工业。石油部领导人中趋向于后一种看法的闵豫副部长被解职，老资格的副部长焦力人也受到批评。乐观气氛一直占上风，反面意见受到压制。但原油实际产量却连着几年徘徊在一亿吨左右。

按 80 年代初国内需求而言，一亿吨原油应该足够，问题是如何充分利用并产生应有的效益。这个问题一时受到广泛重视，是那时中国能源前景大讨论中的一部分。1978 年开始，全国科协重新恢复活动，各行各业已有学会的，恢复活动，原来没有的组建成立。而合理利用原油的问题涉及许多行业，因此有 13 个学会都以此作为课题之一，组织过多次学术会议。中国科协与有关学会（主要是石油、机械、化工三个学会）都曾专门组织讨论，最后形成“合理利用一亿吨石油”论证会。汇编成一本论文集，集中于下列问题：

- 压缩烧油
- 提高炼油加工深度——增产“马达燃料”
- 节能省油，提高产品质量
- 综合利用石油资源——炼厂气的应用

这段时期，孙晓风任石油部副部长，大体上主管这件事。张定一副部长恢复工作，他与科协、科委领导人，如林华等是老战友，而且钟情石油事业，尤其是炼油技术的发展，一贯十分积极参与领导工作，而且在工程设计范围内始终受到很大尊重。

十个攻关组大体包括了所有主要炼油工艺、催化剂、添加剂以及节能、环保（主要是污水治理），其中活动较丰富而成绩较突出的，应是 FCC 组与节能组，而其他各组都有一定贡献。催化重整小组似较逊色，该组目标是“自己建造连续再生式催化重整”（连续重整）；三年下来，组长带头提出，还是引进美国 UOP 技术。

十大攻关活动的突出特点，在于比较全面与深入。不仅攻关目标颇全，而且基本上全国炼油业的科研、设计生产以及管理都参加，各攻关组组长按当时情况大体都是科研设计等单位的技术带头人，副组长则往往由生产厂的厂长、副厂长或总工程师担任。各组大都每半年就小结、交流一次，至少每年必须总结，届时全国大、小炼厂主要技术负责人都参加。在这段时间内，全国加工总能力增加不大，而技术指标有较大的提高，下列统计数可以说明。

**增　率**

| | 1978 | 1983 | 1985 | 总增长率(%) | |
|---|---|---|---|---|---|
| | | | | 1978—1983 | 1978—1985 |
| 加工能力(万吨) | 9291 | 9968 | 10615 | +7.29 | +14.25 |
| 实际加工量(万吨) | 7069.1 | 7756.7 | 8450.2 | +9.73 | +19.54 |
| 汽煤柴润总产量(万吨) | 3353.7 | 3692.0 | 4024.4 | +10.09 | +20.00 |
| 收率(%原油) | 47.44 | 47.60 | 47.62 | 0.34 | +0.38 |
| 加工损失率(%) | 2.05 | 0.76 | 0.80 | -62.93 | -60.98 |
| 综合产品收率(%) | 90.28 | 92.92 | 93.32 | +2.92 | +3.37 |
| 产品出口量(万吨) | 241.7 | 539.0 | 660.9 | +123.00 | +173.44 |
| 平均炼油能耗(万千卡/吨原油) | 96.21 | 68.26 | 65.80 | -29.05 | -31.61 |

对上表可补充说明一点，即产品总收率提高近 3 个百分点（增率 2.92)，而“汽、煤、柴、润”即所谓四大类产品的收率仅提高约 0.3 个百分点（增率仅 0.34)，是以下几个原因造成的。第一，燕山 30 万吨/年乙烯裂解基本上满负荷生产，需用轻油（主要是柴油与石脑油）100 余万吨。未列入四大类。第二，沥青产量有明显增长，因为此时全国在职工住

房方面开始还欠债，建筑沥青需求量增长。而且原来在寒冷地区曾用渣油直接铺路，这种渣油路一到夏季往往产生严重问题（渣油的“软化点”太低）。这段时间虽还不能生产高级别的道路沥青（90年代中期以后才局部生产，质量还不高），但沥青比渣油铺路还是好得多，需求量也增长。第三，石蜡成为出口产品中相当重要的部分，产量也增长了。

十大攻关其实包括炼油技术进步，提高加工深度，节能降耗，改善产品质量，以至环境保护。概略情况如下：

提高加工深度：延迟焦化的生产技术水平有所提高，开始建设减粘装置与燃料型的溶剂脱沥青。其中最重要的发展是重油催化裂化。

以大庆原油为代表的国产原油能提供优质的裂化原料。FCC工艺过程中，裂化反应生成焦而沉积在催化剂表面，使其失活性；用烧焦方法烧去积碛既恢复催化剂活性又提供全系统所需热量。大庆油田的馏出油作FCC原料时，反应产生的焦太少，就破坏系统的热平衡，往往需要喷入燃烧油以平衡热量。假如在FCC原料油中增加重质原料，只要数量适当，调节操作条件包括使用适宜的催化剂，反应可以平稳进行，而一部分重质原料（包括减压渣油）也就转化为轻质产品。重油催化裂化（RFCC）在国际上已经开发并有几种专利。

1979年石科院在实验室小型装置上用大庆常压重油进行RFCC的试验，证实可以运转；1980年北京设计院在牡丹江炼厂6万吨/年FCC上掺入30%左右的常压重油而运转正常。在此基础上，洛阳、北京两设计院克服许多工程设计上的问题，将80万~120万吨/年的FCC改建为掺炼常压或减压渣油的RFCC，一一取得成功。对提高炼厂加工深度起了重大作用。中国炼油厂FCC加工能力对原油（蒸馏）加工能力的比例不断上升，超过西欧、日本与前苏联，仅次于美国而居世界第二位。

# 石油综合利用与石油化工的发展

我国首先生产乙烯的是苏联援建的兰州化工厂，工艺上用乙醇脱水而得。1956年，化工部在锦西建成投产3000吨/年聚氯乙烯，工艺上用乙炔路线，以后还陆续建成一些小型的丁苯胶、聚苯乙烯及合成纤维的实验厂。1962年，化工部编“1963 — 1972年十年科技发展规划”，国务院审批同意发展合成材料，但指出原料路线应以煤化学为基础，同时发展石油、天然气化学。1965年专门在四川建立科研基地晨光化工研究院。这一段时间工作的重点偏向于化肥及化纤，意图解决人民的吃、穿问题，减轻农业负担。

大庆油田建成，大庆炼厂投产，注意力初步转向炼厂气的利用。1964年，国务院批准从西德、英、意引进能力为3.6万吨/年乙烯的砂子炉裂解（重油为原料）及相应的聚乙烯、聚丙烯、丙烯腈、腈纶、丙纶等装置，拟建于兰州化工公司，算当时较大规模的了。到1970年代陆续投产。那些合成材料还只是中间材料，本身是吃不得、用不得的。

至于炼厂气利用，典型的例子是依托东方红炼厂而建设的一批小厂。东炼一下子立项通过四个小厂；干气搞合成氨，进而氧化成硝酸铵（炸药，也是保卫首都举措之一），丁烷进一步脱氢成丁二烯，搞顺丁橡胶（在六厂试验结果上改进），还准备生产聚乙烯、聚丙烯；是石油、化工两部与北京市共同上报获得批准的，并与东炼一起组成北京石油化工总厂，时为1969年（以后陆续建成投产）。那时化工部部长徐今强主张搞大乙烯裂解，确定引进30万吨/年一套，这就是以后的大的前进厂与向阳厂。而化工部与石油部再次分家。

与此大体同时，岳阳化工总厂也建成一批小装置，号称“三烯（乙烯、丙烯、丁烯）三纶（涤纶、锦纶、丙纶）”齐全，规模都是几百吨到几千吨的。此外，大连、上海、南京等地，也都依托各地的炼油厂建成一批小石化厂。

1972 年是我国石化工业发展中划时代的一年，国家最高领导人批准以化纤、化肥为重点，从西方国家成套引进大型生产装置。4 套化纤装置拟建在上海、辽阳、天津及四川（四川维尼纶）；1 套聚酯装置拟建在北京（这一套未建）；又先后批准进口 14 个大化肥装置（30 万吨氨，48 万吨尿素），分别拟建于 12 个省市；最后又批准引进 3 套 30 万吨乙烯装置，一套建在北京，另外两套在上海及辽阳与化纤装置配套。这些装置陆续建成，到 1978 年时，我国现代化的石化产业才形成一个基础。1975 年，燃化部分为石化部与煤炭部，1978 年石化部又分为化工部与石油部，孙敬文任化工部长，宋振明为石油部长。化工部这一年又经批准，引进 4 套 30 万吨乙烯装置，拟分别建于南京、山东（齐鲁）、大庆与上海。但国内经济形势有变，设备到货后都封存而未动工建设，直到 1983 年中石化成立后才又陆续动工。

1981年清华校庆，朱康福在化工系展览馆内签名

1978 至 1983 年这一阶段中，石化产业的发展，大体可以 1978 及 1984 两年有关产品的产量增长来反映。

四种聚烯烃（塑料树脂）PVC、PE、PP、PS：从 67.9 万吨增为 118.0

万吨。

四种橡胶（丁苯、顺丁、氯丁、丁腈）：由 10.19 万吨增为 17.41 万吨。

六种合纤（锦纶、涤纶、腈纶、维纶、氯纶、丙纶）：由 16.93 万吨增为 57.58 万吨。

产量增速很慢，石油化工还在争取衣、食、住、用中的地位。

## 节能技术攻关组

### 炼油工业的节能、质量及环保

据说，余秋里部长第一次到兰州炼厂视察后说过：炼油工作说简单也颇简单，就是“热了又冷，冷了又热”，其实很有意味。60 年代中后期中国炼油工业在数量上大幅度增长，在技术水平上也上了个台阶，但管理上还很粗放。十年动乱使已有的规章制度受到削弱，而炼厂的上缴利润一般很容易完成并超额。那时有句说法，只要不出大事故，奖旗奖状准到手。还有，三机（FCC 的主要风机、压缩机）一响，黄金万两，从另一侧面反映了这种趋势。同时炼油厂的损失率奇高，可达到 3%左右，能量消耗极大，与国际水平无法相比。中共十一届三中全会以后，国务院对能源问题提出开发和节约并重，近期把节约放在优先地位。各行各业对此都有所注意，只是效果还不突出。十大攻关组包括节能攻关组建立以前，石油部已经将炼厂节能工作提到议事日程，炼油司有几位专管这件事，其中包括李桐风（石研院院长卢成秋的夫人）。攻关组成立后，她是重要成员之一。

节能工作在技术上并无高深的理论，在管理方面却颇重要。搞得好，花费不多而效果明显，尤其在粗放的起点上，可以立竿见影，所以也比较容易被广大操作人员所接受。

按国际经验并结合我国情况，炼厂节能工作大体可分几个阶段：

第一，减少甚至消除无谓浪费：针对大量存在的跑、冒、滴、漏，倡议人人动手、人人讲节能。建立节能管理小组，这一阶段当时被称为“扫浮财”。

第二，由重点加工装置开始，提高能量利用效率，石油部与攻关组选择的第一个重点就是常减压蒸馏，然后逐步推广及于其他装置。

第三，公用工程方面的节能，重点是蒸汽逐级利用与全厂热电平衡，尤其注意改变大马拉小车（大型驱动机只带动小的工作机，如大马达带个小泵）情况。

第四，系统节能规划。要求各厂分别制订全面的、可分期操作的全厂节能规划。

节能组具体工作主要包括几点：（1）建立一套统一能耗计算方法；（2）抓重点示范，在工艺装置方面最重点的是蒸馏与FCC；（3）督促组建炼油系统内自上而下的专职管理机构与人员；（4）介绍优化能量利用的基本概念，突出的是有用能（焓的熵）的概念；（5）加强交流推广。在这个基础上，大大小小的炼厂都或多或少展开节能工作，也都或深或浅地有个节能规划，实际执行中效益各有不同，但都获得实在的效益（在那个时候表现为利税，除统一规定的留成作技术改革资金、生活福利设施特别是建造住房资金等之外，其余全部上缴）。那时不发什么资金，但各厂自有一套办法，使职工都能获得看得见、摸得着的好处，譬如住房改善。

由于闭塞，石油产品由政府绝对垄断，有什么用什么，因而炼油工业与其他部门一样，实际上不重视质量、环保。只是用户的抱怨、机具的损耗，不得不有所考虑。同时国际信息，由公开的报刊等不断传入。改善质量的起点，一是除去汽油的硫（以硫醇形式存在的为主）与提高柴油的安定性，二是尽可能生产最主要的添加剂（润滑油及动力燃料油的）。汽柴油组分加氢精制的能力由 1978 年的 258 万吨（原油加工能力 9291 万吨）提高到 1983 年的 485 万吨（原油加工能力 10438 万吨），对原油加工能力的比例，从 2.79%提高到 4.64%。汽油开始能生产 85 号。

环境保护本来是十分薄弱的环节。1979 年国家颁布《环境保护法（试行）》。1980 年石油部也颁发《炼油厂环境保护暂行规定》，总体上算是有法可依了。实际执行中强调的仍只是三废治理，即废水、废渣与废气的治理。其中，污水处理的基本办法是老三套，即隔油、浮选与一定程度的生化处理，由此又产生废渣，仍须处理。废渣中，最严重的酸、碱洗涤油品所产生的酸、碱渣，一部分由于加氢精制替代酸、碱洗而消除，一部分“中和”后排出，少部分进行合理利用，包括回收其中有价值的产物。废气除脱硫并回收硫磺，新建硫回收装置能力约 3 万吨/年，同时也回收氨，炼厂气大幅度降低排放量，除作燃料自用外，还开始综合利用。

## 节能技术攻关组

十个攻关组，我负责节能、环保组。节能组重理旧业，我任组长，副组长是七厂副厂长总工程师黄春萼，以后升任中石化总公司副总经理。不知何故，他从第一次参加会议后一直不再介入，总派人代表。另一方面，技术司（后改炼油司）原有个节能小组，则颇能合作。由于前面已介绍过的背景，各厂都较积极，工作开展颇顺利。第一个改造的装置是上炼第一套常减压，北京院黄宇梁负责设计，在组成节能攻关组前已开展工作。老黄与我是老伙伴了，所以节能组第一次开会时就树为典型，全面介绍。在当时看来，这一炮打得响，引起各厂重视。另外重点宣传的就是“捞浮财”，重点“抓小白龙”（蒸汽放空）。

树样板是当时普遍应用的办法，而评比也是促进工作的好办法，这在计划经济体系下很有效，而评比必须有统一的计算方法，部炼油司既有此要求，更是我自己认为必须解决的。于是参照国际已通行的复杂系数的计算方法，提出一项“单位能量系数”的概念，以及公用工程中各种消耗折算为热能（千卡）的统一计算办法。这些具体计算方法，都是炼油司节能小组与北京设计院一起完成的，我都具体参与并作决定的。

原来安排每年总结交流一次，但1979年末开会时，普遍反映应该多开几次，于是每半年就举行一次。每次我都要发言与总结，这些文稿如今也大部分流失而未保存。大体说来，常减压改造主要由北京院负责，而FCC节能则洛阳院贡献较多，这两个装置能耗下降就会带动全厂总能耗明显下降。此外，提出“工艺装置用能分析”的概念与方法“熵”的概念（例如区分为：工艺用能——必不可少的；能量转换中的损失——有转换效率的问题；能位的概念——即有用能“焓的熵”的概念与焓损失的概念），分析装置用能的类别，合并起来就是必须按系统工程的概念来分析——减少纯输入，提高用能效率。而减少纯输入的关键有效办法就必然要系统内部逐级使用，加强回收，减少排放。至于从根本上改进工艺方法，自然就有可能获得全新的能耗水平。

节能引发的新设备、新技术，第一个重点就是提高加热炉效率与改善换热流程与换热器效率，总体说来，这方面与国际差距有显著的缩小；第二，促使“干式减压蒸馏”与FCC烟气能量回收趋于成熟；第三，提出了低温余热回收的几种有效的办法；第四，更加证实联合装置与热进料的有效性（尽可能避免热了冷，冷了又热）；第五，长周期稳定运行与满负荷运转的节能效果；第六，装置规模越大，单位能耗必然下降。

不妨说，以后炼油及石化系统中长期强调“安（全）、满（负荷）、长（周期）、稳（定）、优（化）”的观点，是从这段时间的工作总结出来的。

节能工作全面展开后，暴露出不少炼厂在公用工程与全厂管网系统中的不少毛病。有些厂如东北从日寇占领时兴建，已经历几次改、扩建，许多企业出现“面多加水、水多加面”的状况，而且往往产生电力不足、蒸汽不足的呼声，实际其中的浪费十分严重。尤其在寒冷地区，冬季采暖都用新鲜蒸汽，使得冬夏季节蒸汽用量悬殊，又大批建造能力不大的低压锅炉，本身热效率低、管网配置又不合理，损失极大。蒸汽逐级利用的基本概念谁都知道，实际又不被注意！结果是生产装置能耗虽然明显下降，全厂总能耗却仍居高不下。个别炼厂设计建成污水处理场，排入的污水量比原设计可以成倍增长，根本不清楚从哪里而来，明显是地下管道出了毛病也不知毛病何在？

对此，我极力主张彻底调查并作出全面规划，必须由各单位与设计院合作进行，各基层单位都表现积极，记忆中似乎还经孙晓风副部长及薛秀川司长的支持，认为这事迟早必须进行，越早越好。在1979年底或1980年初的会议上，一些单位在会议期间就与设计院谈好“先到我们厂来”。一时，各厂纷纷要求派两个院的人参加工作，北京、洛阳两院有点招架不过来。记得较清楚的是茂名厂的鲍秀珍总工程师，因为她本人没参加会议而到会的代表没有抢上合作对象，还专门给我打电话表示不满，但还是只能排在第二批或第三批了。一时各厂争先恐后地改造全厂管线及热电平衡，颇见实效。按北京院院志的记载，1980年该院就完成大庆、七厂、上炼三个企业的节能改造规划。

这项工作的结果，单是被淘汰的低压小锅炉全国就有20余台，而工艺装置内相应增设了一批各种形式的余热或废热锅炉。

在十大攻关组中，节能组一时活动最多，成果也多，效益显著。两个设计院在这方面获得优秀设计、科技成果，以至发明创造奖的为数也多。（按北京院院志所记，不下十种。）

成建制并入中石化，我认为大、小石化装置都应统一在节能组管辖下继续搞节能，一位副总经理居然正面反对！我的态度很简单，要管就统一管，否则统一不管，结果中石化的节能组自然而然消亡了，据第二年统计，炼油能耗竟然反弹，也始终没专人去管！

## 建设项目的前期工作

这是规划设计总院主要任务之一，那时也正开始探讨有关的改革，提出加强这方面的工作，学习国际经验要进行可行性研究，石油部当时又强调“控制投资”，也就要加强设计审查。此类工作中较大的项目都在1982年以后，将一并在下文记述。

### 设计（包括可行性研究）审查工作

1978年以后，炼油厂新建、扩建、油田开发增加产能等一系列工作大有进展，基本建设项目多。“可行性研究”已被提出，但法定程序上还只讲项目建议书。项建书的评估一般还叫审查。审查通过就立项，列入国家计划可以开展设计，通行的是两段设计，即初步设计与施工图。初步设计必须进行审查。审查中一般都不会否定，而是提出若干补充修改意见，进而批准。国家计委从控制年度资金投入与平衡基建总投资（全国及行业），规定正式施工前要再提交开工报告，批准后才能动工。计委的国际工程咨询公司成立以前，重大项目（以投资额划分）由计委组织审查（有一段时间还有国家建设委员会，简称建委，初步设计由建委组织审查）。计委人力所限，主要的审查工作实际仍在各部。石油部的规划设计总院就分工负责这些事，我参加这一类工作，而且占较大工作量。

1979 — 1983 年，全国还是中央计划的经济体制，而改革基建程序前期工作等都陆续提出，设计院要转为企业单位更是热烈讨论的内容。设计院本属事业单位，不收设计费，每年按预算由国家通过各部直接拨款；改为企业单位就是国家不再拨款，承担设计收设计费。最终结果，像北京设计院，身份是国家设计院，首先要从国家的角度出发，控制并节约投资。那时候尽管并不提经济效益，却总要求保证质量，如期完成先进可靠的设计。至少，设计人员思想上要对国家负责，要求技术先进、经济可行。

让设计院变成企业单位，收设计费，自负盈亏，这明显就是推向市场，开展竞争。事实上，至少对炼油工业的重大项目而言，设计工作由两三家设计院所垄断，石油部的思想一则不放心其他部的设计院，二则肥水不流外人田。国家又规定了按投资额的百分率收费，投资越大，设计费越多。在确有竞争机制存在时，设计出现问题时既要负经济责任（退款、赔款），又损害声誉以至顾客减少，损失更大。而在国内，从来没有任何设计单位负什么经济责任，在基建大上的年代中，更绝不担心没有项目。换句话说，设计院争得项目就发财，建设单位更是争得项目就一通百通（其实并不如此，欠账还不了，厂长、经理都不管就是了）。施工部门的招标很多是走过场，包干是包赚不包亏，如此等等。大批效益不好、规模布局不合理、投资一超再超，盲目重复建设就是这样上去的。如今国营企业困难重重，大批人员下岗，至今还未看到真正的改观。领导人首先有主要责任，但例如石油系统内各设计、施工等单位自己捞到好处而并未顾及全局，我以为也大有责任。不存在竞争机制的企业化，实质就是垄断企业，从整体状况看，没有优点只有毛病。

## 计划经济体制下，为争取"列入计划"，前期工作及其审查流于形式

我碰上的典型例子就是广州石化厂的扩建工程。

改革开放以来，广东沿海可说是最早得益，从而在经济方面迅速发展。广石化要扩建以适应需求快速增长，完全合理。动作要快也完全应该，而这种形势与当时有关基本建设的一套体制与规定却有着相当突出的矛盾。首先，这种投资巨大的大型项目必须纳入国家五年计划，而照理又必须有前期工作（预可行性研究、可行性研究），经评估审批后才能立项。广石化在广东省与石油系统领导人的首肯后，为了赶上列入五年计划，采取了特别措施。

广石化副总工程师曾逸民"文革"前一直在北京设计院计划处工作，为了赶编项目建议书（即预可行性研究报告），把北京院工厂设计师黄宇梁等一行十多人（各专业齐全）全部请到广州，在招待所闭门谢客与广石化有关人员一起昼夜突击。北京院的老同志经过张定一老院长当年的培养，确实是一支特别能战斗的队伍，一个星期之内，就像模像样编出一份看来颇有水平的文件稿。早已有人在石油部有关部门做好一应工作，派出人员去现场审查，深入了解现况与有关配套基础设施的实际状况。总之冠冕堂皇，理由充分。

这项审查重任落在我头上，带队前往。下飞机后，才到招待所，全套文件马上送到房间。办事效率之高，令我颇感钦佩。

稍一翻阅，文件尽管表面完整，但重大原则性问题如工厂的生产总流程，对几种方案可能的对比与选择，就很不充分；对选定的推荐方案，到底优势是否落实，缺点是否充分考虑，补救措施如何落实，都不够明朗。在我看来，颇有含糊、掩盖之处。严格说来，破绽甚多，经不起推敲。

黄宇梁是多年老搭档，曾逸民也是老熟人。老黄最干脆，他说北京院参加编制的同志已经议论过，就怕审查时碰上我。但他与曾逸民又说：既是你来了，又是一大好事，可以出些点子，弥补弥补。至于省、部双方领导人的意图，即无论如何要“赶上这班车”（即列入五年计划），他们也讲了，我也已经清楚。

结果，审查实质上是替广石化与北京院修补漏洞，我大约花了整整三天时间，在维持已定建设方案的前提下，具体提出意见，甚至动手修改文字，目的是自圆其说，好看一点。另外，我写了一份审查意见，广石化基本满意。回到北京，石油部有关领导也满意，国家计委很快批准列入计划，简直是上下一致，皆大欢喜。

从此，我也同意一些人的讲法，中国的可行性研究实际上是可批性研究，而掌握决策大权的各工业部及国家计委，在千丝万缕的关系学基础上，最终要求的是书面上、文字上的可批性，与真正的科学化、民主化、合理化的决策要求，相去甚远。一系列的前期工作，许多是流于形式的，主管领导人的意图，仍然是决定性的。

以广石化项目而言，黄宇梁、曾逸民等人毕竟是北京院久经锻炼的工程师，项目整体并无严重失误，一些粗糙疏漏又多少经过修补，因而除掉广石化坚持引进一套丙烷脱沥青装置，使投资超支之外，项目建成后并未造成亏损而确有相应的经济效益，与其他某些项目相比，还是较好的。

## 关于设计审查与基本建设项目的投资失控

目前国营企业困难重重的根子很大程度上是 80 年代后期以来大量的重复建设与投资效益极差。重复建设的根子是国家计委及各主管部在前期工作，即立项这个关口上的失误；至于效益低下甚至负效益、变成包袱，原因较复杂，不过投资失控是重要原因。而投资失控问题，又一定程度上与设计、施工的审查和监督有关，当然体制是根本问题。在我工作范围内的，只是设计审查这一点，如陕西渭南炼油厂的初步设计审查。

当时陕西与广西各建一座 250 万吨/年炼厂列入计划的预备项目，都完成了初步设计，陕西厂的施工图还做了一小部分，几乎是同时报请审查。我负责陕西厂的审查。这个初步设计在微观上颇下了点工夫，但基本问题是原油从何而来。河南洛阳 500 万吨/年炼厂主体工程都已完成而原油无法供应，甘肃的兰州炼厂也吃不饱，所以我在审查意见中写上“原油供应应进一步落实”，省里领导不满意却也无法否认。该厂及广西厂最终没有兴建。

在经济发展、油料需求增长而 80 年代国产原油供应充分的条件下，炼油企业从实际情况得出的经验是重点发展重油催化裂化这个生产工艺，当时流行一句话叫“三机一响、黄金万两”，三机指的就是催化裂化装置关键的三种压缩机、鼓风机。全国大大小小炼厂都要建设或扩大催化裂化装置，北京、洛阳两个设计单位任务饱满而且各有特色，在一定程度上垄断了这类项目的工程设计任务。不过，在我看来，设计内容有些改进但质量有所下降，主要是不够细致，大致不差，毛病不少，都是赶出来的工作。

工程设计以及前期工作总在“赶”，是当时全国范围内的普遍现象，只是石油系统一贯更为突出。许多时间花费在上层机构的公文往返、开会、研究上，说是研究又难以说清到底研究了什么。一旦批准，就逼着设计单位拼命赶，这是根本问题。而设计人员在奖金、利润等刺激下，难免出现顾不得那么多。此外，追求外表、大而化之，投资越多收入越多，也自然而然要起作用。这样一来，设计审查倒成了一件难办的事。建设单位、施工部门、设计单位以及部一级的主管部门，如基建司、工程部等以至部长等，都有一种不得不办却又不想过于认真的念头。我承担过的高桥、大连两项目初步设计审查中遇到的就是这种局面。

一般而论，发现差错缺漏总受建设单位欢迎，条件是“你先批准初步设计，问题在施工图中解决”。另外，投资相应调整增长，设计单位也不会有别的意见，而施工图到底改不改往往就无人过问，投资倒相应增加了。出了毛病，反正在试生产阶段另外花钱补救，且被认为正常。

更难办的是设计标准、人员定额之类问题。譬如自动控制问题，一开口就是国外如何，而国内不能生产的仪表以至计算机要引进；就是国内已能生产的，也可以讲未经生产考验、性能不稳定之类而坚持必须引进。

提高自动化水平不是可以节省劳动力、减少人员吗？而事情到中国，人员不仅一个不能少，反而增加仪表维护、修理等专门人员，还要增加出国考察、培训费用。而按当时明确规定，职工的一切住房、福利等都要由建设单位自筹解决，就是企业办社会福利，每增加一个职工就带上一系列相应指标，计算起来，基建投资中就必须增加几万元，后来大约到 5 万元/人。这种问题上既要自动化，又必须加人是一些建设单位的原则，在审批过程中，还视为必争的。

至于关键设备、机泵要进口，更是如此；实在没有理由买外国货的，又往往要求增加备用，要双保险等。理由是催化裂化装置万一因这些设备的故障而停工一天，损失几千万元。所以多花几千万元买个安全是上策（国产设备的质量也确实不够好、不够稳定）。另一个问题是无谓地追求建筑物的标准，甚至借生产装置建设之机，塞进一些所谓辅助小项目。

总而言之，一句话叫“吃基建”。某个基建项目应该搞，而一旦该项目列入计划，就可以乘此当肥肉吃一通。加上通货膨胀、人民币贬值以及政府法令中规定的各种附加费用，如明明大企业都不得不自办幼儿园直至中学，所在地方却随基建项目而收取教育附加税等地方税或类似的“费”，这样，基建投资的不合理膨胀就不可避免，而投资膨胀是国营企业经济效益低下的根本原因之一。

为此，在设计审查中控制投资与反控制就是尖锐的矛盾。我自以为必须从国家利益上考虑，而且凭一些工作经验也能找出减少与节约资金的地方，由此与建设单位、设计单位等经常产生矛盾。在高桥项目审查中，上海炼厂某位领导在背后讲我是“不受欢迎的人”。在大连至少表面上还很客气，也多少尊重我的某些意见而同意削减少量投资，但他们的目的很明确，只要初步设计批准了，以后他们自有办法按自己的一套去办。投资反正可以正式调整，而“调整概算”的事，实际上我们单位就管不了，我自然更无能为力。

总而言之，十年动乱以来，无法无天深入人心，官僚主义、地方与部门的分割、各级领导人素质问题、体制的不合理等毛病暴露得很充分。中央领导以及参谋部门与人员确也想有所改变，参考国际经验对基本建设工作，或者说投资决策的状况，制定若干法令、法规、程序。但是，上有政策，下有对策，贯彻实施过程中几乎没有不变味的。改革开放的过程，始终在重重矛盾中挣扎，远没有进入正规。局部的、眼前的、小集团的利益，对整体的、长远的、全国的利益占了上风。有一句话叫作“工农兵学商，一齐挖中央”，但带头挖中央的，决非一般工农兵学商而已。我唯一可以自我告慰的只有一点，没有参加去挖。

## 设计标准与规范

一方面是无法无天不能继续提倡，另一方面设计工作许多标准、规范等还是50年代制定的，太老，尤其是太苏联化，所以必须修订，而且确是一件根本性的重要工作。据传达，谷牧任国家建委主任出访日本时，曾参观专收各国标准、规范等的资料馆。日方为中国保留了很大的收藏空间（柜、架），但只有寥若晨星的几本，与先进国家相比差距太大（似乎不足1%），谷牧自觉无地自容，回国报告国务院等，立即下令各部门抓紧编制此类迫切需要的资料。

我到石油规划设计总院后，总院本已决定1979年春末在洛阳召开“第一届设计工作会议”，就把这一议题列入议程，要求各设计院派有关负责人出席，总院则指定我准备发言。因为从50年代初就担任过总图室主任，天天要按防火、防暴、建筑等规范处理及布置安全间距问题，颇熟悉这一套，对于“不找你又找谁”也就无话可说。此项工作的基本原则是尽量吸收美国、日本的有关内容，以美国的ESSO标准、API、ASTM以及日本的JGC标准等文本为主要参考，几乎是全面地改变了原先苏式内容。在洛阳召开“文革”以后石油部第一次设计工作会议上，专门组织一次规范标准修订会，我作了主题发言，阐明修改的必要性与上述基本原则，得到各设计院等负责人的一致同意。

会议对这件工作反应比较热烈，各设计部门都觉得苏联规范确实保守、僵死；美国的 ESSO 标准虽已译出并内部印发，并无批准执行的决定，国内自己的国标实在太少，部标也远不够用。总院率头组织，各院分工，很快编一套适用的东西大家都乐意。于是总院建一个小组负责此事，各院都指定一位副院长或总工程师负责，有几个人参加工作。这些人由我召集，提出若干急需的题目与初步的分工方案，拟订一份工作程序，提请工作会议审议，最后把基本内容一并作为工作会议的决定事项。会上顺利通过了第一次具体工作的计划，并形成决议安排入整个“设计工作计划”中。此事一直由我负责。以后石化规划院的初期，仍有专门一个处，人数不多，本身不直接搞修订，而负责组织各设计部门分头负责起草，然后安排各种讨论、审议，以至最后定稿（部级的）或上报（国家级的）。

1981年朱康福(前排左二)在河南少林寺　佟吾卫所摄,前排右二:李昌毂

制订部级以至国家级的标准规范，我认为是很严肃的，必须郑重其事。这个原则也没人反对。所以每个标准，都由一个单位负责起草，另一单位参加。每一份稿子定稿都经过几番讨论，几番修改。而且每次讨论都很热烈，甚至可以争论得面红耳赤，各持己见。因为此时各设计部门都已有一定实践体会，国家又从不同渠道获得外国相似甚至同类的资料，远不是 50 年代初唯 ГОСТ（苏联国标）或后来的 ESSO 是从的局面。

当时全国还是计划经济体制，设计单位都属事业单位，设计人员不管搞具体设计还是做标准、规范的修改都完全等同，如期完成相应

的工作量就同等地被承认，不存在任何利害矛盾。甚至得到一致公认，做规范、标准工作必须是有经验的人员，因而至少在这个方面获得相应的尊重。因此，总的工作进展顺利。例如防火规范必须与公安部等协调，其实不仅修订了炼油厂、油库等的部级防火设计规范，还起草了全国的防火设计规范，具体工作在北京院由沙展世带头负责。另外，为求文字上的通顺、严密、一贯、一致等，经我建议，请已经退休的陈缵虞专门负责最终的文字加工，一个标点符号都不放过。我自己每年都要参加好几次这方面的会议，这种会议有时颇费脑筋，哪怕相对细小的问题，一旦写入标准、规范，至少在炼油工业范围内起作用。不同看法的争论往往相当激烈。主持这种会议，既应保证不同意见的充分阐述，又必须保证气氛的和谐、团结，最终还要作出相应的决定而为绝大多数与会人员所接受，不留后遗症。这个处的同志如井海波、熊光栋等往往讲“你不去不行”。

但一到设计单位向企业转变，国家规定了设计费收取办法，石化总公司工程部又给设计单位制定了有关考核指标，对参加此类工作虽也承认重要，却没有明确如何奖励的办法。奖金很快成为设计人员实际收入中的重要组成，往往超过正规工资。而奖金的来源则是具体的设计项目收费。比较有经验的同志负责一项设计任务，奖金所得可以成倍地高于他去搞规范、标准，他心理上如何能平衡，于是规范、标准工作就日益难以安排，即全安排下去了，进度、质量都不大能保证。

有约两年时间，工作实际依靠几位刚退休的同志来支撑，各设计院大体如此。再以后，这个局面也无法继续。退休同志另有“雄图”，不愿意再干这种吃力不讨好、效益又很差的事了。

我在此项工作上花了一番精力，绝大部分稿件都经我审核，参加了许多讨论会，而且一直主管此项工作持续到石化公司规划院。我曾几次向工

1979年4月在比利时
左起：邵祖光、薛秀川、朱康福

程部一位副主任争取对奖金分配办法作出规定，未成。直到石化总公司决定将这部分工作连人带任务全面移交给基建局，逐渐淡化，终而烟消云散。我没去基建局，但一些主要的讨论，审批会还都参加了一阵。这样一项基础性工作在大体完成的局面下不再进入议程。照理说，80年代初的这些内容如今又亟待修订了。

不管如何改革开放，一切具体工作总应该依法办事，不注意设计工作的标准、规例，倒宣扬什么打破设计旧框框，把60年代前的东西提出来批判一通。当然不破不立，有其哲学上的观点，但按我个人体会，不做艰苦细致的"立"是不行的。全国人大委员会为什么很忙，不就是立法吗？

## 随团出访比利时

20世纪70年代末，我恢复工作后第一次出国。石油部如何与比利时的Petrofina（简称FINA）集团联系上的，我完全不知，FINA邀石油部技术人员去访问，部决定由炼油司司长薛秀川带队，副组长邵祖光，北京、洛阳两院及总院参加。

薛秀川在徐今强主持兰炼工作时任副厂长，后调任南京炼厂厂长，北京院派童祖谟为南炼项目的工厂设计师，老童曾被错划"右派"，"摘帽"

不久，有点放不开手脚。我奉张定一院长所派去南炼与薛厂长见面，请他支持老童工作。果然薛厂长全力支持，对设计院在现场的同志以及其他知识分子都较尊重，我因此对他颇有好感。“文革”后，上海市是重灾区之一，中央派人全面接管，石油部派老薛进驻高桥，即上炼，在整顿过程中似乎也不为过甚，颇有成绩，调部任司长。当时某种习惯，司局长临退休前一般要安排出国一次，薛司长也不例外。对来自基层勤奋工作、不谋私利的人，我一贯由衷敬佩，薛秀川外号人称“薛大帅”，业务能力未必出类拔萃，却心怀磊落、质朴近人。这次出访，总的讲，收获比一般泛泛参观访问的团组，应该说高出一头。

翻译却是一向为勘探开发等上游工作当译员的小王。她对炼油方面实在一点都不了解，专业名词临时现学十分困难。薛大帅脾气又急，向对方提出的问题又往往根据国内情况与他本人的老一套经验，外国人有时根本难以理解，回答也无从说起。薛大帅却总怪小王不会翻译，一上来两三天就把小王急哭了几次。无奈，只好由我收场，基本上由我当翻译。

小组出国约三星期，遍访比利时在运营中的各炼厂以及一个已停工的，还去荷兰鹿特丹港口，远眺了一座又一座毗连的大炼厂。这个考察组使石油部司局长一级领导人体会一下国际炼油工业的情况，我们参加人员都得益不浅。我是重新工作后第一次出国，又是第一次访问西欧，收获不小，其中感触最深的有：

第一，60 年代中期“文革”开始时中国炼油工业的技术水平与西欧同期水平确是不相上下的，但炼厂规模偏小。

1966 — 1967 年间，中国炼油技术大体上确实接近当时西欧水平。比利时及荷兰几个炼厂的催化重整都已是连续重整，催化裂化是提升管反应器，加氢精制反应压力一般不过 80 压力（有约 100 压力的）；而在 60 年代中间，重整多数也是再生式或半再生式非连续的，催化裂化多数还不是提升管反应器（也仍然是 ESSO 的Ⅳ型或Ⅴ型）；此外，联合装置也是新的工程技术。例如接待厂实际就是 400 万吨/年左右两套主要的联合装置并列，时间就在 1965 年前后，主要内容是常压蒸馏—减压蒸馏—提升管 FCC—气体分馏。与我们搞胜利炼厂一厂一套联合装置基本同时，比国内北京院为胜利炼厂设计建设的还少了延迟焦化。仪表自动控制也还是常规的。

国内以大庆原油为代表的“石蜡基”原油虽然较重，却是催化裂化的上好原料，裂化轻循环油可以作为柴油组分，只是重整原料少，催化重整难以发展，也就缺少廉价的氢源以发展加氢精制。这是具体情况决定的，并不能说明我国炼油技术水平差。

但是，一省（市）一个炼厂的布局思想，实实在在限制了炼厂规模。一直到 80 年代初，250 万吨/年炼厂成了定型设计反复套用，尽管工程技术人员作了极大努力并得到部分领导人的支持，设计建设了 500 万吨/年的洛阳炼厂，但原油配置并不给予保证，该厂长期在极低负荷下运转（不得不采取技术措施与之适应）直至如今，效益低下就不可免。

第二，十年动乱使中国错失了黄金的 60 年代（Golden Sixties）实在可惜。

二次世界大战使欧洲经济遭受严重破坏，比利时在纳粹德国统治下老百姓生活也很不好过。他们至今称道“马歇尔计划”，使西欧能够较快恢复元气。但更重要的发展在 60 年代，即在第一次 OPEC 原油禁运抬价之前的一段时期，被称为黄金六十年代（Golden Sixties）。中东廉价原油对推动西欧经济振兴与繁荣起了极大作用。接待炼厂的厂长强调：眼前西欧 400 万吨/年以下的炼厂绝大多数已被淘汰，今后竞争会更激烈，云云。

这一番话使我印象深刻。黄金六十年代在中国却是大动乱，史无前例的运动破坏力之强恐怕也是史无前例的。

第三，外国炼厂的市场意识。

薛秀川出于习惯，一到某个炼厂，总爱问人家“总流程”与“总平面布置”，甚至问人家职工居住区在什么地方。

总平面布置各厂都有现成资料，有一幅图甚至一个沙盘模型或大幅相片，对总流程却往往不理解。工艺生产总流程，国内每个炼厂从设计就开始一直坚持按项目建议书规定照办，制订年度生产计划以至年终考核都以此为基准，有什么变动也都上报备案或经过批准。比利时炼厂全以市场为导向，炼什么油是在国际市场上灵活采购以求降低成本，产品结构更按市场情况（包括季节性需求变化）而定。他们根本没有固定生产总流程。上述那位厂长就明确解释，炼厂就是那么一组加工设备，原油靠采购从国外进口，生产什么产品看怎样能获得最大利润（也就是市场需要什么）。

原油供应是西欧所有炼厂的生命线，他们不得不有足够的原油储存能力以保证生产与应付临时情况，包括 OPEC 的行动、海上风暴等。炼厂的原油储存能力（罐容）都有一个月以上。老薛感到吃惊，感到积压大笔资金。人家反问我国情况，老薛如实说按国家规范，不超过 15 天。有个外国厂长叹息到：这一点上你们的计划经济保证供应还真是个优点，薛大帅深感得意。其实国内各厂罐容不足在那时已显示出问题，到市场体制逐步推进时，没有一个厂不积极扩大库容，增建大量油罐，包括成品油罐的。

职工干工作挣工资，他们如何居住、生活，厂里全不过问。薛大帅感叹地讲：我们社会主义的优越性他们就是无法比。殊不知不到 20 年后，这种优越性就要变成包袱而寿终正寝了。

第四，规模与集团经营。

这个意义其实我也是后来才逐渐明朗的。那位厂长那时表达的意思就是石油部既是政府部门又直接管着各炼厂的具体生产，政企不分，决不是好办法。

令我们印象最深的，则是生产区装置布置都很紧凑，占地少；全厂地面 80%左右是油罐区占有的，人员精干，如按加工能力折算的人员，仅相当于国内 1/10。这些都是早已知道，只是实证一下。

60 年代末期比利时全国有七八家炼厂，绝大多数是简易加工的流程，单系列蒸馏能力大的约 400 万吨/年，小的也只 200 万吨/年。1973 年的石油冲击，国际大石油公司以及比利时政府控股的几家公司纷纷增设催化裂化、延迟焦化装置来提高加工深度、扩大规模。400 万吨/年以下的独立炼油厂或关闭或被兼并。人家很坦率地说 250 万吨/年炼厂没有前途。

康世恩的“赶羊”策略，即原油运送到哪里就在那个省建一个 250 万吨/年炼厂，突出表现在 70 — 80 年代，中国炼油工业的分散性，形不成规模经济的厂不少，连后来停建的陕西、广西以及重庆等在内，一时有几个炼厂要上马，而设计人员建议的洛阳 500 万吨/年厂却长期停止，最后又长期在最低负荷下运行，可谓流毒甚广。

第五，节约能源。

第一次石油冲击使炼油厂效益大受影响，国际炼油业无不致力于节约能源以降低成本。从比利时各炼厂中，可以明显看到他们努力的成果。归结起来不外乎三点：一是避免一切无谓损失，包括跑、冒、滴、漏；二是优化工艺上的换热流程；三是全厂性蒸汽—热力系统的改进。

第六，加强维修工作以取得长周期安全运行。

当时我们都知道国际上蒸馏装置可连续运转两三年，催化裂化一年或更长而不用停工检修，但这一点在国内炼厂及主管炼厂的炼化司却一直坚持年度大检修的整套办法。而大检修过程，包括停工、检修、再开工在内，少则半个月，还往往拖到一个月以上，并奉之为“圭臬”的安全保障所系。比利时同行的基本思想极简单：不能等到出了问题再进行修理，必须加强维护让问题不发生。譬如任何一台泵、换热器之类有什么毛病，炼厂库内或制造厂都能在最短期内置换一台好的，最多装置临时降量生产或大循环维持，决不轻易停工。局部问题局部解决而不影响全局，是关键所在。

我们目睹一个炼厂更换照明灯具，一个工人把灯泡或灯管拆下来，不管是否已坏，有的明明是好的灯泡，一律拆下来掷入专用的垃圾袋，装上新的。原来这些灯具由外面一家商店承包，按合同规定的保证期执行，在保证期内，万一出了问题包换之外，如引起什么事故造成损失的，就要赔偿。承包商避免风险，就宁肯一到保证期就一律换上新的，保险公司对管理好、维护好的主顾，还有优惠。该厂主管人员说：这种办法属于常规，电气安全在炼油厂十分重要，表面看来浪费了还可以继续使用一定时间的物质，却踏踏实实地保证了安全。他们的维修思想着眼于保证不出问题，加上严格执行有关的操作规程，他们认为蒸馏装置很可能连续运转五年，催化裂化两三年。(这种状况不久后就确实实现了。)

甚至全套生产装置也可以如此处理，在另一家炼厂就看到一套外表还很好的蒸馏装置矗立在那里，替代它的一套已投产两三年，厂里解释：老装置技术水平已老化，能耗高、产品收率也略低，而当时油品市场很繁荣，拆除老装置需要的劳动代价（人工费用）也较高，比较结果，不如新搞一套，新的投产才把老的停下。我们又认为老装置上一些机泵、阀门、换热器之类何不加以利用，他们觉得“问题不是那么考虑的”，一则老装置在新的投产之前仍应一直正常运转，二则一切设备、器材等等都有个技术寿命问题，该淘汰的必须淘汰。

我国后来还是买过少数几套二手货，即生产运营过的旧生产装置，我自己一贯反对。买回来的都是技术上陈旧、设备也已老化的，价钱虽低，实质上并不有利。

这次考察比较深入，我自觉收获不小。但是有些基本观点连薛秀川也不能完全接受，我起草的考察报告几经修改，有些只保留在技术报告中而在总报告中忽略不提或一带而过。实际产生的后果只表现在节能问题获得相应的重视。

在比利时及回国后，薛秀川多次讲我起了很好作用，实际上由于外事局配备的翻译不合适，我不得不支撑局面。外国人也注意到我是“不可缺少的”。按外国人习惯，称我为 VIP（Very Important Person），这是我第一次当 VIP。

## 对外引进的谈判

在成套引进项目中，外商负责工艺、设备选型及初步设计。设备、机械等原则上实行分交，即中方自行设计、制造的由中方负责，外商有权对制造厂的能力、信誉等提出意见，甚至须由外商参加验收以保证质量。外商应负责对施工图、施工质量及有关问题提出要求、检验及处理办法等，直至竣工验收、试运转、投产及考核标定运转情况符合外商的保证条件后最终接受。我们仅负责技术谈判，而商务谈判那时都还是外贸部“中国技术进出口公司”负责。

## 加氢裂化

这一时期我主要参加谈判的是两套加氢裂化，本为茂名炼厂建设一套，谈判过程中得到批准同时引进两套，另一套建于南京即以后的金陵公司。

60年代北京、抚顺两院合作在大庆炼厂设计建成的国内第一套加氢裂化装置，“文革”中爆炸损坏后较快修复运转。但技术水平明显低于国际水平，尤其对胜利原油而言，由于进料质量差于大庆原油，转化率不高，耗氢量及总能耗都高。催化剂性能是关键问题，工程设计更已落后。扬子公司为生产足够的芳烃，引进国外技术大芳烃装置，其重要目的产品是提供重整原料，并不适合炼油厂生产中间馏分（煤油、柴油）为主的需要。

此外，茂名炼厂原考虑加工进口中东原油。特别是伊朗原油。伊朗国王巴列维在位时，与中国相当友好，贸易额上升，以原油换取各种生活用品。巴列维愿意购买中国中低档生活用品供给买不起美国产品的老百姓，并将原油出口中国以打破西方石油大公司的垄断。我国从政治、外交各方面考虑，也很愿意进入中东，因此发展贸易，指定茂名厂加工伊朗油。伊朗原油比重小，轻质油含量高，但含硫高，金属杂质多，不可能仅用催化裂化（FCC）方法来处理就取得较好效益，炼油业内可说是一致认为购买

1979年6月10日朱康福在巴黎戴高乐机场候机室：窗外地面上是中国民航波音707飞机

一套国外先进的加氢裂化工艺及相关设备、催化剂等是必要的。

谈判时组成一、二线两套班子，一线直接进行日常谈判，指技术性的，经济贸易还须由中技公司负责，李辰为首；二线由我负责，也负责全盘。按我体会，在这类谈判中，日本人最狡猾，而美国人总是傲慢。日本人不但想方设法多赚钱，而且在关键技术问题上十分保守，不肯多谈，卖弄小花招总想蒙混过关。美国人都较直率，不像日本人表面谦恭有礼，背面尽使坏招，在保密协定范围谈定之后，该讲的倒是比较大方，都能谈出来，但美国佬又颇骄横，在技术上目中无人，对中国人和中国情况了解太少，总好像给学生讲课那样从 ABC 开始，口气与态度都不好，至少我常常看不惯，有反感。我心里时常想："我在美国念研究生学位时，你大概还在念中学甚至小学呢!"我一般不参加谈判，必要时才出场。有时候，李辰动员我去"压一压他们的骄气"。美国谈判组中有一个威斯康星大学（Univ. of Wisconsin）毕业的，正好拿他开刀，让他知道我在该校读博士时，他高中还没毕业呢！当然还得讲加氢裂化技术本身，我们 1965 年就在大庆建成一套工业试验装置的，果然有点效果。

加氢裂化就要从美国的 UOP 公司引进技术，谈判相当艰苦。美国人要价很高，在价格上不肯让步。过程中对方透露，如中方同时购买两套，平均起来每套的价格一定有较大幅度的下降，专利费、设计费以及重要设备订制费都有所减少。我出场表示"谈得好"，引进不是一套的问题。中国政府引进大化肥十多套，乙烯裂解四五套，外国公司都知道。果然美方来了兴趣，希望我们最好一次买它三四套。我们议论后建议至少购买两套，并表示还有第三、四套的可能。此议得到部里同意，进展就颇顺利。美国人没想到做成买卖的总金额有大幅度增加，回去有他个人的好处；又体会到中国人确有相当的技术水平，不马虎过关，立即有显著让步。

两套装置分别建于茂名与南京，李辰与齐树柏都先后多次到现场解决各种问题，我几乎没有去过，跟过去在北京院时的情况大不相同。我实际上浮在上面，趋向当官老爷了。可叹！可叹！

主要收获不仅在于买进两套装置，确实学到了较为先进的技术。

第一，催化剂。在设计过程中，我们取得了所用各种催化剂的样品，而国内对剖析催化剂已很有经验与先进的装备，有关制造技术也已达到相当水平（一般达到了国际水平），因此不到一年，其中两种已经能够自己制造。在装置投产时，第三种也能制造了，第四种是大约投产后两年由三厂搞出来的。

第二，大型工艺设备，尤其是反应器的设计制造。国内对此缺乏经验，无论设计人员、制造单位等都感到不能轻易下手。当时的领导人不像60年代那样放手与支持，尽管总在讲国产化，却无相应的必要措施去真正鼓励与支持，结果自然进展不大。等看到引进设备的实体与有关资料，有一种不过如此的感觉，设计与制造者都增加信心，一些用户也比较易于接受国产设备了。但是国产化的过程还是远比我期望的复杂、漫长。

第三，证实加氢裂化在炼油工业、石化工业中的重要作用。我国油料消费构成中，柴油占重要地位，需求大于汽油，柴油/汽油（简称柴/汽比）高，一度在1.5以上；这一比例，迄至2000年一直在上升，需求可能达到2.0以上，与北美及部分西欧国家大不相同，大量的柴油用于农业生产及农村运输，这种情况不是短期内可以改变的。重油转化工艺中，催化裂化虽在国内一贯占有统治性地位，但生产的汽油多于柴油，而且柴油的质量很差，只是基于大庆原油的特性，这种裂化柴油才能混对调和成产品使用，质量仍然不好。要增产优质柴油以及航空煤油，就应该发展加氢裂化。

第四，经济研究工作与实际运转证明，加氢裂化过程中未转化部分（一般称为蒸馏以后的尾油），可以作为裂解原料生产乙烯、丙烯等，虽然油质颇重，但烯烃收率不低。在我国石油普遍较重、轻质裂解原料供应困难的条件下，这种加氢尾油不失为可用原料。以后茂名 30 万吨/年乙烯项目就部分使用这种原料。其他同类项目中也都不同程度地利用。但如何能获得廉价的纯氢，迄今仍未解决，加上总投资较高，限制了发展。

## 烷基化装置

某种程度上说，重油转化为轻质产品，基本工艺方法是两条路，一是脱碳，二是加氢，延迟焦化以至 FCC 都程度不同地产生焦碳从系统中排出，剩下的油料中 H/C 比提高，就成为轻质产品；显然轻油收率必然受限制，而且原料油中的硫，无论生成 $SO_2$ 或 $H_2S$，除部分回收硫之外，总要排出，对环境形成污染。加氢工艺则是积极向系统中加入氢，提高 H/C 比而多得轻质产品。外国炼油厂按体积计算，每桶原油可以获得多于一桶的总产品，即体积总收率可以大于 100%。原油中的硫绝大多部分转化为 $H_2S$，回收硫较容易，污染减少，尤其突出的是产品质量可以提高一个档次，所以我一贯积极推荐。但是加氢裂化设备投资远比 FCC 为高，当时按“拨改贷”办法计算贷款利息，经济总效益又必不如一般延迟焦化加 FCC。何况大庆原油含硫极少，胜利原油也不多，所以加氢精制多少有所发展，加氢裂化就提不上议事日程。这次决心引进，则是因为茂名厂需要加工伊朗含硫原油。

已经进口到货的三套大乙烯设备还在封存之中，几个省市都盼望能分到一套，而一般炼厂的加工流程中都难以提供足够的裂解原料，办法之一就是建设加氢裂化以提供优质的、较多的石脑油。南京炼厂一位副总工程师郁祖庚到京，他有意争取建加氢裂化，我也曾鼓励过。于是南京炼厂紧急报告参加谈判。后来乙烯虽然并未建在南京而建于对江的扬子公司，但按计划要提供一定数量的原料油。这套加氢裂化终于建在以后的金陵公司。如今金陵公司被列为可以加工进口含硫原油的单位，还得益于此。

加氢裂化产生的汽油组份辛烷值不高，无益于提高产品汽油的标号（高辛烷值），外国炼厂的常规办法是生产重整汽油（由催化重整装置生产的高芳烃组分）及烷基化油（由烷基化工艺利用FCC所产四碳异构烃及烯烃而生成）。但国产原油中适于重整原料的收率远低于中东原油，而且炼厂生产重整汽油虽可提高出厂汽油的辛烷值，却不能以质论价而仍按一般汽油价格出厂。炼厂称铂重整装置为"白重整"（得不到应有效益），甚至将建成的重整装置停工不开。烷基化的原料则是混在炼厂液化气中出售或作自用燃料烧掉。建设烷基化装置在汽油总产量中增加了数量，辛烷值又高，炼厂愿意干。于是谈判引进，一次谈成6套之多。这项谈判我也过问，但并未直接参加。以后国外初步设计完成后，我率一个小组出国审查。在美国还停留了一段时间，那已是中石化时代了。

值得玩味的是这6套烷基化装置建成后却普遍遭到冷遇，大都有较长时间停工休息，尽管政府已明令生产高标号汽油并制定了不同的出厂价，却仍未改变局面。原因是炼厂液化气瓶装后供家庭生活用成为各地的抢手货。那时电饭煲、微波炉还稀少，而家用液化气却比用煤球、煤饼之类大大提高了档次。最初能享受炼厂液化气的，除各厂职工家属近水楼台之外，是若干权贵，渐次于关系户。如各炼厂凡有事找某部门如铁路、学校等，对方往往提出保证若干户液化气为条件，炼厂不得不予以考虑。另一方面，炼厂遇到疑难处需要公安、司法部门化解，也会主动提供若干户用气保证，这类公关活动有个名字，叫打气功。

朱康福在齐鲁 MTBE 学习会上(20世纪90年代)
MTBE:甲基叔丁基醚,用于提高汽油辛烷值的化学品

政府在严格的计划控制条件下也开了个小口子，炼厂液化气不列入考核指标与计划分配范围，液化气可自由进入市场，岂非一大进步，实则完全打开了非法流通的渠道，使一小部分人得益。按当时条件，获得一个液化气钢瓶、一套液化气灶具，都必须找门路。

这种事，首起于十年动乱，70 年代大行其道，80 年代前一半继续发展，各炼厂建立烷基化装置，配上全套人马，却长期停工不生产，原因之一就是上述情况。听该类装置的工人说：“汽油质量天天喊，烷基化还是日日晒。”这个问题迄今也难说已彻底解决。

汽油组分限制苯含量及芳烃总含量以后，汽油辛烷值大受影响，必须增加烷基化油、异构化油及 MTBE（甲基叔丁基醚）等的组成，迫使这一类炼厂增设生产装置。对“清洁汽油”的要求，欧洲与美国西海岸有一定差距，这一问题如何解决，很值得注意借鉴。

## 润滑油添加剂

另一个项目是锦州石油六厂引进美国 Lubrizol 公司的润滑油添加剂装置。项目主谈还是李辰，我实际负责此事。对添加剂工艺我是外行，不过如前提到，我出场可有压一压美国小伙子的作用。

技术谈判的焦点是尽可能获悉对方的技术诀窍，国内制造类似添加剂已有一段时间，但产品质量始终不过关。但美国人自认并无特别诀窍，按提供的流程及主要设备运转，产品质量就可以保证。从考察中得到的关键印象则是两点，第一，原料、辅助材料等必须质量稳定可靠；第二，严格按规定的操作规程办事。这种生产方法是不完全连续的，如果操作运转中不够严格，产品质量就会有波动，影响最终商品的质量。原材料质量不好就难以获得优质产品，这是“精细化工”或专用化工产品生产中普遍的基本要求。

辅助材料之一是硅藻土助滤剂，原料之一是石灰，说起来都是最普通的东西，当然不应该进口（提一个笑话，燕山乙烯项目从日本买空气分离设备，其中有维持温度均匀兼有一定过滤作用的一个容器，内装精选洗净的规整鹅卵石，谈判中没有注意，而可恶的日本人居然装满了卵石交货、发运，大约三吨重的卵石就这样花了大价钱一路运到现场）。六厂负责此

1983年在美国购买润滑油设备考察:中间正面者为朱康福

事的一位副总工程师满怀信心保证供应合乎技术要求的上述两种优质品，却一直并未认真对待。先是送出样品对方化验不合格，又将厂家的产品处理一下使合格后再送出去，自然对方化验也就合格了。而到实际生产大量使用时仍然是不合格的。因此试运转就不顺利，六厂又千方百计把责任推向外国人。我对此颇不满意，李辰开始还十分耐心做工作，锦州的同志则始终不愿承认自己的责任。最后Lubrizol派一个小组到现场，几乎当场抓出毛病，那位副总工程师也退休了，整个生产才逐渐正规起来。六厂有些人还把责任推到设计审查，实则是厂方出国的人不干具体工作、干工作的人不能出国的矛盾。从这件事反映出一个大问题，石油部三老四严以及领导人与技术干部之间相互支持、谅解的优良作风，在十年大动乱中几乎已彻底败坏了。

## 学会与行业政策研究

### 石油学会

1978 年一件较重要的事就是各门类的学会相继恢复活动或重新建立。那时绝大多数学会隶属于相应的政府部门，如石油学会 1978 年在南京成立，挂靠石油部，活动经费从石油部专项拨给。理事长是侯祥麟，副部长之一。侯祥麟是留美归来的博士，原任研究院院长，担任此职自然合适。

建成的各专业学会绝大多数又都有相应的国际学术组织，如石油方面的国际组织，称为世界石油大会（World Petroleum Congress）。但直到那时，大多数这类国际组织中却仍由台湾的相应组织占有合法席位，世界石

1986年5月，朱康福、吴崇筠夫妇在云南

油大会就是如此。我国石油学会去参加，关键条件就是要把台湾的石油学会赶出去，因此成为外交、政治问题。1979 年第 10 届世界石油大会在罗马尼亚首都布加勒斯特举行。齐奥塞斯库直接出面斡旋，通过决议取消台湾石油学会的会员资格而接收中华人民共和国石油学会为会员。侯祥麟等三人出席该届大会的最后一次会议。

石油学会成立时，在南京丁山宾馆召开成立大会与第一届全国代表大会，崇筠与我都被选为代表参加，并都被选为理事。这是我与崇筠参加同一会议的极少数几次之一，但又分属各自的专业分会。我在炼制分会中曾任常务理事，但我们两人都未积极参加学会的活动。

## 软科学之风

1978 年以后几年中，可喜之事中有一件就是政府部门开始注意方针、政策方面的研究。国务院、国家计委等部门，或者建立自己的研究机构，或者乐于组织有关专家、学者进行某些课题的研究。国家科委还正式提出发展"软科学"的说法。我很乐意干点这类工作，认为能直抒个人见解，供决策参考是件大好事。所以80年代以后，我参加这方面工作较多，多数还不是本单位安排的，主要参加了用好一亿吨原油的研究与讨论。侯祥麟以石油学会理事长身份组织邀请一些人讨论。张定一老部长、蓝田方都参加一部分，具体任务落到我的头上。我写的一篇东西刊入最终的论文集。在一定程度上是提出具体建议的主要内容。而对我自己来说，则是开始从宏观局面注意到政策、法规等项目，尤其是介入到我国能源前景的研讨中去，从而被邀参加中国能源研究会，进行了若干软课题的研究。

我的想法很简单，用好原油就是把原油加工好，不能简单替代煤炭去烧掉，也不应看作重要出口货物为创汇服务；加工的产品也不应单纯考虑轻油收率（汽、煤、柴油），忽略例如石蜡、沥青，更不用说润滑油的生产，我与朱彭年一起写了"关于原油使用及其改进意见"，发表在《用好一亿吨原油论文集》中。朱彭年不幸于2001年因癌症逝世，病情已重时，还由夫人陪同到我家一趟，专门提及我们合写该文的事。

## 行业（发展）政策研究

80年代开始，邓小平主政，赵紫阳接任总理，学术界气氛活跃，国务院、计委、科委等主管宏观发展的部门注意到各行各业的发展政策、策略。各工业部门本来已经开展这方面的工作，两委统一组织一下就成为国家级课题，第一批包括12个行业，石油工业在内。

原化工部副部长林华在科委，他与张定一部长本是从延安时开始的老搭档，找到张部长，张部长又找到我。这一份研究报告其实是张定一直接指导下完成的，稿子主要是我写的，因为规划院毕竟有较完整的历史数据以及最近五年计划编制时的一些想法可供利用。这一份报告的最终定稿，两委汇编后直送国务院，我未获得全文的正式本，稿件也不知放到什么地方了。

国家科委提倡软课题研究，成立过专门委员会，又成立课题研究报告的评奖制度。这12个行业的发展政策研究自然成为大题目，并被评为一等奖。在此课题中我列为有突出贡献者之一。

在上述两课题研究中，我的中心思想有以下几点：

第一，应当预见我国经济将有快速增长的时期，各种消费与需求将从此上升，其中石油及石化产品需求增长率将较一般预测的更高。压低消费的概念不可取。第二，炼油工业不应单纯追求提高轻油收率，从社会整体效益出发，沥青、重油都不可忽视。（1990年轻油收率定为63%不易达到。）第三，应保持较高柴/汽比，调整不合理比价，建议为1.4∶1。第四，发展石化工业不仅靠顺向发展，也应注意逆向发展。第五，经济规模问题，提出600万~700万吨/年炼油厂规模。第六，警告炼油行业如不能改变基本面貌，1990年有些企业将亏损，有些微利。

今天回顾，有些观点并不错。具体预测的数值都不准确，但并不离谱。政策研究一类的课题研究延至90年代，都是在能源研究会中进行的。

## 改革开放的试探

### 两种资源两种市场

约1983年建立中国能源研究会，它的第一个大课题名为中国能源政策研究。一则呼吁要有全面综合的能源政策，不要光限于开发与节约并重；二则要问答中国有没有“能源问题”，甚至是否可能出现能源冲击或能源危机。当时正发生世界第二次石油危机之时，能源研究会的报告直接肯定有问题，闹不好会出现冲击以至危机。

赵紫阳不一定相信，但也知道有此一说。此外，一亿吨原油包干其实也向用油大户打了招呼：平价的计划内分配的原油就是一亿吨，超过此数而有额外需求，要么高价，要么进口。

上游的问题比较简单，主要矛盾集中于原油的分配。这个问题各部门、各地方的利益矛盾大，如果原油能有所增长，就比较缓和。一亿吨原油包干与大陆架对外开放招标，就是较大的改革开放的步子。

下游方面，赵紫阳提出两种观点与措施，第一叫两种资源、两种市场，第二就是按生产要素关系而联合。

当时石油部与各炼厂对两种资源、两种市场的提法大不满意，无法接受。因为我国炼厂水平不高，用外汇购买进口原油而出售产品以平衡外汇几乎是不可能的，凡被迫分担加工进口原油者，实际都必须用加工计划内平价油所得利润补上亏损。我自己几次参与这种算账，结果相同。因此，对赵紫阳的提法一时也不大满意。但不久后，醒悟他其实另有意图。因为我国计划经济的刚性太大，纺织部搞化纤，轻工部搞塑料、橡胶等等无不需要原油；而本来一亿吨原油的分配计划中原来没有这一块，硬挤出一部分来，既损害其他用油户的利益，包括炼油厂的利益，而且数量不可能很大。赵的这种提法，包含着对石油加工业的保护，又意味着对石化工业发展太快的一种抑制。事实上，化工部最后签约引进的 4 套 30 万吨乙烯装置就全部暂时封存了。为此，我写过一篇内部参阅的材料，意思是要大循环不要小循环！就是说石油行业（不管什么部与什么省市），应该用自己高附加产值的产品出口（或转内销，但须按汇率折价），才能平衡外汇、创造利税，有利于全国经济发展。迄今还自以为此论不差，可惜同我的许多文稿一样，如今连底稿也找不到了。

那时我曾参加好几个新建石化厂可行性研究的讨论或审查，一直坚持上述思想，认为任何项目依靠平价原油为原料而算出来的内部收益率等都是不落实的。因此颇引起有关部门与地方代表的不满。另外引起的一种后果是建设部门与地方竞相提出用最少原油的方案。例如个别设计部门就提出“只用300万吨/年原油就可建成30万吨/年乙烯”之类的方案。其实，这是很不经济，也完全不合理的。这就是部门、地方分割引起的恶果。

## 按生产要素的联合

按生产要素关系就意味着不按部门或地方的关系。这是明显的改革，而且对石化工业的发展有特殊重要意义，是后来建立中国石化总公司而进行的实验性步骤。

前已述及，那时各地环绕较大的炼油厂建成一批小型石化厂。它们主要由地方厅局，如化工局、化工厅等主办，是所谓的地方国营企业，其产品往往是国内尚未大规模生产的，尽管因规模小、技术及管理水平不高等原因成本较高，但比经过高额关税保护的进口产品仍有竞争力，或按当时说法“可替代进口货”。它们成为地方的利税大户甚至是当地政府部门的摇钱树，受特别保护，甚至在地方政府部门的干预而压低从炼厂取得的原料，至少都是所谓的平价原料，或当时有所谓特殊供货协议价格之类。在这种特殊条件下又形成人员过多，管理部门官多而水平不高。各地这类小石化厂又往往工艺技术并无特色，甚至与其他同类企业重复。这种分散、重复而水平不高的企业，无疑对国家资源、资金等都成为低效而不可能长期发挥作用的浪费。赵紫阳提出的措施虽未必专门针对石化企业，却对石化企业的现状十分适宜。

经过一段时间的酝酿，1981年9月，国务院批准成立上海高桥石油化工公司，本来分属几个部、局的上海炼厂为主，与高桥化工厂、高桥热电厂、上海第二化纤厂、上海合成洗涤剂二厂以及上海石化研究所等联合组成。同年底，又批准建成金陵石化公司，以南京炼厂为基础，包括栖霞山化肥厂、南京烷基苯厂、南京化工厂、钟山化工厂、南京塑料厂、长江石化厂等组成，同一时期，引进的大化肥也在栖霞山化肥厂建成投产。

在上海、南京顺利完成联合后，1982年3月批准成立抚顺石油工业公司，将抚顺原石油一、二、三厂，抚顺市化纤厂，抚顺化工塑料厂联合起来。5月，上海市纺织局又与上海石化总厂达成一条龙组织生产的协议并联合开发化纤产品。

1982年底，在上述基础上，国务院决定降低化纤纺织品价格而相对提高棉纺织品的价格，至少接近了国际市场的比价。“的确良”不再是什么高档货而相对扩大了市场，还提高了棉农的收益。

1983年组建中国石化总公司。

为组建中石化，上海、兰州分属中石化与中石油。但地方省、市各有条件，因此，国务院曾派出专门的工作组，石油部派副部长们分头疏通，我随孙敬文副部长去上海两次，去兰州一次。

我具体参加高桥石化公司（后改称上海石化公司）的筹建。上海是试点工作，以高桥炼厂为中心，将附近小化工厂及热电站统一组织，即赵紫阳所谓生产要素的联合。国务院派出一个工作组，石油部共青团书记薛宗仁带队，记得奉有党中央、国务院联合文件为尚方宝剑。一切由上海市及所属有关工业局奉命执行，而那种中央与地方间的谈判，随行人员基本上插不上嘴，仅是列席或干脆不参加。

上海市主要关心维护地方权益。那些小石化厂本是地方国营，而组建的高桥公司是中央的，财务涉及税收及利润分配方面，上海市希望尽量保持地方那一份，我唯一参与的是液化气，必须保留给上海市一定数额，上海市原来提出的要求我认为太多。高桥厂所产有限，小化工用掉一些，炼厂还必须自用一定数量，剩余的无法保证上海市要求的数量。这是明摆着的，是很容易算的账。高桥厂坚持“办不到”，上海市就并未坚持，确定了一个可以接受的数额完事。市里与几个小厂的关系，对全市影响并不很大。以后组成中石化，涉及上海厂与新建金山厂，才是较大的“震动”。

这种联合，应当说是一种进步，不过完全由政府主持安排，对那几个小化工厂而言，不是出于自愿。尤其厂长们，牺牲了一些权力与升官的途径。联合以后，运营并不顺利，也未能带来多大的实际效益。

兰州因有兰化，又不是中石化所属，比较花时间搞定，办完这些事，中石油、中石化也就可以建成。

我国能够度过这五年十分困难的过渡期。不仅是参加 WTO 的过渡期，也是实现社会主义市场经济体制的过渡期。2008 年奥运会能在北京顺利召开，将成为一个非常突出的表征。那时真正面貌一新的新中国将跻身于真正的世界大国，是世界和平与繁荣的骨干力量。

反正已过 80，无所企求，但望国家渡过难关，更加兴旺而已！

# 第9章 石化生涯

## 中石化组建

朱康福1993年为庆祝中国石化北京设计院建院40周年所摄

继高桥石化、金陵石化在1981年联合组建之后，1982年又组成抚顺石化公司，一时联合之声颇为流传。石油部有几位司局长公开提出"上下游产供销、人财物大联合"。其中不无想由石油部一统天下，而赵紫阳的思想有进一步的发展，他不打算让任何一个工业部独霸，要逐步走向政企分开。经过一段时间的高层酝酿，1983年2月19日成立中国石化总公司［中共中央、国务院：中发［1983］7号文］，"对全国炼油、石油化工和化纤企业实行集中领导，统筹规划，统一管理"，又明确实施筹备由国务委员康世恩分管，具体工作由李人俊、陈锦华负责。

其间还有个插曲。国务院原定的总经理人选不是陈锦华而是芮杏文，中组部的文件已经如此下达。

芮杏文在50年代初建设兰化时由地方转入企业。据说出身红小鬼，聪明能干，被选拔培养。引进大化肥中有一套建在四川泸州，即颇有声名的“泸天化”（天然气化肥厂），芮被调往，工作有成绩，化工部领导颇加欣赏。燕山30万吨/年乙烯工程建设过程中，曾被派到燕山基建指挥部担任领导，我那时也借调在该部门，芮对唐敏很欣赏，连带也注意到我。中组部文件发表时，芮已由上海市副市长上调航天部任第一副部长，是张爱萍上将兼部长的得力助手。芮杏文专门找我到他家中谈话，询问有关炼油、石化企业的状况等。特别问到年龄，讲过“可惜过了55岁”，我那时已62岁。事后理解，当时高层领导的意图是用一批70多岁的老人担任董事会的职务，而总经理及以下包括司、局级的人员则选拔55岁以下的人担任，我那时确已不想当什么官，却也颇愿进中石化干点工作。

岂知张爱萍将军不放芮杏文，他以个人名义，即一个共产党员向党中央反映意见的方式，给中组部写了封信，此信我见过复印件，说航天部工作重要而繁重，自己年老体衰，难以全面照顾，依靠芮杏文工作，调走芮，恐不利于航天部工作的开展。中央的决定可否延缓两年执行，届时他自己也该退休了，云云。中组部对老将军的意见不敢随便，直接向赵紫阳报告。据说赵也不愿逆了老将军的心愿，随即任命了陈锦华。

1983年6月30日，中石化第一次直属企业经理（厂长）会议在京召开。而中央对总公司的组织与领导的正式任命是7月7日下达的。组织方式是董事会领导下的总经理负责制。董事长、党组书记李人俊；副董事长孙敬文、孙晓风、徐良图、李正光；总经理、党组副书记陈锦华，副总经理、党组成员张万欣、张皓若、盛华仁、费志融。其中副总经理张万欣原在燕山石化，张皓若出身石油部，当时已调任化工部的司长。盛华仁是化工部一位副司长，而费志融来自商业部。果然董事长们都是70岁以上，而总经理们都是55岁以下的。而且副董事长们都不兼党组成员，充分体现总经理负责制的精神。

7月10日，总公司第一届董事会全体会议召开，石油、化工等部几位司、局长任董事，其中包括薛秀川等；又组成技术经济顾问委员会并召开第一次全体会议，侯祥麟任首席顾问。我当时并不在内，是后来才参加的。但商业部对国内油品经管的业务迟迟未交出，直到1984年底，才建成中石化销售公司，从1985年初开始接管此项业务。可见由于部门利益所在，要联合还是颇有阻力的。

至于各省、市地方当局，对组建中石化总公司也涉及利益问题。1983年上半年，由几位老部长亦即以后的副董事长们对重点地方派出专门小组去做工作，实质上具体涉及的就是权利分配。我曾随孙敬文部长先去江苏南京、后去甘肃兰州。与过去组建高桥公司类似，大事都由孙部长与省长、省委书记去谈。关键往往是厂长、经理人选问题，因为按党章规定，企业的党内关系都归地方领导，企业的第一把手和党委书记，都必须由主管部门与地方领导协商一致才能任命。具体涉及产品分配权限，最主要还是液化气的分配额度，当然还涉及例如供电、通讯等问题，较易解决。而企业办社会，即企业自建学校、医院、托儿所等，一如既往，没有改动，这是以后的大问题。

我在基层听到一种说法，国务院领导是借名改革，实际要把财力集中到中央！因为当时的计划体制与油品定价原则，炼油厂无不赚钱，规模很小的也是地方上的利税大户。有一点不知国务院领导人最初考虑到没有，事实上中石化的建立从相反方面导致地方小型厂的兴建。

中央各部中，除纺织、轻工不痛快之外，石油部也一样不顺心。石油部下属有几个难以盈利的小油田，如江汉油田，就依靠荆门炼厂完成利税任务并养活。炼厂收归中石化，油田在效益方面吃了亏，甚至影响勘探资金。只是事情由国务院明确让康世恩分管，康本人积极努力促成其事，石油部无话可说。不过从开始就有芥蒂，以后中石化在具体事情的洽商中，至少我个人认为有失礼之处，两方面的关系一直不太顺利。

## 改革方案

中石化建成后第一件大事应属提出一项改革方案，经过总公司领导层的酝酿与技术顾问委员会的讨论、修改，文件上报国务院（国务院于1984年10月转发该文）。这个方案的核心内容是扩大融资渠道，包括借外债以及吸收省、市地方的资金（仍属国有资金），我一直估计这一构思主要大概来自李人俊，当然得到陈锦华的赞同与支持。其首要目标也较简单，就是要把已经引进，主体设备一直封存的三套30万吨乙烯及其联合企业建设起来。赵紫阳当时曾听取汇报并明确要求“坚持改革，为缓解国家财政困难多作贡献”，1985年3月还曾批文曰“几项措施都好，望抓紧落实”。就这样先后建成大庆、扬子、齐鲁和以后扩建成金山的几套乙烯以及几个化纤基地（辽阳、仪征、金山）。其副作用，则由于主要借款于日本，而日元升值，对美元之比从200：1左右一直升到110：1左右，使还贷付息困难，债务长期影响这几个企业的发展与利润。

地方可以投资于炼油、石化，也引起财力比较雄厚的省、市或者苦于缺油的地方（如西南的云、贵以及四川等）的注意。这些省、市独立搞这类企业缺乏足够的条件，无不以地方部分投资以及征用土地等方面的优惠条件吸引中石化去投资建设，争取立项（搞这一类较大的投资项目必须经国家计委批准）。国家计委（建委）则正在改革立项制度与具体运作办法，引入可行性研究及其论证、审批一套办法，其中又必然涉及原油资源的分配。80 年代末期，国产原油还足以提供内需，问题关键在于计划内平价原油的额度。国家计委所在地附近宾馆、旅社，几乎各省、市都租下房间，专为跑项目等服务。不久以后，又发展为各省、市驻京办事处自建漂亮的大楼，即令财力不丰的省、市，北京市也帮助建成联合大楼，如八省驻京联合大楼之类。

中石化规划院（后改名咨询公司）以及几个主要设计院也忙于编制此类项建书、可研报告。设计部门改为按规定收费的企业型，这方面成为重要收入。国家计委又组织建立“中国国际咨询公司”，计委明确将评审可研报告作为该公司职责，必须通过该公司才有可能立项。该公司主管人员由计委副主任兼任，吸纳多位退休或即将退休的司、局级领导任职；技术力量则组建专家委员会聘请各行各业的专家担任，我也应聘。这种方法，实质上使国际咨询公司取得垄断地位而又大大节约开支。所聘专家，只是在参加具体评审工作中由该项目支付酬劳，例如 500 元一次，而公司按投资比例收费，盈利多多。不过两年多些，该公司就建成一幢大楼。

中国政府明确要吸收外资，又相应制订一整套优惠待遇，国际大石油公司又看到港、台、侨商首先进入并获利，积极性也提高了。比较重大的石化合资、合作项目陆续开始“启动”，其“热度”逐渐上升，不过谈成的项目还有限，其中日本人又占了先。一直到 1989 年中止。

## 一些人事及组织变动

中石化既是新组建的，人员来自石油、化工两工业部为主，纺织、轻工为辅，商业部门最后才加入，因此，运作上有一段磨合期是正常的。既称磨合就是有摩擦才达到融洽合作，也必然要有某些调整。1985 年底，中石化第三次经理（厂长）会议上，陈锦华报告的题目是“团结奋斗，改革前进”。中国人有个习惯，看问题从字里行间去找字面上没有的东西。对这一报告而言，流传的意思就是“存在某种不团结”！我一贯不想过问这一类事，却仍能听到一些流言，在石化规划院也确有实际反映。

副总经理张皓若第一个离开中石化。担任四川省省长，张服从组织安排，不带夫人，自己单身上任去了。这种姿态是常见的，例如后文提到的蔡宁林，也是如此。这两人一任四年后又都调回中央。

中石化刚组建时机构、人员都比较精简，例如计划与财务是一个司称计划财务司，在总公司有举足轻重的地位，首任司长梁国培是石油部的老人，我与他从 50 年代初甲苯合成项目中即已认识，那时他奉命长驻大连中科院化物所参加科研与“放大”工作。不知如何他与主管的副总经理不太协调，不长时间后财务部门即分出成立财务司，又不久，梁即离职，以后也未见安排重要岗位。

又不久张万欣离开中石化，听说他曾主张到境外投资搞炼厂或乙烯裂解，得不到同意；在分工管辖有关司局业务时又与其他副总经理有些意见不统一。他离职后曾担任体制改革委员会副主任，而盛华仁上升为第一副总经理。补充为副总经理的包括李毅中，他在齐鲁石化 30 万吨乙烯工程建设中有良好表现，曾被山东省授予光荣称号，那时位置列在最后。

在此过程中，石化规划院的职责范围却陆续被压缩，本来中长期即每个五年计划的发展规划是规划院最重要任务之一，而计划部认为应是该部的职责，规划院只能作为咨询机构受计划部的委托进行必要的准备工作，提出建议交给计划部，而本来是征求计划部意见直接上报总公司的。结果规划院更名曰咨询公司，以后各五年发展计划的草稿虽仍由咨询公司提出，却须缴由计划部汇总，包括财务部门等意见后才上报总公司。

盛华仁升任第一副总经理后，比较注意工程部的意见。工程部的主任已由葛立兴改为赵。此人提出一项意见，认为设计审查的工作以及概算调整都归该工程部主管（本来由规划院办理）。显然得到盛华仁的同意与支持，但还要听取各部门的意见。

一个部或总公司内部组织设计审查，无非是一种自我约束的机制，而80年代后期的中国石化总公司连这一点自我约束也认为没有必要，甚至认为多此一举，妨碍工程建设。规划院那时的负责人是邵祖光，他明明不同意这个意见，却不愿多争论，认为争也无用。总公司领导层实际上已经决定，听取意见不过走过场而已。我则认为，不管头头们如何决定，我们的意见总应该明确讲清楚。有一次，总公司由副总经理费志融主持会议，各部门都有主任或代表参加。邵祖光根本不去，让我代表参加。我乘机痛痛快快讲了一通。

我在会上言词激烈，主要意思是说总公司内部必须有自我制约的功能，财务与审计，会计与出纳，无论如何不能合并。工程部主管设计工作，理应由另一部门负责设计审查。那时建设过程中费用超概算已成普遍情况。除客观因素如人民币贬值（当时只讲汇率调整）、物价上升等外，主观上控制不严也是事实。动辄数亿元的基本建设项目，没有一些内部自我约束是要出问题的。工程部直接主管各工程公司，概算调整又由工程部主管，设计、施工都管了，实际上是把项目建起来就是成绩，根本不管项目的经济效益，不注意控制投资。项目概算由工程部批，调整概算也由工程部批，事实上使各工程公司放手花钱，最后结算成为实报实销，即所谓概算调整。工程部有关人员认为贻误进度、工作掣肘等理由并不能成立，事实上工程部不可能有各种专业技术人员配套齐全地认真进行审查与核定费用，有可能使这部分工作流于形式而缺乏自我制约，使基本建设的费用失控（当时还没讲效益问题）。我滔滔而论，也无人反驳，会议一时竟然静场，无人再开口。费志融从来没主管过这部分工作，也讲不出什么道理，只是站起来给我杯子里加开水，说“天气热，喝杯水吧，别上火”。我知道不让我说下去了，而我也很清楚，我的话绝不会起作用。于是讲，马克思说过，我讲过了，我的灵魂得救了！

时至今日，我还是认为中石化在 80 至 90 年代初一段较长时期内投资失控，效益低下，是以后长期困难的原因之一。

总公司一直保持一位总经理、四位副总经理的安排。先后还补入的副总经理有兰炼来的阎三忠、大连的黄春萼等。1988 年陈锦华升任国家计委主任，盛华仁相应升任总经理。

## 关于石化工业发展途径的讨论

在中石化的开始阶段，比较鼓励各方面发表意见。关于中国能源问题，石油以及石化工业发展规划以及具体建设项目、利用外资等问题，都曾由各有关部门及机构组织讨论，我参与多次会议，发表过自己的看法，其中与最后决策有颇多不符之处。

犹记50年代末去前苏联，同行之人都想用极其有限的卢布买些可资纪念并送人的小东西，首选的是硬塑料模压制成的各种形式、大小的盒子。我也带回圆形、长方形各一套，崇筠还颇喜欢，其中有保留至今的。去罗马尼亚时，我奉命转往阿尔巴尼亚，少量的零用钱无法处理，烦留下的同志为我买点小纪念品，结果同志带给我一件化纤衬衫。70年代初，开始有外国公司到京办展览会，往往大门外排长队。这些人绝大部分对展览内容毫无兴趣也不懂，目的只是得到一个印制漂亮的塑料口袋。塑料、化纤成为国内紧缺、急需的物资，于此可见。陈锦华着力宣传石化工业在中国还是朝阳工业。但如何发展中国的石化工业，当时有不同认识，中石化成立之初，为恢复3套进口乙烯装置的建设，曾引发一场讨论，是第一次规模与深度都较大的讨论。当时的背景条件还是刚性的计划经济模式，而各部门、地方又已经互相分割，因此出现不同意见也很正常。

其中最突出的意见是蓝田方提出的，他主张石化工业走逆向发展的道路，首先以较少资金、以进口原料或中间体发展轻（塑料等）纺（化纤）工业以积累资本与培养训练技术力量。国家当时财政拮据，不妨转让出售已进口的乙烯裂解装置。他还指出，应趁设备、技术还不太落后的情况，尽快出让，不要等，否则就会贬值。

我反对他的意见，认为应以最快速度把那几套裂解装置建设起来，只要项目建成后能获利，能还债，就可以借贷国外资金。同时也不妨碍轻、纺工业同样引进外资，用那时已开始出现的合营方式。后来我还说中国石化工业可以走双向发展而决不能单搞逆向，因为在当时的体制下，轻纺工业积累的利润，进了政府的大口袋就无法保证其用于发展石化的上游原料工程。

纺织部门的意思则是努力向上游延伸，就是要把裂解部分作为化纤原料而划归纺织部经营管理，这与赵紫阳组建中石化的意图不一致。退而求其次，主张裂解等单独建厂，与炼油厂分开。为达此目的，提出用最少量的原油，实施吃光榨尽式的转化为裂解与重整（获取芳烃，特别是对二甲苯，即化纤主要原料）。我全力反对，认为根据计算与国外经验，炼油与化工的联合才最有利，炼厂规模应够大，以综合满足燃料与化工两方面的需求。我这意见得到武迟同志（曾任石油部炼油司总工程师，北京石油学院教授）的支持。我们作了几份总流程说明此点。我明确建议，将一套乙烯裂解建在金陵公司，即或由于对江已准备建设扬子公司，也应由一个公司统一经营，只是布置在两处场地上。但这个意见遭到化工部与纺织部的全力抵制，同时也获得纺织部有关领导的支持。最大的理由就是扬子公司从筹备迄今已有若干年，有一批人才倾注了多年的心血，不能依托在金陵公司之下。经过北京、南京两地近百位工程技术人员的大讨论，领导层决定扬子公司独立建设，用 300 万吨/年原油。引进成套大芳烃联合装置与日本的“尤理卡”重油转化替代延迟焦化装置。建设一套 30 万吨乙烯及对二甲苯与 EO/EG 以保证仪征化纤厂所需原料，还强调金陵公司必须全力支持必要的原料油。后一点却只是官样文章而已。

通过这次大讨论，炼油—化工联合的优越性日益为绝大多数人接受。除最初的燕山公司外，大庆、上海金山、齐鲁都成为重要的炼油—石化一体化企业。原来独立的如辽阳化纤公司等，以后也千方百计谋求与炼油企业联合或合并。几个大型炼厂如茂名、镇海则都安排了发展乙烯裂解建设。扬子公司也几度考虑与金陵公司合作与合并。在中石化总公司后期，在江苏省全力推动下，中石化曾筹建过“四联公司”，包括扬子、金陵、仪征与南京化工厂，李毅中曾任四联公司总经理，到组建中石化集团公司时，四联公司并入中石化集团而又不复存在。扬子公司与德国巴斯夫（BASF）合营扬巴一体化了。

## 乙烯热

第二次较大范围讨论则涉及引进外资与自己建设，而结果却是筹建了一批小乙烯。

20世纪80年代，世界石化工业发展迅猛，国际与国内都掀起一股乙烯热。以国内而论，轻纺工业毕竟投资较少，是劳动密集型企业，发挥中国劳动力价格低的优势，产品颇具竞争力。其中港、台中小企业投资国内又得到许多优惠，所使用的石化原料与中间体需求旺盛，进口数量激增，价格上升，当然非常有利于国内石化工业的发展。

石化上游，包括裂解、聚烯烃等企业则是资金与技术都密集的，国内紧缺，发展方向自然应当是扩大对外合作，争取引进。我也参加了几个具体项目的洽谈。

另一方面，总有人坚持主张自力更生、以我为主，尤其因为各地方省、市都意欲在本地区内建设发展石化行业，极力争取外国公司投资，但在吸引外资的软环境不够好，难以与沿海省、市竞争的条件下，就转而设想以较少投资兴建一些小规模的乙烯裂解与聚烯烃企业，或较小规模的聚酯（化纤原料）装置。

这段时期国内掀起一阵乙烯热，为解决衣食住行的问题，对石化产品的需求十分旺盛。国际上发达国家新科技产业已崭露头角，有人预言传统产业即将趋于衰落。日本有人甚至把石化行业也列入夕阳工业名单。我见到国内信息部门转录日本人的文章，大不满意。我一向对日本人有偏见，认为他们发展石化赚了大钱，就怕中国人自己搞工程夺了他们的市场。所以我写过一篇短文，以数据说明我国人均占有的塑料、橡胶及化纤数量少得可怜，不管国际上如何发展，我国则必须切实发展生产。那时陈锦华还是中石化总经理，也认为石化工业在我国还是朝阳工业，安排石化情报所写文章并译成英文刊印，以鼓励外商（大石油、石化公司）来华投资，为如何翻译“朝阳”这个词，情报所同志找我商量。我对已提出的三四个词都不太欣赏，建议用Rising Sun（上升的太阳）。据说得到陈锦华同意，干脆让情报所把译文送我核定。其实文章译得颇好，我只改动少数地方。

不管这份资料起不起什么作用，反正台湾、韩国、德国BASF、法国ELF、美国Texaco等都有意与我国合营炼油石化项目。日本人专门做辽宁省的工作，希望在该省建一两个石化基地，条件之一是中石化必须参加。似乎这些大资本公司要在石化市场这一方面重演瓜分中国；美国看中与海洋石油公司搞合营于广东惠州，台湾王永庆想登陆福建，ELF拟与上海金山合作，韩国大宇经考察选定南京的扬子。除沿海省、市外，凡无炼厂的各省区都积极争取“先上炼油，然后乙烯”的方针。福建省与四川重庆市尤其突出，其余如河南、湖北、北京、天津等无不有所设想。假如我国掌握形势，协调各省、市协力合作而不是相互竞争，有可能在80年代后期使石化工业大大发展与提高。可惜，一方面各省、市都想独占一块肥肉，之间互不退让，而且不久，1989年由于政治原因，外商全部采取消极姿态，干脆撤出或故意拖延不动。

福建省地处东南沿海，本应有发展良机，而且是侨乡集中之地，条件可说得天独厚。无奈“文革”前被列为对台前线，国家控制投资，成为全国落后的省份。“文革”后中央与省里积极寻求台塑集团（王永庆）在福建省建设第六套轻油裂解，在厦门附近的海沧划了一大片土地，很热闹了一阵。但台湾当局阻挠此事，这个项目就流产了。我未直接参与，却介入了福建炼油厂借贷西班牙政府贷款这个项目，后来还参与过台湾从台塑分离出去的一个小集团打算在炼厂附近湄洲湾建设丙烯腈—顺丁胶—聚苯乙烯复合体的部分谈判，也未成事实，然后省里决心先建炼油厂。石油部也已同意，计委批准立项。

1989年后对外合作项目全陷入停顿，而政府在石化工业方面的决策却是引发一股小石化热。这是我国小农经济传统思想的一种爆发，也是部门与地区分割的经济体制下的结果。

那一阵，凡省（市）有个炼厂的都想搞一套乙烯，大的搞不成（无论如何凑不出原料），就都要搞12万吨/年这一级。各省、市都请各有关设计院编制可行性研究，而所有报告的结论，居然效益都是很好的。一时间向计委及国际工程咨询公司报请评估的同类项目达10个以上，但当时毕竟不同于过去，反对搞小型工业的思想与言论已不限于工程技术部门，比较开放与明智的一些政府官员也颇多异议，因而1989年以前，好几个12万~15万吨/年乙烯项目在国家计委压着，计委下属的国际工程咨询公司（我是该公司专家委员会委员之一）评估时都未能通过，但又不明言反对，仅是保留。我是坚决反对而且发言激烈的一个，但会议主持人及个别专家则再三说明“不好完全不搞”，显然上面有指示。而国务院某领导公然明确表态支持小乙烯项目，据说是计委一位副主任叶青的意见。叶青事后向熟悉的人发牢骚，说他当时其实并未同意，只是没有正面反对。实际上，据我所知，起重大作用的是北京市委书记、市长陈希同。

陈希同不主张扩大燕山公司的乙烯能力而偏偏主张另搞一个东方红化

工厂。12万~15万吨乙烯与相关聚烯烃，却又指令燕山公司供应裂解原料。陈希同的手法高明，凭借党组织的权力，调燕山石化公司党委书记任市计委副主任、副市长，专责筹建乙烯裂解企业。这位不是外行，但坐什么位子上说什么话，而且确实十分卖力，展其才华，办成此事。但还要走走过场，要计委国际工程咨询公司论证可行性研究。咨询公司专家办公室打电话请我参加论证会，我说："北京已有燕山，再另搞一套小的乙烯，怎么也说不通，我不会同意的。"于是该公司由一位处长又来电话，明确讲："你们总公司总经理也知道这事，你还是参加一下吧！"我说："假如北京市可以搞这么个小乙烯，全国任何省、市就都可以搞。其他地方没有不能批准的了，这个头不能开的。"据说最后论证会还是召开，并表决通过。我没有参加，而且从此以后就很少请我参加其他评估会。

北京市开了头，果然就"带动"了一批小乙烯。天津就是一个。天津市委书记最为聪明，他说过，天津不能为天下先，北京市没搞成的事，天津别去争，一旦北京市得到项目，天津肯定紧接着上，让天津市有关人员关起门来做好准备。郭雨东那时经孙敬文部长主持天津市时调去天津，此时就是做准备工作的重要骨干。这位书记果然实现其诺言，使天津小乙烯获得批准。

河南省也跟得紧，省里有油田、炼厂，比北京市的原料供应等条件至少还略好一点。

新疆更有理由，"老（老解放区）少（少数民族地区）边（边远地区）"三项占了两项，小乙烯因此成立。

最奇怪的是石化总公司自己在抚顺也搞了一套，理由是抚顺公司（原来石油一、二、三厂合并建成）总的炼油能力有800万吨/年，原料绝无问题，还可"优化"充分利用炼厂气，实质上抚顺公司一直是三个厂，小乙烯就靠石油二厂，条件就截然不同。

这么多的小乙烯一个个立项，有领导接见外国公司首脑，居然作为中国大力发展石化工业的宏图壮举捅了出去，明确讲中国要建一批15万吨/年左右的乙烯裂解，国内外报纸都有发表。这小乙烯的温度就大大上升，那些尚未争得立项的省、市不肯罢休，上海市反正有一套30万吨/年的，江苏有扬子30万吨/年的，广东还没有，湖北、湖南也都坚持要跟进。这些省、市还找到我们单位，要求我单位支持向总公司建议列入规划。我不肯改口，这些单位的人也就不再向我多说。院里头头专门向我通报说："这件事是国务院领导处理的，咱们不必多说什么。"我说，国务院领导作的决定，报纸上登过，我也看到了，只是我想不通也不同意，没人问我，我不说也可以，有人问我或者有机会议论、讨论，我还可以讲。据说，头头把此事还一直汇报到总经理。

一时，中原、盘锦等项目均得批准实施。一批小乙烯的可行性研究不仅飞速上报，而且内部已打算给予放行。尽管反对之声一直不断，也无济于事。中石化领导人则一概诿之于上级决定，不让多说什么。

当时有关各省、市的领导都曾通过种种关系，要中石化总经理支持，他既不愿得罪任何一位，又无力协调、组织，因此他实际支持了12万吨/年小乙烯并起了作用。此事直到朱镕基升任国务院副总理时才刹住车。他表态说："已经批准的不好改变，尚未批准的一定要停一停！不能再批了！"例如湖南、湖北两省，各以长岭及武汉炼厂为依据，各自争建一个小乙烯。我和中石化部分同志建议两省与中石化合作办个30万吨/年的。我在单位放言，要么合建一个大的，否则两个小的都不能同意，为此还曾与个别同志争论。两省都不愿，结果双双被朱镕基否决。广东的广石化却成漏网之鱼而抢先一步获得批准。但他只能刹住尚未正式立项的，已经定了的不再讨论了。

几个小乙烯，除个别例外（如盘锦，依靠油田轻烃为原料从而获利），如北京、天津、河南、抚顺等全都是一开工就亏损，6个小乙烯中至少5个成了大包袱，每个项目投资都在10亿元以上。这些项目的评估我一个也没参加，差堪自慰。

## 茂名乙烯项目

但在别的我参加评估过的项目中，我至少也应负一定责任。其中主要的是茂名30万吨/年乙烯项目。其中有两点：

一是厂址。中石化还想搞30万吨规模的，但着眼的不是广石化而是茂名，该炼厂规模大于广石化，历史也长得多。茂名公司非常积极，广东省也支持，其目的却是同时兼保广石化。立项、可研，以至扩改及总体设计按顺序逐步进行，我也参加过工作，且在具体厂址方案上与许多同志发生分歧，不过我的意见被否决了。

该项目说是依托茂名炼厂。茂名公司领导人与化工设计院负责同志一起选定离炼厂二三十公里的地方，厂址选择报告单独进行过论证，我去现场实地踏勘后持反对意见。我着眼于预期的效益，而且认为高额关税保护下的产品价格是靠不住的，难以持久，因而在建设过程中，必须尽可能压缩投资并加快进度，减少人员，充分发挥依托炼厂的优势。为此，我建议的方案是乙烯裂解等石化装置应建在现有厂区。石化总公司以及国际咨询公司都有一部分同志同意我的看法，茂名公司领导人则坚持原来意见不愿改变，第一次论证会未取得一致。

其中关键是茂名公司想进一步扩大再建一幢新的炼厂与扩大乙烯。最早该厂是加工油母页岩的，必须紧靠露天矿，原厂址选择还是原苏联专家起主要作用而我也直接参加的，实际可说是我与郭雨东最初选定的。当时是一片荒地秃丘，极少住民。厂子建成以来，周围农民、住户、小型作坊大量发展，荒地都成了菜地、耕地，工厂又有许多平房占了大片土地。要原址建设乙烯，空地无论如何不够。主要办法是调整拆除一些杂乱的平房，包括仓库、少量宿舍以及废置不用的干馏炉等；保持破碎装置及露天矿，用页岩发电，广东煤价高，因为运输费很大。再利用堆放废页岩的一片土地，必要时征用很少农田，场地就足够可用。这样，可以节省新辟场地的费用之外，大量省下炼厂与新建乙烯厂之间的多种管道、线路，既省总投资又省运营生产费用。理由是充分而有说服力的，因此得到一些同志的支持。

但茂名公司不同意，他们坚持其发展至 100 万吨/年乙烯的远大前景，要新辟场地。且已选择约 30 公里以外的一片场地，名叫“飞机岑”。承担设计的化工部设计院（以后称为北京石化设计院、石化工程公司等，即有名的 BPEC）积极支持茂名公司意见，在厂址选择中明确推荐飞机岑场地，主要理由是便于进一步发展。至于经济比较则认为新选场地的投资仅略高于利用原有厂区，而且认为建在现有厂区既必须拆除大量现有建筑，又明显拥挤，无发展余地。我与规划院部分同志再去现场，作出总平面布置。将拟建的页岩电站布置在厂区附近新征场地上，留出炼油部分扩大到 800~1000 万吨/年规模（加建蒸馏、催化裂化等），又将一部分油罐安排在紧靠厂区、最初生产时临时堆放废页岩的舍场上。最后这一条是大胆的建议。但不久后，沿海炼厂都在冲填出来的软弱地基上建设大型油罐（达 10 万吨级），因此我始终认为是可行的。而建设页岩电站的意见，得到负责电工的梁恩大力支持，又得到北京院及总公司工程部一些同志支持，还得到李人俊（当时已不担任董事长，是顾问委员会首席顾问或主任）的支持，因为可以维持一个庞大的露天矿并利用已建成的电气铁路运输系统。但茂名公司仍坚持选择飞机岑场地！说了些缺乏根据的理由不管用，终于找出一条理由：拖长建设周期。其实这个理由全在茂名公司的安排，拆迁几千平方的平房及相应的物资等，下决心，组织好，也不过最多三个月时间。相反，拖拖拉拉搞上一两年也完全可能。总之弹性极大。偏偏石化总公司领导人就信这个理由，厂址决定在几十公里外的新址。表面上，国际工程咨询公司还肯定这种所谓选址比较。我对该公司就更不想多介入了。

二是投资效益。我最后参加该项目的可行性研究的审查。石化总公司对设计方案审定。厂址虽还提出来对比，已纯属走过场。其中，对投资总额我曾坚持应予削减，否则今后的经济效益将难以保证。在领导们听取汇报时，我仍力主自己的方案，并强调按估算，投资大、新辟场地费时间长、新增人员多，必将影响工程效益。但因总公司计划、工程以至财务部门实际都倾向于开拓，各方面争论又比较激烈，与我持相同观点的人仍是少数派，甚至有人寄希望于今后产品售价会上升。我曾作过估算（我们院技术经济人员具体进行，邱为负责此项工作），投资 100 亿元人民币大体是个临界点，超过该数则效益肯定不佳。总体设计的概算也就在 100 亿元左右，但其中明显有估计不足之处。总公司领导率大批人员到茂名审批该总体设计时，我与我院技术经济部门同时指明这一点。在最后一次全体会议上，总公司领导与茂名公司基本建设项目总负责人有一段精彩“对话”（在大会上）：

总公司领导：“你能保证投资不超过 100 亿吗?”

茂名公司经理："保证，保证，绝不超过。"

"超过了效益就不好了，你知道吗？"

"当然知道。"

"就是 100 个亿了，你能保证保质保量如期完成吗？"

"能，一定能。"

"那好，就这样决定了，超过了效益不好，你去跳海！"

"对，有问题我去跳海。"

于是审批会圆满结束，盛宴一次。然后将总公司及计委等部门参加会议的人员一起送到广州。其他人在珠江三角洲包括深圳等地停留、参观，我决定立即乘飞机回京。茂名经理单独请我第二天早上吃早茶，就我们两个，说起昨天跳海的谈话。

我说："100 亿元投资，照我看是下不来的。"

茂名公司经理："那就到时候再说了。"

我问："你不是讲超过了就去跳海吗？"

他大笑道："谁会跳海？！要跳海，轮得上我吗？"

昨天的精彩对话，如此画龙点睛，我也只有苦笑一声。这就是很有代表性的一项重大投资的决策过程。

茂名乙烯项目已在前几年建成投产，运行较正常，中央、地方以及中国石化报都曾作为一件大事报道与宣传。茂名乙烯实际总投资约 140 亿元之多，均由总公司工程部几次负责调整概算通过支付，而"调概"时从来不问投资效益这个问题。产品价格却受国际市场竞争而下降不少，茂名项目所承担的债务哪年哪月能清偿，已成为未知数。茂名公司长期亏损，无人追究。以后广州小乙烯（广石化）无法还债，国务院与广东省协商决定，交给茂名公司经营管理，条件是原先的债务继续归广东省处理。至少在一段时间内，广石化（不包括裂解及后继加工装置）仍可赢利。小乙烯部分免除债务利息包袱后也可不亏，债务如何处理则不知其详，反正广石化小乙烯的投资不是由企业利润返还的。茂名加上广州小乙烯，也是将债务改为股本。原来银行部分持股，在账面上广石化与茂名两家企业就都“扭亏为盈”。在关税等保护的情况下，股东，包括有关银行虽难以获得红利，仅可取得若干股息，银行在账面上也清除了不良贷款。就实质言，总计200亿以上的投资何日收回，就难以追究清楚。我国经济情况埋伏着的隐患，恐怕将长期掩盖下去，不是短期所能解决，于此可见一斑。

茂名公司经理在工程接近完工时调离，仍然当官，现已光荣退休。确实没有人跳海，设计院效益很好，奖金很高，施工单位大小都发了点财。

## 发展模式与生产规模：大乙烯、小乙烯

至于大乙烯、小乙烯的讨论，离开经济效益与技术的先进也就没有意义。从1989年至1995年六七年间，我国没有建成确有效益的石化工业龙头，即原料烯烃的生产企业，决策部门难辞其咎。

关于发展乙烯生产，20世纪最后十年中，中石化提出的想法是扩大已有装置的能力。总的称之为技术改造、扩能，避免新建。

此时，国际乙烯裂解发展迅速，规模经济已达45~60万吨/年，更大的90~100万吨/年的也在筹划之中。中东产油国特别是沙特阿拉伯与国际大石化公司合作，利用廉价的优质原料（乙烷及LNG），建设一批60~90万吨/年的裂解及后续装置。东南亚包括新加坡、马来西亚、泰国都建设一批石化企业。东北亚韩国、我国台湾省都在乙烯生产能力方面有大幅

度增长。尽管以后引发东南亚经济危机，石化行业也受到打击，若干项目被推迟，但总的增产势头仍颇强。上述项目中，不少是外向型的。产品出口的目标，则往往集中于中国市场。港、台商人以中小投资享受优惠与利用国内廉价劳动力，一些劳动密集型的轻、纺业发展颇快，对石化原料的需求随之迅速上升。国内产量不足，品种、质量（规格）更远不及国外相应产品，进口商品数量与用汇日益增加，石化产品自给率连续下降。中石化处于极好的需求旺盛环境，而决策失误，搞一批小乙烯，几乎建一个亏一个，茂名建套30万吨乙烯，又大肆铺张，新辟场地，投资巨大而效益低下，走入无法摆脱的困境，以缺乏资金、技术为借口，似乎找不到出路。

其实出路是现成的。北京可以建设东方化工厂一套小乙烯，原料全靠燕山供应。如果在燕山乙烯基础上改、扩建，加大技术改造力度，不就可以很大程度上提高效益吗?！有关工程技术人员反复提出意见与具体方案，却未得采纳。照样有个别设计院为东方化工厂编写项建书、可行性研究等，并说明有效益。其实，只是一部分设计、施工单位，供应采购部门及少数管理人员得到效益，国家则是绝大浪费。

中石化领导人终于不得不接受就地改、扩建的意见。其中，朱镕基主管这方面工作后的决策起了重大作用。此外，炼油—石化一体化的优点，也获得普遍认同。但国产原油不足。1994年以后，过早地使中国变成石油纯进口国，而中石油一直援引一亿吨原油包干以来的做法，保持一定的原油出口，中石化不得不逐渐增加进口原油使用量。但全国炼厂除茂名厂外，都不能适应加工含硫原油，只能使用印度尼西亚马纳斯原油与阿曼等出口的低硫、价高的原油。于是从20世纪90年代中期开始，中石化不得不提出，建设含硫原油加工基地与炼油、化工一体化，就地改扩建的策略。我个人自然也积极同意。

不过，就执行情况说，又大受部门、地区分割与习惯性的平均主义的干扰。例如一说加工进口油，各地都力争在当地建港口码头；一说改、扩建，大大小小的乙烯厂都要干！而且更具体讲，是扩重于改。前一点我曾卷入。第二点，我又主张集中力量，不要在小乙烯项目上花钱，尤其主张改重于扩。我曾经多次讲：小乙烯按本身力量，花千把万元搞点修修补补不是不可以，切不要成亿地投资。后来又说，再投入资金也仍是不良资产。无奈总公司从盛华仁以至后来的李毅中都难拒绝各地方主管的要求。总公司各有关部又都“却不过有关同志的情面”，小乙烯改扩建，两三亿以至三四亿的投资随手一笔就列入计划。

关于集中使用力量，更遭反对。我提出按先后将 30 万吨乙烯逐一改为至少 60 万吨，总公司却决定，第一轮改造一律改为 40~45 万吨。尤其许多人舍不得坛坛罐罐。我争论说：工业设备都有技术寿命，落后的必须放弃，甚至说：过去穿衣服讲新三年、旧三年、缝缝补补又三年的时代已经大部分被废弃了，10 年以至 20 年一贯制在工业上绝不能再继续下去。又说：如果不在整体上进行技术改造，新扩建部分（占 1/3）的效益被原有的落后水平（占 2/3）大大冲淡，就必然仍缺竞争能力。若不按国际水平切实提高水平，产品成本远高于国际水平，总是难以持久的。那时候世界贸易组织（WTO）还未建立，我国争取参加的还是关贸总协定(GATT)。我还仅仅认识到高额关税的保护不可能长久维持，认识不到高额关税还引起大量大规模走私问题。其实后一种危害造成的不良结果很快就显示出来，大量走私不仅打击中石化的经济效益，更败坏了大批官员，一窝一窝的腐败、烂掉。

必须承认，改扩建总比新建东方化工厂那种愚蠢行为较好，改建的技术含量不够高，也总是有的。工程技术人员也都尽心尽力做了大量工作。到20世纪末，除了已经协议与外国公司合作的如扬子公司与德国巴斯夫合建扬—巴一体化之外，其余如燕山、上海金山、齐鲁、大庆等几套30万吨乙烯都已经过两轮改造改扩为45万吨左右规模。20世纪末以来，第三轮改造启动，目前燕山已达70万吨，其余也将在2005年前达到70万吨左右规模。而国际上如加拿大与沙特新建乙烯项目，已有100万吨/年规模了。

在这一段中提到的小乙烯项目，除盘锦一套还有一定效益外，其余的都已经成为包袱。1998年7月初《经济参考报》登载了“广州第一项目陷入困境”的调查报告，讲广州15万吨/年乙烯项目，投资达80亿，建成后就搁浅，生产一吨就赔一吨。如不生产，债务如何办，人员如何办，设备等等如何办？

20世纪90年代中后期，总公司的董事会解散了，技术顾问委员会也取消了。总公司多数时间处于比较困难的局面：借外债（日元）建起来的企业进入还贷高峰，人民币大幅度贬值而日元偏又大幅升值，企业效益急剧恶化。全国国有企业大都陷入困境。而石化行业投资决策失误，突出的是兴建几个12万吨/年左右的小乙烯。这样的决策甚至不是总经理本人意愿而属于更高一级表示支持的。加之发生1989年的“六四事件”，正在进行或拟议的中外合资项目绝大多数停顿或撤销。中石化的发展曾陷于缺资金、缺技术、缺资源，总经理在讲话中也曾不止一次引用这些提法。

从1988到1998年，十年期内全国乙烯生产能力提高，但大多数时间都比较困难。在其后期，不仅小型企业，突出的是小乙烯出现亏损，连有些大企业也有亏损，突出的如抚顺公司。总公司两次更换该公司经理，又几次派小组人员去协助，主要人员都是技术人员，我自己两次参加。而该公司的根本问题不是工艺技术，这些专家们提出若干建议也不可能扭转局面。中石化属下企业既有明亏的，也有暗亏的。抚顺公司曾有至少两年出现年度的“零利润”，这因为辽宁省委尤其是抚顺市委坚决不允许该公司账面上出现亏损，而抚顺公司又决不肯承认盈利（有盈利时要上缴所得税、向职工发奖金，该公司无法应付）。中石化总公司的年度报告也不免是做账做出来的。

我无意责难任何一位领导同志，但客观事实也不能抹杀。

## 利用外资项目

有许多事，明明正确也得不到支持，最大一件是计算“纯现值”用的“标准拆息”。英国伦敦银行之间隔夜调用资金有个拆息，通常投资回报率应在拆息之上150%（拆息是100，投资回报应在250%以上才行）。开始中石化定为12%，当时银行间拆息最高时不过7%~8%，到拆息已本身超过12%，投资的现金流量还照12%计算，明明亏本不可能有人投资，苏亿民[①]受总经理指示坚持12%不改，反正中国的官办银行有巨大坏账嘛，再增加若干亿元也无所谓。

还有件事，即关于固定收益率之争。表面上是我与苏亿民之争，其实是与中石化领导人之争。依我知道，外国人对投资的收益率是活动的，按银根紧的程度而高低，也就是投资是否宽松的指标，通常是伦敦银行间隔夜拆借利率（LIBGR）的倍数（例如1.5倍）。中国有较长时间实际上是负利率，谁得到一笔银行贷款，转眼之间就是百万富翁，然后携款逃向国

① 时任中石化规划院（咨询公司）院长。——朱小鸽注

外者颇有人在。我主张浮动收益率，并提高收益率。苏亿民认为固定在12%是合理的，否则无法吸收民间资金。我认为，石化项目大，一般都是国家投资，或国外投资，结论不过是利益归于国外，压低收益率，无非先期出让国家利益。这样简单的事，苏亿民与中石化领导人、财务处长，无人不懂，偏偏坚持不让。我无法理解，也无法执行，我在中石化也就渐渐无事可干了！

我在中石化经济技术研究院之前，不管单位用什么名称，我都曾参与运用外资的项目，在我参与之时，没一个成功，以后别人参加却成功了！其中涉及其他理由颇多，而如何计算内部收益率也是一小部分理由，中石化的人往往不考虑能否还款给投资银行。

## 福建炼厂不使用西班牙政府贷款

福建省希望建一炼厂由来已久。“文革”前因地处对台（湾）前线，根本谈不上。拨乱反正，以建设为中心了，而且浙江省建设镇海炼厂，广东省除茂名外又建广州石化厂，福建省更加迫不及待了。好不容易立项、选址了，而北京院三次派人选厂址竟然未能找出个合理的厂址。北京设计院任命的工厂设计师是王玉翠。最后选定一个厂址，临近一个军用飞机场。地方上认为该机场已废弃不用，但驻省部队提出不同意见，因上级还没有明确废弃，因此虽不直接反对所选厂址，却提出如果建厂，建筑物的高度不得超过多少米，等于否定了那个厂址。

国务院当时赵紫阳主政，争取到西班牙一笔政府贷款，贷款条件优越，低利率、偿还期长，还可适当延长，但必须由西班牙方面承担工程设计、设备采购等。当时总之被认为是一大优越条件。福建省花了一番心血，一方面找到赵紫阳，一方面找到著名印度尼西亚华侨林老板。国务院终于同意通过林老板利用西班牙政府贷款来建福建厂。计委与国务院特别照顾福建省，西班牙首相访华时，与赵紫阳签订政府贷款协议，一共四个项目，就将炼厂项目列入其中。福建省自觉技术力量不足，当时国家计委派出蔡宁林司长，经中组部任命为福建省副省长，主管基本建设。他通过老上级李人俊要求中石化派一位专家去当该项目的技术顾问。也不清楚谁提名的，我被派去任此职。福建省政府送来聘书，聘我为省府技术顾问，参加一应谈判、考察之类。北京院仍以王玉翠为工厂设计师，不过请副总工程师李昌毂直接负责。最终石化规划院参与此事。原北京院工作人员王文泰那时担任湄洲湾附近的副县长，推荐湄洲湾厂址，并计划开发湄洲湾为一个大型工业基地。我参与此事并选定了厂址。

林老板大名林绍良，是老一辈华侨中发迹的一个。他本人在香港的办公室就极豪华，而本人穿着、饮食等方面一贯俭朴，从不讳言他当年是光脚板离开故乡的。福建省委中有一位书记程序，是他小同乡，林老板对程序书记十分尊重，称为姑丈，凡见面执礼甚恭，总之是传统老习惯等还都很讲究的。林老板有钱了，倒不忘乡情，数次回乡，独资捐赠学校一所、医务所一处、幼儿园一所等。

省委程序书记提出兴建炼油厂一事，林老板慨允鼎力协助，并且表示可以从中大力帮助，取得西班牙优惠的政府贷款。林绍良对福建的贡献也想通过这条途径，只是表明他们在中间不取报酬，不分一份好处。事情显得极其顺利。

我查阅资料，证实西班牙炼油工业水平一般，有几个炼厂都不大，其工程公司在西班牙内战结束后才在联合国教科文组织帮助下组建起来，并无援外工程的业绩。他们想向中国成套出口炼油厂，类似于当年罗马尼亚向中国成套出售润滑油装置，除经济利益外，有想获得政治上的好处与声名，我方不能示弱，必须力争我方的权益。

我与北京院一批人（李昌毂领队，王玉翠是几赴福建的工厂设计师）到福州，见蔡宁林副省长与沈着副厅长（省建委副主任，主管该项目），立即说明我的意见，蔡、沈两位都很同意，并决定北京院一定要从头参加可行性研究等前期工作与以后的工程设计与设备采购。又见过程序书记与林二老板，商定去香港会见林老板。一行人的出国手续由省里很快办妥，带队人是程序书记。

林老板与他的三公子热忱接待。这位三公子是林老板选定的接班人，已取得美国 MBA 一类的学位，年轻精干。省里与林家都把我看成是中石化的代表，很客气。他们表示不懂炼油技术，要我全力帮助。林老板的家风，子弟们一概严禁烟酒，更不允许纳妾，还必须尊敬老人、尊重乡亲。三公子坦率地说，炼油能力在国际上已饱和，利润率不高，作为投资人不会投资于此，但此事是他父亲决定的，他必须全力遵办。由此，我学到一点经济学上的常识，投资人选择投资对象，其利润率不低于英国伦敦银行间拆借资金利率（LIBOR）的 150%，一般应在 150%以上。国内当时评价项目经济性所取的基本贴现率为 12%，在当时国际利率普遍较高的背景下，定得过低。何况有些项目还明明达不到要求，因此项目建成后效益不佳就是先天注定了的。

然后在福州与西班牙一个设计、工程公司的人以及 UOP 的代表 Brono 见面，西班牙人最先要求连设计在内一揽子总承包，我一口拒绝，“吹”了一通北京设计院的设计力量与中石化施工队伍的力量。看来西班牙人也早有准备，不过虚晃一枪，实质上是打算在设计工作方面占有一定地位，而乐得利用我国廉价的设计力量。他们坚持的一点是，可行性研究与初步设计必须由西班牙有关机构评价才能获得贷款，并因此引申必须有西班牙工程公司出面，明显是要从中分肥。省建委专门与外经贸部、中技公司等联系，认为取得西班牙政府优惠贷款不能不那样办，剩下就只有努力争取中方北京院及以后施工单位最大限度地实际参加。换句话说，肥肉只能给他们吃。这我就没办法了，省里更是早已打算让步的。不过我针锋相对地提出，项目的可行性研究与初步设计同样必须经中方有关部门审批，这同样是有中方的明文规定，不能不办的，因此中方必须从头参与，与对方合作完成。最后商定由中方派人到西班牙去共同完成，报告由双方签署。因为外国人来华费用大，而省里与北京院的人都希望出国，所以只有到对方办公室去，让对方明显占有优势，吃够肥肉。

关于工艺生产方案，由中方提出一定要求如汽油/柴油率范围等，以胜利原油为基础，由 UOP 公司研究提出，再经中、西双方审定，中方负责送出油样供 UOP 化验，这方面分歧不大，容易取得一致。设备分交（中方自制还是进口）尽量多用国产品，对方也同意。

贷款数额及条款两国政府已有原则性协议，仅须谈一些具体问题。西班牙人表示数额可以突破，由他们负责向西班牙政府沟通。很明显，贷款越多，这些人的分肥越大。

于是我坚持要求 UOP 与西班牙工程公司提出初步报价。两家外国公司开始都不同意，省里有些人似乎认为为时过早，也不积极。我说服沈着主任，不能心中无数，外国人也不得不作一定让步，最后则提出一个不受约束的估计，并承诺两家在进行一定工作后，限期提出报价。

省里希望，中石化投资一部分，省设计院、工程公司也参加有关工作，以北京院及中石化的施工队伍为主。我请省里提出初步的具体建议以便向总公司汇报。

第一阶段的工作，似乎各方面都还满意。回京汇报，中石化盛怀仁没意见，我写一份专门报告送给李人俊。汇报及报告中都提出，西班牙方面层层分肥，要谨防总投资过高。这一点当然也向省领导汇报过。

于是福建省赶办各种手续准备组团出国，由程序带队，沈着为副，中技公司派王总工程师及一位译员，北京院有李昌彀、王玉翠及冯刚明等，当然我也参加。在香港再次与林老板，二老板、三公子以及UOP、西班牙方面的人会晤，商谈的都是具体细节如北京院人员在西班牙的安排，以及UOP、西班牙工程公司的工作进度与配合协调。这些事情上我较有经验，大体上都是由我协调各方意见后取得一致。

林老板对于我方必须参加前期设计、采购等工作的意见（由沈着提出，我作些补充，沈着特别加上了省的设计、施工、采购等机构）很支持，认为中国人应该有此志气。想必他已了解我的背景状况，特别说起中央政府关心福建，派我前往协助工作，表示感谢，又在会谈与宴会之间，与我聊了一阵，表示他手下就缺一个精通具体业务的总工程师云云，说过“今后能否到印度尼西亚去工作一段时间”，我自然谢绝。

接下来由林二老板陪同一行人马经法国巴黎到西班牙马德里。此行实实在在让我开了眼界。不仅是罗浮宫、圣母院、凯旋门、巴黎铁塔、西班牙斗牛与出色的西班牙风情舞，让我吃惊的倒是现代富人家的奢华。而与此成对比，马德里街上窃盗横行，我们短暂停留中就遭遇或亲见三次。

在马德里的工作主要是我代表中方发言与安排，向程序、沈着汇报，与李昌彀、王玉翠商量。程序是老干部，不管细节，沈着原籍江浙一带，很精明能干，了解掌握情况很快，主要代表省里表态的是他。工作时间约20天。在与西班牙工程公司的谈判中，由于我方意见一致，北京院各专业同志毫不示弱，对方承认遇上了强劲的对手。他们在各种具体问题上基本上都接受我方意见，唯一不肯松口的是工程概算估计，总讲必须在初步谈判结束进行一定工作后才能有所估算。让他们讲讲西班牙当地类似工程的概算，他们也不愿讲什么具体数额，只用一般性例如 Oil & Gas Journal 上公开的指标，讲些笼统不着边际的数字，我们也没好办法。沈着认为只好等些时候再谈。我们留下北京院几个专业同志由王玉翠带队，其余人就撤回了。

西班牙工程公司与北京院部分人员大体完成可研报告，作出投资概算后派一组人来福建商谈进一步工作。最后一步就是在福州与 UOP 及西班牙方面谈价格了。

与 UOP 的人比较好谈，UOP 是有名的要价高而质量较好的，关键问题涉及个别工艺过程是否可不用 UOP 专利，例如延迟焦化，争论结果，UOP 有所让步，大体上可以达成协议，就看西班牙总包价格如何了。

20世纪80年代朱康福(签字者右一,背面)与外商谈判签字

关键则在于具体报价。省里专请中技公司王总工程师到福州来把关进行评价。我看到报价后也大致估算过，北京院冯刚明等同志也表示了看法，一致认为报价高得出奇；王总把已有准备的各项价格与已经签订合同的类似项目的对比摊出来，给沈着与我交底。大体上算起来，西班牙报价几乎高出常规近 50%。林二老板也到福州。他以含蓄的说法解释，实质上讲明西班牙政府及有关银行、工程公司以至某几个主要设备制造商是串通一气的。西班牙政府贷款条件的确优越，但过程中每一道手续上都必须分享实际利益，这些费用都加入报价中。他们甚至准备了给林氏集团与中方人员的好处，一起加入报价。林老板明确不要好处，也知道中方政府部门不会收取额外报酬，因此报价可以下降，但触及对方利益的部分恐难以让步。

再次谈判，沈着先绷着脸讲了一通，我翻译，对方一听也就紧张起来，但要求我方讲得具体些。我点了一两个例子，说他们的报价几乎高了 50%，这个一半我还清楚记得的，对方就“毛了”。内部用西班牙语商量了几句，暂时中止谈判。我们则向蔡宁林副省长作了汇报。这位蔡省长比沈着还激动，马上表示这可不行。但事关两国政府协议，而且赵紫阳即将出访西班牙，外交、外贸两部还打算在访问期间签订炼厂贷款的正式合同作为重大成果。因此商定蔡马上与省长等碰头，向程序作解释，我们则与对方继续谈判。

看来西班牙人也不想一下子放弃捞钱的机会，再次谈判开始气氛还较好，在我方表示报价太高后，对方立即同意适当降低，并要求我方讲个数额。我方不提任何数额后，对方表示降价 10%左右，王总认为价格超高约 50%，目前我方不能还价。我们只咬定对方的报价难以作为谈判的基础。如此对峙了两三天几经反复，对方又下降总数的 5%左右，并表示不可能再降，并要求我方无论如何也要说个额度。经我方人员商议后由我表态，至少还须下降30%，即合计下降45%。对方认为绝对不可能，但又透露一句话，如按美元折价，则可能再下降30%，显然对方认为西班牙货币仍将走软。

连夜商量算账，关键在西班牙货币是否以一定速率连续贬值。对方中间人都是在正式合同签订后不久，在设计、订货与付出贷款的过程中直接取得好处，汇率风险不大。我方则在规定期限后按优惠利率计息偿还；如对方货币贬值，幅度越大我方越有利，林氏集团向西班牙贷款时正值这种情况而大获其利；到我们贷款及偿还之时，形势上已大有改观，西班牙比索已比较稳定，看不出有连续贬值的苗头，而报价实际上仍高出常规20%有余，按币值稳定的条件算账，炼厂投产后将难以如期还本付息，背上沉重的债务而肯定效益不好。

我个人认为按美元结算未必一定吃亏，只要总额能真正下降共约45%则可以考虑，于是我方人员一起向蔡宁林副省长汇报。蔡认为以美元结算的方式国内不会同意，而西班牙报价仅下降15%又不能接受，事情就无法进行下去。

当时赵紫阳总理已确定出访西班牙的日期，外贸、外交两部都密切注意此事。蔡宁林省长与程序书记两人都不能决策，于是召开省委、省长联席会议专题讨论，沈着与我奉命列席作补充说明。我大体讲三点：一是贷款确实很优惠，但报价太高，已经下降15%的条件下，据中技公司王总工程师估算仍高出国际市价约35%；二是计委只承诺国内平价原油供应不超过150万吨，炼厂或者开工不足或者必须加工高价与进口原油，按对方报价估算炼厂将没有效益，甚至在预定期限无法归还贷款而将长期负债；三、在上述情况下，唯一可行的办法是国内自筹资金，自己设计、采购与建设（当时还保持一定的拨款办法，即无息投资），同时继续争取逐年增加国内平价原油供应量，至少应达200万吨/年。省委第一书记与省长有点为难，蔡宁林补充汇报，说了一句名言：原想西班牙政府送来一块蛋糕，不料蛋糕吃不上，不要反而赔了窝窝头。省长胡平表态同意蔡的意见，宁愿不要贷款，其他领导人问过一些问题，又惋惜地讲炼厂盼望了许多年，满以为有个结果了，却又落了空。为此，胡平、蔡宁林以及沈着都说要向中央争取保留项目，另筹资金自己搞。这本也是我的想法。由此，会议决定若报价不能较大幅度下降就不再使用这笔贷款。

与对方最后谈判其实是准备送客，我方提出仍以西班牙货币结算，在已降约10%的基础上再压价25%。对方不能接受，也不再主动降价，于是宴会送客。鉴于对方不肯再降价，省政府正式上报国务院。省里还花了一番时间向林家二老板作解释，专门到北京向外经贸部详细解释等。据说外经贸部的某些人曾经讲过“不要这种政府优惠贷款的项目，还是第一次碰到”，省里则沿用“吃不着蛋糕还赔了窝窝头”的事不能干为解答。最后是将一个数额远远较小的辽宁省一个水泥厂项目顶替，让赵紫阳出访时好歹签订了合同。

西班牙报价过高的事，在对方尚未到福建时就向林氏集团打了招呼。林家三公子有一次很坦诚地对我和沈着两人讲过一番话。他知道国际上新建炼厂的回报率是很低的，他说：作为投资者来说，决不会选炼油厂这种项目，是老爷子（指林绍良）决心要为家乡办点事，他就绝不能说不干，而且绝不打算赚钱，只希望能保住老本，如果老本保不住就不好说了。捐献一笔钱办一所学校之类完全可以干，但名为投资而收不回老本甚至长期背上债务，就不好说了。他既有这种思想，此事办不成也就没有太大意见。

事实上西班牙货币并未大幅度贬值，我实事求是地提出看法与意见，于心自安。回京汇报，中石化领导以及李人俊也没什么意见。也就是那时候，总经理问过我“借日元还是借美元为好”，我表示日元恐怕会升值。但中石化还是借了日元，因而债务上升，像大庆乙烯等项目长年背了包袱。当然我对国际汇率这种事并无任何研究，只是那一阵子注意了一些报刊上公开的资料数据，直觉认为日元要升值，不幸而言中罢了。但中石化的损失极大，那时日元对美元接近200∶1，而我们还贷时已升至180∶1，以后还一路攀升到110∶1加上利息，大体相当于多还一倍的钱。

当时，北京院参加内部讨论时意见完全一致。想不到事隔20余年，有一次会议上王玉翠旧事重提认为错过了机会。我并未置辩，心里却不快。到底如何，让别人评说吧！此事最终结果是福建省自筹资金加上国内贷款设计建成该厂。在建设过程中，咨询公司副院长李子凡同意省里一种建议，将码头的水工结构由10万吨级提高至15万吨级，我也积极赞成。如今该厂有加工一定进口含硫原油的能力，省里还在不断考虑建设乙烯联合装置的可能［福建炼厂于1982年完成厦门炼厂可研报告。1985年3月开始研究利用西班牙贷款建厂。1987年12月计委重新批准项建书。1992年9月建成投产（改为国内自建）］。

## 韩国大宇集团乙烯项目

我直接参与的第二个大型对外合资项目是韩国大宇公司打算在华投资合建30万吨/年乙烯。是大宇集团找上门来的。从1987年底开始而至于1989年“六四事件”之后，不成功的主要理由还属于政治问题，没有深入到技术经济谈判就中止了。

大宇集团公司大老板金宇中也是朝鲜战争后白手起家的大企业主。此人可谓胸有大志，据所派来华的一位留美归国的朴博士说，那时韩国几家大公司都有意发展石化企业，而各有不同的策略。一派倾向于与日本合作，一派完全倾向美国大公司，只有金宇中认为广大市场在中国而一心想与中国合资、合作。尽管中韩当时尚未建交，他认为形势所趋，那仅是时间问题，而且认为即将很快实现，所以一心想率先进入中国，获得优势竞争地位。

当时中韩尚未建交，又涉及与朝鲜的关系，对韩国的贸易就颇小心，合作、合资的大项目更加审慎，指定国务委员谷牧负责处理。谷牧认为不应简单拒绝，通知中石化准备并指定相应人员接待。大宇公司原希望国务院有一位负责人出面，中方认为大宇公司是想捞取政治资本，表示前期工作由双方技术人员商讨为好！中石化盛华仁找咨询公司苏亿民院长商量，苏亿民要我一起去，我就自告奋勇说可以承担此事。我几次向邵祖光、苏亿民讲过，遇到他们不便出面而又须有一定背景的人物出场，我可以干这种事。因为论资历，我出面时对方，包括所属各企业不能说不重视，而我又不承担行政职务，我的意见和讲话，以后可以算数也可以不算数，回旋余地大得很。当盛华仁的面，我也这样讲了。盛华仁当场决定由苏亿民出面接待，而由我全程陪同。

大宇公司派来三个人，为首的是一位姓朴的留美博士，不是大宇公司任何机构的负责人，却是金老板特派的代表，他带有金宇中亲笔写的“授权代表函件”。朴博士一行人，第一次来的目的是希望中方同意他们访问几个推荐的厂址，其实他们的意向是天津、北京、南京扬子与山东。

对北京燕山，他们实无兴趣，认为场地已无发展余地，整个地址都不合适。实际如此，我也不推荐，让他们看看，目的让他们知道中国设计、制造与建设的能力与水平。天津有大片沿海的盐碱荒滩可用，但缺深水港，依托条件（指公用工程）也差，他们倒是仔细踏勘与问询有关建设事项，重点在公用工程。天津市当局则表示在用地及所得税方面可给予特殊优惠。先后停留三天，韩方始终没有表态，只说还要了解其他地方。

中石化总公司有意推荐扬子公司。该公司最初规划是建两套30万吨/年的乙烯装置，后来只建了一套，有场地也有富余的公用工程能力。在公用工程安排中许多地方仍按两套考虑，现成的潜力可以利用；另外在总平面布置中，本来也考虑第二套裂解装置及几个配套装置的场地，尽管有些场地那时已被局部占用，但都是些非生产性的建筑物甚至是临时房屋，拆迁也不费事。估计韩方事前也有情报，有意先看其他场地而最后才去扬子。朴博士看过后似乎满心欢喜，扬子公司领导人也一心利用外资把第二套乙烯搞上去。双方虽都未明言，其实意图是一致的，双方都很积极，配合也好。因此，我这全程陪同也很省心、省劲。看过扬子场地，朴博士实际上已在考虑未来的总体布置以及与扬子公司如何划界。他的意图很清楚，这是朴博士本性老实，不像某些日本人狡猾。在扬子公司追问下，他竟然讲他本人觉得可以，但还须由大宇公司专职人员再来考察才好决定。对此，扬子公司有点“喜出望外”。我根据自己经验，当然知道扬子存在的优势，其实也看到了一些缺点与问题，曾明确将若干问题提醒朴博士注意。扬子有一位负责人还不太高兴，我特地作了解释：因为优点明显，这些问题不会影响决策，而问题所在及早提出，既表明我们的诚意，也有利于今后进一步谈判中我方主动提出相应的条件。原中石化副总经理张万欣的哥哥是扬子的总工程师，他欣赏我的看法与意见。比较满意的是朴博士，事后专门向我表示感谢，还讲他自己在这些方面经验与知识不足，很希望今后能多多得到我的指导与帮助云云。

返京后，朴博士明确表态，初步选中扬子，须由大宇总公司工程部再派一组专家来现场深入了解后才作定论。回京汇报，盛华仁对韩国的积极性有了较深刻的印象，并认为如能乘此机会把扬子二期工程搞上去确是很好的事，中石化并无不同意见。因此明确表示欢迎大宇进一步派人来踏勘，圆满而别。

大宇工程部小组共4人，各有专业，仍由朴博士率领，我也再次全程陪同。他们只先看了天津的场地就一头扎进扬子，先后三天，了解得很仔细，最后表示很满意。事情似乎能相当顺利地开展了。

回到北京，韩方表示大体可以确定。大宇向外经贸部提出：金老板打算亲自正式来华访问，要求能有政府高级官员出面接见；同时邀请中方高级官员带团访韩，以详细了解大宇集团的资信及经营情况。这一下，就引入了政治问题。

外交部认为其中包含韩方的政治企图，而我方还须考虑朝鲜方面的反应，朝鲜是极其反对我方与韩国建立外交关系的。记得当时对韩贸易与合作，中央由谷牧主管。中石化向谷牧请示，谷牧的决定是可由中石化出面，派团组去访问，见到金老板谈谈再说，并说明中石化是国务院部级。

不久，大宇集团发出邀请，盛华仁向谷牧请示后，决定苏亿民带队派个小组，我也参加。对方曾特别提出希望我能参加该小组，另外还有计划部、工程部、国际事业公司的人。最后中石化通过驻日本使馆送出名单，以便韩方办理入境签证等手续。

去韩时，大宇公司隆重接待，只是入境时发生过一点小啰嗦。因为韩国办事人员包括入境签证处的不认识我国的“简体字”，竟然无法肯定“苏亿民”就是“蘇億民”，韩方签证人找我用英语核实并用电话联系后，一行人才办妥手续，是最后一批入境的。

中石化派苏亿民带队，其实等于有意降低规格、级别，与大宇老板的期望有明显差距。大宇老板倒照样接见、宴请。他安排参观了浦项一个岛上的造船厂，瞭望一下浦项钢厂，我们又参观了大宇汽车公司的一小部分、一个小型石化企业，当然还有大宇公司本部，印象相当深刻。

韩国本是国小民贫，由美、日扶植，在建设发展过程中吸收许多美国人的意见，又下工夫深入探讨日本与我国台湾省的经验教训。决策的基本点是充分利用外国资金及优质资源，从头平地搞起大型先进的重工业基地（我国台湾则由许多中、小企业，从轻纺及运输方面起家的）。大宇公司在浦项的钢铁、造船与机械制造，建在一个小岛上，利用其优良的深水港，输入南美优质铁矿砂、澳大利亚优质炼焦煤，技术及设备采用德国、日本的最新成果。管理上既吸收日本经验，据说也揉进去中国的鞍钢宪法与大庆经验的成分，依托钢铁厂又建造发展造船业、汽车业等。

最新技术与规模经济这些生产要素，系列性发展——炼钢用于造船与汽车，带动机械制造再进而计划搞重化工（包括石化），形成超大型集团。当然金老板的发迹离不开与政府中人物的关系，才获得支持、贷款、担保以及其他优惠，而后面这些条件，在咱们中国都是名正言顺、政府可以轻而易举地实施的；但上上下下缺乏宏观概念，口头上喊“两种资源，两个市场”等，实际上缺乏必要的具体措施。而个别大型项目实施过程中，又自有一些部门、地方热衷于眼前局部利益、分享好处、竞相出国等，投资失控，效益下降，甚至债务沉重、多少年还不清。当然，韩国在朝鲜战争后是美国、日本扶持之下获得必要的起始资本及其他有利条件，是中国所不具备的；国家小，事情好办得多，然而还有许多值得借鉴学习的地方。但是我们这个小组，没有这方面的任务。

金老板办公室极豪华，总部大楼也十分抢眼，在大楼内设宴招待。苏亿民是东北人，称赞朝鲜小菜，金老板即着人端来一坛泡菜。说是专门为老板泡制的，当场启封取出待客，自言不忘根本、始终爱吃老家的泡菜云云。双方对合作、合营都表示了良好的意向，金老板再次表示了自己的访华意向，苏亿民不敢应承，只是“一定回去详细汇报”。

我们回国后，韩方积极通过正式渠道希望中方邀请，并计较什么人出面的问题。1989 年后，事情急转而停。之后，大宇还派朴博士最后来华一次，探索有无继续的可能。我方反应冷淡，中石化只让苏亿民与他谈过一下，已完全是敷衍。朴博士只由我出面接待。朴博士与我在汽车中诉说：中国错失这个机会很可惜，他自己的工作岗位也可能因此丧失，同时担心中国的开放是否会继续下去，甚至提到中国建国前有不少留学欧美的人，未见有任何人担任重要职务；苏联工业技术落后、制度僵化，不可能与美国相提并论，万一中国回头走苏联的道路，恐怕会吃大亏。他认为十分可惜与十分不幸。我认为此人是颇为诚恳的，并无坏意，对我个人讲讲，也算一片好心。我也就听取一番而不置可否。与他告别时，他表示认识我算是来中国的一个收获等。事情从此结束，整个事情就此中止了。

我参加两次对外合作、利用外资的大型项目，无一成功，以后还有，也未成功，但也能从一个侧面反映出这一类事业中的复杂性。

## 关于含硫原油加工基地与港口码头建设

在沿海地区建设含硫原油加工基地无疑是必要的，不过从目前看来，当时石化规划院预测进口原油数量虽大体不差，但对来源或对中东原油的依靠程度则考虑不够完善，主要缺点是对俄罗斯原油的生产能力与可供性研究不深，未能对引入俄国与中亚原油的重要性与可能性提出比较具体的方案。此外，由于我国长期处于产品短缺、供不应求的局面，油料及石化产品更突出，因此，规划对于天然气发展利用以及成品运输、销售网络等一贯注意不足，不能及时提出比较长远的分析与对应措施。这些规划工作（历届五年计划方案）我都或多或少参加过。缺乏远见不能只是诿于他人，自己也有相当责任。

石油与石化两大公司分别组建后，过去可以用行政命令或国家计划解决的若干矛盾突显出来，虽说两大公司按国家统筹的原则，应是合作下的竞争，但具体问题上双方利益既有矛盾，竞争也就高于合作。最突出一点表现在炼油能力配置不合理上。东北地区原油产量大、炼油能力也大，炼油能力一度几乎占全国 2/3，大量产品必须销往关内及东南沿海。过去，在中石化一家管理之下，由于铁路进山海关能力所限，海运又不配套，往往只能压缩东北地区炼厂实际加工量，强制性地使这些厂开工不足，而这些厂却又正好靠近东北各油田，原油供应本就方便，管道与铁路输送能力现成。与其将原油海运南方，从地区经济效益出发，就总希望提高加工量（也只是提高开工率而已），设法把产品海运南下。

中石化一家经营时上述问题就没有解决好。总公司采纳规划院意见打算在辽宁省内修建一条成品油管线，主要将抚顺、大连两地产品集中到大连港下海；锦州、锦西两厂能力较小，产品仍可利用铁路进关。黑龙江、吉林两省的产品南下供东北全区平衡，主要仍用铁路。方案可行、投资不大，对全局供需平衡确有好处，不料刚开展工作就遇到抵制。

抚顺公司及抚顺市坚持要自行在营口另辟出口点，据说还得到了辽宁省部分官员的支持；一省之内不同城市之间互不合作在国内常见，尤其是大城市。他们抢先编制一套项建书、可行性研究等文件提请总公司审批。总公司也只有召开会议讨论。这个会开了几次（我参加过一次），总公司又组织一个专门小组负责协调，从规划院调副院长李子凡负责。李子凡原任洛阳设计院副院长，“文革”后调到北京院在刘汉卿之后任院长，颇有建树，但不知如何，似乎与总公司某些部门不太协调，又调至规划院任副院长。他接手此事，办起来也困难，掣肘很多。抚顺公司一位总工程师金国干，一贯能言善辩又往往固执己见，他与我较熟，私下对我说，不管总公司，更不管李子凡，反正抚顺一定要搞成这个项目。事实上，总公司反复讨论，都不能明确作出结论，而抚顺公司在金国干主持下尽快展开具体工作。在一次总公司的会议上，金国干说：“我只等放炮开工！”此时总公司计划、工程两部有些人也就将就现实，据说也并未正式批准，却实际上开始施工了。李子凡得不到总公司明确支持，自然无可奈何。金国干很得意，说李子凡是自讨没趣。子凡同志从此事以后表示过，看透了，不再担任什么工作，不久自己申请退休了。而金国干事后说“对总公司这帮人，我早看透了的”。两位同志都讲“看透了”，想必也反映了一些实际情况的。

1979年9月朱康福(右)与高士(左)在大连鲇鱼湾原油(出口)码头上

抚顺公司在营口建港既成事实，大连除大连厂外，还有外贸部、大连市与外商合营的西太平洋厂各有码头，而锦州在笔架山，锦西在葫芦岛（原海军专用，也同意在其旁建石油专用码头），然后秦皇岛，北京市与唐山市合建的京唐港，天津港，以及河北的黄骅港等，环渤海湾沿岸，纷纷建设或拟建石油专用码头，从3万~5万吨

至个别的10万吨级，已是星罗棋布，又一种小而群的景象。后来与交通部有关同志接触，他们认为这是一种失控状态。

南方各省、市与有关公司，则主要注意原油进口问题。山东省本有黄岛港口码头供胜利原油出口，调整系统也就能接纳进口油。荣氏中信公司看准原油进口量必然上升，斥资取得一个小岛岙山的使用权，构筑油罐码头，开始可容纳15万吨级油船，以后扩建可供25万吨级船（不满载）出入。江苏省与中石化考虑沿长江炼厂的原油供应，拟在连云港以南长江口附近建港及管线接纳原油。这个方案引出南线（浙江镇海建港）及北线（江苏境内建港）的争议，多次勘察，进行可行性研究等，称为原油“海进江”工程。双方确实各有优缺点并涉及长江下游如何安排江上港口。例如北线（江苏省）可利用仪征原鲁宁原油管线下长江的设施；而南线或则至于南京，或则从南京另建下江港口，再由江轮输入中游各厂，且涉及穿越钱塘江的难点。其中又涉及上海建港问题，长期争议不决。

上海市考虑金山及上海厂的供油，除已建小型码头（5万~7万吨级）外，再三研究浚深航道建设至少15万~20万吨级港口。镇海无论如何也须另建港口，只是规模大小涉及供应范围。再往南，福建炼厂码头设计时留下可供10万吨级（规定仅5万）船只的条件。这还是李子凡建议、我支持的。福建希望进一步扫海清除航道障碍而达25万~30万吨级。广州也自建码头，茂名不能依靠原有的仅5万吨级的湛江港，是第一个建设单点系泊、可接30万吨级船的。湛江港本为接收伊朗原油而建，但水域条件所限，难以扩建，只能求茂名厂不要舍弃而得以维持。再向西，广西的防城港已建成大西南出口通道，长期争取扩建原油码头并在广西建炼厂。

规划院展望21世纪，预测新世纪之初进口原油可达七八千万吨，并向1亿吨规模发展，这个数字相对较大，对中东原油依赖程度又高，每个

30 万吨级码头每年可能运入的原油不超过 3000 万吨（100 个船次），15 万吨级往往只略多于 1000 万吨。因此提出应考虑建设不少于三个 30 万吨级的接纳港，最好按华北、华东、华南三个地区分布。这个基本设想，总公司领导人表示同意。其中华东、华南是几个地方争着办的事，总公司宜考虑华北的港位。

## 曹妃甸深水港

从 1983 年参加能源研究会有关宏观课题以来，我一贯认为中国石油工业的出路在进口原油，石化工业要发展更非进口原油不可，建设相应的终端港就非干不可。那一段时间从东北大连、环渤海湾一直南至湛江，建了一大批 5 万吨级以下小型码头，我认为是低效甚至有些是无效的重复建设，为此与总公司有些人产生过争论，他们从来都是不理会我的意见。福建炼厂国内自筹资金建设，码头原定为 5 万吨级，我与李子凡都力主以 10 万吨级考虑其水下工程（现在已扩至 15 万吨级）。茂名建 30 万吨乙烯，我反对将乙烯建在飞机岑新址，却完全赞成建设水东港 10 万吨级（以后搞成 20 万吨级）码头。上海金山与 ELF 合营项目中，深水泊位 25 万吨级与海底输油管是重要组成部分。华北地区如何？天津市及天津石化想扩建天津新港，由原来 2 万吨级搞 5 万～10 万吨级码头，我并未介入。

1995 年，河北省根据孙中山先生当年“北方大港”的设想，认为渤海湾内唯一深水航道可以容纳 25 万～30 万吨级油轮的地方在唐山市附近海上的“曹妃甸”。省府领导找中石化总经理，希望中石化参加投资等。总经理最初只是想去了解情况再作考虑，让规划院派人去。对这种省政府出面的事，总公司哪怕应付一下也必须有个说法。于是规划院朱煜院长征求我的意见，我表示愿意带几位同志去实地了解。

渤海湾东边河北省一带海岸是古滦河三角洲，崇筠在时，曾研究过这一带，海洋石油公司与大港油田也曾进行过勘探，以后陆上成立冀东油田，海上主要转向北部。我帮崇筠整理资料与翻译论文时，纸面上有所接

朱康福手稿：渤海湾曹妃甸

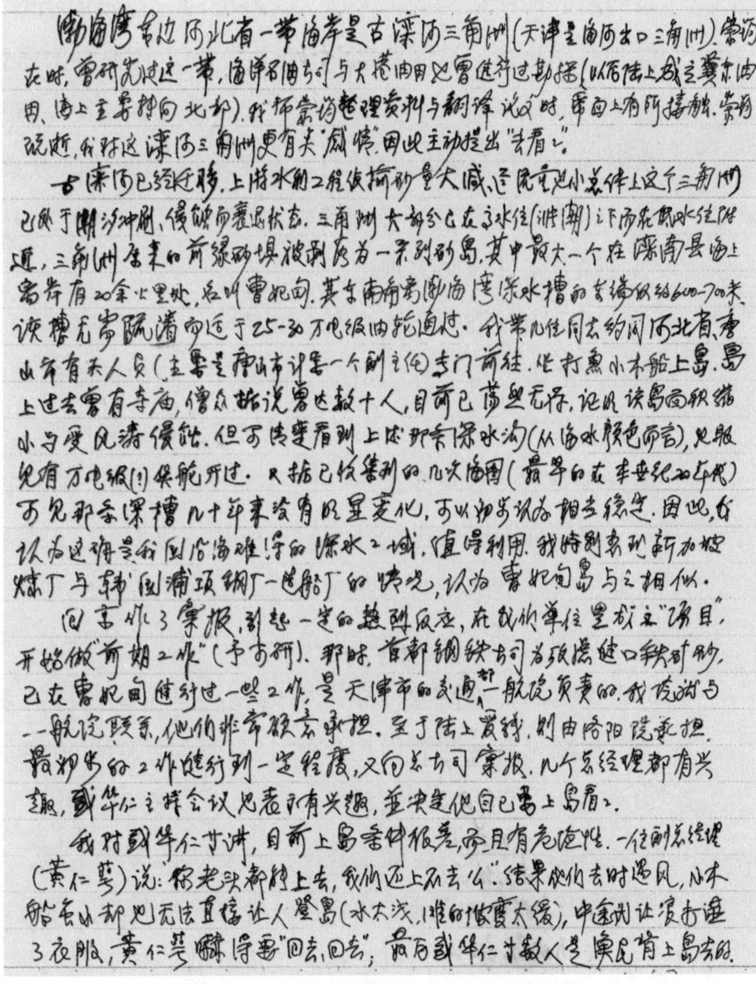

渤海湾东边河北省一带海岸是古滦河三角洲（天津至海河出口三角洲）。崇筠在时，曾研究过这一带，海洋石油公司与大港油田也曾进行过勘探（以后陆上成立冀东油田，海上主要转向北部）。我帮崇筠整理资料与翻译论文时，纸面上有所接触。崇筠说过，我对这滦河三角洲更有关"感情"，因此主动提出"去看看"。

古滦河已经迁移，上游水利工程使输沙量大减，近代变迁小，总体上这个三角洲已处于潮汐冲刷、侵蚀而衰退状态。三角洲大部分已在高水位（涨潮）之下而在低水位附近，三角洲原来的前缘砂坝被剥蚀为一系列砂岛，其中最大一个在滦南县海上离岸有20余公里处，名叫曹妃甸。其东南角离渤海湾深水槽的东端仅约600—700米，该槽无需疏浚而适于25—30万吨级油轮通过。我带几位同志约同河北省、唐山市有关人员（主要是唐山市计委一个副主任）专门前往，坐打鱼小木船上岛。岛上过去曾有寺庙，僧众据说曾达数十人，目前已荡然无存，说明该岛面积缩小与受风涛侵蚀。但可清楚看到上述那条深水沟（从海水颜色而言），据说有万吨级(?)货轮开过。又据已收集到的几次海图（最早的在本世纪20年代）可见那条深槽几十年来没有明显变化，可以初步认为相当稳定。因此，我认为这确是我国沿海难得的深水水域，值得利用。我特别考虑到新加坡炼厂与韩国浦项钢厂、造船厂的情况，认为曹妃甸岛与之相似。

回京作了汇报，引起一定的热烈反应，在我们单位里成立"项目"，开始做"前期工作"（可行性研究）。那时，首都钢铁公司为从澳进口铁矿砂，已在曹妃甸进行过一些工作，是天津市的交通部一航院负责的。我同该院与一航院联系，他们非常愿意承担。至于陆上费用，则由洛阳院承担。最初步的工作进行到一定程度，又向总公司汇报。几个总经理都有兴趣，戴华仁主持会议也表示有兴趣，并决定他自己要上岛看看。

我对戴华仁等讲，目前上岛条件很差，而且有危险性。一位副总经理（黄仁琴）说："你老头都能上去，我们还上不去么"。结果他们去时遇风，小木船在小部也无法直接让人登岛（水太浅，滩的坡度太缓），中途就让渔船送了衣服，黄仁琴吓得要"回去，回去"，最后戴华仁等数人是渔民背上岛去的。

触，崇筠既逝，我对这古滦河三角洲更有点感情，因此主动提出去看看。

古滦河已经迁移，上游水利工程使输沙量大减、径流量也小，总体上这个三角洲已处于潮汐冲刷、侵蚀而衰退状态。三角洲大部分已在高水位（涨潮）之下而在低水位附近，原来的前缘沙坝被剥落为一系列沙岛，其中最大一个在滦南县海上离岸有10余公里处，名叫曹妃甸。渤海正常一日两潮，即使在高潮位淹没大片沙滩时，曹妃甸仍露出水面约1米多而不能与海岸相连，其间距离达10多公里，且本身出露面积很小，呈窄长带弯形的面积不过1平方公里多。而曹妃甸西南角却濒临渤海湾唯一那条深水海沟。据近代测绘的海图，海沟水深无需疏淤可直接通过30万吨级油轮。深水海沟离甸子一角的直线距离仅约200（另一文写为600~700）米，确有条件建为深水港。

唐山市计委一位副主任、京唐港（已建成投运）负责人等多人陪同，除在京唐港尽可能介绍情况、资料外，还陪同乘当地渔民的木船出海，上了曹妃甸实地踏勘。上有小灯塔的遗址，岛侧沙滩十分平缓，虽小木船也难直接靠上，必须涉水走一段约50米的沙滩，或者由当地渔民背上甸子。

曹妃甸上还打过探井，有一所井队遗留但已破坏的小屋。由曹妃甸向东北，从陆上地图与海图对比可看出一条绵延的甸子及沙岛成链状，中国海洋石油公司还有辽河油田等还在打探井。按分工，沿陆的滩涂是中石油的工作范围，水深处是中海油的。从海水颜色可清楚看到上述那条深水沟，也眼见有万吨级货轮开过。又据已收集到的海图（最早的在20世纪20年代），可见那条深槽几十年来没有明显变化，可以初步认为相当稳定。因此，我认为这确是我国沿海难得的深水水域，值得利用。我特别想到新加坡炼厂与韩国浦项钢厂—造船厂的情况，认为曹妃甸与之相似。

回京作了汇报，引起热烈反应，我们规划院成立项目，开始做前期预

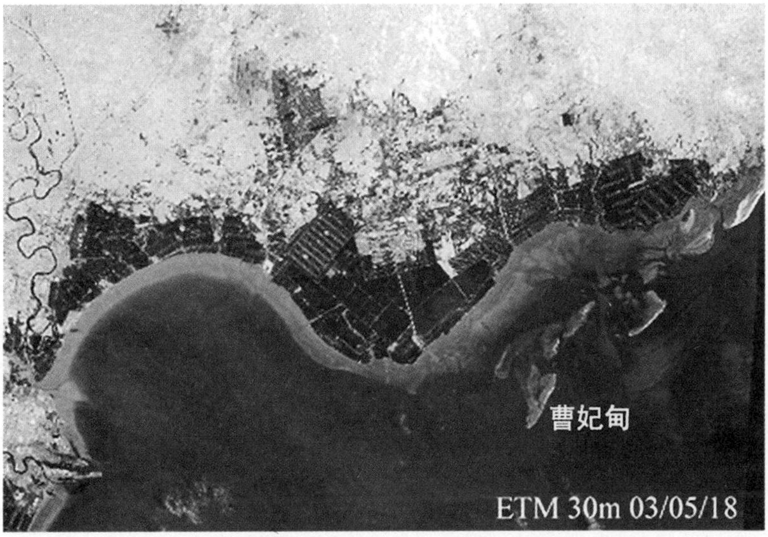


2003年5月18日曹妃甸卫星图像

可行研究工作。据此行所得资料，我认为渤海湾宜于建深水港的以曹妃甸为首选，但这一系列沙岛从长远看，恐怕会逐渐消亡的。陆上建油库、管线等中石化系统都不成问题，建大型码头则必须依靠专业设计院。福建炼厂建设过程中，码头的选址、设计等是水运规划院负责的，建议仍找水规院参加前期工作。但河北唐山市及京唐港过去为首都钢铁公司进口铁矿砂时考虑过曹妃甸，并已请天津市内的交通部第一航运设计院进行过一些工作，比较倾向于继续找一航院参加。朱煜院长考虑，工程规模大，水工问题我们并不懂，必须多听专业专家意见，水规院、一航院都要请教。于是设一个专家组，聘上述两院及交通部一位原总工程师等专家参加，让我当这个组的组长，开展预可行研究。至于陆上管线等由洛阳工程公司负责。规划院全面总负责，自然我也就肩负重任了。我院指定一位年轻人靳正利为项目负责人。初步工作向总公司汇报，几个总经理都有兴趣，盛华仁主持会议，也表示有兴趣。

事情惊动了天津市。天津港建成已多年，最大的码头是 5 万吨级，但天津市长期以来希望扩大吞吐量并真正成为北京的海上通道、东大门。市委书记立即下令行动，一是让一航院迅速编制在天津建设 30 万吨级码头的方案与预可研，一方面直接找中石化总经理，提出在天津建港给予一系列优惠条件，如陆上用地及地方税收。

总经理明确指示规划院要比较天津市与曹妃甸两个方案，同时决定与几位副总经理等到两处实地了解。我说，上曹妃甸不方便，上去了也看不到什么东西，在陆上沿岸看看。副总经理黄春萼说，你老头子都上去又回来了，我们这些人怕什么。偏偏这些经理去时有风浪，唐山市又无法提供较好的船只，结果木渔船刚刚出海，浪花就打湿各人衣衫，船又颠簸，还是坚持上了岛。他们所得印象不佳，认为荒岛一个，陆上无依托，不理想。

天津市听说，又立即准备，市委书记请海军当局派出登陆艇及一条已改装的专为首长考察用的快艇，而且主要参观港口陆地设施。至于码头位置，实处约 20 公里外的深海，不过是乘快艇开出去海上转一圈，与上曹妃甸就不可相提并论了。

但毕竟也没有理由否定曹妃甸，于是让我们论证比较。基本情况比较清楚，天津石化公司拟与外商合作建设 60 万吨/年乙烯工程，炼厂要扩建使用中东原油 600 万吨以上，是华北四个石化厂的一大用户，从天津港上岸后的陆上输油管线投资较少。而一航院提出的码头方案，仍只能利用那条唯一的深海沟，即天津港港口外约二三十余公里处，孤悬海上，油轮卸油后须用海底管道送上岸，岸上仍须建输油管的首站。纵然如此，码头位置离深海沟还有若干距离，还须挖深航道牵引油轮至码头，而且海上挖深航道，沙量庞大，耗时也长。而且在相对较深的海上打桩建设固定码头投资也高。海上部分的总投资远超过曹妃甸的方案。唯一优点在于陆上投资较省（土地优惠价）加上陆上管道距离较短，尤其对天津石化厂的原油运费（单独计价）更省，陆上管线首站离该厂很近，可以依托。而依托曹妃甸则海上（码头）工程投资少很多。我院初步汇总后，曹妃甸方案占有优势，总投资约 30 亿，可节省 1 亿多。

这一份预可研报告打印完毕。我院已经取得一份。天津市，特别市委书记知道后，不让一航院发送，而令该院连夜突击修改。可怜那位项目负责人，一位年轻有为并被选为该院标兵者，熬红双眼，赶出来另一份报告。码头打桩数量减少 1/3 以上，说是采用国际先进方法计算得出的；其余各项费用包括最关键的海上挖掘费也大幅度降低。总之，使得全工程总费用及施工期都与曹妃甸方案基本接近，表现出天津市势在必得的架势，并提出天津市提供各种优惠。唐山市也多方打听，我如实告诉他们有关情况，唐山市也提出相应的优惠，不过河北省并未像天津市那样直接给总公司领导做工作。

在这种背景下，我建议院里聘请海港建设方面的权威专家们作顾问，以便尽可能科学而公正地进行对比。于是组成项目组的专家小组指定我为小组长，因而得以结识这方面许多著名专家，包括院士四位。开过多次会议，评比过若干子方案。仔细对比一航院预可研的原稿与修改版，院内议论中一致对一航院修改版存在疑虑。交通部原总工程师对码头大幅降低打桩数量的新方案也明确认为难以理解。他对我说，曾估算并与有关资料对比，包括国外数据，觉得新方案可靠性必须进一步阐述！

但曹妃甸方案中也有一个难以充分把握的难点，就是如何与陆地接通。事实上，在中石化考虑曹妃甸建港之前，冶金部为解决华北地区钢铁企业的优质铁矿石来源时，已经注意到从曹妃甸建深水港进口。一航院也曾接受委托进行初步考虑。铁矿石只能由铁路接运，铁路必须跨越约20公里的滩涂。而当时初步的海流观测发现，滩涂是海潮进退的通途，已形成一条潮沟，涨潮时水深可达约4米。如果筑一条实心的坝，会挡住潮水进退，改变海流，结果将对曹妃甸本身造成较大的冲刷，威胁甸子本身及港口的安全。初步估算，坝上必须留出宽约至少2千米的缺口供潮水流通，意味着要建一座约2.5公里以上的大桥，其工程投资可能超过整个筑坝。石油可用管道输送，不过在这种滩涂上敷设管线没有任何经验。规划院甚至向国外管道公司发函咨询，未获得确切解决办法，倒是认为这种滩涂上敷设管线，投资不仅高于陆地且高于海上深水敷设。至于高出多少，又必须经过详细的实地勘测才能知道。

了解到解放军工程兵有一个舟桥研究所，设在无锡，经初步联系，该院愿意考虑并提供方案，于是我与几位同志专门到无锡。初步讨论后，该所认为有可能利用特殊的平底船配上常规的铺管机具施工，遂委托该院进行可研报告。按该报告，必须首先建造若干条专用平底船加上专用机具等，施工费用（不包括管道及相关费用）约高出深海铺管的20%左右，只有在平底船事后可继续使用或折价出售，该方案在经济上才较合理。至于技术上能否解决问题，我院在评估中意见不统一，总体上仍觉得没有充分把握。而首都钢铁公司获知中石化拟建港时，表示愿意合作。与陆地连接仍须构造海坝、大桥，管道可以在坝上、桥上通过。这种办法，由于筑坝部分投资分担，坝上及桥上铺管有成功经验，投资相应下降，是较好的办法。至于曹妃甸上设置及码头建设，水规院安排了两三个总体布置方案，认为都可行，关键在于谁占有利位置（矿石码头与堆场、装车等的位置与原油码头、油库管线首站等的位置各占一侧，但铁路与坝的位置只有一个，双方谁占主导位置就可以省一定投资以至管理费用），并认为这一点应由双方协商投资分配时统一研究，其利或弊在工程总项目投资中都仅占很小比例，总方案应是十分有利的，所以积极推荐。

院内汇报讨论都认为较好，不过朱煜说总公司对合作合营是否有兴趣还不好肯定。果然，向总公司汇报，有两位副经理明确表示不积极，总经理未置可否，只说："再把工作做细点，做深点！"如何深、细，又未明确！偏偏从首钢传来讯息，他们不想主动提出正式的合作建议，希望石化总公司主动提出！交通部水规院倒很积极，主动联系首钢下属管运输的部门去汇报，该部门领导人据说很同意，不过几天后还是说希望石化总公司向首钢负责人提出合作的事。一拖就是半个月左右，而负责陆上管道的洛阳院却遇上了困难，就是从曹妃甸登陆后管线难以进入天津市！

天津市的城市规划一直在进行工作。中心思想之一就是开发、发展以现有港区为中心的高科技开发区，对天津石化厂供原油的问题，从港区留下通道可直达该厂。他们确乎没考虑过从河北省这个方向进入输油管的问题。如今提出来，经过的地方除已有村镇等，在图上都已列为各种形式的农业专项开发区，如果园、菜地、农产品加工等。市规划局同志讲得很清楚，规划方案已由市委、市政府研究过，他们无权更改，为输油管道开辟一条通道！其实，以前讨论过程中，一位规划局的同志已讲过，港区发展规划是市委书记亲自抓的大项目，输油管线如何走向，要书记同意才行！

一航院一位即将退休的老工程师对我私下进言，天津市委书记对此事志在必得，且已似乎获得中石化负责人的支持！不妨设想利用曹妃甸建码头，而敷设海底管线从天津港登陆，比起天津市所提在港口外约 20 公里处建码头，只是增加了海底管线约 20 多公里，总投资估计不会超过许多！同时京唐港一位即将离休的负责人，久在河北、天津工作，对官场的各方面都熟悉。他也认为，不让天津市有些好处，如由天津市海关收进口税等，事情恐怕难办！我向朱煜讲了这些情况，朱煜同意我们再进行曹妃甸—天津港联合进口方案，即由曹妃甸码头及中转库分设管线去天津及燕山，或统一经天津到燕山、石家庄的管线。又请京唐港负责人做做唐山市的工作！

由于石家庄炼厂的运距可能稍短，转运费较省，该厂负责人也倾向上述方案，并向河北省负责人介绍了情况。河北省与唐山市都表态可以接受！我院全面比较方案，认为该折中方案还可以，总体上较曹妃甸直接登岸稍差，但避开了滩涂铺管以及与钢铁部门合作时双方进度上可能出现的矛盾，涉及首钢公司能否先期投入部分资金建筑铁路通道。

院里反复讨论后，推荐在曹妃甸建码头而用海底管线引至天津登陆的方案，使海上与陆上投资都较低，还照顾了河北省与天津市两方面。对此，唐山市至少是满意的，天津市委书记则还不满意。一航院、水规院都认为合适并各自完成了预可研报告。我院再次向总公司全面汇报，几位总经理及计划部刘文龙都表态同意，总经理表示原则上可以，但决定请交通部出面进行一次技术审定会，以资落实。

此事历时一年多（1995 年 10 月至 1997 年 4 月），前期工作花费近 1000 万元，是我所参加项目中费时、费力、费钱最多的。

朱煜、李明清副院长由我两次陪同去交通部，大体上议定聘请出席的专家，主要就是我院专家组成员，不过增加了交通部计划司等负责人。因涉及专家不少，时间只能推迟约三个月。这时，我应朱平之约去加拿大及美国探望子女，朱煜认为大局已定，我可以出国，于是 1997 年 5 月我去加拿大，三个月后回京，事态忽然大变了！

原来天津一航院两位专家，包括当初建议延伸海底管道的那一位，在专家会上发言变了调子！主要理由是曹妃甸受海潮冲击，将长期受冲刷，现有资料及工作还不足以证实其安全可行性！甚至讲：天津港方案投资大，却是明面上的，看得见而有限度的；曹妃甸码头投资少，但后续费用大，是看不透因而难以估计的！交通部专家组无法作出肯定决议！实际据我理解，天津市委书记起了相当作用，他事前在天津召开一个专家讨论会，又直接找交通部黄镇东部长及几位司长进行了一系列工作，更不止一次与总经理会晤及电话联系。专家委员会正式开会时，持反对意见特别关于"明的、隐含的"那种说法，就是原天津港一位总工程师的说法。

尽管如此，在天津这个人工开挖、本来最大仅达5万吨级的港，要建设25万吨级码头的不利之处毕竟也充分显露了，总公司没法下决心挑选天津方案，我院的头头们虽不正面反对，不过意见还较明朗，即或向国家计委上报天津方案，评估也是难以通过的。

天津市委书记却继续努力为天津市求项目、为天津石化求发展。我回国后不久，天津市委书记携带一份一航院新编的在天津港建15万吨级码头的方案预可研报告给石化总公司，主要解决天津市拟与外商合资建30万吨乙烯及相应扩大天津石化厂加工量！可以附带供少量原油给沧州炼厂（原为100万吨/年，已扩为250万吨/年）或石家庄，不供燕山。对此燕山公司很不高兴，而盛华仁则指示我院据该方案进行正式可行性研究，以便加速进行！

为天津市与外商合建大乙烯，市委书记请中石化派专家去当顾问，总公司派当时已届退休年龄的苏亿民担任。为此，老苏多次去天津，并一再议及15万吨级码头之事。虽该方案明显是勉为其难而提出的（一航院早期的工作认为不适宜），却反复被推荐。事情已由苏亿民接手，我就不管了。

我回国后，赶上对该“工可研”的预评估（按交通部惯例，这种大型码头先进行预可研，评价通过后进行工程可行性研究称为“工可研”，收费标准后者高于前者）。我对该方案不热情也不积极，主要根据三条：第一，限制了规模；第二，远洋油轮运费增大；第三，陆上管道系统投资降低不多，运量不太经济。总体的经济评价低于原考虑的方案，但初期投资确有下降，在运量较少的条件即投运最初一段时间有好处，总的是照顾了短期利益而牺牲长远。不过该方案总体上不至于亏本，如可全额使用自有资金则还有效益。中石化接受该方案并上报计委。我曾预言不会通过。

国际工程咨询公司受计委委托进行评估，组织的专家组请从海洋石油公司退休的李维英为组长。主要认为运量不太大时应优先使用已建成的黄岛 25 万吨级码头进行转运，不应新建 15 万吨级码头，我也代表中石化出席评估会，一定要我发言时，我只实事求是重复以上观点，并不愿意为不大不小的 15 万吨级码头辩护；另外指出该方案我认为实际存在的问题即淤积及每年的维持费都偏大，但方案中估计不足（尤其毫无理由地接受每年的维护费由业主负担的要求）。此外，15 万吨级码头设在扩建后天津港的门口处，对中、小型船只进出十分繁忙（预测每年超过一万条次进港）的情况，安全与环境保护也很不利。结果评估没有通过。

接下来又杀出另一建议，中石油管道局提出利用原来胜利原油出口的码头、管线及油库，并结合中信公司已在山东海上岙山岛建成的码头油库等，修复并新建很少管道，即可发挥年进口原油 3000 万吨并送到燕山、石家庄、沧州以至天津各炼厂。我院张益恭直接参与此事但又不代表我院。原石油部计划司李维英（已是总工程师）全力支持。方案经中石化送到国家计委，计委即交由国际咨询公司研究，我又以该公司所聘专家参与评审。这个方案最大优点是盘活现有不能利用的资产！当然也有若干不足之处。我在会上按自己的见解提出修改意见。国际咨询公司的评议意见则明确认为可行，并报国家计委！

这个方案最大优点是总投资最省，缺点是运行费高，对燕山因运距最长，且至少要修复、改建一段管道而该管道所有权在中石油，到天津也必须增建部分管道，而且也不在天津市规划中。本意与解决京津两大石化厂原料供应问题的主题已不相符，所以中石化及京、津两市都不积极（码头、库区等也是中石油的资产）。不过，中石化计划部倒乐意，因为基本上无须中石化投入资金；石家庄炼厂很积极，愿意承担大部分必需的投资，且过去一切方案中，该炼厂总处于老三的地位。尽管中石化明确该项目不管采用曹妃甸或天津方案，都由石炼牵头组织燕山、天津两公司参加而建成建设单位，石炼牵头也牵得很不痛快。

1998 年某一时期，中石油与中石化改组为南北两大石油集团公司的酝酿进入初步的实质性行动，胜利油田及下属管道、油库等都将划入中石化。形势就陡然改变而十分有利于黄岛上岸之议。加上天津市与外商合资搞大乙烯项目陷入停顿。渤海湾深水码头的提案随之烟消云散。这是我个人最后直接负责的一个大项目，却未成事实！

利用黄岛码头方案，作为近期过渡措施，对中石化集团目前状态是有利的，主要得益者是有关的管道公司（本来没有任务）与石家庄炼厂，而天津石化完全被排除，燕山得益不大，沧州这个小厂反受损失。因此，两家积极、一家观望，沧州不介入且坚决反对，提出要求。

沧州本是号称 150 万吨/年而实际开工不足的小厂。1995 年借国家计委调整优化原油流向的意见，要求接通管线输入胜利原油。提出的方案曾经我院评估认为可行。实际执行中，该厂自行将能力扩至 250 万吨/年，花费投资7亿余元。当时总公司工程部对这个小项目眼开眼闭、不闻不问，造成既成事实后计划部等又不承认，根本不考虑配给足够原油，无法偿还贷款而年年亏损。按计划部这次提出的方案，供给进口原油仅120万吨，没有胜利油，比较之下，亏损扩大，自然不肯接受。厂长把沧州市委也动员出来，在评估会上含蓄地提出，不满足沧炼要求，管线也别想通过沧州市境，可见问题之复杂。我院提出为沧炼解困的方案，实质无非适当加大实际炼量，但效益总不理想。这种小厂要救活需花费若干亿资金，而实际仍是半死不活，中石化领导人的工作可见一斑。

黄岛方案的工作一直拖到1998年初，不久国际油价跌落，中石化整体进入亏损，无法再考虑实施，又放置起来。

我还曾参与原油优化配置课题以及上海金山与高桥进口原油码头等的前期工作。总之，从1995年末开始的三年多时间内，是我实际工作中的一个主要部分，结果却是一事无成。

所以较多地记录以上情况，是从一个侧面反映我国石油石化工业这段时间的困境。

2000年4月我再次出国探望子女，直至2001年1月6日返京，历时共约8个月。以后，我就不顾不问，仅属养老。2002年5月，报刊有消息，科技部与中石油、中海油（两家改组为股份公司）合作，搞了一个开发渤海湾海上勘探的大项目，预期目标到2005年探明资源可达年产3000万吨。换言之就是一个海上的胜利油田，即位居国内仅次于大庆的大油田。这也等于一个30万吨级码头每年可达到的进口量。而且，随生产分批分散登陆。可以充分利用现有的渤海湾沿岸以及南方的中、小型码头。过去我很反对辽宁、河北及天津等省市各自分散建设，也许到头来只能是自己缺乏远见，而分散有分散的好处，倒还真有其道理!？至于渤海湾深水油轮泊位，也许再也不会实现了![1]

## 上下游一体化及股份制改组

中国石化总公司保持原来名称而改组为上下游一体化的企业集团。同时中国石油天然气总公司同样改组，与中国海洋石油公司鼎足而成三个集团公司，原属地质矿产部的新星石油公司稍后与中石化集团合并以加强中石化的上游部分。

这种想法由来已久。石油系统的人们，包括我自己，一贯主张“上下游一体化”，而且强调炼油与石化的一体化。同时，全国独一无二的大石油公司势必形成独占与垄断，中国之大，不妨有三四个互相独立而又自成一体化的石油公司。据说在组建中石化的初期这一想法受到石油部的抵制。在中石化与中石油并存数年之后，不断有些矛盾，又同有“上下游一体化”的想法，问题是如何分组。提出的一种想法是按地区划分，大体上一南一北。长江或黄河为界，中石油在北而中石化在南。北有资源优势而南有油品市场优势，利益分配在大格局上双方都较易接受。不过到具体地区的划分上，双方又各有要求。如果按传统的三北（东北、华北、西北）与三南（东南、中南与华南）划分，南方辖区的国土面积远远小于北方，而且南方的西南地区，对石油、石化还缺乏企业而只有需求，总之中石化觉得不够公平。国务院请出李人俊（余秋里已不能理事而康世恩已于1995年逝世）进行协调。中石化的意图是从地区毗连出发，希望把河北

---

① 首钢搬迁河北唐山，已在曹妃甸及对面海岸建设码头、港口等钢铁新区。修成从陆地直通曹妃甸的大坝，并无桥梁涵洞。——朱小鸽注，2005年。

省与京、津两市列入自己的辖区。最后决定比较复杂，北京市、天津市与河北省内的独立（即不是直属油田的）炼厂、石化厂归中石化，而油田及其直属企业，包括一些小厂仍归中石油。至于销售部门，华北石油公司归中石油，但京、津两市的石油公司却归中石化，而且在彼此的辖区之内，另一方照样可以经营销售。例如华南及东南沿海各省、市虽是中石化辖区，但中石油照样可以去建设并经营加油站；中石化也可以在东北地区建立经营属于自己的加油站，在销售第一线的加油站业务中，双方是直接竞争对手，而且互相渗透。以至到今年（2002年）河南境内一条新建高速公路沿边的加油站建设中，双方竟然发展到大打出手的局面。社会舆论有所批评，连北京市的报纸上也有过个别的报道与批评。

中石油每年由国家安排向中石化提供一定数量的原油，价格在国家计委参照国际价定出一个中准价。油品价格与国际接轨是国家计委的目标，一开始主要比照新加坡市场价。2002年开始，兼用美国纽约与欧洲鹿特丹市场价按一定比例进行加权平均而得。双方签订年度协议，原油数量，其价格允许在规定范围内随行就市作调整。至于中海油所产油、气，由于早有外资合营的背景，对国内销售的部分早就参照国际价格而定。

在新疆的勘探开发过程中，原来的石油天然气总公司就将若干区块分别交由其他油田承包，获得产量与一切相关的财务问题等，都由承包方负责！按协议进行内部核算与决算。分为两个一体化公司后，这种关系继续有效。例如胜利油田承包新疆一些区块的油气产量列在胜利油田名下（类似在国外承包开发的分成办法），因此也归入中石化的名下，但并不能改变中石化系统中原油不足必须加工国外原油的局面。所以建设沿海地区加工进口含硫原油的基地，一直是中石化一项重要任务，寻求并建设深水泊位是关键所在。中国虽然海岸线颇长，却缺少天然深水港，因此，茂名就建设单点系泊，而荣（毅仁）民集团则较早地在舟山群岛中选建了岙山码头；福建在湄洲湾与浙江镇海都建成15万吨级的码头，中石油依托原已建成的西太平洋炼厂（大连市与外贸部石化部门与外商合资建成的）也建成约25万吨级的码头。中石化还多次寻觅江苏沿海的深水码头与进（长）江管线。在改组为两个上下游统一集团之前，中石化又企图与天津市或河北唐山市合建渤海湾内的30万吨级码头及相应的管线，分组两大集团公司后，此事暂时搁下。

在世纪之交，中国已决心加入世贸组织（WTO），由此，实质上等于中石化的第三阶段已经开始，其具体表征就是在境外发行股票。

改革中一大难题是国营企、事业如何改变局面，以后明确讲之为脱困或解困。具体措施也经过一番探索，例如解开三角债、抓大放小、向下放权等，而终于提出了“股份制改组”，在国内组建深圳、上海两个股票交易所。石油石化系统也有好几家上市企业，在股市上被称为石油板块。

中国股市情况总的说来还很不正规，这里只说三家石油公司在境外发行股票的事。由于在国内发行股票有了若干经验，当然还有教训，但以石油板块而论，似乎尚未出现很大毛病，国家决策部门又已允许某些企业在香港发行股票，成功即被允许上市。于是提出三大石油公司在境外与香港发行股票的课题，经过一段时间的酝酿准备，大体决定在纽约、伦敦与香港三地上市，请了诸如高盛公司等著名投资咨询公司等参与筹划并担任推销商，计划先由中海油打头，中石油、中石化跟进。理由是中海油建立以来就基本上与国际接轨地组织运营，本来已有外国大石油公司参与，应该比较易被国际股票市场接受。原来新股上市总是溢价出售（假如股票票面为一元，可以三四元之类的价格上市出售），而股票交易所有一套规则以保证上市企业的一切行为应是透明、公正、公平的，如一切会计账目都定期公布等。进一步而言，新股能否被批准上市，尤其总价颇大的股票，必须有把握能被一些投资机构购买，或者事前有谈妥的合资人明确可以接受若干比例（如某一大石油公司有明确意向在一定价格下购买发行股票的30%之类）。而中海油于1999年正式提出申请在纽约上市时，未能吸引投资机构足够的承诺收购，交易所又认为所集资金如何运用并保证获利的说明不够具体明确，未能被批准上市。

此事与其说是失败，不如说是一种教育。要参加国际活动，必须严格执行国际通行的、至少表面上并无歧视的规则。经此番经验，加上国内对一个企业（主要仍是国营）如何包装上市的做法（姑不论是否造假）已积累不少成功经验，所以中石化与中石油境外上市的决心不变，各自集中一批专门人员，继续听取例如高盛公司等的指点，首先从内部，把一切可能划分出去的独立部门划分出去，譬如设计部门几个大单位，如北京工程公司、北京与洛阳两院合并改组为一个较大的工程公司。然后把其他部门逐一清理，编成两大部分，选择基本经营状况良好或确有希望在较短期内切实改善的各下属单位，组成一个准备发行股票上市的新公司，中石化的定名为中石化股份有限公司，仍隶属于总公司——改称为中石化集团公司。这个公司本质上还是国有资产（少数已与外商合资合营的公司，还都是国有资本控股），以此为基础去招商认股；其余不能自立或经营状态不佳的部分（总体为亏损企业）继续留在集团公司名下。明确打算发多少股票，筹集多少美元的资金。所集资金全部用于股份公司内并列出具体项目，如改、扩建镇海炼厂为规模1000万吨/年以上加工进口含硫原油基地等。同时拟定总体规划，承诺在三年内减员16万人、关停不良企业等一系列措施，预期在三年内公司可以取得税前利润若干，然后再由股票经营公司全面评估，提出在各个股票交易所上市时溢价发行的预期范围（例如每股股票面值可按3.5~4.2元的范围），再事前与某些大石油公司达成意向性合资办法，例如BP公司明确可在中石化辖区范围内若干地方取得零售市场经营权的条件下，承诺愿认股若干万美元的股票之类。根据这些准备工作，总经理李毅中率领一批人马去相关交易所推销（有个名字叫“路演”），最终取得成功，在预定的纽约、香港同时上市。中石油随后也成功上市，中海油倒反而是第三个上市的。

股份公司当然必须正式建立董事会，外国投资者持有一定比例的股权者，自然可以成为董事，只是董事长与总经理明确都由中方担任。中石化股份公司董事长仍是李毅中，总经理选定为王基铭。

新股上市，一般市价都会有所上升，升额自然取决于投资者对新股盈利能力大小的判断。三个石油公司上市后开头确实都有一定升幅，不久后股价下降，而下降幅度三家有所不同。据说中海油最好，能始终保持高于最初的发行价，中石油其次，在发行价上下波动，中石化最差，已低于发行价约20%或更多。

中石化毕竟以下游加工占较大比例，产品附加值较低。按企业销售总额统计，高于中石油与中海油，被列入世界500强且排位在中石油、中海油之前，但实际盈利能力不强。国际炼油与乙烯生产能力都已超过需求，发达国家中这些企业的开工率下降，产品价格下滑，炼油毛利（refinery margin）下降至历史低点。按统计数字看，中国炼厂及乙烯生产厂假若全部停产，国际上现有生产能力都能补上。加上我国炼油与石化产品的质量、口碑都不高不强，国际竞争力弱。外国投资者又认为产品市场并未完全开放，价格尽管与国际接轨其实仍有距离（政府即国家计委仍确定中准价），认为中石化还在一定程度上受政府保护。据说香港市场的评价认为，政府让它赚钱它就赚，反过来一旦政府不保护就赚不了钱或赚得很少。我认为这是中石化股票跌价的根本原因。至于中石化股份公司与集团公司这子母之间的关联没有彻底切开（中石油比较彻底，中海油更彻底），两个公司的计划、财务等重要方面，至少在一段时间内还是相通的，人员在某种程度上有如一套班子，两块牌子，这是精明的投资者们所不能接受的。2000 年中石化有 400 多亿元的利润，股价下跌还较小；2001 年利润下降 13.2%，主要是产品价格下滑，竞争激烈，股价随之下跌更多；2002 年一季度利润仅 1.02 亿元，较 2001 年同期的 32.7 亿，下降幅度惊人。

2001 年中石化又获准在境内上市，称为 A 股，国家为筹集社会保险基金，确定此项基金可以承购一定比例的新股，这种做法被市场认为不够公平，结果中石化的新股一发行就下跌。等到中石化 2001 年年报公布，利润确实下降了，股票市场又有所反应，影响国内外市价不振。为此，董事长、总经理等人再次向国内外宣布决心进一步改革，又说明整个市场情况将有好转，中石化必将回报投资者。结果到底如何很难说。

[按：中石化于 2001 年初以每股 4.22 元的价格发行 A 股 28 亿股，筹得资金 118.16 亿元。股价最低跌至 2.96 元，为发行价的 70%。2002 年 4 月底收盘价 3.36 元，约是发行价的 80%。]

## 加入 WTO

中国的改革开放眼前已到十分关键时刻，2001 年中国既已成功地加入 WTO，一系列的承诺随之按时间表（承诺的）逐步执行，农产品的逐步开放，必然严重冲击我国的农业生产。这些年来，农业的投入不足，农民的负担未能显著减轻，进口产品迫使市价下跌，农民收入将减少，甚至从事农业的人户出售产品更困难，或者一年下来成为净亏损！更多的农民自然会大量流入城镇，而城镇企业，包括大型国营企业在内，如降低成本又不得不减员，失业人口必将大幅上升，下岗职工生活困难加剧，社会安定出现问题。4月份，中共中央、国务院联合下达第13号文件，要求全国各级政府与企业切实认真处理。

2002年是中国加入WTO的第一年，一季度我国经济运行情况总体上还是较好的，据统计，GDP增长率达到7.6%，优于预期，对于全年预期目标7.0%是个良好的开端，尤其出口额度增速有所上升，颇出乎许多人的设想。

加入WTO后有五年的过渡期。而世界经济发展处于速度下降以及美国遭受9·11恐怖袭击以及随之而来的反恐战争，导致一系列的不确定因素。我国经济已经完全不可能关起门来搞，朱镕基在总理位置上应付东南亚经济（金融）危机确是成功的，全世界因此对中国另眼看待。而这入世过渡与目前国际局势，比那时更复杂、严峻得多。怎样能过渡得好，关系太大了！

许多人都看到，中国的失业问题不是国营企业所能解决的，更多人挤入国营企业会彻底破坏掉整个国营企业。出路必须是多种经济共同发展，所以在江泽民的讲话中，个（体）私（人）经济已不是辅助性的而是重要的组成部分。私人经济发展到一定程度，在政治上必须有他们的代言人，民主党派因此绝不可能丧失地位。共产党的领导与多党参政议政，也许就是社会主义市场经济的可能出路。

我个人比较乐观，所谓谨慎的乐观吧，我国能够度过这五年十分困难的过渡期。不仅是参加WTO的过渡期，也是实现社会主义市场经济体制的过渡期。2008 年奥运会能在北京顺利召开，将成为一个非常突出的表征。那时真正面貌一新的新中国将跻身于真正的世界大国，是世界和平与繁荣的骨干力量。

## 关于国际竞争——做大与做强

20 世纪末尾，国际石油石化行业深切感受全球化的来临，竞争更趋激烈，展开了一场调整、兼并与合并的浪潮，一直持续到本世纪初。我国下定决心迎接并参与这一趋势，从争取参加关贸总协定（GATT）到加入世贸组织（WTO），进行了一系列准备；中国三家大石油公司——中国石油天然气、中国石化、中国海洋石油，先后改组为集团公司内剥离主要优质企业组成股份公司，并在 21 世纪初先后在境外上市。各自有国际大公司参股以筹集资金作进一步发展，走向世界大石油、石化公司的行列。中石化股份公司首先以其总销售额巨大而跻身于世界 500 强的行列。“做大”与“做强”是一时盛行的术语。中国股票市场已建立多年，深圳、上海两个交易所成为老百姓非常关心的投资与投机的中心。20 世纪内，已有几家油田、炼油、石化的公司在国内发行股票上市，被称为股市的石油板块。本世纪初，中石化股份公司又被批准在国内 A 股市场发行股票上市，因其在海外上市又回国内发行，一般被称为海归股。

关于中石化改组建立股份公司一事，我已完全处于局外。规划院与咨询公司的名称先后被撤销，如今已更名为经济技术研究院，属于集团公司内被剥离股份公司的单位。又单独成立发展战略研究组，派原化工设计院院长张旭之为组长，朱煜为副组长，挂靠在经济技术研究院内，以原咨询公司副院长万邦蒸、吕家欢等为组员。其中总公司又另建一个专门工作组筹划有关组建股份公司及境外上市事宜，除张旭之、朱煜外，抽调吕家欢参与工作。整个事件的开展我概不参与，且自觉不加过问，自认为知识确已老化，跟不上时代的步伐，不能误事、误己了！

当然不是漠不关心，有时有机会还会讲讲个人看法，中心思想只有一点：做大很容易，关键在于切实做强。剧烈的竞争中，弱者不可能胜出，而且拖延下去将走向被淘汰。中国原油年产量仍可列为世界第五六位，炼油总能力甚至更靠前，乙烯产能产力也还在世界前列，随便搭配一下，建成三个可列入世界级的大公司，十分容易。问题是还远远不够强。人员过多，技术水平落后，管理更落后，销售不力且缺乏服务意识，加上布局、生产结构等一系列问题，大量存在的没有竞争力的不良资产，使表面的大成为虚胖，是很危险的。但愿这是我杞人忧天，讲的是盛世危言吧！

2001 年元月初回国，仍去上班，更加不顾不问。但有位同志找我写点东西给战略研究小组刊印的内部刊物。情不可却写了篇短文。内部刊物发表时，加上一小段编者按语曰：“老同志的关心”。我感觉编者恐怕并不欢迎文中内容，就再也不肯写什么了。

我的短文还是讲要切实真正做强，主要办法必须淘汰落后，使不良资产及早退出。有一句话说：总公司建立若干办公室与小组，我认为最急需的可称“劣淘办公室”，即使不叫这名称，也须办此事。又说明事涉社会安定，困难不少，但唯其如此，才必须组织得力干部，认真调查研究，逐一仔细解决，切不能因难而退，拖下去必将更难解决。

短文被化工部情报所的同志发现，来人要求转载。2002 年初化工信息整理刊印 2001 年的“论文集”，该文又被收入。

2002 年第一季度，经济技术研究院一批副院长年届退休年龄，单位又提升了三位副院长，对我都很客气，但显然不与我有任何业务上的接触，我仍基本上每天上午去转转，也时而有些零星杂事临时处理一下。其中，曹晓晞整理一篇关于“加入 WTO 后的战略思考”，分析中石化股份公司与国际大石油、石化公司的业绩，最突出之处在于总人数遥遥领先，总纯利排名大大落后，利润率仅为几个著名大公司1/9~1/10等，形象地证实大而不强的面貌。

中石化投资公司在境外上市时向投资者作出的口头承诺，例如裁减人员数额、年利润等指标，2001 年没有达到，股票价格跌到发行价的 85%左右，有时更低。2002 年一季度，全集团公司亏损，股份公司利润仅勉强出现 1 亿元多一点。与 2001 年相比下降得不成比例（通常至少一个月 1 亿元以上）。到二季度，说是有所好转，不亏损了。至于全年利润，预计低于去年。正式加入 WTO 的第一年，美国经济发展势头严重下滑，又是 9·11 恐怖袭击，日本经济问题严重等一系列外部形势都不妙。2002 年初，政府预期 GDP 增长目标降为 7.0%。而 2001 年 GDP 增长 7.3%的数据引起国外若干专家的质疑，认为统计上有虚假。刚好美国自己的会计作假丑闻被揭露，著名五大国际会计师事务所的安达信公司（Anderson 公司）对大能源公司安然（Enten 公司）的几个年度报告做了手脚，又违法销毁了一批单据（即证件）。以后更揭出其他大公司如 Xerox 等也有毛病。最大零售公司 K-Mart 连锁超市陷于倒闭。在不少外国人尤其是美国人看来，有多年成熟经验与严密、完整制度的美国大公司都做假账，你中国人还可能不做假账吗？何况中国股市确也出现了庄家套钱、老百姓大大赔本的不少实际事例。你那 GDP 增长率还有几分可信度呢？从国内极少见到的片言只语中可以想见，外国人已有一些对中国经济一枝独秀（中国人太爱这样吹了）认为绝不可信，甚至有人从某些数据，如能源消耗推算出

2001年中国GDP最多不过增长3%左右，估计还更低。而2002年前景更难乐观！更有人进而说中国经济埋伏着一朝崩溃的危险，那时比日本更困难得多，云云。

当然也有不同意见，权威的国际金融业，世界及亚洲开发银行等都持比较乐观的见解，也确有人认为中国经济能够较稳定而长期的发展，其中也有人从中引出中国威胁论。美国国会最近发表的中美关系研究报告，大体就是如此说法。

身在中国，仅从感觉而言，我倒是对中国前途有谨慎的乐观。中国经济上根本的问题还很多，失业下岗、通货紧缩、消费不畅等，以至于今年以来由于国有股在股市上减持的问题，引起所谓的“用脚投票”，即老百姓纷纷退出股市，股价连续下跌，市价缩水达1400余亿元。最终国务院不得不通告停止（一夜之间股市立即猛升，但三星期后又已显示陆续回跌）。据内刊消息，朱镕基已讲过，本届政府办不成的事，可以移交给下届政府！

中共十六大即将召开，高层人事会有变动，另外也刻意创造一股安定团结、和谐以至繁荣的局面。报刊文章一片好于预计的宣传，这也不可能都是假的。全国外汇贮备已达2000多亿美元。进出口总额今年内不断有所上升。（海关统计都要与国际接轨的，完全造假的可能性的确很小。）所以我自以为抱谨慎乐观态度有根据！

不过，问题成堆而且颇为严重仍是不容讳言的事实。为召开十六大而推迟必须办理的事，以后只会付出更大代价。国有企业的改革仍在探索发展之中（包括国有股全流通问题）。但愿十六大能有个圆满的结论，新的高层领导能够掌握形势，审慎前进！我近来多次说：2008年北京奥运会顺利进行并取得多方面的丰硕成果（远不只体育运动这个方面），就表示中国能够面临入世后的新形势而站稳脚跟，充实了基础，就大有希望了。也许到时候我还将写点什么。否则呢，2001年初写的那篇短文也许就成为我公开发表的最后一点东西了！

## 职称评定及其他

“文革”以前，我始终在石油部设计部门工作，但就炼油即下游部门中重大决策及其贯彻执行，还是参与很多，有机会发表看法与认识，也曾受到相应的注意。笼统说来，在下游加工部分还一直跻身于主流队伍中。“文革”后恢复工作时，在石化规划设计总院。初期该院领导各设计院，除掉直接参加若干具体工作外，还能过问并参与若干方针、政策方面的工作。尤其在参加能源研究会后，对这方面的问题可以从宏观角度进行一些探讨，仍然不曾离开主流队伍。中石化组建后，工作单位本来定名为石化规划院，职责范围较宽。而这个单位的作用与职责，却一步步被削弱与缩减，名称也改成石化咨询公司，说起来虽是一种改革，从事业单位逐步变成企业单位，可以经济上独立，不吃皇粮；中石化本身已是个公司，是国有企业而不是政府部门。实质上总公司依然代行相当多的政府职能，不过限于总公司本部，发展计划等事项逐渐收归总公司各部。也只有各部仍具有一定的政府职能，而我们单位只是咨询公司而已。总公司领导人曾表示，希望咨询公司成为总公司的智囊，成为美国著名的兰德公司，其实这是空话。一则咨询本身远远不够资格，二则一般咨询公司有若干够格的专门人才外，更重要的是信息量掌握得多而准确。中石化的咨询公司连信息渠道都不畅，更谈不上国际最新情况、发展趋向这一类的信息，中石化公司内部的情况也只能掌握一定部分。而且在金融财务包括成本在内，总公司本身对下属企业也是仅能掌握表面上正式报表所列的数据，不都是确切的。各下属企业在公用工程方面的数据一般都是连估带平衡，然后分配给各车间，经常喊“不够”而实际浪费很大。中石化建立以后对节约能耗重视不足，我原来在石油系统担任节能攻关组组长，中石化总公司不认账，而当时副总经理明确只管炼油，我就干脆连炼油部分的节能也不管了，企业能耗水平反弹。石化系统从乙烯裂解开始，其能耗就远远超出国际水平。生产部只指定个年轻人收收报表，作些统计而已。

所属单位的职责简化，整个咨询公司离开了总公司的主流，我自己也就只做些这样那样的具体工作。我曾向接邵祖光担任院长（习惯上一直那么叫）的苏亿民说，有些什么会议你们负责人有难以应付或不愿参与的，就不妨派我，我既有资历可代表你们，讲什么话却可以又算数又不算数，你们同意了就算数，你们不同意就不算数嘛。

除具体工作外，搞了若干杂务，如职称评定、优秀设计评选、科委发明创造奖评选、有关政策发展等方面的课题以及参与几套丛书的部分编写，相对颇忙。

按国家文件暂不退休，名义上成为顾问，逐渐年逾70，慢慢从工作中淡出。2000年第二次出国探望子女，住了8个多月。2001年元月6日返京，以后就基本上不干工作，纯粹养老，只是仍暂不退休。反正已过80，无所企求，但望国家渡过难关，更加兴旺而已！

从石油部开始评职称到“文革”后恢复，我一直是评委。许多人根本不认识也都评上。但一旦我不同意，往往就会通不过。有人说我代表一种旧势力、老资格，其实我对破格晋升有意见。例如南京某厂长是中等技校毕业，也要评高级工程师，我就不同意，认为不够破格条件。后来此人是省里专门通过的。有的人，干脆总公司下令包办，不要评议而晋升！

我恢复正式工作时，重新评定职称的普遍性活动已结束。但在规划设计总院杨达书记主持下，对包括我在内的一批老人都明确承认原来的职称。其中有张英、梁翕章等。我原是三级工程师，同样得到确认。

职称改革改变了原来工程师只分工程师与高级工程师两大级。工资高、低有区别而职称不再细分。开始执行时，原任六级及以上工程师的，可以套改直接定为高级工程师，其余保留工程师职称，要通过考试及考核，经各有关职称评定委员会评选、推荐，再经省、部级主管部门批准，才能晋升为高级工程师。技术员的定级，晋升为工程师等，与之相似。

高级工程师被定为高级职称而工程师是中级职称，技术员为初级职称，统称为工程技术系列。而在其他系列中，高级职称一般又分两档，例如教育系列中，教授是高级职称，又分为正、副两档。因此，后来将高级工程师也分两档，较高的一档称为享受正教授相同待遇，实在难以在一些表格中填写，就被简称为“教授级高级工程师”；但教授级其实又专指正教授，所以后来又称为正高级工程师和高级工程师。

使用教授级高级工程师这一职称时，规定原任四级工程师以上者可以套改，其余要晋升，又得考试、考核、评选、批准。从这一制度开始，我就被任命为石油部职称评选委员会的委员，主任是侯祥麟；具体在炼油组，组长武迟。到石化总公司后仍然担任委员，直到1998年我解除总工程师职务后退出，先后经历六届委员会。每年开一次会费时五六天，一般都选一个风景旅游区或下属企业的疗养院，每次总多多少少享受公费招待。在石化总公司曾一次评完1100余份申请，又要考虑这样那样明确的照顾，以致流行一句话：高级工程师一角钱十一个。

记下这一小段，想说明在我国改革开放过程中，许多规定、办法等，不免有仓促出台、考虑欠周的内容。

## 国家科委发明创造奖评选委员会

从第一届开始，我先后在冶金化工小组及化学化工小组任委员，每两年评选一次，组长是侯祥麟，共先后任职四届，与侯祥麟等几位同时退出。这件工作比较严肃，事先由科委筛选基本合于资格的申请，然后分送各委员分别承担几项申请的初审。每个项目由三名委员分头初审，互不联系。开会时第一步须申请人之一作汇报，由其中一位初审委员提出意见，参审的其他委员补充，全体委员不记名投票表决。

由于得奖的奖金有限，而申报手续、评选过程又较严肃与严格，一般反映认为过严，科委曾派人征求各委员的意见，我表示奖金能否提高是另一回事，评选不宜放松。我们那个小组多数委员都同意。以后奖金额度曾大幅度提高，审查大约仍从严。

## 关于基本建设项目前期工作的评估

国家计委国际工程咨询公司成立专家组，我被聘为炼油石化方面的专家。成立这个公司并且聘请有关专家，本意是使基本建设的投资决策科学化、公正化、民主化，避免领导人个人说了算，避免失误。然而咱们中国的事情十分难说，这种对可行性研究的编制与评估，离目标实在太远，被聘为专家了，有时很难以处理。

如辽宁省准备搞一套类似燕山的乙烯联合装置，但资金各方面都不够条件，于是规模定为 12 万吨/年乙烯。这样的规模不经济，用不着什么技术专家就可断定。但据说中国条件特殊，可以“带动地方一系列工农业经济的发展”。为证明有利，就找一家设计院（且不点名，不是北京院、洛阳工程公司）编一份预可行性研究报告。报告的结论是内部收益率— IRR 高达 15%左右。辽宁省计委有了根据，要进一步落实，就出现省内三个城市争抢这个项目。又先后找那个设计院编制可行性研究，该院接收了两个城市的委托，第三个城市只好另找一家设计院，三份可行性研究报告的结论，收益率一个比一个高，投资一个比一个少。

西南没有炼厂，重庆、成都、昆明、贵阳以至广西都无炼厂，我始终认为西南应建一炼厂，重庆很有积极性，可以安排。我一毕业就搞酒精替代汽油，有些人参加过建国前动力油料厂工作。我认为在重庆选址建厂是合理的，还可顺路照顾昆明。因此两次到重庆。

张皓若当了四川省省长，有意引进外资，炼油与化工企业一起上，建在成都附近。

我努力奔走为重庆建厂，因西南无油，我在建国前后都曾领略过苦处，我不主张引外资进川。最后计委专家组又有意搞管线输送成品油去西南（在广西建厂），意见分歧，未成任何事实。

## “当代中国”与“2000年的中国”（附大百科全书）

前者是一套丛书，后者是一系列专题研究。

回忆起来，20 世纪 80 年代中是知识分子们又一度活跃的时期，领导层也注意到必须有中、长期的规划、研究。国务院成立相应的研究机构，赵紫阳甚至引进了欧、美的经济学家。国际上主要国家大都在此时专门有组织地“展望2000年”，就是说21世纪。在这种背景下，组织编写与研究上述两项，我都不同程度参加了。

《当代中国的石油化学工业》一书1987年出版，我是副主编之一。主编列中石化第一副总经理张万欣之名，第一副主编则是总公司副总工程师侯芙生。最初我并未具体参与，初稿出来后出现较大的分歧意见，关键在于炼油部分该不该有所反映，因为炼油行业当时划归中石化主管。石油天然气总公司负责编写《当代中国的石油工业》，据说初步的原则性意见仅限于上游。如果当代石化工业又不能充分反映炼油工业，说起来就很不完整了。据说有些老领导表示不满意，连原来化工部的副部长林华也讲了话。出版社的责任编辑向张万欣推荐我对全书有关章节作全面的补充、修改。张万欣同意把我列为副主编来收场。

我主要改写了其中四章，并对全书其余章节作了修改、补充。由于对自己写的东西并不那么看重，原稿早已散失。

关于“2000年的中国”，我参加的是“2000年中国的能源”这个专题，当然限于石油天然气，专题由中国能源研究会负责，我那时还没有正式加入该会，但因专题负责人是蓝田方，此外张定一老部长也积极参加，才叫我去了。

那时能源研究会已经整理出我国历年来一次能源的生产与消费构成，充分显示出石油、天然气的比例过低，在消费结构中尤其突出。我根据国民生产总值（GDP）翻两番的大概念、大目标（即2000年，GDP应达到1980年的4倍），预测2000年的石油消费需求，再按当时石油、天然气探明储量与近几年新增探明储量、可采储量以及储采比的数据，得出一个结论：我国到1995年附近，将变为石油进口国。

这个观点是很大胆的，因为那时中国是亚洲最大石油出口国，而十来个大庆的说法经过一些修改（主要是把天然气折合为油当量也算进去）后，还总在流传。原油与炼油产品的出口值，一度曾经占全国出口总金额近1/4。原油不仅不能出口还要进口，那还了得！因此，讨论过程中表示同意的极少，尽管我作出一张图，需求与供应两条曲线明显地在1995年左右交叉。蓝田方写的总报告，也没有明确采用“将转为进口国”的提法，只是换成温和的语句，作为一种有人提出“警报”。

而社会上，尤其是石油工业系统内不免知道此事，颇为不满，就有人不点名地批评，到余、康老部长那里，就出现一种说法：“中国贫油论，再次出笼。”

按那时看到的外国报道，一般已认为中国原油出口量难以增长，有的认为即将下降。日本有人认为大庆油田早期注水技术不过关，已造成水淹油层，必将影响最终采收率，并隐含着大庆难以长期维持5000万吨/年以上的产量。但没有见到中国会转为纯进口国的说法。至于国内，更未见有这种推测或预报。我当时讲的时候也加上一些限制用语，意思是能有勘探上的新突破，就会改变状况。不幸言中，实际上在1993年就可以说有了纯进口（将进出口成品油折算在内），连一贯注意中国状况的美国东西方中心，也专门提到“意外地过早转为净进口国”这种说法。

附带说一下《中国大百科全书》及《化工大百科全书》的编制、出版。

根据当时学术活跃的时代背景，国家决定编写《中国大百科全书》，专门成立机构、编委、编辑部以及专门的出版社。我并未参与，只是个别同志在写到有关石油、炼油方面的词条时有所咨询与讨论而已。

化工部陈冠荣总工程师，在取得部领导，特别是陶涛支持下，组编化工大百科。我被邀列为编委参加过两三次会议，分工负责有关化工厂、总平面布置及运输方面词条的审核。开始审过两个词条，稿子都已经由撰写人按审查人意见修改过的，我又提了较多意见，作了若干修改，编辑部具体工作人员似乎不太高兴。第三个词条就是总图布置，化工一院同志起草并审改过，我老脾气又犯，认为要作重大修改，其中恐怕包含了石油（炼油）与化工两家设计院传统上的不同之处。我认为具体措辞与所写内容过于沿袭苏联的观点，坚持应作大改。这一下大概难为了编辑部，改与不改、大改与小改有争论。据说反映到化工部一位新任的副部长（他参加民主党派，后来被选为该党中央委员、副主席，1998 年被选为人大副委员长）那里，他主张小改了事，且改后没有再给我看。以后，再没有什么词条送来了，编委会通知我开会，我也没再参加。

## 中国能源问题与中国能源研究会

### 中国能源问题

我大半辈子的工作是在能源领域。1950 年到北京，参加燃料工业部石油管理总局的工作。燃料部统管煤、电、油事务，实际就是能源部。

50 年代早期，一般人背后发牢骚的话，说燃料部是“重煤轻电不管油”，还有人讲应加上一句：“水电（能）轮不上。”此话并不确切，燃料部还是既管石油勘探又筹划水电建设的。不过当时工作重点不得不先放在煤矿的恢复生产与发展。那时，全国一次商品能源中，无论生产与消费，煤的比重占 81%以上。火车的蒸汽锅炉用煤，发电用煤，工业生产的动力来源主要是燃煤，人民生活做饭、烧水等都用煤。那时总的结论是中国煤的蕴藏量极大，较长时间供应量充足，只要有人挖，能运出去就行。煤的价格非常便宜，北京人用的极好的无烟煤阳泉大砟，几块钱一斤送到家，而那时的人民币 1 万元才折以后的一元钱，笼统点说，一吨优质煤也就是新人民币几元而已。

抗美援朝引出的结论之一是石油的重要性。说到底总不能用煤开飞机！燃料部管石油勘探，按苏联专家的建议，由西而东重点放在甘肃、青海与新疆，几年没有大的突破。中央领导着急了。毛泽东请出李四光先生任地质部部长，几次听取老一辈专家的意见，转向东北勘探；而与此同时，决定大规模开展人造油工业建设。朱德总司令为东北几个页岩油厂、煤炼油厂的恢复生产等，曾亲笔题词曰“发展人造石油，巩固国防建设”。燃料部也被解散，分别组建为煤炭、电力、石油三个部，以后又加上水利部。

石油部北京设计院在大批力量投入配合苏联援建兰州大炼厂（100 万吨/年）的同时，我被任命为抚顺石油二厂恢复扩建的设计负责人，称为工厂设计师。在老专家达尼连柯指导下学习、工作，还一度分担茂名页岩油厂的选址等工作。最终完成抚顺、茂名两个 100 万吨/年页岩油厂的工程设计。35 吨左右的油母页岩才能出 1 吨页岩油，100 万吨的页岩油厂，世界所无，我国也是不得已而为之！

找到大庆油田，参加大庆会战，奉命负担大庆炼厂（曾用过黑龙江炼厂、龙凤炼厂的名字，最终确定为大庆炼厂）工程设计任务，并由原定

100万吨/年的规模以偷梁换柱的方法，一下子扩为250万吨/年。参与炼厂技术改造“五朵金花”的发展，奠定以后近20年炼厂建设的基调，进而引进大型润滑油基础油生产的三大装置，开发加氢裂化并进入石化范围(顺丁橡胶、聚丙烯与丙烯腈)。这就到了十年动乱，进“牛棚”、干校。

1973年干校毕业，却未被分配工作而是被挂了起来。1975年通过唐敏、姬永兴等关系，借调在燕山基建指挥部，参与30万吨/年乙烯裂解及配套工程，接触学习有关裂解与聚烯烃的大量英文资料，组织并帮助指导翻译事宜，正式踏入石油化工的门槛。

1978年正式恢复工作，除其他若干事项外，担任炼油厂节能任务，任节能攻关组组长。此时开始提出到20世纪末生产翻两番（意指GDP的增长）的宏伟目标，而所需能源则列为一半靠开发，一半靠节约。

到2002年8月1日《中国经济时报》引国家经贸委资源节约与综合利用司的消息：“我国每万元GDP能耗由1980年的7.89吨标准煤，下降到2000年的2.77吨标准煤，累计节约及少用能源超过9亿吨标煤。”又称：“能源生产总量由1980年的6.37亿吨标煤增长到2000年的10.7亿吨标煤［这两项数字，2002年国家统计局均曾明文修改］，以一次能源消耗年均4.7%的增长支持了国民经济年均9.5%的增长。”实现了经济增长所需能源“一半靠开发，一半靠节约”的目标。

而据《世界石油工业》2002年第二期所载，美国副总统、国家能源政策规划组组长迪克·切尼所写文章，在1991年到2000年间，美国能源消耗比十年前增加了17%，而同期国内能源产量的增长为2.3%，可见，美国是依靠进口能源来支持其经济发展的。他又说：“美国已经极大地改善了能源利用效率，从1973年以来，美国的经济增长了126%，而能源消耗仅增长了30%”；“今天生产1美元国内生产总值（GDP）所需的能源是 1970 年代的 56%”，也等于说：30 年来支持经济增长所需能源的 44%靠的是能源利用效率的提高，另外 56%来自进口加生产。

切尼又说：“从现在到 2020 年，能源密度计划以每年平均 1.6%的速度持续降低，这种降低要归功于能源利用率的改善以及经济结构的变化，还有一部分与能源密集型企业的减少有关。”

切尼讲的“能源密度”，确切的定义我不清楚，估计与我们常说的能源弹性系数相类似。降低这种密度的办法，切尼列举三条，至少前两条是中国完全应该努力的。

当时正是国家科委组织多个行业学会讨论并编出合理利用一亿吨原油的背景，在一定程度上也是中国能源研究会组建的背景。

中国石油学会组建于 1979 年 4 月。我一直被选为理事之一。合理利

朱康福文稿3篇
左：1987年：石油、天然气的合理消费结构
《合理利用能源资源》项目的子课题
中：1991年：从全国能源供应看天然气开发利用
右：1994年：有关石油消费快速增长的思考

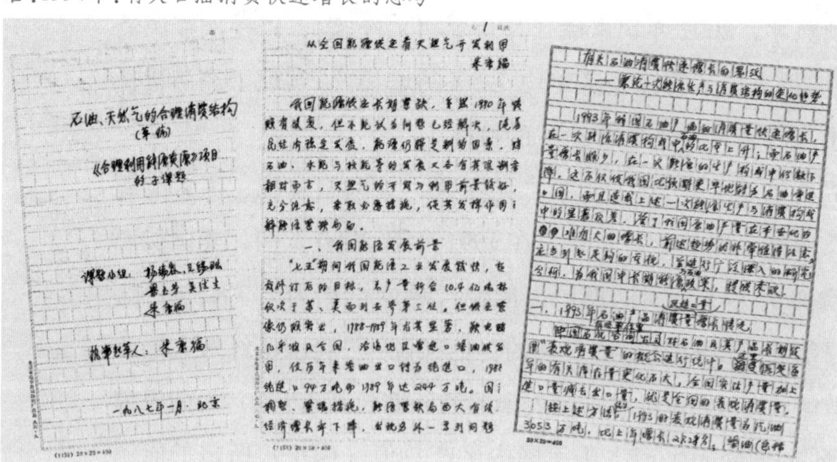
石油、天然气的合理消费结构
（草稿）
《合理利用能源资源》项目的子课题

从全国能源供应看天然气开发利用
朱康福

有关石油消费快速增长的思考

用一亿吨原油的课题是石油工业中的下游问题，我当时是炼制分会的常务理事，因此，义不容辞组织、执笔并提出报告。那时我还根本不知道有中国能源研究会这个组织，而待我知道这个组织时，却发现石油系统中绝大多数现职工作人员都不参加，倒是张定一、蓝田方积极参与。

## 中国能源研究会

中国能源研究会明确定位为跨部门、跨学科、非营利的非政府组织（NGO），学术性社会团体，也是世界能源协会的团体会员。我曾任理事、常务理事及副理事长，现在是顾问。时间从 20 世纪 80 年代初直到 21 世纪。

当时各个学会还挂靠在政府部门，该会最初挂靠在国家科委，以后直接归全国科协，是彻底跨地区、跨行业的民间组织。本来每年由科委或科协资助不超过 10 万元，其余经费来源就是承担课题研究及少数会员和团体会员的会费。

据了解，最初积极张罗组建的是科委一位司长，名叫林汉雄，他是革命先烈之子（林彪的亲侄），且林彪鼎盛时他概不参与，因而事后受高层领导人的另眼看待。他的确网罗了煤、电、水电三部门好几位已退休的部长、司局长、总工程师、情报所长及稍后的清华大学核能研究所等一批专家学者参加。

不知什么原因石油部系统中几乎没有人参加该研究会，是不是领导人有什么看法、说法，我全不知道。研究会找到蓝田方，他开头也没答应参加，却同意参加讨论、研究，稍后才正式参加，他当时在石油部规划设计总院任副院长。他之后，杨端容表态参加，以后却不参加任何活动。然后我也参加了。我参加后，曾有熟人善意相劝，我未为所动，还积极参加了活动。

林汉雄认为中国的能源供应及消费状况有问题，可能会制约国民经济的发展，妨碍翻两番的实现，与当时政府中多数人认为中国能源资源丰富、供应充足，没有甚至不可能有能源危机的看法相反，被一些人看作是唱反调的。最早积极参与的都是电力、煤炭两部中对那时的能源政策有看法的人。当时正式宣布的、可以称为中国能源政策的提法是："（GDP 翻两番）能源翻一番，一半靠节能"。

中国能源研究会成立后第一件大事就是集体讨论中国能源概况及存在的问题，第一个大课题就是中国能源现状及展望，题目为《新形势下的能源问题和对策》。有好几位从新中国成立以来一直在部一级从事专业技术领导的老专家，掌握的情况与数据很充分，有人还参与过重大决策的讨论。在不受部门约束的条件下较能畅所欲言，因此较能反映真实存在的问题。

那时国际上有石油冲击，许多国家，特别是发达国家都非常注意能源问题，但中国多数人，特别是政府部门中人大都认为中国煤炭丰富，石油储量大，既无石油冲击，也无能源问题。其实那时全国缺电严重，而对水能、核能又重视不够，除少量燃油电站外，绝对主要的就是燃煤电站。在80年代中期经济发展加快的情况下，极大地制约了发展。研究会提出这种课题，对政府提出的开发与节约并重、近期以节约为主的提法明确认为过于笼统，认为能源问题是制约我国长期发展的重大问题。也许这是石油系统很少人参加该会的根本原因，亦即不愿有任何与石油部领导唱反调者有什么牵连。我参加此会时，已在上述课题研究接近尾声，在起草总报告之时看到一部分资料，基本上很同意并大受启发，尤其认为我国能源问题必须有全局的、统一的规划，绝不应笼统局限于"水电—火电"或"煤炭—石油”以及该不该发展核电这一类局部问题，同时确实急需有一套完整的长远指导方针，也就很必要有跳出部门与地区局限的研究机构进行研究。

讨论明确能源供需方面确实存在绝不能忽视的问题，亟须有全面综合的研究并制订相应能源政策与比较具体的规划。当然也对各种一次能源的发展有较深刻的评论。例如：煤所占比重过大，油气比重太低而对天然气的开发利用重视不够，石油与天然气在一次能源中本应占有重大比例（发达国家比例高达40%，以至50%以上）。水能开发利用不充分而潜力很大，“运煤不如输电”，“一家办电”的毛病，核能等应发展。农村能源是个重大问题（“不愁锅里愁锅底”，即不愁粮食愁燃料）等。课题的总报告主要是蓝田方起草的，他在能源研究会中大受重视。完成后通过科委直接报送国务院。内容列为绝密，因为数据研究结果表明中国能源方面存在重大问题。

中国能源研究会的许多结论性意见常与石油部相异，石油部在开发东部各油田后，有些志得意满。十来个大庆的话公开由康世恩讲出来，研究会人士颇不满意。蓝田方草拟第一个大课题就明确说：中国的能源问题(石油问题)，甚至会有危机。我在1984年审核一篇资料（林美珍作)，估计2000年“包括化工轻油在内，共须28 800万余吨”。我自己写的一篇预测性文章，更强调石油不足，不久将成纯进口国，应及早改变，年产量降为七八千万吨；又在用好一亿吨原油的讨论中深为重质产品如沥青等呼吁，认为良好的沥青可由混兑而得，铺路后节约燃料，超过汽油改质。所谓渣油路面不仅浪费路面的渣油，还浪费上面行驶的汽、柴油。此外，蜡和润滑油脂必须充分注意质量，附加值就较大。总之，原油应论其本质充分利用，不应千篇一律渣油掺入FCC原料以为一定赚钱。我的意见无人理睬，尤其关于纯进口问题，无人赞成，连蓝田方汇总也不提此意。不久在报纸上出现没点名的批判，曰："新无油论又来了。"此稿迄今尚未找到。

其实我对中国油气资源的远景期盼，与康世恩的根据基本相近，都是油勘院万吉业主稿的一份未公开的个人意见，已包括对南海及西亚大沙漠的估计，不过折扣很不同。20 年内难以开始修筑基本道路的最高只考虑 20%，供后代考虑。许多地方限于海军力量，多作为合作对象。加了不少条件如不作通盘考虑而适当修改等。我认为 2000 年生产不了 2 亿吨原油，用两条曲线表示生产量及需要量，认为在 1995 年前后将成为纯石油输入国。不幸言中。当时不仅无人同意，且讽刺与批评相继而来，中国能源研究会从此似乎与石油部意见相左，以至于今。岂知不到 1994 年就在国际上被评为纯进口（汽、煤、柴油折成原油时）。

对中国的石油问题，温家宝总理问询侯祥麟。侯博士网罗一批人反复讨论，我都未参加，不知结果如何？依我主见，近期是八仙过海、各显其能。未来方针都应定于一尊，愚意为植物柴油。柴油从植物中来，可再生，工农直接结合。比翼而飞，这是中国最大最好的出路。

中国人用点刨花水就把中国妇女的美丽黑发，直而顺，修饰得光可鉴人，只有法国香水好吗？"失我燕脂山，令我妇女无颜色。"有土地、有自由的劳动，不是劳改放逐，就有美丽，这是我的信念！这是大题目，也不知别人意见及看法如何？

研究会第二个大课题是针对电力工业的，是当时最热门的话题之一。直接参加的人较多，可谓阵容强大，清华大学那时已有专门研究核能的小组，以后正式命名为核能研究所，全体人员都参加了；水电部门的几位老专家，退休的老总，原副部长李锐，都曾介入；此外运输与环境保护部门都有专家参加。报告围绕三个中心：加快水能、核能的发展；运煤不如输电（坑口电站）；机制与价格。环境保护也提出并稍加强调，但还未突出。涉及石油的仅是燃油电站，认为不宜发展，但对煤代油政策也有保留，未占重要地位。

蓝田方积极参加这个课题，他辩力无碍、成文快而精练，很受欢迎，成为研究会的重要成员，选入理事会。我只参加过一两次讨论，对燃油电站发表些看法。

第三个大课题就是 2000 年中国的能源，总报告撰写又是蓝田方。我则提出 1995 左右中国将变为石油净进口国的看法。而我在石油部系统内某种程度上，被看成是唱反调的人了。稍后些时，蓝田方为此还曾转告我，要我考虑。我认为科学研究嘛，总还应该开放一点，门户之见没有意思，至于得罪石油部老部长，已经如此了，反正我又不想当什么官，随他去吧！

迄今，我认为原油进口已不可免，也不可怕，问题是切实节约能源、节约石油。炼油石化行业必须加工进口油而不赔钱，微利也行，但依靠进口原油而赚钱却是得不偿失的。能源高价比劳动力便宜远较不利。

中国能源研究会在 80 年代迅速扩大，好几个省、市都组成相应的研究会，有的作为团体会员参加中国能源研究会，有的完全独立；另外，研究会相继组成若干个专业委员会，如农村能源委员会、节能委员会、新能源委员会、核能委员会等。又组成几个工作委员会分别负责组织、财务与咨询工作等。一度由电力部计划司司长雷树萱负责一个咨询公司。因为国家科委、计委等各有一两位现职司、局长以个人名义参加，实际上就取得若干个较大的研究课题。

除上述大课题外，我曾任能源研究会专家委员会组长、副理事长等职，专责各项课题，并据理事长朱亚杰建议成立顾问公司。公司经理雷树萱，专门接受新担任课题并签合同。各专业委员会，特别是农业委员会不同意上缴一定百分比扩大公司，自己对外承担任务，用能源研究会或仅农业委员会名义收钱，结果第二年就搞得不欢而散。深圳市一个电力项目，他自己负责，据说去深圳时花费颇多而资料报告又不尽如人意。王庆一表示不满，我调停也不见效。维持两年，公司解散。

我在朱亚杰推荐下任副理事长，众多人推荐刚退休的能源部部长为理事长，而令人小吃一惊的是这位部长是我 1947 年离私锡中才入学的 1950 年毕业生。约是 1999 年春节团拜会，他与我同桌而坐，彼此不相识，听

2004年朱康福回无锡，在外甥邓复源陪同下与当年的私立无锡中学学生(49级)聚会
左起，前排：查国伟、黄德森、唐炜、朱康福老师、朱寿栋、邓复源。
后排：陶云骏、胡××、糜其行、邵茂森、任祖麓、马效波、范世翼。
陆炳兴所摄

王庆一叫我名字，他竟起立叫我“老师”，使许多人愕然。

蓝田方是能源研究会积极分子，我曾推举他为副理事长。蓝田方有个心愿：出国看看。中国能源研究会与国际能源研究机构的联系与交流他也起相当作用，引来英国“人民之间”（people to people）下属能源研究员来访。一位英国老太太带个三人小组就能源问题访问中国，蓝田方出面接待并应约回访，准备下半年去加拿大参加国际能源研究会为正式会员。临行前虽已有脑病猝发的征兆，还是勉力而行，到伦敦病发，不幸逝世。

张定一副部长也以个人名义参加，最积极搞的是“用好一亿吨原油”大课题，侯祥麟以石油学会理事长之名实受其益。

能源研究会有几种定期刊物：一、每年出一本《中国能源年鉴》，王庆一负责，中英文对照，与国外能源研究会交换。二、《世界能源导报》双周刊小报，归鲍云樵负责；三、《能源政策通讯》季刊，王庆一主编。三个期刊都不可能创收而靠资助，又寄希望于咨询公司。咨询公司挣不了多少钱，干脆交给负责人去处理，这是咨询公司撤销的根本原因。三个刊物至今支撑着，其中王庆一负责的两份有点意义，导报实际上没什么价值。

研究会下属好几个工作委员会，如“农村能源”、“新能源”、“节能工作”等，各自争取课题，收入用来支持自身开展工作，咨询工作委员会也无法具体过问。我曾建议过一些具体办法，希望各工作委员会在收入中上缴一定比例给研究会统一使用。理事会讨论时还一致赞成，拟定了几条实施办法，却不能实际贯彻执行，这是我下决心不再参与的主要理由。

中国能源研究会还有几次对外协作活动，其中包括朱亚杰一直提倡的新能源，专门有个工作委员会，下面又有个太阳能小组；在花园路还有个太阳能研究所，附有开发产品的生产与销售。这些有关人士们与国际同行间的交流，主要通过朱亚杰的名义（院士教授、研究生院院长）。朱亚杰身体不好，有些事就推给我。筹备了一次国际会议，在北京召开，我曾帮助接待过两次外国同行，最后的会议并未出席。

中国能源研究会支撑至今就是一大成绩，以民间学术团体而参与国际能源研究团体，也多少有点影响，但中国目前情况下，政府部门不给予支持就困难重重。本来国家科委一度成立的能源部，以及原煤炭部、电力部、经委节能司等都因有原部级、司局级领导人在研究会担任职务，并在一定程度上还重视这个组织而给予支持。目前国务院改组了，能否继续得到什么支持还不知道。

研究会网罗、至少联系了一批国内能源系统的高级专家，可以为政府有关部门出谋划策、提供意见，但政府部门一般喜欢自己直接掌握这种研究、咨询工作。如国家计委自己组成一个能源研究所，所长与几个骨干人员本来就是研究会会员，还担任副理事长、理事等职务，计委就不可能花钱让研究会担任任何课题的研究了。而各工业部，又往往因为研究会提出的看法与意见不完全符合自己的决策方向，觉得研究会不能替本部门说话制造舆论而兴趣日益下降，因此这个还有些成绩的民间学术团体今后命运如何尚不可知。

照咱们中国人的传统，我到如今还列名为研究会的顾问，其实是什么事都不过问了。在中国，真正能公开发表不同意见的政策性研究的非官方机构，还要过些时间才能发育成长。

三大石油公司对能源研究会似乎始终另眼看待，门户之见如此深而不顾国家大计，实在可惊！这也就结束了我在该会的一小段过程。

就在昨天（2002 年 3 月 29 日）中国能源研究会召开第五届全国代表大会，我去参加了半天。研究会已因经济来源问题陷入困境，第四届秘书长所作上届工作报告中说到“存亡边缘”之类的话，令我不禁黯然，窃以为这一类学术机构难以立足，是我国一件可悲之事。附记于此。

## 随康世恩出访日本

改革开放以后，派出的国外考察团组、参加国际会议以及引进谈判等增加了许多。此外，老资格的司局长们都安排出去一趟，以开阔视野，更好地贯彻改革开放的大政策。这些老同志老领导出国，自然需要翻译及技术人员，我因此几次忝列一员。

回国后规定要写总报告外加技术报告，多数情况下我总要负责起草一部分甚至全报告，遗憾的是这些报告多数不被重视，虽然报告，特别是技术报告中总有意见与建议这一类。花了国家一笔外汇，仅仅获得一份书面材料而缺乏实质性效益。而流风所及，出国成为一种待遇，是一种名利双收的良机。出国人员不仅总有一笔制装费及国外零用钱，又可以免税带回几大件或几小件外国货，有个人实利；出过国，在评工资、职称等方面又是一项业绩，这也是未曾出国的同伴无法比拟的。不过这种待遇对我而言毫不适用，我多次出国也没给家庭或个人买些大件、小件，更谈不上评级之类。与外国人交往中，按政府规定，用公款向对方送一定礼物，对方就不免要回赠些东西。对这种礼品政府有明文规定，价值不超过一定数额的可以自行保管，超过数额的上缴，又可以缴少数现款后自用，仅交原价1/10左右的钱。其中，日本人对中国情况吃得最透，往往可以分几次以不同名义送几份礼，每次每份都在规定数额之内，使受礼人得到最大的实惠。

此外，团、组带头的人如何举措，还要注意。例如我随康世恩国务委员访日，所得礼品甚多，回国后向本单位领导汇报，得到口头指示先看看再说。于是两块手表、一架塑料壳傻瓜相机都归我享用了。记下这一点，明白招认自己得了私利。凡是由我带队的小组，规格不高也就没事，我按规定在单位登记。可是这种登记制度，后来连院党委办公室的同志都嫌烦了，我虽然还坚持登记了一阵，最后办公室的登记本都找不着了。我自己陆续积存下来少量美元，出国一般带上，自己不用，有时也帮助别人凑数买上一件大件或小件。让别人回家有个交代。

1985 年 6 月随康世恩出访日本是我参加的最高级别的团组。康世恩当时是国务委员，带领石油、石化两方面人员。石油方面有石油天然气总公

1985年6月随康世恩出访日本
前排:右一:沈晨,右二:李德生,右三:秦文彩,右五:康世恩,左四:盛华仁,左三:李晔 后排:右三:朱康福

司副总经理秦文彩，胜利油田李晔（原余秋里秘书）、外事局小马，中石化副总经理盛华仁、我自己，还有随行医生一人，专职保卫一人等。

日方正式出面邀请及接待的是半民间组织石油公团，亦即石油巨头（财阀）集团，其中有些头面人物担任过内阁阁员。这是日本人狡猾的表现。康世恩既是副总理、国务委员，日方对等的级别应该高于一般阁员如通产相或叫通产大臣；但以具体访问业务而言仅是石油与石化，日本政府中管这种具体业务的是通产省下属能源司的石油课。当然不能让石油课课长出面接待，又不愿意让通产大臣正式出面，就找石油公团的头头来出面，而且公团是有钱的，在接待过程中可以花点钱而不受官方约束。口头上还有一种说法，他们讲康委员轻车简从、深入基层考察而不采取国事访问的方式，在礼仪方面应避免繁文缛节，大家（指双方）都宽松一点，云云。接待宴请时有歌舞伎侍酒，住宿除在东京时住的是正式星级大饭店，找一些旅游景点的宾馆等，都按上述概念行事。当然最必要的礼节也不放松，例如离京前日本驻华大使馆宴请一次，到东京后，通产大臣接见一次，也派通产省官员到机场迎送等。

日本大使宴请时，安排的是日本式宴席，与中国的丰盛菜肴不能相提并论，李晔大概吃得不够过瘾，就大讲吃狗肉的美味、滋补等。康世恩大概对吃狗肉也极有兴趣，接着也讲了一通。日本大使显然不痛快，出于礼仪又不好随便打断，却找个机会说了句题外之言：“今天幸亏我的小女没有在场。”康世恩自然要问理由，他说他女儿爱狗，爱得出奇，如听说杀狗吃，她简直会找人拼命的。这个日本鬼子也太嚣张了一点，康世恩的回答倒也还得体，说家养宠物那种狗自然是不吃的，实际上也不好吃，杀了吃的狗，一种是野狗，再一种是养了就为吃肉的。我只是忝居陪席，从未插嘴，却对李晔引起这一场插曲有看法。

日本对中国各方面情况的了解、掌握的信息都很深入，情报工作肯定很周密，对我的身份、经历肯定也有所掌握。在日本凡有参观、技术性访问之类的事，总会有一个人在我身边，既准备回答我可能提出的问题，也监视我的行动，保证我也只能随大流跟着安排的线路而无法看到或接触其他情况。所以，这次访问在专业技术方面的收获极为有限。

印象深刻的主要只有一点，石化生产企业积极努力开发新品种、新产品。一个实例是开发洗衣机内桶所用的塑料，树脂（塑料的基料）生产厂找一家最大的洗衣机生产厂达成协议（似乎是秘密的）共同研究开发，费用中洗衣机厂只出较少部分，但具体性能要求以及在洗衣机中试用效果等归它负责，试制塑料及配方等全由石化企业负责，试制后的技术成果，专利所有权也归石化企业。据参观的研究部门介绍，洗衣机厂的要求十分苛刻，试用过程中还再三挑剔，而石化企业不仅不反感，倒是很欢迎，因为

1985年6月访日参观日本石化企业
右一：康世恩；左一：朱康福，在仔细记录

新产品只有经得起挑剔与严格的检验，才能保证占有市场，打开销路，使产品增值、企业获利。

其余如盛装化学药剂的桶、食品用的瓶等所需要的特种塑料，也都是在类似情况下开发出专用牌号，且不断改进，长期占领市场，还大批出口到中国。

这一点使康世恩的印象也很深刻，要我仔细记录，回国后写报告也是一个重点。可惜国内从来没有重视。直到1995年，国内自己试制洗衣机内桶的塑料过关了，日本、韩国马上对这种专用料大幅度降价，使国产品仍难挤入市场。不过至少迫使外国货降价，也还是一种效益，但时间已过10年了。

康世恩曾特别问我一个问题，石油—石化—最终产品的价值，据说可达1∶10∶100，是否确切？这个问题是80年代初美国人根据统计提出，是有根据的，但不是随意的其他国家或市场都如此。理由也很简单，如果大量塑料产品用于汽车、家电以及其他高附加值的产品与主要用于一般性盆盆桶桶、农用膜编织袋之类，产值就大不相同，我在以前发表的文章中就提到这一点。北京院童以豪对北京燕山公司的产品及最终用户产品作过估算，认为最好的结果也仅在1∶6∶36的大体范围内。1∶10∶100的说法，在华国锋担任国务院总理时公开提到，估计有可能是从石油部即康世恩等人获得这种消息的，因为早年康世恩在山西工作时曾是华国锋的上级，华对石油部与康本人有一些特殊感情。而上述信息却是不确切的。康既问我，我当然如实回答，并且恳切地说，这种信息一定不能套用，会引起误导，康世恩倒是认真听了的。这件事，在1998年编写《康世恩传》的时候，编写小组还把1∶10∶100的事记到康世恩积极支持发展石化工业的内容中，中石化办公厅送来征求意见稿，我曾经明确指出毛病所在及我与康在日本谈话的概要，认为必须修改。

随行的秘书小马与我很熟，有什么事还愿意征询我的意见，连康世恩生活上的小事也曾找过我，例如康没有带更多的袜子，小马就找我的袜子去试穿，还说很合适。有一次康世恩自己跑到我房间来要针线、纽扣，还聊了几句，请我抽他的中华牌香烟。总之，他没有对我摆架子，更没提什么“文化大革命”中的事。事后听说：中石化外事局本来安排研究院的程之光参加，盛华仁同意，但程之光不愿意随康世恩出访，才由我替补。我事前及过程中对此一无所知。

倒是有过一次不相关的尴尬场面。日方有个精通汉语的日本人，有一次他对我说，把燕山公司放在山沟里浪费许多投资又增加能耗与日常营运成本，“所有知道这一点的日本人都很不理解”，希望我“能否解释一下”。我只好讲当时政府决策要求靠山隐蔽。他说：“像你这样的专家们怎么不反对?”他的意思指我和其他留美回国的人。这使我无法答复，他大概不知道最初的厂址刚好是我去挑选建议的，无异于指着和尚骂贼秃。

这件事对我印象很深，反思过去努力工作的过程中，盲从紧跟，其实干了不少无效劳动以至造成负面效果。例如小土群成堆干馏，燕山、胜利的选址。大庆、燕山、胜利三个石化基地都是我直接负责开头建成炼厂而发展起来的，后面两个厂址还是我一手参加选定的，当然都经上级以至当时军委总参的批准。选得其实不适当，绝不能以此为成绩的。

日本接待人员一般礼节周到，表面上显得恭顺，我却始终对他们缺乏好感，总觉得日本人有点阴险，骨子里也看不起中国人。跟这些人打交道必须存有戒心。这可能是我的偏见，但始终存在。

访日期间，适逢华罗庚在日本突然逝世。华罗庚应邀去日本讲学，据说，因他已年高身体不好，有关领导人曾经劝阻，他认为日方诚意不宜坚拒。有关单位派一位年轻人陪同，又派他的儿媳作为医生随行照顾。华罗庚从小有小儿麻痹后遗症，一向持杖行动。那天讲学，请他坐着讲。他讲到精彩之处，一度扶拐站了起来。中、日双方在场照顾的，坚决请他坐下，他坐下不久，又第二次站起来宣讲，忽然一头栽倒，紧急送往医院已不治。

我驻日使馆与日本有关单位共同举办隆重的悼念活动，我们团的部分人员去参加遗体告别，我去了，在他遗体旁边，我特别肃立一小会儿，他总是一代精英人物。

## 其他短期出国与零星外事活动

### 世界石油大会（World Petroleum Congress）

连同 1997 年在北京召开的第十五届世界石油大会，我一共参加过三次，第一次在英国伦敦第十一届，第二次在美国休斯敦第十二届。

World Petroleum Congress 是世界石油工业界最盛大的会议，每四年召开一次，从第十五届以后改为每三年召开一次。中国在 1979 年罗马尼亚布加勒斯特那届大会期间，终于把台湾挤出大会而正式参加，侯祥麟当时是中国石油学会理事长，被任命为中国委员会主席，即中国代表团团长。他这个任务一直担任到 1997 年第十五届大会上，我参加过的三届会议，中国代表团团长都是他。

每届大会都很隆重，东道国政府首脑出场，世界所有大公司除有特殊、政治原因者外，全都参加，而且一般有总裁之类高级人员，技术经济方面的论文都有 200 篇左右，都经过技术委员会评议通过，大体能代表当时公开发表的技术水平，至于各大公司在研究、开发什么新技术，虽不会泄露，但如仔细阅读有关论文，也可窥见一些动向。

我自己参加大会获得的专业收获很少。既从未提交过论文，也没有认真参加过讨论，只是知道一些炼油科技发展的动向。此外，回国后参加过前两届会议有关论文的翻译工作，从而对若干论文有较深接触。从我个人认识而言，伦敦会议突出有效用能，即节能，而休斯敦会议突出环境保护，北京大会的主题“全球化与技术进展”是跨入 21 世纪的主题。

出席这种大会，都必须缴纳一笔费用，就是在北京召开的会议，中国人也得缴付美元。中国代表团还包括地质矿产部、中科院以及后来的石油、石化、海洋各总公司及其下属企业领导人等，是领导部门平衡安排的结果。本人事先并不知道，至少对我来说是如此。

1983 年参加伦敦会议之前，我因购买美国 Lubrizol 润滑油添加剂项目而去了美国，石油部发传真通知，时间很局促，而我必须获得英国的签证。这件事，Lubrizol 与其他公司一样，有专门办理紧急出国有关事项的部门，我向他们提出问题后就一口答应帮助办理，在他们看来“不算一回事”，并且认为时间还宽松。国内通知说已经通报到中国驻美使馆请求协助办理去英国的签证，以及派我参加伦敦大会的正式函件，Lubrizol 公司工作人员认为证件已充分，不成问题。

世界石油大会惯例有开幕式与一次全体代表参加的正式宴会，伦敦的大会由查尔斯王子代表女皇致词并宣布开幕，宴会也由王子出席，我因而一睹英国皇家仪节。宴会在一个以查尔斯王子命名的大会堂举行，代表有 2000 余人，加上英国及伦敦市的贵宾，长条桌排成三条直线，坐得挤挤挨挨。讲究的是全套餐具与穿有皇室纹章制服的服务人员，那菜肴是全套西餐，有色拉、汤、两道主菜，再加咖啡、点心；两道主菜配两种葡萄酒。按咱们中国人的标准几乎是吃不饱的，只是开了眼界而已。

台湾派了七八个人组成的小组准备参加伦敦大会，但涉及以什么名义参加的问题。据我所知，这些人没有在大会注册参加。他们一方面与一些有关系的大石油公司直接接触，另一方面由于许多人还是资源委员会中国石油公司以及玉门的老人，与史久光、梁翕章（两人都是我们代表团成员）等都是老朋友。尤其因为两岸不通邮，多年间彼此音讯隔绝，好不容易在英国碰上了，也希望一起聚聚。双方领导人想必也理解这种情况，反正侯祥麟决定他们可以按纯粹私人关系一起去吃顿饭，我未参加。据梁总讲，他们一起在一家中国饭店聚餐，彼此询问了许多熟人的近况，特别是国内熟人在“文革”中的遭遇，虽然这事涉及政治，都不想多讲，但说明

1983年朱康福参加第十一届世界石油大会(英国伦敦)
右一:朱康福,右二:闵恩泽,右三:朱亚杰,
左三:侯祥麟,左四:陈俊武

如邹明、张英、何俊英、敖明模等都健在并在什么岗位上工作，也就满足了老熟人的关怀之念了。事实上，这一次两岸石油界人士的接触，为以后逐步增加的往来开了个头。

大会以后，地质勘探与下游加工分成两批各自行动，侯祥麟率领炼油一路人马访问新加坡 BP 公司的炼厂。重点对象是该厂的加氢裂化，当时中石化尚未建立，对 30 万吨/年乙烯的运转及扩能、节能工作未作为重点考察对象。而加氢裂化是 200 压力的高压工艺，还不是后来较适用的 80 压力“中压加压裂化”，从工艺流程看，并不复杂，高压设备包括反应器及加热炉、换热器、分离器以至机泵等专用设备，当时国内都不能自己制造，因此感觉国内还难以推广使用这种工艺。

第二次参加世界石油大会是 1987 年在美国休斯敦（Houston，Texas），那时中苏关系紧张，去美国的飞机经过印度或巴基斯坦绕道而往。在美国石油工业大发展时Houston市曾经颇为繁荣，那时却已经衰退，有钱人与一部分知识精英向西部流动，市面大不如前了。

中美虽已建交，在美华人中大陆与台湾的隔阂还颇深，各有各的组织，但学术界已开始打破界限。从事石油业的华人有个组织就包括两方面的人。有人与李德生相熟，邀请去参加他们的年会并请李德生介绍国内石油工业情况，那时中国还是亚洲第一石油出口国。经侯祥麟同意，我们团中石油系统的人都去了。李德生报告后，许多同胞很有兴趣，大都为中国找到大油田表示祝贺与兴奋，不少人提出较多问题，午餐则是一人一份的快餐。

第三次即 1997 年第十五届大会在北京召开，正式参加的人仍须缴纳美元会费，具体筹备工作由中国石油天然气总公司负责，要求有较多的中国人参加。中石化系统由石化总公司给下属单位规定必须参加的人数，我们咨询公司人数少，仅指定一人参加，没有我的事。10 月份开会，但到 9 月底或 10 月初，筹委会认为中方参加人数还不够多，因为想使到会人数超过历届，就让中石油、中石化及中海油三个总公司增派人员，似乎大体上要增加 100%。咨询公司加派一人，朱煜就报了我。在会上见到不少熟人如邹明、史久光等，外国人只有一个是熟的，即原来 UOP 公司的 Brono，为福建炼厂使用西班牙贷款的谈判过程中，他代表 UOP 提供工艺加工流程而来华参加谈判，又与我方代表团一起在马德里谈过一阵的。我对外国人一向不愿意谈什么私人友谊，虽然他积极邀我去喝咖啡之类，我也只是敷衍一下。

## 去日本考察煤油混合燃料

应日方邀请，计委一人带队，机械部一人与我三个人成一小组。

煤油混合燃料，Coal-Oil-Mixture 简称 COM，是作为节省燃料油（以煤代油）的方法发展出来的。60 年代我国原油迅速增产，国家计委包括李人俊在内曾一度提到改变燃料结构，意思就是降低煤炭直接燃烧的低效与污染环境，而提高优质燃料石油的相对比例。“文革”期间，烧油代煤达到失控状况，辽宁省与上海市不仅电厂改烧油，连许多小厂以至公共浴池都改煤为油，辽宁与上海曾几次扣住运往长江流域以及华南地区的原油，“烧了再说”，包括直接燃烧原油。70 年代中期，原油产量“徘徊不前”，开始有节约用油的呼声。“文革”后这一呼声得到注意，合理利用一亿吨原油的建议中，很重要的一点就是节约燃料油，开展深度加工。日本人信息灵通，投我所好，积极在上层人士中活动，吹嘘其 COM 技术。

据考察了解，日本技术其实还在研究实验中，给我们深刻印象的一点，日本人开展这一类实用性研究工作的目的性极强，工作做得确是细微深入，尤其紧密结合日本的具体情况。COM无非是将磨细的优质煤粉均匀地调入燃料油中，为避免混合以后的储存，运输过程中粉煤颗粒发生沉降，必须加入适当的乳化剂，而乳化剂用量必须较少、价格低廉，又能确保较长时间不会产生分层（粉煤沉降），不影响燃烧嘴的功能。据我从文献中了解，最初提出这一概念并找到适用乳化剂的是一位美籍华人，一位日本教授从他的思路出发，找到了更好的乳化剂。具体是什么、用量多少等都是这位教授的技术秘密，为此并不申请专利，以免泄露。他的实验，包括将混好的COM长期储存、观察，在一套实验用管道系统包括煤浆泵中长期循环运送，考察管道、管件、泵和阀门等的磨损，并求得管道运输系统中有关的水力学常数，上述实验的数据可谓很充分，运行时间超过一

1980年10月朱康福（左二）在日本考察煤油混合燃料
中间：代表团团长，其余三人是日本人

年。又根据日本从海外输入燃料油与煤，专门考察在国外例如中国配制COM后用大型船只输入日本的全过程中可能出现的问题，包括船只在海上航行中风浪造成的颠簸对COM均匀性有无影响。专门设计一个小装置将COM反复进行各种方式的摇晃等。至于燃烧实验，不但考察喷头、火焰等，还比较对锅炉出力的影响与热效率数据。

不过COM技术有先天性缺点。第一，仍然靠油为载体，替代的比例本身有限度；第二，黏度大，燃料油本身黏度就不小，掺入煤粉后自然更高。80年代水煤浆技术（CWM：Coal-Water-Mixture）日益成熟，日本也就取代了COM。90年代，中国能源研究会、煤炭部都曾派人去日本以及美国考察，然后在国内实验成功，有少量CWM出口日本。此是后话。

### 新加坡IBF（International Business Forum 国际商业论坛）

20世纪90年代初，我国经济增长速度快，改革开放的力度逐步加大，受到国际重视。新加坡是国际经济交流中心之一，好几个组织在新加坡以组办各专业的商情信息交流会议为主要业务，有一些大公司资助或选派重要人员与会，因而这一类会议吸引力较大，组办单位有利可图，会议一个接一个。中国石油及石化工业，特别是石化产品的巨大需求，备受国际注意，有关的会议也办得较多。中石化自然被邀请参加，发表有关信息。1994年，据说是石油天然气总公司情报所推荐组办单位邀请我去参加，我院及总公司同意，办了护照，我也准备了文章。但在接近会期时，崇筠病情不稳，我就不想去了，临时安排由区瓈琪代我前往。老区不愿作为替代人去宣读已经写好的材料，就把写好的论文略作修改，以他自己的名义去参加会议。

1995年，IBF再次邀我参加会议，时间在1995年9月末，崇筠已逝，鸽子也劝我出去走走，于是赶写论文，由会议组织者负责往返机票及会议期间的食宿。院里领导人朱煜积极支持，专门给中石化驻新加坡的公司负责人发了电传，请给予照顾。

会上，我的讲话引起较好反应。于是以后总来邀请，1996 年 12 月再次参加，院里安排刘慧仙一同前往，一方面说是可以照顾我，另一方面又是“带带年轻人”。刘的文章其实是我帮她搞的，她念熟了，讲的时候没出什么大问题，但人家提出问题，她无法回答，还得由我代劳。

1996 年那一次，已近圣诞节，大街上以及大小商店都是“圣诞盛装”，灯火辉煌，比诸 1949 年与崇筠由 Baton Rouge 去 Louisville 往返所见，又有很大进步。这一次出去，总公司认为我年岁大，不宜出国，最后是朱煜与外事局负责人杨树杉商量放行，表示如有事由他们两人负责。这也就是我公费出国最后一次了。

## 与台湾同胞的洽谈

福建炼厂建成投产后，对台湾的福建同胞有一定吸引力，台湾塑料大王王永庆表示想投资在福建搞他的“六轻”，第六个轻质油裂解，即乙烯。在厦门选了一大片土地。这一动作，又牵动其他投资人。王永庆的计划涉及高层政治因素，牵牵扯扯，不死不活许多年，小规模的加工业则有相当多台资看中了优惠条件而进入福建。这些小额资金的老板都是捞一笔就走的打算，企业大都是劳动密集型而技术并不先进，往往实实在在是剥削工人，劳动条件极差又雇用女工，甚至童工，发生过好几次伤亡多人的事故。福建省领导总想搞成几个较大项目，引进一些较先进的技术。建委副主任沈着奉命组成一个公司主管其事。刚好王永庆公司内部人事变动，有一部分人去泰国组建公司，也有人进入台湾的其他公司，这两部分人员就又都打算进入大陆。

去泰国那些人员在正大公司下边成立的子公司，利用正大公司（郑氏三兄弟从家禽饲料业发展起来）的有利条件，希望进入石化工业。留在台湾的则通过玉门、上海中国石油公司的几个老人，直接考虑在福建炼厂的基础上投资开发湄洲湾。这两帮人来北京时，我都有所接触。泰国正大公司名下，总公司另有人负责，我并未深入。对开发湄洲湾的事，因有历史渊源，我介入较多，先后议论过三个不同项目，都没谈成。而给我印象较深的一点则是年青一代的台湾同胞，对祖国的感情已很薄弱，尤其在技术水平上藐视大陆的成就，而对存在的落后一面看得很严重，个别人还自以为高人一等，出言不逊。

那一次，台湾中鼎公司由老玉门董世芬带一个小组来谈在湄洲湾建30万吨/年乙烯项目。当时国际上尤其是亚洲地区也出现“乙烯热”，拟建或立项进行的项目都在45万~60万吨/年的规模。石化总公司领导人强调油化结合，即由炼厂直接提供裂解制乙烯的原料。炼厂规模不大，自然就不能搞较大的乙烯项目。对福建省而言，资金等也很有限，搞30万吨级的就必须扩大炼厂，并改造深水码头等一系列配套工程，因而目标定为30万吨已经觉得吃力，再搞大，只能作为远期目标。

有一位40岁左右的年轻台湾同胞，一上来就大讲规模经济、国际竞争，这也无可非议。但他也只是夸夸其谈，没什么真知灼见。福建仍由沈着带几个人参加，技术问题应由我主谈，我倾听那位先生一番议论后，心平气和地讲了我方考虑逐步前进的意见，明确表示他的说法很有道理，但我方希望当前抓住先建30万吨级的项目进行协商。沈着代表福建省也讲了省里的意见，这次集中谈第一期工程即30万吨级的乙烯裂解与配套项目。那位小伙子却仍然大发议论，并肆无忌惮地说大陆搞些“Baby

Cracker”（娃娃裂解装置）。我就颇不痛快，认为这几乎与赫鲁晓夫当年说中国人“在后院小茶壶中炼油”有相似之处，就说今天双方见面讨论合作建设 30 万吨级项目，不必牵扯其他。这小伙子还不肯干休，又连续讲了几次 Baby Cracker，还讲到台方要搞就搞大的、先进的之类。我确实生气了，直截了当地说：中方邀请他们来谈的就是 30 万吨级项目，这是双方已经原则同意的。我还没说完，沈着就忍不住，拍了桌子，严词斥责，说已经商定的事不必讨论，不想谈可以不谈。这小伙子白了脸，倒老实了，坐着不动。那老玉门就出来转弯，说就谈 30 万吨项目，不谈其他了，总算维持谈了半天，下文也就不了了之。

我对此事一直耿耿于心，一贯反对搞什么小乙烯，而且深怪一些高层负责官员误国。直到目前（1998 年 11 月）中石化集团公司才开始对乙烯建设进行总结，要对金山、扬子、齐鲁的扩建（从 30 万吨扩至 38 万～45 万吨）工程进行后评估。院内要我参加。

崇筠口述的《往事》中最后说："人类的进步，社会的发展，都在于无数的人不断奉献的积累，没有奉献就没有进步与发展。"又说："多少给下一代提供点参考资料，我将继续为此而努力。"

后来人怎样评价看待崇筠和我们这一代人，是他们自己的事，但向他们如实扼要地作一介绍，我认为是自己的一份责任。

# 第 10 章 助崇筠写《往事》

## 关于《往事》[①]

《往事》是纪念吴崇筠的一本小册子，供亲属故旧们留念，也希望对我们的后辈作些介绍，使他们对崇筠以及我们这一代人有所了解。

1993 年，崇筠住院，朱平、静慧（朱平的夫人）带着海宁（青青——他们的女儿）回国探望。朱平提出："爸爸妈妈写点回忆!"崇筠那时已难握笔久坐，于是由她口述而由我笔录，再由她逐段修改，遂成《往事》一篇，时在 1994 年 4 月，记事讫于 1993 年。

崇筠终于在 1995 年 8 月 7 日悄然而去。年底我将她 1994 年及以后有关的事写了一些补充材料。到 1998 年元旦假期中又作些修改、补充，成为"后记"一文。

① 本节为朱康福为《往事》一书写的引言。

1994年初吴崇筠在病房中看由她口述、朱康福记录的文稿，右侧未照全的是朱康福

在崇筠病危及逝去后，有些报刊等发表过几篇有关文章，有的是记者专访，另一些是崇筠旧友自发写下的，我曾收集保存。到今年（1998）春末，我问几个孩子是否想写点什么纪念妈妈，他们都先后写了，我自己也写了一些，所有这些就都是“怀念”吧！

近年来，人们常说科学技术的发展使地球“变小”了。我不仅同意这种说法，而且还觉得这个星球的转动似乎也加速了。转瞬之间21世纪就在眼前，而崇筠离去竟已3年。在崇筠74年的人生历程中，并没有什么非常突出惊人的事迹，她只是普通的一个学者、一名知识分子。她走过的道路，是我们这一代中国知识分子中相当一部分共同走过来的，当然又自有她个人的特点或特色，可以说是既有代表性又有特殊性的吧。

世界和中国都在急剧变化，我们的后辈将如何看待我们，是他们的事。而对他们作些概略的介绍，应是我的责任，这就是这本“留给后人”的小书的目的，同时也作为崇筠逝世三周年的一点纪念。

1998年7月31日

# 《往事》补遗[①]

崇筠于1995年8月7日逝世，而《往事》写成于1994年4月，所记止于1993年底。为了使孩子们有比较完整的了解，应该补上那一年多时间里一些主要有关的事，以及她重病以至身后事宜概略。

## (1)《中国含油气盆地沉积学》获奖及其英文版的出版发行

这本专著出版后反映较好，出版社以平装及精装两种版本发行出售，并获得1993年的全国图书奖。图书奖是奖给出版单位的，不涉及作者。油勘院有关同志议论后，又作为科研成果向石油天然气总公司申报科技进步奖，总公司评为1994年度的一等奖。油勘院及总公司有关同志先后几次口头告知崇筠。崇筠认为全体撰写人员，尤其各油田实际工作者才是作出主要贡献的，还曾与副主编薛叔浩同志商议过获奖人名单的排列，对可能有的奖金分配则委托薛叔浩同志全权办理。

奖状颁发时已是1995年夏天，崇筠病重住院时，油勘院领导人专门到病榻旁授予奖状，她当时已处于半昏迷状态，未见什么反应。

关于将此书译成英语的事，1994年获科技进步奖后再次有人提出，包括参加编写的几位同志在内，他们提出可以私人集资，包括动用可能的奖金在内，促成其事。石油出版社则表示可以由该社负责办理，并向石油天然气总公司上报计划，请求批准一点“专款”。此项计划有近一年时间未见下文，崇筠本人病情恶化、语言障碍日见明显，也未过问。到1995

① 原为《往事》一书的“后记”。

年末，石油天然气总公司为第十五届世界石油大会（World Petroleum Congress）在北京召开，决定选择一些有关著作译成英文版出版，此书列在其中，可惜崇筠已经不能亲自知道了。1997年10月，上述石油大会会议期间，同时举办颇为盛大的“世界石油展览会”，此书英文版列为总公司出版社的展品之一，康福与鸽子参加该展览会的开幕式，看了展品，并留下一张相片，以告慰于崇筠。

1997年10月第十五届世界石油大会（中国北京）展览会开幕式上朱康福手抚吴崇筠的著作《中国含油气盆地沉积学》英文版（吴崇筠已于1995年逝世）

关于科技成果奖的奖金，总数为10000元，按油勘院规定，院留2000元，其余8000元应由参加工作者分享，薛叔浩同志以及裘怿楠等都主张留下来办一点有纪念意义的事，例如建立一项奖学金。康福作为家属，完全支持，并准备参加“集资”。薛叔浩同志为此张罗一段时间，崇筠过去的学生、同事，也颇有人表示赞同，不过较长时间未能有任何单位或“知名人士”出头安排。到1997年底，薛叔浩同志觉得事情办不下去，与康福商量，只好将余款仍分给原来撰稿的人们。年末，康福与鸽子去八宝山扫墓，默默告知崇筠了，至于如何为崇筠留点纪念，仍有想法。

（2）被推荐为科学院地学部院士候选人

1993年科学院增补院士时，沉积学会曾推荐崇筠为候选人。沉积学会是所谓“二级学会”，只推荐供上级学会考虑，事情并无下文，崇筠也不过问。

1995 年初，中国石油学会的地质勘探分会又提名推荐，分会办公室就在油勘院内。据说，最初提名没有崇筠而包括田在艺同志（油勘院原副院长，崇筠大学同班同学），田在艺同志却坚持推荐崇筠，才上报崇筠。对此，崇筠本人缺乏热情，只是在劝说之下，才由康福代填有关表格，薛叔浩和鸽子又帮助收集复印许多材料。事后，据油勘院原院长翟光明同志讲，石油学会审议通过后推荐到全国科协，作“高一轮”的评审，而石油学会评议时，李天相同志（原石油部副部长）曾说：“早该办的事，可惜晚了。”

上报以后，崇筠病情恶化，再也没有过问，反正未被评上。而到 1997 年再次增补院士时，推荐田在艺同志则被选上了。

崇筠写过不少教科书、论文、译文及专著，除在石油学院任教时写的教科书在《往事》中有所提及者外，就为了这次被推荐，才大致整理了“1977 年以来编写（的）书和文章”（有她亲笔写的一份目录，康福至今保留着）。根据这份目录，略加整理归纳，可以列为以下目录（列在后文，《往事》中），实际上还是不完整的。

### （3）世界妇女大会与“石油巾帼”

1995 年在北京召开第四届世界妇女大会，包括“非政府组织”（NGO）的会议在内。国内进行大量的准备与宣传，各行各业都选出一批代表性的“巾帼英豪”。石油天然气总公司在 1994 年就组成以当时副总经理张轰为“名誉主编”的编委会，编写题名为《如此多娇》的“石油巾帼”。此书出版印为三集，有 110 篇专文。一般每篇介绍一人，极少数介绍一个集体（例如鸽子当年工作的女子地震队）或同时介绍少数几个人。

在一篇介绍“大庆会战初期一些女科技工作者”的文章中，介绍了当年“对比队”副队长和曾经遗失“岩芯”（书中仅写成“砂样”）又连夜去找回来的“技术员”等人，没有提及崇筠。只是在全书最后的“名录”中列有崇筠的名字。这些事，崇筠根本不知道，康福也是崇筠逝世后看到已经出版的书才知道的。

进入1995年，情况有了变化。《中国石油画报》要出一期专辑“献给世界妇女大会”，其中以“不朽的岁月，闪光的足迹”为题，介绍“老领导、老专家”等，在“老专家”行列中，第一个就是崇筠，两张照片占了半页。专辑是该刊1995年第4期，出刊于1995年7月25日，崇筠根本没有见到。

北京市科协在西单路口有一个长期的宣传栏（地点据说就是当年所称“西单民主墙”）。世妇会期间，就展示“巾帼英豪”。北京市石油学会通过推荐两位，是石油系统的吴崇筠与石化（石油化工）系统的陆婉贞。她

1995年北京西单科普画廊展出:杰出女科技工作者专题画廊:石油石化科技女杰:著名沉积学家　吴崇筠

们两人的相片合占一个窗位，长期展示，到10月份，鸽子上街还看到，并摄下相片。

《中国石油报》在1995年7月下旬，据说有“领导指示”，专派记者采访，记者于7月25日下午到家采访了康福与鸽子。“紧赶慢赶”，题为“灼热的基石”——栏目题为“彩绘人生·石油巾帼”——的文章（配了两幅照片）在1995年8月7日该报第三版发表，正赶上为崇筠“送行”，为崇筠的生平画上句号。此后，她的原助教李汉瑜同志又专门写了《怀念沉积学家吴崇筠教授》一文，发表于《石油知识》1996年第一期“石油春秋”栏目中。1996年，油勘院又派人写了一篇文章介绍崇筠，并又取去两张不同的照片，但发表在什么地方没有查明。

### （4）情系桑梓、心期后人

1994年秋冬时期，崇筠似乎心知病将不起，但除对康福交待要好好生活之外，对一应家务之类从未谈及，却很关心她的几个研究生，还总想到沉积学会，此外就是记着家乡、几位堂兄、姐等。

崇筠很早（1993年再次确诊鼻咽癌后）就决定把她全部书籍、期刊与资料等送给油勘院地质所，几次催人来取。地质所薛叔浩同志等考虑可能引起崇筠情绪上的刺激，没有照办。但经崇筠坚持，将一整盒资料卡片取走，并复印了一份。这其实是崇筠多年治学的基础资料。其余的书籍及选出的资料，在崇筠逝世前后，陆续取走。

崇筠原来的研究生薛良清同志学成回国并留在油勘院工作，崇筠特别高兴。朱富萍去美国在崇筠母校LSU念书，蔡进奎与曾健君回国探亲，前来看望，崇筠都很激动。虽然语言极少，却总是眼中泪光晶莹。对这些年轻人的期望，也许不是他们完全了解的。

1994年底，崇筠给《沉积学报》及《岩相古地理》两家期刊的编辑部各寄1000元，感谢他们坚持办好刊物不计名利的精神，期望他们进一步努力。

故乡江津集资修建长江大桥，崇筠先后两次各寄去1000元（共2000元）。

对堂姐崇芳、表妹龚勋兆，一直放在心上，要康福写信，不时寄点钱去。

对几位侄儿侄女更念念不忘，特别关心“老五”的经济情况。知道他们兄妹一家家都能顺利地好好生活，就有一种欣慰的、但不易察觉的微笑，有时会有一声轻轻的叹息，其中，对盛滨信函极少，表示过不太放心。

### （5）艰苦的斗争——病重期间

1994年初在中日友好医院时，全身骨扫瞄发现肋骨上有“亮点”，大夫诊断为癌症骨转移，而且当时的主治大夫认为是“癌症晚期”。在崇筠情况有好转后，几次动员“出院”，私下里又告诉康福：目前是她的“黄金时代”。

崇筠自己“心中有数”，而且从来不愿“多花国家的钱”。1993年确诊为鼻咽癌复发后，就几次要康福给她“安眠药”；又向油勘院院长翟光明、副院长王盛基明确要求“安乐死”。另一方面，对自己病中的痛苦，却又极坚韧地坚持斗争，从来没有让家属多操心，从未提过任何要求。

1994年4月28日从中日友好医院出院后，确实有过一段“黄金时代”，每天能到户外走动，在家还操心家务事，并整理书稿、资料卡片（准备交给地质所）。此外也看看小说，翻阅新收到的期刊。

医生交待要继续检查、服药，她只去北医三院取些一般西药，到“五棵松中医院”找一位肿瘤科中医开服中药及该院一种“扶正荡邪口服液”。

此时崇筠行动一直不很稳定，而且越来越严重。她自己则始终坚持尽可能“生活自理”。雇保姆也总难有责任心强而愿意多加照顾的（朱平曾建议雇两个保姆，一人专门照顾崇筠，崇筠坚决不考虑）。1994 年内两次在家中跌倒，其中第二次伤及肋骨，在北医三院再次作骨扫瞄，又发现所谓“亮点”六处（原中日友好医院发现的“亮点”则没有了），另有一条肋骨尖端似乎“看不到”，大夫诊断为“不排除病理性骨折”，意思都是癌症的骨转移，但崇筠始终没有剧烈的痛楚，还算好的（三院已经给了很强的止痛药，未服）。

担心盛夏季节崇筠受不了，建议安装“空调”，她坚决不同意；担心秋末暖气未供时的寒冷，想买个红外线之类的电热器，也如此。总算这两次季节变换都平安度过了。但崇筠进食日见减少，每餐都容易“呛”的问题日益严重，三院和五棵松中医院的大夫都毫无办法，又都暗示与癌症有关，中药用过蜈蚣、全蝎之类，也不起作用，而且服药吞咽也困难。想找医院住院，又无门路。油勘院“老干部处”对此一点也未给予帮助，院领导换了一批年轻人，也无人过问。

1995 年 3 月底停了暖气后，感染肺炎，三院仍不收治，仅在家服药。4 月初，家中保姆已换成一个四川小丫头，初时还好，没有多久就越变越懒。4 月 6 日下午，午睡起来，康福去医务室取药，嘱咐小保姆好好照顾着崇筠。崇筠上厕所，她虽也跟了进去，而崇筠起身时，小丫头没有扶她一把，眼睁睁让崇筠跌倒。这时又慌了神，不顾一切死劲把崇筠拉起来，扶进房内坐下。康福回家时，发现崇筠脸色很不好，问知情况，扶上床躺下，找车送三院，拍片认为腰椎有压缩性骨折，必须卧床，病情从此急剧恶化。

油勘院医务室新换了负责人，一位从部队医院转来的李主任原是外科大夫，也是医务室唯一的男大夫，送医院检查时背崇筠下楼并陪至三院，从车上背下来，背至X光室，又再背上车回家，背上楼，直至躺下，帮忙极大。可惜他刚接手不久，与地方医院缺乏“关系”，三院仍不收治，他也没办法。过了两天，才找人介绍到北京中医院（在宽街）住了进去，该院中医肿瘤科有几位大夫还是有名的，希望能有点办法。其实大夫只针对腰伤与肺炎治疗，说是中药配方中已兼顾癌症的“旧病”，却也不见有什么特殊药味，此外也就输液（加消炎药）。做脑部“CT”，报告除脑萎缩外，称有“脑白质病”，请教大夫，说后者是大脑本体病变，是不可治的。

肺炎完全控制，腰伤较好（能扶下床进厕所），医院再三要求“出院”，另找适当医院治疗。联系了中日友好医院（石化总公司办公厅张重庆同志办的），该院表示同意后送去，发现崇筠过去病历，就坚决不肯收治，又送回中医院三天后回家，由医务室派人天天输葡萄糖。

最后经赵孟同志介绍，住入国防科工委的306医院。此时已是6月15日。从进中医院时起，每次转移，都必须用担架，薛叔浩及崇筠研究生薛良清、袁选俊、苏艾国等抬送。

初进306医院，崇筠还能简单讲一两句话，也曾两人搀扶行走至走廊内厕所，进食虽越来越少，每餐总还吃一些。大夫最初似乎也觉得不算太严重，用药一般。一星期后，病势即显恶化，大夫才开始给较好的消炎药并给白蛋白，但对治疗脑病的药，仍未用。7月初，崇筠一度陷于半昏迷状态。一些人来（包括李天相、崇筠老同学许淑莲、田在艺等以及崇碧）探望，有时呈沉睡状，全无反应。此时朱平与小松已办妥一切手续赶回来，为此赵孟同志带同他们院医院负责人一起来与 306 院大夫商议，李天相副部长也专门叮嘱大夫全力救治，于是决定输血（先后三次共输全血 600ml）。

朱平、小松回来看妈妈，特别是朱平尽量在旁照顾，对崇筠起很大作用，输血也明显有效，每天输液都在 1500ml 以上（最多达 2500ml），崇筠神志保持清醒，只是不能言语，右眼睁不开，左眼视力下降，饮食降至极少，每餐仅为 100ml 的稀粥，右侧身躯与臂、腿逐渐不能动弹。但仍能看写给她看的大字，左手主动与孩子们握手，抚摸他们，还有时微笑，康福亲她，也都有显著反应，偶尔左眼有泪珠几滴，如此维持至 7 月 29 日朱平兄妹离京回加拿大。

在此期间，大夫有鉴于饮食太少，曾建议“鼻饲”；又认为呼吸不畅，喉间有痰涌，建议切开气管直接呼吸。康福根据崇筠一贯意愿等，认为无补于根本，子女及亲戚也都认为不妥，未采纳。朱平兄妹回加拿大后，7 月 31 日星期一，直接负责的李大夫就与康福谈话，明确已不可治，拖延增加病人痛苦，输液也呈困难（两手两脚都扎针扎得一片青紫），意思是要“终止治疗”，希望家属表态。康福拒绝，希望再持续一段时间。大夫则不同意再输血，只同意再给人血白蛋白。

此时昼夜陪同的是一位姓张的老太太，她本人长年失眠，晚间极少睡着，照顾较好。反映说崇筠晚间不能入睡，时而要求（示态）起坐，经常注目病房房门（估计是希望家属来到）。而 8 月 2 日医院科主任说要发病危通知（始终未发），8 月 4 日，全天几乎滴水未进，喉间痰涌，有白沫泛出口外，吸痰却又吸不出来。8 月 6 日午夜，值班护士来电话找家属，鸽子首先骑车赶去，康福听候进一步消息。8 月 7 日晨，康福到病房，崇筠势态尚安静，呼吸尚可，只是白沫增多，有浅绿色（胆汁），大夫认为消化系统紊乱，但最短期内尚无显著危险（心脏搏动尚好）。

下午两点，郭伟（吴崇筠外甥）由天津赶到，康福再次请大夫看视。张大夫仅仅看望一下就仍说不会很快出现危险。郭伟转告鸽子意见，让康福回家稍事休息，康福思想上考虑当晚应全夜陪同，故同意于将近3点时离开，留郭伟陪伴。崇筠对郭伟也显示能认识，握手示意。

康福到家不久就接到电话，石化咨询公司领导人等及石化总公司人事部负责人下午4点到医院看望崇筠，将有车来家接康福前往。届时，一批人在医院大门汇集后上楼时，崇筠已停止呼吸，那时已是4点35分。原来康福离开不久，崇筠即进入昏迷状态，再找到大夫来看，认为危险，郭伟随即赶乘出租车回家，与康福交错，只接来鸽子，在康福之后不久到达。

据大夫及陪同的老太太说，崇筠临终是很安静的，没有特别痛楚现象，大夫的结论为“全身衰竭”。

没有一个亲人、亲戚、旧友等在场，崇筠悄然而去，完全符合她毕生不肯让别人多一点麻烦而自己承受一切的个性。对亲人而言，却也是无可弥补的遗憾。

（6）后事

康福、鸽子、郭伟以及石化系统一行十多人送崇筠遗体至太平间。油勘院老干部处也来了人，商定尽快料理后事。第二天就定于8月11日上午遗体告别。当晚通知朱平等孩子，小和从加拿大昼夜兼程于8月10日晚近午夜时赶到。

八宝山第一告别室到近300人（签名有300多人），外单位的多于油勘院本单位者，老年人多于年轻人。亲戚中，小燕暑假，7月底就来京，王庭昌（邓小燕丈夫）又带他们孩子到北戴河休假，此日全家都到；小玉、胡玉民夫妇及两个儿子（龙龙、红红）；鲍忠洲（朱守玫丈夫）专门赶到（另外也有事来京），崇碧（吴崇筠妹妹）、郭伟、庄学曾、朱亦珠夫妇。明达夫妇已出国探亲，李培玉及其爱人与李方（郭明达外孙）代表他们到达（李方还哭了一阵）。

康福敬献的花束上，写了两句：

素志略酬，你自应可安息

黄昏失侣，我且遵嘱苟延

崇筠骨灰决定安置在八宝山革命公墓，因为要求紧邻预留康福的位置，等了一段时间。落实位置后，送相片烧制磁像、刻碑等又花一段时间，诸事齐备时，康福又因病住院——就在崇筠住过的中日友好医院“外国人康复部”二楼。待康福出院后于10月20日下午安置，没有惊动别人，除薛叔浩、袁选俊、苏艾国外，康福、鸽子与小玉奉安。一应具体事务，都是鸽子操办。

这个具体日子是康福在病房中无聊消遣时，从一本附有“老皇历”的日历本上选定的“黄道吉日”，注明“宜安葬”。果然当天天气特别好，暖和、晴朗而基本无风（前几天与后一、两天都有风、较冷）。下午的太阳斜照在“墙”上，显得明亮而颇有光辉。碑上刻“石油地质沉积学家吴崇筠”，因为康福深知崇筠为人，不会喜欢任何别的称号。两旁刻两句：

探石油足迹遍神州

育英才桃李满天下

具体位置在公墓西侧的墓葬墙上，编号是：西外625。

1986年崇筠第一次鼻咽癌“放疗”后，凡给她诊病的大夫，都曾诚恳地劝她休息调养，油勘院1988年就让她退休。而崇筠带病坚持完成

《中国含油气盆地沉积学》这本专著，又带两个研究生，参与好几个外单位研究生的论文答辩等，直至鼻咽癌复发。在事业与贡献上显然达到新的高度，其代价却是缩短了可能延长的寿命。

崇筠从四川偏僻农村走向国际知名的沉积学专家【英国剑桥国际传记中心（The International Biographic Center）的《国际名人词典》（Dictionary Of International Biography）及美国的《95 年人物》（Man of '95）都选定她列入，崇筠鉴于它们都要收一定费用而拒绝应选】，她的业绩自有学术界的公认，这里只是向我们的孩子、后辈，提供一个轮廓性的概貌，孩子们从中得到什么印象与影响也是他们自己的事。

朱康福

1995 年 12 月 17 日初稿

1998 年 1 月 3 日修改

## 留给后人

整整五十年前，就是 1948 年暑假后刚开学时，我在美国路易斯安那州立大学（Louisiana State Univ，简称 LSU）中国学生会的迎新会上，第一次见到崇筠。我是新去的、崇筠已在 LSU 一年。不过这次见面彼此都没有留下深刻印象，她知道新来同学中有一个我，我知道四位未婚女同学中有一个她。

LSU 校舍一角有个小小的实验农场，农场一角有一座小平房，主要存放各种农具、标本、种子之类，其中隔出一个小房间，农学系中国留学生洪用林住在那里，有一个小炉子可以烧开水泡茶，也可以烤东西特别是烤白薯，因此中国同学们常去光顾。有那么一天，不期而会，在那里又见到崇筠及其他同学。有个同学讲起一件什么“故事”讲过一句“有缘千里来相会”这类的话，我忽然心有所感，看了崇筠一眼，偏偏刚好与她目光接触，马上彼此又避开了。

为什么我听到那么一句话就有触动呢？因为事前先后收到两封信，一封是我大姐来的，另一封是一位过去的女同学来的。两封信不约而同提到一件事，说我既进了学校，想必会有中国女同学，应该留意找个“对象”了。尤其那位女同学在与我同班同学结婚前，他两人一起去游杭州，到月下老人祠去求签，还代我也求了一个，据说是“好签”，还把四句“判词”记下寄给我。那四句话从来就没放在心上，却记得有“红丝远系”这四个字，因为曾用来开玩笑讲“远到什么地方”。

洪用林是位“老大哥”，也许崇筠与我那一瞥之间有什么细微的神色未能逃过他的注意，他居然不声不响而有意识地积极创造机会让我们接触，甚至进而分头“进行工作”。老大哥的心意与我们逐步加深接触了解的结果，一年以后，就是1949年8月10日我们结婚。“红丝远系”居然碰巧成了事实。

1994年8月10日，我们结婚45周年，鸽子（我们的长女）查出外国人的风俗叫“蓝宝石婚”纪念，要庆祝。那时崇筠已经有病（癌症复发）经过治疗。过去她一贯不喜欢这类举动，这次倒同意了，但不肯惊动任何别人，只在家里家人欢聚。崇筠很少照相，这次也让鸽子拍下我们两个举杯相祝的镜头。相片拍得还不错，后来亲属和老朋友们都专门要，鸽子还放大了几张，有一张配上镜框悬挂在家里。想不到，这竟然是她留下的最后一张相片。

到1995年崇筠病情日益严重，大夫多次郑重警告。7月份，国外三个孩子中两个赶回来看望妈妈，因崇筠已经不能讲话，又丧失听力，只能看到写给她看的大字，能点头示意，能与人握手，看到孩子们似乎有浅浅的笑意。孩子们假期所限，不得不离京回去。我无可奈何中仅存一点希望，盼望她至少过了8月10日我们结婚纪念日。我曾特意写上“今天8月×日”给她看，可以察觉她是有反应的。岂知8月7日下午3点45分，她竟悄然而去。而且阴错阳差，她走的时候刚好一个亲人也不在身边。我那个时候其实就在医院大门附近，等待着我单位领导、石化总公司人事部派的代表与其他几位熟人，他们带着一大束鲜花前来探望崇筠的。

崇筠既逝，我一度心情烦乱。一方面责怪自己未能尽最大努力照顾好她，例如明知请来照顾她的四川小保姆轻浮不负责任，没有及时更换或干脆多找个人，以至那小丫头眼睁睁让崇筠跌倒、伤了腰椎而不能行动，使

1994年8月10日朱康福、吴崇筠结婚45周年——蓝宝石婚纪念，朱小鸽摄

病情急剧恶化。另一方面，崇筠已经病重而几家有关医院居然拒绝收治。如果她自己或者我担任什么“官职”，就绝不会如此。最后还是赵孟亲家安排才住进国防科工委系统的部队医院，却也已难挽回。10月中，我自己有病，住入中日友好医院，而且正是崇筠过去住过的地方，每天在走廊里活动散步，就总要经过她住过的病房，几天下来，忽然感到崇筠独自悄然而去的方式，倒也体现了她一生为人行事的风格。我们共同生活46年，自有几多欢愉，也曾几经风雨，每逢那种不顺之时，她总是沉静地独自承担一切而不肯增添别人一点麻烦。这里讲“别人”，也包括我在内。

年轻时“死”是件遥远的事，甚至可以成为我们之间开玩笑的话题。我们就说过：将来谁先死谁有福气。崇筠一辈子总是把好东西让给我，殊不知到头来却在这份“福气”上抢了先。

崇筠离去之前，没有对家属留下任何遗言，只是在1995年初，可能自感病将不起之时，曾经拉着我的手说过一句最简单的话：“以后你要自己好好生活。”当时我是咬着牙点了点头。其实，她既走了，我哪里还有什么完整的生活。只是还得活着，床头就是崇筠的相片，早起首先看见，临睡熄灯也看着她。她总是那么沉静而微带笑意地看着我，知道我又“好好地”过了一天。

要说好好生活，那么过去的岁月中，我又给崇筠增添过几许愉悦和欢乐呢？各种原因的天各一方且自不说，就是一起团聚的日子里我又做了什么、做了多少呢？陪她上街、一起带孩子逛公园，一辈子仅是数得清的若干次吧。再譬如说，崇筠其实比较喜欢跳舞，尤其希望我能与她共舞。然而说来令人难以置信，我这个美国留学生却不会跳舞，而且又不肯花一点点时间学一学，因此始终未能如她所愿。直到她抱病编书写稿，伏案太久有点头昏眼花之时，有一次她说：“我们跳舞吧！”在房间那狭小的空间里，我们胡乱一起走步、转圈了一会儿，她居然快活得像个小姑娘似的放声欢笑。那么过去几十年中，她本来应该获得的多少欢乐就因为我未曾作最简单的配合而牺牲掉了！我实在太有负于崇筠。

如今，红丝骤断，后悔也无法补救，这一份遗憾就永远长留心中了。

至于崇筠一生为人处世，我不想多说，也不用我多说什么，以下内容，主要想留给我们的后辈，希望他们多少了解我们这一代中国知识分子。在这方面，崇筠有其代表性也有其本人的特殊性。因为她走过的道路与其他许多人有共同之处，而又涉及她个人条件与如何能够一步步走过来的特点。因此，将极其概略地介绍一点那时中国状况与崇筠相应的行动，使后辈人增加一点理解与认识。

崇筠 1921 年生于四川江津的偏僻农村。那时，满清皇朝已被推翻十年，但国内军阀割据、连年混战，国际上“列强”（帝国主义者们）以各种方式企图瓜分中国。四川省尤其是重灾区之一，一省之内就有几派军阀争夺地盘，战乱不断，压榨老百姓竟然可以提前几十年强迫征税——譬如说 1921 年时，老百姓已被迫把直到 1941 年的全部税赋都缴出去了。当然从农民群众以至城市知识分子就会寻求反抗与救国的途径。我们幼小时，就都唱“打倒列强、除军阀……”的歌。四川省内从推翻满清皇朝以前就是革命与其他救国主张颇为盛行的地方，中华人民共和国开国元勋中，聂荣臻元帅就是江津人，朱德、邓小平等都是四川人。崇筠父母虽然单纯依靠祖辈遗留的一点田产过日子，却能坚决把女孩子送去几十里外白沙镇的“新式学堂”念书，就是极开明正确的，为崇筠打开了前进的道路。为此，崇筠终身感念不忘。崇筠的生日是 9 月 18 日。在她 10 岁生日那天，即 1931 年 9 月 18 日，日本帝国主义开始武力进占全东北，我们那一代学生，没有一个不唱“九一八、九一八，从那个悲惨的时候……”这首歌的。

“中华民族到了最危险的时候”以及“起来，不愿做奴隶的人们”都是中国人出自内心的呐喊。抗日爱国的潮流在江津白沙镇上也蓬勃发展，刚进小学不久的崇筠，在教师的启发下，萌发“决不当亡国奴”的思想，小小年纪就曾走上街头、参加抗日救国的宣传活动。

日本帝国主义的侵略行动步步进迫，1937年7月7日，终于爆发全面的侵略战争，中国军队节节败退，大片国土沦陷。一部分热血青年直接投入抗战，一部分投身革命，还有的就认为物质条件是基本的，必须富国强兵，走“实业建设”的路。在江津县城初中读书的崇筠，选择的就是最后这种思路。而在1931年至1937年这段时间内，她经历了自己重病（伤寒）、父母亲突然相继暴病逝世等重大打击。原在北平（即现在的北京）念大学的哥哥崇忠不得不辍学回家支持家庭，维持两个妹妹上学。他说：“我念不成大学了，你们要好好读书，继续上进。”崇筠觉得念不好书就对不起逝去的双亲与作出牺牲的兄长，就格外埋头努力，性格上从一个喜欢唱歌跳舞的女孩，成长为比较内向而坚毅的小青年。

1938年崇筠报考当时搬到重庆的、全国著名的南开中学被录取，使她眼界大大开阔。那时的中国政府也搬到重庆，称之为“陪都”。日本帝国主义胁逼蒋介石投降不成（只有一小撮以汪精卫为首的汉奸逃了出去），连年对重庆狂轰滥炸，重庆市民死者数千人；另一次在连续不断的轰炸中，市内防空洞中人数过多而通风不足，以致缺氧而死者又上千人，这些都增加了崇筠对日本帝国主义的仇恨。她又听了周恩来对南开中学学生的报告，认为抗战一定能胜利，但国家落后的局面必须彻底改变，所谓“实业救国”的念头更加强烈。但她又面临“功课跟不上”的困难，因为江津初中的教学水平大大落后于南开中学的要求（当时日本占领区内大批比较优秀的学生也都逃到重庆，他们学习的基础比崇筠高得多），不得不格外努力学习，牺牲了各种课外活动，三年内基本上没进过重庆市（学校在郊区的沙坪镇）。结果到毕业时就名列前茅，报考大学无不录取。崇筠并不是天资特别聪慧，她的成绩全靠坚持勤奋、刻苦学习钻研而来。也因为如此，崇筠的自信心增强了，外表文弱而内心坚毅的性格进一步发展，这一点突出表现在她选择攻读地质专业上。她不顾兄嫂、亲戚以至同学好友的反对，连哥哥崇忠都曾说她“一意孤行”，唯一作出的妥协是可以不去昆明的西南联大而进入重庆的中央大学。

南开三年在课程学习上打好基础，念大学就很顺利，对男同学“物以稀为贵”的讥评不屑一顾，倒是有些时间，读了一些古典的世界文学名著与国内当代著名作家的某些作品，比较喜欢老托尔斯泰与屠格涅夫，不太喜欢鲁迅，却特别欣赏“横眉冷对千夫指，俯首甘为孺子牛”的对联。

1945 年大学毕业，日本投降，毛泽东飞到重庆进行“国共和谈”，而且在当年 10 月 10 日达成“双十协议”，似乎出现了光明的前景。然而蒋介石政府撕毁协议，解放战争全面爆发（这里，我不能不说：当时反共“歇斯底里——hysteria”的美国政府起了不光彩的作用），“实业救国”与“开发资源”都只能是美好的梦。这才使崇筠决心出国深造，把希望寄托于将来。这也就是 1950 年我们响应新中国的号召，决心回国“参加建设”的基本理由。

崇筠与我结婚，自然是感情上投合融洽与真挚的爱促成的，而上述一点共同认识则也是一种坚牢的基础。尽管强大的美国反共政府极尽阻挠留学生归国的作为，也无济于事。我们到达深圳罗湖桥头时，崇筠泪流满面地喊：“我们回来了！我们回来了！”

我们这种微小的个人行动与朝鲜战争那样的国际大事，其实同样都证明中国人民有权选择自己的道路，而一切外来干预，无论多么自以为强大，最后结果只能是不光彩的。我们在美国三年多，接触到一些美国人民，撇开政治不谈的话，都是非常友好、善良而且给予我们不少帮助与关心，崇筠对例如导师 Dr. Russell，一位虔诚教徒、普通“老太太”Mrs. Thompson 等，都始终记忆在心。中国久远的文化孕育出一种“求同存异”的精神，在相互尊重的基础上与人和睦相处、共同切磋、共同发展，从而导致出邓小平“一国两制”的构想，我想都是值得深思并帮助建立自己的人生观与价值观的。这可能就讲得太远了一点。

我们回国后参加石油工业系统工作并始终坚持，一方面因为可以共同“一起”工作（崇筠从事“上游”的地质勘探，我搞“下游”的加工以至石油化工），更重要的也因为中国急切需要石油。新中国建立前，中国原油“最高”年产量只是1948年的7.8万吨，产自唯一的玉门油矿。到1952年，玉门产油14.3万吨就是很大的成绩了。就在这一年，崇筠西出玉门关，实际参加勘探，人们注意到她以一个女同志、一位刚生了孩子的妈妈身份去骑骆驼、住帐篷。而对崇筠自己而言，她最深刻的印象是沿途所见城镇的残破与人民的贫困、落后，她感到震惊，感到自己应尽责任与义务的重大；而在广阔的原野山岭之间，又深感个人力量的微弱。年底回家后她对我说过“要干的工作实在太多，而且各方面都要从头做起”，“看来我只能尽一切力量做点基础工作”（这仅是大意）。从实际情况看，以后她无论是参加勘探、教育、科研，的确都属于基础性的工作，她始终认为科技工作必须而且只能在扎实牢靠的基础上才能有良好的发展，有可能得出新的见解。所以崇筠对学生、助教、研究生以及一起工作的同志们，一方面热情关怀、帮助，一方面也一贯地要求严格，对自己的子女也不例外。如果说崇筠也有溺爱宽容的人，恐怕倒就是我，我既没有如她所愿地学一学跳舞之类，更没有戒除几十年抽香烟的习惯。崇筠得鼻咽癌，又很可能与我抽烟有关，这是我深负于崇筠的又一点。

崇筠一生辛勤工作，除了始终关心她的学生、研究生的进步与成就外，有两件事特别“情有所钟”，一是大庆油田的发现与开发，二是她晚年抱病编撰的《中国含油气盆地沉积学》那本专著。

对大庆，她不仅视之为“第二故乡”，把最小女儿取名小松（指“松辽盆地”，亦即大庆），而且在喇嘛甸一口井出油时激动得一个人哭了一场。理由呢？一则是圆了她多年的梦，二则是当时的国际环境下中国人自己找到和开发了大油田。

关于那本专著，最根本的着眼点是要从基础理论上打破外国部分地质学家们的“中国贫油论”。外国一些地质学家从自身的认识出发，认定石油是“海相沉积”，即在海洋环境中沉积生成的，而地球上石油与天然气富集的地质年代中，中国大片地域处于古大陆状态，产生的沉积也就是“陆相沉积”，因而根本上就难以（甚至不可能）生成石油。中国从李四光先生以来的两代地质工作者在大庆（以及中国东部其他油田）陆相沉积中找到大油田，从基本上扩大和丰富了沉积学或者说石油地质这门学科，是中国人对科学认识上的一项贡献，并因此受到外国同行们的注意、接受并且“推广”。崇筠一心希望（像许多同行所希望的那样）把这本书译成英语以便更好地向国际介绍。崇筠的心胸是博大的，她根本无意于个人的什么“声名”，倒是还想尽自己最后一点力量。可惜由于主管其事者一时没有“批准”那么一点“经费”，此事未能在她生前实现。到 1997 年世界石油大会（World Petroleum Congress）在北京召开时，才终于将此书译文出版发行，也算再次圆了她另一个梦。

崇筠一生也得到不少荣誉与奖励等，她自己都是一贯地不讲享受、不慕浮名，甚至不计毁誉而一心一意追求改变中国贫穷落后的面貌而屹立于世界的境界，为此倾注她毕生的精力，希望在她专业范围内有基础性的贡献。工作中勤奋扎实、一丝不苟，始终是一个平凡的学者的态度。

她已经离去三年，我收集她留下的《往事》，并补充了《后记》，和已发表的怀念她的文字，加上孩子们的怀念和我这点文字，编个小本本作为纪念，主要是想留给我们后辈看的，也不妨赠给亲属和她最亲密的同事们看看。

对我来说，失去崇筠是无法弥补的事，我只想把她作为我们一代中国知识分子中既有代表性又有特殊性的人物，介绍给后来者们。世界正在快速发展，人们的观念必然发生相应的变化，后来人怎样评价看待崇筠和我们这一代人，是他们自己的事，但向他们如实扼要地作一介绍，我认为是自己的一份责任。

崇筠口述的《往事》中最后说："人类的进步，社会的发展，都在于无数的人不断奉献的积累，没有奉献就没有进步与发展。"又说"多少给下一代提供点参考资料，我将继续为此而努力"。可惜她实际上已不可能"继续努力"了，这个小本本，也许多少弥补一点吧。

1998年8月记

我自己认为，21世纪中国新兴的工业城市，有过我个人一番劳动，虽当时未成事实，我一生的句号画在曹妃甸，仍是一件幸事。新兴的城市中，有我留下的痕迹，这就是大好事！

我们都是普通人，已经享受了普通中国人的进步与利益，不应有更多的牢骚与企求，这就是我们已经得到的享受了！是为记！供后人评议吧！

# 第11章 尾声

## 曹妃甸——新兴工业城市

2001年6月朱康福(80周岁)与朱小鸽

本来，1995 年夫人逝世，我也该退休的，原来领导人挽留，终于又干了一件事——曹妃甸深水码头。我已不能直接参加，但听说正在施工中，也算完成一件大事吧！

“十一五”期间，渤海湾北部将建成一座完全按整体规划的工业城市，那就是曹妃甸，包括冶金、煤炭、石油、天然气、交通、商业与其他工业及生活等区域。

毛泽东诗词中提到曹孟德，咏之曰“东临碣石有遗篇”，碣石属现在河北省秦皇岛市，在全国分省地图集中有沿海三个基本呈正三角形的小黑点，就是碣石。其正南方是滦河口。从滦河口开始，沿如今的海岸线，有一串斜向西南方的砂屿露出海面，当地大都有专门地名，地图上只有较大的留个小黑点，并保留地名，如月坨、石臼坨等，越过北纬39°线而终于曹妃甸，都是古滦河三角洲前沿的剩余。

古滦河本来是很大的水系，三角洲曾经很发育，据古老相传，盛唐年代征韩，随军曹妃薨于斯，葬于斯，因此得名，逊清晚年甸上还有庙有僧，还有说僧众除种田自供外，还都习武练功，可防海寇。后来历史转入枯水期，来水大减，人们又都治河筑坝，滦河水系的泥沙沉积入不敷出，三角洲逐渐平摊成浅滩，仅存少数前沿高地而已。晚近试行开发渤海湾，又遇大风浪，28人殉难，而修筑过的灯塔，虽仍有人看管，却几乎仅存遗址，庙的痕迹则已难见。

倒是孙中山先生所选择的“北方大港”，却正在曹妃甸，因为从渤海通向外海（黄海）处有一条自然深沟，水深25米以上，可通过30万~35万吨级巨轮，孙先生这位革命先行者的宏见，如今开始实现，正是“换了人间”呀！

有句闲话：似乎有人认为“甸子”这名字过于“土气”，拟予改变，其实如今最发达的北美洲，迄今仍有沿用当地土名的。甸子与坨，还带点泥土的芳香，又何必改掉。

## 首都的发展与曹妃甸的建设

曹妃甸的建设，其实与首都北京的发展息息相关，而且曾与天津市激烈竞争。时代进入20世纪末，中国多数人的生活、生态环境得到一定程度的关注，北京的空气污染已成一大问题，首都钢厂、燕山石化等大企业，既作出伟大贡献，也对首都形成重大污染，必须下决心彻底治理，当然也还有原材料如煤、铁矿石、原油、天然气等的因素，加上 2008 年承办奥运会，新辟工业城市而治理并外迁重大污染源就日显紧迫，首钢似乎最先有具体行动，考虑对象就包括曹妃甸，委托有关单位进行一些工作。京塘港组建后，有一定作用，但对首钢而言规模太小，不能解决问题。

至于曹妃甸建港，对中石化而言目的在于解决北方燕山、天津、石家庄等几厂的原油来源。1998 年以后，曹妃甸之事既暂无结论，石化事业则多方面寻求对外合作、合营，“六四事件”也渐渐淡化。2001 年中石化总经理及天津市委书记都升官了，曹妃甸建码头而于天津终端港起转运作用的方案重新提出，听说石化总公司接任的总经理还挺积极。曹妃甸如今已动工的有：

1）连接陆地的大公路，上设铁路；2）铁矿石及煤码头，各 30 万吨级；3）原油码头（及海底管线）30 万吨级；4）中石油 LNG 码头及设施（供北京市）。

全岛由国土规划局设计院规划设计，正在热烈施工中，对该设计的评审会邀我参加，中石油勘探院遥感所曾参加管道选线的遥测工作。

曹妃甸终于建港，深可庆贺，更主要的是，大城市中的重工业、重污染区，得到较彻底的解决，是一个范本。有条件或创造条件者，可以仿行，是真正现代化的措施。

我参与设计、建设的工厂和地方，如今看来颇多不尽合理的，新型的工业城市，应该是明确经过规划，分区分期，符合环境与生态保护的全新建设的，曹妃甸看来可以算一个。可惜我已不能参加，人们也未必知道从上世纪末开始，我曾为此奔忙一阵。

我认为，21 世纪中国新兴的工业城市有过我个人一番劳动，虽当时未成事实，那是某些有权势者所为，我一生的句号画在曹妃甸，仍是一件幸事。新兴的城市中，有我留下的痕迹，这就是大好事！

新型工业城市——曹妃甸，我一生事业的尾声，有幸留在这里！

## 斜阳既西，晚霞渐淡

1995年8月7日，我们结婚纪念日前3天，崇筠逝世于306医院。油勘院最初介绍进中日友好医院，算是北京市最好的医院之一。入院半年多，4月出院时，大夫明告："这是她最好的日子。"其后主要是找中医。又找过一位老军医，说有一种海鲜制品有特效。北医三院中医老太太我以为最诚实，说"重要的还是自己注意休息"，知道崇筠还在忙她的专著，恳切地说："你是要书，还是要命?!"以崇筠性格，她自然要的是书。

崇筠终于不治。当天我在306医院门口等人，全院及总公司人员到齐时，崇筠一人独自寂然而逝！既无一亲人在旁，也无一语遗留。

崇筠既逝之前，专著《中国含油气盆地沉积学》出版，并获得1993年"第七届中国图书奖"，1994年获中国石油天然气总公司科技进步一等奖，1997年又译为英文出版发行。至少三次被国际学术会议邀请出席。又承老同学田在艺副院长力荐作院士候选人。崇筠自己已颇不积极，口不能言，未得通过。追悼会颇隆重，但中、老年人多于年轻人，外单位来人多于本单位者，有人叹曰，"她是非院士的院士，非教授的教授"①，却是博士生导师，人人称之为教授！

有特殊贡献与早年归国都由国家专供每月100元，石勘院仅白家祉与崇筠二人都符合，明白让二人让出位置，仅领早年归国津贴。以后对领有

① 吴崇筠在石油勘探院的职称是教授级高级工程师。——朱小鸽注

特殊贡献津贴者工资及住房分配都可以增加若干分，结果白家祉及崇筠两人留在原址石油大院22号楼，而当年受益的搬入新建楼。到如今，白家已搬了，崇筠已故，无份。直到2006年，旧楼拆迁，可补到一百多平米（新增面积须缴钱）。

“文革”前夕，我担任北京设计院院长，是第三届全国人大代表，对我个人来说，也就算是日之中天。及至进“牛棚”、入干校，倒也不是少数人如此。干校毕业，长期不安排正式工作，其中自有石油部领导人对我看法的影响。杨达就她力之所及，设法安排进入原石油部规划设计总院，任命为副总工程师，后升任总工程师，因而干了点工作。只是老领导的影响不可忽视，新领导大约也有所顾虑，我能发挥的作用也就有某种限制。及至因年龄关系，退出领导岗位而任顾问，单位领导已换了第三代。自己身体毕竟不如过去。有内部通知，为保护老同志，尽量减少工作，避免出差。现领导对我已属额外照顾，还陆续参加一些具体工作。我自己也逐渐适应，尤其力避使领导为难，采取顾则问、不顾自然不问的态度，慢慢从工作中淡出。所以这一节就称为“斜阳既西，晚霞渐淡”。

我主要是得罪了余秋里、康世恩二人，而余秋里这位独臂将军，我对他的粗暴与一言堂确有意见。我唯一的大字报只短短一张纸，批评余、康不听取不同意见，用了“打倒余、康皇朝，推翻刘、杨大院”这两句。1980年以后，余秋里对《余秋里传》写作班子所写炼油部分不够满意，命侯祥麟组织个班子重写，本来我也在被邀之列。余进来，说“朱康福，‘文革’中有些错误，有错不要紧，改了就好”。怎么改呢？有人说去向他当面道歉、认错，让他痛骂一场就行。又据人告诉我，他还说：“还不如他老婆，像他老婆那样不吭声也就行！”原来不恢复我当院长的症结在此。难怪鸽子说：“你是成也余秋里，败也余秋里。”

当年还有个奇怪逻辑，保余、康的人们，也竞相出大字报，讲的事比我更凶，但口号则统一使用万炮齐轰与烈火猛烧。我想那还能活命？打倒也就罢了，何以要人性命！其实万炮与烈火才全是假的！保是真的。一提打倒就可以说打倒党委，反余即反党、反毛主席了！这实在是混蛋逻辑！而一直影响至今，出于我所料。

陈锦华任石化总经理时，我还担任过具体工作，以及担任总公司技术经济顾问委员会委员，对外谈判、审查设计、担任福建省技术顾问、随康世恩出访日本等。其后我的逐渐淡出就愈加明显了。

尽管干了些工作，写过几篇有关能源政策、石油工业发展规划以及其他专题等，思想上总觉得没干成什么实事，整体上都处于二线、咨询、顾问的位置上。而参加过一些实际项目的前期工作，例如上海金山与法国ELF合营大型炼油—化工，与韩国大宇以及福建利用西班牙贷款等，又都未成事实；在渤海湾建原油进口基地，海进江有关规划等，也是如此。事实上，我那个单位称为规划院也罢，咨询公司也罢，要求成为石化总公司的兰德公司也罢，以至最近在院内又附设战略发展研究小组也罢，国家整个体制以及中石化总公司的领导都没有真正把技术—经济咨询工作放到应有位置上。单位如此，我这顾问就更不用说了。

迄至执笔前不久，有一位一贯嘴巴不饶人的化工系统教授级高级工程师，找好一个为合营企业服务的岗位正式退休，离院前与我告别，说，你还在陪孙子辈。我不觉大笑，答曰：“要说，是陪曾孙辈了。”

回顾起来，我一贯喜欢带有创新意义的工作，又常被安排较多同志不愿干的事，从最初担任土建室主任、总图室主任，到抚顺、茂名百万吨产量的页岩油厂，又搞什么小土群，然后大庆、胜利、燕山三个基地的开创都是如此。恢复工作后如引进加氢裂化、润滑油添加剂以至福建炼厂使用西班牙贷款、与韩国大宇合营、与法国ELF合营等项目也属如此。当顾问后，单位中若干专题研究中，凡属过去无人涉及、院内难以安排审核人时，大部分就落到我头上，这些课题不少。尽管我也不断学习点新东西，却总不深入。

我已不可能再干什么实事，对某些让我参与的事尽点余力，对愿意请教的年轻同志给予一些帮助，维持到2000年。届时我回国工作已满50年，年龄实达79岁，就决心不再干什么工作了。

1998年朱煜推荐我为院士候选人，我自认不会通过，不积极，连1965年即被聘为国家科委石油炼制组成员的文件都不包括在证件中，自然也没通过。

1999年我干了两件事：一是参加审阅侯祥麟主编《中国炼油技术》一书修订版的若干章；二是主审一本工程继续教育的新编教科书，全书分

2001年4月21日朱康福、朱小鸽与朱杭(朱康福侄子)在杭州西湖茶社

五篇：一、法律法规；二、成本与费用；三、石油经济；四、项目评估；五、知识经济。我两次审阅全稿，全书终稿约35万字，2000年3月完稿。另外工程咨询学会出面组织对各咨询机构进行年评，选定石化分会作试点，我单位是分会的负责单位，朱煜是分会理事长，具体工作由我负责，主要对石化系统1997—1998年间已完成的前期工作进行全面评估。按咨询学会的要求与我的看法，真正做得好的项目极少，较好的也不多，绝大多数是勉强可以，根本不合格的有好几个。这可以反映“九五计划”（1995—2000年）期间石化系统投资决策失误是很严重的。今年（2000年）还将进行这一工作。我因出国探望子女，推荐苏亿民去搞了。

2000年出国直到2001年1月才回国，继续当顾问，每天去一上午。每年咨询协会对所属单位进行一次年检，并评审优秀咨询工作，主要指各有关单位进行的可研报告之类，都由石化咨询公司牵头成立评审小组进行预评、预检。我们公司的朱煜、李明清已分任石化分会的正、副理事长，

朱康福2003年：那时他常常在下午，坐在家中的书桌前看资料并写作。

苏亿民任评议小组组长，我被列为副组长。还到过洛阳院，去看了即将竣工进水的水电站，与李隆基称十年后坝上再见。另外就是些零碎工作，两次发表有关中国能源，尤其是石油供需关系论文，载于院主编的期刊。这份期刊的一些工作，院办主任负责，也总找我发表意见等。

2004 年 4 月，按石化总公司意见，正式办理退休手续，更不干活，仍经常到单位转转。这后几年国际原油价格不断上扬，上游获利，中石化改组后经济情况因而改善，每年都可分红。同时 2003 年全面给员工增加工资。

我一直自以为是司、局级干部，许多人也都那样认为，事实也应该如此，但具体办事却又并非如此！据当时在场的人讲：20 世纪 70 年代石化部的规划院物色院长，时任规划院副院长的冯伯华说，不是现成的吗，朱康福仍去担任不很好吗。有人表示同意，刘东明明确说："部里不会同意。"调入规划院，杨达当面讲过：待遇等不变。2004 年办退休手续，人事处代我填表，填的是"副局级"。我把副字圈掉，再填又添上。我最后签字，不再争议。

朱康福全部手稿

2005 年，岁次在酉，是我本命年。院办为翻译国际能源机构关于 2050 年能源前景的图示，嘱我参与，很高兴，抽了些香烟，一上午可达 3 支。春节前单位团拜及中国能源研究会聚会，还去参加了，有点累。不意除夕前发病，哮喘，大年三十不得不入院。几乎病了一年。几次入院，一切全靠鸽子，父女相依为命！即是本命年，似乎逃不过去了，居然又过来了，什么事更不在乎。联大化工系毕业生情况，也刊载完毕。今后无事，写点“旧事重提”，指出一些被曲折、误解及乱宣传之事，未必公开，留供孩子们知道，该如何为人，而在竞争的社会中，力求自保也是必要的。

手足凋零，同窗渐少，我自己苟活而已！（2005 年 5 月 3 日上午加注）

## 未完成的合传

2007 年的“雄心”是想写成崇筠与我的合传，反映回国后在石油石化方面的工作情况等，留给后代或者有兴趣的人翻阅，说明建国初期中国，尤其是石油石化方面的实际困难。过去想写类似石油石化五十年，我本人的经历，文中颇多牢骚。近年来看了点杂书与电视等，思想上有些变化。总的讲，我们两个还算幸运，受到的批判等遭遇还是能够承受的！现今崇筠先走十年，我本人也会较快跟上。幼年的事，可另外记录，而工作情况及待遇涉及政策，回顾起来也十分有趣。我们享受了受剥削的农民群众及烈士们的权益——有些人留下个“烈士”名义，更多的是无名英雄。

我们都是普通人，已经享受了普通中国人的进步与利益，不应有更多的牢骚与企求，是为记！供后人评议吧！

崇筠与我都在 1947 年夏末出国，赶秋季开学，当时全不相识。我在 1947 年初到重庆，九龙坝中央大学女助教们的宿舍跟同学去过三四次，却未见过崇筠。1950年9月中回国时已结婚，崇筠怀着小鸽子一路颠簸，很不好受。在国外先后共三年略多。

中国从向外开放、拖着辫子留学以来，念书到最高程度，无非出洋，去日本的较多，能去西欧、美国者，往往是传授各大国教授的主张。从逊清开始到民国之初，读书人向往道路，大致就是如此，我们念书时，祖师爷往往是外国人。我们当时有些工业救国的想法，无非也就走这条路。

中国人叶落归根的思想浓厚，当年祖国政治气氛很差，就有人为各种理由，留在国外继续研究，学术气氛浓厚是其中之一。在我们那个年代，共产主义与反共，情况就更复杂，留在国外的稍多（当前更多），其中有两对实例：陈省身与华罗庚，杨振宁与邓稼先。

这四位都是鼎鼎大名的一代宗师，陈留在美国而华归国，杨留下继续研究得诺贝尔奖，邓是两弹元勋。

朱康福手稿：2007年想写的合传

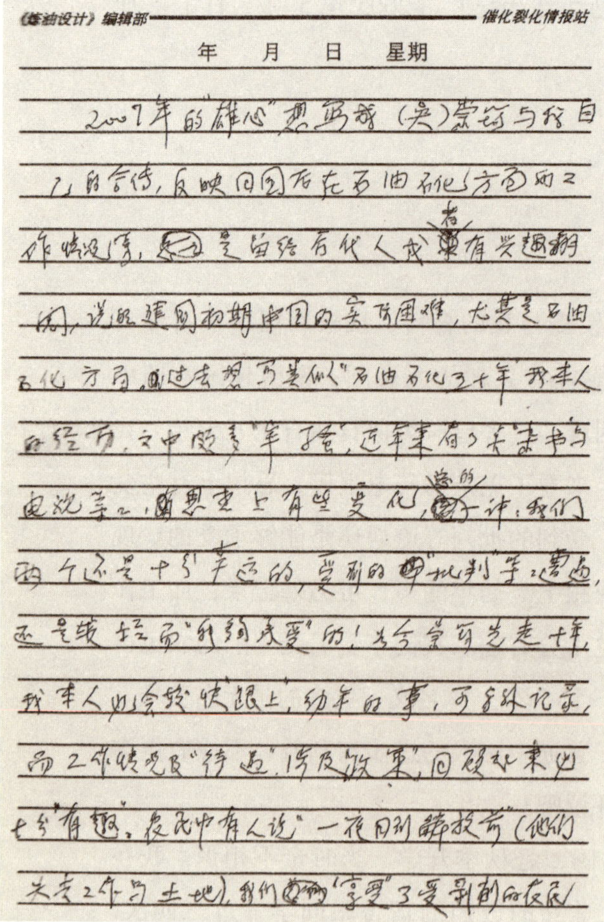
《炼油设计》编辑部——催化裂化情报站
年 月 日 星期
2007年的"雄心"想写我（与）崇筠与我自己的合传，反映回国后在石油石化方面的工作情况等，是留给后代人或者有兴趣的人，说明建国初期中国的实际困难，尤其是石油石化方面。过去想写类似"石油石化三十年"我本人的经历，文中颇多"牢骚"，近年来有了[illegible]书与电视等等，思想上有些变化，[illegible]一评：我们两个还是十分幸运的，受到的"批判"等等遭遇，还是最轻[illegible]的！如今崇筠先走十年，我本人也会较快跟上，幼年的事，可多作记录，而工作情况及"待遇"以及"政策"，回顾起来也十分"有趣"。农民中有人说"一夜回到解放前（他们失去工作与土地），我们都"享受"了受剥削的农民/

陈、杨留下继续搞研究，华、邓回国；“黄金分割”（华罗庚提出）在工业上大起作用，而两弹之父（元勋）名垂史册。

以上两例说明尽管当时的选择不同，却都可以作出极其重大的贡献，包括对祖国的贡献。1979 年 1 月，邓小平访美时，杨振宁代表全美华人协会和全美各界华人在欢迎宴会上致词时说：“将继续为建造（中美）两大民族间的友谊桥梁尽我们每一个人的责任。”假如架筑这座友谊大桥由东、西双方同时施工，陈省身与杨振宁无疑代表了西边那个施工队。

我们两个是普通知识分子，在广州就大受招待，而且回家了，再穷、再困难都是自己的家了！等着我们自己去建设。

一到广州，当时的华南高教部接待，并要求各人写一份履历，我本着

1988年夏，朱平赴加拿大离京之时，在首都机场，全家人最后一次团聚。左起：朱小鸽，吴崇筠，朱康福，朱平，朱小松，朱小和

事无不可对人言的原则，写得详细、具体，包括高中受集中军训，为出国参加中央训练团集体参加国民党等。不料到“文革”，都成为我是美、蒋两重特务的根由，在我们那小单位中，也是小知识分子整大知识分子的实例。有这一整，多少人倒在自己的枪弹下，不可胜计。

我们先到上海，在沪过第一个国庆节。一心向往北京，于是在 10 月份到京。这批人回国，当时算一件新闻，报纸有登载，名单早由中央发往各部。燃料工业部主管煤、电、油，有联大化工系早些时已参加工作的温可门认为有用者，向石油管理总局徐今强报告，选中我们俩，加上何宇，以后又有江士昂以及武宝琛等都被请去工作。

于是开始了石油石化五十年！

我这辈子，自己决定回国，进石油局，从设计处到设计院，任院长，一心干点事业，确也干了点事，设计国际上最大的 100 万吨/年页岩油厂，因天然油开发而停顿、改建，以大庆炼厂为基础，成套设计 250 万吨/年的天然油炼厂，又都扩建为石化基地。

我惯于实事求是，福建炼厂不用西班牙贷款，反对石化厂远离炼油厂（如今则已习惯于“炼化统一”），主张节能、省地。回过头来看，都不错，却又难以实施。我也办下不少错事、笨事，如成堆干馏，害国伤民。一生波澜，终于退休，养病。

2005年8月3日朱康福在中国石油勘探开发研究院纪念吴崇筠逝世10周年的“吴崇筠先生学术思想座谈会”上发言，这是他最后一次出席公共场合。

我自问在学术钻研及成就上，远不如崇筠，崇筠不当院士，我当院士实也无趣。其他的，无非留给四个子女，他（她）们都已成立，也不用我争什么。

想当年在 LSU 念书，校舍附近就是当时国际上最大的炼油厂（属于 EXXON）。与崇筠及其他同学散步时，一贯走向另一方向，认为炼油厂周围“有味道”。不意回国以后，却是与这种石油气味打上了交道，不过进一步想，联大毕业时，除当助教外，就可能去玉门，而苏国桢留我搞酒精厂，除赚钱目的外，还不是搞点汽车燃料。新中国要建设，不能没有石油，所以决定参加石油总局完全合理、正确。至于我们两个在中国石油事业的发展中，留下一鳞半爪，也只是无负于祖国人民而已。

# 附 录

# 朱康福年表①

1921年　6月9日生于江苏省无锡南门外南上塘。

1927年　上小学。先后就读镇塘庵小学，明德小学。

1932年　考入私立无锡中学初中。

1935年　入私立无锡中学高中。

1938年　入昆明昆华高中，秋季保送西南联大。

1942年　西南联大化工系毕业，在云南恒通公司酒精厂任助理工程师。

1943年　在恒通公司云南制糖厂任副工程师、副厂长。

1944—1946年　先后在昆明中山中学、昆明私立黔灵中学、私立无锡中学教书。

1947年7月　赴美国，在肯塔基州路易斯维尔市酒精厂，为国际实习生。

1948年8月　入美国路易斯安那州州立大学为研究生。

1949年8月　与吴崇筠结婚；年底获硕士学位。

1950年　年初，美国威斯康星大学化工系助理研究员，博士研究生；9月偕妻回国。10月在燃料工业部石油管理总局设计处任职。

1953年　任土建室主任，抚顺石油二厂工厂设计师。

① 参考《中国石化北京设计院志 1953—1992》：P287－323，P332。《辉煌历程 1953—2003》，中国石化工程建设公司。中石化咨询公司悼文。

1954 年　任总图室主任。

1956 年　7 月 1 日成立石油工业部北京设计院，任室主任。

1959 年　中小型厂设计室主任。

1960 年　4 月出访苏联，留驻苏使馆商务参赞处工作三个月，回国后参加大庆会战，协助葡萄花小炼厂开工生产。

1961 年　黑龙江炼厂（后称大庆炼厂）工厂设计师。

1964 年　任北京设计院副总工程师，协助部、院领导组织炼油新技术（五朵金花）的设计、建设；晋升为国家三级工程师。12 月当选第三届全国人民代表大会代表。

1965 年　任石油工业部北京设计院院长、总工程师。

制定胜利炼厂一厂一套联合装置方案。9 月国家科技委员会聘任为石油炼制专家组组员。

1966 年　4 月从罗马尼亚引进润滑油生产装置；6 月访问阿尔巴尼亚中国政府代表团成员；回国后东方红炼厂选址。保障“三大合成”各项目的实施。

1967 年　5 月被关入“牛棚”。

1969 年　11 月下放石油部湖北潜江五七干校。

1973 年　11 月回京参加燕山乙烯工程。

1974 年　借调北京石化总厂基建指挥部，协助设计与施工管理。

1978 年　石油工业部规划设计总院副总工程师、总工程师。

1979 年 4 月　随团出访比利时。

1980 年代初　主笔 12 行业发展政策研究课题（石油行业）报告，总课题获国家科技进步一等奖，列为有突出贡献者。中国石油学会炼制分会常务理事。

1983 年　中国石油化工总公司石油化工规划院（石油化工咨询公司）总工程师，后任顾问。

1983 年　赴伦敦参加第十一届世界石油大会。负责润滑油添加剂设备引进谈判并带队出国考察。

1985 年　1 月加入中国共产党；6 月随康世恩出访日本。发表“对发展我国石油化工的想法”。

1985—1986 年　受聘为福建省技术顾问，负责利用西班牙贷款建设福建炼厂的技术谈判，出访西班牙。

1987 年　任《当代中国的石油化学工业》副主编。赴美国休斯敦参加第十二届世界石油大会。陪同韩国大宇集团在华投资合建 30 万吨乙烯的前期考察合作，出访韩国。

1980 年代中后期—1990 年代　主持或参与石化建设项目前期评审（茂名乙烯、盘锦乙烯等），老企业改扩建方案审查。参加中国能源研究会中关于我国能源问题的讨论并发表多篇论文。

1995 年　主持曹妃甸—天津港渤海湾石油深水港项目前期研究。

1998 年　中国石油化工集团公司规划院（中石化咨询公司）总工程师，后任顾问。

2001 年　中国石化集团公司经济技术研究院顾问。

2004 年　退休。

20 世纪　70 年代末恢复工作后，相继兼任国家科委发明创造奖评选委员会冶金化工小组及化学化工小组委员，国家计委中国国际工程咨询公司专业委员会委员、顾问，石油工业部及中石化职称评定委员会委员，中国能源研究会常务理事、副理事长、顾问，中国石油学会理事，炼制分会常务理事、顾问。

2007 年　5 月 12 日逝世于北京中日友好医院。

# 朱康福主要著述

## 著作

1 朱康福，阙道悠，李永昌等. 页岩焦油加工方法的一些比较. 石油炼制与化工，1958 年 1 期：34-37

2 朱康福. 现阶段炼油工业节能的任务与措施. 石油炼制与化工，1982 年 12 期：1-8，33

3 朱亚杰，朱康福，林励吾等. 从第十一届世界石油大会看炼油和石油化工技术的发展. 石油炼制与化工，1984 年 1 期：29-36

4 朱康福. 炼油厂节能工作的国际动向与我国今后努力的方向. 石油炼制与化工，1984 年 7 期：28-32

5 朱康福，朱彭年. 对发展我国石油化工的想法. 化工进展，1985 年 6 期：34-37

6 朱康福. 坚持不懈深入抓好节能工作. 石油炼制（与化工），1987 年 9 期：32-37

7 朱康福. 炼油厂节能工作的回顾与展望. 石油炼制，1989 年 1 期：6-12，37

8 朱康福. 原油出口及有关问题的商讨. 科技导报（北京），1990 年 1 期：46-50

9 李昆，朱康福. 炼油工业节能技术综述. 炼油设计，1990 年 4 期：54-62

10 朱康福. 从全国能源发展看天然气开发利用. 石油规划设计，1991 年 3 期：1-7

11 朱康福. 中国石油资源的合理利用. 国际石油经济研讨会，北京，1991 年 10 月

12 朱康福. 关于节约用地与密集布置. 炼油设计，1992 年 4 期：1 -6

13 朱康福译. 提高烷基化经济效益的途径. 石油炼制译丛，1992 年 9 期：39-43

14 朱康福. 发展我国炼油工业的一些思考. 石油规划设计，1993 年 3 期：15-18

15 朱康福. 我国能源政策的经验与教训. 能源政策研究通讯，1993 年 5 期：2-8

16 朱康福. 中国石油工业发展战略建议. 能源政策研究通讯，1994 年 2 期：4-7

17 朱康福. 规划工作思考（上）. 石油规划设计，1994 年 4 期：10 -12

18 朱康福. 有关我国石油消费快速增长的思考——兼论一次能源生产与消费结构的变化趋势. 国际石油经济，1994 年 6 期：21-25

19 朱康福. 规划工作思考（下）. 石油规划设计，1995 年 1 期：32-34

20 朱康福. 工程设计人员应为企业第二轮达标服务. 炼油设计，1995 年 2 期：59-60

21 朱康福. 对我国能源前景的一些思考. 当代石油石化，2003 年 2 期：10-12，27

22 朱康福. 对中国 2020 年能源消费及结构中石油比例的再思考. 当代石油石化，2003 年 6 期：15-17

23 朱康福. 发展形势下对我国能源及油气进口问题的思考. 当代石油石化，2004 年 2 期：5-8

## 译文

1 朱康福. 炼油厂能量消耗和节约. 北京：石油工业出版社，1979

2 朱康福等译. 实用工艺工程设计工作方法. 北京：中国石化出版社，1992

# 《往事》——吴崇筠自述[①]

缘起 / 故乡与童年 / 初出家门 / 重庆的岁月 / 出川、出国与结婚、回国 / 在石油管理总局的时期/ 执教二十年 / 在油勘院的时期 / 感受与心愿 / 吴崇筠 1977~1993 年著述要目

## 缘 起

人到老年，本来就容易想起过去的事。得病以来，听力不行，语言功能差，难以握笔写字，又一贯不爱看电视。病室枯坐与卧床难眠之时，一件件往事就如在眼前，驱之不去。朱平与静慧带着小孙女青青（大名叫海宁）回来探亲，看到康福有时独坐无聊，就建议他写写自己的回忆，将来供孩子们看看。康福同意之外，又想到我，愿意把我的一些往事写下来，我也同意了。我说说，他写写，我看了再改改。

显然，这是一种不得已的办法。一个人的内心感受，别人无论如何不

① 吴崇筠口述，朱康福执笔。

可能完全理解掌握。尽管我们一起作了努力，仍不能解决这个难题。我就是想把情况讲得更清楚些，也因语言障碍而办不到。何况记忆模糊之处，也在所难免。康福写材料的风格，与我自己也很不相同。所以下文所记的事，只能是大致的梗概，细节就谈不上，差错也会有的。

举个例子来说：石油系统沉积学学术会议举行过几次，还有类似的重要会议，可以一记的事实就很多，却只对最主要的地方“点到”而已。至于对于辽河油田那次会议多记了一些细节，则是康福在查到《沉积学报》上一则“报导”而引用的。

我生活在古老中国划时代的革命与建设时期，从偏僻的四川乡村进入中国的石油工业，并为此而尽了一些微薄的力量。生活可以说很丰富多彩，却始终是一个普通的地质工作者，没有必要写什么“回忆录”。倒是因为四个子女中三个现在国外，过去没有时间、现在没有机会聊天闲谈，使他们对我一生经历，颇不清楚。我跟康福花点时间，让他们得以基本上知道我生活与工作的概略，就是目的。

吴崇筠，20世纪80年代

中国要真正富强起来，需要几代人的艰苦奋斗。无论子女们如何发展，再下一代又如何生活，希望他们永远铭记自己是中国人，而且衷心祝愿他们能够为此而自豪。

1994 年 3 月 8 日

# 一、故乡与童年

我1921年中秋节后第二天（农历八月十七日，据查是公历的9月18日）生于四川江津的乡间。身份证与履历表上所填1922年10月7日其实不对（那是1922年农历八月十七日）。这个错误由来已久，直到1992年10月我在成都见到堂哥志宏才落实。他是儿时的伙伴，比我大一岁。

江津县城紧靠长江，在重庆上游。长江在这里拐了个很陡的急弯，县城北部就镶嵌在这三角形内，北端正是那个拐角，而东面的大部分和西面的一半都是江岸。南面自古以来就有一条大路通贵州省，现在开辟为对外开放的名胜旅游区四面山，离县城约100公里，就在川、黔两省边界处。通往四面山的大路已建成沥青路面的公路，还在拓宽。

我的老家就在这公路边上，离县城约60公里，地名“河嘴上”，现属于江津市柏林区紫云乡凤台村。虽然这地方已是山前丘陵区，相当偏僻，却在全国分省地图集（1984年第二版）中《成渝地区》那一幅上可准确清楚地找到。图上，公路从江津开始向南，经过先锋、李市，由蔡家岗过笋溪河，沿公路可以看到紫云这个地名。紫云以北有一段公路紧贴笋溪河，我老家就在那里。

老家旧宅名叫“养晦山庄”，在公路东侧一个小山丘上。小丘底下紧贴路面，高度约20余米，再往东则丘陵起伏渐渐进入山区，西边隔公路俯视笋溪河，周围景色十分幽美灵秀。笋溪河源出贵州省内，蜿蜒北流，在江津县城附近与綦江汇合后注入长江。在蔡家岗以南这一带，两岸竹林茂密，连绵不断，望不到头，是别处很少见的。岸上丘陵与村舍屋前房后，多种柑橘。江津的柑橘是全国有名的，现在城里有专门的柑橘研究所，从事培育优良品种。

竹与橘，都是我国历代文人学士、诗人画家所赞赏歌颂的植物。在这丘陵起伏、远山隐约、竹林橘丛之间，笋溪河潺潺流淌，置身其间，确实感到心旷神怡。康福1992年到此，就颇为欣赏，称道不止。鸽子是1991年去过的，虽然逢天阴有雨，公路尚未修好，到处泥泞，却对周围景色也十分喜爱。其实他们停留的时间很短，还没有见过最美好的时刻。譬如春天早晨，河上薄雾轻飘，山后红日渐升，景色就更迷人。秋天满月，绿树丛中金黄色与红色的柑橘满挂，河边竹影婆娑，在河边漫步，看河中月影，听汩汩水声，实在让人迷恋，是我终生不忘的。其实我和妹妹的名字“崇碧”，也由此而来。

养晦山庄什么时候建成的，我不很清楚。我的远祖并不是四川人，听说是清代晚期从福建辗转迁来的，而且并非一下子就在江津定居。大概是我曾祖父经营靛青（我国古老的传统染料，现在又有流行的“蜡染布”上的蓝色，就是靛青染成），发了点财，才定居江津，建起住宅，在祖父手中，建成这个“山庄”。从祖父一辈开始，家族按“茂功崇盛朝”的次序命名。我父亲就叫“功让”。我侄儿一辈，大都还用“盛”字起名，再往下就不用了，只有长期在老家居住的堂侄盛杰，对他的儿子还用“朝”命名。

我对祖父母毫无印象，没有见到过。我父亲兄弟三人，姐妹三人。父亲在兄弟中是最小的。三兄弟分家后，大伯移居到笋溪河下游约1公里处的“中嘴”，山庄由二伯父与父亲平分。山庄是依山坡地形造成四合院形式，后面另加一排平房。从大路上沿小丘下的山沟引出一条小路上坡，就到大门。大门前砌筑一个小小半圆形平台，俯视那条山沟。门边有两条石柱，刻一副对联，写的什么已记不得。另有一块石头上刻“养晦山庄”这个名字。进大门一个不大的门厅过道，两旁左边两间右边四间平房。穿过门厅是一个“天井”，面积大约50~60平方米，然后就是正房“堂屋”。由于地形上升，正房前有五六级石砌台阶。正房中间是正式的“厅堂”，一排落地木制“格扇门”，下半部雕刻“八仙”图案。早先油漆光亮，图案呈金色，相当漂亮。两边各有正房四间（前、后各两间）。天井两侧是厢房，每边三大间，如此形成一个完整的四合院。正房后面有门，通过一块空地，有一排平房，是储藏间与佣工的住房，还有一个小小“碉楼”。正房最边上紧贴厢房的角上是厨房。

这老宅的右半边是我们家，左半边是二伯父家。我父母所住一间正房，就是我降生之地。我家孩子不多，一个姐姐幼年去世，剩下哥哥、我与妹妹。房子很够用。哥哥结婚后住一间正房，我姐妹住一间，还有一间算是哥哥的书房。厢房中有一间是客房。

养晦山庄内养晦斋，摄于1992年

父亲为人忍让和善，守着祖业，教育子女读书。对佃户佣工也从不苛刻，母亲更是一贯地乐于助人。而父母又很早就抽上鸦片烟，因此我家并无什么“发展”。二伯父（和他的几个儿子）则善于经营，积聚财富，扩大房屋地产，加上人口众多（堂兄们一个个结婚再有孩子），他们那半边陆续增建房屋，加建围墙，还造了一个较大的石砌碉楼，有四层楼那么高，在当地算是最高的了。墙外山坡栽培许多各种果树，围墙内更有不少花卉与一些树木。从我幼年时直到1945年大学毕业，他们家一直是“兴旺发达”的时期。我每次回乡，自然也都要玩赏一阵，留下美好印象。像夏天的荷花、秋天的桂花、冬天的蜡梅，春天的花自然更多。还有吃不完的果子，柑橘更是不在话下的。

笋溪河发大水时①，也很凶猛，混浊，但大部分时间清澈平缓，河滩是沙质的，泥土很少。我家坡下的河边，更是一片石滩，正好挑水洗衣服，孩子们可以在滩上玩耍，只是小时候父母禁止我们下河。再往下游100多米，河中间有一大片岩石，水浅时出露，河水从岩石中间缺口处下泻，下边成为深潭，河面上则出现大大小小的漩涡。人们既可以从岩石上跨步过河，更常有人在石上捣洗衣物。如果把岩石缺口用竹篱一挡，还可以捕到鱼儿。岩石表面经长久冲刷，很光滑，当水浅到岩石与岸滩相连时，我们孩子都喜欢到石面上去玩，看人家捕鱼，看下游的漩涡，可以看上半天还舍不得回家。

父亲念过点书，母亲只识得些字。安分守业之余，特别关心子女的教育，妈妈在这一点上尤其突出。四川在清代末年就有大批革命志士，妈妈姓张（名字我也记不得，反正幼年以至较大，从来不问妈妈的名字），她家族中就有追随孙中山先生闹革命的（具体是哪一位尊亲我也不知道）。而江津也可以算是人文荟萃的地方，我幼年时就有留学归来的“新派人物”兴办很好的学校，女孩子上学的较多。所以妈妈一贯主张我们姐妹要

---

① 据《江津报》报道，1998年8月6日至7日，川、黔边界及江津市南部地区有大雨、暴雨，引起山洪暴发，笋溪河水位在7小时内上涨9.34米，个别地段在半小时内就暴涨6.0米，超过新中国成立以来最高水位，笋溪河及綦河两岸受灾严重，被当地称为“8·7特大洪灾”。时间刚好是崇筠逝世三周年，特此附注。1998年8月25日，朱康福。

像男孩子一样读书上进，争气自立。

妈妈平常十分慈爱，对教育子女却比爸爸严格，这方面“不听话”可就要挨打，打手心也打屁股。不过我们都很听话，所以真正挨打极少极少。

譬如前边说过，我们小时候，家里禁止孩子们下河。不过在笋溪河里扑腾打闹以至捉鱼，是附近半大孩子们的一大乐事，玩得痛快淋漓，大叫大喊。我哥哥经不住这种“引诱”，也曾偷偷地下河。有一次就让妈妈知道了，非动板子打他不可。哥哥是家中长子，唯一男孩，爸爸责骂一阵以后，似乎也就算了，而妈妈则非打不可，而且真正下力气地打，要哥哥和我们都好好记住。但到后来，“风气开通”，也就不一样，我自己还跟上堂姐们下河涉水玩耍。

我家离县城远，附近没有学校，伯父和父亲就聘请老师来家教书。我刚 5 岁，就让我跟上哥哥姐姐们上学。课堂在伯父家的“吊楼”上。

我的“大名”，就是第一位老师起的。命名时还很严肃，让我毕恭毕敬地站着，宣布我的名字叫“筠”（“崇”字是按辈分排定的），念什么、怎么写、意义是什么，要我牢牢记得。这个印象，到如今如在眼前。简单说，筠就是竹子，特别指竹子的皮，古人用来形容清白与高洁，当然也含有均匀一致的意义。但愿我这辈子能够不辜负这位老师与父母给取的名字。

这一位老师教书时间不太长，第二位老师却是很严、很凶，动不动要打人的。对我当时这个最年幼的小女孩，也照样打。

那时课堂已移到二伯父书房里，男孩子们在外边，女孩子们在里边。但我因为年纪小，多数时间是跟男孩子一起上课。而我年小瞌睡多，半天坐在课桌前，有时“瞌睡虫”就来了。至于下午放学，早早吃过晚饭，昏黄的煤油灯下，更是昏昏欲睡，迷迷糊糊睡一阵，父母亲吃“消夜”，又叫醒跟着吃。结果第二天背书就常背不好。因此，罚站，或是挨打之事不少。罚站是站在硬木书柜之前，老师还常过来照前额就是一下，后脑“蓬”的一声撞在木板上，撞的比打的还疼。拿竹板子打手心，曾把我的小手打得肿了几天。

对这位老师，我是怕的，结果书也念得不好。到我急了的时候，也有小小的“反抗”。有一次不记得为了什么，老师一定要我去拿那专门打人的竹板子，打我哥哥，我默不作声，却就是不动。

挨老师打，父母从不怜惜，还要批评，至少也要讲讲“好好念书，才能争气自立”这些话。

后来又换了第三位老师，他很和善，对最小的孩子——我堂兄志宏三哥和我很照顾。中午让我们拼起板凳睡一会儿，有时醒来还给个糖球球吃。

我在家念书的时间一共约三年多些，中间还生了一场大病，二姐跟我同时也生病。发病原因，据说是去姑姑家玩的时候，“炒蚕豆吃多了”。这个原因无论如何不应当是根本性或关键性的，还是由于乡间当时医疗条件太差，小病弄成了大病。姐妹俩病得沉重时，还是没有什么正经的医药治疗。爸爸妈妈急得没办法，按乡间习俗，请人来“跳端公”。跳端公的人却说：“两个孩子只能保住一个。”父母就更不知如何是好，只是昼夜守护着我们。不幸二姐竟然真的不治，我倒是侥幸慢慢地好起来。那一年，二姐只有八岁，我六岁。

我的病虽然好了，但身体很虚弱，妈妈精心调养很长一段时间，才恢复。这也是我进正经学校时间较晚的原因。到我九岁那年，才去白沙新本小学“插班”入学。

## 二、初出家门

白沙镇是江津上游长江边有名的“码头”之一。川江船只那时不敢夜航（没有航标等设施），晚间都要停泊码头。白沙江岸条件好，船只停泊多，就繁荣兴旺，有很好的“洋学堂”，新本小学就是其中之一。回想起来，这学校的条件还真不错，学生很多住校，操场也挺大，教育也很认真。

我去念白沙新本小学而没有到江津县城去念书，理由之一是新本小学有我家的亲戚。我最小的姑姑（我们叫她“满孃”）嫁在龚姓人家，龚家两位姑姑早年就进洋学堂念书的。

白沙离我家大约70华里，小伙子们要走一天，女孩子们要坐“滑竿”或“轿子”。9岁的孩子进小学，显然年岁太大些；而9岁的女孩离开家庭去住校，却又是一种考验。这种考验符合妈妈“要争气自立”的一贯思想，回忆起来，这种锻炼确实也为我后来的生活打了个良好的基础，得益不浅。不过在当时则不免感到“委屈”，尤其因为同寝室的女孩比我大，说是照顾我，事实上却欺负我，所以第一个学期颇不习惯。假期回家后不想回学校。临到必须回校那天早晨，滑竿已经等着，其他上学的堂兄姐们都已“整装待发”，我还赖在床上假装睡着未醒。这种可怜的小小伎俩，自然瞒不过父母。爸爸只是连声叫我起床，妈妈却拿过扫床的笤帚就是一顿揍，于是只好含着眼泪启程。

龚家满孃的家，在我家去白沙路上比较靠近白沙的地方（地名记不得），满孃一直喜欢我们，我上学去与回家时，每次都去她家。放假回家时，还要小住上几天，与表妹们一起玩，吃些“腊肉”等。所以我与龚家表妹很好。其中勋兆表妹年龄接近，更是儿时的小伙伴（勋兆后来与潘中枢结婚，当过多年教师，现在重庆教育科学研究所工作，已退休）。

从养晦山庄出来，是第一次开了眼界。“洋学堂”除其他课程外，还有音乐、体育，我特别喜欢。唱歌、跳舞学得很快，有点像补了幼儿园的一段教育。老师也夸我，让我参加表演。所以第二学期一过，就很喜欢上学，不用妈妈再加督促。而妈妈知道有人欺负我，还专门安排人照顾，我自然就更快活自在了。

当时小学生的歌舞表演，简单朴素，不讲究任何服装、化装之类，内容是我国最早一批当代音乐、表现艺术家的作品，如“葡萄仙子”、“月明之夜”、“麻雀与小孩”等，表现了孩子们天真、自然与正直助人的情操。我认为比现在有些动不动就把孩子搞成“小大人”、追求浮华，甚至让孩子们也登台乱“扭”一通为更好些。

语文教科书中，爱国主义教育的内容比较突出。我印象最深的如《最后一课》。讲历史上的“普法之战”，普鲁士帝国战胜后，法国割地赔款，一所小学在割地内，一位老师给学生们上最后一次法语课（往后就必须教德语了）。我们的老师不但讲得很好，还让全班同学以此为题写一篇作文。我从小在家念书时，也就知道“打倒列强除军阀”、“救亡图存”这些口号，又值正是“九·一八”事变东北沦陷之后，思想上确有震动，竟然写了700多字，内容是绝不能当亡国奴。以后，随着学校教育与日本帝国主义的侵略，这种思想进一步加深。

据我侄儿盛滨说，他父亲（我的哥哥）曾经带着弟弟（堂弟）妹妹们一支小小队伍，去山区宣传抗日。这件事，我的印象却并不深，盛滨当然只是听他父亲讲的。不过，“九·一八”以后，江津各学校抗日的呼声是很高的。

我在新本小学只念完“初小”（四年级），就转到江津县城的江津女子小学去念“高小”（五、六年级）。

江津女子小学附设在江津女中之内，我仍然住校，也还是很活跃。学习成绩一直很好，课余仍然喜欢唱歌、体育，乒乓球玩得较多。总之是无忧无虑、活泼快乐地念书。

家里父母这时操心哥哥的婚姻。哥哥长我6岁，高中就快毕业，一心要到北京（当时还叫北平）去念大学。而爸爸妈妈则下不了决心，却忙于张罗让他结婚。哥哥心目中其实另有“意中人”，不过当时在江津，男女青年谈恋爱还不那么公开，交往比较拘束，感情交流也含蓄而不那么外露。爸爸妈妈也许知道一些而没当一回事，或者根本不同意，我年纪小闹不清，只知道父母要为哥哥正式定亲，哥哥表示反对。闹过一阵后却还是接受了父母的安排，只是明确有个条件：结婚后还一定要到北京去念书的。

嫂嫂也姓张，与妈妈同姓却并无亲族关系。她家比较有钱，家中人口众多而关系比较复杂，她在家并不受宠爱，因此倒也没有那种“小姐”习气。她也曾在江津女中念书，班次比我高，并不认识。她与哥哥订婚后，才亲近起来。

他们结婚后，较多时间住在城里嫂嫂家，我有时也去住过。寒、暑假我仍回乡间养晦山庄，哥嫂也回去。嫂嫂婚后不久怀孕，而哥哥没等孩子出生，就去北京进了大学，那所学校好像叫“北平大学”。我第一个侄儿盛清出生时，哥哥并没有回来，爸爸妈妈对孙子降生，十分高兴，照顾嫂嫂与孩子十分周到，嫂嫂自然也对爸爸妈妈很好，我们一家欢乐和睦，甚至使二伯父家的堂嫂、堂姐们羡慕。二伯父家人口多，又都守在家里，两代人以及姑嫂、妯娌之间，难免有些摩擦与不协调。

在这里结识的另一位好朋友是刘光辉。刘光辉比我大几岁，人很朴实，待我像个姐姐。她后来与郭明达结婚，而明达的弟弟明灵又与我妹妹崇碧结婚，竟然成了亲戚。明达出国在美国学舞蹈艺术，1955 年回国后在京工作。光辉带女儿若慧来京，我们两家就一直往来很多。在京时光辉又生下儿子陶然，两家孩子也是好朋友。可惜若慧在内蒙插队时得了心脏病，虽回京治疗一直未能根治，一个很有前途的“高材生”结婚生子后，在 1989 年过早去世。约一年之后，光辉也不幸逝世了。这些当然都是后来的事了，这里就先记下来。

我继续念书，一直感到幸福、愉快，到“高小”毕业时，江津县对全县高小毕业班学生组织“会考”，考试结果，我获得全县第一名。父母他们都感到高兴，我自己心里却不大快活，觉得江津的人才太少了，才让我得了第一名的。而更不巧的，考完以后我又生了一场重病。

应付考试，我从来不搞“开夜车”之类，只是考试那几天身体已经不舒服。父母不在身边，我不吭声别人也不知道。一到考完躺下，就发烧，接着甚至烧得昏迷。那时是住在嫂嫂家，嫂嫂慌了，赶紧请爸爸妈妈来。爸爸妈妈赶进城来，在县城对江的德感坝租房住下，把我抬过去，请一位老中医诊治，确定是伤寒病。老中医完全用中药治疗，经过一段连续高烧 41℃的危险期，居然慢慢好起来。只是身体变得十分虚弱，满头头发几乎掉光。

这一场伤寒和我 6 岁那年的大病，都有生命危险，而且对身体影响很大，得以安全度过，而且是在当时的医疗条件下度过，妈妈的精心护理调养，起了非常重要的作用，是我一辈子忘不了的。

病后不得不休学半年，到第二年春天，才按“春季始业”办法进入江津女中。这个学校在当地很有名气，不少江津有些成就的妇女都在这所中学念过书。记得当时的校长叫袁玉良，教务长叫丁秀君。学校的设施、师资都不错，图书馆的藏书在我当时看来是非常丰富的，有许多世界名著的译本，当然还有鲁迅等作家的著作。我年轻时读过的文学名著，很多就是在这里读的（因为到高中时代进入南开中学，功课紧张，没多少时间读课外书了）。

这一年是我们家欢乐的一年，爸爸妈妈娶了儿媳妇又有了孙子，哥哥如愿上了大学，妹妹和我念书都很好。不料灾祸很快降临。第二年春节过后不久，爸爸就病了，而且很快严重起来，也没闹清楚到底是什么病，服药无效，没多长时间竟不幸去世。哥哥赶回料理丧事，灵柩运回养晦山庄老家。此时，妈妈也病了，医治不见效果，前后相差不过一个月，妈妈竟然也舍我们而去。他们逝世时才不过44岁和42岁。

这样的打击实在太大，简直不知道当时是怎样过来的。哥哥只好停学在家，料理一切。他明确而坚定地承担起家庭责任，留在江津从事教育工作，当了小学校长。那个小学基本上是吴氏宗族出资办理的，原来的校长是我们一位族兄（吴梦霞的父亲）。同时，哥哥又坚持让我和妹妹继续读书，曾对我姐妹表示："我念不成大学了，你们要念。"这一点，我和妹妹都应当感激他。因为如此，我不久就回学校继续住校念书，没有耽误。很早失去父母，无疑对我的个性发展有很大影响（尽管哥哥嫂嫂对我姐妹一直很好）。我对父母讲的"要争气自立"的教训，更加铭记并努力做到。

这时候日本帝国主义的侵略步步深入，学校里抗日救国思潮明显上升，到"七·七"卢沟桥打响抗日第一枪后，更是蓬勃展开。我从小学时培养起来的爱国思想，也进一步深入。和同学们一起天天看报，制作了一幅大地图，用白色小旗表示日本侵略军，红色小旗是我国军队，显示侵略军的深入，以提请全校都密切注意。再在墙报上反复呼吁“关心国事，救亡图存”，“收复失地，还我河山”等。课余的时间，几乎完全用于这种工作。

我们还组织演剧、歌咏等宣传活动。我在班上身材较高，病后又一直瘦瘦的，总是被选扮男角，扮女角的是后来和堂兄志宏三哥结婚成为我嫂子的江淑娴。

我们这种爱国、想要“救国”的思想是简单而朴素的，怎样才能救国？其实想得不多。同学们有时也议论这个问题，我的想法是国家总要富强起来，才不致受欺侮、受侵略。

## 三、重庆的岁月

南京陷落，武汉“吃紧”，国民党把政府搬到重庆，全国以至全世界闻名的南开中学也迁到了重庆，开始招生，我决心报考南开的高中。这是1938年的夏天，我初中还没毕业，是以“同等学力”的资格报名的。由于南开的名声很大，报考学生很多，包括不少从京津、沪宁等地来的“战区学生”，竞争激烈，我幸而成功，得到录取。

南开中学（曾经称为“南渝中学”，以后正式改名南开）保持它原来的教育水平，比四川的学校明显高了一截，尤其是英语课，水平差得更大。开学一上课，我明显地感到压力很大，但我对功课从来不服输，基础水平差，就只有拼命努力赶上去。虽然还注意身体，不开“夜车”，但课余时间就全部钻在功课中，星期天也极少放松。南开中学在沙坪坝，离市区有一段距离，我极少进城。

第一学期最艰苦，有些课程的成绩不好，只略高于“及格”，总算跟上了。与周围同学也逐渐有些交往。南开中学虽然男、女生都有，校内其实分为两部分，上课完全分开，我所交往的也全是女同学。

在南开中学三年，有几件事印象特别深：

首先，南开的办学宗旨和精神正确，办事效率也很高。学校注意对学生德、智、体全面培育，为社会造就有用人才。教学与管理相当严格，教育水平、师资等的确都很好，但并不要求学生“死念书”，相反，全校气氛活跃，无论文艺、体育、学生会组织等都发展得好。话剧、歌咏在沙坪坝以至重庆市都有点名气，公演曹禺名剧《日出》还引起一点轰动。后来在大庆石油学院任教的杜博民，就是剧中扮演主角的。

办事效率高，从入学注册就能显示出来。组织严密、准备充分，一排桌子各有专人负责一件事，学生顺序过去，一切都办好了。这对同学也是一种示范与要求。

第二件事是周恩来同志到校演讲。那一次由张伯苓老校长陪同介绍，声称他是“南开的好学生”，宣布过去对他的“处分”一律撤销。周恩来同志全面宣讲抗日战争的形势与我们必胜的根据。当时简直是人山人海，却秩序极好，听讲时肃静无声，到精彩处鼓掌持久热烈。这个场景我还是第一次经历，第一次见到总理，也是一辈子不会忘记的。

蒋介石也去过。我跟所有同学一起，见过两次，还听他讲过话，每次都由宋美龄陪同。对他们两个人的“派头”和蒋的讲话腔调，却很反感。当时其实说不上“政治觉悟”，却就是由衷地不喜欢那一套作风和讲话的内容，装模作样而开口就是一股“丘八”腔。“丘八”是学生们那时鄙视国民党兵的一种称呼（而学生被人称为“丘九”）。

还有件事就是我的同学和几个朋友。南开中学在重庆曾被称为“贵族学校”，1938 年入学的学生中，就有不少“大官”们的子女。我只认得女同学，其中就有汪精卫、陈布雷、翁文灏、傅作义、杨森等人的女儿，还有著名人士马寅初的女儿等。至今仍有来往的好友许淑莲，她父亲当时的官也不小（具体是什么官记不得）。这些女同学的表现，当时就有极大差别。譬如大军阀杨森的女儿，总是打扮得花枝招展，出入与众不同，实际也很孤立，只有极少数同学跟她有些往来。而马仰兰（马寅初女儿）、许淑莲她们，都衣着朴素，读书认真，大方随和，与同学相处融洽。那时候我就深有感触，觉得人们的社会地位尽管不一样，而对子女从小开始的家庭教育，总是极其重要的。

我重视与珍惜真诚的友谊，有些好朋友长期联系往来以至目前，其中有几位就是在南开时结识的，就像王德芬、许淑莲等。从小学到初中，除前面讲述的刘光辉之外，也还有几个好朋友，像王志筠、邱咏菊等，只是她们大都没有离开原籍老家，后来就慢慢失去联系了。此外，我对交友很慎重，有所选择。譬如在小学时就有高年级同学积极表示要跟我做朋友，我却很不愿意，以至她说我是“冷血动物”，我并不在意，也不改变态度。

在重庆念高中和大学时，寒、暑假都回江津，主要仍住在老家养晦山庄，妹妹也一起回去。哥哥这时参加江津同乡组办的私营银行，主要在江津和重庆工作，嫂嫂带着孩子们在老家，两个最大的侄儿盛清和盛滨已经懂事（嫂嫂先生下三个儿子，接下来又生三个女儿），非常可爱。我和妹妹回家，这两个小家伙就特别高兴。家里养着些鸡，家乡习俗，认为吃刚产下的新鲜生鸡蛋特别“补人”。两个孩子一听有母鸡咯咯叫，就争先到鸡窝里去拣，捧着热乎乎的蛋一定要我吃。有一次，有人送来“坛子酒”（糯米发酵而成的甜酒），没有收藏好，让两兄弟偷偷吃了不少。结果双双醉倒，从中午饭后一直见不到他们，嫂嫂着了急，怕他们下笋溪河去了。

大家一找，才在“吊楼”的角落发现两个小醉汉满面通红，呼呼大睡，一副可笑又可爱的憨态。有一个月明的夜晚，两兄弟还玩“摔跤”，“表现”给我们看，玩着玩着就“认真”起来，扭成一团不撒手。我们只好去“劝架”，又可气、又可爱。这些景象，我至今记得。

下笋溪河，就不像我幼年那样爸爸妈妈总不许去，而是经常去，暑假尤其如此。夏日傍晚，屋里还热，而河边竹荫之下就挺凉快。要坐在小船上随便漂流，真是“清风徐来”，舒畅极了。再不然干脆赤足下河滩，“濯足于清流”。再热的天，笋溪河水也是凉凉的，沁人心脾。

但是，后来我高中毕业进大学后，大侄儿盛清忽染大病，经检查被认为是脑膜炎。尽管哥哥花大力气找到刚刚问世的青霉素，用冰块保护着送来注射，却也未能挽救。这个聪明、活泼、十分可爱的孩子不幸夭折，对我们，特别对嫂子是个极大的打击，一直影响到后来。

哥哥与嫂嫂结婚，虽然多少带有屈从于父母的成分，但婚后对嫂嫂很好，感情也是真诚的。我假期回家往往带些衣料之类以哥哥的名义赠送嫂嫂。以后虽子女渐多，与我姐妹仍颇亲密，家庭气氛一直很好。如今不幸突然失去了心爱的长子，嫂嫂自然特别伤心。

南开中学时的吴崇筠(1941年毕业照)

在南开念三年高中，由于教育水平的确较高，我得益极大。一则基本知识有了较好基础，二则眼界进一步开阔，对进一步接受大学教育的信心、决心也更大，对选择什么专业也想得不少。

要说喜爱，我其实偏向于物理和农业，哥哥曾希望我学经济。但我总希望对国家富强作些直接的贡献，而资源的开发利用是一大关键。不仅抗战需要资源，连子孙后代也需要资源。当时又听说著名的地质学家丁文江先生，是找矿过程中因煤气中毒而牺牲，我很受感动，觉得如此牺牲也是值得的，而丁先生的精神，应该有人继承发扬。所以我就决定要读地质系。哥哥和其他一些人，包括一些同学，都不大赞成，认为女孩子不适宜搞这个专业。

1941 年高中毕业考大学时，竞争已相当激烈，一些著名的大学各自分别在不同日期报名与考试。哥哥特别劝说多报几个学校，不要限于地质系。我自己也不敢说有绝对把握考取某一个学校，就先后报考了五个大学，先是成都华西坝的医学院，金陵大学的农业经济系，以后是重庆大学和西南联大的地质系。先后发榜，竟然都被录取。我从中挑选西南联大地质系，准备前往。

在报名西南联大时，一年级新生在四川的叙永报到，而且当时传闻联大将全部搬到叙永。后来知道，这原来是国民党政府的打算，目的是要控制联大，但是西南联大顶住了，学校留在昆明，只在叙永成立“先修班”，招收没有录取本科生而入学考试成绩达到一定水平的学生。

要从重庆到昆明去，那时候交通条件很差，虽然有航空班机，但却不是一般学生所能考虑，只有走公路。这就要走好几天，而且往往没有准确时间，“走起来看”。路上不安全，翻车、抢劫以至其他案件时有所闻，报纸也有登载。所以哥哥特别不放心，再三劝说（他希望我去读金陵大学农业经济系）。刚好这时早已迁到沙坪坝的中央大学“补招新生”（第一次招生我并未报名），有地质系名额。哥哥提出折中方案，如果考取中大就同意支持我念地质系。于是去报名应考，又录取了，所以最终进了国立中央大学地质系。

一个学生报考五所都算有名的大学又都被录取，大概不是很多的。哥哥曾特别叮嘱此事不要多讲，以免别人觉得炫耀。我本来就觉得没有什么可讲的，只是录取名单登在报纸上，还是有些人知道了。

中大地质系的师资、教学水平都还很好。系主任原来是朱森先生（当时还兼任重庆大学地质系主任），以后是张更先生。有李学清、姚文广、陈旭等几位教授。基础专业课程开设很齐全，包括了矿物、岩石等各个方面。教材都参考或直接选用国外原文本。图书馆藏书（包括专业期刊）也丰富，很合我的心意。自己也专心用功念书，野外实习时能自觉努力，不怕跋山涉水之类。所以成绩好，老师们也看重。

只是地质系的女同学实在少，比我们高两班的有一位马以思，我们班就我一个。男同学就有些莫明其妙的议论，说什么“物以稀为贵嘛”，并且有意让我自己听到。这就更加激发我努力认真学习，就是要跟他们男孩子比一比。

班上没有女同学，又不愿跟男同学往来，有时间就找也考进中大其他系的南开同学，像许淑莲、艾国英。通过她们又认识了周家楣、蔡绮宽等。星期天，常一起到沙坪坝买点小花生和瓜子之类，在某人寝室内“嗑”一阵。或者吃碗红油抄手、担担面之类，去书店转转，就是一种享受。男同学有些爱上茶馆，我从来不去。

我毕业以前，马以思等三位地质学家去贵州作地质调查，竟然被当地“保、甲长”雇作“挑夫”的土匪杀害，牺牲得很惨。消息传来，同学们都很悲愤，也看到了国民党政府的腐朽。

大学四年，国民党政府的腐败、无能、贪污、搜刮等等，耳闻目睹越来越多；而日本帝国主义几次向四川及贵州等进攻，国民党军队总是节节败退。日本飞机对重庆狂轰滥炸，“防空洞”惨案一次死亡老百姓上千人。思想上常常感到郁闷与悲愤，而又无可奈何。想不到别的出路，就又钻到书本中去。在图书馆或实验室里一坐，倒总能够平静地钻进去，感到学得

吴崇筠在国立中央大学

太少，有非常广博的知识值得钻研。四年过去，还觉得时间并不长。

临毕业，已经明确决定要继续从事地质工作，打算毕业后进当时的中央地质调查所工作。这是公认地质学界权威机构，颇有贡献而且在国际上有其地位的。

那时毕业生找工作总是通过系里老师的介绍推荐，而老师们却都不肯放我走，要我留校当助教。我想：当助教可以进一步多念点书，而且四年中老师一贯对我很好，自己能学到点知识，与老师们的指导教育分不开，所以同意了。1945年毕业后，就开始当助教，主要的工作是当李学清教授和张更主任的助教。

## 四、出川、出国与结婚、回国

抗日战争胜利结束，开头我也高兴了一阵，盼望国家从此走向富强。中大要搬回南京，国民党政府优先保证交通运输。那时候许许多多“沦陷区”来的人要回故乡而走不成，我倒是跟着学校很轻松地到了南京。乘轮船过三峡“出川”时还很高兴，并没有对故乡多留恋，而且以为反正寒假、暑假回老家机会多得很。

到南京以后，一起念书又当助教的几个好朋友，结婚的结婚，出国的出国。我在大学毕业以前，没有考虑婚姻问题也没有接触过男孩子，虽然也有一位忠厚老实的男同学接近过我，有些往来，不过争取出国深造，以期有所贡献于祖国富强的想法，更为强烈。有一位同学的男朋友已在美国路易斯安那州立大学（Louisiana State University 简称 LSU）念书，通过这个线索，我向该校申请。我大学课程成绩好，又有老师的推荐，不久就得到回复同意接受。

那时已是 1947 年。国民党政府挑起内战，物价飞涨，我梦想的建设、繁荣根本谈不上，也就只好先钻我的书本，而寄希望于未来。当时正式得到外国学校入学通知的“自费留学生”，可以申请购买一笔“官价外汇”，比“黑市”或者说“实际”价格低得多，购买大约 1000 美元作为路费及刚入学时的费用，家里可以承担。于是我办理好一切手续，坐船由上海出国。同船的熟人，只有任玉书一人。她到俄亥俄州（Ohio）去念书，所以一起到芝加哥（Chicago）分手，我独自坐火车到 LSU 所在的巴吞鲁日(Baton Rouge)。

我的导师是 LSU 的地质系主任拉塞尔（R. S. Russell）博士。他的祖父或父亲来过中国，对中国留学生颇友好，在我之前已带过几个，对我很不错。原来我申报的主修专业是岩石学，却发现指定的必修课程中不少在国内我已经自己学过，于是就多选修一些其他课程，如微古生物学、石油地质学等。路易斯安那州（Louisiana）靠近墨西哥湾、密西西比（Mississippi）河出海口，是美国海湾沿岸（Gulf Coast）产油地区。系里多年来注意研究密西西比河流域及三角洲的地质状况以及石油地质有关情况，微古生物学就是着重于地层判断标志的。

由于学校的设备、图书、标本等比中大毕竟更好些，自己满意，学习也认真，成绩不错。导师十分满意，就顺利申请得到助教奖学金，负责管理标本室。在两间大屋子中有我的小办公桌，事情不多，很有利于安心读书，也不用家里再寄钱来。

住的是学生宿舍，而且我不住研究生宿舍而与一般大学生一起。一栋大楼全是女孩子，宿舍管理相当严格，大多数学生的生活也很严肃。当地的教会又组织志愿人员照顾帮助外国留学生，我被一位 Mrs. Thompson（汤普森夫人）选中，她独身居住，经济不富裕而生活很严肃，是个虔诚的基督教徒，待我十分热情，自称找到一个“中国女儿”。后来我结婚时，她还热心操办，一定要在她所属的教堂里举行隆重的仪式，当地的日报整版专门登载消息，刊登几张很大的相片。

LSU 传统办法，念硕士学位不一定撰写论文而要求加强阅读，广泛了解学科发展情况，最后必须通过答辩口试。1949 年夏，由 Russell（拉塞尔）博士等几位教授组成的委员会对我的答辩表示十分满意，授予硕士学位。Russell 又曾几次表示希望我留下来继续攻读博士学位，甚至建议结婚后生个孩子，长期居住下去。虽然对他诚恳的态度和关心表示感谢，但也明确告诉他，我是要回国为自己国家工作的。

1949年6月4日，吴崇筠在路易斯安那州立大学获得硕士学位

毕业后，于 1949 年 8 月 10 日与康福结婚。康福是 1948 年秋季开学前来 LSU 的，已在 Louisville（路易斯维尔），Kentucky（肯塔基州）一家酒精厂实习一年，在路易斯维尔市立大学（Univ. Of Louisville）念过几门研究生课程，在来 LSU 时就有化工系的助教奖学金（Assistantship），管大一学生的普通化学实验。当时同学中有一位以老大哥自居的洪用林，积极促使我们接近，我觉得他还正直可靠。那一年圣诞节期间，他预定去路易斯维尔（Louisville）看他老师潘尚贞与同学沈崇育、蒋楚生等，邀我一起去见见潘老师一家，办法是往返

都乘坐 Grey Hound Bus（灰狗公共汽车，是美国的一种长途汽车），晚间不住宿而在车上打盹，白天下车看看经过的城市，在路易斯维尔我住潘老师家里，他找同学一起住，我就同意了。在潘老师家里，教授与师母对康福颇有赞扬之语。在路易斯维尔城边上白雪皑皑的公园里我们自然而然地在感情上接近了。在公园里转来转去，还迷失了方向走错了路，最后碰上一位驾车的好心人，把我们送到公共汽车站才回到市里。

在这以后，康福二哥来信赞成我们结婚。他当时在佐治亚州亚特兰大（Atlanta，GA.）的佐治亚州技术学院（Georgia’Tech.）念硕士学位。我哥哥和康福大姐都来信赞成我们结婚——康福父母也都已逝世了。而那位 Mrs. Thompson（汤普森夫人）在坚持要当面见过康福后，对他印象也极好，所以如上所述，非常积极地“操办”一阵。康福二哥专门赶来参加婚礼。

婚后，康福开上那辆 90 美元买来的“老爷车”准备去佛罗里达（Florida）海边玩，算是我们的蜜月旅行。与众不同的是我们还有一位同学陈铭谟一起同行。不巧，走了两天，在海边一个小城（名字已记不得）暂住并第一次下海泡了一阵（我们基本上都不会游泳，只能泡泡海水）后，我就感冒发烧起来，只好返回。回家休息了两天也就好了。

我们在 LSU 还停留了一学期，待康福完成硕士学位课程。同时决定去北部的威斯康星大学（Univ. of Wisconsin）。那里中国学生很多，可以更多、更快地了解新中国建立后的情况。离开前，再次与二哥见面，他已决定马上回国。我们则于 1950 年 1 月到威斯康星州的麦迪逊市（Madison，Wis.）开始攻读博士。

我们在该校参加了“留美科协”，看到了周恩来总理签名号召留学生归国参加建设的公开信，引发巨大反响。在活动中看到不少材料，了解许多事实。其中，有两件事印象特别深刻：

第一件就是上海解放，解放军进入市区的严明军纪。不仅当时唐明照主编的《华侨日报》有详细报道，不少同学接到家信也有实实在在的叙述。那时这些信还得通过香港设法转寄，留美科协定期摘登在自编的刊物上。“租界”全部收回，百年耻辱的标志一下子洗刷干净，心头感到非常痛快。

第二件是英国炮舰“紫石英”号事件。这艘在长江中、下游横行过一时的炮舰，居然不听指挥，打算驶向已经解放的南京，并开炮轰击我炮台，遭到应有的回击、扣留。英国还想掀起反华浪潮，却不得不灰溜溜地收场。我们都觉得出了口恶气，长了点志气，中国人就是站起来了。

这就加强了我们尽早回国的决心。但是美国当局多方面阻挠，以不承认中华人民共和国为由，不放我们走。我们则不向国民党政府的使领馆去办理护照延期等事，有意造成“不合法居留”（没有有效的护照）。

1950 年夏天，参加了留美科协的夏令营，唐明照专门来“作报告”，受到热烈欢迎。我们回国的决心已定，尽管学校的导师也都挽留，奖学金等都无问题，也都婉言谢绝。夏令营后我与部分同学去参观了著名的田纳西河谷的水电站，印象还是深刻的。许多同学都讲起什么时候在黄河、长江上也建起类似的大坝就好了。

由于中国留学生展开多方面的公开斗争，美国一些大学教授也被争取发表同情的言论，指责美国政府无论如何不应阻挠“家人团聚”。不得已的情况下，美国移民局以“无国籍难民”为由把我们“递送出境”。不用花钱就乘指定的火车到旧金山，并领一张“总统轮船公司”的四等舱票，乘“威尔逊总统”号于 8 月底启程回国。这一条船上有 100 多个中国留学生，很热闹。而正是这个时候，美帝在朝鲜的仁川登陆。

"威尔逊总统"号到檀香山时，我们都还上岸游览。珍珠港内停着航空母舰"大黄蜂"号，我们的船离港时，该舰还未动。我们的船还未到日本，船上就广播了该舰参与了仁川登陆"成功"。我们的船到日本时，麦克阿瑟的宪兵就封锁了四等舱，不准我们上岸。另外，宪兵上船通过船长"邀请"赵忠尧教授等四人"谈话"的方式，强行扣留他们四位，并彻底翻动行李舱，将四位的行李全部扣留。据说是他们"窃取机密"。

要说带走资料，确有其事。回国的科技人员谁不带一点资料呢？其中说不定有些是美国人要"保密"的。留学生也事前有组织地分藏过一些缩微胶卷，我自己唇膏盒内就有，由唐孝宣交给康福的，要负责带到北京交给丁儆。内容是什么，我们全然不知也不问。邓稼先就与我们同船，他也说不定带了些"资料"的。人被扣留的当天，留学生代表就从船上发电通知国内（经香港中国旅行社）及四位原来所在的美国学校等。后来知道，他们刚上岸竟被送入监狱，以后软禁在旅馆，经多方交涉，大约大半年后才回到国内。而我们留在船上的，也从此一直被禁止上岸，禁止去上层甲板。船停香港时，不少同学有亲友来接，都不能相晤。到第二天，用武装小艇（船头架一挺机枪）、武装警察分批送到九龙。再一起在两列武装警察两边夹阵押送至深圳罗湖桥头，步行过桥。

桥的我方境内，则是红旗招展，锣鼓齐鸣，也不知有多少人等着热烈欢迎。不少同学泪流满面，说不出话来，我也是热泪盈眶，只会说"回来了！回来了!"行李早被人"抢"着拿了（大件托运行李由中国旅行社负责转送），一路被人们簇拥着送到广州长堤最好的旅馆——爱群旅馆住下。

在广州住了几天，由政府全部接待、安排。除少数人留在广州外，分两路送往上海及北京，所乘硬席卧铺车，是连夜突击整修油漆一新的。我们走上海这一路，在车上凭窗眺望，无论是田间小路，还是简陋茅舍，看来都有一种亲切感。美国虽然有的是高速公路、高楼大厦与别墅小洋房，却总是“别人的”，而这些才是“我们的”。过去听人说过：“金窝银窝，不如自家土窝”，我这时就深有此感，并且内心十分喜悦，如年轻时从外面回养晦山庄那种滋味。

到上海，被接待住进“外白渡桥”边的“百老汇饭店”，由华东高教部专人接洽安排工作或转去各地。到上海是 9 月末，在上海过了第一个国庆周年，也见到了哥哥崇忠。节后先到无锡，在康福大姐家住了几晚，再回上海转到北京。

我学地质，康福学化工，两个人要在一起工作，最可能的是找有这两个系的大学，在广州、上海、南京都有这种可能。我们商量要到北京看看，首都所在，几所著名大学都在，而且从来没到过北京，因此决心北上。一到北京，住西单附近“高教部招待所”，马上就有康福的联大同学温可门来找，并代表石油管理总局邀请我们去参加工作。因为我们这批回国学生名单早已传回国内，政务院（后来才改称国务院）已给各省、市、各部门通知。燃料工业部下属石油管理总局代局长徐今强同志在接受不久前才回国的温可门以后，就指派他按名单“物色”，我们人尚未到北京，已被列为对象。温可门来后，徐今强同志接着亲自来招待所，表示国家急需石油，更急需人才。本来我们两个都想干一点实际而直接的工作，就同意了，很快搬进秦老胡同石油管理总局内的宿舍。

## 五、在石油管理总局的时期

秦老胡同的房子是一个大宅院，有人说曾是李莲英的房子，又说曾国藩住过，正房就有四进。安排我们住的一间小屋，放一床、一两屉桌，生一个小花盘炉，加一个凳子就“满了”，却又自成一个极小的“院子”。出房门跨两步过一个极小天井，就又有一门，此门一关，就是“单家独院”。那极小的天井里，却有一个烧废纸（旧传统“敬惜字纸”，写过字的纸只能烧掉）或竟是焚烧香烛之类的小炉子。

石油总局的一些单身职工也就住在这个宅院内，徐今强同志的家未搬来北京时，也住在这里。他经常到我们的小屋子来坐坐谈天，十分平易近人。问问我们家庭等情况，关心我的身体（我正怀着第一个孩子，因为不愿在美国养孩子，在临离开美国时才怀孕），也谈谈“国家大事”，很随便。实际上向我们进一步介绍了不少情况，顺便给我们做了思想工作。在我们心目中树立了极好的共产党干部的形象。我们都一直怀念他，悼惜他过早逝世。

因为回国一路上基本没有花路费，原来积蓄下来不敢动用的一笔“回国旅费”就大部分省了下来。除用掉一部分解决家中“退租退息”，还剩下一笔近 2000 美元，我们全部捐献抗美援朝。

我们当时都在“技术处”工作，具体只是整理一些资料，政治学习的时间较多。先后到石油管理总局工作的留学生已有何宇、武宝琛、江士昂、温可门和我俩共六人，不久又来了余伯良。学习、讨论时，这些人“发言”颇多，都挺认真，也常常很热闹。过年后不久，康福出差锦西，我日益“身重”，留在北京。1951 年 5 月 5 日，生下第一个女儿。当时有一幅画很流行，一男一女两个小孩放飞一只“和平鸽”，我很喜爱，所以女儿取名“鸽子”。后来两个男孩名小平、小和。最小的女儿则为纪念松辽会战（以后都称“大庆会战”）而取名小松。小松长大后，自己创造了一句话：“和平鸽落在松树上。”

生大女儿时，家已搬到交道口附近的小经厂二号一个四合院里，正房住当时的副局长唐克，东西厢房三家都姓朱，北房一家姓侯。我们住西厢房三间中的两间，请一位保姆——刘太太。

接下来的一件主要工作是筹备并举办第一次全国石油展览。石油总局与当时商业部石油公司合办。具体工作由康福与石油公司方才政负责，方才政是康福联大化工系高一班的同学。展览地点在劳动人民文化宫大殿，这就是清朝皇家太庙的正殿。

这次展览规模不算大，水平肯定也不高，但十分隆重。朱总司令亲临剪彩，毛主席、周总理、刘少奇、陈云及好几位元帅都来看过。我负责地质资源部分，从展品到讲解词到培训讲解员都管。中央领导人来时，这一部分就由我来讲。可惜毛主席来时，没有见到，当天因康福感冒发烧，支持到闭馆前一会儿，我们才离开，而毛主席却是闭馆后来的。

第二年（1952 年）开春，石油管理总局派出一个地质队去甘肃。那时以苏联专家为主决定的勘探方针是“由西而东”，甘肃—青海一带是重点。我参加这一工作，把刚九个月的孩子送进托儿所，就出发了。我们一队共 9 人，余伯良带队，张维亚与我各自负责其中一个小队，小队 6 位年轻同志是彭开启、王宓君、王平、张俊杰、裘怿楠和朱国华。

各人自带行李及勘探工具，先坐火车到西安，从西安坐敞篷汽车经宝鸡、天水到兰州，在兰州换乘两辆运输卡车，车上满载钻杆和油桶，我们坐在车顶，用一条大绳子围着，车行三天，经武威、张掖而到玉门。

早就读过“春风不度玉门关”的诗，也听说过“金张掖、银武威”，想象中以为“玉门关”以东还是比较“富”的，但实际景象却令人难受。很多地方是贫瘠的黄土高原，甘肃一带还受沙漠入侵严重，沿途一般都较荒凉，屋舍简陋，一些人衣不遮体。就是武威、张掖这些历史名城，也显得脏乱残破。路过永昌（武威与张掖之间），眼看着挺大的（十岁左右吧）女孩子没有裤子，这使我感到心灵上的震撼，我们的老百姓还有如此生活着的。我们虽说路途艰苦，比起他们又算得了什么。这些土地沙漠都是我们国家的一部分，老百姓是我们的同胞，要实现我从小深藏心中的愿望，使祖国富强起来，让这些同胞的生活好起来，还真得拼命努力。

我们一行人当时都认为西北的石油资源很有希望，等待我们去探找、开发。找到油，这里的老百姓也就会生活好过些。讲到这些，大家的心情也就振奋起来，不顾扑面风沙，我跟年轻同志一起唱着歌，数着公路上的里程标，希望尽快到达目的地，开展工作。

在玉门稍稍休整，准备就绪就开始野外工作，具体目标是青草湾、红树峡、积阴功台等处。工作中除背着东西走路之外，就只有骑骆驼，宿营时就住帐篷。我和其他同志（全是男的）一样，大家挤在一个帐篷里。这些都是生平第一次的体验，还觉得很有趣。几位年轻同志也都是第一次远离家乡，深入西北高原，条件虽差，工作热情一直很高。

野外工作加强了，很快显露后方实验室工作跟不上。所以工作一段时间后，把我和朱国华同志调回玉门，让我担任实验室主任，组建新的实验室，并培训一批年轻人。于是我组成几个有所分工的小组，除朱国华同志外，又每组选定一个助手，定向培养专业工作。时间不长，实验室工作就全面展开，配合野外任务也上了轨道。这恐怕可算是国内第一个比较正规的油田地质实验室。培训的人员，以后都成为这方面主要的骨干。

这次离京共约 9 个月，回家后，女儿就是不认我这个妈妈。当时不免伤感，掉了眼泪。不过国家急需石油，是头等大事，也就顾不得太多。一面努力“接近”女儿，一面又准备第二年出发。到第二年再出差时，孩子总算认得妈妈了，我却又走了。

1953年上半年去西安，下半年去四川成都，任务主要仍是建立实验室，准备在西安建成全国石油地质中心实验室，培养更多的年轻人。

以上这些工作得到徐今强同志的很大支持。例如有一次在玉门，实验急需分析用的"哥罗仿"，东西到了北京就是一时运不到玉门。我知道徐局长将乘部队飞机来玉门，就专门报告他。徐局长亲自带到玉门交给我，解决了问题、推动了工作。

下半年出差时，我怀着第二个孩子小平，有较强的妊娠反应，但我一直"不声不响"，还带领同志到野外工作，别人也不知道这事。到后来掩藏不住的时候，得到几个女同志的关心与照顾，像杨维学、罗启容她们，常给我吃四川"泡菜"等，常常从食堂拿着饭碗去她们那里，边吃边聊天。

我在西安、成都两个实验室也都担任主任职务，但组建完毕，工作正常开展后，就又回到北京。1954年4月26日生下儿子小平，当时康福出差东北不在家，幸亏同院住着唐克同志的夫人是第六医院副院长，曹院长很照顾。到已经"发作"时，进了医院，顺利生了个满头黑发、挺壮硕的孩子。从医院回家，康福才知道，发了封电报回来。偏偏那时前面北房中住的侯家有人在老家生病，半夜时打门送电报，让侯夫人大吃一惊。那个电报也就成了同院几家人的一个笑柄。

吴崇筠(前排右一)在西北组建实验室时与年轻人一起(1952—1953年)

从成都回北京后，1954年初，组织上就动员我去北京石油学院任教。学院刚组建就成立勘探系，我念书时中大地质系主任张更先生被聘为系主任。我本来一心想多干点实际工作，但在组织动员下，也就服从分配。学校第一批校舍建成，儿子“满月”以后，就抱着他搬到石油学院职工宿舍一号楼。

## 六、执教二十年

在石油学院整整二十年，实际上可以分成三个阶段。将分别回顾：

### 1. 教研室工作与教材编写

在勘探系担任岩矿教研室主任。秋季开学就要开课，所以搬进学校就很紧张，既要安排课程及任教老师、助教，还要组建实验室，更要自己切实备课。康福在搬家后不久又出差东北，幸亏孩子出生前已将刘太太又请来照顾。她又带孩子又做饭也够忙，洗衣服、尿布之类我必须帮着干，晚间还带孩子睡。我就严格安排好时间，包括喂奶的钟点。偏偏这儿子很能吃，往往不到时间就哭起来，而且“啼声洪亮”。同楼住的有学校教务长李风同志，她就特别来劝我多照顾一下孩子。而我为了从小训练孩子，还是忍着心按时间喂奶，时间不到，我还得干我的工作。过不了多久，儿子倒也就服从安排，还长得很胖。大女儿这时候已转到白米斜街幼儿园，周末回家。

学校初建，那时体制、教材等各方面都“学习苏联”。我在石油总局参加短期的“俄语速成班”，至此还得进一步自学俄文，以便看懂俄语教科书。自己带回来两大箱英文书，只能在家里有时翻一下。高教部那时统一组织、安排自编教材，也指定主要参考苏联教科书。我先后为本专业学生讲授普通岩石学、沉积岩石学、结晶矿物学、光性矿物学以及为测井、物探两专业讲岩石学等，都要编写教材。先经过在教研室中“试讲”，修改后再给学生讲，讲过一遍再修改成正式教材，由学校铅印使用。

在学校工作，出差很少，生活相对安定。只是康福出差频繁，时间又都不短，即或不出差，也并不每天回家。学校教学加上带孩子和一般家务，绝大部分都落在我的肩上。虽然请一保姆帮助，但自从刘太太因年老回家后，与新的保姆相处，往往也很费精神，所以负担很重。尤其孩子不免有时生点病而康福不一定在家，就会搞得身心俱疲，穷于应付。学校年年发展，学生人数与班级随之增长，每学期都开新课，而已教过的课程也一时无人可接替。但学生的每一堂课，我是决不含糊、绝对保证的。实验室的建立与有关人员的培训，已经有些经验，只是学校的实验室与生产部门当然有所不同，也要费一番张罗。

连续三年下来，教研室各项事务基本就绪，课程陆续开齐，助教都已配备，实验室也都正常工作。刚刚相对可以喘口气，“反右派”运动展开，教研室内一下子有 4 个年轻人被划为“右派分子”。在当时，这是“敌我矛盾”的大事，有人就只能离校，其他也要“下放劳动”，至少是不能“上讲台”的了。工作任务一下又沉重起来。

据上级传达，对“右派分子”是要改造他们，各级领导有责任监督、帮助他们改造。我的理解，这就要让他们有基本的生活条件，包括年轻人的婚姻问题，还要安排可以交给的适当工作。既随时做点思想工作，也尽可能不至于把业务知识彻底荒疏了。他们都是建国以后毕业的学生，实际上很难说对党有什么“深仇大恨”（以后的事实也证明如此）。也许由于自己政治思想水平不高，有一些同志就有所指责，甚至明确讲我“同情右派分子”。另外较多的同志，虽然并不随声附和，却也没人公开反对或辩解，只是私下偶尔表达某种“安慰”。我自己思想上一直不接受这种指责。

只是感到本来相处较好、气氛融洽活泼的教研室以至全系（我不能肯定说全校或更大范围如何），一下子就变了。同事之间变得冷漠而互存戒心，增添了工作上的困难、思想上的压力。

这时得到邻居的帮助很大，突出的是王裴庆夫妇一家。王裴庆是从清华大学调来，在教务处工作，王妈妈一直持家教育孩子，我们住同一栋楼内。我自己既不能有很多时间教育孩子，就特别注意引导孩子找到良好的小伙伴。王家孩子比我家孩子大，举止言行端正和蔼，颇有教养。我就请王妈妈多照顾孩子。王妈妈慷慨热情地给予帮助，让他家大孩子带领自己弟妹的同时也带领我家两个，她本人也经常直接教导和照顾。鸽子和小平就很愿意跟“大哥哥、小哥哥、小姐姐”一起玩，使我非常放心，孩子们更学到些好习惯。这种帮助一直持续到我全家离开石油学院（而王家还留在山东）。其中尤其是在我参加“大庆会战”以及“文化大革命”期间。对王妈妈一家的无私、热情帮助，我一直铭感不尽，孩子们，包括后来小和、小松，也一直记着。

因为孩子们总的说来很好地成长着，我得以有较多时间进一步编写、整理教材，同一课程每讲一次都有所补充、修改，希望给学生们更扎实地打好基础。我对学生以至于助教们要求是严格的，毕业后参加工作的同学，大都能胜任工作并陆续成为骨干力量。当年助教，如今都是教授了。

编写的教材，都不以自己名义署名，而用教研室名义。学校前后铅印出版的有：

《结晶矿物学》

《光性矿物学》

《普通岩石学》

《沉积岩石学及沉积岩石学参考教材》

《沉积岩》（与其他人合写，我负责大部分）等。

其中《沉积岩石学》在 1962 年由中国工业出版社正式出版发行，是这门学科在国内认定的第一本大学教科书（署名仍为北京石油学院，扉页注明由我主编）。

其实，1956 年中央就发出“向科学进军”的号召，制订了十二年（1956—1967）科技发展规划，发布《科研十四条》。我在学校教学的岗位上，就应该在基础学科的工作中尽到自己的责任。编写专业基础教材、培养本科毕业生与助教，都是为了这个目的。

而石油工业的形势却日趋紧张，全国严重缺油。四川南充出油曾给人以巨大希望，但川中会战未能取得突破。到 1959 年 9 月 26 日，松辽盆地上“松基三井”喷油，揭开大庆会战序幕，才改变了面貌。

### 2. 参加大庆会战与油田开发

松辽油田“喷油”的消息传到北京时，我刚在 8 月 19 日生下第三个孩子小和，接着还闹了一阵“奶疮”，对这一重大发现感到十分振奋，主动要求参加有关工作。到 12 月，将孩子断了奶，与李国玉一起陪同苏联专家前往，先到长春（原来松辽勘探的基地）。其中有一位专家名叫萨尔基相，先后由曾鼎乾与我陪同到扶余、哈尔滨，最后到葡萄花油田，但没有去萨尔图。萨尔基相等在了解一些情况后，指出“希望在北面”，就是说在葡萄花以北地区，这与我们的观点一致。实际上也正是在北面的萨尔图、喇嘛甸、杏树岗钻井出油，会战“挥师北上”，才真的找到了大油田。

第二年（1960 年）3 月，石油学院按部里指示，组织一批师生参加会战。教师中有张英、秦同洛、唐伟英等和我。在安达稍事停留，我就去葡萄花的实验室。实验室工作上轨道后，在 7 月份去萨尔图的前线指挥部下属的“对比大队”岩芯队工作，前线指挥部由焦力人、唐克等同志领导。当时领导会战的余秋里部长、康世恩副部长等接受川中会战的经验教训，突出强调“取全取准20项资料72种数据”。取得钻井的岩芯，进行分析、对比，是摸清油田地层情况的重要一环。只是一般井队习惯上对取芯工作重视不足，认为既麻烦又影响进尺速度，所以专门成立这个岩芯队，我带一批学生负责这件事。

工作中第一个目标是大幅度提高取芯率与保证岩芯的质量，这就必须依靠所有的井队。我们学习贯彻“三结合”的工作方法，一起直接到井队中去，“同吃、同住、同劳动”，在帮助井队具体干活的过程中，宣传说明取芯工作的意义与方法。由于各级领导再三反复强调“取全取准资料数据”，我们在具体做法、要求等方面“落实”一下，很容易地获得井队队长、司钻等关键人员的支持和帮助，马上使取芯工作得到显著改进。以后，在关键井位上取芯率和岩芯质量都完全达到要求①。1961年开始计算大庆油田的地质储量，就运用11400米岩芯及相应的分析、对比资料。

收集、保管以及分析、对比岩芯，困难都不小。正规的房子当时根本没有，先是自己动手拼装活动板房，板房中夏天热得烫人，谁都是汗湿了又干，干了又湿，而洗澡却是不可思议的事。天很快又冷了，动手搞土坯给房子“穿棉袄”。此外，大草原上井位星罗棋布，没有正经道路，收集运送岩芯基本全靠大家人抬肩扛。工作中往往不知不觉天就黑了。偏偏那

---

① 前不久在“百度”网上查到两条信息：“北京来的吴崇筠女教授亲自带队，敲锣打鼓地到1275钻井队祝贺，向他们表示感谢，1275队因此被评为标杆队。‘筒式取芯法’在大会战时期的广泛推广，为专家和决策者提供了宝贵的第一手资料。于是才有一项又一项研究成果与科学指令的不断涌现。”“这期间北京石油学院教授吴崇筠来试验室岩矿组指导工作，到1961年1月17日，经会战领导小组决定成立地质指挥所，——在萨尔图‘一号院’办公。”——朱小鸽注，2009年8月。

一个夏季雨水特多，到处泥泞，天黑走路很容易迷路，我和其他同志都曾经历过。至于草原上的蚊虫和其他叮人的小虫（有一种被称为“小咬”），都是非常厉害的。为了保证资料、数据的完整、正确，就必须克服这一切困难。

根据岩芯数据资料加上“试采井”的生产数据，用图表或模型显示，陈列起来，被人们称为“地宫”（意思是说人们可以像进入地下去游览）。

1960 年 8 月 2 日，第一座大庆油田“生产试验区地宫”正式开放。以后更逐步完善，成为大庆著名的一处陈列参观点。

到秋天，北部试采成功，大油田可以肯定找到了。想起从幼年时就梦想祖国富强、回国时美帝的阻挠封锁、当时苏联人背信弃义的“卡脖子”，而我们就是自己找到了大油田，情绪上非常激动。有一次在喇（嘛甸）72 井出油时，激动得一个人哭了一场。为了祖国的石油事业，就是愿意奉献自己的一切。

吴崇筠在看岩芯

这张照片并不是吴崇筠在大庆会战期间照的，那时工作紧张，条件艰苦，根本顾不上照相。

这张是20世纪70—80年代的照片，她对工作的认真与专注是始终如一的。

秋末，草原上很冷了。指挥部开始有步骤地撤出部分人员。康世恩副部长动员“有孩子的妈妈”回家探望。我自然也想念家中三个孩子，却舍不得手头的工作，舍不得松辽，又坚持干下去。12 月 16 日，才恋恋不舍地离开会战回到北京。回京前最后一段时间，优待我住进了“房子”。那时康福也在大庆，原来农场的一个简单棚屋，分隔成几间，除一个办公室外，住了范元绶同志、闵豫同志夫妇和我们。晚上睡觉，都戴着狗皮大帽子（康福与我一起离开大庆）。

家里这段时间还是请一位保姆照顾。9 岁的大女儿带上两个弟弟还挺像个样子，石油学院有事找“户主”，她就出头去承担。但更重要的还是邻居们，特别是王裴庆夫人的一贯照拂。王妈妈常说：虽然非亲非故，更不为名为利，就为支持大庆会战，就为国家的下一代，她乐意。

1961 年，石油学院师生不再参加会战，一批应届毕业生提前毕业而直接正式参加工作，其中包括我们教研室跟我一起参加会战的同学。这一年全国性的困难还在继续，不少人出现浮肿，康福也闹了一阵，被安排去小汤山“休养”。不久召回负责大庆炼油厂（开头时叫黑龙江炼油厂）的设计工作，经常不回家。

1962 年再去大庆，先后共 3 个多月。6 月 21 日，周恩来总理视察大庆油田，我正在那里，见到总理。总理问我是哪里人，知道是四川江津，笑着说是聂老帅（聂荣臻元帅）的同乡嘛，还跟我们一起照了相。8 月，在太康参加“松辽石油勘探技术座谈会”，总结石油地质特征和勘探经验。康福当时在大庆炼油厂建设工地上，领导上特意安排他来太康小住。那已经是正规的平房了。

在大庆油田开发期间，我先后 6 次去参加一些工作和会议，结下了不解之缘，思想上把大庆看成我的第二故乡。1963 年 11 月 11 日生下最小的

1962年6月21日周恩来总理及余秋里、康世恩、李人俊、张文彬、焦力人等领导接见大庆油田主要干部与专家：二排右三：吴崇筠

女儿，起名小松，以资纪念。

我怀着小松时胜利油田在东营地区找到高产油流，勘探进入关键时刻，石油部在济南组织专门研究，指名让我前往。我当时已在孕妊后期，瞒不了人，却不顾连续几天紧张的会议与旅途的颠簸，始终坚持。有些同志为我担心，但倒一直平安无事。到小松出生时，康福又不在家，到已经发作时，由大儿子小平伴送去医院。

说起来，康福与我在孩子们幼年时，为他们花的时间与精力的确少了些。譬如小和在北医三院切除扁桃体，一个人自己住了几天医院，临出院那天，康福应去接他。而康福因事去得晚了，医院已经撤了他的床位（接受另一病人），他无处可待，就让一位同室病友（一个大学生）伴送他到331路汽车站，自己回了家。康福只去办了手续与取回孩子的东西。

这一年（1963年）秋，我被选为第四届全国政协委员。12月3日周恩来总理在二届人大四次会议上宣布我国石油基本自给。12月26日，人民日报发表《中国人民使用“洋油”的时代即将一去不复返》。年底政协开会，与三届人大代表（康福是代表之一）一起听了总理的政府工作报告等。心情十分振奋，觉得国家富强真正有了开端。

政协会议期间，石油系统的委员们受到注意。我因一贯不善言辞，因而避免受人注意，不过也见到了一些平常不会遇见的知名人士，像溥仪、班禅·额尔德尼以及廖沫沙等。

1965年初，毛主席发出“工业学大庆”的号召。北京筹办“大庆展览”，石油部与有关部门合作拍了电影，我在油田工作的情况，已曾先被摄入镜头，也编了进去。

在这段时间内，党组织曾找我谈话，引导我学习“党课”，有意培养。自己认为党和党员都是很崇高的，我觉悟不高，思想水平低，离党员标准还远，没有递交申请书。以后“文化大革命”爆发，就搁下来了。

### 3. 十年动乱

“文化大革命”开始，我像过去参加运动一样，认真学习、参加讨论，一心跟着毛主席闹革命。批判《海瑞罢官》、《三家村》，我也认真学习发下来的材料，但在“讨论”时很少发言，也说不清楚。所批文章（或剧本）我都没有看过。破“四旧”，顾名思义也没有什么不好。康福甚至比我还“积极”，洗脸盆上的图案也动手刮掉。总之就是“紧跟”，实际是“盲从”。

“工作组”进校又撤退，石油学院有点“与众不同”，似乎进驻也正确、撤出也正确，还曾“欢送”。自己思想上开始感到有点闹不清。

批判“资产阶级反动学术权威”，大字报铺天盖地，其中自然也有批判我的。自己认为远远够不上什么“权威”，但批判就应当诚恳接受。例如曾经“考教授”，有人拿岩石标本考我，我就老老实实一一辨认无误，自认为应该如此实事求是。另外有一次，有个年轻人击我一掌，我只觉得莫明其妙，但对年轻人的“革命热情”并不以为怪，并不放在心上，还是该干什么就干什么。

对孩子们的影响就不一样。鸽子在101中学住校，并不关心石油学院的大字报；小平在家，就自己去找有无妈妈的大字报。那时候的小学生发现谁的家长被“点名”、被扣上什么“帽子”，就好像发现了“敌人”，就欺负他。有那么一天，小平回家就变蔫了。不过他还很懂事，并不多问什么，却主动管着弟弟妹妹，尽量少出门。

康福在运动开始时还在国外，回国后还坚持工作，照样加班并出差。到1967年5月则进了“牛棚”（他算“当权派”），他单位的同志来“抄家”，对孩子们影响更大些。我们只能在规定时间并得到允许后才能去看他，大一点的孩子都不便去，只能由我自己或带一个小女儿去。而大女儿在“停课闹革命”以后，卷入了石油学院两派斗争，整天忙得不回家。我既必须按规定参加运动或劳动，又得适当照顾小的孩子，还要抽时间看看康福，身心都负担不轻。

我内心中想不通的是林彪被定为“副统帅”、“接班人”。其实当时也说不出具体理由，更绝对不敢透露这种思想，只是每次从电视节目中看到他出现，拿着“小红书”那么一摆一摆，总在心里感到不痛快。特别是林彪跟在毛主席身后、而周恩来总理在后面保持一段距离、其他领导人又在更后面的那种场面，看了就有一种茫然而难过的感觉，却又只能默默地闷在心里，无处也无人能说。至于“打倒”几乎每一位老帅，出现那么多的“叛徒”、“假党员”等，更觉得是不可思议的。难道只有林彪、陈伯达以及江青之流他们几个是一贯正确的，革命是靠他们这几个成功的？当然这些更不敢也不能透露。

这段时间里，有些时候家里也会“热闹”一下。康福的侄子朱杭、外甥女邓小燕在清华，外甥邓复源在七机部，侄女小玫在北京医学院刚毕业。这些年轻人一来，加上鸽子，就热闹了。朱杭与邓复源都曾是很积极的“革命小将”，也是“派性斗争”中的角色，鸽子也如此。小玫和小燕两个更多关心些家庭事务，能帮我忙，也给我安慰，可以聊聊家常琐事，我常说她们像我的大女儿，令我很感欣慰。1969年春节期间，为小玫与鲍忠洲安排了非常简单又很温暖、亲切的婚事。

我还奉命参加劳动。例如打扫卫生，包括厕所，这就算是很轻的。有一段时间则参加东方红炼厂（现在的燕山石化公司炼油厂）建设工地上的劳动，推小车运土、石方。由于不善掌握与气力不济，有一次翻车出了事，头和手、脸多处被石块划伤，肿了好几天，所幸未出更大的事、受更大的伤。据人们事后讲，情况很危险，差一点出大事。

总的说来，因为我的经历还较简单，算不上什么“当权派”，更没有卷入“派性斗争”，所以受到的冲击不严重。只是对整个运动越来越感到难以理解。而且从小一直念书，念书成了习惯，如今根本不能看书了，也很别扭。

“知识青年上山下乡”，大女儿先去山西绛县插队落户，那时康福还在“牛棚”，我又在房山劳动，女儿倒是豪情满怀，一腔热情地走了。可是仅仅半年，就得了急性黄胆性肝炎而回家。那时得肝炎病的人不少，学校医务室专门成立隔离病室进行治疗，也没有什么护理。家里也只能送点牛奶、糖和一般食物。所幸毕竟年轻，还是慢慢好起来。没等完全恢复，林彪“1 号命令”下来，孩子又回绛县。“艰苦奋斗学大寨”，成了村里的妇女队长。

儿子朱平，1969 年夏天，初中算是毕业。临毕业前，因康福还在“接受审查”，没资格参加“军垦”，孩子明显地感到抑郁，却也不吭不闹。到最后一批“军垦战士”报名与审批时，康福及时得到“结论”。石油部军管会出具证明材料，朱平得以通过“政审”。康福回了家，儿子领到了“军大衣”等。他自己关上房门，穿上“军大衣”，简直“顾盼自雄”，兴高采烈。于是去了“五大连池”，当了几年“马倌儿”，喂养马匹。

根据林彪“1 号命令”，我也带上两个小儿女小和、小松随校去了东营，住进“干打垒”。康福送走我们后，去了湖北干校 4 年，喂了 3 年多的猪。学校紧急搬迁过程中，公私家具等，大量损失，还不能随便讲。那个景象正如“苏修”过一天就要进攻北京似的。

我到东营后不久，学校招收第一批工农兵大学生，我奉命给他们讲课，带他们去野外实习。这一批学生中，确有一些是从农村中选拔出来的，基础知识参差不齐，一般都较差。但大多数都刻苦学习，我也很乐意帮助他们。这时候学校里开展清查“5·16 分子”的运动，有人不点名地明确指向我。例如说“不仅学生中有、教授中也有；不仅有男的，也有女的……”，几个“也有”一归纳，就只有我符合。当时我非常气愤，思想上有压力，但还能沉住气，只要不直接点我名字，我就照样上课、去野外。乱抓“5·16 分子”的事，闹了相当长的时间才过去，而这一批工农兵大学生倒相当明显地一直支持我继续工作。这一班学生其实可算是我所教学生中最认真严肃、努力学习的班次之一，有些同学曾长期与我保持联系。

这时候两个小儿女跟着我。我一去野外，就别无他法，只能托付给邻居熟人。所幸王妈妈此时也到了东营，再一次热情带领照顾他们。还有沈荃同志、杨育英同志等，也曾多方照顾。这种时期内，对孩子的教育特别重要，却又十分困难。社会上不良风气一直影响到小学生，小学生抽香烟、玩扑克已相当多，甚至还有更坏的。对此我颇为担心而又顾不过来，唯一办法是有意识引导他们结交良好的伙伴与拜托王妈妈、沈荃她们。一有可能，就在我们那间“干打垒”内招待小伙伴，像梁跃、梁进兄弟等。回顾起来，这个办法收到预期的效果，孩子们身心发育正常，没有走入歪道。应该再次感谢王妈妈、沈荃、梁

在山东东营石油学院的“干打垒”前吴崇筠(右三)、倪炳荣(左三)与工农兵大学生

文杰教授夫妇、倪炳荣教授、杨育英夫妇等。

山东东营这一摊大致安顿以后，主要挂心的就又是两个大孩子。1971年以后，插队下乡的“知青”有陆续回城、上调、入学的。而留在农村的也出现一些各种各样的问题，家长们还特别为女孩子们担心。“有办法”的家长为孩子奔走，调出的越来越多，还留下孩子的家长就越紧张，我也不免着急，曾趁假期带小松去潜江干校“探亲”，与康福商量。康福虽已“解放”，还未分配工作，同样没有办法。回校途中与女儿鸽子相遇，一起跟她的一伙同学上了一趟庐山，然后到南京拜望了母校的老师。

1972年夏，部里有“招工”指标，我去北京见过唐克同志。他是看着鸽子长大、小平出生的，得知两个孩子情况后，认为他们都符合“招工”条件，而且给了相当的帮助。在得到有关的“指标”后，康福于1972年冬请假去绛县办理手续，把鸽子带回来，参加了物探局地震队。他还顺道看望了在山西原平部队医院工作的小玫，她刚生下第一个孩子鲍毅。接着又赶到黑龙江军垦部队的团部。刚好有一个部队干部的夫人也为孩子办手续，在她主动帮助下，就没花很多事，“跟踪照样办理”，把朱平带回天津，在大港油田设计室当工人。

康福与小平到大港时，我刚好跟部里一些同志也由北京去大港，预定中午稍过就可抵达。不料汽车（面包车）中途出了事故，撞在道旁树上才未造成更大危险，我坐在司机室后面第一排，人被扣在翻转过来的坐椅下面，仅略受轻伤。而康福父子久等不见我们，随即又听说出了车祸有人受伤进了医院，倒虚惊了一阵。傍晚我就到了大港，三个人都很高兴。

两个孩子成了石油工人，康福和我各自回干校与学校。我在校期间，除日常工作外，花时间编写《岩石学》一书。这本书在1977年由石油化工出版社出版发行，还是不署个人名字而只署教研室。

林彪摔死在温都尔汗，但学校仍不能迁回北京。部里要求在东营永久立足，并拨款开始建造一批正规教室、实验室等。领导上曾有意重新任命我为系主任兼教研室主任，自己觉得担任这种职务并不合适，就婉言辞谢了。而且身体开始有些毛病，有时心脏不好，而且血压升高，觉得还是钻研些知识，做点基础工作为好。

康福（1973 年春）从干校“毕业”，分配到荆门工作。他原在的北京设计院，也是按林彪“1 号命令”迁出北京的，这时候大部分人员在荆门，主要搞荆门炼油厂的设计建设，他也就回到那里去。我们和两个大孩子仍然分在四个地方，但总算都已安顿。我除正常上课之外，就是抓紧搞《岩石学》这本书。

1973 年底，春节前，康福来东营探亲，并说他们单位很可能迁回北京，劝我也想办法回北京。学校倒曾有人考虑把康福调到学校来，我们认为高等院校远隔在油田上并不是好办法，决定还是争取回北京。不久，部里借调我到京参加一些工作，小和小学即将毕业，我只带小松去北京，把小和又托给王妈妈和杨育英她们。

康福单位 1974 年初回北京后被安排在房山。他在六铺炕北京设计院宿舍楼中向其他同志借了一小间屋子，我母女暂住一段时间。那时“四人帮”猖狂，又是“批林批孔”、又是“反击右倾翻案风”，康福和我长期没有具体职务，还是“臭老九”。北京院个别同志的孩子，经常公开欺负小松，还老是故意把泥沙掷到我刚洗干净的衣物上。孩子总还是无辜的，政治风波、社会风尚是根本问题。

我感到可慰的是重新接触书本与资料。在石油勘探与地质学领域里，国际上有明显的进展，值得我们借鉴、吸收。而我们东部油田的湖相沉积，又有很独突的特点与经验，需要很好总结提高，从而萌发今后在这方面多做点工作的愿望。但这点小小愿望还不能马上实现，因为还只是“借调”临时工作。小和又毕竟还小，上学还要“学工、学农”。他被安排学开拖拉机，一面很得意，一面也为独自生活感到有点“委屈”，写信来说：“请别忘了我毕竟还是个孩子。”

终于经过部领导的安排，我正式借调到石油勘探开发科学研究院，又回到了原来的石油学院院子里。本来好好一所学校，此时成了大杂院，到处凌乱，看了叫人心酸。我被分配在“五九楼”（原来的学生宿舍），有了两间屋子，小和也来到北京上学。1976 年初的春节，鸽子、小平都回来，从鸽子下乡插队以来，经过 7 年，又团聚了。但“四人帮”还在大搞阴谋、诡计，我们的生活也不可能正常，想念点书搞点科研的愿望仍无法很好实现。

“老一辈的革命家”相继逝世，尤其是周恩来总理的不幸去世，我感到由衷的伤心。总理是我心目中极其崇高、伟大的革命领袖，意志坚毅、品格高尚，无论在革命战争还是建设国家时期，都建立了不朽的功勋，尤其“文化大革命”以来，抱病坚持斗争和工作，“四人帮”矛头针对总理，连我也明显地感觉到了。前面提到我几次当面见过总理（还有几次没有具体写），而最后在电视上看到他作《政府工作报告》时，已经

1975年吴崇筠在野外考察

体态衰老，病容显著，至于看到遗容，就更加痛心。总理过早逝世，“四人帮”罪不可逃。长安街上千万人自动排列送别总理，既是对总理的怀念，也显然是对“四人帮”一伙清楚的指斥，其中也有我在内。到清明节前的星期天，与康福一起带着小松到天安门，观看无数的花圈与遍布的小白花，也看到一部分悼念总理与声讨“四人帮”的文字，我们也带上小白花照了相。以后各单位还追查去过天安门的人，我们此时已不再那么“老实”，沉默对待。谁也无法阻止我们悼念总理，我一辈子永远怀念总理，家里一直挂着总理的像。

当年夏天，又发生唐山大地震。我和两个女孩子在家，吃了一惊，小和刚好在农场劳动，倒也无事。但眼看别人搭地震棚，我却既无材料，又

1976年1月石油勘探开发研究院情报室地质组悼念周总理 左四：吴崇筠，左五：张维亚，右三：窦耀魁。照片背后吴崇筠写了两首诗：

一：千言万语说不尽，满腔悲愤悼亲人，妖雾总有驱散日，重振中华慰英灵。

二：横眉冷对千夫指，热泪只向忠魂流，威逼利诱不移志，甘为中华熬白头。

缺劳动力。康福在房山，听说石油大院内有人伤亡，赶回来，然后又“上山”找回少许材料并买了塑料膜，搭了个最简单的棚。以后又迁入院内的木工棚下，一住两个来月。这时候的邻居、同事之间，与过去大不相同，各自只顾自己，甚至争夺“地盘”与器材，石油大院的地震棚中还出过其他案件。社会风气的变化，实在触目惊心。

以后，朱总司令、毛泽东主席相继去世，“四人帮”随之覆灭。“四人帮”终于难逃党和人民的惩罚，实在人心大快，而国家经历一场噩梦似的，创伤深重。终于是邓小平同志领导党和国家走向建设与发展的正轨，这里就不必多说。对我个人来说，就是可以正经安心念点书，做点科研工作，培养一些年轻人，为祖国的建设做些基础性的点滴工作，遂我平素心愿了。

1977 年我正式调入油勘院，落实了户口与粮油关系，才由康福与小和去山东（我出差未去）搬家，正式离开石油学院。

## 七、在油勘院的时期

进油勘院时，“四人帮”尚未覆灭，十年动乱尚未结束。以下对油勘院时期的情况想作比较全面、系统的回顾，时间上与上一段有一些重复。

初进油勘院还只是“借调”，主要在情报所工作，当时还叫“勘探开发规划研究院”，到 1977 年才正式调入，仍在情报所。1978 年改名为“石油勘探开发科学研究院”，从事“规划”工作的那一部分分出去，另外成立“规划设计总院”，康福和小平都曾先后在该院工作。我在 1978 年底到地质所沉积室担任主任。后来辞去室主任职务，改为院副总地质师，一直到1988年退休。对职务以及退休，我都并不很在意，总想实实在在做点研究，写点论文，编写几本书。在此期间，先后招收了10位硕士研究生和两位博士研究生，也培养帮助其他年轻同志。参加较多的学术会议与现场调查考察，以及“沉积学会”和“石油学会”的活动，是很重要的部分。

这段时间的工作与活动头绪较多，为了比较有系统，将分几个方面来回顾：

### 1. 资料编译与碳酸盐岩研究

这主要是在开头三年。情报所其实就应该搞研究，这个所现在已改名为“国外油气田研究所”，是符合实际的。

我到院后，当时主管工作的副院长刘南同志说：碎屑岩已有好些人在搞，让我搞碳酸盐岩。世界上既有不少大油田在碳酸盐岩中，我国南方也有大面积的碳酸盐岩沉积，所以石油部也注意这一课题，我就接受了。

首先着手收集资料。特别是国际上近年来的发展情况，翻译并摘编了一批重要文献。然后进行一些现场调查，出差西南，包括四川及滇、黔、桂。后面这三省还都是第一次去，一些城市如桂林、昆明，确实景色优美，名不虚传。但调查深入，就发现农村仍然很贫困。内心总感到我们浪费了很多宝贵时间，需要努力赶上去、补回来。

准备一段时间后，油勘院委托四川石油管理局举办碳酸盐岩学习班，各油田、探区选派人员参加，我去讲课。因此结识了更多长期在基层实际工作的同志。学习班结束后，有关材料曾由四川石油管理局整理付印。以后，余萍同志主持在柳州召开另一次“研讨会”，交流经验并讨论进一步的工作。我主要在会上介绍国际上碳酸盐岩沉积相分析的新进展。

十年动乱，在科技方面是十年自我封闭与停顿。学习班与研讨会的收获之一就是重新开阔眼界，注意国际进展。在第一线工作的同志们，一般较少机会与时间去“啃”原文资料，多编译一些国外有价值的材料供他们参考，颇有意义与必要。所以回院以后，就是不在情报所工作，我还搞一些编译工作。可是这种办法也不是每个人都赞同的，油勘院内就曾有人说“教授搞翻译”。我觉得如果有利于工作、有利于石油事业的发展，还应当尽我一点力量。所以征求过一些在油田上工作的同志的意见，他们都表示有需要，我就继续又搞了一些。只是后来工作更忙，做得很少。关于碳酸盐岩的研究，也未能进一步深入。

### 2. 沉积学会与石油学会

1978 年以后，全国性的学术团体恢复并加强活动。中国石油学会在 1978 年底成立，后来在南京与长沙分别召开第二及第三次全国代表大会时，康福和我都去参加，这是我们两人极少同时参加一个会议的两次。

在石油地质勘探方面，国内有关的大专院校、中科院与地矿部所属研究院、所，都有许多同行专家、学者。学会打破部门界限而相互交流、切磋，是非常有益与必要的。而更为专门化的“二级学会”，目标内容更加具体，同行关系自然更较密切，实际效果就更好些。“沉积学会”就是中国地质学会和中国矿物岩石地球化学学会共同认可与领导的二级学会，我就积极参加并被选为副理事长（理事长是叶连俊先生）。学会编辑出版《沉积学报》，我被推选为副主编。这一刊物创刊十余年来，一直受到同行的注意（包括国外）。1992 年，经中国自然科学核心期刊研究课题组评选列入“中国自然科学核心期刊”，在被选列的 100 种期刊中列第 64 位。此外，还被“北京高校图书馆协会”、“北大图书馆期刊研究会”等评为“核心期刊”，被甘肃省评为“优秀科技期刊”等。这当然主要归功于中科院兰州地质研究所。

沉积学会在成立大会之后，已经组织过三次全国性学术讨论会，1985 年在贵阳，1988 年在徐州，1992 年在成都，我都去参加。虽然并未每次都提交论文，却都积极参加讨论，交流认识与看法。而且总觉得会议气氛很好，始终体现着团结协作、充分交流、各抒己见的精神，我很喜欢。

沉积学会另一值得赞扬的工作是奖掖年青一代。成都第三届大会中，代表 327 人，45 岁以下的占 40%。会上评选出青年优秀论文 13 篇，我参加了评选工作。这一次会议征集到论文 300 篇，而正式编入论文摘要的 305 篇（包括到会后的发言，其中有我的发言），有关石油与天然气的占多数，约为论文总数的 20%。足见沉积学会与《沉积学报》在石油事业发展中确也起了一定作用。

1992年成都的会议上，大家为吴崇筠教授祝寿（70岁）

沉积学会成立后正式参加“国际沉积学家协会”。国际协会的第十一届沉积学家大会于 1982 年 8 月（23—27 日）在加拿大安大略省汉密尔顿市召开时，我国首次派代表团参加，沉积学会理事长叶连俊先生率团共 18 人前往，我也参加。我在大会宣读《构造湖盆三角洲与油气分布》的论文，得到与会者的注意（此文1983年《沉积学报》创刊时发表于第一篇）。

参加那一次国际大会的感受很多。一方面觉得会议的学术水平的确较高，不少论文代表当时的成就与发展动向，值得借鉴吸收。其次组织工作很好，会议隆重而毫不铺张、浪费。例如安排住宿，既可自费去住高级旅馆，而大部分代表（包括我们）就住会议地点Mc Master大学的宿舍（学校正在假期）。野外考察时，接待我们的Walker教授自己开车接送，一路上也是他自己和一位助手安排大家的食宿等事。Walker教授的助手是位女教师，谈起来，她也是既带孩子、又要工作，还搞研究。尽管北美的社会经济水平高，可接触到的学者、教授们看来都很朴实、俭约，不尚衣饰之类。

国际沉积学家协会以后几届大会及其他有关的国际学术会议曾多次邀我参加，有的还承担旅费并表示可以提供“补助”，但因国内各种原因，都未能前往。

### 3. 石油系统内的重要会议

石油系统内有关的学术研究会议参加得很多，其中有关沉积相的会议，有些就曾由我主持。

第一次沉积相会议在1980年召开，第二次1982年在辽河油田，以后1985年在大庆油田，这三次我都参加并主持。每次会议也都很活跃，并且还贯彻了学术民主气氛。例如在辽河油田那一次，名为“石油系统沉积相成果交流会”，就有22个省市27个单位111名代表参加，还邀请外系统6位专家、学者作报告。我作为沉积学会副理事长到会作专门报告。会议从5月26日开到6月4日，重点围绕三角洲沉积与浊积两大专题热烈讨论，既获得比较统一的认识，也提出了不尽相同以至大有分歧的看法，促进了进一步的工作，包括若干具体的分工安排。代表们还普遍反映沉积相研究能为寻找隐蔽油藏指明方向，为老区挖潜、新区勘探提供十分重要的资料。

此外，1983 年 8 月，先在敦煌、后在乌鲁木齐接连召开关于柴达木盆地勘探的会议，我和院里几位同志（甘克文、黄第藩）都去参加，申力生同志带队。康世恩同志最后到会听取意见并部署有关工作。对柴达木以后勘探可说是揭开了序幕。

同年，在无锡召开的隐蔽油藏会议，与新疆的会议同样专门讲到岩相古地理研究对勘探工作的作用与意义。这一共同的认识，无论对研究工作与实际勘探，都有其价值。在这次会上，胜利油田的王捷同志就具体建议组织全国含油气盆地的沉积学研究成果，写出完整的书来。许多同志支持这一建议，还有人推荐、建议由我来组织这件工作，这是后来我组织编写《中国含油气盆地沉积学》一书的起因。

1980年9月16日吴崇筠在西安"全国碎屑岩沉积相模式和相标志讨论会"开幕式上发言：沉积岩石学进展和今后的任务

1986 年在中原油田召开“砂岩油田会议”，石油天然气总公司石宝珩同志主持。我曾具体建议两点：一是编制我国含油气盆地的岩相古地理图册；二是建立专门实验室，开展水槽试验与现代湖泊沉积的调查研究。关于总结与组织编书的事，也有同志进一步提出。

以上的意见与建议现在都已有一定进展与成果。关于编制图册的事，总公司批准油勘院成立课题组，先统一迄今使用的名称、标志等作为基础。课题组钟筱春同志等已于1993年完成《中国含油气区第三系》一书，并获得总公司科技进步特等奖。

关于水槽试验，江汉石油学院在赖志云同志等的努力下，经批准建立起水槽实验室并开始工作。他们曾聘我作为顾问，我也一直打算要去参加有关的讨论、研究，可惜因病未能成行，只是赖老师来家谈过几次。1992年在成都开会时赖志云同志有专门报告，我参加了讨论。

吴崇筠(左三,站立)与同志们在审图

关于编书一事，将另外单独记录。

由于1987年开始身体不适并且后来确诊为鼻咽癌，又于1988年按院里意见办理退休手续，外出开会就很少了，只是曾陪同康福外出几次。在1990年秋经唐克同志推荐，应安徽省邀请，去参加皖南勘探规划会，提供了我的看法。这次会议是由小女儿小松同行照顾的。到1993年再次发病，就不再出差。即如沉积学会为祝贺叶连俊先生八十寿辰，在京举办学术会议，我虽勉力到会祝贺，却无力写出论文。又如在涿县召开油田实验室会议，那是我50年代就花过一些心血的工作，这次盛会早就邀我参加，我也一心想去，但最后还是只写去一封祝贺信而未能到会。其他许多重要会议，我往往只能请与会同志事后介绍些情况，有关同志也常主动来谈谈。

## 4. 帮助年轻人与招收研究生

在沉积室工作时，除其他工作外，注意帮助年青一代。除帮助他们提高基础理论水平外，着重联系与结合实际。因为我们是工业部门的研究机构，培养对象主要是有较高水平的实际工作者。所采用的方法，侧重三个方面，即听课、油田实际与野外调查。而且想办法发挥有关高等院校、科研单位专家、教授和油田上有丰富经验的高级工程师们的作用。

以讲课而论，除我自己为石油系统培训班及有关学术会议上专门写的材料外，还组织有关同志选修高校的指定课程。成都地院在湛江组织有关沉积岩的培训班，也安排同志参加听课。

关于野外调查，特别是有关现代沉积的实地调查，是十分有益的。这方面更需要寻求已有工作基础的地点以及有实地经验的专家的帮助。例如请同济大学帮助组织舟山群岛与南汇潮坪的调查，请成都地院刘宝珺同志组织峨眉山剖面调查，还有滦河三角洲的调查等。

1979年6月吴崇筠(右三)带领年轻人在任丘看岩芯

此外，滇、黔、桂勘探指挥部在云南做了不少工作。“云南三湖”，即抚仙湖、洱海和滇池，虽然面积都不大，却都有典型的内陆环境和颇有代表性的沉积，我认为很有意义。第一次去过后，又曾专门应邀前往提供看法和意见。1986年秋又再次前往讲课，这一次康福利用休假陪同前往，是他40多年后第一次回访当年读大学和工作过的昆明。

后来，云南的同志们拍摄成一套录像带公开发行，并推荐我为技术业务指导。

关于油田实际，除组织同志“下去”调查了解外，注意让大家掌握岩芯资料。先后对大港、胜利、辽河与中原油田的岩芯资料作深入了解、研究。

上述方法也曾引起一些议论，似乎多出差、多调查有“游山玩水”之嫌。野外调查当然有山有水，而地质工作者如不去“跋山涉水”，又如何掌握第一手资料。实际上，我自己一贯认为亲身进行实际调查是工作、研究以及培养年轻人和研究生都必不可少的。在油勘院十多年中，我就基本走遍全国各油田与探区，西北到新疆、西南到滇黔桂、南到海南岛，全国除台湾以及西藏、内蒙和福建外，都走到了。

国家批准油勘院招收研究生，我是第一批被认定的导师，开始限于硕

1978年吴崇筠(右二)在云南野外考察

士学位，以后也招博士生。我先后招收了孙永祥、高延新、陈志勇、蔡进奎、曲政、袁选俊、庞尚明、朱富萍、苏艾国、张春宝与薛良清等。培养的方法则与帮助年轻同志的方式是完全一致的，当然具体内容有所不同。

例如，研究生必须修完指定的基础课，尤其要根据他选定的专业与过去学习的课程，正式补修如地震勘探、石油地质、生油理论等。我自己也讲，院内其他导师也开课，还根据情况到北大、地质大学等正式注册上课。

现代沉积调查如滦河三角洲的调查，油田地质如大港油田的岩芯资料等，情况与上述相同。

研究生都要写论文，具体题目、基本内容、研究方法与程序等，当然

1993年4月23日，吴崇筠在中国地质大学“板块构造沉积学——沉积建造”会议上发言

由我安排。而课题总是密切结合油田实际，而且总是邀请油田上有关业务的主要负责人，亲自直接参加指导。这方面，胜利油田给予极大的支持，承担的培养任务最多，像钱凯等同志，都出了大力，帮助极大。辽河油田也承担了不少任务。我应该深深感谢他们。

在培养年轻人与研究生的过程中，我自己也很有收获，古人说“教学相长”是很对的。例如曾经正式发表的《对国外浊流沉积和扇三角洲研究的评述》一文，就是在指导研究生的同时，写下了自己的认识与体会。

除我自己招收的研究生外，石油大学、地质大学和北京大学几位教授的研究生论文评审与答辩曾多次邀请我参加。对这样的事也不敢马虎敷衍，不能对年青一代不负责任。

已毕业的研究生除个别例外，都能在工作岗位或学术研究中作出成绩，我深感欣慰，他们也都没忘掉我。我还曾推荐介绍过几位同志去国外深造，据我所知，学习成绩都很好，得到各自导师的赞扬，甚至还有位导师专门来信感谢我“推荐了优秀学生”。这对我也是一种慰藉。

### 5.《中国含油气盆地沉积学》的编写

前面已经提到1983年开始酝酿写书的经过。由于得到各油田有关同志的积极响应，1986年落实具体组织。石油天然气总公司和油勘院都并未“出面”，是以参加编写人员的个人名义办事，石油学会的地质勘探专业委员会曾给予支持。当时在北戴河开会，商讨具体办法，确定了全书的组成和需要统一的事项。同时组成编委会，推我为主编，薛叔浩、钱凯和杜永林为副主编。各章节的分工也都落实，科学出版社又积极约定全书由他们印刷出版，因此会议圆满结束，决定会后立即各自分别动手，预期1989年全面完成。

因为会后去昆明（如前所述），正式动手编写已是第二年（1987年），而那年6月就被确诊得了鼻咽癌。经过肿瘤医院放射治疗，肿瘤消失，但放疗过程中反应大，且后遗症也不轻。体质下降，唾腺被破坏，牙齿也全“糟”了。吃饭很困难，必须泡上汤水，平时也口干舌焦而必须不断饮水。在这种条件下，写书颇感困难。不过自以为此书有其意义与价值，又是许多参加编写者以及各油田有关同志都很关心的，已经承诺而且开始了的工作，就不愿中途停顿。一面坚持服药调理，一面在继续带研究生的同时，坚持写分工给我的“总论”部分等有关章节。同时持续不断地与各位作者联系有关事宜。1988年各章节陆续完成初稿后，开过一次审稿会，我全力投入，并邀请几位专家参加审稿。这次会议曾由油勘院及石油学会资助过一些费用，会议也很成功。全体编委与所有作者共同努力，仔细讨论了初稿、决定修改补充的内容，并决定1989年内一定完稿付印。

全书修改稿1989年如期完成，准备交稿付印，但科学出版社提出了新问题，由于具体情况，要先收5万元费用才能出版。编写人员既以个人名义办事，要凭空先拿出这笔钱来自然困难。不得已，重新与石油工业出版社商量，得到支持并接稿。其实石油工业出版社又发包给外地一家印刷所排印。“清样”出来后，虽经石油工业出版社的编辑进行过校对，但差错之多，实在惊人。为了不负所有作者和将来的读者，我与薛叔浩、钱凯、杜永林及其他作者们反复校对、修改。一般并由我最终看一遍，还发动康福参加，他也确实找出一些“漏网之鱼”。而尽管我们先后校对、改正了三次，最后印成书还要

吴崇筠在写作

出一份“勘误表”，因为校对出来的差错，竟未能完全改正。1992 年此书第一次印 1500 册，按出版社计算方法，全书共 77.5 万字，书的纸张质量颇差。不过登记购书者倒不算少。出版社这才决定用较好纸张再印 1000 册，当然也提高了售价。这已是 1993 年 5 月了。从 1989 年底交稿，经历三年多时间；从 1986 年组稿算起，则已近七年了，大家的努力有了结果，我也算完成了众多同志交托的重任。

此书全稿交印时，有同志建议将它译成英文，对外发行，出版以后，又有人再次提出。他们认为此书较好地概括了我国陆相沉积油气区的研究成果，内容有独特之处，应该向国际发布。我原则上也同意。只是 1993 年 2 月初，检查发现鼻咽癌有复发，再经放疗，后遗症十分严重，精神和体力都已无法承担工作。此事未能开展。

1993 年 11 月，据石油工业出版社通知，此书“荣获第七届中国图书奖”。

### 6. 四十年后回故乡

1985 年与 1992 年，我曾乘会议之便，两次顺途回过老家。40 年后重返出生之地，感触自然极多。尤其是，不仅父母早逝，哥哥嫂嫂也都已不在了。回到故乡，只能到墓前祭扫。

嫂嫂是解放初期土地改革期间自沉于笋溪河的。在当时，自然就被扣上“抗拒改造”之名。我因此也没有更多过问。1985 年回乡，见到堂姐、堂侄等亲戚，才知道事实并不完全如此，而家庭矛盾，起着重要作用。哥哥早在江津任小学校长时，就参加一些同乡组建的一家私人银行，还有一点“股份”。银行业务有发展，就辞去校长职务，专门在银行工作，并到了重庆。抗日战争胜利后，又到了武汉。我和妹妹也都出门念书，老家就是嫂嫂带着孩子们。哥哥在武汉时，结识了一位女子——施智华，先是秘密结婚，接着有了女儿。哥哥就很少回家了。嫂嫂知道此事后，自然感情上受到很大刺激。1949年，那家银行在上海有了“分行”，哥哥又带同施智华去了上海。新中国成立前夕，银行老板携带资金，潜逃香港，哥哥是“资方代理人”，新中国成立后受到追究。银行自然被封闭，哥哥自己也破产了，除施智华母女三人的随身衣物外，大概就一无所有。新中国成立后家乡土地改革的第一步“退租退息”，嫂嫂将老家“浮财”全部缴纳后还不够，希望哥哥设法，也得不到解决，还是我回国时所带一部分钱，用于补缴的。嫂嫂带着一群孩子，生活困难，对哥哥的怨怼更深。

哥哥不回家，地主的帽子自然戴在嫂嫂头上，倒是嫂嫂平时还安分，并无民愤，所以对她其实是宽大的。按例要“监督劳动”，并勒令再缴纳一定数量的谷物（当时都经计算成若干“担”谷子，可按价折款）。嫂嫂确已无力缴纳，只盼望哥哥能回家料理。但哥哥害怕“被斗争”，不敢回去。又有施智华的关系，离开上海后定居于武汉，武汉离施智华老家不远，嫂嫂就更有被遗弃之感。

嫂嫂曾派身边最大的儿子盛滨去汉口，他却被留在汉口了。嫂嫂因此深感绝望，才出此下策，抛下身边四个幼小的孩子，在老家平常挑水洗衣的河滩边，自沉于笋溪河。其实那时土改中尖锐斗争的阶段已经过去了，而且当时河水很浅，她只要想站起来，并无困难。所以土改还只是“触发性”的原因，说到底，嫂嫂还是家庭婚姻矛盾与妇女不能自立的牺牲品。

嫂嫂去世后，身边幼小的侄儿侄女跟堂伯母住了一段时间，后来只能也去了汉口。哥哥与施智华虽都有一定工作，却难以维持一群孩子（嫂嫂留下5个孩子，施智华又生下2个女儿）。哥哥为维持家庭，什么工作都干过，一直到沿街收集废钢铁并进行“打包”，可说是经过了劳动改造。

但仍然无力供一个个孩子上学，为了孩子们的将来，我不得不有所帮助。就是如此，嫂嫂留下的最小的侄女，仍念书极少，其他也只念到中专之类。到几个孩子陆续可以自立时，哥哥的身体就很差了，基本丧失劳动能力。到1982年，发病没有几天，就病故于汉口。侄儿侄女们曾发电报给我，而我正出差在成都，辗转得电时，人已去世，去也无益，而且工作任务在身，就未能前往。1985年他的骨灰送回成都，1991年送回老家与嫂嫂安葬在一起。

1985年那次是我独自回家，事前也没有明确打算，在成都遇到西南石油学院的方少仙，她要去探望在重庆因病住院的丈夫侯方浩。他们夫妇都是我当年教书时的助教，一直都有交往，她就积极“劝驾”，陪同我到了重庆。一起看望侯方浩后，我去了江津，住在堂姐崇芳处。崇芳比我大好几岁，让她女婿安排车子，陪我回到老家。老家只有堂侄盛杰（二伯父的孙子之一），还住在养晦山庄老屋。

尽管崇芳二姐给我讲了许多情况，思想上有所准备，但去老家的路上，心里还是激动而忐忑，也想不出自己出生之地到底现在什么样子。车到笋溪河边，那两岸竹林依然茂密翠绿，倒给我不少安慰。但一想到嫂嫂自沉之事，又平添不尽的惆怅。

养晦山庄的面貌已非昔比，从公路上望去，就已显得破旧，内部屋子，多年无人整理、维修，就更觉得凌乱残败。山坡上的柑橘树还在，过去的园子和果树都不复存在，观赏花木，更荡然无存。当年我出生的房间和其他几间“堂屋”，住着另外一家人，自然就有他们的厨房，难免烟熏火燎，光线又差，显得很幽暗。盛杰夫妇安排我在吊楼中住下。

急不可待地到笋溪河滩，河水依然清澈，汩汩流淌，空气清新，气氛幽秀，只是心情大不一样，主要是凭吊嫂嫂的自沉处，因而不免触景忧伤。

盛杰带领着去祭扫父亲的墓。墓地离家较远，在阡陌丘陵中走了近三小时。不是盛杰带路，我根本找不到，其实途中盛杰也曾问路两三次。墓地已是山前丘陵区，地势已高，父亲的坟在一个相当高的荒岗前端，俯视一片较为开阔的峡谷，可以瞭望得很远。高岗两侧各有一条较小的峡谷，有溪水流下，在坟前的坡底汇合，灌溉着连片的水田，看来整理得很好。岗上原来据说树木较多，“大炼钢铁”时全部伐光，如今只有零乱小树与荒草。父亲坟墓并无碑记，几枝小树长得倒不错。奇怪的是妈妈并没有合葬于此，而且尽管盛杰很努力地探问寻找了一番，也没有找到妈妈的坟地，令我非常遗憾，总觉得内心有所缺失。

无论如何，我总是回访了自己出生之地，祭扫了先人之墓。而且周围景色仍一如我记忆中那样宁静秀丽，大路倒是改成公路了，村里也供上了电。总的说来，不虚此行，得到一种感情的安慰。

至于1992年第二次回乡，一则已来过一次，二则有康福陪同，心情有所不同。我们在成都开会完毕后，经重庆先到江津县城（现已改为市），这次住在族侄吴声扬家。声扬年轻时是我哥哥的助手，早在我重庆念书时就熟悉。他一家也曾经历过一段困难，如今则已是儿孙满堂，生活美满，老夫妻居住两室一厅的楼房，刚好安排我们住一间。在市内见到崇芳二姐、志宏三哥等。反正当年的小伙子、大姑娘如今都是爷爷、奶奶了。

盛杰到成都来接我们，一直陪到老家，崇芳的女婿再一次陪同下乡。而且一年前（1991年）女儿小鸽也曾“寻根”来到，也是他们陪同的。

公路正在进一步拓宽改造，车行相当顺利。一到笋溪河畔见到那连绵的竹林，康福就很高兴，一再赞美。他的情绪也感染了我，自己故乡得到康福称道，总是高兴的。

在老宅吃中饭后，带领康福在屋前屋后走走。他对满坡柑橘又大感兴趣，下到笋溪河滩，他更高兴、活泼起来。他根本没见过我嫂嫂，心情自然不一样。而由于他的兴高采烈，也大大改变了我忧伤的心情，在河滩上走了好一阵。

第二天去祭扫父亲的墓。天气很好，我们按习俗点了香、烛，燃放了鞭炮，康福拜谒了没有见过面的岳父，他说希望父亲也会喜欢他这个女婿。父亲墓前的小树，有一棵松与柏长为一体成为“松柏合株”。这情景是鸽子去时发现的，长得很不错，在墓前眺望四周，觉得形势确是很好的。据盛杰说，当年是由“风水先生”选中后，才迁葬于此。我们都不懂也不信什么“风水”，但从一般的观感而言，在这两条峡谷夹抱的高高荒岗上，面对两峡会合的开阔地，背倚更高一些山前丘陵，是有一种既浑厚而又开阔的境界的感觉。至于为什么妈妈没有迁来合葬，盛杰还是根本说不清，也别无他人能告诉我。妈妈的墓仍然没有找到，恐怕这一憾事就没

1992年吴崇筠朱康福夫妇回到吴崇筠老家:背后即养晦山庄

法弥补了，但仍委托盛杰继续探问寻找。

哥哥嫂嫂则已合葬在一起，堆了两个土坟，离老家不远。在安葬哥嫂时，当地还曾有简单仪式。用细钢筋扎的花圈，纸花当然早就没有了，钢圈却还倚立着。我们在暮霭渐浓中，也点了香、烛，放了爆竹。惊飞了树上的归鸟，引来对面村中的一群孩子远远地看着。经历了风风雨雨，哥哥嫂嫂又都回到这故乡的泥土了。

爸爸妈妈、哥哥嫂嫂，愿你们安息。

我们从重庆去江津时（声扬女婿安排车子接我们），由于大雾弥江，渡船停开，车子停在德感坝不过长江，乘机到镇上转了一下，想找找当年住过的地方。找到了地方，却找不到当年的屋子，“市容”已经大大改变了。在江津，也在市区转了两次，街道地名未变，房屋都已不同，市场似乎也很繁荣，当年的学校也去看了一看。回到重庆，又去看了老同学王德芬和表妹龚勋兆（我“满孃”的女儿）等。至于在成都开会的会前会后，则在盛滨家住下。又拜访了四川局的几位旧友，如杨维学、罗启容、吴葆青、罗启厚等。所以此行会晤了很多亲戚好友，颇慰亲情友谊，尤其因为康福一直陪同，是很难得的。

会议安排考察九寨沟，康福担心我的身体，一定不肯去，改去乐山—峨眉山。上得峨眉金顶，却遇上当年秋天第一场大雪，什么也没看见，康福过去没到过峨眉，直叹气说“无缘无福”。但乐山大佛倒很好地欣赏了一通。还去看了都江堰，康福也是第一次，现在有了索道，可以“飞渡”宝瓶口。康福是学工程的，指手画脚地很欣赏赞叹了一阵。至于青城山，不过在山脚下转了一转。

如果说“游山玩水”，这一次之外，还有1991年康福去张家界参加会议，把我拉去玩了一通。也就是说，我退休以后，真正游山玩水也仅极少几次。这两次都与康福一起，也就格外觉得颇可珍贵。还有一次就是去安徽时，由小松陪同上了黄山，乘索道上下。游山玩水与跋山涉水的地质调查，确实是截然不同的两回事。

### 7. 其他事项

在油勘院的十多年，当然还有许多往事不属于以上几项，择其重要的记下几点如下：

**（一）入党**

“文化大革命”以前在石油学院时，组织上曾有意培养，已如前述。我对党和党员称号总以为是十分崇高的，自己水平低，够不上标准。十一届三中全会以后，“拨乱反正”，走上以建设为中心的正确道路，党组织注意对知识分子的培养、教育，我在 1984 年 12 月参加组织，成为一个普通的中国共产党党员。

**（二）表扬、奖励**

领导部门对我的工作曾给予表扬与肯定。尽管我总觉得做得不够，还是授予我一些奖励。早在“文革”前，石油工业部根据我在大庆油田的工作，就曾授予“红旗手”称号。1985 年国家科委将“大庆油田长期高产稳产注水开发技术”评为科技进步特等奖，我被列为“主要参加者”，授予“光荣证书”。并曾再次获部级“红旗手”称号。至于因编写培训教材及讲课等，还曾几次获得部级科技进步奖。

此外，沉积学会曾两次推荐我为学部委员的候选人，但未被选入。

国家奖励“有突出贡献的”科技人员并给予终身津贴，油勘院也上报有我。后来，国家对“早年归国留学生”有贡献的，给予同样的特殊津贴。院里就安排我享受后面这一种，以便院里可以多获得一个名额。

记下这些，表示我对政府政策与有关部门领导的感谢。对我自己来说，总是感觉工作做得还很不够。

**（三）子女的成长**

记下这一点，很大程度上是孩子们，特别是朱平的意见。

孩子们的成长要靠自己努力，也受社会大环境的重大影响。做家长的，最根本的是在他们童年与幼年时，使他们能有个较好的基础，从小懂得“走正路”。走正路，无非就是“直道而行”，不搞什么歪门邪道，为人正直诚信。再一点就是要尽一切可能多念点书，念书才能开阔眼界、培养意志，同时学到专业技能，以服务于社会，自然也就得以生存、得以“养家糊口”。至于一个人的修养水平，家长总有其影响，这方面是“身教重于言教”，要看当家长的表现如何。

孩子们幼年时，我家住在石油学院，周围环境是一个知识分子为主的气氛。学校里当然也有“干部”，学生中不乏“干部子弟”，十年动乱之前，绝大多数干部与干部子弟的表现很好。只是康福和我都是技术人员，尽管当年许多领导同志对我们很关心，在工作中接触很多，在一般日常生活中却很少往来。康福在“文革”前已是设计院院长，算是个“官儿”，但他的职务是什么，我并不在意，更不让孩子们知道。设计院要派车接送康福，他却坚持骑车，原因之一，就是不愿让孩子们产生“特殊”感。

至于孩子从小进托儿所、幼儿园过集体生活，以及家里长期有保姆，除其他理由外，则是康福和我工作确实较忙，不得不如此。孩子们对保姆，第一必须“尊称”，即称为奶奶、阿姨、大娘等，第二不能直接指使保姆，目的就是决不能让孩子们从小成为“少爷”、“小姐”。

为孩子们有意识地选择小伙伴，非常重要，这在前面已经记下了。

以下简单记录一下四个孩子的具体情况，主要是想说明拨乱反正与改革开放这个大环境对年轻人发展的影响。

大女儿朱小鸽，“文革”开始时在101中学住校念初中。毕业后去山西绛县插队落户，“学大寨”中积极努力，被选为“妇女队长”。（她身材不高，就是由于发育成长的关键时间内长期拼命挑重担。）1972年底招工成为地震勘探队工人，先是简单劳动“放大线”，不久参加技术性工作，成为“解释员”，还被培养为队中技术员的“接班人”，居然也能勉强胜任，但为此就不让她考大学。后到“女子地震队”任解释组长。这个队是由清一色的女孩子组成的。恢复高考后，经过努力争取，于1978年10月考入长春地质学院，学习“勘探仪器”专业。1982年毕业后进入油勘院，在遥感所工作。1989年曾奉派去加拿大接受培训，1991年成为该所计算机“硬件室”的负责人。现在由所里派往“北京市国土资源遥感公司”工作。

朱平（朱小平）：“文革”前只上到小学5年级，“文革”中初中毕业后去黑龙江建设兵团，牧马三年。招工为大港油田设计室工人，又被调往任丘（华北）油田设计室，被培养能独立搞点小型设计。1977年考取“华东石油学院”学习“储运专业”。毕业后分配在石油规划设计总院，曾跟随老一辈专家梁翕章总工程师工作。1985年被选派去加拿大Novo公司培训学习一年。回国后，经过自己联系，考TOFEL等，得到加拿大Carleton Univ.的助教奖学金名额，1988年出国，专攻空气动力学。获得硕士学位后，在加拿大Pratt & Whitney公司工作，开发新型飞机引擎。

朱小和：从胜利油田的胜华中学转回北京后在石油附中念完高中，1978年考取清华大学机械系金相专业。1983年毕业分配天津工程机械研究所工作，参加课题“挖土机铲齿材料改进”曾获国家科技进步奖。1986年考入“北京钢铁学院”（现名“北京科技大学”）研究生部专攻金相中的渗透扩散。1989 年获硕士学位后在石化总公司北京设计院机械室工作。以自己的论文及导师介绍，得到加拿大 Queen's Univ. 的助教奖学金，于 1991 年 8 月去该校攻读博士学位。

朱小松：回北京后正规读书，在石油附中高中毕业后 1982 年考取上海第一医学院，五年制。1987 年毕业后考取北京医科大学研究生。原攻硕士，中途改为直接攻读博士学位，并在北医大一院小儿眼科临床工作。1992 年得博士学位。所作论文是用小鸡眼睛做实验以研究小儿斜视、弱视等病理，与国际上同类课题有联系。同样是以论文及导师介绍，获得美国 Univ. of Pennsylvania 医学院的 Post-Doctoral（博士后）位置，于 1993 年 4 月去美国仍搞同类课题的研究。

应该重复强调一句，孩子们固然各自努力，但如没有改革开放的大环境，这些事就没有可能。

1981年8月时的全家照，此时和、平、鸽都是恢复高考后的大学生
后排左起：朱小松、和、平、鸽

## 八、感受与心愿

我从小就希望祖国富强，不受外国侵略与凌辱。新中国建立，以及随后的抗美援朝、援越，实现了后面一句，古老而新生的中国站起来了。而在建设过程中，前三十年尽管取得例如大庆油田这种伟大的成绩，建立了一定的工、农业基础，却一再出现“左”倾思潮，造成巨大反复，十年动乱，更是登峰造极，危害与破坏无可比拟。直到拨乱反正，改革开放以来，把建设放到中心位置上，才走上正轨。如今国家进入高速发展的时期，中国已是举世瞩目，公认是发展最快、希望无限的大国。石油产量超过1.4亿吨，与建国初期是截然不同的局面。自己在这种艰巨而辉煌的发展中，尽了一点微小的力量，自以为生活丰富多彩，不虚此生，也可以告慰生我、养我、教育我、培养我的父母兄长、乡亲、老师、组织与领导。

过去七十多年，与疾病作斗争已有多次。幼年两场大病，影响基本体质；大学念书时，胃病不轻；出国前体检，发现肺部有“钙化点”，也不知何时感染的；“文革”期间，有了高血压、心脏病。到80年代，先是体检发现肺部有毛病，被怀疑有肺癌，在通县的专科医院住了一个多月。接下来，闹皮肤病，全身发痒，持续半年多，被认为可能是“银屑病”，也可能与癌症有关。闹来闹去，终于确诊为鼻咽癌。放射治疗后近6年，竟又复发，问题严重。存活至今，总是现代医药条件发展的结果。而另一方面，假如我屈服于病魔，幼年就可能辍学，以后更有可能退出工作（当时北医三院、肿瘤医院的大夫都曾劝我不再工作）。正因为我不放弃学习，不放弃工作，不屈服于病魔，才坚持至今。这一点，我引为自慰。

工作四十多年，教书、带研究生与培养年轻人占较大比重。做实际工作与研究，也都是基础性的，服务于油、气勘探的整体目标。我认为这是一个普通科技人员应尽的职责。“后来居上”与“青出于蓝”是科学发展的必然规律，我能作为更多年轻人发展途径中的一级“台阶”，是心满意足的。

如前所述，我对自己的家庭也完全满意，无论是父母兄嫂，以及结婚后的整个家庭，是他们培养与支持了我的一生。孩子们的成长，对我既是安慰，更证实自己基本完成了任务，将有所作为的公民交给了社会。

由于放射治疗中剂量过大，脑部受损，除非出现奇迹，我已难以继续

1989年纪念发现大庆油田30周年时吴崇筠在大庆油田发现井——松基三井与同事合影

从右自左：方凌云（大庆油田副总地质师），吴崇筠，梅江（大庆油田副局长），石宝珩（中国石油天然气总公司科技局局长），裘怿楠（石油勘探开发科学研究院副总地质师），胡博仲（大庆油田总地质师）

工作。对此，除掉对放射治疗的大夫缺乏经验，没有接受她上级（医院副院长）的劝告而坚持使用过大剂量确有遗憾外，也只有接受这一事实。这同时说明，科学技术，包括医疗卫生事业，还有待于人们继续努力，去攻克疾病，包括癌症。

我衷心祝愿自己的祖国克服一切前进中的困难，特别注意“两个文明一起抓”的原则。中国不仅应当富强，尤其应当使公民们的道德、情操堪称楷模。这才不负数千年文化的传统。

对我的子女，希望他们永远铭记自己是跨世纪的中国人，希望他们永远能为自己是中国人而自豪，而且认真教育他们的子女，保持为堂堂正正的中国人；哪怕像孙女小青青，因出生于加拿大而是加拿大国籍，仍然如此。

人类的进步，社会的发展，都在于无数的人不断奉献的积累，没有奉献就没有进步与发展。尽管我难以继续正常工作，但在康福的帮助下，记下以上材料，也就证明还可以在有限的范围内，多少给下一代提供点参考资料，我将继续为此而努力。

## 九、吴崇筠1977—1993年著述要目[①]

### （一）正式出版的专著：

1. 沉积岩石学. 北京：中国工业出版社，1962.

---

① 根据吴崇筠亲笔写的一份目录，朱康福整理归纳，朱小鸽查找图书期刊网后补充。——朱小鸽注

2. 沉积岩（主要编写人）. 北京：燃料化学工业出版社，1997.
3. 判断沉积相的古生物标志. 北京：石油工业出版社，1980 年.
4. 油区岩相古地理（原为干部培训班教材，先曾铅印，修改后正式出版）. 北京：石油工业出版社，1987.
5. 中国含油气盆地沉积学（主编）. 北京：石油工业出版社，中文版 1992，英文版 1997。

## （二）正式出版的译文集

1. 砂岩体油气田地貌学. 北京：石油工业出版社，1982 年.
2. 浊流沉积和扇三角洲沉积(主要译者). 北京：石油工业出版社，1986 年.

## （三）内部油印出版的“干部培训班”教材

1. 碎屑岩沉积相. 1979 年.
2. 碳酸盐岩储层. 1977 年（成都“岩矿学习班”印）.
3. 湖泊沉积的砂岩体. 1980 年.

## （四）论文：

1. 谈谈生物礁. 石油勘探与开发，1979 年 06 期：74-85.
2. 湖泊沉积相划分. 第一届碎屑岩沉积相会议上宣读，“石油勘探与开发”1981 年第 2 期：1-10.
3. 碎屑岩沉积相模式（吴崇筠，刘宝珺，王德发等）. 石油学报，1981 年 04 期：1-10.
4. 构造湖盆三角洲与油气分布. 第 11 届国际沉积学家大会论文集（英文）1982 年，《沉积学报》创刊号（中文）1983 年 01 期：5-26.
5. 暴风浪形成的丘状交错层理和洼状交错层理（吴崇筠，裘怿楠，朱国华）. 石油勘探与开发，1983 年 04 期：77-80.

6. 碳酸盐岩沉积相. 全国沉积学会论文集，1984 年，科学出版社.
7. 辽河盆地大凌河油层湖底扇沉积特征（高延新，吴崇筠，庞增福等）. 沉积学报，1985 年 04 期：83-93.
8. 断陷湖盆沉积岩. 第二届碎屑岩沉积相会议论文集，1985 年.
9. 沉积学进展. 石油实验地质，1986 年 01 期：1-7.
10. 对国外浊流沉积和扇三角洲研究的评述（载于《石油实验地质》，崇筠未注明第几期，在 1985—1986 年）.
11. 湖盆砂体类型. 全国岩相古地理会议上发表，《沉积学报》，1986 年 04 期：1-27.
12. 我国油区碎屑岩沉积学研究现状（吴崇筠，薛叔浩）. 矿物岩石地球化学通报，1988 年 02 期：81-82.

## （五）未正式发表的论文

1. 早第三纪渤海湾盆地沉积相特征和分布规律初探，1979 年
2. 渤海湾地区早第三纪构造地层和沉积相的研究现状，1979 年
3. 中国中、新生代陆相沉积盆地沉积特征与油气分布，1982 年
4. 对岩相古地理研究的一些看法，（岩相古地理 1992 年会议上的书面发言），1992 年

# 人名索引

**M**



**P**



**Q**

# 后　记

父亲没有完成他2007年的心愿，于5月12日逝世于北京中日友好医院，按照他生前的安排，将他的骨灰与母亲的骨灰一起并排安放在八宝山革命公墓的骨灰墙上。大理石碑上刻着他自己写下的碑文：

“比翼归来为石油石化献绵薄，并肩安息看博士硕士满门庭。”

# 后　记

当我整理父亲的文稿时，母亲当年的研究生、中国石油勘探开发研究院地质所综合室主任、教授级高级工程师袁选俊，帮了很大的忙，解决了原始稿件74万多字的录入问题。如果没有他的帮助，我是难以完成的，谨在此表示衷心地感谢！

在成书过程中，中国地质图书馆高级工程师张尔平给予了极大的帮助。尔平的父亲张传淦先生是我母亲在中央大学地质系的同班同学，我们两家是30年的邻居，母亲、父亲先后患病直至离世，我得到他们全家的许多帮助。尔平先是向“20世纪中国科学口述史丛书”编委会推荐了这本回忆录，后又认真地审阅了合编的稿件，精心斟酌，才有了现在的样子。在此对张尔平、她的父母张传淦先生与吴琦女士及全家表示衷心感谢！

同时，还要感谢中国石油勘探开发研究院图书馆的王星馆长和谭以民工程师。他们让我在图书馆查找了需要的资料，谭以民还帮我扫描了大量的老照片。此外，我的朋友焦秀芬和张造成夫妇、杨蔚静、邓武赤等多年来一直给我很大的帮助；父亲的同事于亚天和张贻芬（西苑中医院副院长）夫妇对我像亲人一样，张院长一直无偿地给父亲和我看病。在此一并表示诚挚的感谢！

总之，此书如有一天真能出版，是许多人帮助的结果，在此一并表示真诚的谢意！

此外，在父亲的追悼会上，早已离开中石化的陈锦华副主席（全国政协）与盛华仁副委员长（全国人大）都送了花圈；父亲的许多老领导、老朋友、老同事虽已年迈，仍来为他送行或送来花圈；在父亲病重直到去世期间，中国石化集团公司经济技术研究院各届院长、书记与办公室、人事处等领导和同志都给予了极大的关心与帮助。借此也都表达衷心地感谢！

2008年至2009年，《二十世纪中国知名科学家学术成就概览》与《中国科学技术专家传略》两个编委会都选中母亲吴崇筠作为“地质卷”的专家。目前已经由母亲的同事和我分别完成初稿。

《人物》杂志2009.9总第247期的“科技”专栏登载了《50年前的身影——记石油专家朱康福、吴崇筠伉俪在大庆》的文章（作者：张尔平、朱小鸽）。

2009年10月16—20日，在青岛举行“沉积学会第四届全国代表大会”，会议内容之一是介绍我国沉积学界的几位著名专家的学术思想，其中有我的母亲。对每位专家的介绍为40分钟，由母亲的学生、中国石油勘探开发研究院教授级高级工程师、塔里木分院副院长作发言。

正如父亲在回忆录的最后所写：“至于我们两个在中国石油事业的发展中，留下一鳞半爪，也只是无负于祖国人民而已。”

朱小鸽

2009年10月 于北京

**图书在版编目（CIP）数据**

朱康福自述 / 朱康福著 . — 长沙：湖南教育出版社，2010.4
（2017.7 重印）
（20 世纪中国科学口述史 / 樊洪业主编）
ISBN 978-7-5355-6507-5

Ⅰ . ①朱… Ⅱ . ①朱… Ⅲ . ①朱康福（1921~2007）— 自传
②石油工业 — 工业史 — 中国 —20 世纪 Ⅳ . ① K826.16 F426.22

中国版本图书馆 CIP 数据核字（2010）第 053348 号

| | |
|---|---|
| 书　　名 | 20 世纪中国科学口述史<br>朱康福自述<br>Zhu Kangfu Zishu |
| 作　　者 | 朱康福 |
| 责任编辑 | 赵匡莉 |
| 责任校对 | 刘源等 |
| 出版发行 | 湖南教育出版社（长沙市韶山北路 443 号） |
| 网　　址 | http://www.hneph.com |
| 电子邮箱 | hnjycbs@sina.com |
| 客　　服 | 电话 0731-85486979 |
| 经　　销 | 湖南省新华书店 |
| 印　　刷 | 长沙超峰印刷有限公司 |
| 开　　本 | 710×1000 16 开 |
| 印　　张 | 43 |
| 字　　数 | 550 000 |
| 版　　次 | 2010 年 4 月第 1 版 2017 年 7 月第 1 版第 2 次印刷 |
| 书　　号 | ISBN 978-7-5355-6507-5 |
| 定　　价 | 110.00 元（上、下册） |